프란치스칸 사상 연구소
프란치스칸 사상 모음 3

칼 라너 신비 신학의 관점에서 비추어 본
아씨시 프란치스코의 신비체험

고계영 파울로
작은 형제회(프란치스코회)

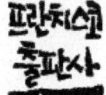

표지 삽입(부분) : 김 테레시타 수녀(노틀담 수녀회)

Titolo originale di tesi:
L'essenza della mistica di Francesco d'Assisi
illustrata dalla prospettiva della teologia mistica di Karl Rahner.
Disseratio ad Doctoratum, Pontificia Universitas Antonianum
Facultas Theologiae Specializatio in Spiritualitate, Romae, 2008
ⓒ KO Ghye Young Paolo

Titolo originale:
La mistica di Francesco d'Assisi
ⓒ Cittadella Editrice, Assisi, 2009

Traduzione di Ghye-Young Paolo KO

프란치스칸 사상 모음 3
칼 라너 신비 신학의 관점에서 비추어 본
아씨시 프란치스코의 신비체험

2014년 6월 9일 교회 인가
2014년 9월 3일 초판 발행

지은이	고계영 파울로
펴낸이	기경호 프란치스코
펴낸곳	프란치스칸 사상 연구소
만든곳	프란치스코 출판사(제2-4072호)
	100-120 서울 중구 정동길 9
	전화: 02) 6325-5600
	www.franciscanpress.org
	franciscanpress@hanmail.net

값 25,000원
ISBN 978-89-91809-32-1 93230

추천의 글

　이 논문의 제목을 보면, 즉시 '13세기의 가난한 자, 즉 「참되고 완전한 기쁨」 11절에서 본인 스스로 "어리석고 무식한 놈"이라고 고백한 아씨시 프란치스코와, 20세기의 저 뛰어난 신학자, 대단히 해박하고 사색적인 예수회원 칼 라너를 대면시키는 것이 과연 가능한가'라는 의문부터 떠오릅니다.

　그러나 강한 직관력과 진정한 탐구자가 지닌 전형적인 집념과 열정으로 이 논문의 저자는 인간학적이고 형이상학적이며 교의 신학적인 지평 안에서 크리스천 신비체험을 정립한 칼 라너의 사상으로부터 해석학적 기준들을 추론하여 이를 척도로 프란치스코의 실천적 신비체험의 본질을 해석할 수 있다고 믿었습니다. 이 논문의 저자에 따르면, 신비체험을 주제로 움브리아의 성인과 라너를 비교하는 것은 이 독일 신학자가 신비체험의 개념을 규정하면서 열어놓은 관점을 통하여 가능하게 됩니다. 사실, 라너에게 있어 신비체험은 더 이상 특정한 사람들에게만 유보된, 이를테면 일종의 영적인 '엘리트'들만이 하는 그런 어떤 현상이 아니라, 일상성 안에서 모든 인간이 할 수 있는 체험입니다. 이러한 보편적인 전망으로부터 바라보면, 신비체험과 실천적인 영성 사이의 경계는 상당 부분 무너지게 되는데, 이는 프란치스코의 글에 담겨 있는 사상에서도 펼쳐볼 수 있습니다. 프란치스코의 글들은 여러 시기에 걸쳐 체계적인 틀 없이 생겨났고 또 다양한 양식으로 쓰였음에도 불구하고, 그 대부분은 작은 형제들의 「생활 양식」(forma vitae)과 관련된 영성을 지니고 있는 원전에 해당되기에, 이 글들은 일종의 '실천적 신비주의'라고 지칭할 수 있는 바를 드러내 줄 것입니다.

이러한 목적을 이루기 위해 저자는 먼저 논문의 첫 장에서 신비체험의 어원적 의미를 논리적으로 소개한 다음, 20세기에 격렬하게 일어났던 신비체험의 논쟁을 간결하게 요약하고, 이어서 신비체험에 대한 칼 라너의 개념을 초월 신학의 관점에서 자세하게 검토합니다. 저자는 라너의 개념을 명료하고 철저하게 재구성하는 가운데 이 예수회 신학자의 신비 사상을 전체적으로 훑어볼 수 있도록 논리를 펼쳐 나갑니다.

이 논문의 구성과 전개를 이해하는 열쇠는 신비체험의 의미에 있으며, 이는 중세 후기부터 현대까지 여러 학자들이 규정한 정의들 가운데 27개를 선별하여 분석 추론한 개념입니다. 저자는 신비체험의 개념을 다음과 같이 정의합니다: "신비체험이란 하느님의 신비를 관상함으로써 이 신비와 이루는 사랑의 일치이다". 이렇게 개념을 규정하고 신비체험과 관상의 관계를 밝힌 다음, 저자는 (가) 신비체험의 대상으로서의 '신비', (나) 신비체험의 방법으로서의 '관상', (다) 신비체험의 목적으로서의 '사랑의 일치'라는 세 가지 기준을 정립하여 그 지평 위에서 신비 체험에 관한 프란치스코의 가르침 및 체험을 고찰합니다.

이러한 삼중의 관점에 따라 저자는 이 논문의 중심을 아씨시의 프란치스코가 실천했던 신비체험을 재구성하는 데 할애합니다. 그리고 이러한 목적에 도달하기 위해 프란치스코 사상을 발견하는 제일 차적 원천인 프란치스코의 글을 면밀하게 분석하고, 경우에 따라 성인의 체험을 확인하기 위해 전기 자료들을 그 근거로 가져옵니다. 이 한국인 형제는 원천 안에 깊게 숨겨져 있는 실마리들을 찾아내는 뛰어난 능력을 갖추고 있으며, 숙련공과 같은 인내로, 그가 다루고 있는 논제와 관련된 요소들을 마치 직물을 짜듯 하나로 모으면서, 토론의 주제들을 하나의 의상으로 재단해 냅니다.

이 연구자의 학문적 엄격함은 이런 유형의 작업에서 자주 발생하게 되는 방법론적 절충주의에 빠지지 않고 이를 극복하는 데에서 분명하게 드러납니다. 원천을 다룰 때, 저자는 주석적인 방법보다는 해석학적인 방법을 취하는데, 프란치스코의 글에 나타난 어휘의 빈도수에 중요성을 두면서 주로 본문들을 각각의 문맥 안에서 분석하는 공시적인 방법을 사용합니다. 이 연구는 또한 고찰된 원천의 다양성과 논제들의 많은 양에도 불구하고 방법적 통일성을 이루고 있어, 논문이 전체적으로 일관되게 짜여졌다는 느낌을 줍니다.

저자가 시도한 분석들 가운데 몇몇 경우들은 이 논제를 극단적인 경계까지 끌고 간다는 인상을 주지만, 그럴 때 저자는 그가 지닌 뛰어난 능력을 발휘하여 자신의 결론을 보나벤투라와 같은 과거의 위대한 스승들이나 탁월한 권위를 지니는 현대 신학자들과 대비시켜 나가고, 이로써 저자가 이 논문의 논점들을 잘 알고 있다는 사실이 드러납니다.

또한, 저자는 프란치스코의 글에 나타난 몇몇 용어들을 분석하면서, 예를 들면, "영"(spiritus)의 경우, 독자적인 관점에서 대단히 미묘한 차이를 찾아내는데, 논란의 여지가 있는 점들도 있지만, 최종 결론을 보면, 이 주제에 관하여 이전의 여러 학자들이 연구한 발표들보다 더 명확한 종합을 이루어냅니다.

고 파울로 형제가 시도한 프란치스코의 신비 체험에 대한 재구성과 해석은 논리적인 구성 면에서나 방법론적인 면에서 설득력이 있다고 단언할 수 있습니다. 그렇지만 저자는, 신비 체험에 관한 체계적인 글을 전혀 남겨 놓지 않은 아씨시 성인의 신비 체험을 고찰하면서 그의 모든 신비 체험이 밝혀진 것은 아니라는 사실을 분명히 합니다. 그럼에도 불구하고 이 논문은 프란치스코 신비체험의 새로운 지평, 즉 그의 신비 체험이 지니는 보편적인 정체성이라는 지평을 열어 놓았으며, 이로써 프란치스코를 진정한 신비가로 보려는 가능성을 부정하는 이들의 논쟁에 마침표를 찍게 했다고 말할 수 있겠습니다.

 이 논문이 밝혀내는 여러 관점들 가운데에는 "민주적 신비체험"에 관한 고찰들이나 프란치스코를 "시적 신비가"로 보는 관점과 같은 독창성들도 있고, 이 저자든 다른 저자든 보다 더 심화시키기 위해 다시 연구해야 할 개념들도 있습니다. 한편, 칼 라너가 그리스도 사상의 미래를 염두에 두고 "내일의 크리스천은 신비가가 되거나 아니면 더 이상 크리스천이 아니게 될 것이다"라고 말한 것이 옳다면, 그런 관점으로부터 아씨시 성인의 신비 체험이 지니고 있는 다른 차원들, 예를 들면, "신비가 형제"로서의 신비체험이나 "신비가인 복음 전파자"로서의 신비체험 또는 "신비가인 교회 일치 운동가"로서의 신비체험 등 다양한 차원들을 앞으로 전개시켜 나갈 수 있으리라 믿습니다.

          2009년 6월 3일, 로마에서
          페르난도 우리베, 작은 형제회(프란치스코회)

작은 형제회 한국 관구의 형제님들과
재속 프란치스코회원님들,
그리고 신비가 프란치스코를 사랑하는
형제 자매님들께
존경과 감사 안에서
이 논문을 바칩니다.

오도송

성철 스님(1911-1993)

황하가 서쪽으로 흘러 곤륜산에 닿으니(黃河西流崑崙頂)
해와 달은 빛을 잃고 대지는 꺼져 내리는구나(日月無光大地沈)
돌연히 미소가 흘러 머리를 돌리니(遽然一笑回首立)
푸른 산은 예처럼 흰 구름 속에 잠겨 있구나(靑山依舊白雲中)

오수록 프란치스코(작은 형제회) 새김

약어[1]

「가난 교제」	「가난 부인과 성 프란치스코와의 거룩한 교제」
「교회 헌장」	제2차 바티칸 공의회, 교회에 관한 교의 헌장 「인류의 빛」
「권고」	「권고들」
「규칙 단편」	「"인준받지 않은 수도규칙"의 다른 편집본들의 단편집」
「노래 권고」	「들으십시오, 가난한 자매들이여」(노래 형식의 권고)
「대전기」	「성 프란치스코의 대전기」(보나벤투라)
「덕 인사」	「덕들에게 바치는 인사」
「동정녀 인사」	「복되신 동정 마리아께 드리는 인사」
「레오 축복」	「레오 형제에게 준 축복」
「레오 편지」	「레오 형제에게 보낸 편지」
「마지막 원의」	「클라라와 그의 자매들에게 써 보낸 마지막 원의」
「1보호자 편지」	「보호자들에게 보낸 편지 1」
「2보호자 편지」	「보호자들에게 보낸 편지 2」
「봉사자 편지」	「어느 봉사자에게 보낸 편지」
「비인준 규칙」	「인준받지 않은 수도규칙」
「생활 양식」	「클라라와 그의 자매들에게 준 생활 양식」

---

[1] 이 논문에 인용된 성경 구절과 성경의 약어들은 2005년 한국 천주교 주교회의에서 발행한 『성경』(주교회의 성서위원회 편찬, 한국 천주교 주교회의, 2005)을 따랐으며, 그렇지 않은 경우에는 그 출처를 밝혀 놓았으며, 아씨시 프란치스코와 성녀 클라라의 글은 2014년 작은 형제회(프란치스코회) 한국 관구에서 펴낸 새 번역본(『아씨시 프란치스코와 클라라의 글』, 프란치스칸 원천 01, 작은 형제회 한국 관구 옮김, 프란치스코 출판사, 2014)을 따랐으나, 이 번역본과 다르게 옮긴 경우들도 있다.

「1성직자 편지」	「성직자들에게 보낸 편지 1」
「2성직자 편지」	「성직자들에게 보낸 편지 2」
「세 동료」	「세 동료들의 전기」
「수난 성무」	「주님의 수난 성무일도」
「스피라」	「성 프란치스코의 생애」(율리아노 스피라)
「시간경 찬미」	「시간경마다 바치는 찬미」
「시에나 유언」	「시에나에서 쓴 유언」
「1신자 편지」	「신자들에게 보낸 편지 1」
「2신자 편지」	「신자들에게 보낸 편지 2」
「십자가 기도」	「십자가 앞에서 드린 기도」
「2아녜스 편지」	「프라하의 아녜스에게 보낸 편지 2」
「3아녜스 편지」	「프라하의 아녜스에게 보낸 편지 3」
「4아녜스 편지」	「프라하의 아녜스에게 보낸 편지 4」
「아씨시 편집본」	「아씨시의 편집본」(페루쟈 전기)
「안토니오 편지」	「안토니오 형제에게 보낸 편지」
「에르멘 편지」	「에르멘트루디스에게 보낸 편지」
『완덕의 거울』	『작은 형제의 완덕의 거울』(익명의 포르지운쿨라인)
「유언」	「유언」
「은수처 규칙」	「은수처를 위한 규칙」
「익명의 페루쟈」	「수도회의 기원 혹은 창설에 대하여」(익명의 페루쟈인)
「인준 규칙」	「인준받은 수도규칙」
「잔꽃송이」	「성 프란치스코의 잔꽃송이」
「주님 기도」	「"주님의 기도" 묵상」
「지도자 편지」	「백성의 지도자들에게 보낸 편지」
「찬미 권고」	「하느님 찬미에로의 권고」
「참기쁨」	「참되고 완전한 기쁨」
「1첼라노」	「성 프란치스코의 제1생애」(토마스 첼라노)
「2첼라노」	「성 프란치스코의 제2생애」(토마스 첼라노)
「3첼라노」	「복되신 프란치스코의 기적 모음집」(토마스 첼라노)

「태양 노래」	「태양 형제의 노래」(피조물의 노래)
「클라라 규칙」	「클라라의 수도규칙」
「클라라 유언」	「클라라의 유언」
「하느님 찬미」	「지극히 높으신 하느님께 드리는 찬미」
「행적」	「복되신 프란치스코와 동료 형제들의 행적」
「형제회 편지」	「형제회에 보낸 편지」
「AnalTOR」	「Analecta Tertii Ordinis Regularis S. Francisci」. Romae. Apud Curiam generalitiam, 1933 ss.
「Antoni」	「Antonianum」. Periodicum trimestre Pontificiae Universitatis Antonianum de Urbe, Roma, 1926 ss.
「ArchFrancHist」	「Archivum Franciscanum Historicum」. Periodica pubblicatio trimestris cura PP. S. Bonaventurae, Quaracchi – Grottaferrata (Roma), 1908 ss.
「CathEncy」	「New catholic encyclopedia I-XV」, 2^a ed., edit. by Berard L. Marthaler e. A., Thomsom Gale, 2003.
「CCL」	「Corpus christianorum. Series latina」, Typographi Brepols editores pontificii, 1953 ss.
「CollFranc」	「Collectanea francescana」. Periodicum cura Instituti Historici Ordinis Fratrum Minorum Capuccinorum editum, Assisi – Roma, 1931 ss.
「CommBibl」	「Nuovo grande commentario biblico」. Edizione interamente rinnovata, 2^a ed., edit. by Raymond E. Brown – Joseph A. Fitzmyer – Roland E. Murphy, ed. it. a cura di Flavio Dalla Vecchia e. A. dall'ingl., Ed. Queriniana, 1997.
「Concil」	「Concilium」. Rivista internazionale di teologia, Brescia, 1965 ss.
「Cord」	「The Cord」. A Franciscan Spiritual Review, published quarterly by the Franciscan Institute at St. Bonaventure University, St. Bonaventure (N.Y.), 1950 ss.
「CuadFranc」	「Cuadernos Franciscanos」. CEFEPAL, Santiago del Chile, 1968 ss.

「DizAbba」　「Dizionario di filosofia di Nicola Abbagnano」, a cura di Giovanni Fornero, 3ª ed., UTET Libreria, 2006.

「DizAgos」　「Agostino. Dizionario enciclopedico」, a cura di Allan D. Fitzgerald, ed. it. a cura di Luigi Alici e Antonio Pieretti, Città Nuova Ed., 2007.

「DizBona」　「Dizionario bonaventuriano. Filosofia . Teologia . Spiritualità」, a cura di Ernesto Caroli, Ed. Francescane, 2008.

「DizCrit」　Lacoste Jean-Yves, 「Dizionario critico di teologia」, ed. it. a cura di Piero Coda dal fr., Borla – Città Nuova Ed., 2005.

「DizFran」　「Dizionario francescano. Spiritualità」, a cura di Ernesto Caroli, 2ª ed., Padova, Ed. Messaggero Padova, 2002.

「DizMedi」　「Dizionario enciclopedico del medioevo」1 - 3, ed. it. a cura di Claudio Leopardi dal fr., Città Nuova Ed., 1998-1999.

「DizMist」　「Dizionario di Mistica」, a cura di Borriello Luigi – Caruana Edmondo e. A., Libreria Editrice Vaticana, 1998.

「DizNissa」　「Gregorio di Nissa: Dizionario」, a cura di Lucas Francisco Mateo-Seco – Giulio Maspero, Città Nuova Ed., 2007.

「DizPatr」　「Nuovo dizionario patristico e di antichità cristiane」, diretto da Angelo Di Berardino, 2ª ed., Marietti, 2006-2008.

「DizSpir」　「Nuovo dizionario di spiritualità」, a cura di Stefano De Fiores e Tullo Goffi, Paoline, 1979.

「DizTeol」　K. Rahner – H. Vorgrimler, 「Dizionario di Teologia」, ed. it. a cura di Giuseppe Ghiberti – Giovanni Ferretti dal ted, Morcelliana, 1968.

「DizTeolNu」　H. Vorgrimler, 「Nuovo dizionario teologico」, EDB, 2004.

「EnciCatto」	「Enciclopedia Cattolica I-XII」, Ente per l'Enciclopedia cattolica e per il libro cattolico, 1948-1954.
「EnciFilo」	「Enciclopedia filosofica 1-8」, a cura di Centro di studi filosofici, Lucarini, 1982.
「FF」	「Fonti francescane. Nuova edizione. Scritti e biografie di san Francesco d'Assisi. Cronache e altre testimonianze del primo secolo francescano. Scritti e biografie di santa Chiara d'Assisi. Testi normativi dell'Ordine Francescano Secolare」, a cura di Ernesto Caroli, Ed. Francescane, 2004.
「Fontes」	「Fontes franciscani」, a cura di E. Menestò - S. Brufani e. A., Apparati di G. Boccali, Ed. Porziuncola, 1995.
「FormaSor」	「Forma Sororum」. Rivista delle Clarisse d'Italia, Perugia, 1964 ss.
「FrateFranc」	「Frate Francesco」. Rivista trimestrale di cultura francescana, Assisi – Milano – Roma – San Marino, 1924 ss.
「GreyRev」	「Greyfriars Review」. published four times a year under the auspices of the Franciscan Institute, St. Bonaventure University, St. Bonaventure (N.Y.), 1987 ss.
「ItalFranc」	「L'Italia Francescana」. Rivista della conferenza dei Ministri Provinciali dei Frati Minori Cappuccini, Roma, 1926 ss.
「Itin」	Bonaventura da Bagnoregio, 「Opere di san Bonaventura. Opuscoli teologici 1. Sancti Bonaventurae opera V-1」, ed. latino – italiano a cura di Jacques Guy Bougerol – Cornelio Del Zotto – Leonardo Sileo, tr. di Silvana Martignoni e. A., Città Nuova Ed., Roma, 1993.
「Laur」	「Laurentianum」. Comentarii quartrimestres cura Collegii Internationalis S. Laurentii a Brindisi Fratrum Minorum Capuccinorum in Urbe, Roma, 1960 ss.

「LegMir」	Bonaventura da Bagnoregio, 「Tractatus de miraculis」, 「Fontes」, p. 912-961.
「LessKittel」	Kittel Gerhard e. A., 「Grande lessico del Nuovo Testamento」 Vol. IV. VII. X, ed. it. a cura di F. Montagnini e. A., Paideia, 1968. 1971. 1975.
「MiscFranc」	「Miscellanea francescana」. Rivista trimestrale di scienze teologiche e di studi francescani, a cura dei professori della Pontificia Facoltà Teologica "S. Bonaventura" dei Frati Minori Conventuali, Foligno-Roma, 1886 ss.
「OpusEsser」	Franciscus Assisiensis, 「Opuscula sancti Patris Francisci Assisiensis」, denuo edidit iuxta codices mss. Caietanus Esser, Editiones Collegii S. Bonaventurae, 1978.
「SelecFranc」	「Selecciones de franciscanismo」. Revista cuatrimestral, Valencia, 1972 ss.
「I Sent」	Bonaventura da Bagnoregio, 「Commentaria in quatuor libros Sententiarum magisteri Petri Lombardi. Tomus I. In primum librum Sententiarum」. Doctoris seraphici S. Bonaventurae s.r.e. episcopi cardinalis Opera omnia, Typographia Collegii S. Bonaventurae, 1882.
「II Sent」	Bonaventura da Bagnoregio, 「Commentaria in quatuor libros Sententiarum magisteri Petri Lombardi. Tomus II. In secundum librum Sententiarum」. Doctoris seraphici S. Bonaventurae s.r.e. episcopi cardinalis Opera omnia, Typographia Collegii S. Bonaventurae, 1885.
「III Sent」	Bonaventura da Bagnoregio, 「Commentaria in quatuor libros Sententiarum magisteri Petri Lombardi. Tomus III. In secundum librum Sententiarum」. Doctoris seraphici S. Bonaventurae s.r.e. episcopi cardinalis Opera omnia, Typographia Collegii S. Bonaventurae, 1887.

『StudFranc』	『Studi francescani』[antes "La Verna"]. Trimestrale di vita culturale e religiosa a cura dei Frati Minori, Firenze, 1903 ss.
『Tau』	『Tau』. A journal of research into the vision of Francis, Bangalore (India), 1976 ss.
『VitaMin』	『Vita minorum』. Rivista di spiritualità e formazione interfrancescana, Venezia-Montegrotto Terme (Padova), 1929 ss.

기타

a.	절(articulum; 예를 들면, 제1절)
ca.	약(circa)
cap.	장(capitolo; 예를 들면, 제1장)
capp.	장들(capitoli)
cf.	참조
Co.	회사
cod.	사본
Coll.	모음집(Collana)
d.	편(distinctio; 예를 들면, 제1편)
dub.	의문(dubium; 예를 들면, 의문 1)
ecc.	기타(eccetera)
Ed.	출판사
ed.	판(edizione)
edit.	편집(edited)
f.	항(fundamentum; 예를 들면, 1항)
fr.	프랑스 말
ingl.	영어
it.	이탈리아 말
lat.	라틴 말
n.	숫자(numero)

nn.	숫자들(numeri)
ol.	네덜란드 말
p.	쪽
port.	포루투칼 말
pp.	쪽들
Prol.	머리말
q.	문제(quaestio; 예를 들면, 문제 1)
sec.	세기
sp.	스페인 말
ted.	독일 말
tr.	번역
un.	단독(unicus)
v.	절(verso)
vv.	구절들(versi)
Vol.	권(volume)

성경

코헬	코헬렛
이사	이사야서
갈라	갈라티아 신자들에게 보낸 서간
로마	로마 신자들에게 보낸 서간
루카	루카 복음서
마르	마르코 복음서
마태	마태오 복음서
에페	에페소 신자들에게 보낸 서간
요한	요한 복음서
1코린	코린토 신자들에게 보낸 첫째 서간
2코린	코린토 신자들에게 보낸 둘째 서간
콜로	콜로새 신자들에게 보낸 서간
1티모	티모테오에게 보낸 첫째 서간

차례

추천의 글 3
약어 8
서론 21
  1. 논문의 주제와 주요 목표들 21
  2. 현재까지의 연구 상황 24
  3. 연구의 원천 자료들과 연구 방법 33
  4. 논문의 구조 34
제1장 칼 라너의 신비 신학 39
  1.1. 신비체험의 어원적 의미와 신비체험 논쟁 40
    1.1.1. 신비체험의 어원적 개념 및 왜곡화 40
    1.1.2. 20세기에 전개된 신비체험 논쟁 52
  1.2. 칼 라너 신비 신학의 모체인 초월 신학 64
    1.2.1. 초월적 방법론 65
    1.2.2. 초월적 존재에 대한 라너의 관점 70
      1.2.2.1. 존재론적 물음의 필연성과 초월성 70
      1.2.2.2. 존재와 인식의 원천적 동일성 72
      1.2.2.3. 존재 소유의 유비 74
    1.2.3. 초월적 인간에 대한 라너의 관점 76
      1.2.3.1. 인간: 존재에로 열려진 초월적 영 76
      1.2.3.2. 인간: 인식과 의지의 일치로서의 사랑 78
      1.2.3.3. 인간: 계시를 듣는 역사적 영 83
      1.2.3.4. 인간: 절대 초월을 지향하는 초월 88

1.2.4. 초월적 체험 90
   1.2.5. 신비로서의 초월의 지평 94
  1.3. 칼 라너의 신비 신학 98
   1.3.1. 신비 신학의 정체 99
    1.3.1.1. 신비체험: 하느님의 자기 양여로서의 초월 체험 100
    1.3.1.2. 신비체험: 하느님의 자기 양여로서의 은총 체험 104
    1.3.1.3. 신비체험: 하느님의 자기 양여로서의 계시와 믿음 체험 107
    1.3.1.4. 신비체험: 성령의 체험 113
   1.3.2. 라너 신비 신학의 새로운 지평: 신비 체험의 일상성, 익명성, 보편성 118
  1.4. 요약 123

제2장 신비체험의 개념 126
  2.1. 신비체험의 대상: 신비 127
   2.1.1. 신비의 개념 135
    2.1.1.1. 신약 성경에 나타난 신비 개념 137
    2.1.1.2. 신비의 신학적 개념 142
   2.1.2. 신비의 특성들 150
   2.1.3. 신비와 영의 관계 154
  2.2. 신비체험의 방법으로서의 관상 161
   2.2.1. 관상의 개념 164
   2.2.2. 관상의 특성들 177
  2.3. 신비체험의 목적으로서의 '사랑의 일치' 179
   2.3.1. '사랑의 일치'의 개념 182
   2.3.2. '사랑의 일치'의 특성들 190
  2.4. 신비체험의 정의 192
  2.5. 요약 198

제3장 신비체험의 대상으로서의 신비 204
  3.1. 신비로서의 "영" 206
   3.1.1. 창조되지 않은 신비로서의 "영" 208
    3.1.1.1. 대문자 "에스"(S)로 사용된 영(Spiritus) 209
    3.1.1.2. 주님의 영 214

3.1.1.2.1. 삼위일체 하느님의 세 위격과 관계 있는 주님의 영 214
　　　3.1.1.2.2. 인간 존재 안에 현존하는 주님의 영 221
　　3.1.2. 창조된 신비로서의 영(spiritus) 231
　　　3.1.2.1. 인간 안에 현존하는 신비로서의 창조된 영 232
　　　3.1.2.2. 모든 피조물 안에 현존하는 신비로서의 창조된 영 239
　3.2. 신비로서의 선 247
　　3.2.1. 존재론적 선 249
　　3.2.2. 절대 선에로 지향된 인간 존재 255
　3.3. 신비로서의 덕 262
　　3.3.1. 존재론적 덕 262
　　3.3.2. 완전한 덕의 신비이신 그리스도 270
　　　3.3.2.1. 모든 덕들의 꽃이신 그리스도 270
　　　3.3.2.2. 십자가의 그리스도: 악습을 몰아내는 덕 277
　　　3.3.2.3. 그리스도의 구원 사건들의 일치 286
　　3.3.3. 삼위일체 신비의 본질적 속성인 덕 298
　　　3.3.3.1. 「하느님 찬미」에 대한 그리스도론적 해석 303
　　　3.3.3.2. 「하느님 찬미」: 하느님 중심적이고 삼위일체적인 해석 312
　3.4. 요약 323

제4장 신비체험의 방법으로서의 관상 327
　4.1. 프란치스코의 글에 나타난 "비데레"(videre) 동사의 의미 329
　　4.1.1. 육체적 바라봄 329
　　4.1.2. 영적인 바라봄 331
　　　4.1.2.1. 성부 하느님 332
　　　4.1.2.2. 성자 하느님 334
　　　4.1.2.3. 축성된 빵과 포도주 339
　　　4.1.2.4. 선과 덕과 구원의 신비 344
　　4.1.3. 지복직관 348
　4.2. 프란치스코의 관상 354
　　4.2.1. 범주적 대상을 통한 관상 355
　　4.2.2. 범주적 대상을 통하지 않는 관상 365

4.3. 프란치스코의 관상과 감각들 382
　4.3.1. 관상과 신비적 감각들의 관계 382
　4.3.2. 프란치스코의 글에 나타난 다섯 가지 신비적 감각들 387
　4.3.3. 「태양 노래」에 나타난 신비적 감각들 392
4.4. 받아들임과 깨달음과 믿음으로서의 관상 396
4.5. 관상의 방법 402
　4.5.1. 무방법의 방법 402
　4.5.2. 수동적 방법 403
　4.5.3. 「권고」 16에 나타난 관상의 원리 414
4.6. 요약 420

제5장 신비체험의 목적으로서의 사랑의 일치 424
5.1. '거룩하게-됨' 426
　5.1.1. 프란치스코의 글에 나타난 "거룩하게-하다" 동사의 의미 428
　　5.1.1.1. 그리스도의 '거룩하게-됨' 429
　　5.1.1.2. 믿는이들의 '거룩하게-됨' 436
　5.1.2. '거룩하게-됨': 삼위일체 신비와의 일치 440
　5.1.3. '거룩하게-됨': 삼위일체의 찬란함(영광)에 대한 관상 447
5.2. '그리스도가-됨' 451
　5.2.1. 프란치스코의 글에 나타난 '그리스도 따름' 451
　　5.2.1.1. "완전하게 됨"으로서의 '그리스도 따름' 455
　　5.2.1.2. '그리스도가-됨'으로서의 '그리스도 따름' 460
　5.2.2. 십자가의 신비 안에서 실현된 '그리스도가-됨' 467
　5.2.3. 프란치스코가 추구한 '그리스도-됨'의 사례들 478
　　5.2.3.1. 동냥 478
　　5.2.3.2. 발을 씻어줌 484
　　5.2.3.3. 벌레가 됨 491
　　5.2.3.4. 견딤 499
5.3. '하느님이-됨' 506
　5.3.1. '주님의 영'의 거룩한 활동 507
　5.3.2. 주님의 거처와 집 518

5.3.3. 신비 안에서 펼쳐지는 우주적이고 삼위일체적인 일치 532
      5.3.3.1. 신비적 가족의 특성들 532
         5.3.3.1.1. 정배성 537
         5.3.3.1.2. 부성 안에서의 형제성과 자성 543
         5.3.3.1.3. 모성 546
      5.3.3.2. 삼위일체적 가족 안에서 이루어지는 우주적이며 형제적인 일치 553
   5.4. 요약 564

결론 568
   1. 프란치스코 신비체험의 본질과 관련된 연구 결과들 569
   2. 프란치스코 신비체험의 특성들 574

참고 문헌 581
   1. 원천들 581
   2. 칼 라너의 글들 585
   3. 칼 라너에 관한 연구들 588
   4. 프란치스칸 사상에 관한 연구들 590
   5. 신비체험에 관한 연구들 612
   6. 기타 연구들 626
   7. 기타 633

논문을 출판하면서 637

서론

1. 논문의 주제와 주요 목표들

아씨시 프란치스코(1181/1182-1226)에게 주어진 여러 칭호들 가운데 가장 놀라운 것은 "제2의 그리스도"(alter Christus)[1]라는 칭호로서, 이는 하느님에 대한 그의 신비 체험이 얼마나 탁월한지를 단적으로 보여 주는 증거라 하겠다. 아씨시의 이 신비가는 의심할 나위없이 그리스도교 역사에서 가장 빛나는 신비가들 가운데 한 사람으로 기록되어 있다. 그러나 그는 자신의 "신비 체험"이나, "신비체험"[2] 및 관상에 관한 그의 입장, 또는 신비 체험의 내용이나 방법에 대해 체계적인 글을 전혀 남겨 놓지 않았다. 그렇다고 해서 이러한 사실이 그의 신비체험의 정체를 밝혀낼 수 없음을 뜻하는 것은 아니다. 왜냐하면 하느님의 신비에 대한 각각의 독창적 체험들은 이 체험에 대한 객관적이고 언표적인 반성과 구분될 뿐만 아니라[3], 프란치스코가 남겨 놓은 적잖은 글들은 그 대부분이 피할 수 없이 그의 고유한 체험들로부터 흘러나온 결과들이기에 어떤 형태로든 이 글들 안에

---

[1] 「행적」 6,1.
[2] "미스티카"(la mistica)라는 이탈리아 말은 신비에 대한 체험과 그에 관한 이론을 동시에 함축하는 어휘로, 두 낱말로 이루어진 '에스페리엔자 미스티카'(esperienza mistica), 즉 "신비 체험"이라는 표현과 구분하기 위해 이 논문에서는 "신비체험"이라 붙여 적었다.
[3] 참조: K. RAHNER, 「Esperienza della trascendenza dal punto di vista dogmatico cattolico」, 『Nuovi saggi VII』, 258.

숨겨져 있는 그의 체험을 반성해 낼 수 있기 때문이다. 뿐만 아니라 초기 프란치스칸 원천들 또한 프란치스코가 살아온 영적인 삶의 중요한 요소들을 해독해 내고 설명하는 데 유용한 자료들을 제공해 준다. 따라서 이러한 전기 자료들이 제공해 주는 문헌적 도움을 받아, 프란치스코의 글 안에 담겨 있는 신학적 성찰을 분석하면, 그의 신비 체험의 본질을 추론해 낼 수 있다[4].

이러한 가능성을 전제로 "칼 라너 신비 신학의 관점에서 비추어 본 아씨시 프란치스코의 신비체험의 본질"이라는 주제 아래 이 논문이 전개될 것이다. 물론 예수회원인 라너(K. Rahner, 1904-1984)는 프란치스코의 신비체험을 탐구하거나 프란치스코와 직접적인 관련이 있는 학자는 아니다. 그럼에도 불구하고 프란치스코의 신비체험을 라너 신학의 관점에서 조명하고자 하는 이유는, 인간학적이고 형이상학적이며 교의 신학적인 지평 위에 정초된 라너의 신비 신학으로부터 프란치스코의 실천적 신비체험의 본질을 풀어낼 수 있는 몇몇 해석학적 준거들을 끌어낼 수 있고, 이를 바탕으로 프란치스코 신비체험의 본질을 밝히는 것이 가능하기 때문이다. 시간적으로 멀리 떨어져 있는 이 두 신비가를 이렇게 접근시키고자 하는 착상은 이들 사이에 공통점이라고 할 수 있는 어떤 유사성으로부터 비롯되었다. 13세기 신비가인 아씨시 프란치스코는 실천적이고 구체적인 차원에서 모든 사람들이 하느님의 신비를 관상하며 하느님과 일치할 수 있는 신비체험의 보편적인 길을 이미 중세에 열어 놓았고, 20세기 신비가인 칼 라너는 신비 체험을 할 수 있는 인간의 존재론적 구조와 그 보편적 가능성을 지난 세기에 초월적 관점에서 심오하게 탐구하면서 신비 신학을 체계화해 놓았다[5]. 이 두 신비가의 공통적 특성은, 역사

---

[4] 참조: O. SCHMUCKI, 「The mysticism of st. Francis in his writings」, 247; J. HAMMOND, 「Saint Francis's doxological mysticism in light of his prayers」, 『Francis of Assisi. History, hagiography and hermeneutics in the Early Documents』, 112-113.

[5] 참조: S. RAKOCZY, 『Great mystics and social justice』, 12-14.

적 관점에서 바라보면, 신비 체험의 보편성과 관련하여 새로운 지평을 열어 놓았다는 점이다. 그러한 공통성을 바탕으로 라너의 신비신학을 척도 삼아 프란치스코의 신비체험을 해석할 때 그 본질이 보다 분명하게 밝혀질 수 있다고 여겨진다. 이러한 본질 규명은 이 논문이 지향하는 가장 중요한 목표이다.

논문의 주요 목표에 도달하기 위해 먼저 라너 신비 신학의 정체를 살펴볼 것이다. 그 이유는 신비체험의 의미를 새롭게 규정하기 위한 몇몇 해석학적 기준들을 라너의 신비 신학으로부터 추론하여 이를 바탕으로 프란치스코의 신비체험의 본질을 측정할 수 있기 때문이다. 현대 신학에 들어오면, 신비체험의 정의들이 수없이 다양하게 제시되는데, 이 때문에 일부 신학자들은 "신비체험"(mistica)이라는 용어가 대단히 모호하고 다의적이라고 비판한다. 따라서 신비체험의 정의를 보다 더 명확하게 다시 규명할 필요가 있으며, 이러한 규명은 크리스천이든 아니든 종교인이든 아니든 신비 체험은 모든 인간의 보편적 현상이라는 신학적 기초 위에 정립된 라너의 신비 신학 안에서 가능하다고 판단된다. 이 같은 지평에서 신비체험의 개념이 정확하게 밝혀지면, 신비체험은 크리스천의 보편적이고 정상적인 체험으로서 크리스천 믿음 체험과 영적 체험의 중심에 자리하고 있음이 분명하게 드러날 것이다. 이는 이 논문의 첫 부분에서 목표하는 가장 중요한 과제이다.

그리고 신비체험의 의미를 고찰하면서 신비체험의 본질적인 세 요소들, 즉 신비체험의 대상으로서의 신비, 신비체험의 방법으로서의 관상, 신비체험의 궁극적 목표로서의 사랑의 일치를 명확하게 밝혀낼 것이다. 아울러 이런 고찰을 통하여 신비체험과 관상의 관계도 뚜렷하게 규명할 것이다. 이러한 점들 또한 이 논문이 지향하는 주요 목표들이다.

그 다음에 이 논문에서 규정한 신비체험의 개념에 따라 프란치스코의 보편적이고 대중적인 신비체험의 본질을 살펴볼 것이다. 사실 프란치스코는 13세기에 이미 신비체험의 역사에 있어서 새로운 전환을 이룩한 예언자적 신비가이다. 그러나 일부 프란치스칸 학자들은 프란치스코의 생애에서 볼 수 있는 예외적이고 특별한 몇몇 비교적(秘敎的) 현상들, 예를 들면, 스폴레토 계곡에서의 꿈, 잘 치른 어느 저녁 잔치 후에 아씨시 거리를 걷다 갑작스레 맞게 된 주님의 방문, 아씨시 변두리 동굴에서 주님과 주고받은 비밀스런 대화, 나환자와의 만남과 얽혀진 일화, 성 다미아노 성당의 십자가 앞에서 '못 박히신 그리스도'와 나눈 대화, 가난한 자매들과 함께 식사를 하다 갑자기 들어가게 된 황홀경, 라 베르나에서의 오상과 관계된 사건들 등을 강조하면서, 아직도 '전통적인' 관점에서 프란치스코의 신비 체험을 조명한다[6]. 이 논문에서는 이러한 '전통적인' 관점은 폐기할 것이고, 평범하고 정상적이며 단순한 삶을 통하여 펼쳐진 프란치스코의 실천적이고 일상적인 신비체험의 본질과 특성에 집중할 것이다. 그럼으로써 프란치스칸 영성의 핵심에 자리하고 있는 프란치스코 신비체험의 정체를 밝혀낼 것이다. 이는 이 논문의 후반부에서 지향하는 가장 중요한 목표이다.

2. 현재까지의 연구 상황

프란치스코의 신비 체험에 관한 연구는 아직까지도 많이 미흡한 상태라고 하겠으나[7], 그렇다고 최근 백 년 동안 이 주제에 관심을 두었던 학자들이 결코 소수만도 아니다. 예를 들면, 다니엘 하월 싱클레어 니콜슨(Daniel Howard Sinclair Nicholson, 1883-?), 레오 브라칼로니(Leo Bracaloni, 1885-1975), 마리아 피아 보르게세(Maria Pia Borghese, 1881-1947), 쿨벝 헤스 브링턴(Cuthbert Hess of Brighton, 1881-1939),

---

[6] 참조: E. LONGPRÉ, 「Francesco d'Assisi e la sua esperienza spirituale」, 179-190; B. COMMODI, 「Francesco d'Assisi e Angela da Foligno」, 111-119.130-139.150-160; G. ZOPPETTI, 「Contemplazione e azione in San Francesco」, 23-29.

[7] 참조: O. SCHMUCKI, 「Saggio sulla spiritualità di san Francesco」, 350.

로볼 칸식(Robert Cancik), 안톤 로체터(Anton Rotzetter, 1939-), 이스나를 빌헬름 프랑크(Isnard Wilhelm Frank), 에프렘 롱프레(Efrem Longpré, ? -1965), 루이 앙투안(Louis Antoine), 스테판-조셉 피아(Stéphane-Joseph Piat, 1899-1968), 셀소 마르시오 테쎄이라(Celso Marcio Teixeira, 1944-), 레오나르도 이쬬(Leonardo Izzo, 1940-), 헬레네 놀테니우스(Helene Nolthenius) 등을 들 수 있다. 이 가운데 니콜슨부터 프랑크까지의 학자들이 연구한 결과에 관해서는 옥타비안 슈무키(O. Schmucki)의 「성 프란치스코의 글에 나타난 신비주의」를 참고할 수 있고[8], 롱프레부터 놀테니우스까지의 연구 결과에 대해서는 주세페 프라스카(G. Frasca)의 「아씨시 프란치스코의 신비 체험」을 참고할 수 있다[9].

지금까지 지적한 학자들 이외에 프란치스코의 신비체험에 관한 중요한 연구들을 몇 가지 더 지적할 수 있겠고, 이를 연대순에 따라 정리하면 다음과 같다.

(1) 이윌 힐러리 커즌스(Ewert Hilary Cousins, 1927-2009)의 「아씨시의 프란치스코: 십자가의 길에서 전개되는 크리스천 신비주의」[10]. 이 논문에서 예수회원이었던 저자는 "중세에 가장 탁월하게 신비 체험을 한…프란치스코로부터 - 그리스도의 인간성과 수난에로 수렴된 - 신심의 흐름이 민중들에게 널리 확산되고 그 이후 수백 년 동안 서양의 종교적 감각의 특징적인 형태가 되었다"[11]는 의미에서, 프란치스코가 신비주의의 혁신자임을 강조한다. 그리고 그리스도의 인간성에 대한 신심과 관련하여, 이 미국인 저자는 프란치스코의 신비체험을 "역사적 사건의 신비주의"라고 규정하는데, 그 까닭은 프란치스코가 과거의 어떤 의미 있는 사건을 회상하면서 이 사건의 드라마 속으로 들어가고 궁극적으로는 이 사건 자체를 뛰어넘어 하느님

---

[8] 참조: O. SCHMUCKI, 「The mysticism of st. Francis in his writings」, 241-246.
[9] 참조: G. FRASCA, 「L'esperienza mistica di Francesco d'Assisi」, 44-62.
[10] 참조: E. H. COUSINS, 「Francis of Assisi: Christian mysticism at the Crossroads」, 「Mysticism and Religious Traditions」, 1983, 163-190.
[11] 위와 같은 책, 165.

과의 일치에로 나아가기 때문이다. 그러나 이 저자는 신비체험의 개념을 '전통적인' 관점에서 이해하고 있을 뿐만 아니라, 프란치스코의 글에 나타난 관점을 바탕으로 연구하고 있지 않다.

(2) 옥타비안 슈무키(Octavian Schmucki, 1927-)의 「프란치스코의 글에 나타난 신비주의」[12]. 이 논문에서 저자는 「유언」 1-3, 「비인준 규칙」 22, 두 개의 「신자 편지」, 「덕 인사」, 「태양 노래」 등 몇몇 프란치스코의 글들을 예리하게 분석하면서 프란치스코의 신비 체험을 조명한다. 스위스 출신의 이 카푸친 작은 형제는 근본적인 수동성, 하느님 사랑의 감미로움, 하느님을 닮음, 삼위일체의 머무심, 각 영혼 안에서 하느님이 새롭게 탄생하심, 하느님 및 그리스도와의 정배적 일치, 십자가에 못 박히신 그리스도를 따라감, 가시적인 것으로부터 비가시적인 것에로 나아가는 신비적 역동성, 우주적 형제성 등을 강조하면서 몇몇 초기 프란치스칸 전기 자료들도 분석한다. 이 저자는 이렇게 프란치스코의 글과 전기에서 찾아볼 수 있는 프란치스코의 신비 체험을 꿰뚫어 보고자 시도하지만, 이를 체계적으로 정리하는 데까지는 나아가지 못한다.

(3) 버낟 맥긴(Bernard McGinn, 1937-)의 『신비주의의 융성. 하느님의 현존: 서양 그리스도교 신비주의의 역사 제3권』 중 "서론"과 "제1장"[13]. 이 미국 평신도 신학자는 이 저서에서 프란치스코와 클라라가 13세기에 꽃핀 새로운 신비체험의 가장 탁월한 대표자로서 모든 그리스도인들이 참여할 수 있는 신비체험의 길을 "민주적"(democratico)으로 열어 놓았음을 밝힌다. 그러나 이 저자는 프란치스코의 신비체험을 규명하기 위해서 반드시 참고해야 할 프란치스코

---

[12] 참조: O. SCHMUCKI, 「The mysticism of st. Francis in his writings」, 『GreyRev』 3 (1989), 241-266. 이 논문의 원문은 1986년에 독일어로 쓰여졌다.

[13] 참조: B. MCGINN, 『The Flowering of Mysticism. Men and Women in the New Mysticism 1200-1350. Vol. III of The Presence of God: A History of Western Christian Mysticism』, 1994, 1-69.

의 글을 다루지 않고, 주로 초기 전기 자료들에 의존하여 프란치스코의 신비 체험을 논한다.

(4) 에딜 반 덴 고르베릏(Edith van den Goorbergh)과 테오도르 즈베르만(Theodore Zweerman)의 『아씨시의 프란치스코. 그의 영성의 근원과 초점들』[14]. 클라라회의 고르베릏과 작은 형제회의 즈베르만은 공동으로 연구한 이 저서에서 프란치스코의 신비 체험을 밝혀내기 위하여 프란치스코의 글을 구조주의와 성경의 관점에서 예리하고 치밀하게 분석한다. 그러나 네덜란드 출신의 이 두 저자는 프란치스코 신비 체험의 깊은 세계를 날카롭게 꿰뚫고 있음에도 불구하고, 이들의 연구 결과들, 특히 구조주의적 관점에서 정교하게 분석한 몇몇 글들에 대한 연구 결과는 과도한 주관주의에로 빗나가고 말았다.

(5) 베르나르도 콤모디(Bernardo Commodi, 1945-)의 『아씨시의 프란치스코와 폴리뇨의 안젤라. "너는 나의 유일한 딸이다"』[15]. 이탈리아 출신의 콘벤투알 작은 형제인 이 저자는 두 신비가의 여러 영성 주제들을 비교하는 가운데 3개의 장들에서 프란치스코의 신비 체험을 논하고 있으나, 신비체험을 탈혼이나 황홀경, 환시 등과 같은 체험으로 이해하면서 '전통적인' 관점에서 프란치스코의 신비체험을 조명하고 있다.

(6) 이재성 보나벤투라(1946-)의 『신비가 프란치스코. 프란치스코의 신비에로의 안내』[16]. 석사 학위로 작성된 이 논문에서 저자는 프란치스코의 글을 분석함으로써 프란치스코가 참으로 신비가임을 밝

---

[14] 참조: E. GOORBERGH - T. ZWEERMAN, 『Respectfully yours: Signed and sealed, Francis of Assisi. Aspects of his authorship and focuses of his spirituality』, 2001, 435 pp. 이 작품은 1998년에 네델란드어로 쓰여졌다.
[15] 참조: B. COMMODI, 『Francesco d'Assisi e Angela da Foligno. "Tu sei la sola nata da me"』, 2001, 111-119.130-139.150-160.
[16] 참조: J. S. LEE, 『Francis the mystic. A guide to the mysticism of Francis』, 2000,139 pp. 이 논문은 2002년 『신비가 프란치스코. 프란치스코의 신비에로의 안내』(고계영 옮김, 프란치스칸 사상 연구소, 223)라는 제목으로 번역되었다.

히고 있다. 그리고 논문의 결론으로 저자는 신학적 덕들(믿음, 희망, 사랑)의 보편적 차원에서 프란치스코 신비체험의 특성을 다음과 같이 제시한다: 피조물들을 통하여 하느님의 신비를 관상하는 성사론적 관점, 피조물들의 고통 안에서 그리스도의 고통을 관상함, 그리스도의 의지를 받아들이기 위하여 자기 의지를 포기함, 모든 선을 하느님께 돌려드림, 교회에 현존하시는 우주적 그리스도, 삼위일체 신비. 이 논문에서 저자는 고르베롱과 즈베르만의 구조주의적 분석을 긍정적으로 심화시키고 있다.

(7) 요하네스 프라이어(Johannes B. Freyer, 1953-)의 「프란치스칸 원천에 나타난 신비체험」[17]. 이 논문에서 독일 출신의 작은 형제회 소속인 저자는 전기 자료를 바탕으로 프란치스코가 신비가임을 밝히고 있다. 이 저자는 헬레네 놀테니우스의 『스폴레토 계곡 출신의 사나이, 프란치스코』에 소개된 다섯 단계에 따라 프란치스코의 영적 여정을 조명하는데, 그 단계들은 다음과 같다: 1203년경부터 1205년 사이의 회개, 1205년부터 1208년 혹은 1209년 사이의 정화, 1208년 혹은 1209년 즈음의 조명, 이 즈음부터 1220년 사이의 어둔 밤, 1220년부터 1223년 혹은 1224년 사이의 마지막 신비 단계, 즉 신비적 일치기. 이 논문의 끝 부분에 가서 저자는 프란치스코의 글에 나타난 신비체험을 대단히 간략하게 언급한다.

(8) 클라우디오 레오나르디(Claudio Leonardi, 1926-2010)가 편집한 『프란치스칸 문학 제1권』의 "서론"[18]. '프란치스칸 원천'에 대한 또 다른 형태의 새 비판본 서론에서 이탈리아 출신의 중세 전문가인 저자는 역사적, 사회적, 문화적, 신학적 관점에서 프란치스코의 신비체험을 조명하면서, 이를 중세의 정주승적 신비체험과 구별하는 가운

---

[17] 참조: J. FREYER, 「La mística en las Fuentes franciscanas」, 『CuadFranc』 142 (2003), 85-100.

[18] 참조: C. LEONARDI, 「Introduzione」, 『La letteratura francescana. Vol. I』, 2004, xiii-cxxvii.

데 그 특징들, 즉 개혁적이고 새로운 차원, 역사적이고 신비적인 가난, 하느님 말씀과 설교, 관상적 삶과 활동적 삶의 공존, 하느님 안에서 실현되는 인간의 신비적 변형으로서의 '그리스도를 따름', 영광스럽게 '하느님이-되었다'는 표지로서의 다섯 상처, 그리스도론과 성령론을 가능하게 하는 삼위일체 신비의 체험, 민주적 관점, 침묵의 신비체험을 강조한다. 이 저자는 또한 "서론"에서 프란치스코의 글을 신비적 관점에서 조명한다.

(9) 제이 해몬드(Jay M. Hammond)의 「성 프란치스코의 기도문들로부터 비추어 본 영광의 신비주의」[19]. 이 논문에서 평신도 신학자인 저자는 「십자가 기도」, 「비인준 규칙」 23, 「하느님 찬미」, 「태양 노래」 같은 프란치스코의 기도문들에 나타난 하느님의 체험을 규명하는 가운데, 프란치스코가 하느님께 모든 찬미와 영광과 감사와 영예와 찬양과 선을 돌려드린다는 의미에서 그의 신비체험은 영광의 특성을 지닌다고 주장한다.

(10) 주세페 프라스카(Giuseppe Frasca)의 「아씨시 프란치스코의 신비 체험」[20]. 이 저서는 「그리스도론적 신비로부터 아씨시 프란치스코의 신비체험까지」라는 제목으로 발표된 박사 학위 논문을 출판한 것으로[21], 이탈리아 출신의 작은 형제인 저자는 이 저서에서 프란치스코의 신비 체험을 보나벤투라의 관점, 특히 세 겹의 길의 관점에서 조명하는 가운데, 프란치스코 신비체험의 파스카적이고 그리스도론적인 관점을 밝혀내고, 결론에 가서는 크리스천 신비체험의 본질적인 요소들 중 몇 가지 관점, 즉 그리스도론적이고 삼위일체적이며 성사론적인 차원을 강조한다. 그러나 이 저자는 신비 체험의 초기

---

[19] 참조: M. HAMMOND, 「Saint Francis's doxological mysticism in light of his Prayers」, 「Francis of Assisi. History, hagiography and hermeneutics in the Early Dacuments」, 2004, 105-152.
[20] 참조: G. FRASCA, 「L'esperienza mistica di Francesco d'Assisi」, 2005, 147 pp.
[21] 참조: G. FRASCA, 「Dal mysterion cristologico alla mistica di Francesco d'Assisi」, 2004, 260 pp.

단계에서의 하느님의 조명성, 즉 신비 체험은 하느님의 초자연적 은총 없이는 불가능하다는 사실을 과도하게 강조하면서, 프란치스코의 신비체험의 여정은 조명의 단계로부터 시작하여 긴 정화의 여정을 거친 후 라 베르나에서 신비 체험의 정점에 이른다고 해석한다.

지금까지 앞에서 언급한 다양한 연구들을 통하여 프란치스코 신비체험의 주요 측면들과 핵심적인 특징들은 밝혀졌다고 평가된다. 이제 우선적으로 필요한 것은 여기저기 흩어져 있는 연구들을 종합하여 이를 하나의 체계적인 구조로 정립하는 것이다. 이외에도 프란치스코의 신비 체험과 관련하여 명확하게 밝혀야 할 여러 문제들이 아직 미해결의 상태로 남아 있는데, 그 가운데 하나는 신비체험의 개념으로, 프란치스칸 학자들은 저마다 프란치스코의 신비 체험을 다음과 같이 다양하게 규정하고 있다: "신비주의는 삼위일체 하느님의 생명을 초자연적으로 나누는 직접적인 체험이다"[22]; "신비체험은 영적인 성장 과정으로 그 안에서 인간은 거룩한 것이라 체험한 것에로 직접 다가가고자 애쓴다"[23]; "신비주의는 생명과 존재의 신성함, 그리고 눈으로 볼 수 없고 초월적이며 무한히 풍요로운, 존재의 신성한 근원에 대한 경이요 경외다"[24]; "신비체험은 무엇보다도 신성과 관련된 비밀스런 인식이다"[25]; "신비체험은…인간의 영혼 안에서 이루어지는 하느님에 대한 체험이며 하느님의 현존에 대한 깨달음이다"[26]; "신비체험이란…믿는이들의 심연에 계시는 성령을 생생한 체험을 통해 인식하는 것이라 이해해야 한다"[27]. 신비체험의 개념에 대한 이러한 견해차를 해결해야 하는 과제는 프란치스칸들만의 숙제가 아니라 오늘날 현대 신학이 함께 풀어야 할 공동 과제이기도 하다.

---

[22] O. SCHMUCKI, 「The mysticism of st. Francis in his writings」, 246.
[23] H. NOLTHENIUS, 「Un uomo dalla valle di Spoleto」, 290.
[24] J. S. LEE, 「Francis the mystic」, 7.
[25] J. FREYER, 「La mística en las Fuentes franciscanas」, 85.
[26] C. LEONARDI, 「Introduzione」, 「La letteratura francescana. Vol. I」, xiv.
[27] G. FRASCA, 「L'esperienza mistica di Francesco d'Assisi」, 7.

이런 이유로 프란치스코의 신비체험의 본질을 검토하기 전에 먼저 신비체험의 정의를 정확하게 규정할 필요가 있으며, 이를 위해 그 준거로서 신비체험의 대상이나 방법, 목적 등과 같은 몇 가지 기준들이 필수적으로 요청된다. 그 후에 비로소 이러한 정확한 정의에 따라 프란치스코의 신비체험을 고찰할 수 있을 것이다.

명확하게 밝혀야 할 또 다른 과제는 크리스천 신비체험에 관한 최근의 연구와 관계가 있다. 지난 20세기에는 신비체험에 관한 논쟁이 대단히 격렬하게 전개되었으며, 이 논쟁을 통하여 신비 체험의 보편적 성소가 분명하게 밝혀졌다. 그리고 이러한 토론의 결과들을 바탕으로 일부 학자들은 프란치스코의 신비체험을 역사적 관점에서 재조명하기 위해 새로운 관점을 제시한다. 그러나 지금까지 이루어진 다양한 연구에도 불구하고 프란치스코의 신비체험의 정체성은 아직도 명료하게 규명되지 않은 상황에 처해 있다. 그런데 프란치스코는 이를 이미 8백 년 전에 단순하고 평범한 삶을 통하여 모든 사람들이 신비 체험을 할 수 있는 실천적인 차원에서 열어 놓았다.

프란치스코의 신비체험과 관련하여 규명되어야 할 또 다른 과제는 관상의 개념과 관계가 있다. 지금까지 여러 학자들이 프란치스코의 관상 개념을 밝히기 위하여 꽤 많은 노력을 기울여 왔으며, 이 가운데 몇 가지 사례를 들어보면 다음과 같다: 옥타비안 슈무키의 「"정신의 고요"(Mentis silentium). 초기 프란치스칸 수도회 안에서의 관상 프로그램」(1973); 엘리오도로 마리아니(Eliodoro Mariani)의 「관상의 일차성에 대하여」(1980), 마르티노 콘티(Martino Conti)의 「프란치스코의 삶과 클라라의 삶의 관상적 차원」(1986); 카를로 파올라찌(Carlo Paolazzi)의 「아씨시의 프란치스코와 "모든 것 안에 계신 모든 것"이신 하느님께 대한 관상」(1988); 클레어 앤드류 다우리아(Clare Andrew D'Auria)의 「프란치스칸 전통 안에서의 관상」(1989); 타데 마투라(Thaddée Matura)의 「주님을 향하는 마음. 프란치스코의 글에 나타난 크리스천 삶의 관상적 차원」(1993); 엔조 비앙키(Enzo Bianchi)

의 「관상: 선택이 아닌 모든 프란치스칸들의 필수」(1995); 지네프로 죪페티(Ginepro Zoppetti)의 「성 프란치스코 안에서의 관상과 활동」 (1995); 호세 카를로스 코레아 페드로소(José Carlos Correa Pedroso)의 「영의 눈. 아씨시의 프란치스코와 클라라를 따르는 관상의 여정」 (1995); 체사레 바이아니(Cesare Vaiani)의 「보고 믿음. 아씨시 프란치스코의 크리스천 체험」(2000) 등. 지난 세기에 이루어진 이상과 같은 연구들을 통하여 프란치스코의 관상적 차원, 관상과 활동의 조화, 크리스천 삶에 있어서 관상의 필수성, 그리고 관상의 여러 특성들이 분명하게 밝혀졌다. 그러나 프란치스코 관상의 많은 부분이 이러한 연구들을 통해 밝혀졌음에도 불구하고 관상의 개념은 여전히 모호한 상태로 남아 있다. 다시 말하면, 관상이란 말은 때로는 관상 기도를 의미하고, 때로는 신비 체험을 뜻하며, 때로는 신비체험의 방법을 가리킨다. 이러한 까닭으로 신비 신학 자체를 위해서나 프란치스코의 신비 신학을 위해서 관상의 개념과 관상 및 신비체험과의 관계를 명확하게 규명할 필요가 있다.

한편, 프란치스코의 신비체험을 체계적으로 규명해야 하는 또 다른 이유는 프란치스코의 탁월하고 훌륭한 영성을 보다 더 많은 사람들에게 알려야 하는 프란치스칸 선교 또는 사명과 관계가 있다. "프란치스코"라는 인물은 수많은 비크리스천들로부터도 사랑을 받는, 가톨릭교회의 성인들 가운데서는 가장 대중적이고 보편적인 성인이지만, 그럼에도 불구하고 그의 영성은 아직까지도 '프란치스코'라는 인물이 누리는 대중성만큼 널리 알려진 보편 영성이 되지 못하였다.

이 논문의 주제와 관련된 연구 상황은 이상과 같으며, 이러한 상황을 바탕으로 칼 라너의 신비 신학의 관점에서 프란치스코 신비체험의 본질을 밝히고자 한다.

3. 연구의 원천 자료들과 연구 방법

프란치스코의 신비체험을 살펴보기 위하여 제일차적으로 그의 신비체험과 가장 밀접하게 관련되어 있으면서 가장 중요한 자료들인 그의 글들, 즉 기도문들과 권고들, 신자들에게 보낸 편지들, 수도 규칙 등을 분석할 것이고, 이 자료가 충분하지 않은 경우, 제이차적으로 「1첼라노」, 「2첼라노」, 「익명의 페루쟈」, 「세 동료」, 「대전기」, 「아씨시 편집본」, 「완덕의 거울」, 「행적」과 같은 프란치스칸 초기 원천 자료들을 부분적으로 검토할 것이다. 프란치스코의 글은 원칙적으로 카예탄 에써의 비판본(Franciscus Assisiensis, 「Opuscula sancti Patris Francisci Assisiensis」, denuo edidit iuxta codices mss. Caietanus Esser, Editiones Collegii S. Bonaventurae, 1978)을 연구 자료로 사용할 것이고, 프란치스코의 글 가운데 「노래 권고」는 엥겔베를 그라우의 증보판 (K. Esser, 「Die Opuscula des hl. Franziskus von Assisi. Neue testkritische Editon」, Zweite, erweiterte und verbesserte Auflage besorgt von Engelbert Grau OFM, 1989)을 참고할 것이며, 프란치스코의 친필 원고는 바르톨리 란젤리(A. Bartoli Langeli)의 연구를 바탕으로 카를로 파올라찌(C. Paolazzi)가 재검토한 비판본을 사용할 것이다. 프란치스코에 관한 초기 전기 자료는 메네스토와 브루파니가 편집한 「프란치스칸 원천」(「Fontes franciscani」, a cura di E. Menestò - S. Brufani e. A., Apparati di G. Boccali, 1995)을 사용할 것이고, 이 가운데 「완덕의 거울」은 예외적으로 다니엘레 솔비가 편집한 새 비판본(Anonimo della Porziuncola, 「Speculum perfectionis status fratris minoris. Edizione critica e studio storico-letterario」, a cura di Daniele Solvi, 2006)을 참고할 것이다.

이 논문의 주요 주제들을 연구하기 위하여 일반적으로는 공시적 방법을 사용할 것이다. 그러나 주제에 따라 서술적 방법이나 비교 분석 또는 해석학적 방법도 부분적으로 사용할 것이다.

먼저, 신비체험의 어원적 의미와 20세기에 전개된 신비체험에 관한 논쟁을 통시적 방법으로 간략하게 요약한 후, 신비체험에 관한 칼 라너의 주요 작품들을 고찰하면서, 이 초월 신학자가 전개한 신비 신학의 핵심 사상을 종합할 것이다. 이어서 신비체험의 개념을 보다 더 명확하게 밝힐 목적으로 신비체험에 관한 27개의 정의들을 비교하는 가운데 신비체험의 본질적인 세 요소들을 성경과 라너 사상을 바탕으로 서술적 방법에 따라 살펴볼 것이다. 이 논문의 중심 부분에서는 프란치스코의 신비 체험과 관련된 글들과 초기 프란치스칸 전기 사료들에 나타나는 몇몇 증언들을 분석할 것이며, 이러한 자료들을 신비체험의 본질적인 세 요소들에 따라 신비 체험의 보편적 관점 안에서 해석할 것이다. 그리고 이런 목표점에 도달하기 위하여 명사나 동사, 형용사, 또는 몇몇 구절들을 분석하는 가운데, 필요한 경우 그러한 분석들을 라너 신학의 관점에서 조명할 것이다.

또한, 프란치스코의 신비체험을 존재론적 관점에서도 해석할 것이다. 하느님의 신비는 본래 비대상적이고 그 체험 또한 비대상적으로 이루어지기에, 신비체험에 대한 존재론적 관점에서의 해석학적 전환이 필연적으로 요청되는 까닭이다.

4. 논문의 구조

이 논문은 서론과 결론 이외에 5장으로 구성되어 있다. 첫 두 장에서는 프란치스코의 신비체험을 검토하기 위한 준비 과정으로 칼 라너의 신비 신학과 일반적인 의미에서의 신비체험의 개념이 다루어질 것이고, 이어지는 세 장에서는 신비체험의 본질적인 세 요소들을 각각 한 장으로 할애하여 프란치스코 신비체험의 본질을 본격적으로 규명할 것이다.

제1장: 먼저 신비체험에 대한 어원적 고찰을 한 뒤, 17세기 말 이후에 형성된 왜곡된 신비체험의 개념을 정확하게 밝히고자 했다는

의미에서, 일종의 전환기라고 말할 수 있는 20세기에 격렬하게 전개되었던 신비 체험 논쟁을 간략히 요약할 것이다. 그리고 이러한 신학적 전환에 있어 탁월한 기여를 한 칼 라너의 신비 신학이 소개될 것이다. 칼 라너는 초월 사상을 바탕으로 인간이 존재론적으로 신비 체험을 하도록 구조화되어 있다는 사실을 형이상학적이고 교의 신학적인 관점에서 규명해 놓았고, 이를 기초로 하여 신비 체험의 보편적 성소를 신학적으로 명료하게 밝혀 놓았다.

    제2장: 지난 세기에 신비체험에 대한 논쟁이 치열하게 전개되었음에도 불구하고, 크리스천 신비체험의 개념은 아직까지도 정확하게 규정되지 못하고 있다. 그러한 이유로 제2장에서는 신비체험에 관한 27개의 정의들을 비교 분석하는 가운데, 신비체험의 본질적인 세 요소들, 즉 신비체험의 대상으로서의 신비, 신비체험의 방법으로서의 관상, 신비체험의 목적으로서의 사랑의 일치를 주로 라너의 초월 신학적 관점에서 고찰하면서, 신비체험의 정의를 다시 한 번 명확하게 규명해 볼 것이다. 이 장에서는 다음과 같은 신학적 사실들이 밝혀질 것이다: 하느님은 형언할 수 없는 신비로 머무시는 절대 신비이시고(Deus mysticus), 인간은 절대 신비를 지향하는 신비이다(homo mysticus); 하느님은 세 위격 간의 절대적이고 완전한 사랑을 서로 영원히 관상하는 "관상의 하느님"(Deus contemplativus)이시고, 인간은 "지복직관"(visio beatifica)에로 불려진 "관상의 존재"(homo contemplativus)이며, 이러한 지복직관을 통하여 삼위일체 하느님의 세 위격 간의 영원한 관상에 참여한다; 하느님은 삼위일체이신 하느님으로서 본질적으로 모든 것을 일치시키시는 존재이며(Deus uniens), 인간은 하느님과의 사랑의 일치를 지향하는 일치의 존재(homo unitus)로, 그 실존은 하느님의 신적 본질에 참여함으로써 완성된다. 이러한 신학적인 사실들을 규명한 후 결론적으로 신비체험을 '하느님의 신비를 관상함으로써 이 신비와 이루는 사랑의 일치'라 정의할 것이다.

그 다음에 이어지는 세 장들, 즉 제3장부터 제5장에서는 신비체험의 본질적인 세 요소들에 따라 프란치스코 신비체험의 본질이 규명되며, 필요한 경우 라너의 관점에서 이를 조명할 것이다.

제3장: 이 장에서는 프란치스코의 글에 나타난 신비체험의 대상을 살펴볼 것이다. 프란치스코의 글에는 "신비"(mysterium)라는 말이 신비체험의 대상을 가리키기 위해서 단 한 번도 사용되지 않지만, 그는 하느님의 속성들인 "영"(spiritus)이나 "선"(bonum) 또는 "덕"(virtus) 같은 용어들을 통하여 신비체험의 대상을 묘사한다. 아우구스티노가 삼위일체 하느님의 제3위격으로서의 성령과 세 위격의 공통 본성인 성령을 구분하듯이, 프란치스코 또한 이와 유사하게 하느님의 본성인 "영"(Spiritus)과 삼위 하느님의 제3위격으로서의 성령을 구분하면서, 하느님의 창조되지 않은 신비를 묘사한다. 한편, 프란치스코는 선과 덕의 존재론적 차원을 강조하는데, 이러한 차원은 하느님의 신비와 그리스도의 신비 그리고 삼위일체의 신비를 잘 드러내 준다. 이 장에서는 프란치스코의 글을 분석함으로써 그가 하느님의 모든 신비를 유기적이고 불가분리적인 관계 안에서 동시적으로 관상하였음을 밝혀낼 것이다.

제4장: 이 장에서는 프란치스코의 글에 나타나는 "보다"(videre), "수용하다"(accipere), "깨닫다"(cognoscere), "믿다"(credere)와 같은 용어들을 분석함으로써 그의 글에 나타난 신비 체험의 방법, 즉 관상의 개념, 관상의 두 가지 유형(범주적 대상을 통한 관상과 범주적 대상을 통하지 않는 관상), 관상과 믿음의 관계 등을 고찰할 것이다. 또한, 관상과 영적 감각과의 관계, 관상의 방법과 특성들, 즉 방법이 없는 비체계적이고 무방법적인 방법, '찰나 관상', '수동성'에 대해서도 논할 것이다.

제5장: 이 장에서는 프란치스코의 글에서 찾아볼 수 있는 "거룩하게-됨"(sanctificatio), "그리스도가-됨"(christificatio), "하느님이-됨"(deificatio) 혹은 "신성하게-됨"(divinizzazione)의 개념을 통해 프란치

스코의 글에 나타난 신비 체험의 목적, 즉 하느님과의 사랑의 일치를 살펴볼 것이다. 프란치스코는 "거룩하게 하다"(sancficare)는 동사를 통해 그리스도와 믿는이들의 '거룩하게-됨'을 묘사하고, '그리스도가-됨'은 "그리스도를 따름"(sequela Christi)을 통해 표현하는데, 그리스도를 따르는 탁월한 모범적 사례로 애긍을 청함, 발을 씻어줌, 벌레 자리에 머무름, 고통이나 자기 자신의 약함을 견디어냄 등을 살펴볼 수 있다. 그리고 프란치스코는 '하느님이-됨'이나 '신성하게-됨'을 묘사하기 위해 "주님의 영의 거룩한 활동"(sancta operatio Spiritus Domini)이나 "하느님의 거처와 집"(habitaculum et mansio Dei)이라는 표현들을 사용하는데, 이러한 성령의 작용들을 통해 믿는이들은 삼위일체 하느님의 거처와 집이 되고, 그 결과로 하느님이-되게 된다. 또한, 이 장에서는 프란치스코가 제시하는 신비적 일치의 특성들, 즉 부성, 자성, 정배성, 형제성, 모성과, 삼위일체적 가족성 안에서 이루어지는 인간과 피조물과 하느님의 우주적이고 형제적인 일치에 대해서도 고찰할 것이다.

한편, 논문의 각 장 끝 부분에 그 장에서 살펴본 내용을 요약해 놓을 것이다. 따라서 논문의 결론에서는 논문의 전체 내용을 다시 종합하지 않을 것이다.

논문에 들어가기에 앞서, 먼저 이 논문을 읽는 분들에게 프란치스코의 심오한 신비체험을 보다 더 정확히 이해하는 데 이 논문이 조금이라도 기여하기를 바라면서, 그동안 크고 작은 도움을 준 모든 분들에게 깊은 감사를 드린다. 특히, 논문 지도 교수인 페르난도 우리베(Fernando Uribe) 형제님께서는 뛰어난 프란치스칸 학자로서 박학한 지식과 치밀한 학문 방법론으로 큰 도움을 주셨을 뿐만 아니라, 논문 시작부터 끝까지 가슴 깊은 감동을 받을 정도로 훌륭한 인품과 친절로 논문을 지도해 주셨다. 논문의 제1부심인 요하네스 프라이어(Johannes B. Freyer) 교수님께서는 현재 안토니오 대학교의 총장으로,

석사 논문부터 지도 교수로서 학문적 도움을 주셨으며, 그동안 한결같은 겸덕과 친절을 베풀어 주셨다. 논문의 제2부심인 빈첸조 밭탈리아(Vincenzo Battaglia) 교수님께서는 현재 안토니오 대학교 신학과장으로, 논문에 대한 엄밀한 교의 신학적 검토는 물론이고 이탈리아 말까지 정교하게 다듬어 주셨으며, 인간적 및 프란치스칸적으로도 큰 도움을 베풀어 주셨다. 칼 라너의 전문가인 심상태 몬시뇰님 또한 이 자리를 빌어 특별한 감사를 올리고 싶은 분이다. 심 몬시뇰님께서는 마음속 깊이 존경하는 스승으로 이 논문의 제1장 칼 라너의 신비 신학 부분을 정교하게 지도해 주셨을 뿐만 아니라, 본인에게 서울 신학교 시절부터 칼 라너의 초월 신학에 눈이 트이도록 가르침을 주셨다. 본인의 영적 지도자인 이재성 보나벤투라 형제님께도 깊은 감사를 드린다. 보나벤투라 형제님께서는 본인이 수도원에 입회한 이래 프란치스코의 신비체험을 알아듣도록 개인적으로 영감을 주고 가르침을 주신 분이다. 이 자리를 빌어 감사를 드려야 할 또 다른 분은 프란체스코 모렐티(Francesco Moretti) 변호사님이다. 모레티 변호사님은 자신의 귀한 시간을 기꺼이 할애하여 이탈리아 말로 쓰여진 이 논문을 긴 시간 동안 정성스럽게 교정하여 주셨다. 그리고 여러 가지로 부족한 본인에게 로마 안토니오 대학교에서 프란치스칸 영성을 공부할 수 있도록 뒷바라지를 해주신 작은 형제회 한국 관구의 모든 형제님들과 은인분들께 깊은 감사를 드린다. 지면 관계로 낱낱이 밝히지 못함을 너그러이 이해해 주시리라 믿는다.

제1장

칼 라너의 신비 신학

지난 세기는 "신비체험"(la mistica)에 대한 논쟁이 전개되면서 신비 체험에로의 보편적 부르심을 바탕으로 새로운 신비 신학이 형성된 시대였다. 칼 라너는 이러한 새로운 신비 신학을 체계화시킨 대표적인 신학자들 중의 한 사람으로, 그는 근대와 현대의 철학, 특히 인간 주체에 대한 심오한 형이상학적 탐구를 전개시키면서 토마스 아퀴나스의 사상을 재해석했던 조셉 마레샬의 신칸트주의와 마르틴 하이데거의 실존주의를 적극적으로 받아들여, 자신의 "초월 신학"을 통해 새로운 신비 신학을 정립시켜 나갔다. 라너는 인간 존재를 하느님의 신비를 지향하는 신비, 즉 신비인(homo mysticus)으로 규정하면서, 내일의 크리스천은 신비가이든지 아니면 크리스천이 아니든지 둘 중의 하나가 될 것이라고 예견하였다[1]. 이러한 신학적 예언은 새로운 신비 신학을 체계적으로 조직화하는 데 큰 영향력을 미쳤던 그의 보편적인 신비 신학의 자연스런 귀결로 보여진다. 라너의 신학적 업적으로 그에게는 '20세기의 신비 박사'(doctor mysticus) 및 '신비 신학의 스승'이라는 칭호가 주어졌다[2].

이 장에서는, 라너의 신비 신학의 관점에서 아씨시 프란치스코의 신비체험을 고찰할 목적으로, 라너 신비 신학의 핵심을 검토할 것이

---

[1] 참조: K. Rahner, 「Pietà in passato e oggi」, 『Nuovi saggi II』, 24.
[2] 참조: H. Egan, 「I mistici e la mistica. Antologia della mistica cristiana」, 669.

며, 이에 앞서 신비체험의 어원적 개념과 지난 세기에 격렬하게 전개되었던 신비체험에 관한 논쟁을 먼저 간략히 살펴볼 것이다. 이러한 고찰은 라너의 신비 신학이 나타나게 된 역사적 배경을 이해하는 데 도움이 될 것이다.

1.1. 신비체험의 어원적 의미와 신비체험 논쟁

1.1.1. 신비체험의 어원적 개념 및 왜곡화

"신비체험"(mistica)이라는 명사는 그리스어 형용사 "뮈스티코스"($μυστικός$)에서 유래했으며, 이 형용사는 "뮈에어"($μυέω$) 동사로부터 왔는데, 이 동사는 비밀스러운 것을 보지 않으려고 눈을 감거나 그 어떤 것도 누설하지 않으려고 입을 닫는 것을 의미한다[3]. 오늘날 신비라는 뜻으로 사용되고 있는 "뮈스태리온"($μυστήριον$) 역시 이 동사로부터 유래되는바, 이 명사는, 헬레니즘적 의미에서는, 인간을 신적 대상과 접촉하게 해주는 비밀스런 종교 의식, 즉 비교적(秘敎的)인 예배를 표현하기 위해 사용되었다[4]. 이 용어는 신약 성경에서도 찾아볼 수 있는데, 헬레니즘적인 이 낱말은 하느님 왕국의 신비나, 하느님의 숨겨져 있는 지혜, 그리스도의 구원 신비, 또는 이스라엘의 마지막 운명과 관련이 있는 특별한 신비나, 그리스도와 교회의 신비적 관계를 나타내기

---

[3] 참조: E. ANCILLI, 「La mistica: alla ricerca di una definizione」, 『La mistica I』, 17.
[4] 참조: L. BORRIELLO, 「Esperienza mistica」, 『DizMist』, 463; E. ANCILLI, 「La mistica: alla ricerca di una definizione」, 『La mistica I』, 17. 한편, '시작'이란 말의 그리스어는 '시작하다'를 의미하는 "뮈에어"($μυέω$) 동사로부터 비롯된 "뮈애시스"($μύησις$)로, 이 낱말은 비교적(秘敎的)인 시작과 관련해서만 사용되었다. "뮈스태스"($μύστης$)는 예식을 시작하는 자를 의미하는데, 그에게는 누설하지 말라는 지침이 주어져 있다. 이러한 낱말들, 즉 "뮈애시스"와 "뮈스태스"는 "뮈스태리온"과 어원적으로 같은 뿌리에서 비롯된 것으로 보인다(참조: A. DI NOLA, 「Mistero e misteri」, 『Enciclopedia delle religioni IV』, 472).

위해 사용되고 있다. 그러나 신약 성경에서 "뮈스태리온"(μυστήριον)이라는 말은 어떤 경우에도 밀교적(密敎的)인 종교 의식과는 전혀 관계가 없다[5]. 이 용어는 불가타 성경이나 초기 그리스도교에서 "미스테리움"(mysterium)이나 "사크라멘툼"(sacramentum)으로 번역되었다. 따라서 그리스도교 초기에 "미스테리움"과 "사크라멘툼" 사이에는 사전적 의미에서뿐만 아니라 신학적으로도 동일한 개념이 있었다고 추론할 수 있다[6]. 한편, 크리스천 신비와 이교도들의 신비를 연결시킨 최초의 크리스천 작가는 유스티노(1세기 초 - 163년경)이다[7].

"뮈에어"(μυέω) 동사에서 유래된 또 다른 어휘는 형용사 "뮈스티코스"(μυστικός)로서, 이는 넓은 의미에서 직접적인 수용이나 교류가 아닌, 감추어지고 숨겨져 있는, 그러면서 동시에 종교적이고 윤리적인 질서에 속해 있는, 비밀스런 실재를 나타낸다[8]. 즉, "뮈스티코스"(μυστικός) 형용사는 "뮈스태리온"(μυστήριον) 명사와 동일한 의미를 지니고 있으며, 그리스 헬레니즘 문화 안에서 이 어휘가 비록 대단히 드물게 사용되고 있기는 하지만, 이 시대에 이미 신비에 대한 관념은 있었다고 할 수 있다[9].

"뮈스티코스"(μυστικός)라는 낱말은 성경에는 등장하지 않는다. 이 형용사를 "뮈스티커스"(μυστικῶς) 부사와 함께 그리스도교 언어세계에 처음으로 들여온 사람은 알렉산드리아의 클레멘스(150년경 -

---

[5] 참조: G. BORNKAMM, 「Μυστήριον μυέω」, G. KITTEL - G. FRIEDRICH, 『Grande lessicodel Nuovo Testamento. Vol. VII』, 686-715. 한편, 구약 성경의 그리스어 번역본에는 "뮈스태리온"(μυστήριον)이라는 말이 나타나는데, 이 말에 해당되는 아람 말은 "라즈"이다(참조: 위와 같은 책, 679).
[6] 참조: E. ANCILLI, 「La mistica: alla ricerca di una definizione」, 『La mistica I』, 18-19.
[7] 참조: L. BOUYER, 「Mysterion. Dal mistero alla Mistica」, 157.
[8] 참조: E. ANCILLI, 「La mistica: alla ricerca di una definizione」, 『La mistica I』, 17.
[9] 참조: L. BORRIELLO, 「Esperienza mistica」, 『DizMist』, 463.

215년경)이다. 그의 작품에는 이 어휘들이 50번 이상 나타난다[10]. "뮈스티코스"($\mu\upsilon\sigma\tau\iota\kappa\acute{o}\varsigma$) 형용사는 성경이나 전례 의식 또는 기도 안에 숨겨져 있는 하느님의 실재가 현현하는 비밀스런 양상을 의미한다. 클레멘스는 신비체험에 대한 크리스천적 개념을 하느님의 숨어 있는 신비를 인식하는 것으로 소개한 첫 번째 인물이다[11]. 그는 이교도들의 신비들을 그리스도교적인 의미로 고치면서, 그리고 이 새롭고 참된 신비야말로 이들에게 정화와 구원을 안겨 주는 유일한 것임을 알려 주면서, 그리스도교를 신비적 개념으로 확실하게 특징짓고자 하였다[12]. 클레멘스는 비록 자신의 신비체험을 체계화하지도 발전시키지도 않았지만, 그의 작품들 안에서 신비체험의 본질적 요소들에 대해서는 분명하게 언급하고 있다[13].

---

[10] 참조: B. MCGINN, 『Storia della mistica cristiana in occidente. Le origini (I-V secolo)』, 136.
[11] 참조: L. BOUYER, 『Mysterion. Dal mistero alla Mistica』, 163; A. LEVASTI, 『Clemente Alessandrino. Iniziatore della Mistica cristiana』, 127-147; M. DE LONGCHAMP, 「Mistica」, 『DizCrit』, 860.
[12] 참조: C. MORESCHINI, 「Mistica」, 『DizPatr』, 3307.
[13] 클레멘스는 우선적으로 영지와 믿음과 사랑의 상호 관계를 규명하는 데 몰두한다. 영지는 그리스도로부터 받은 역사적 믿음 안에서 시작되고; 사랑은 영지 안에서 완전해지며, 영지는 사랑 안에서 완성에 이르게 된다. "클레멘스는 한편으로는 이성과 공동의 믿음, 다른 한편으로는 조명된 인식과 사랑 같은 서로 이원적으로 관계되어 있는 문제들을 다룬 크리스천 신비체험의 선구자로 보인다"[B. MCGINN, 『Storia della mistica cristiana in occidente. Le origini (I-V secolo)』, 139]. 두 번째로, 클레멘스는 관상의 신비적 차원을 직관한다. 그에 의하면, 참된 영지자는 테어리아 테우($\theta\epsilon\omega\rho\acute{\iota}\alpha$ $\theta\epsilon o\hat{\upsilon}$, 이 표현은 그의 글에 84번 나타난다), 즉 하느님에 대한 관상을 성취한 자이다(참조: 위와 같은 책, 139). 테어리아($\theta\epsilon\omega\rho\acute{\iota}\alpha$)는 '보다, 바라보다, 관찰하다…'를 의미하는 테어레어($\theta\epsilon\omega\rho\acute{\epsilon}\omega$) 동사로부터 나온 말로, 영지의 열매이자 목표이며, 테어리아의 완성은 크리스천 삶의 목표이다. 세 번째로, 클레멘스는 크리스천 완덕을 설명하기 위해서 "하느님-됨"(divinizzazione)이라는 개념을 널리 보급시킨 첫 번째 크리스천 작가이다(참조: 위와 같은 책, 142). 그는 자신의 저서 『프로트렐티코』(Protrettico)에서 다음과 같이 기록하고 있다: "그렇습니다. 사람이 되신 하느님의 말씀께서 사람인 그대가 또한 진리 안에서 어떻게 인간이 하느님이 되는지를 배울 수 있도록 이를 강조하고 계십니다"(CLEMENS ALEXANDRINUS, 『Protrettico ai greci』, I,8,4, 58). 클레멘스는 또

그리스도교 역사에서 "신비 신학"(θεολογία μυστική, 테올로기아 뮈스티캐)이라는 표현은 4세기에 마르첼루스 안치라누스(Marcellus Ancyranus, 약 280 - 약 374)에 의해 처음으로 사용되는데, 이는 일반적인 인식과는 다른, 형언할 수 없는 하느님에 대한 인식을 의미한다[14]. 그 후 6세기 초에 아레오파고의 위-디오니시오(Pseudo-Dionigi Areopagita, 5세기경 - 6세기경)가 『신비 신학에 대하여』(Περὶ μυστικῆς θεολογίας, 페리 뮈스티캐스 테올로기아스)라는 작품을 남긴다. 이 작품을 포함해서 오늘날까지 우리에게 전해진 위-디오니시오의 글들은 4개의 논문과 10개의 편지들이다. 위-디오니시오의 신비체험은 형이상학적이고 사변적인 특성을 지니고 있으며, 신플라톤주의에 그 바탕을 두고 있다. 이 때문에 위-디오니시오의 "신비 신학"은 체험을 나타내는 특별한 용어가 아니라 하느님의 신비와 관련된 인식을 의미하게 된다[15]. 그의 신비체험은 미학적인 특성을 지니고 있다. 그는 『하느님의 이름에 대하여』(De divinis nominibus)라는 저술에서 하느님의 본성을 **선**과 **미**와 **에로스**를 통해 설명하고 있는데, **선**은 하느님의 긍정적인 이름들 가운데 우선성을 지니고 있고, 자주 **미**와 동일시된다. 아레오파고의 위-디오니시오는 또한 하느님을 성경의 아가패(ἀγάπη)와 동일한 의미에서 에러스(ἔρως)라 규정한다[16]. 이렇게 서로 호환적인 관계에 있는 이 두 용어는 동일한 신적 실재를 상징하며, 특히 **참** 에로스는 육체적인 이끌림이나 순수한 표상을 의미하는 것이 아니라, 신적이고 유일한 **사랑**

한 "선택된 씨앗"이라는 표현과, "로고스에 의해 불어넣어진 불꽃", "눈의 동공", "겨자씨" 같은 비슷한 은유들을 통해 하느님이 되도록 모든 영혼 안에 현존하는 잠재성에 대해서도 언급한다(참조: 위와 같은 책, 137).

[14] 참조: J. AUMANN, 『Spiritual Theology』, 14.
[15] 참조: B. MCGINN, 『Storia della mistica cristiana in occidente. Le origini (I-V secolo)』, 231. 이건(Egan)은, 위-디오니시오가 "그리스도를 통하여 이루어지는 하느님 사랑의 자기 양여에 대한 체험을 나타내기 위해서 '신비적'이라는 낱말"을 사용했다고 주장한다(H. EGAN, 『I mistici e la mistica』, 120).
[16] 참조: B. MCGINN, 『Storia della mistica cristiana in occidente. Le origini (I-V secolo)』, 225.

의 일체성을 뜻하게 된다[17]. 위-디오니시오는 그의 신비 신학을 전개하면서 부정적 방법과 긍정적 방법을 통해, 특히 하느님의 숨어 있음과 현현(顯現)과 같은 주제들을 발전시켜 나간다. 위-디오니시오의 신학 사상은 근본적으로 모든 피조물은 하느님을 드러내면서 동시에 하느님을 숨긴다는 전제로부터 출발하는데, 이를 바꾸어 말하면, 우주는 하느님의 필연적인 이미지임에도 불구하고 결코 하느님을 대신할 수 없다는 뜻이 된다. 그러나 부정의 길은 긍정의 길보다 더 탁월하기 때문에, 하느님은 무지를 통해 더 심오하게 인식되며, 따라서 무지($ἀγνωσία$, 아그너시아)는 유일하게 참된 인식($γνῶσις$, 그너시스)이 된다. 부정의 길을 통한 이러한 인식은 위-디오니시오의 부정 신학의 핵심이라 할 수 있다[18]. 그의 신비 신학의 중심에는 다음과 같은 명제가 자리하고 있다: "절대적으로 인식 불가능한 하느님께서 피조물 안에 나타나시기에, 모든 실재는 숨어 있는 **근원**과 하나될 수 있다"[19]. 이 문장에는 신비 체험의 보편적 차원이 내포되어 있으며, 이러한 위-디오니시오의 신비체험론은 후대의 신비체험론의 발전에 크게 기여하는 초석이 된다[20].

---

[17] 참조: B. MCGINN, 『Storia della mistica cristiana in occidente. Le origini (I-V secolo)』, 225.
[18] 참조: 위와 같은 책, 234-235.
[19] 참조: 위와 같은 책, 217.
[20] 위-디오니시오 신비 신학의 또 다른 특징들을 덧붙일 수 있다. 그는 자신의 신비 신학을 세 가지 길을 통해 체계화한다. 하느님은 테아르히아($θεαρχία$), 즉 창조와 우주의 원리이시며, 동시에 하느님의 다양하고 질서 정연한 나타남으로서의 히에라르히아($ἱεραρχία$)이다. 이외에도 창조된 우주의 위계 안에는 정화하고 조명하며 완전하게 하는 힘이 현존하여, 이로 말미암아 하느님께 돌아가는 것이 가능해진다(참조: 위와 같은 책, 222). 우주의 모든 위계에는 완전하게 하는 단계, 조명하는 단계, 정화하는 단계가 포함되어 있으며, "이러한 위계의 목적은 가능한 한 하느님과 유사하게 되고 일치하는 것이다"(참조: 위와 같은 책, 222-223). 하느님과의 신비적 일치는 위-디오니시오의 삼중적인 여정의 목표로 하느님과의 동화와 일치를 의미하는 "하느님-됨"(divinizzazione)과 하나가 된다. 위-디오니시오가 말하는 하느님-됨은 하느님께서 위계 안에서 인간들의 참여를 통하여 그들에게 허락해주시는 수동적 선물이다(참조: 위와 같은 책, 240). 이러한 신화적(神化的) 일치는 테어리아($θεωρία$), 즉 하느님 안에 그 뿌리를 박고 있는 관상과 대단히 밀접하게 연결되어 있다. 위-디오니시오에게 있어 관상

7-8세기에 위-디오니시오의 작품들은 몇몇 교황에 의해서 서구에 알려지게 되고, 832-835년 사이에는 일두이노(Ilduino) 아빠스가 그의 글들을 처음으로 라틴어로 번역하도록 한다. 그리고 860년경에는 요한네스 스코투스 에리우제나(Johannes Scotus Eriugena, 815년경 - 877년경)가 새 라틴어 번역을 끝내고, 우고 산 빝토레(Ugo di San Vittore, 1100년경 - 1141)가 『아레오파고의 성 디오니시오의 천상의 교계에 대한 주석서』(Commentaria in Hierarchiam coelestem S. Dionysii Areopagitae)를 써낸다. 1166-1167년에는 조반니 사라체노(Giovanni Saraceno)가 디오니시오의 『작품집』(Corpus)을 새로 번역한다. 이러한 라틴어 번역들 덕택으로 위-디오니시오의 작품들이 서구에 널리 보급되었다. 대 알베르토(Alberto Magno, 1206년경 -1280)는 위-디오니시오의 작품들을 주해하면서 에리우제나의 번역을 사용하였고, 토마스 아퀴나스(Tommaso d'Aquino, 1225/6-1274)와 스트라스부르고의 울리코(Ulrico di Strasburgo)는 사라체노의 번역을 기본으로 삼았다. 마이스터 에카를(Meister Eckhart, 1260년경 - 1328년경) 역시 사라체노의 대본을 바탕으로 위-디오니시오를 인용하고 있다. 중세기에 이루어진 위-디오니시오의 마지막 라틴어 번역은 로베르토 그로싸테스타(Roberto Grossatesta, 1168년경 -1253)의 작품이다[21]. 이후 몇 세기 동안, 디오니시오의 『작품집』은 준사도적인 권위가 있는 것으로 여겨졌으나, 로렌조 발라(Lorenzo Valla)와 에라스무스(Erasmus) 같은 휴머니스트들이 이에 대해 의문을 제기하였고, 1520년에 루터는 이 『작품집』의 사도적 권위를 공개적으로 비판하였다[22].

은 창조의 위계 안에서 그리고 창조의 위계에 의해서 테아르히아($\theta\epsilon\alpha\rho\chi\iota\alpha$)를 깨닫는 능력에 달려 있는데, 이러한 위계의 모든 단계는 각 단계에 적합한 테어리아를 요구한다(참조: 위와 같은 책, 241). 관상은 신적인 취함으로서의 황홀경 안에서 그 절정에 이르게 되고, 이를 통하여 인간 존재는 자신의 조건을 뛰어넘어 하느님으로 변화된다(참조: 위와 같은 책, 242).

[21] 참조: K. Ruh, 『Storia della mistica occidentale. Vol. I』, 81-94.
[22] 참조: B. McGinn, 『Storia della mistica cristiana in occidente. Le origini (I-V secolo)』, 213.

위-디오니시오의 작품들이 서구에 널리 알려졌음에도 불구하고, 신비 체험을 표현하기 위해서 관상(contemplatio)이란 말을 사용했던 라틴 교회의 사전에까지는 파고들지 못했다. 다시 말하면, "mistico"(신비적, 신비의)라는 말은 적어도 중세 후기까지는 일반화되지 않았던 것이다[23]. 그 결과, 아우구스티노(354-430)와 대 그레고리오(540년경 -604)는 물론이고, 클레르보의 베르나르도(1090-1153), 보나벤투라(1221-1274), 토마스 아퀴나스, 얀 반 루우스브뢱(Jan van Ruusbroec, 1293-1381), 하인리히 헤릎(Heinrich Herp, 14세기경)[24], 토마스 켐피스(1379/1380-1471)[25] 등 많은 저자들이 대체적으로 관상이라는 어휘를 통해 신비적 일치, 주입 관상, 관상의 단계들, 특별한 신비적 은총 등 신비체험의 주제들을 다루었다[26]. 아빌라의 테레사(1515-1582)나 십자가의 요한(1542-1591)과 같은 16세기의 저자들도 "contemplativi"(관상

---

[23] 참조: C. BUTLER, 『Western mysticism』, 4.
[24] 루우스브뢱이 사용한 어휘들 사이에 "mistico"라는 말은 전혀 나타나지 않으며, 하인리히 헤릎 역시 이 낱말을 거의 사용하지 않는다(참조: M. de CERTEAU, 『Fabula mistica』, 141).
[25] 『준주성범』에는 명사 "contemplatio"(관상)가 8번, 형용사 "contemplativus"(관상의)가 2번, 동사 "contemplor"(관상하다)가 4번 나타나는 반면, "mysticus"(신비의)는 전혀 나타나지 않고, "mystice"(신비적으로)가 1번 나타날 뿐이다(참조: 위와 같은 책, 162).
[26] 참조: F. ASTI, 『Spiritualità e mistica』, 47. 장 제르송(1363-1429) 또한 신비 신학이 이따금 관상이라고 말해진다는 사실을 지적하고 있다(참조: J. GERSON, 『Teologia mistica』, 202). 한편, 장 제르송이 신비 신학을 스콜라적 관점에서 체계화해 놓았다는 점을 유의할 필요가 있다. 그는 자신의 저서 『신비 신학에 대하여』(De mystica theologia)에서 신비체험을 "하느님에 대한 체험적 인식"(cognitio experimentalis habita de Deo)이라 규정한다(참조: 위와 같은 책, 202). 제르송에 따르면, 체험적 인식은 인간 편에서의 사랑을 통해 도달하게 된다. 제르송은 여성 환시자들과 여예언자들 사이에 큰 차이를 밝히고 소박한 민중을 가르치는 데 그의 온 신경을 쏟으면서, 특별한 체험 대신 믿는이들 안에 하느님께 대한 사랑을 키울 수 있는 체계적인 신심을 대치시키고자 하였다. 제르송은 또한 실천적인 신비 신학과 사변적인 신비 신학을 이론적으로 구별하였는데, 그 결과 이어지는 시대에 평행하는 두 길이 열리게 되었다(참조: M. LAUWERS, 「Mistica」, 『DizMedi 2』, 1205-1206).

의)나 "spirituali"(영적인) 같은 용어들을 사용하는데[27], 특히 십자가의 요한은 "관상"이라는 낱말을 일반적으로 사용하고, "신비" 신학 (teologia "mistica")이라는 표현은 위-디오니시오의 부정 신학의 전통 (tradizione apofatica)과 관련하여 주입 관상의 "부정적인" 면을 다룰 때에 사용한다[28].

이상과 같이 "관상"이라는 용어가 신비적 삶을 언급하기 위해 사용되는 한편, 16-17세기에 접어들면서 "미스티코"(mistico) 형용사는 점차 다양한 의미를 지니게 되고, "영적"이라는 의미의 "스피리투알레"(spirituale)라는 말을 대신하게 되었다. "미스티코"(mistico)의 언어적 발전 여정은 이 시대에 곳곳에서 대두된 해석의 학문과 학문적인 용어들의 영향으로 더 강화되었는바, 여기서는 사전학적인 관심이나 지적 전개 및 방법들에 대한 설명이 체험적 증명보다 더 우위를 점하였다. 이러한 언어학적이고 논리적인 우세를 배경으로 "미스티코"(mistico)라는 말은 '가시적인 것을 확정적으로 서술할 수 없다는 것'과 '숨겨져 있는 본질적인 것에 대한 장악' 사이에 있는 경계를 그려내고자 하였다[29].

모든 대상들의 존재와 그 의미는 직접적인 인식에 의해서는 잘 잡히지 않는데, 이러한 대상들은 16세기에서 17세기로 넘어가면서 모두 "신비적인" 것이 되었다. 말하자면, "거룩한 것"으로부터 "비밀스러운 것"에로 의미의 전이가 이루어진 것이다. 형용사 "신비적"이라는 말이 널리 사용되었던 17세기에는 이 형용사가 학문적인 표현에서는 드물게 사용되고 거의 종교적인 것들과 관련해서만 사용되었다[30]. "신비적

---

[27] 예를 들면, 십자가의 요한의 작품에는 명사 "contemplación"(관상)이 224번 나타나고 형용사 "contemplativo"(관상의)가 20번 나타나지만, 형용사 "mistico"(신비의)는 단지 25번 나타난다(참조: 『Concordancias de los escritos de san Juan de la Cruz』, 2080.2094).

[28] 참조: M. de CERTEAU, 『Fabula mistica』, 141.

[29] 참조: 위와 같은 책, 143.

[30] 참조: 위와 같은 책, 144-146.

인" 영역은 "평범한" 길로부터 이탈되어 "특별한 것"과 동일시하게 되었다. 예를 들면, 이노상 드 생-앙드레(Innocent de Saint-André)가 1615년에 쓴 그의 작품 『신비 신학』(Teologia mistica)에서 "초자연적이고 신적인 또는 신비적인" 기도를 다른 형태의 기도들과 구분을 하는 것이다[31]. 이외에도 16-17세기에는 위-디오니시오의 작품들이 인쇄되어 널리 보급됨으로써 아레오파고의 독자들이 많이 늘어나게 되는데, 이 또한 "신비 학문"(scienza mistica)이 독립하는 데 일정 부분 도움이 되었다[32].

"미스티코"(mistico, 신비적인)라는 낱말이, 특별하고 예외적인 사실들 주위에서 하나의 학문이 새로 등장하여 체계화되는 과정에서, 전문적인 용어로 바뀌어가는 데에 기여한 저자들은 여럿이다: 샤롱(Charron)은, 1635년에, 품질 형용사를 명사로 굳히면서 다음과 같이 표현한다: "신비체험까지 포함해서 이 신학은 우리에게…가르친다"(La théologie, même la mystique, nous enseigne…); 산데우스(Sandaeus)는 1640년에 자연적 신비체험(mystica naturalis)에 대해 말한다; 쉐롱(Chéron)은 1657년에 "신비체험 안에서 다루는 모든 것"(tout ce qu'on traite dans la mystique)에 대해 언급한다; 레옹 드 생-장(Léon de Saint-Jean)은 1661년에 "우리는 이러한 표현들로 신비체험을 표현한다"(Laissons à la mystique ses expressions)라고 말한다; 끝으로 장 조셉 쉬랭(Jean Joseph Surin)은 "신비학"(la mystique)을 다른 학문으로부터 완전히 분리된 하나의 학문으로 다루면서, 1661년 『신비학에 대하여』(De la mystique)라는 미간행 저서를 남긴다[33]. 명사 "미

---

[31] 참조: M. de CERTEAU, 『Fabula mistica』, 147.
[32] 참조: 위와 같은 책, 149.
[33] 참조: M. de CERTEAU, 『"Mystique" au XVIIe siècle』, 『L'homme devant Dieu. Mélanges offerts au Père Henri de Lubac. Vol. II』, 279; M. de CERTEAU, 『Fabula mistica』, 155. 한편, "신비성"(misticità)이라는 낱말은 1700년대에 만들어지고, "신비주의"(misticismo)라는 신조어는 1800년대에 나타나게 된다(참조: B.

스틱"(mystique)은 이러한 분야를, 다른 모든 학문으로부터 독립된, 자율적인 학문으로 규정하는 것으로, 이 명사는 고백 사제들이나 신학자들, 설교가들 또는 성경 역사가들이나 주석가들로 형성되는 신학적 공간을 배경으로 17세기에 처음으로 생겨났는데, 이들은 신학적 언어 구사법을 대단히 잘 알고 있었음에도 불구하고, 이 낱말로부터 애정이나 환시, 황홀경 그리고 정도를 넘어서는 육체 현상들이 뒤섞이는 "부적절한" 부분을 떼어낼 필요성을 인식하지 못해, 이러한 부적절한 요소들이 형용사 "미스티코"(mistico)가 명사화되는 과정에서 새로 태어난 이 용어에 포함되게 되었다[34]. 그렇기 때문에 이렇게 명사화된 새 용어를 일부 성직자들은 적대시하였다. 특히, 모(Meaux)의 주교 잭 보쒸에(Jacques Bossuet, 1627-1704)는 위-디오니시오의 작품과 관련하여 그 저자가 성경에 나타나는 사도적 인물이라는 사실을 부인하면서 그의 작품들을 비판하였고, 자기 시대의 신비가들에 대해서도 적대적인 입장을 취하였다. 보쒸에에 따르면, 신비가들은 "'지나친 과장자들'이고", "그들의 표현을 보면 정확하지가 않으며", "성인 교부들의 가르침"을 남용하는 자들이다[35]. 신비가들을 낮게 평가하였던 보쒸에는 캔필드의 베네델토(Benedetto di Canfield)나 장 드 생-상송 (Jean de Saint-Samson), 십자가의 요한(Juan de la Cruz)과 타울러 (Tauler), 심지어는 프란치스코 살레시오(Francesco di Sales)마저 알려고조차 하지 않았다[36].

이 시대에 터졌던 정적주의에 대한 논쟁은 신비 체험(esperienza mistica)에 대한 불신을 야기시켰고, 그 결과 신비체험(mistica)에 대

SECONDIN, 『La mistica nel XX secolo: Teorie ed esperienze』, 61).
[34] 참조: C. OSSOLA e A., 『Pour un vocabulaire mystique au XVIIe siècle』, 373. 오쏠라에 의하면, 애정, 환시, 황홀경, 과도한 육체 현상들에 대해서 언급하는 표현들은 신학적인 용어로부터는 분리되어 나갔다.
[35] 참조: M. de CERTEAU, 『Fabula mistica』, 156-157.
[36] 참조: 위와 같은 책, 157.

한 개념이 더 빈약해졌다. 이와 관련된 신비체험 논쟁들 중 가장 중요한 논쟁은 캉브래(Cambrai)의 대주교 프란치스코 페늘롱(Francesco Fénelon, 1651-1715)과 쟉 보쒸에 주교 사이의 논쟁으로, 이는 신비체험에 대한 평가 절하와 소외를 야기시켰다[37]. 페늘롱과 보쒸에 사이의 논쟁은 신비체험과 관련된 마담 귀용(Madame Guyon, 1648-1717)의 가르침을 다르게 이해하는 관점의 차이로부터 불이 붙었다. 귀용 사상의 주추는 하느님께 대한 순수한 사랑과, 하느님과의 일치에 이르기 위해 하느님의 뜻에 내어맡김이라 할 수 있다. 신비적 상태에 있는 영혼은 자신을 영에 의해 이끌어지도록 내놓고, 이러한 상태에서는 하느님께서 주도권을 지니신다. 그리고 영혼은 자신을 순수한 사랑의 원천으로 이끄시는 하느님 안에 잠기게 된다. 영혼이 드높여지면 드높여질수록, 또 하느님의 행위가 느껴지면 느껴질수록, 영혼은 그만큼 더 깊이 수동적인 상태로 들어간다. 이 때문에 귀용의 신비체험은 무화의 신비체험이라는 특성을 지닌다[38]. 그녀의 신비론 가운데 가장 짙은 부분은, 묵상, 단순 기도 그리고 능동적 및 수동적 관상으로 상징되는, 연속적인 세 단계로 풀어지는 개념에서 찾아볼 수 있는데, 이 마지막 단계에서 신비 상태의 정점에 다다른다는 것이다[39]. 그러나 마담 귀용의 가르침은 검열에 회부되었고, 준정적주의(semi-quietista)로 단죄되었으며, 귀족 사회로부터 추방되어 뱅센(Vincennes)에 투옥되었다. 귀용을 잘 알고 있던 페늘롱은 온화한 성품의 소유자로 그녀를 변호하기 위해 「성인들의 주장에 관한 선언」 (Dichiarazione sulle affermazioni dei santi)을 발표하여, 성덕의 문제에 대한 교회의 올바른 개념과 "사랑 안에서의 올바른 포기"에 관한

---

[37] 참조: M. DAVY, 『Esperienze mistiche in oriente e in occidente. Vol. II』, 205-207.
[38] 참조: 위와 같은 책, 215.
[39] 참조: A. PEDRINI, 「Guyon Jeanne Marie Bouvier de la Motte」, 『DizMist』, 620.

자신의 관점을 제시하였다[40]. 그러나 보쒸에는 페늘롱이 치명적인 오류에 빠졌다고 비난하면서 그를 반대하는 『다양한 기도 형태에 대한 지침』(Istruzioni sui diversi tipi di preghiera)을 발표하였다[41].

이 두 주교 사이의 논쟁은 보쒸에의 승리로 끝났으며, 페늘롱은 1699년 인노첸시오 12세 교황이 공포한 『쿰 알리아스』(Cum alias) 칙서에 의해 준정적주의로 단죄되었다[42]. 이 단죄는 크리스천 삶과 그리스도교 용어에 여러 영향을 끼쳤는바, 특히 당시 서방 교회 내에

---

[40] 페늘롱이 주장한 논지의 핵심은 다음과 같이 요약할 수 있다: "(ㄱ) 모든 내적인 길은 순수하고 사심이 없는 사랑을 지향한다; (ㄴ) 내적인 정화의 목적은 사랑을 사심 없게 하여 순수 사랑에 이끄는 것 외에 다른 어떤 것도 지향하지 않는다; (ㄷ) 최고의 관상은 바로 이러한 순수하고 사심 없는 사랑의 달콤한 연습이다; (ㄹ) 일치의 길, 즉 완덕의 최대를 의미하는 관상의 정점은 순수한 사랑의 충만, 즉 이러한 사랑의 지속적인 상태를 의미한다"(T. Goffi - P. Zovatto, 『La spiritualità del settecento』, 52). 따라서 페늘롱에게 신비체험은 성화 은총의 정상적인 과정이요, 자신의 성소에 끝까지 충실하는 크리스천 신분의 완성이며, 반면에 신비 체험의 특별한 현상들은 완전히 이차적인 장식품에 지나지 않는다(참조: C. Brovetto e. A., 『La spiritualità cristiana nell'età moderna』, 256). 신비체험에 관한 페늘롱의 관점은 오늘날의 관점과 일치하는 면이 있다.

[41] 참조: W. Tritsch, 『Introduzione alla mistica』, 298. 보쒸에는 페늘롱의 강한 반대자로, 특히 높은 신비적 단계에서 발생되는 특별한 기도와 관련된 신비 체험에는 독단적인 교의를 적용하면서 항상 적대적인 태도를 견지하였으며, 정적주의와의 논쟁으로 말미암아 신비가들을 대하게 될 때에는 대단히 격렬하였다(참조: T. Goffi - P. Zovatto, 『La spiritualità del settecento』, 53; P. Zovatto, 『Bossuet Jacques』, 『DizMist』, 251). 보쒸에에게 신비적 은총이란, 하느님께서 소수의 영혼에게만 특별하게 허락해 주시기 때문에, 개념적으로 보면, 기적에 비견되는 예외적이고 유별난 현상들을 의미한다(참조: C. Brovetto e. A., 『La spiritualità cristiana nell'età moderna』, 256-257).

[42] 페늘롱은 아무런 조건 없이 교황의 판결에 복종했고, 이 때문에 보쒸에 역시 페늘롱에 대한 자신의 적대적인 비난을 철회하였다(참조: W. Tritsch, 『Introduzione alla mistica』, 298). 한편, 현대 신학자들은 페늘롱의 신비론을 재평가하면서, 이 주교에 대한 단죄는 신비체험에 대한 보쒸에의 무지와 페늘롱에 대한 적대심의 결과로 보고 있다[참조: M. Davy, 『Esperienze mistiche in oriente e in occidente. Dottrine e profili. Vol. II』, 206; T. Goffi - P. Zovatto, 『La spiritualità del settecento』, 53; B.McGinn, 『Storia della mistica cristiana in occidente. Le origini (I-V secolo)』, 382].

서 신비체험이 변두리로 밀려나는 결과를 초래하였다[43]. 이러한 신비체험의 고립화는 18세기에 들어서서는 계몽주의에 의해 더 심화되었고 이는 19세기 말까지 계속되었다.

1.1.2. 20세기에 전개된 신비체험 논쟁

20세기 초엽 도미니코회의 오귀스트 소드로(August Saudreau, 1859-1942)와 예수회의 오귀스탱-프랑수아 풀랭(Augustin-François Poulain, 1863-1919) 사이에 논쟁이 일어나고[44], 이는 신비 체험의 보편성을 중심으로 20세기 내내 전개되었던 신비체험의 본질에 대한 토론의 도화선이 된다[45]. 이즈음, 특히 제2차 바티칸 공의회 이전에는, 무거운 이론적 문제를 떠나 성경과 교부들의 문헌에 기초된 해석학적 열쇠를 선호하는 새로운 해석의 길들이 등장하게 되는데, 이를 바탕으로 신비체험의 전 분야에 걸쳐 커다란 성과가 있었다. 이 논쟁을 통해서 신비적 단계들의 본질; 완덕에로의 보편적 성소, 덕의 여정, 영적

---

[43] 참조: P. ADNÉS e. A., 「Mystique」, 「Dictionnaire de spiritualité X」, 1935; P. ZOVATTO, 「Fénelon Francesco」, 「DizMisti」, 500.
[44] 소드로는 1896년에 『영적인 길의 단계들』(Les degrés de la vie spirituelle)과, 1901년에는 『하느님과 일치하는 삶과 그 도착하는 방법들』(La vie d'union à Dieu et les moyens d'y arriver)이라는 두 작품을 출판하고, 풀랭은 1901년 『기도의 은총』(Les grâces d'oraison)이라는 작품을 출판하는데, 이러한 작품들은 20세기에 펼쳐졌던 길고 격렬했던 신비 신학 논쟁의 서곡이 되었다(참조: C. BUTLER, 「Western mysticism」, xiv; F. ASTI, 「Spiritualità e mistica」, 20-31).
[45] 버나 맥긴은 신비 신학에 관한 논쟁의 중심 주제를 다음과 같이 두 가지로 요약한다: (ㄱ) 신비적 관상은 보편적인 부르심인가, 즉 모든 크리스천과 관련되어 있는가, 아니면 소수에게만 주어진 특별 은총인가? (ㄴ) 기도의 어느 시점에서 정확히 신비적 관상이 시작되는가? 이외에도 맥긴은 이러한 두 물음과 연결되어 있는 다른 근본적인 문제들을 지적하는데, 이러한 문제들은 은총의 개념과 크리스천 완덕의 정의도 함께 다루고 있다. 즉, 신비적 기도는 구원의 은총과 어떤 관계에 있는가? 크리스천 완덕이 하느님 사랑과 이웃 사랑과 동일하다면, 이는 "신비적"이라는 더 높은 단계와 어떤 필연성을 지니는가? 완덕의 정상에 다다름과 관상은 어떤 필연적인 관계에 있는가?[참조: B. MCGINN, 「Storia della mistica cristiana in occidente. Le origini (I-V secolo)」, 378.]

체험의 정점 사이의 관계; 신비체험에서 보게 되는 특수한 현상들이 지니는 부차적인 성격; 수덕적 완덕과 신비적 완덕의 구별을 극복하는 문제; 신비가들에 대한 연구에 있어서 심리학과 신학을 통합하는 문제 등 신비 신학의 여러 주제들이 다루어졌다[46]. 이러한 논쟁과 토론이 전개되는 가운데 신학적으로 얻게 된 가장 중요한 결실은 신비체험이 체계적인 지평 안에서 보편적 현상으로 새롭게 제시되었다는 점이다[47]. 이와 관련하여 신비 신학 논쟁 중에 드러난 몇 가지 주요 논점을 살펴보면 다음과 같다.

소드로와 풀랭이 토론하기 시작한 주요 주제들 중 하나는 관상에 대한 이해, 특히 습득 관상과 주입 관상을 구별하는 문제와 관련되어 있다[48]. 소드로는 무엇보다 먼저 참된 신비적 일치 안에서 완덕을 실현하기 위해 영혼이 지향하는 방향에 골몰하였다. 전통과 영적 스승들의 글들을 따르면서, 소드로는 영적 혼례가 신비 체험으로 꽃피어나는 길은 단 하나이며, 모든 영적인 길은 필연적으로 가장 낮은 단계로부터 가장 높은 단계, 즉 하느님과의 신비적 일치로서의 주입 관상에로 나아간다는 것을 논증한다[49]. 이 도미니코 학자에 의하면, 주입적이고 신비적인 관상은 완덕을 지향하는 크리스천 삶의 정상적인 목표이다.

---

[46] 참조: B. SECONDIN, 『La mistica nel XX secolo: Teorie ed esperienze』, 62-64.
[47] 참조: B. MCGINN, 『Storia della mistica cristiana in occidente. Le origini (I-V secolo)』, 378.
[48] 역사적 관점에서 보면, 처음으로 예수의 토마스(Thommaso di Gesù, 1564-1627)가 그의 저서 『관상에 대하여』(De contemplatione acquisita)에서 습득적 관상을 체계적으로 다룬다. 그러나 그 이전에도 비록 체계성은 떨어지지만, 습득적 관상을 설명하는 신학자들이 몇몇 있었다: 예를 들면, 릭카르도 산 빌토레(Riccardo di S. Vittore, ? -1173)의 『위대한 벤자민』(Beniamin maior) 제5부 제2장, 장 제르송(Giovanni Gerson, 1363-1429)의 『사변적인 신비 신학』(Theologia mystico-speculativa) 제4부, 엔리코 헤릎(Enrico Herp, 15세기 초 - 15세기 말)의 『신비 신학』(Teologia mystica) 제3권 제7장, 몰리나의 안토니오(Antonio de Molina, 1560-1612/1619)의 『영적 수련』(Ejercicios spirituales) 제2권 제6장(참조: U. BONZI DA GENOVA, 「Contemplazione」, 「EnciCatto IV」, 443) 등이다.
[49] 참조: F. ASTI, 『Spiritualità e mistica』, 20.

따라서 신비체험은 완덕에 있어서는 본질이 되며, 모든 크리스천에게 있어서는 의무적으로 걸어야 할 길이 된다. 소드로는 습득 관상과 주입 관상의 구별을 비판하고, 이러한 구별은 16-17세기 이후 전개된 반(反)-신비주의 운동으로 말미암아 신비체험의 고전적 작품들을 후대에 잘못 이해한 것이라 단정하면서, 신비적 기도의 경계를 확장하였다[50]. 신비체험의 보편성과 더불어 소드로는 신비 체험 중에 일어나는 특별한 현상들은 관상 생활의 정상적 과정에 비하면 부수적인 것에 지나지 않고, 신비적 단계를 규정하는 것은 바로 하느님으로부터 직접 받은 수동적 사랑임을 주지시킨다[51].

소드로와 반대의 관점에서 대응한 첫 번째 신학자는 풀랭이다. 그의 입장은 예수회의 영성 전통 위에서 새롭게 이루어지고 있던 심리학적 연구의 도움을 받아 힘을 얻게 된다. 이 예수회 신학자는 신비적 단계들을 정의하고자 시도하면서, 공통 기도의 네 과정들로부터 신비적 일치의 기도에 나타나는 네 과정들까지 기도의 발전 여정을 묘사한다. 이러한 학문적 작업을 위해 풀랭은 사변적 학파를 비판하면서 경험적 방법을 채택하는데, 이는 신비적 여정에 유익한 것과 그렇지 않은 것을 밝히는 데 도움이 된다[52]. 풀랭은 참된 신비적 일치에 뒤따르는 모든 현상들을 이 일치로부터 구별해 내기 위해 심혈을 기울인다. 그에 의하면, 참된 신비적 기도는 모든 인간적 노력으로부터 완전히 벗어나 인간 주체 쪽에서의 협조 없이 오로지 수동적으로 받아들여지는 순수 은총에 의해 이루어진다. 이렇게 하여 그는 공통 기도의 네 번째이자 마지막 단계인 단순 기도, 즉 습득적이고 능동적인 관상과, 신비적 일치의 등급들을 특징짓는 주부적이고 수동적인 관상을 명

---

[50] 참조: B. MCGINN, 『Storia della mistica cristiana in occidente. Le origini (I-V secolo)』, 379.
[51] 참조: F. ASTI, 『Spiritualità e mistica』, 21-22.
[52] 참조: 위와 같은 책, 26-27.

료하게 구별한다⁵³. 습득적이고 능동적인 관상이 일반적이고 빈번하게 일어나는 관상이라면, 주부적이고 수동적인 관상은 드물게 일어나는 특별한 관상이라는 것이다. 그러기에 풀랭에 의하면, 신비적 상태는 완덕에 이르기 위한 필수적인 요소가 아닌 것이다. 신비체험의 성소는 보편적인 것이 아니라 구원에 반드시 요청되는 크리스천 완덕에 덧붙여지는 하나의 특수한 은총일 따름이다⁵⁴.

소드로와 풀랭의 논쟁으로 말미암아 이후 약 40여 년간 토론이 지속되었다. 먼저, 여러 신학자들이 풀랭의 입장을 지지하였는데, 그 가운데는 성 술피치오 수도회의 알베르 파르쥬(Albert Farges, 1848-1926), 예수회의 뱅발(A. Bainval)과 조셒 드 귀베르(Joseph de Guibert, 1877-1942), 루이 빌로(Louis Billot, 1846-1931) 추기경, 마를 코드롱(Marc Caudron), 폴 르젠느(Paul Lejeune, 1850- ?) 등을 손꼽을 수 있다⁵⁵. 이러한 신학자들 외에 예수회 학파와 카르멜 학파에서 주도하는 잡지들도 풀랭의 입장을 옹호하였다. 특히 아빌라 테레사 학파는, 십자가의 요한과 아빌라의 테레사의 신비 체험에 쉽게 다가갈 수 있는 길을 제시한 풀랭을 토대로, 신비체험을 "대중화"하고자 애썼다⁵⁶. 그러나 신비체험에 대한 이들의 개념은 "엘리트적인" 경향으로 인해 비판을 받았다. 이와 관련하여서는 카르멜회의 에르만노 안칠리(Ermanno Ancilli, 1925-1988)와 교구 사제인 조반니 모이올리(Giovanni Moioli, 1931-1984) 같은 학자들이 기억될 만하다.

소드로의 입장 역시 많은 신학자들로부터 지지를 받았다: 예를 들면, 카푸친의 루도빅 드 베스(Ludovic de Besse, 1831-1910), 에우디스타 에밀 람발(Émile Lamballe), 시토회의 르오디(V. Lehodey, 1857-

---

⁵³ 참조: B. McGinn, 『Storia della mistica cristiana in occidente. Le origini (I-V secolo)』, 379.
⁵⁴ 참조: 위와 같은 책, 379.
⁵⁵ 참조: 위와 같은 책, 380.
⁵⁶ 참조: F. Asti, 『Spiritualità e mistica』, 28-29.

1948), 베네딕토회의 엔윌 쿹벝 버틀러(Edward Cuthbert Butler, 1858-1934), 불레스테(C. Boulesteix), 예수회의 모리스 드 라 파이(Maurice de la Faille)와 조셒 마레샬(Joseph Maréchal, 1878-1944)과 루이 페테르(Louis Peeters), 예수회원이었던 앙리 브레몽(Henri Bremond, 1863-1933), 조셒 잔(Joseph Zahn) 등이다. 특히, 후안-곤살레스 아린테로(Juan-Gonzales Arintero, 1860-1928)나 앙브로와즈 갸르데(Ambroise Gardeil, 1859-1931) 그리고 레지날 가리구-라그랑주(Réginald Garrigou-Lagrange, 1877-1964) 같은 도미니코회원들은 소드로의 사상을 보다 더 체계적으로 심화시킨 대표적인 지지자들이다[57]. 그리고 이 당시에 발행된 『Revue Augustinienne』, 『Études Franciscaines』, 『Revue Tomiste』, 『Collationes Brugenses』 같은 잡지들 또한 소드로와 같은 사상적 노선에서 수덕적 길과 신비적 길의 연속성을 옹호하였다. 소드로의 신학적 입장은 베네딕토회원들, 아우구스티노회원들, 도미니코회원들, 프란치스코회원들, 예수회원들 등 자신들의 회헌을 다시 읽은 수도자들에 의해서 폭넓게 지지되었다[58].

제1차 세계 대전 이후, 교회 공동체들과 여러 문화 연구소 및 스콜라 연구소들의 요청으로 이에 응답하면서 수덕-신비 신학에 대한 관심이 새로이 대두되었다. 바로 이 시기에 토론의 장으로서 새로운 잡지들이 나타나게 되는데, 예를 들면 도미니코회 잡지 『La Vie Spirituelle』(1919), 이 잡지의 스페인어판 『La Vida sobrenatural』(1921), 이탈리아 도미니코회원들이 발행한 『Vita cristiana』 – 이 잡지는 후에 『Rivista di ascetica e mistica』(1929)로 잡지명이 바뀐다 –, 예수회의 『La Revue d'ascétique et mystique』(1920), 독일어판 『Zeitschrift für Ascese und Mystik』(1925) – 이 잡지는 후에 『Geist und Leben』으로

---

[57] 참조: B. MCGINN, 『Storia della mistica cristiana in occidente. Le origini (I-V secolo)』, 380; F. ASTI, 『Spiritualità e mistica』, 23.
[58] 참조: F. ASTI, 『Spiritualità e mistica』, 23-25.

잡지명이 바뀐다 -, 스페인어 잡지 『Manresa』(1925) 등이 있으며, 이들은 영적인 삶과 관계되는 모든 문제들과 더불어 신비체험에 주로 관심을 쏟았다[59]. 한편, 1918-1919학년도에는 교황청립 대학교인 안젤리쿰과 그레고리아눔에 "수덕 신비 신학" 강좌가 개설된다. 이 교과목의 담당 교수들은 도미니코회의 가리구-라그랑주와 예수회의 마르켙티(O. Marchetti)이나, 이 예수회 교수의 자리는 곧 귀베르(J. de Guibert)가 맡게 된다[60].

1928년에는 귀베르(de Guibert)의 주도로 학술회의가 개최되고, 이 자리에서 영성 신학 강좌와 영성 학술회의 사이의 관계가 다루어진다[61]. 이어서 비오 11세 교황이 1931년 교회 학문의 연구에 대한 새로운 방향을 발표한다. 교황은 주요 과목(disciplinae principales)과 보조 과목(disciplinae auxiliares)을 구분하면서, 수덕학은 보조 과목들 사이에 넣고 신비 신학은 특별 과목으로 배정한다. 그러나 이러한 구분으로부터 수덕학과 신비학의 관계, 즉 한 나무에서 갈라진 두 개의 줄기인가에 대한 논쟁이 일게 된다[62].

가리구-라그랑주는, 크리스천 완덕은 신비적 삶 안에서 초자연적으로 작용하시는 성령의 선물에 의해 성장된다는 사실을 논증하는 가운데, 수덕학과 신비학의 연속성을 강조한다. 이런 관점에서 그는 기적이나 환시 그리고 예언으로 대표되는 초자연성보다 은총과 믿음과 사랑과 성령의 삶이 더 본질적인 초자연성이라는 사실을 역설한다. 그리고 수덕학과 신비학은 한 신학에서 갈라져 나온 두 개의 줄기가 아니라 동일한 영적 삶에서 펼쳐지는 하나의 과정이라 결론짓는다[63]. 수덕

---

[59] 참조: 위와 같은 책, 33-34.
[60] 참조: 위와 같은 책, 34.
[61] 이 학술회의에서 귀베르가 처음으로 "영성 신학"이라는 새로운 용어를 사용한다(참조: 위와 같은 책, 40).
[62] 참조: 위와 같은 책, 41-42.
[63] 참조: 위와 같은 책, 49. 한편, 귀베르는 신비 신학에 관한 지속적인 논쟁의 원인이 개념의 혼란에 있다고 여기고, 주입 관상과 습득 관상, 성덕으로 나아가는

학과 신비학의 이러한 계속성은, 주입 관상에서 정점에 달하는 크리스천 완덕의 길에는 오로지 하나의 길만이 있을 뿐이라는 사실에 기초를 두고 있다. 가리구-라그랑주의 관점은 신비 체험의 보편성과 일치된다.

20세기의 또 다른 저명한 사상가는 전 생애에 걸쳐 신비체험에 매료되었던 쟉 마리탱(Jacques Maritain, 1882-1973)이다. 그에 의하면, 신비적 인식은 모든 인식 가운데 최고이며, 그러기에 참된 형이상학은 그 완성을 위하여 어떤 형태로든 신비 신학이 되어야 한다[64]. 이러한 관점에서 마리탱은 실재에 대한 인식을 연구하면서, 하느님께 대한 신비적 인식을 분석한다. 이 인식의 마지막 단계는 "제한될 수 없는"(non-circoscrittoria) 인식으로, 여기에서 하느님은 '부정을 통한 인식 과정'을 통해 포착된다. 같은 관점에서 마리탱은 신비 체험을 하느님의 심오한 실재에 대한 체험적 인식이라 정의하며 이러한 체험의 두 요소를 다음과 같이 지적한다: 신비적 체험은 하느님과 직접적으로 만나게 해주고, 만남은 사랑과 인식을 포함한다[65]. 그리고 하느님과의

길에서의 평범성과 비범성, 신비적 삶에 대한 가까운 부르심과 먼 부르심 등 신비 신학 논점과 밀접하게 연결되어 있는 용어들을 정의하고자 노력한다. 그에 의하면, 관상은 인간 활동의 결실이지만, 심리학적 규칙을 따르는 단순한 유희를 통해서든(즉, 습득적이든), 아니면 하느님의 직접적인 개입을 통해서든(즉, 주입적이든), 그 자체로 두 가지 다른 양식의 단순화와 일치화를 지니고 있다. 습득적 관상은, 지성적이고 정감적인 행위의 단순화가 은총의 도움을 받더라도 인격적 활동으로부터 비롯되는 관상 기도이고, 주입적 관상은 지성적이고 정감적인 행위의 단순화가 영혼 안에서 하느님의 작용에 의해 이루어지는 관상 기도이다. 성덕의 여정에서의 평범성과 비범성에 대해서 귀베르는 "평범"이라는 용어는 초자연적 섭리의 실제적 질서 안에서 성덕의 어떤 단계든 이에 다다르기 위해서 절대적으로 필요한 모든 은총이라 설명하고, "비범"이라는 용어는 영혼이 가장 높은 단계의 성덕에 도달하기 위해서 없어서는 안 될 모든 은총이라 설명한다. 신비적 삶에 대한 부르심에 관련해서 귀베르는, 내적인 먼 호소는 은총의 이끄심에 따라 영적 삶의 초기 단계를 사는 이들에게 적용하고, 가까운 내적 호소는 주부적 관상을 사는 이들에게 적용한다(참조: F. Asti, 『Spiritualità e mistica』, 62-63).

[64] 참조: B. McGinn, 『Storia della mistica cristiana in occidente. Le origini (I-V secolo)』, 415.

[65] 참조: 위와 같은 책, 416-418.

사랑의 일치는 본질적으로 인간 존재 안에서 활동하시는 성령께서 내려 주시는 선물임을 강조한다. 그런데 성령의 선물은, 초기 형태이긴 하지만, 모든 크리스천들에게 이미 세례를 통해서 주어지기 때문에, 마리탱의 주장은 신비 체험의 보편적 성소를 긍정하는 것이 된다[66].

독일 베네딕토회의 안셀름 슈톨쯔(Anselm Stolz, 1900-1942)는 신비적 삶의 보편성을 체계화하는 데 이바지하였다. 신비체험에 대한 신학과 관련하여 슈톨쯔는 성경으로부터 출발하고 위대한 교부들의 사상을 연구할 필요가 있다고 여겼다[67]. 그에 의하면, 신비적 기도는 은총의 삶이 전개될 때 나타나는 하나의 단계로, 감각이나 심리학적 조건과는 본질적으로 다르며, 본연의 의미에서 신비체험이란 "성사, 특히 성체성사 안에서 주어지는 하느님의 역동적인 생명에로 잠겨 드는 초심리학적인 체험"[68]이다. 뿐만 아니라 슈톨쯔는 그 기초와 발전 과정을 바탕으로 크리스천 신비 체험을 일반적인 의미에서의 크리스천 삶으로부터 구별하면서, 신비적 삶은 근본적으로 크리스천 삶과 다르지 않으며 신비체험은 그리스도교 사상의 본질에 해당된다고 주장한다[69].

한편, 수덕의 길과 신비적 길의 본질적인 일치 문제와 그리고 신비 체험의 보편적 성소 문제에 대한 신학적 수렴은 "영성 신학"에 대한 관심을 일깨워 주었고, "영성 신학"의 본질, 방법 및 구조의 문제들, 특히 "영성 신학"이 하나의 학문인지 또는 단지 실천적인 수련 분야인지에 대한 토론을 촉진시켰다[70]. 이러한 토론의 덕택으로 영성 신학은

---

[66] 참조: 위와 같은 책, 418.
[67] 1936년 『신비 신학』(Theologie der Mystik)이란 저서를 발표한 슈톨쯔는 성경과 교부들에게로 되돌아가는 운동에 있어 선구자가 되었으며, 이는 그 후 몇십 년 동안 가톨릭 신학의 문제들을 해결하는 데 기여를 하게 된다(참조: 위와 같은 책, 382).
[68] 위와 같은 책, 383.
[69] 참조: 위와 같은 책, 383-384.
[70] 참조: C. LAUDAZI, 『L'uomo chiamato all'unione con Dio in Cristo』, 27.

수련 과목으로 규정되었으며[71], 그 목표가 모든 크리스천들의 성소인 성덕, 즉 "하느님이-됨"(divinizzazione)에 있음도 더 분명하게 드러나게 되었다. 따라서 "영성 신학"이라는 용어는 점진적인 그리스도화를 통하여 인간이 하느님으로 변화되는 것을 가리키게 되었다[72]. 이러한 성화에로의 보편적 부르심은 신비체험에로의 보편 성소와 정확히 일치한다. 즉, 영성 신학은 성덕이나 완덕을 지향하기에, 수덕학과 신비학을 분리하거나 대립시키는 결함을 넘어서서 이 두 분야를 모두 포괄하는 일종의 수련으로 자리매김된다[73].

40년대의 "새로운 신학"(nouvelle théologie)과 5·60년대의 "초월 신학"(teologia trascendentale)의 출현으로 신비체험에 관한 토론은 교의 신학적 차원으로 한층 더 심화되었으며, 신비체험에로의 보편적인 불리움은, 비록 간접적이긴 하지만, 제2차 바티칸 공의회의 문헌들을 통해 공식적인 지지를 얻게 된다.

"새로운 신학"의 대표적인 인물 중의 하나인 앙리 드 뤼박(Henri de Lubac, 1896-1991)은 안셀름 슈톨쯔의 사상에 상당히 호의적인 입장을 취하면서, 크리스천 신비체험이란 믿음의 신비를 가장 깊이 내면화시키는 것으로 그 뿌리는 성경과 전례 그리고 교회의 성사적 삶 안에 있다고 주장한다[74].

신비체험과 불가분리적 관계에 있는 초월 신학에 대해서는 예수회의 저명한 두 신학자 버날 로너간(Bernard Lonergan, 1904-1984)과 칼 라너(Karl Rahner, 1904-1984)를 기억할 수 있는데, 먼저 이들의 선구

---

[71] 1950년 토마스 대학교(Angelicum)에 영성 연구소가 설립되고, 이어서 그레고리오 대학교(Gregorianum)에, 1957년에는 테레사 신학교(Teresianum)에, 1971년에는 안토니오 대학교(Antonianum)에 영성 연구소가 설립된다(참조: F. ASTI, 『Spiritualità e mistica. Questioni metodologiche』, 75).
[72] 참조: F. ASTI, 『Spiritualità e mistica. Questioni metodologiche』, 76.
[73] 참조: G. MOIOLI, 『Teologia spirituale』, 『DizSpir』, 1601.
[74] 참조: B. McGINN, 『Storia della mistica cristiana in occidente. Le origini (I-V secolo)』, 388.

자였던 벨기에 출신의 예수회원 조셉 마레샬(Joseph Maréchal, 1878-1944)을 기억할 필요가 있다. 생물학 박사 학위를 소지하고 있던 마레샬은 초월 신학의 전조로 여겨지는 경험 심리학을 독일에서 수학한 신칸트주의자이다. 그는 새로우면서도 적확한 형이상학의 출발점을 규명하기 위하여, 인식 행위의 역동적인 관점에서 토미즘의 인식론을 조명하면서, 인식론적 문제와 신비적 문제를 인간의 근본적인 불안함, 즉 하느님에 대한 인식의 가능성과 맞세운다[75]. 신비체험에 대한 마레샬의 접근 방법은 하느님과의 일치에 초점이 맞추어진다기보다 하느님의 현존을 감지하는 문제에 대한 철학적 탐구, 즉 실재를 판단하는 가능성에 대한 선험적(a priori) 조건에 집중되어 있다. 그에 의하면, 인간의 감각은 인식의 주체를 실제 사물과의 접촉에로 이끌지만, 실재를 인식하는 데까지 이르지는 못한다. 감각적 자료에 대한 비판과 실재에 대한 실제적인 인지는 더 상위의 능력, 즉 성향상으로나 목적상으로나 본질적으로 직관적인 지성으로부터 유래되기 때문이다. 따라서 마레샬에게 있어 신비 체험이란 이러한 지성과 지성의 목표인 절대자 사이에 이루어지는 직접적이고 직관적이며 즉각적인 접촉 외에 다른 것이 아니다[76]. 이와 같은 방법으로 마레샬은 로너간과 라너의 초월 신학 이전에 이미 인간 존재와 하느님 존재의 신비적 접촉을 가능하게 하는 인식론적 선험성(a priori)을 규명하는 가운데, 신비체험에 대한 크리스천적 접근에 있어 하나의 전환을 이룬다[77].

   캐나다 출신인 로너간은 신비체험을 주제로 한 글을 많이 남기지는 않았지만, 신학에 대한 그의 성찰은 인식에 대한 비판을 바탕으로 탐구해 낸 새로운 방법론으로부터 출발하기에, 이는 신비 신학을 위해서도 새롭고 의미 있는 가능성을 제공해 준다. 로너간에 의하면, 하느님을 묻는 인간은 **초월**에로 열려져 있으며, 이 초월 안에서 인식

---

[75] 참조: 위와 같은 책, 403-404.
[76] 참조: 위와 같은 책, 404-406.
[77] 참조: 위와 같은 책, 408.

론적이든 정감적이든 자기를 초월하는 가운데 자아를 실현한다. 이러한 두 차원은 분리되어 있지 않으며, 특히 사랑에 빠질 때 극명하게 드러나는데, 그 이유는 사랑이 가장 깊은 차원에서 이루어지는 하느님과 인간 사이의 관계를 깨닫게 해주는 좋은 사례이기 때문이다[78]. 로너간은 회개를 '하느님과의 사랑에 빠짐', 즉 인간의 마음에 부어주시는 그분의 사랑의 선물로 이해한다. 신비 신학은 바로 이러한 회개 안에서 체험되는 사랑의 인식이다. 로너간은 신비체험의 개념을 인간 인식의 구조 안에 정초하면서, 모든 신비체험들은, 인간 편에서 보면 하느님의 사랑을 마음으로 받아들임에 그 뿌리를 두고 있기 때문에, 본질적으로 동일성을 지니고 있다고 주장한다[79].

초월 신학의 또 다른 대표적 인물은 독일 출신의 칼 라너이다. 그는 학자로서의 긴 생애 동안 신비체험의 역사적이고 이론적인 측면에 관심을 쏟았고, 방대한 신학 저술을 통해 토마스 아퀴나스는 물론이고 칸트, 헤겔, 마레샬 그리고 하이데거에 의해 발전된 존재론의 관점에서 크리스천 신비체험의 고전들, 특히 보나벤투라와 로욜라의 이냐시오를 다시 읽고 이를 중개하고자 힘썼다[80]. 라너는 초월 신학을 바탕으로 모든 인간의 마음 안에 현존하시는 신비로서의 하느님 체험과 일상의 신비 신학을 주장하면서 신비체험의 보편적 성소를 지지하였다[81]. 잠시 후 이러한 그의 사상을 좀더 구체적이고 깊이 있게 고찰할 것이다.

20세기에 펼쳐진 신비 신학에 대한 논쟁은 "교회 안에서 모든 이는…거룩함으로 부름받고 있다"[82]고 선언한 제2차 바티칸 공의회를 기

---

[78] 참조: F. ASTI, 『Spiritualità e mistica』, 107.
[79] 참조: B. MCGINN, 『Storia della mistica cristiana in occidente. Le origini (I-V secolo)』, 387.
[80] 참조: B. MCGINN, 『Storia della mistica cristiana in occidente. Le origini (I-V secolo)』, 389.
[81] 참조: H. EGAN, 『I mistici e la mistica』, 664.
[82] 『교회 헌장』 39.

점으로 새로운 전환을 맞게 된다. 왜냐하면 이 문헌에서 말하는 거룩함은 곧 크리스천 삶의 완성 및 사랑의 완덕과 다른 것이 아니기 때문이다[83]. 그런데 크리스천 삶의 충만함이자 사랑의 완성인 성덕은 신비체험의 핵심에 해당되기에, 성덕에로 보편적으로 불리었다는 선언은 신비체험에 대한 보편적 성소를 간접적으로 확인해주는 것이다[84]. 이와 관련하여 『가톨릭 교회 교리서』는 다음과 같이 언급한다: "영적인 진보는 언제나 그리스도와 더욱더 밀접하게 일치하는 것이 그 목표이다. 이 일치를 '신비적'이라고 하는데, 그 까닭은 성사들을 통해서 그리스도의 신비에 참여하고 그리스도 안에서 지극히 거룩하신 삼위일체의 신비에 참여하기 때문이다. 하느님께서는 모든 이에게 이 무상의 선물이 주어졌다는 사실을 드러내시기 위해서 비록 소수에게만 신비적 삶의 특별한 은총과 예외적인 표지들을 허락하시지만, 그렇더라도 그분께서는 모든 이들을 당신과 저 내밀한 일치에로 부르고 계시다"[85]. 이 조항에는 신비체험의 보편적 성소가 명확하게 표현되어 있다. 버나드 맥긴(B. McGinn)은 자신의 저서 『서방 그리스도교 신비주의의 역사. 기원(I-V세기)』 부록에서, 20세기에 전개된 신비체험 논쟁을 요약하는 가운데 아직 구체적인 내용들에 대해서는 의견의 일치가 이루어지지 않았음을 지적하면서, "신비체험은 크리스천 완덕에 있어 특별하거나 엘리트적인 형태를 띠는 것이 아니라 믿음의 삶 자체가 요구하는 것이라는 사실에 대해 (적어도 가톨릭 안에서는) 어느 정도 일치를 보고 있다"고 결론짓는다[86].

---

[83] 참조: 『교회 헌장』 40.
[84] 참조: L. BORRIELLO, 『Mistica come pienezza dell'uomo』, 『Esperienza mistica e pensierofilosofico』, 133-136; M. R. DEL GENIO, 『Mistica (cenni storici)』, 『DizMist』, 834.
[85] 『Catechismo della Chiesa cattolica』, 2014.
[86] B. MCGINN, 『Storia della mistica cristiana in occidente. Le origini (I-V secolo)』, 395. 카르멜회의 페데리코 루이스(F. Ruiz)는, 신비 체험은 크리스천 성덕에 유익한 요소이지 필수적인 요소가 아니기 때문에, 카르멜 학파는 모든 이가

1.2. 칼 라너 신비 신학의 모체인 초월 신학

라너는 초월 신학을 바탕으로 인간은 궁극적으로 절대 신비를 지향하는 신비라 규정한다[87]. 신비는 인식하고 사랑하는 초월로서의 인간이 지향하는 궁극적으로 참되고 유일한 목표로서, 인간은 그 내적 본질로 볼 때 그 자체로 신비를 지향하게 되어 있다는 것이다[88]. 따라서 인간의 모든 인식과 의지적 행위는 존재론적으로 신비의 심연에 근거하고 있고, 이 신비 안에서 인간은 비로소 참되고 완전한 행복을 실현하게 된다. 라너의 신비 신학은 철저히 이러한 초월 신학 위에 정초되어 있으며, 초월 신학은 그의 신비 신학의 기초 신학적이고 교의 신학적인 모체라 할 수 있다. 그러기 때문에 그의 신비 신학을 고찰하기 위해서는 먼저 초월 신학에 대한 이해가 필수적으로 요청된다.

초월 신학은, 인간의 선험적이고 존재론적인 구조를 분석함으로써, 자기 자신을 계시하시는 하느님과 이를 받아들이는 인간 사이에 존재하는 본질적인 관계를 밝혀주는 신학이다[89]. 그러므로 초월 신학은, 토미즘처럼 하나의 체계를 갖고 신학의 전체를 취급하는 것이 아니라,

---

신비체험에로 불린 것이 아니라는 입장에 동의한다고 말한다(참조: F. RUIZ, 「Natura dell'esperienza mistica nella spiritualità carmelitana」, 『Mistica e mistica carmelitana』, 24). 그러나 카르멜 회원들 중에는 신비체험의 보편적 성소에 동의하는 이들도 있다. 예를 들면, 안칠리(E. Ancilli)는, 아직도 엘리트적 신비주의에 머물러 있긴 하지만, "모든 이가 성덕에로 불리었으나, 모든 이가 본연의 의미에서의 관상적 체험에 불린 것은 아니다. 반면, 모든 이는 신비적 삶, 즉 성령의 작용과 그 영향이 지배적인 크리스천 삶의 충만함에로 불리었다"고 말하고(E. ANCILLI, 「Il problema della vocazione alla mistica」, 『La mistica II』, 329), 보리엘로(L. Borriello)는 "모든 크리스천 신비 체험은 본질적으로 인간의 원초적 성소와 관련되어 있으며, 이는 자신의 평범한 역사 안에서 상관적으로 완덕에 다다르게 된다"고 주장한다(L. BORRIELLO, 「Mistica come pienezza dell'uomo」, 『Esperienza mistica e pensiero filosofico』, 142).

[87] 참조: 라너, 『그리스도교 신앙 입문』, 69.
[88] 참조: 위와 같은 책, 80.
[89] 참조: 심상태, 『익명의 그리스도인』, 46.

전통 신학의 특정 주제들을 초월적 관점에서 숙고하는 신학으로, 이 신학은 순전히 신학적인 문제 설정과 기초적인 신앙 진리들의 인식의 문제에서 신앙인의 주체 속에 존재하는 선험적 조건들을 이전보다 더 명시적으로 주제화한다[90]. 라너는 이러한 초월 신학을 통해 모든 인간은 자기 자신을 양도하시는 하느님의 초자연적 은총에 의해 존재론적으로 고양되어 있다는 사실을 규명함으로써, 유한한 영인 인간으로서는 도무지 장악할 수 없는 목표로 이해되는 하느님의 보편적 구원 의지가, 본질적으로 계시가 가능하도록 구조되어 있는 초월 인간 안에서, 역사적으로 중개되는 계시에 대한 초월 체험을 통해 구체적으로 실현된다는 신학적 사실을 교의 신학적으로 체계화해 놓았다. 이제 라너의 신비 신학에 대한 보다 깊은 이해를 겨냥하면서 그의 초월 신학에 적용되었던 초월적 방법을 간략히 언급한 후 그의 초월 사상의 기본이 되는 초월적 존재와 초월적 인간에 대한 관점을 요점적으로 살펴볼 것이다.

1.2.1. 초월적 방법론

라너는 인간과 하느님 사이에 본질적으로 존재하는 초월적 관계성을 규명하기 위해 인식 주체의 존재론적 구조를 형이상학적으로 분석하고, 이로부터 초월적 명제들을 연역해 내는데, 그러한 그의 초월 철학과 초월 신학을 전개하기 위해 적용된 방법론을 "초월적 방법"이라 부른다. 라너의 이 방법은 그가 독창적으로 고안해 낸 고유한 방법론이 아니다. 그는 초월 사상의 근본 개념이 되는 "초월적"(transzendental)이라는 말을 임마누엘 칸트의 철학에서 가져온다. 칸트는 그의 『순수 이성 비판』에서 "초월적"이라는 말을 "대상을 취급하는 것이 아니라, 선험적으로(a priori) 가능한 한에서 우리의 대상 인식 유형을 취급하는

---

[90] 참조: H. VORGRIMLER, 「Teologia trascendentale」, 『DizTeolNu』, 748.

모든 인식"이라고 정의한다[91]. 이 정의에 의하면, 칸트는 "초월적"이라는 말을 인간의 인식 및 인식 대상(인식의 현상)의 선험적 조건과 동일시하지 않고, 이러한 선험적인 조건에 대한 인식이라 이해한다[92]. 따라서 칸트에 있어서 "초월적"이라는 개념은 선험적인 인식의 가능성에 대한 이론을 의미하며, 대상적 인식에 대한 선험적 가능성만을 인정하는 칸트의 초월적 방법은 대상들을 인식하는 인식 주체 안에 놓여진 선험적 조건을 규명하는 것이라 하겠다[93].

라너의 초월 사상에 큰 영향을 미쳤던 마레샬은, 신스콜라 철학계에서는 처음으로 칸트의 "초월적 방법"을 긍정적으로 원용하여 토마스 아퀴나스 사상의 이해를 촉진시키려 했던 철학자로, 그는 신비 신학에 대해서도 많은 연구를 했던 "초월적 토미즘"의 선구자들 가운데 한 사람이다[94]. 마레샬은, 형식 대상(obiectum formale) 밑에서 개별적인 대상이 인식되는데, 그러한 형식 대상에 관한 스콜라 신학의 학설에는 "선험성"(a priori)의 이론이 포함되어 있어 이 이론 역시 개별적이고 대상적인 행위에 대한 초월적 범주들로 표현될 수 있다고 지적한다[95]. 이러한 마레샬의 지적은 라너의 초월적 계시를 이해하는 데 대단히 중요하다. 토마스 아퀴나스의 교의들을 재정립하고 수정하기 위해 라너는 마레샬에 의해 이미 체계적으로 전개된 '초월적 방법'을 받아들인다[96].

마레샬의 영향 아래, 라너는 다른 한편으로 마르틴 하이데거가 지도하는 여러 세미나에 참석하며 그의 형이상학적 사상의 영향도 받는다. 특히, 신학을 사유하는 양식이나 본문을 해석하는 방법 또는 초월적 분석은 물론이고, 현상학적 관점에서의 존재 및 인간 실존의 이해

---

[91] I. KANT, 『Critica della ragione pura』, 48.
[92] 참조: N. ABBAGNANO, 「Trascendentale」, 『DizAbba』, 1117.
[93] 참조: 심상태, 『익명의 그리스도인』, 42-43.
[94] 참조: B. MCGINN, 『Storia della mistica cristiana in occidente. Le origini (I-V secolo)』, 403-410; I. SANNA, 『Teologia come esperienza di Dio』, 64-66.
[95] 참조: 심상태, 『익명의 그리스도인』, 43.
[96] 참조: 위와 같은 책, 43.

문제, 인간 존재가 구조적으로 지니고 있는 역사성의 개념, 인식의 초월적 조건, 존재의 전취와 같은 사상적 편린들에 있어 그러하다[97]. 하이데거의 사상을 활용하여 라너는 현존재의 해석학에 있어서 마레샬과 다른 학자들이 시작한 고전적 형이상학에 대한 새로운 초월적 설명을 확장하는 가운데, 그의 초월 신학을 체계적으로 발전시킨다. 라너는 "초월적 방법"을, 범주적 대상에 대한 인식의 선험적 조건에 관한 사유를 통하여, 인식 주체와 인식 대상과의 상호 연관 내지 조건 관계를 구명하는 원리라고 정의하면서, 칸트에 의해서는 선험적인 인식 가능성에만 제한적으로 사용했던 이 형이상학적 개념을 존재 일반 및 신에 대한 이해와 경험에로 확장시키고 발전시킨다[98]. 따라서 라너의 사상 안에서 "초월적"(trascendentale)이라는 말은, "내재적"(immanente)이라는 말의 반대어로서 모든 경험을 넘어선다는 의미에서의 "초월의"(trascendente)를 의미하는 것이 아니라, 스콜라적인 의미에서 "초범주적인"(metacategoriale)을 의미하는데, 이는 범주적 대상에 대한 모든 인식과 의지 행위가 성립하기 위해서 인간 주체에 선험적으로 주어진 원초적인 실존 규정[99], 즉 범주적인 역사 안에서 대상들을 만나기에 앞서 이 대상들과 선험적으로 갖고 있는 보편적이고 존재론적인 관계를 의미하는 것이다. 이렇게 라너는 칸트의 관념론으로부터 후설의 현상학을 거쳐 하이데거의 존재론적 실존주의에 이르기까지 점차적으로 심화된 인간 주체에 대한 형이상학적 이해를 기초로, 초월적 방법을 통해 인간 존재 안에 범주적이고 역사적인 하느님의 계시가 실현될 수 있는 조건과 가능성으로서 초월의 지평이 존재하고, 이 지평 안에서 초자연적 은총으로서의 하느님의 자기 양여 사건, 즉 초월 체험이 이루어진다는 사실을 밝혀낸다. 항상 역사적으로 중개되는 초

---

[97] 참조: I. SANNA, 『Teologia come esperienza di Dio』, 67-72; K. RAHNER, 『Ricordi. A colloquio con Meinold Krauss』, 37-41.
[98] 참조: 심상태, 『속. 그리스도와 구원』, 314.
[99] 참조: 라너, 『말씀의 청자』, 58.

월 체험 현상 안에서 궁극적으로 하느님 존재의 신비를 규명해 내는 라너의 초월적 방법은, 먼저 인식과 자유로운 의지 행위의 주체에 대한 형이상학적 분석의 단계와 그 다음 이 분석을 바탕으로 형이상학적이고 신학적인 명제를 규명해 내는 초월적 연역의 단계로 이루어진다. 그런데 형이상학적 분석은 인간 존재에 대한 현상학적 설명과 초월적 환원을 통해 이루어지기 때문에, 그의 초월적 방법은 다음과 같이 세 단계로 정리할 수 있다[100].

(1) **현상학적 설명**. 이 단계에서 라너는 하이데거가 『존재와 시간』에서 구체적으로 적용한 현상학의 방법 원리에 따라 인간 존재가 지니고 있는 근본 양식의 현상 자체를 탐구한다[101]. 인간 존재에 대한 그의 현상학적 분석에 따르면, 영적 주체로서의 인간은 자기 자신과 존재 일반에 대해 필연적으로 질문하지 않을 수 없는 존재이다[102]. 라너는 이런 인간 존재의 물음에서 존재에 대해 필연적이고 존재론적으로 질문을 하는 인간의 실존적 현상을 묘사하면서 물음 자체로부터 물음을 제기하는 자의 본질을 규명한다[103]. 현상학적 설명 단계에서 인간은 무한하고 절대적인 물음으로 규정되고, 그러한 인간의 존재론적 물음은 그리스도교적 대답을 들을 수 있는 신학적 가능성의 조건이 된다[104].

(2) **초월적 환원**. 이 단계에서 라너는 필연적으로 질문을 할 수밖에 없는 존재론적 물음으로 존재하는 인간의 선험적 구조를 형이상학적으로 분석함으로써 필연적으로 질문을 하는 개별 주체의 존재론적 가능성의 조건을 규명한다[105]. 라너는 이미 주제적으로 인식된 것으로부터, 객관적인 인식 행위 안에서 동시에 인식된 것, 즉 주체 안에 있는

---

[100] 참조: 심상태, 『익명의 그리스도인』, 45.
[101] 참조: 심상태, 『속. 그리스도와 구원』, 115.
[102] 참조: 라너, 『그리스도교 신앙 입문』, 53.
[103] 참조: 심상태, 『익명의 그리스도인』, 44.
[104] 참조: 라너, 『그리스도교 신앙 입문』, 28.
[105] 참조: 심상태, 『속. 그리스도와 구원』, 316.

선험적 차원에로 환원을 시키는데, 이러한 초월적 환원을 통해 라너는 인간이 초월의 존재임, 즉 인간 주체 안에 본질적으로 존재하는 초월성을 밝혀낸다[106]. 다시 말하면, 대상을 인식하는 인간의 주체 안에는 존재론적인 물음을 가능하게 하는 조건으로서 선험적인 지평이 본질적으로 주어져 있으며, 그러한 지평을 바탕으로 전취(前取, percezione previa)를 통해 비주제적이고 익명적인 방법으로 존재에 대한 인식이 이루어진다는 것이다. 이 인식을 라너는 "초월적 체험"이라 규정한다[107]. 라너는 초월적 환원 단계에서 인간의 선험적 구조를 분석함으로써 존재론적인 물음으로서의 인간이 이 물음을 통해 존재론적 차원에서 비주제적이고 익명적으로 초월적 체험을 하고 있다는 형이상학적 인간학의 명제를 밝혀내면서, 이러한 초월적 체험을 "원초적 계시"라 규정한다[108]. 초월적 환원 단계에서 인간은 이미 초월적 존재이고, 비주제적인 초월 체험을 통해 벌써 인간은 선험적으로 하느님의 원초적 계시에 의해 고양되어 있다는 사실이 함께 규명된다.

(3) **초월적 연역**. 초월적 환원 단계에서 하느님에 대한 익명적이고 함축적인 지식을 지닌 주체의 본질, 즉 비주제적인 초월론적 체험이 구명된 다음, 이제 주체의 범주적 작용의 성격 구조, 다시 말해 범주적인 초월론적 체험이 초월적 연역 단계에서 밝혀진다[109]. 이를 위해 라너는 내향 이행하여 제시된 인식 주체의 선험적 구조의 본질로부터 외향 이행하여 구체적인 역사 안에서의 범주 작용의 본질적 구조를 연역해 낸다[110]. 라너는 초월적 연역 단계에서, 인간은 존재 일반에로 절대적으로 열려진 영이며, 하느님 앞에 자유로운 사랑으로 서 있는 존재자이고, 영이며 질료적 존재인 인간은 자신의 역사 속에서 하느님

---

[106] 참조: 심상태, 『익명의 그리스도인』, 45.
[107] 참조: 라너, 『그리스도교 신앙 입문』, 39.
[108] 참조: 위와 같은 책, 202-203.
[109] 참조: 심상태, 『속. 그리스도와 구원』, 317.
[110] 참조: 위와 같은 책, 315.

의 역사적 계시를 듣는 존재자라는 형이상학적 인간학의 명제들을 규명해 낸다[111]. 뿐만 아니라, 구원 경륜적 삼위일체론이 곧 내재적 삼위일체론이라는 라너의 초월적 삼위일체론 역시 이 초월적 연역을 통해서 전개된다[112].

초월적 방법을 통해 라너가 연역해 내는 신학적 귀결은 하느님은 절대 초월이고, 인간은 그 절대 초월을 지향하는 초월이라는 것이다. 그리고 라너의 초월 신학 안에서 초월은 곧 신비로 이해되기 때문에, 그의 초월 신학은 신비 신학의 신학적 토대가 된다. 라너가 초월적 방법을 통해 규명해 낸 그의 초월 사상, 즉 신비 신학의 핵심이 되는 존재와 인간에 대한 그의 초월적 관점을 간략히 살펴보면 다음과 같다.

1.2.2. 초월적 존재에 대한 라너의 관점

라너는 하느님의 보편적인 구원 의지에 따라 하느님의 자기 양여로서의 은총과 계시가 어떻게 가능한가를 규명하기 위해 먼저 물음을 던질 수밖에 없는 인간의 존재론적인 상황으로부터 출발한다. 그리고 이러한 형이상학적인 물음의 상황을 분석하면서 물음으로 존재하는 인간 안에는 이미 선험적인 인식이 주어져 있고, 이 선험적 인식은 하느님의 초자연적 은총으로서의 계시가 가능하게 되는 전제조건으로 존재와 근원적으로 동일한 인식이며, 그러한 존재와 인식의 동일성은 존재론적 물음으로 존재하는 인간에게 존재 소유의 유비(analogia entis)에 따라 적용됨을 밝혀낸다.

1.2.2.1. 존재론적 물음의 필연성과 초월성

라너는 형이상학적 분석을 통해 근본적으로 인간은 존재 일반에 대해서 물음을 던지지 않을 수 없는 형이상학적 존재임을 밝혀낸다.

---

[111] 참조: 라너, 『말씀의 청자』, 94.148.217.
[112] 참조: K. RAHNER, 『La trinità』, 40; 심상태, 『익명의 그리스도인』, 45.

형이상학은 '존재자로서의 존재자'에 대한 물음, 곧 존재의 의미가 무엇인지에 대한 물음이다. 인간은 사유하고 행동하면서, 모든 실재의 마지막 원인들과 유일한 원인을 묻고 찾는데, 인간은 이런 물음을 통하여 형이상학을 하는 존재이다[113]. 인간은 이와 같이 형이상학을 함으로써 존재 일반과 자기 자신을 어떻게 이해하고 있는지 말하면서 존재의 본질을 탐구하는 것이다[114]. 그런데 이러한 형이상학적 물음은 그 자체로 인간에 의해 필연적으로 제기될 수밖에 없는 필연성을 지니고 있다. 존재 물음은 근본적으로 인간 현존재에 속하기 때문에, 존재 물음에 대한 답변을 형이상학적으로 단념하는 것은 아예 가능하지 않다[115]. 이런 관점에서 라너는 인간을 물음 그 자체를 묻고, 사유 그 자체를 사유하며, 범주적이고 시공간적으로 파악된 것들을 넘어서 인식과 초월의 공간을 향하는, 궁극적으로 존재로서의 존재를 지향하는 무한한 물음이라고 규정한다[116]. 그런 다음 라너는 존재론적 물음 안에 선험적인 초월성이 숨겨져 있다는 사실을 규명한다.

모든 인간의 인식은 주체에 대한 포착, 즉 무엇인가를 인식한다는 사실에 대한 인식과, 인식하는 주체 자신에 대한 인식을 허용한다. 그런 인식자의 주체적 자기 인식은 외부로부터 알려지는 대상에 대한 인식 과정에서 항상 비주제적인 상태로 머물면서, 말하자면 인식자의 배후에서 작용하는 것이다[117]. 그러한 비주제적인 원초적 인식이 인간의 모든 인식의 원초적 조건이다. 자신에 대한 반성적 자기-인식은 결코 이 원초적 자기 인식을 따라잡지 못하는데, 왜냐하면 주체가 자기 자신을 대상으로 삼을 때에도 이 인식은 또다시 비주제적인 원초적 인식을 필요로 하기 때문이다[118]. 이러한 인식의 구조는 범주적 대상들

---

[113] 참조: 라너, 『말씀의 청자』, 49.
[114] 참조: 위와 같은 책, 49-50.
[115] 참조: 위와 같은 책, 51.
[116] 참조: 라너, 『그리스도교 신앙 입문』, 42.
[117] 참조: 위와 같은 책, 36.
[118] 참조: 위와 같은 책, 37.

을 파악하는 인식 행위의 조건으로 이미 인식하는 주체에게 주어져 있으며, 따라서 인식 주체의 원초적 구조는 선험적이다. 이와 같은 선험적 구조를 바탕으로 인식 주체는 근본적으로 그리고 그 자체로 전체를 향하여, 즉 아무런 전제 조건 없이 존재 일반을 향하여 순수하게 열려져 있다[119]. 라너는 이 개방성을 원초적이고 비주제적이며 선험적인 인식으로 이해하면서, 이를 초월이라 규정한다. 왜냐하면 그런 개방성은 주제화되어 있지 않음에도 불구하고, 인식 주체의 필수적이고 제거할 수 없는 구조가 되는 필수불가결한 인식의 요소로서 모든 인식과 어떤 대상에 대한 구체적인 체험 가능성의 조건일 뿐만 아니라, 대상들과 범주들을 넘어서는 초월에서 성립되기 때문이다. 그리고 라너는 이와 같이 영적 인식의 모든 행위 안에 존재하는 인식 주체의 주체적이고 비주제적인 자기 인식이든, 모든 실재에 무한히 열려져 있는 인식 주체의 개방이든, 이를 초월적 체험이라 규정한다[120].

이상과 같이 라너는 인간 존재의 선험적 구조에 대한 형이상학적 분석을 통해 인간은 필연적으로 존재 일반을 묻는 존재론적 물음이며, 이 물음 안에는 물음의 가능성과 조건으로 이미 원초적이고 선험적인 인식이 주어져 있어, 인간은 이미 선험적이고 비주제적으로 존재 일반에로 열려진 초월이라는 사실을 규명해 놓았다.

1.2.2.2. 존재와 인식의 원천적 동일성

인간의 존재론적 물음의 필연성과 이 물음 안에서 비주제적으로 이루어지는 선험적인 인식을 규명한 다음, 라너는 존재와 인식의 원천적 동일성을 규명해 낸다. 이 규명은 인간이 필연적으로 물음을 던지게 되는 존재의 본질은 인식함과 인식되어 있음이 근원적으로 하나라는 일반 존재론의 제1명제를 통해 이루어진다[121].

---

[119] 참조: 라너, 『그리스도교 신앙 입문』, 38.
[120] 참조: 위와 같은 책, 39.
[121] 참조: 라너, 『말씀의 청자』, 55.

라너에 의하면, 전혀 알고 있지 못한 것에 대해서는 어떠한 물음도 물을 수 없으며, 지정된 한 존재자와 관계되는 모든 진술은, 설사 그 진술이 암시적으로 이루어진다 하더라도, 전적으로 존재 일반에 대한 앞선 인식을 배경으로 이루어진다[122]. 따라서 존재자들의 존재가 무엇인가 하는 물음은 반드시 존재 일반에 대한 임시적인 인식을 필수적인 전제로 요구하며, 그러기에 이 물음과 더불어 이미 어떤 인식이 주장되고 언급된다는 것이다[123]. 이와 같이 존재에 대한 필연적인 물음(인식함) 안에는 이미 암시적으로 존재에 대한 인식(인식됨)이 주어지는데, 라너는 이 인식함과 인식됨의 일치를 존재자의 "존재의 자기-자신과-함께-있음"이라 부르고, 자기 자신과 함께 있음으로서의 존재가 이미 존재자 안에 알려져 있기 때문에, 이를 존재가 이미 그 자체로 "비추어져-있음"이라고 규정하면서 존재의 본질은 그 자체로 자기-자신과-함께-있음이며 조명성이라 이해한다[124]. 그리고 라너는 자기-자신과-함께-있음과 조명성을 주체성이라 규정한다. 존재의 본질로 규정되는 인식함과 인식됨의 원초적인 동일성은 초월 사상 안에서 "일반 존재론 또는 형이상학의 제1명제"라 불린다[125].

라너가 규정한 형이상학의 제1명제는, 존재의 본질이 원초적 동일성 안에서의 인식함과 인식됨이기 때문에, 존재자의 존재와 인식이 근원적으로 동일성을 이루고 있음을 의미한다. 사실, 모든 존재론적 물음의 대상은 존재이고, 본질적으로 존재자의 존재는 "인식 가능성"이기에, 존재와 인식 대상은 근본적으로 동일할 것이다[126]. 이는 모든 존재자가 가능한 인식의 대상으로서 그 자체로, 자기 존재의 힘으로 모든 인식을 향해, 따라서 가능한 모든 인식자를 향해서 본

---

[122] 참조: 위와 같은 책, 55.
[123] 참조: 위와 같은 책, 55-56.
[124] 참조: 위와 같은 책, 55-56.58.
[125] 참조: 위와 같은 책, 55.
[126] 참조: 위와 같은 책, 56.

질적으로 정향되어 있다는 것을 의미한다[127]. 만일 인식과 존재자의 존재가 근원적으로 분리되어 있을 경우, 이들의 관련성은 결코 필연적일 수 없고, 기껏해야 우연적인 관련성에 불과할 것이다. 즉, 이 두 실재는 근원적으로 그 근거가 동일하기 때문에 서로 상관되어 있다는 것이다[128]. 이는 존재가, 존재론적 차이 안에서 그 자체로 나타나는 한, 인식이라는 것이며, 나아가 원초적 동일성 안에서 존재에 대한 인식 그 자체, 즉 인식 주체로서의 자신의 존재에 대한 인식이라는 것이다[129]. 존재와 인식은 근원적으로 하나라는 이 명제는 자기 자신과의 인식의 관계가 존재자들의 존재의 본질에 속한다는 것이고, 거꾸로 존재의 본질 규정에 속하는 인식은 존재 자체의 자기-자신과-함께-있음이라는 것이다. 이렇게 존재와 인식의 근원적인 동일성은, 존재의 자기-자신과-함께-있음, 주체성, 조명성을 통해, 존재의 본질은 인식과 인식됨의 동일성이라는 사실에 따라 존재에 대한 존재론적 문제로부터 연역되는, 형이상학의 제1명제 안에서 실현된다[130].

형이상학의 제1명제를 통해서 귀결된 존재와 인식의 동일성은 존재와 인식과 의지(사랑)의 동일성으로 발전되며, 그러기에 이 동일성은 초월 신학뿐만 아니라 신비 신학을 위해서도 대단히 중요한 명제가 된다.

1.2.2.3. 존재 소유의 유비

인식함과 인식됨의 동일성, 존재와 인식의 동일성은 오로지 존재 자체에만 적용되지만, 형이상학의 제1명제는 존재 소유의 정도에 따라 물음을 묻는 모든 존재자에게도 유비적으로 적용된다[131]. 본질적

---

[127] 참조: 라너, 『말씀의 청자』, 57.
[128] 참조: 위와 같은 책, 57.
[129] 참조: 위와 같은 책, 57.
[130] 참조: 위와 같은 책, 58.
[131] 참조: 위와 같은 책, 66.

으로 물음으로 존재하는 존재자는, 존재론적인 물음을 통해, 인식되는 존재의 강도에 따라 자기-자신과-함께-있게 되고, 존재론적으로 조명되며, 그렇게 자기 자신에게 되돌아오는 정도에 따라 존재를 소유하게 된다. 따라서 형이상학의 제1명제의 조명성은 존재자가 자신에게 존재가 귀속되는 만큼만 자기-자신과-함께 있게 되고, 그 정도만큼만 인식함과 인식됨이 동일하게 되는 것이다[132]. 즉, 형이상학의 제1명제의 전제가 되는 존재의 소유는 고정된 것이 아니라 본질적으로 가변적이고 유동적인 것이다. 라너는 이와 같은 존재 개념의 비고정성 또는 유동성을 유비적 개념으로 규정한다[133]. 그러므로 형이상학의 제1명제, 즉 모든 개별 존재자의 자기-자신에게-되돌아옴, 자기-자신과-함께-있음, 존재의 소유, 존재자 내에서의 존재의 자기 투명성, 자기-자신에-대한-조명, 인식과 인식됨은 항상 유비적인 방식으로 표명 된다[134]. 모든 존재자는 다양한 한도와 정도에 따라 인식하고, 존재는 존재자가 존재를 소유하는 정도에 따라 인식이 된다. 즉, 존재와 존재 소유는 유비 관계에 있다. 따라서 존재의 절대적 소유는 존재와 자기-자신과-함께-있음을 완전한 동일성 안에서 소유하는 순수 존재, 즉 절대 존재자에게만 적용된다[135].

라너는 형이상학의 제1명제를 통해 존재와 인식의 원천적인 동일성을 규명하였고, 존재와 존재 소유가 유비적 개념임을 밝혀 놓았다. 존재와 인식의 이러한 궁극적 동일성은, 하느님께서 인간에게 말씀을 통해 자기 양여하시기 위한 궁극적 전제가 된다[136].

---

[132] 참조: 위와 같은 책, 67.
[133] 참조: 위와 같은 책, 67.
[134] 참조: 위와 같은 책, 67.69.
[135] 참조: 위와 같은 책, 71.
[136] 참조: 위와 같은 책, 72.

1.2.3. 초월적 인간에 대한 라너의 관점

1.2.3.1. 인간: 존재에로 열려진 초월적 영

일반 존재론의 제1명제를 바탕으로 라너는 형이상학적 인간학의 제1명제, 즉 인간은 존재 일반에 절대적으로 열려져 있다는 사실을 규명하면서 인간이 존재론적으로 지니고 있는 영적 본성을 추론해 낸다[137].

라너의 초월 사상 안에서 인간은 형이상학적 물음을 통해 본질적으로 존재, 즉 자기 자신과 자기 자신 이외의 존재에로 열려져 있는 존재이다. 라너는 인간의 이러한 존재론적인 선험적 개방성을 영이라 규정한다[138]. 이 영의 특성은 물음으로서 존재하는 인간을 감각적으로 파악된 대상과 분리되어 마주 서 있으면서 주체인 자기 자신에게 되돌아오게 하는 주체의 자기 귀환 운동이다[139]. 그런데 존재자의 존재가 그 자체로 무엇이고 일반적인 의미에서 무엇인가 하는 물음 안에는 암시적인 인식이 이미 선험적인 조건으로 주어져 있듯이, 주체의 자기 귀환 운동 또한 존재론적이고 선험적인 능력을 전제 조건으로 요구하는데, 라너는 이러한 가능성으로서 "선험적으로 주어져 있는 영의 역동적인 자기 운동 능력"을 전취(前取, Vorgriff)라고 부른다[140].

모든 인간의 인식은 이 인식을 가능하게 하는 영의 역동성, 즉 전취 안에서 이루어진다. 그 이유는 모든 개별 대상의 파악은 대상이 지니고 있는 하성(何性)의 제한성을 인식하는 것을 의미하고, 이러한 제한성에 대한 인식 행위는 인식론적으로 반드시 개별 대상의 한계성을 넘어섬, 즉 무한성에 대한 선험적 인식을 전제로 가능한데, 이 선험적 인식은 영의 역동적인 능력으로서의 전취의 한 양태이기 때문이다[141]. 따라서 전

---

[137] 참조: 라너, 『말씀의 청자』, 94.
[138] 참조: K. RAHNER – H. VORGRIMLER, 「Spirito」, 『DizTeol』, 661.
[139] 참조: 라너, 『말씀의 청자』, 76-77.
[140] 라너, 『말씀의 청자』, 83.
[141] 참조: 위와 같은 책, 82.

취는 무한성에 대한 선험적 인식을 바탕으로 보편 개념을 포착하는 추상화의 가능성을 의미하며, 인간의 모든 인식 대상에 대한 유한성 인식은 인식의 가능성의 조건으로서 대상의 유한성 너머에 있는 전취를 요구한다[142]. 그리고 이러한 전취는 동시에 선험적 무한성으로서의 존재론적 지평을 본질적으로 전제한다. 개별 대상들에 대한 모든 인식은 항상 이러한 전취를 통해 인식의 절대적 이상의 지평 아래에서 이루어진다[143]. 결국 전취는 본성상 그 자체로는 어떠한 대상도 절대적으로 표상하지 않으면서, 모든 가능한 대상들의 무한한 "절대폭"(absolute Weite)을 향해 움직이는 것이다[144]. 따라서 주체와는 다른 어떤 대상을 포착할 수 있는 가능성의 초월적 조건으로서의 전취는 그 자체로 절대적 지평으로서의 무한한 존재와 관계되어 있다[145]. 라너는 이 존재를 "보라우프"(Worauf, 지평 또는 기초)라고 부르는데, 이 안에서 전취는 그 본성상 존재를 지향한다[146]. 그리고 이 전취 안에서 동시에 절대 존재가 열려지는데, 라너는 이를 하느님과 동일시한다. 절대 존재로서의 하느님 존재는 전취의 무한한 넓이와 함께 항상 긍정되는 것이다[147].

이상과 같이 모든 개별 대상들을 존재론적 지평 아래 선험적으로 전취를 통해 작용시키는 선험적이고 존재론적인 열려짐이 바로 영이며, 이

---

[142] 참조: 위와 같은 책, 87.
[143] 참조: 위와 같은 책, 84.
[144] 참조: 위와 같은 책, 83.
[145] 참조: 위와 같은 책, 88.
[146] 참조: 위와 같은 책, 91. 인간의 영 안에 존재하는 전취가 지향하는 "보라우프"(Worauf)가 어디에 있느냐는 문제는 초월 신학을 이해하는 데 있어 결정적인 열쇠가 된다. 이와 관련하여 철학자들은 일치된 견해를 제시하지 못하고 있다. 예를 들면, 마르틴 하이데거는 전취의 "보라우프"를 "무"(無)라 해석하고, 그 결과 죽음으로 결론짓는다. 반면에, 칼 라너는 전취의 "보라우프"는 존재이며, 따라서 존재에로 지향된 전취는 존재 일반에 대한 물음 안에서 발생한다고 주장한다. 라너에 의하면, '존재로서의 존재'의 전취는 인간 실존의 기본적인 구성 요소에 속하며, 이러한 전취 안에서 절대 존재이신 하느님의 존재가 함께 긍정된다(참조: 심상태, 『익명의 그리스도인』, 69-70; 라너, 『말씀의 청자』, 85-86).
[147] 참조: 라너, 『말씀의 청자』, 85.89.

영 안에서 인간은, 선험적으로 모든 것을 "존재의 관점 아래서"(sub ratione entis) 바라보면서, 절대 존재에로 열려져 있는 영의 존재가 된다[148]. 그런데 전취를 통해 인간 존재 안에 선험적이고 절대적인 지평이 이미 존재론적으로 들어와 있다는 것은, 존재에로 열려진 영으로서의 인간 안에 이미 범주적 대상성을 넘어서는 초월적 차원이 존재한다는 것을 의미한다. 즉, 존재에로의 선험적 개방은 곧 초월에로의 개방인 것이며, 존재에로 열려진 영으로서의 인간은 곧 초월에로 열려진 인간인 것이다. 이것이 라너가 규정한 형이상학적 인간학의 제1명제로, 이는 근본적으로 초자연적인 하느님의 깊이를 드러내 주는 초자연적 계시가 가능하도록 해주는 명제가 된다. 왜냐하면, 인간이 영으로서 절대 존재에로 열려져 있음은 곧 절대 초월로서의 하느님을 향해 열려 있는 것과 동일하기 때문이다. 그러므로 존재론적인 물음을 통해 존재 일반에로 열려진 인간은 동시에 하느님의 절대 존재를 향해 열려져 있는 영이며 절대 초월을 지향하는 초월로서의 영인 것이다[149].

1.2.3.2. 인간: 인식과 의지의 일치로서의 사랑

라너는 인간이 존재 일반을 향하여 절대적으로 열려져 있는 영이라는 사실을 규명하면서, 동시에 영으로서의 인간의 절대적 초월이 하느님의 계시가 가능하도록 선험적으로 열려져 있는 공간임을 밝혀 놓았다[150]. 그러나 인간의 인식은 유한하기 때문에, 영에로 열려진 존재임에도 불구하고, 절대 존재이신 하느님은 한편으로는 항상 인간에게 영의 개방성 가운데 은폐되어 있는 분, 미지자로 남아 계시며, 또 다른 한편으로는 그럼에도 불구하고 하느님은 초월인 인간의 최종 목표로서 절대적인 의지의 권능을 지니시고 이를 절대적으로 자유롭게 행사하시기 때문에, 자유롭게 당신 자신을 열어 보여 주시거

---

[148] 참조: 라너, 『말씀의 청자』, 91.
[149] 참조: 위와 같은 책, 91-94.
[150] 참조: 위와 같은 책, 97.110.

나 침묵으로 나타나시는 필연적인 계시의 하느님이시다[151]. 라너는 하느님의 이 은폐성과 자유로운 현시성을 인간 존재의 자유로운 의지와의 관계 안에서 설명한다.

형이상학의 제1명제에 따르면, 인간은 자기 자신을 긍정하면서 존재론적으로 자기-자신과-함께-있는 존재이다. 이런 존재론적 필연성이 작용하는 가운데 인간은 존재의 투명성과 라너가 하느님이라 부르는 존재 일반을 지향하는 자기 자신의 투명성을 긍정한다[152]. 그런데 인간이 물어야 하는 한, 인간은 유한한 존재로서 질문을 하는 자신의 우연성을 필연적으로 긍정하며, 그런 가운데 인간은 우연성 속에 있는 자신의 독립된 자로서의 현존재와 절대성을 긍정하게 된다. 우연성 안에 있는 그러한 필연성 속에서 인간은 "그 자체로 조명되어 있고 그 자체로 긍정되어 있는 존재 일반을 초월한다"[153].

라너는 이러한 우연유의 절대적 설정으로부터 의지의 행위를 추론해낸다. 우연유는 그의 본질상 자신의 본질을 절대적인 것으로 긍정할 근거를 피설정자 그 자체로부터 얻지 못하는데, 라너는 이와 같은 근거를 의지라고 부른다. 그 이유는 의지의 본질이 근거를 바라면서 지향하는 데 있기 때문이다. 의지는 현존재가 자신의 우연성에 대면하여 작동시켜야 하는 필연적인 절대적 설정이며, 그러한 의지의 필연적 행위는 존재를 향한 "첫 초월"의 한가운데에 자리하고 있는 실존의 심연에서 이루어진다[154]. 그런데 우연유의 필연성은 우연유에 그 필연적 설정의 절대적인 근거를 둘 수 없기 때문에, 그러한 "우연적인 것에 대한 의지적인 필연적 설정"은 이 설정 자체가 자유로운 절대 의지의 설정에 의해 이루어진 것으로 긍정되는 가운데서만 이해될 수 있으며, "우연유의 이런 자유롭고 의지적이며 근원

---

[151] 참조: 위와 같은 책, 112.128.
[152] 참조: 위와 같은 책, 116.
[153] 위와 같은 책, 116-117.
[154] 참조: 위와 같은 책, 118.121.

적인 절대적 설정은 오직 절대 존재의 설정, 곧 하느님의 설정일 수 있을 뿐이다"[155]. 라너는 이와 같이 물음으로 존재하는 인간의 실존이 필연적으로 긍정하게 되는 우연성의 필연성으로부터 자유롭고 의지적인 절대 존재의 현시성을 규명해 낸다[156].

하느님의 숨어 있음과 열려짐은 하느님의 절대적인 자유 의지에 기초되어 있다. 하느님은 당신의 본질을 자유로운 의지 안에서 항상 그리고 필연적으로 열어 보여 주시며, 인간은 영적 본질로 인해, 항상 그리고 본질적으로, 하느님의 이 자유로운 계시를 듣게 된다[157]. 이런 차원에서 절대적으로 자유로운 의지 안에서 당신의 숨겨진 본질을 사실적으로 열어주시는 하느님의 계시는 필연성을 지니지만, 그렇다고 인간에게 매여져 있는 것은 아니다[158]. 하느님의 계시는 본질적으로 자유롭다. 라너는 "유한한 존재자에 대해 자유로운 존재"이신 하느님의 이러한 절대적 존재성을 "일반 존재론의 두 번째 명제"라 규정한다[159].

라너는 일반 존재론의 두 번째 명제를 바탕으로 인간의 인식과 의지는 존재와 동일하며 이 존재는 궁극적으로 사랑이라는 사실을 규명해 낸다[160]. 자유로운 의지적 행위는 유한한 존재자의 우연성 안에 있는 존재에 대한 필연적인 긍정으로서, 근원적으로 자신의 고유한 본질을 성취하는 것이고, 자기 자신을 소유하는 것이며, 자기 자신에 대한 자기 자신의 고유한 창조적 능력의 실재성을 소유하는 것이다. 다시 말하면, 자유 (의지) 행위는 자기-자신에게-돌아옴으로써, 자기 자신 안에서 자기-자신과-함께-있는 것이다[161]. 이러한 자유 (의지) 행위는 그

---

[155] 라너, 『말씀의 청자』, 119-120.
[156] 참조: 심상태, 『익명의 그리스도인』, 75.
[157] 참조: 라너, 『말씀의 청자』, 125-126.
[158] 참조: 위와 같은 책, 126.
[159] 위와 같은 책, 128.
[160] 참조: 위와 같은 책, 128.
[161] 참조: 위와 같은 책, 134.

자체로 늘 조명되어 있다. 그리고 그 자체로 조명되어 있는 자유 (의지) 행위는 자기-자신과-함께-있음으로 말미암아, 존재자가 자신의 존재에 있어서 자기-자신과-함께-있는 것으로 규정되는 인식과 동일하며, 자유 (의지)의 투명성은 근본적인 이해 가능성을 의미하는 인식의 투명성과 서로 조화를 이루게 된다[162].

라너는, 이와 같은 인식과 의지(자유)의 근본적 동일성을 바탕으로, 유한한 존재자는 근본적으로 하느님의 조명된 자유 행위 안에 자신의 근거를 가지고 있기에, 사랑은 자기 자신과 함께 있는 자유로운 행위로서, 연역될 수 없는 유일무이한 인격을 향한 조명된 의지라고 규정하는 가운데 자유로운 의지적 사랑이 인식과 원천적으로 동일함을 규명해 낸다[163].

하느님께서는 유한한 존재자를 설정하시면서 사랑의 의지를 사용하신다. 하느님의 자유로운 사랑은 그 자체로 조명되어 있는 창조적 권능으로 존재를 부여하는 '존재력'이 있는 사랑이다[164]. 이 창조적 사랑으로 말미암아 유한한 영이 존재하고 하느님의 절대성에로 열려져 있는데, 이는 유한한 영의 초월 한가운데서 하느님에 대한 사랑이 고동치고 있음을 의미한다[165]. 존재에로 열려진 영이 유한한 사랑으로서 자신의 근거인 절대적 사랑을 지향하며 그 사랑에로 펼쳐져 있다는 것은, 자기 자신과 의지적 관계를 갖고 있음을 의미하며, 절대성을 지향하는 이러한 의지적 태도의 개방성 안에서 인간은 각기 자신의 고유한 현존재를 긍정한다[166]. 따라서 사랑에로의 열림을 통한 인간의 현존재에 대한 긍정은, 인간이 인식을 통해 자신을 성취하면서 하느님 앞에 서 있다는 것과 근본적으로 동일한 것이며, 그러한 서 있음은 인식의 내적 계기로서 하느님에 대한 사랑을 그

---

[162] 참조: 위와 같은 책, 131.134-135.
[163] 참조: 위와 같은 책, 136.
[164] 참조: 위와 같은 책, 136.138.
[165] 참조: 위와 같은 책, 138.
[166] 참조: 위와 같은 책, 138.

자체 안에 가지고 있는 것이다[167]. 즉, 하느님에 대한 사랑은 인식의 내적 계기로서 인식의 조건이자 동시에 근거인 것이다. 이런 관점에서 라너는, 인식의 심장에는 사랑이 있고, 이 사랑으로 인식 자체가 길러진다고 언명한다. 이와 같이 "인식과 사랑은 인간 존재의 '하나이면서 끊임없이 전체적인' 근본 관계를 결정적이고 원초적으로 구성하고 있다."[168].

인식과 사랑의 동일성 안에서 유한한 우연유는, 존재에로 열려진 영을 통해 자신의 근거를 지향하도록, 하느님의 자유로운 사랑 안에서 이미 선험적으로 조명되어 있다. 하느님의 이 절대적 사랑은 그 자체로 유한자의 인식을 비추는 빛이며, 거꾸로 인식의 궁극적 본질은 투명하고 조명되어 있는 사랑이다[169]. 이 사랑 안에서 수동적으로 놓여진 유한한 존재자는 존재의 빛 안으로 들어 높여져, 존재의 투명성에 참여하게 된다[170]. 라너는 이와 같이 인식과 사랑의 동일성 안에서 하느님에 대한 필연적이고 자유로운 사랑이 인식의 투명한 조명으로 인간 존재 안에 이미 언제나 주어져 있다는 사실을 밝혀내는 가운데[171], 인간은 계시의 하느님 앞에 자유로운 사랑으로 서 있는 존재자라는 "형이상학적이고 종교철학적인 인간학의 제2명제"를 연역해 낸다[172]. 인간은, 하느님께서 당신 자신을 사랑으로 계시하시는 기쁜 소식 앞에 자신을 열어 놓고 자유롭게 사랑하면서, 이 사랑의 계시를 듣고 있는 존재자인 것이다[173].

이렇게 라너는 그의 초월 신학 안에서 인식과 의지는 근본적으로 동일하며, 그 동일은 곧 사랑이라는 사실을 규명하는 한편, 이를 바

---

[167] 참조: 라너, 『말씀의 청자』, 138.
[168] 위와 같은 책, 139.
[169] 참조: 위와 같은 책, 136-137.
[170] 참조: 위와 같은 책, 137.
[171] 참조: 위와 같은 책, 145.
[172] 참조: 위와 같은 책, 148.
[173] 참조: 위와 같은 책, 148.

탕으로 인간은 자신의 근거인 절대적 사랑을 지향하고, 그러는 가운데 하느님 사랑 앞에 자유롭게 서 있는 존재자임을 연역해 냈다. 존재와 인식의 일치적 관계 및 의지와 사랑의 동일을 규명한 후 라너는 진리와 사랑의 일치 관계를 다룬다[174].

1.2.3.3. 인간: 계시를 듣는 역사적 영

라너는 형이상학적 인간학의 제2명제를 통해 존재에로 열려진 영으로서의 인간이 절대적으로 자유로우신 하느님의 계시 앞에 존재론적으로 서 있는 존재자임을 규명해 냈다. 이제 라너는 하느님의 계시가 실현되는 장이 어디인지에 대해 묻는다. 그리고 인간 존재에 대한 형이상학적 분석을 통해 하느님의 계시는 인간의 초월과, 그 초월이 범주적으로 실현되는, 역사 안에서 실현된다고 주장한다. 그런 다음 계시와 역사가 지니는 필연성을 바탕으로 인간을 역사적 존재, 즉 역사 안에서 하느님의 계시를 듣는 역사적 영이라 규정한다[175].

먼저, 라너는 계시의 역사성을 인간의 자유로운 의지적 행동으로부터 해석해 낸다. 인간의 자유로운 사건은, 규칙적 법칙을 통하여 연역해 낼 수 있는 자연 사건과는 달리, 항상 유일무이하고 반복될 수 없으며 연역될 수 없는 그 어떤 것으로, 보편적인 법칙에서 나오는 사례와는 다르게 그 자체로만 이해될 수 있는 고유한 것이다. 라너는 그런 자유로운 사건을 필연적이고 보편적인 법칙들로 이루어져 있는 자연 과학의 인식 대상과 대조시키면서 역사적 사건이라 규정한다[176]. 본래 인간의 자유로운 의지적 행동은 그 자체로 역사성을 지니며, 본질적으로 자유 위에 정초되어 있는 역사성은 인간의 기본 규정에 속하는 것이다[177]. 그리고 하느님의 계시는 이 계시를 자유로운 의지 행위로 수용하는 인간

---

[174] 참조: 심상태, 『익명의 그리스도인』, 78.
[175] 참조: 라너, 『말씀의 청자』, 154.158.
[176] 참조: 위와 같은 책, 159.
[177] 참조: 위와 같은 책, 160.

의 역사성에 호응하여 역사적 사건으로 제시된다[178]. 그러므로 계시의 장소는 항상 필연적으로 인간의 역사이며, 이 역사가 존재에로 열려진 영이 역사적 사건으로 주어지는 계시를 수용하는 초월의 장소이다.

초월이 발생하는 인간의 역사성을 규정하는 또 다른 요소는 인간 존재자가 지니고 있는 질료성이다. 라너는 존재와 존재자를 구별한 다음 유한한 존재자로서의 인간의 존재를, 존재 자체와는 실제적으로 다른, 비어 있으며 비규정적인 가능태로 규정하고, 이 가능태를 질료라고 부른다[179]. 이러한 질료의 개념은 물리적이고 화학적인 질료에 대한 근대적인 개념과는 구별된다. 질료는 존재자의 형이상학적 구성 부분으로 의심할 나위 없이 실제적이지만, 관찰할 수 있거나 사물처럼 파악할 수 있는 것이 아니다[180]. 질료는 "한 존재자의 존재자성의 비어 있고 비규정적인 주체요", "그 본질이 본래 반복될 수 있는 어느 한 존재자가 특정한 바로 그 존재자가 되게 하는 원리"[181]로서의 존재자의 주체적 가능태이다. 역사 안에서 자기 실존을 실현해나가는 인간의 역사성은 바로 이러한 질료성에서 비롯된다.

라너는 질료성을 인간의 기본 규정으로 파악하고, 인간을 본질적으로 대상을 수용적으로 인식하는 질료적 존재자로 정의하는 가운데, 수용적 인식은 내적으로 감각적이기에, 질료적 주체의 인식을 "감각적" 인식이라 부른다[182]. 질료적 인식 주체의 감각성은 타자를 '제일 처음으로 주어진 대상'으로 가지기 위해 질료적 존재자가 가지는 인식의 수용 능력으로[183], 감각적 인식의 수용성은 본질적으로 형이상학적 성격을 지니고 있다. 영으로서의 인간은 필연적 수단으로서 그러한 수용적 감각 능력을 필요로 하고, 이를 통해 자신의 고유한 목표, 곧 존재

---

[178] 참조: 라너, 『말씀의 청자』, 159.
[179] 참조: 위와 같은 책, 170.
[180] 참조: 위와 같은 책, 170.
[181] 위와 같은 책, 175.
[182] 참조: 위와 같은 책, 172-173.191.
[183] 참조: 위와 같은 책, 173.

일반에 대한 깨달음을 추구해 나간다[184]. 이런 의미에서 인간은 감각적인 영의 성질을 지니고 있으며, 인간의 수용적 감각성은 '영과 영의 필연성'으로부터 나오는 것으로, 감각적 인식은 존재 일반을 향한 초월의 필수 조건이 된다[185]. 이렇게 인간은 질료적 존재이면서 동시에 영적인 존재로, 존재에로 열려진 영은 오직 영 자신이 질료 속에 들어감으로써 역사 안에 있는 질료적 존재자들과 만날 수 있게 된다. 그러므로 유한한 수용적 영인 인간에게 존재 일반의 투명성은 질료적인 것과의 만남 속에만 있고, 하느님을 향해 나감은 오직 세계 속으로 들어감 속에만 있다[186]. 인간의 역사성은 바로 이러한 수용적 질료성 및 개방적 영성과 밀접한 관계에 기초되어 있고, 하느님의 계시는 초월에로 열려진 영이면서 동시에 수용적 질료인 인간 존재에 호응하여 필연적으로 역사적 사건 안에서 제시되는 것이다.

가능태로서의 질료는 수용적 감각성 이외에 또한 존재자의 공간성과 시간성의 근거이기도 하다[187]. 인간의 역사성은 질료가 지니고 있는 이 두 가지 규정과 밀접히 연결되어 있다. 질료는 각 존재자를 양적인 것으로 구성하면서, 양적인 특성으로 말미암아 이 존재자에게 공간성을 부여한다[188]. 그리고 유한한 질료적 존재자는 가능태로서 항상 충족되어 있지 않고 더 넓게 나아가려 하기 때문에, 질료적 존재자는 언제나 새로운 존재론적 규정들에 열려 있으면서 이 규정들의 '미래'를 향해 '움직인다'. 질료적 존재자는 자신의 무한한 가능성들을 연속적으로 일어나는 내적 운동 안에서 실현해 나가는 시간적 존재이다[189]. 라너는 질료가 갖고 있는 이러한 공간성과 시간성을 인간 존재의 고유한 내적 계기로 이해하면서 인간을 본질적으로 시

---

[184] 참조: 위와 같은 책, 177.
[185] 참조: 위와 같은 책, 177.192.
[186] 참조: 위와 같은 책, 193.
[187] 참조: 위와 같은 책, 178.
[188] 참조: 위와 같은 책, 179.
[189] 참조: 위와 같은 책, 180.

간과 공간 안에 있는 질료적 존재라고 규정한다[190]. 이는 존재에로 열려진 인간은 규정되고 고정된 존재자가 아니라 가능성을 지닌 질료적 존재자로서 자신의 실재를 시간과 공간 안에서 자유롭게 실현시켜 나가는 존재임을 의미한다. 자유를 본질적 계기로 갖고 있는 인간의 역사성은 바로 이러한 비규정적 가능성으로서의 질료적 인간이 존재론적으로 갖추고 있는 공간성과 시간성으로부터 비롯된다. 그러므로 역사성은 인간의 자유와 질료성에서 유래하는 인간의 기본 규정에 속하는 것이며, 이 역사성은 존재 일반을 지향하며 수용하는 인간의 존재론적 초월과 필연적인 관계에 놓여 있다는 것이다.

라너는 초월과 역사성이 지니는 필연성을 "외현"(fenomeno)과 전취를 통하여 보다 더 구체적으로 설명한다. 인간은 앞에서 언급한 바와 같이 수용적 인식을 통해 자신의 초월성을 지니게 되고 존재 일반을 향하며[191], 인식의 대상들은 외적 감각이 직접적으로 대하는 사물들뿐만 아니라, 수용적 인식에 그 자체로 직접 주어질 수 있는 모든 것까지 포괄하는데, 라너는 이를 한마디로 "세계"라 지칭한다. 그리고 "세계"를 구성하는 이 모든 대상들은 자신의 고유한 본질을 지닌 채 그 자체로부터 밖으로 드러나는데, 라너는 이를 "외현"이라 표현한다[192]. 질료적 인식 주체는 인식의 수용성을 통해 바로 감각적 인식의 대상들이 고유하게 자기 자신으로서 현현되는 이 외현을 수용하는 것이며, 이 외현의 수용을 통해 궁극적으로는 존재 일반이 전해진다[193].

존재 일반은 수용적 인식 안에서 전취를 통하여 주제화된다. 전취는 인간의 본질과 함께 주어져 있는 선험적인 능력으로서, 후험적인 감각적 대상을 수용하기 위한 지평이며, 후험적 외현을 인식하기

---

[190] 참조: 라너, 『말씀의 청자』, 181-182.
[191] 참조: 위와 같은 책, 191.
[192] 참조: 위와 같은 책, 193-194.
[193] 참조: 위와 같은 책, 194.

위한 선험적 조건이다[194]. 따라서 질료적 인식 주체가 본연의 인식 수용성을 통해 개별적인 감각 대상을 파악할 때에는, 항상 전취가 활약하게 된다[195]. 그리고 감각적 인식의 수용성을 통해 외현이 파악되는 가운데, 전취는 애초부터 존재 일반을 향해 뻗어나가는 영에게 존재 그 자체의 무한한 넓이를 열어주고, 이 영은 본연의 개방성을 통해 영에로 수용되는 존재를 인식하게 된다[196]. 이렇게 질료적 존재의 수용성과 영의 개방성을 매개로 외현이 존재의 관점 아래(sub ratione entis) 존재자로 포착되는데, 이 존재자는 단순한 감각적 외현과 존재 일반에 대한 인식의 종합으로서, 외현이 존재자로 포착될 때 비로소 인간에게 존재 일반에 대한 지식이 주어지는 것이다[197]. 즉, 질료적 존재이며 영적인 존재, 다시 말해 역사적 영인 인간에게 초월이 발생하는 것이다. 세계의 피안에 있는 존재자, 절대 존재 또는 존재 자체로서의 하느님은 이렇게 외현을 통해 전취가 작용되는 가운데 수용적이며 개방적인 역사적 영으로서의 인간 존재에게 계시된다[198].

라너는 이러한 역사성을 바탕으로 인간은 역사를 통해 주어지는 하느님의 계시를 존재의 심연으로부터 듣는 역사적 영이라고 정의한다[199]. 이것이 라너가 정의하는 "형이상학적 및 종교철학적 인간학의 제3명제"이다. 인간은 역사에 열려져 있으면서 역사를 수용하는 영성이 주어져 있는 역사적 존재자로, 그러한 영성을 통하여 인간은 하느님의 역사적 계시에 귀 기울이면서 본래의 자기 자신이 되어가는 것이다[200]. 여기에서 라너의 존재론적 들음으로서의 형이상학적

---

[194] 참조: 위와 같은 책, 194-195.
[195] 참조: 위와 같은 책, 196.
[196] 참조: 위와 같은 책, 196.
[197] 참조: 위와 같은 책, 196.
[198] 참조: 위와 같은 책, 203.
[199] 참조: 위와 같은 책, 217.
[200] 참조: 위와 같은 책, 217-218.

인간학은 초월 하느님의 계시 관점에서 보면 순종적 가능태(potentia oboedientialis)의 존재론이 된다[201].

1.2.3.4. 인간: 절대 초월을 지향하는 초월

라너는 인간의 초월성을 규명하기 위해 인간의 존재론적 구조를 형이상학적으로 분석하면서, 인간은 존재에로 열려진 영이며 동시에 역사적 존재임을 규명해 냈으며, 이러한 인간의 존재론적 본질을 바탕으로 인간은 절대적으로 자유로우신 하느님 앞에 자유로운 사랑으로 서서, 하느님의 역사적 계시를 듣는 존재라고 규정하였다. 이제 라너는 본질상 하느님의 말씀을 들을 수밖에 없는 인간의 초월성을 인간의 실존 규정으로 해석하는 가운데 인간을 절대 초월을 지향하는 초월이라 정의한다[202].

라너가 규정하는 인간의 본질로서의 초월은 주제적으로 제시되거나 대상적으로 반성이 되는 그런 범주적 개념이 아니라 존재 일반을 향한 선험적 열림이다[203]. 초월은 형이상학적인 반성을 통해서는 결코 남김없이 모두 파악될 수 없고, 결코 대상적으로 중개될 수도 규정될 수도 없으며, 다만 초월적 체험 안에서 끝없이 수렴되는 형태로 순수 안에서 비주제적으로 알려질 따름이다[204]. 그러므로 초월은 범주적이고 일의적인 각각의 개념에 대해서 보다 원초적인 것이고, 무한한 지평을 지향하는 인간의 모든 영적 움직임들이 펼쳐지게 되는 지평이자 기초이며[205], 모든 지성과 영적인 이해가 가능하기 위한 가장 단순하고, 가장 분명하며, 가장 필수적인 조건인 것이다[206].

---

[201] 참조: 라너, 『말씀의 청자』, 217.
[202] 참조: 위와 같은 책, 42.
[203] 참조: 위와 같은 책, 56.
[204] 참조: 위와 같은 책, 57.
[205] 참조: 위와 같은 책, 105-106.
[206] 참조: 위와 같은 책, 40.

그런데 이 초월과 함께 하느님에 대한 원초적 인식도 비록 명확히 주제화되고 개념화되어 있지는 않을지언정 동시에 주어져 있어, 존재 일반에로 열려진 인간은 어떠한 반성보다 앞서 있는 원초적인 초월에 대한 이 선체험(先體驗, anticipazione)을 통해, 익명적이고 원래 본질적으로 무한한 존재, 즉 모든 유한한 존재에서 구별된 무한자로서의 하느님을 지향하게 된다[207]. 엄밀한 의미에서 초월 그 자체를 따진다면, 인간의 이러한 초월은 오직 이 하느님만을 인식할 따름이다[208]. 그러한 관점에서 인간은 절대 초월을 지향하는 초월이라고 정의할 수 있다.

인간은, 한계를 지을 수 없는 존재를 향하는 초월을 통해, 인격적이고 자유로운 주체로서 자기 자신을 실현시켜 나간다. 인간은 본질적으로 주체적 인격으로서의 자신의 독립성을 자기 자신으로부터 확보할 수 없는 유한한 존재이기에, 인간의 주체성은 오히려 자신의 유한성에 대한 체험을 통해 자신이 완전히 자기 이외의 것의 산물임을 자각할 때 체험된다[209]. 그러므로 인간은, 유한한 인간의 유일한 근거인 무한한 존재를 항상 지향하는 초월을 통해, 주체로서의 자신의 인격을 체험하고, 이러한 인격적 주체 체험을 통해 인간의 실존이 실현되어 간다. 이런 의미에서 주체성이란 애당초부터 규정하는 자가 아니요, 항상 듣고 있는 초월이며, 더 궁극적으로는 신비에 의해 섭리되고 신비를 통하여 열려지는 초월이다. 따라서 인격적 주체로서의 초월은 자기 자신을 절대적 주체로 오인하거나 우상화하지 않으며, 자기 자신을 스스로 포기하면서 신비 안에 뿌리내려져 있는 초월로서 이해한다[210].

초월의 움직임을 통해 인식의 가능으로서의 초월은, 자유로운 주체로서 필연적으로 다른 초월의 주체와 마주 서 있으면서, 자유의

---

[207] 참조: 위와 같은 책, 92.
[208] 참조: 위와 같은 책, 88.
[209] 참조: 라너, 『그리스도교 신앙 입문』, 49.
[210] 참조: 위와 같은 책, 87-88.

초월, 의지의 초월, 사랑의 초월에로 무한히 확장되어 간다[211]. 그리고 이러한 인식과 의지와 사랑의 초월을 통해 초월적 인간은 궁극적으로 절대 초월과의 일치를 지향하며, 이 지향 안에서 자유로운 인격적 주체가 완성되어 간다. 이렇게 인간은 존재 일반에로 열려진 영으로서 본질적으로 자신의 유한성을 넘어 절대 초월을 지향하는 초월의 존재인 것이다[212].

1.2.4. 초월적 체험

초월의 체험은 절대 초월을 지향하는 초월로서 인간에게 필연적으로 뒤따르는 귀결이다. 초월적 체험 또한 인간의 존재론적 구조의 당연한 결과로서, 이는 주체가 회피하고자 하더라도, 그러한 회피조차 이미 초월적 체험 안에서 실행되기에 초월 체험은 거부되거나 부정될 수가 없다[213]. 초월 체험은 존재론적 차원에서 필연성과 보편성을 지니는 것이다. 이러한 초월 체험은 신비 체험과 본질적으로 동일하기 때문에, 초월 체험에 대한 라너의 규명은, 신비 체험의 보편성을 바탕으로 정초된 그의 신비 신학을 이해하는 데에 있어서 기초가 된다.

초월적 체험은 "여러 대상들 중에서 하나로 체험되는, 특정한 개별 대상에 대한 체험이 아니라, 모든 대상적인 체험에 앞서 있으면서 그런 대상적 체험들을 지배하고 있는 근본적인 사실이다"[214]. 그러므로 초월적 체험은 다른 어떤 것으로부터 도출되지 않는 원초적인 특성을 지니며, 이러한 비도출성은 초월 체험 안에 자리하고 있으면서 자신을 드러내는 존재 자체에서 유래된다[215].

---

[211] 참조: 라너, 『그리스도교 신앙 입문』, 96.
[212] 참조: 위와 같은 책, 52.
[213] 참조: 위와 같은 책, 82.
[214] 위와 같은 책, 57.
[215] 참조: 위와 같은 책, 98; K. RAHNER, 「Sul concetto di mistero nella teologia cattolica」, 『Saggi teologici』, 426.

라너에 의하면, 존재론적 물음인 인간은 자기 자신과 씨름하고 자기 자신과 관계를 맺는 주체적 존재이다. 라너는 인격적 존재란 주체가 전체를 지향하는 인식적이고 자유로운 관계 안에서 자기-자신과-함께-있거나 또는 자기-자신을-소유하는-것이라고 규정한다[216]. 이 인격적 주체성은 어디에서도 유래를 설명할 수 없는 실존의 주어진 사실로, 모든 각각의 경험 속에 선험적인 조건으로 동시에 존재한다[217]. 따라서 인격적 주체성 안에는 각 인격적 주체가 전체와 관계를 맺는 가운데 개별 체험을 하게 되는 선험적인 조건으로서의 존재론적인 지평이 이미 주어져 있는 것이다. 인격적 주체는 이러한 선험적인 지평 안에서 비주제적이긴 하지만 자신을 의식하면서 전체와 존재 일반을 향해 무한히 개방되어 있는데, 라너는 인격적 주체 안에서 이루어지는 선험적 개방과 비주제적인 자기-의식을 초월적 체험이라 규정한다[218]. 이것이 "체험"인 이유는, 비주제적이고 선험적인 이 인식이 어떤 대상에 대한 구체적인 체험의 필수적인 조건으로서 모든 체험의 필수 불가결한 구성 요소가 되기 때문이며(라너는 체험의 필수적인 조건도 체험의 구성 요소로서 체험이라 규정한다), "초월적"인 이유는, 인식 주체의 필연적인 인식 구조 자체에 속하는 이러한 인식이, 특정한 대상들과 여러 범주들을 뛰어넘으면서, 인식 주체의 초월에서 성립하기 때문이다[219]. 라너는, 초월적 체험은 인식 주체의 초월에서 성립하고, 초월적 체험 안에서 인식 주체의 구조와 모든 인식 대상의 궁극적 구조가 동일하고 동시에 주어지기 때문에, 초월적 체험(esperienza trascendentale)을 초월의 체험(esperienza della trascendenza)과 동일한 것으로 인식한다[220].

---

[216] 참조: 라너, 『그리스도교 신앙 입문』, 51.
[217] 참조: 위와 같은 책, 51.
[218] 참조: 라너, 『그리스도교 신앙 입문』, 39.51.
[219] 참조: 위와 같은 책, 39.
[220] 참조: 위와 같은 책, 39.

초월을 지향하는 인간은 인격적 주체로서 인식과 행위를 통해서 실존을 실현시켜 나가는 자유롭고 책임 있는 존재이다[221]. 그런데 인격적 주체의 자유는 한편으로는 항상 인간의 시공성과 신체성과 역사성의 구체적인 현실을 통해서 중개되고, 다른 한편으로는 그 자유가 가능하기 위한 전제 조건으로서 원초적 자유가 항상 선험적으로 요청이 된다[222]. 라너는 이러한 원초적 자유를 초월적 자유라 부르는데, 그 이유는 인격적 주체가 주체로서 존립하기 위해서는 이 초월론적 자유가 선험적인 체험으로 이미 주어져야 하기 때문이다. 그러므로 인격적 주체가 가지는 자유와 책임은 다른 구체적인 것들과 병존하는 인간의 또 하나의 개별적인 그런 것이 아니며, 인격적 주체성을 통하여 주체가 주체로서 자기를 체험하는 데서 이루어지는 초월론적 체험이다[223]. 라너의 초월론적 체험은 존재와 인식과 의지의 근원적 동일성에 따라 진리와 사랑의 초월에로 심화된다[224].

라너는 초월론적 체험을 전개시키면서, 그리스도인이나 비그리스도인, 종교인이나 비종교인 등의 범주를 떠나, 모든 인간 안에서 보편적으로 발생할 수 있는 원초적인 하느님 인식, 즉 익명적이고 비주제적인 하느님 인식의 가능성을 밝혀낸다[225]. 절대 초월을 지향하는 인간의 초월성은 근원적으로 말로 표현할 수 없는 절대 신비에 그 뿌리를 두고 있는 존재론적 지향성인데, 이러한 지향성은 영적 주체로서의 인간이 갖추고 있는 영속적 실존 규정으로, 이는 모든 하느님 체험의 기초가 된다[226]. 영적 주체는 본래 초월적 지향성을 통해 절대 신비를 지향하게 되고, 따라서 이런 지향성은 영적 주체 안에 선험적으로 주어진 존재론적 빛인 것이다. 그리고 영적 인간이 지니고 있는

---

[221] 참조: 라너, 『그리스도교 신앙 입문』, 57.
[222] 참조: 위와 같은 책, 59.
[223] 참조: 위와 같은 책, 59-60.
[224] 참조: 위와 같은 책, 39.
[225] 참조: 위와 같은 책, 40.
[226] 참조: 위와 같은 책, 66.80.

선험적 빛과 더불어 후험적이고 범주적인 인식의 조건으로 "하느님에 대한 비주제적이고 익명적인 인식"이 영적 주체에게 동시에 주어지는데, 라너는 그러한 초월적 하느님 인식을 "원초적 하느님 인식"이라 부른다[227]. 모든 주제적이고 후험적인 하느님 인식은 이러한 원초적이고 초월적인 인식, 즉 절대적 신비를 향한 인간의 초월론적 지향성으로부터 비롯되며[228], 주제적이고 후험적인 인식은 원초적 인식이 구체적이고 지상적이며 시공간적인 개별 사실들을 통하여 주제화되고 대상화되는 것에 지나지 않는다[229].

그러나 원초적 하느님 인식을 바탕으로 반성되는 하느님 인식은 초월적 체험의 특성을 변함없이 보존한다. 하느님은 인간이 자신의 경험 영역에서 만나는 개별 실재들과는 완전히 다른 존재이기 때문에, 하느님의 인식은, 비록 후험적이고 주제적으로 이루어진다 하더라도, 인식의 대상으로 존재하는 외부에 의해서는 단순하게 가르쳐질 수 없는 유일무이한 독특성을 지니는 것이다[230]. 후험적이고 반성적이며 체험적으로 이루어지는 주제적인 하느님 인식 안에서조차 하느님은 결코 인간에 의해 장악되지 않으며, 주제화되고 대상화되면서도 동시에 파악될 수 없고 형용할 수 없는 비대상적이고 비주제적이며 익명적인 신비로 머물러 계신다[231]. 다시 말하면, 후험적이고 주제적이며 대상적인 하느님의 인식은 여전히 비대상적이고 비주제적이며 초월적인 양식으로 이루어진다는 뜻이다[232].

라너는 절대 초월을 지향하는 초월로서의 인간이 항상 어디서나 하느님을 체험할 수밖에 없는 초월적 체험의 존재론적 본질을 규명한 다음, 이제 그러한 초월적 체험 안에서 "절대 초월을 지향하는 초월로

---

[227] 위와 같은 책, 40.
[228] 참조: 위와 같은 책, 81-82.
[229] 참조: 위와 같은 책, 87.102.
[230] 참조: 위와 같은 책, 81-82.180.
[231] 참조: 위와 같은 책, 83.
[232] 참조: 위와 같은 책, 79-80.

서의 인간은 하느님이라고 명명할 수 있는 절대적 신비에 다다르게 된다"고 주장한다[233]. 그리고 이런 관점에서 라너는 초월적 체험을 근본적으로 신비 체험과 동일시한다[234]. 그 이유는, 초월적 주체가 초월 자체를 항상 자신을 인간에게 내어주면서 자신은 여전히 신비 자체로 머물러 있는 형용할 수 없는 신비로 체험하기 때문이다[235]. 결국, 초월적 체험을 통해서 인간이 관계하는 것은 하느님이신 신비뿐인데, 이러한 초월적 경험 안에서 초월 인간은 자신을 절대적 존재에서 유래하고 절대적 신비에 뿌리를 둔 존재자로서 체험하게 된다[236].

1.2.5. 신비로서의 초월의 지평[237]

---

[233] 라너, 『그리스도교 신앙 입문』, 71.
[234] 참조: K. RAHNER, 「Esperienza dello Spirito Santo」, 『Nuovi saggi VII』, 289; K. RAHNER, 「Esperienza mistica e teologia mistica」, 『Nuovi saggi VI』, 523-536; K. RAHNER, 「Esperienza della trascendenza」, 『Nuovi saggi VII』, 253-275.
[235] 참조: 라너, 『그리스도교 신앙 입문』, 88.
[236] 참조: 위와 같은 책, 167.
[237] 라너의 초월 신학에서 사용되는 초월과 지평이라는 개념은 다의적, 일의적, 유비적 세 가지 관점 모두로부터 이해할 수 있다. 초월이라는 개념을 서로 완전히 다른 존재자로 구별되는 절대자 하느님과 유한자 인간에게 적용한다는 면에서 초월이라는 개념은 다의적이라 할 수 있다. 그러나 절대적이고 완전하며 무한한 초월이신 하느님과 유한하고 제한되어 있으며 불완전한 초월인 인간이 서로 다른 존재자임에도 불구하고 이 초월이란 개념을 이 두 존재자 모두에게 같은 의미로 사용한다는 면에서 초월이란 개념은 일의적이다. 그러나 유한 초월인 인간이 초자연적 은총을 통하여 끊임없이 절대 초월을 지향하며 절대 초월에 가까이 다가간다는 면에서 초월은 유비적 개념이다. 초월적 지평(Woraufhin transzendental)이란 개념도 마찬가지이다. "보라우핀"(Woraufhin, 지평, 지향점)을, 초월 인간이 무한히 지향하는 궁극적 지향점으로서의 절대 초월, 즉 절대 존재자와, 이 절대적이고 완전한 존재자이신 하느님을 지향할 수 있도록 유한한 인간 존재의 심연 안에 주어져 있는 존재론적 가능성과 조건, 즉 유한한 인간에게 동시에 사용한다는 면에서 "보라우핀"이란 개념은 다의적이라 할 수 있다. 그럼에도 불구하고 초월적 지평(Woraufhin transzendental)이란 표현은, 절대 초월이신 하느님이든, 인간 존재 안에 주어진 존재론적 지평으로서의 하느님이든, 선험적이고 존재론적인 차원에서 동일한 하느님을 지칭하기 때

라너는, 이미 앞에서 살펴본 바와 같이, 초월적 주체의 선험적 구조에 대한 분석을 통해 초월 신학을 정초하는 가운데, 초월적 존재 안에는 모든 범주적 인식과 의지 행위의 가능성과 조건으로서 존재론적 지평이 선험적이고 비제주적으로 주어져 있다는 사실을 규명해 냈다. 라너는 이 지평을 "초월의 지평"이라 규정하면서, 이 지평이 모든 초월 체험의 기초요, 원리요, 목표로서의 신비임을 밝혀낸다.

하느님은 절대적으로 무엇에 의해서 포괄될 수 없으며, 하나의 개별적 대상으로 인식될 수 없는 존재임에도 불구하고, 인식과 모든 존재자의 절대적 근거로서 초월적 존재에게 열려져 있고 침묵 중에 자신을 계시하신다. 인간은 이 하느님을 초월이 향하는 지평으로서 만나고 인식하게 된다[238]. 그러나 초월의 지평 또한 거의 끝이 없는 초월의 체험 속에서만 주어지기 때문에, "이 지평은 그 자체로는 결코 체험되지 않으며, 주체적인 초월의 체험 속에서 비대상적으로 알려진다"[239]. 즉, 초월의 지평은, 초월 체험 안에 항상 현존함에도 불구하고, 익명적이며, 제한될 수 없는, 절대로 인간의 수중에 넣을 수 없는 실재인 것이다[240].

무한한 초월의 지평은 무한한 가능성에로 열려져 있어, 이 가능성 안에서 초월적 존재는 개개의 대상들을 만난다[241]. 초월적 지평은 그 자신은 불가사의하고 파악될 수 없는 존재이며 결코 다른 것을 통해서 구별될 수 있는 그런 존재가 아니지만, 무한한 지평을 향하는 초월 행위가 이루어지는 가운데, 범주적 인식을 가능하게 하는

문에, 이 개념은 일의적이라고 말할 수 있다. 그러나 인간 존재의 심연에 비주제적으로 현존하는 선험적이고 존재론적인 이 "보라우핀"(Woraufhin)이 초월의 궁극적 목표, 즉 하느님이신 절대 초월인 "보라우핀"을 끝없이 지향한다는 면에서 "보라우핀"은 유비적 개념이 된다.

[238] 참조: 라너, 『그리스도교 신앙 입문』, 40.92.96.
[239] 라너, 『그리스도교 신앙 입문』, 95.
[240] 참조: K. RAHNER, 「Sul concetto di mistero nella teologia cattolica」, 『Saggi teologici』, 420-421.
[241] 참조: 위와 같은 책, 91.

선험적 조건으로 주어진다[242]. 모든 각 대상들의 실재는 이 지평을 향해서 그리고 이 지평을 원천으로 이해된다. 초월적 인식 주체는, 초월적 행위가 이루어지는 가운데, 익명적이고 제한되지 않으며 타자에 의해 좌지우지 되지 않는 실재로 머무르는 초월의 지평을 반성하고 대상화하며 이를 인식한다[243]. 이 초월의 지평은 주제적으로 나타나지 않으면서, 모든 범주적 인식의 조건이자 가능성으로서 모든 하느님 인식의 원천이요 기초가 된다.

초월적 지평은 또한 인식과 의지의 동일성에 따라 인식뿐만 아니라 자유, 의지, 사랑의 대상들에게도 공간을 제공해 준다[244]. 우선, 절대 초월을 지향하는 초월은, 주체를 무한한 행위의 공간 안에서 자유롭고 인격적으로 행동하는 주체로 구성함과 동시에 필연적으로 다른 초월의 주체와 마주 서 있는 자유로서, 한 주체가 자기-자신과-함께-있는 가운데 다른-주체와-함께-있게 하는 가능성의 조건이 된다[245]. 그런데 여기에서 자기 자신에게 맡겨져 있는 주체가 다른 주체를 자유로이 긍정한다는 것은 사랑을 의미하는 것이다. 즉, 자유와 의지의 초월 안에는 이미 사랑의 성격이 포함되어 있으며, 이 초월은 자유와 사랑으로서 이 초월 자체의 기원이며 출발점인 지평을 지향한다. 따라서 초월의 지평은 절대적 자유의 지평이자 절대적 사랑의 지평으로서, 모든 것을 자유로운 사랑 속에서 규정하고 섭리한다[246].

라너는 인간의 초월이 유래되고 지향하는 무한하며, 한정될 수 없고, 형용할 수 없는 초월의 지평을 "신비"라 규정하고, 이를 본질적으로 하느님과 동일시한다[247]. 이 하느님을 지칭하는 명칭은, "존재

---

[242] 참조: 라너, 『그리스도교 신앙 입문』, 92.95; K. RAHNER, 「Sul concetto di mistero nella teologia cattolica」, 『Saggi teologici』, 424-425.
[243] 참조: 라너, 『그리스도교 신앙 입문』, 92.
[244] 참조: 위와 같은 책, 92.
[245] 참조: 위와 같은 책, 96-97.
[246] 참조: 위와 같은 책, 97.
[247] 라너는 "우리는 초월의 지평이며 원천을 '거룩한 신비'라고 부른다"(위와 같은 책, 91)고 말한다. 따라서 "이러한 초월의 지평(Woraufhin)은 신비이다"(위와 같

자체", "절대 존재", "존재의 근거", "궁극적 근거", "제일원인", "만물을 조명하는 로고스", "심연" 등 수 천일 수 있다. 그러나 라너는 초월적 지평을 바탕으로 하느님의 가장 적합한 이름은 신비이며, 그런 하느님의 본질은 초월적 체험 안에서 가장 잘 드러난다고 단언한다[248]. 왜냐하면, 라너는 다른 어떤 것에 의해서도 포착되지 않고 포괄되지 않는 것을 신비라 이해하는데, 초월의 지평은, 바로 그렇게, 끝이 없는 초월의 체험 속에서 비대상적으로 전해짐에도 불구하고, 휘어잡힘 없이 항상 자신을 감추고, 다른 것을 접근시키지 않는 훨씬 저쪽에 남아 있는 채로 늘 건네지기 때문이다[249]. 이어서 라너는 초월적 지평이 지니고 있는 사랑에 근거하여 이 신비를 보다 분명하게 "거룩한 신비"라 부른다[250]. 이렇게 하여 초월의 지평은, 절대 존재로서 또는 존재의 절대적 충만 및 절대 소유로서 거룩한 신비와 일치된다[251].

거룩한 신비인 초월적 지평은 변함없고 형용할 수 없는 신비로 머물면서 동시에 자신을 드러내는 신비의 원천으로, 초월적 존재에게 초월의 길을 열어주며, 초월 과정을 개설하고 이 과정을 지탱해 준다. 거룩한 신비는 처음부터 초월 체험이 가능하도록 인간 존재의

은 책, 96). 한편, 라너는 또 다른 글에서 "하느님에 대한 모든 인식의 동기가 되는 하느님에 대한 가장 원초적인 인식은 초월 체험 안에서 주어지는데, 이는 초월 체험을 하는 가운데 우리가 하느님이라고 부르는 초월의 목표(Woraufhin)가 단순하고 확실하지만 뭐라고 말할 수 없는 비대상적인 방식으로 주어지는 한에서 그러하다"고 말한다(K. RAHNER, 「Sul concetto di mistero nella teologia cattolica」, 「Saggi teologici」, 419).

[248] 참조: 라너, 『그리스도교 신앙 입문』, 91.
[249] 참조: 위와 같은 책, 96.
[250] 참조: K. RAHNER, 「Sul concetto di mistero nella teologia cattolica」, 「Saggi teologici」, 425-426. 한편, 라너는 말한다: "초월 안에는, 익명적이고 무한히 거룩하면서 정확히 말하면 어떤 것에도 지배되지 않고 좌우되지 않으며 독자적으로 저 멀리 머무는, 실재가 현존한다. 우리는 이 실재를 '신비', 또는 이런 인식 저 너머에 있는 자유로운 사랑의 초월성을 간과하지 않으면서 이 양자를 모두 근원적이고 인격적인 일치 안에서 분별하기 위해, 좀더 분명하게 '거룩한 신비'라고 부른다"(라너, 『그리스도교 신앙 입문』, 97).
[251] 참조: 라너, 『그리스도교 신앙 입문』, 100.

심연에 현존해 있는 것이다[252]. 영적, 초월적, 인격적 주체인 인간은 모든 초월 체험 안에 존재론적으로 숨어 있는 초월의 지평을 통해 이 신비를 긍정한다[253]. 절대 초월을 지향하는 초월은 초월적 지평이 열어주는, 장악할 수 없고 말로 나타낼 수 없는 이 사랑의 신비 앞에 단지 경배할 수 있을 따름이다. 라너는 이상과 같이 초월적 지평의 신비적 성격을 규명하는 가운데 초월적 존재의 심연에 하느님이신 거룩한 신비가 존재론적으로 주어져 있다는 사실을 명백히 밝혀 놓았다[254].

1.3. 칼 라너의 신비 신학

라너는 초월 신학을 정초하면서 초월적 인간의 다양한 존재론적 명제들, 즉, 존재론적인 물음으로서의 인간, 존재와 인식과 의지의 원천적 동일성, 존재 일반에로 열려진 영으로서의 인간, 역사적 초월로서의 인간, 하느님의 계시 앞에 서 있는 인간, 절대 초월을 지향하는 초월로서의 인간 등을 규명하였고, 궁극적으로 인간 안에 하느님의 신비가 존재론적으로 주어져 있어, 초월적 인간이 존재론적으로 지향하는 궁극적 존재가 "거룩한 신비"임을 밝혀냈다. 이 거룩한 신비는 "인식하고 사랑하는 초월"의 참된 지평이요, 목표요, 종착지이며, 초월적 존재가 지향하는 궁극적 행복이다. 절대 초월을 지향하는 영으로서의 인간은 근본적으로 이 거룩한 신비에로 열려진 존재요, 절대 신비를 지향하는 신비, 즉 "호모 미스티쿠스"(homo mysticus, 신비인)이다[255]. 라너는 이렇게 절대 신비에 대한 지향성을 인간 존

---

[252] 참조: 라너, 『그리스도교 신앙 입문』, 97.99.
[253] 참조: 위와 같은 책, 112.
[254] 참조: 위와 같은 책, 170.
[255] 참조: K. RAHNER, 「Sul concetto di mistero nella teologia cattolica」, 『Saggi teologici』, 418; K. RAHNER, 「Sulle vie future della teologia」, 『Nuovi Saggi

재의 기초요 본질로 규정함으로써, 초월 신학의 자연스런 귀결로서의 신비 신학을 정초한다. 그러므로 라너가 묘사하는 신비 체험은 초월 체험과 다르지 않다. 신비적 인간이 절대 신비를 지향하는 가운데 이루어지는 모든 초월적 체험은 본질적으로 신비 체험과 동일한 것이다[256]. 이러한 관점에서 라너가 규명하는 신비 체험의 본질을 요약하면 다음과 같다 하겠다.

1.3.1. 신비 신학의 정체

라너는 초월 신학을 바탕으로 신비체험이 계시, 믿음, 은총, 구원 등 기초 신학의 핵심 주제들과 본질적인 관계를 갖고 있음을 규명하는 가운데, 교의 신학과의 관계 안에서 신비 신학을 새롭게 정립한다[257]. 즉, 하느님의 자기 양여가 곧 초자연적 은총이자 계시이며, 하느님의 초자연적 은총으로서의 계시를 수용하는 것이 곧 구원을 안겨 주는 초자연적 믿음임을 밝히면서, 신비 체험이란 하느님의 보편적인 구원 의지에 따라 모든 인간에게 주어지는 하느님의 자기 양여 체험이고, 창조되지 않은 은총을 소유함으로써 성취되는 인간의 "하느님-됨"(divinizzazione)으로서의 성령 체험이며, 은총을 통한 하느님의 자기 양여로서의 계시 체험이자, 성령 안에서의 믿음 체험이라 규정한다[258]. 이 신비 체험은 하느님에 대한 매개 없는 직관 안에서 실현되는 삼위일체 하느님과의 신비적 일치를 통해서 하느님의 신적 본질에 참여함으로써 완성된다. 그러므로 라너의 신비체험은 본질적으로 크리스천 계시와 신앙 체험과 동

V」, 73; 라너, 『그리스도교 신앙 입문』, 286; H. EGAN, 『I mistici e la mistica』, 671. 하비 이건(H. Egan)은 칼 라너가 정의한 인간을 설명하기 위해서 "호모 미스티쿠스"(homo mysticus)라는 표현을 사용한다.
[256] 참조: K. RAHNER, 『Esperienza dello Spirito Santo』, 『Nuovi saggi VII』, 289.
[257] 참조: K. RAHNER, 『Esperienza mistica e teologia mistica』, 『Nuovi saggi VI』, 529.
[258] 참조: 위와 같은 책, 528-529.

일하며, 교의 신학의 한 부분이 된다²⁵⁹. 라너는 이러한 교의 신학적 지평 안에서 모든 인간에게 주어지는 보편적 신비 신학을 튼튼하게 정립해 놓았다.

1.3.1.1. 신비체험: 하느님의 자기 양여로서의 초월 체험

하느님은 인간이 다다를 수 없는 무한히 거룩한 신비로 항상 머물고 인간의 초월적 실존을 지탱해주는 파악될 수 없는 근거로서, 오직 무한한 저쪽에만 머무시는 것이 아니라 진정한 자기 양여를 통해 절대적으로 친밀한 하느님이시다²⁶⁰. 하느님은 끊임없이 자기 양여하는 신비이시며, 무한하고 영원한 이 신비에로 불리움을 받은 신비적 인간은 하느님에 대한 매개 없는 직관을 통해 이 신비와 하나가 된다. 라너가 교의 신학적으로 정립하는 신비체험은 이렇게 자신은 변함없이 무한한 신비로 남아 있으면서 자신의 신적 본질을 양여하시는 하느님에 대한 초월적 체험으로부터 시작된다.

라너는, 위에서 이미 언급한 바와 같이, 역사적 초월로서의 영인 인간 존재의 심연에는 초월 체험의 존재론적 지평으로서 하느님의 신비가, 비록 비주제적이고 익명적이기는 하지만, 이미 선험적으로 양여되어 있으며, 인간은, 역사 안에서 자기를 양여하는 가운데 신적 본질을 계시하시는 절대 신비 앞에 자유로운 사랑으로 서 있는 신비임을 규명해 놓았다. 이러한 관점에서 라너는 인간 자체를 하느님의 자기 양여 사건이라 해석한다²⁶¹. 하느님은 근원적으로 당신 자신의 고유한 신적 실재를 하느님이 아닌 존재에게 내어주실 수 있는 신비적 존재로, 무한한 실재와 절대적 신비로서의 당신의 자립성을 잃지 않으면서 자

---

²⁵⁹ 참조: K. RAHNER, 「Esperienza mistica e teologia mistica」, 『Nuovi saggi VI』, 529.
²⁶⁰ 참조: 라너, 『그리스도교 신앙 입문』, 190.
²⁶¹ 참조: 위와 같은 책, 163.

기 양여를 통해 피조적 존재자인 인간의 구성적 원리가 되시고 이 피조물을 온전히 완성시켜 주신다[262]. 하느님의 자기 양여는 인간의 본질에 호응하는 존재론적 의미를 지니는 것이다[263].

하느님 자신의 존재가 참으로 넘겨지는 이러한 하느님의 자기 양여는 궁극적으로 절대 존재인 신비를 지향하는 영의 초월적 개방성 안에서 역사적으로 구체화되고[264], 영적이고 초월적인 인간은 초월적 체험을 통해서 하느님의 자기 양여로 말미암아 인격적이고 절대적인 신비에 참여하게 되며, 이 참여는 하느님에 대한 매개 없는 직관 안에서 인간의 영적 실존이 완성됨으로써 전적으로 성취된다[265]. 그러므로 하느님의 자기 양여에의 참여는 인간 존재가 완성되는 하느님에 대한 매개 없는 직관이 가능하기 위한 조건이며, 하느님의 자기 양여의 본질과 의의는 영적 주체가 하느님을 직접적으로 만남으로써 이루어지는 인식과 사랑의 근본적인 일치, 즉 영적 주체가 하느님의 신적 본질에 참여하는 하느님과의 직접적인 친교에 있다 하겠다[266]. 이것이 곧 인간 실존의 본질적이고 존재론적인 "하느님-됨"(divinizzazione)이며, 성령의 참여를 통하여 성취되는 인간의 의화와 성화인 것이다[267].

이런 관점에서 바라보면, 인간 존재를 하느님이 되게 하는 초자연적 은총으로서의 하느님의 자기 양여 사건 안에서는, 초월의 초월적 지평과 이 초월의 대상 사이에 원초적이고 결정적인 통일이 이루어지게 되므로, 더 이상 개념적인 구별은 존재하지 않게 된다[268]. 그리고 초월의 지평은 인간의 가장 깊은 내면에 존재하는 요소로서 이는 그

---

[262] 참조: 위와 같은 책, 168-170.
[263] 참조: 위와 같은 책, 165.
[264] 참조: 위와 같은 책, 124-125.165.
[265] 참조: 위와 같은 책, 164-165.
[266] 참조: 위와 같은 책, 168.171.
[267] 참조: 위와 같은 책, 166.
[268] 참조: 위와 같은 책, 167.

자체로 이미 인간 존재의 심연에 선험적으로 자기 양여된 하느님의 신비이자 그분의 자유로운 사랑으로[269], 초월의 지평과 초월의 대상은 이 사랑 안에서 초월적 체험을 통해 온전히 하나로 일치되고, 이 일치 안에서 초월적 존재는 하느님 안에 있게 되며, 하느님은 초월적 존재 안에 있게 된다[270]. 이 일치는 초월적 지평을 매개로 하느님과 피조물 사이의 비주제적이고 존재론적인 본질적 관계가 주제화됨으로써, 다시 말하면, 초월적 체험을 통해 하느님과 인간 사이의 인식과 사랑이 근원적으로 통일됨으로써, 인간의 영적이고 초월적인 실존이 존재론적으로 완성되는 것을 의미한다[271].

한편, 인간 존재의 심연 안에 현존하는 초월적 지평은 이 지평이 초월 체험을 통해 주제화되는 가운데서도 변함없이 계속해서 비주제적이고 익명적인 지평으로 펼쳐지고, 하느님은 초월적 존재와의 신비적 일치 안에서도 변함없이 영원히 무한하고 형용할 수 없는 신비로 머무신다[272]. 이러한 신비적 일치 안에서 초월적 주체는 사라지는 것이 아니라 오히려 여기에서 충만한 완성에 이르게 되고, 주체적으로 최고의 독립성에 이르게 되는데, 이 주체적인 독립성은 초월적 지평과 초월의 대상과의 신비적 일치, 즉 하느님과의 절대적인 직접적 접촉으로부터 귀결되는 것이다[273]. 하느님의 자기 양여는 본질적으로 이렇게 하느님은 무한한 신비로 변함없이 남아 있으면서 인간의 실존이 완성되는 신비적 일치를 위한 양여이고, 하느님에 대한 진실하고 직접적인 인식과 사랑을 위한 양여이다. 따라서 피조물에로의 하느님의 자기 양여는 그 자체로 하느님의 지고한 인격적 자유에 의해서 무상으로 자유롭게 인간

---

[269] 참조: 라너, 『그리스도교 신앙 입문』, 173.
[270] 참조: 위와 같은 책, 176.
[271] 참조: 위와 같은 책, 171.
[272] 참조: 위와 같은 책, 168.
[273] 참조: 위와 같은 책, 120.

에게 주어지는 절대적인 사랑이다[274]. 이러한 사랑은 유한한 주체가 자기 탓으로 하느님에게 마음을 닫는다 할지라도 그에 앞서 이루어지는 초자연적 은총으로서, 인간의 실존 성취의 내적 원리요 목적이며, 모든 인간에게 보편적으로 적용되는 인간의 실존 규정이다[275]. 그러므로 무조건적이며 절대적 사랑인 하느님의 자기 양여는 모든 인간을 구원하시고자 하는 하느님의 보편적인 구원의 의지이자, 동시에 이를 수락하도록 선행적으로 주어진 필요조건이며, 인간의 초월론적인 구조 안에 존재론적으로 주어져 있는 초자연적 은총, 곧 성령이다. 인식과 자유 안에서 절대 신비를 지향하는 인간의 모든 초월적 행위는 이렇게 자기를 양여하시는 하느님 자신에 의해 지탱되어 있다[276].

하느님의 자기 양여는, 궁극적으로 절대 신비에 대한 매개 없는 직관 안에서 초월적인 인간을 하느님이 되게 하고 신적 본질에 참여하도록 이끄는 가운데, 항상 삼위일체적으로 발생된다. 인격적으로 자기 양여되는 하느님, 즉 "우리를 신화하는 구원으로서 각 인간 실존의 가장 깊은 중심으로 오시는" 하느님은 "**성령**"이라 호칭된다[277]. 하느님의 보편적인 구원 의지에 따라 세상에 주어진 하느님의 자기 양여인 이 **영**이야말로 항상 어디서든지 초월 체험과 신비 체험의 원동력이 된다[278]. 그리고 대상적으로 보여지는 하느님, 즉 "예수 그리스도 안에서 우리의 실존을 취하여 구체적인 역사성 안에 현존하시는 동일하고 유일한 하느님"은 "**로고스**" 또는 **아들**이라 호칭된다[279]. 예수 그리스도는 하느님의

---

[274] 참조: 위와 같은 책, 172.
[275] 참조: 위와 같은 책, 172.177.
[276] 참조: 위와 같은 책, 179-180.
[277] 위와 같은 책, 188; 참조: K. RAHNER, 「Sul concetto di mistero nella teologia cattolica」, 『Saggi teologici』, 460; K. RAHNER, 「A proposito del nascondimento di Dio」, 『Nuovi saggi VI』, 369.
[278] 참조: 라너, 『그리스도교 신앙 입문』, 415.
[279] 위와 같은 책, 188; 참조: K. RAHNER, 「Sul concetto di mistero nella teologia cattolica」, 『Saggi teologici』, 460; K. RAHNER, 「A proposito del nascondimento di Dio」, 『Nuovi saggi VI』, 369.

자기 양여의 절정으로, 세계에 양여된 **영**은 예수 그리스도를 향해서 내적인 지향성을 갖고 있고 이 **영**은 육화와 십자가 안에서만 참으로 본연의 본질에 다다른다[280]. 이 때문에 그리스도는 **영**의 "원인"이며, **영**은 처음부터 그리스도의 **영**인 것이다. 뿐만 아니라, **영**은 언제 어디서나 의화시키는 믿음을 지탱해 주고, 그리스도는 이 자신의 **영**을 통해서 모든 믿음 안에 현존하고 작용하신다[281]. "이와 같이 **영**과 **로고스**로서 우리 곁에 오시고, 형용할 수 없는 거룩한 신비이시며, **아들**과 **영**으로 오시는 가운데서도 파악할 수 없는 근거와 원천으로 그렇게 존재하시는" 하느님은 "유일한 하느님", 즉 **아버지**라고 호칭된다[282].

라너의 초월 신학 안에서 구원 경륜적 삼위일체론은 근원적으로 내재적 삼위일체론과 동일한 것으로 규명된다. 그러므로 무한한 신비를 지향하는 초월적 인간은 구원의 역사를 통해서 계시된 구원 경륜적 삼위일체 신비 안에서 내재적 삼위일체 신비 자체를 체험하게 된다[283]. 결국, 초월 체험을 통해서 초월 인간은 내재적 삼위일체론에서 말하는 **신비** 자체를 체험하게 되고, 궁극적으로는 이 **신비**에 대한 매개 없는 직관 안에서 삼위일체 신비와 일치하게 된다. 그리고 이 신비적 일치 안에서 하느님의 자기 양여의 수신자인 유한한 영적 존재는 성령 안에서 온전하게 하느님으로 변화된다. 초월적 인간은 이렇게 신비적 인간(homo mysticus)이 된다.

1.3.1.2. 신비체험: 하느님의 자기 양여로서의 은총 체험

유한하고 시공간 안에 제한되어 있는 존재인 인간은 자기 힘으로는 절대 신비로 머무시는 하느님께 도달할 수 없다. 이 때문에 불완전

---

[280] 참조: 라너, 『그리스도교 신앙 입문』, 415.
[281] 참조: 위와 같은 책, 415-416.
[282] 위와 같은 책, 188; 참조: K. RAHNER, 「Sul concetto di mistero nella teologia cattolica」, 『Saggi teologici』, 460; K. RAHNER, 「A proposito del nascondimento di Dio」, 『Nuovi saggi VI』, 369.
[283] 참조: K. RAHNER, 『Trinità』, 40-44.

한 초월적 실존이 이 신비에 다가갈 수 있도록 신비 자체가 인간에게 주어져야 한다. 라너는 인간 존재의 심연에는 그러한 가능성과 조건이 하느님의 자기 양여를 통해 선험적으로 이미 주어져 있으며, 이 하느님의 자기 양여를 은총이라 규정한다[284]. 은총이 이렇게 규정됨으로써 초월 신학 안에서 하느님의 자기 양여는 은총의 본질이 된다. 따라서 인간은 애당초부터 존재론적으로 은총에 의해 고양되어 있으며 "신화"(神化)되어 있는 초월적이고 초자연적인 존재인 것이다[285]. 은총을 통해 초월을 안으로부터 열고 지탱하는 거룩한 신비는 거룩한 신비로서 절대적으로 가까이 현존하시며 인간에게 하느님의 자기 양여로서 자신을 건네주신다[286]. 그러므로 인간은 초자연적 고양 속에서 하느님의 자기 양여를 통해 항상 그리고 어디서나 은총 체험을 하게 된다[287]. 라너는 이러한 초월적 은총 체험을 "신비체험"이라 규정한다.

은총 체험은 삼위일체 신비에 대한 매개 없는 직관 안에서 성령이 인간의 초월적 실존 안에 전적으로 거주하게 됨으로써, 즉 인간 존재가 삼위일체 하느님과 온전하게 일치하여 존재론적으로 하느님의 본질에 참여하게 됨으로써 완성된다. 이 지복직관 안에서 형언할 수 없는 신비이신 하느님 자체가 "하느님이-된"(divinizzato) 인간에게 양여되는데, 창조되지 않은 형태로 자기 양여되는 이 하느님을 라너는 "창조되지 않은 은총"이라 규정한다[288]. 인간의 구원은 궁극적으로 이러한 창조되지 않은 은총이 양여됨으로써 성취되고, 이 은총 안에서 인간과 삼위일체 하느님과의 신비적 일치가 전적으로 성

---

[284] 참조: 라너, 『그리스도교 신앙 입문』, 169.
[285] 참조: 심상태, 『익명의 그리스도인』, 85.
[286] 참조: 라너, 『그리스도교 신앙 입문』, 180.
[287] 참조: 심상태, 『익명의 그리스도인』, 134.
[288] 참조: K. RAHNER, 「Possibilità di una concezione scolastica della grazia increata」, 『Saggi di antropologia soprannaturale』, 132.

취된다. 이런 면에서 은총은 무엇보다 "창조되지 않은 실재"로서의 하느님의 자기 전달을 뜻한다 하겠다[289].

신비를 향해서 열려진 초월적 존재는, 인간 실존의 심연에 존재하는 신비의 지평을 통해 창조되지 않은 은총으로 말미암아 존재론적으로 "하느님이-된"(divinizzato) 존재로서, "하느님-됨"(divinizzazione)을 향하여 끊임없이 움직이는데, 이는 지복직관 안에서 완성된다[290]. 이런 지평에서 바라보면 인간에게 초자연적으로 주어진 은총은 지복직관의 싹이요 시작이며[291], 지복직관은 이미 이 세상에서부터 씨앗의 형태로 인간 존재에게 주어지는 것이다[292]. 라너는 이렇게 은총에 의해 존재론적으로 고양된 인간의 처지를 "초자연적 실존"이라 부른다[293]. 모든 인간은 누구나

---

[289] 참조: 심상태, 『속. 그리스도와 구원』, 318. 은총은 "창조되지 않은 은총"(gratia increata)과 "창조된 은총"(gratia creata)으로 구분되는데, 창조되지 않은 은총은 하느님께서 인간을 향하실 때 인간에게는 이해할 수 없는 신비로 머무시는 하느님 자체를 의미하고, 창조된 은총은 인간을 향하시는 하느님의 인간 안에서의 효능을 의미한다(참조: H. FORGRIMLER, 『DizTeolNu』, 329). 그러나 라너는 형상인과 질료인의 개념을 통해 창조되지 않은 은총과 창조된 은총을 서로 불가분리적인 관계에 있는 것으로 설명한다. 창조되지 않은 은총은 인간의 존재론적인 변화 안에서만 양여되는데, 라너는 인간의 이러한 결정적인 존재론적 변화를 창조된 은총이라 규정한다. 즉, 창조된 은총은 창조되지 않은 은총을 소유하기 위한 기초, 즉 질료인이다(참조: K. RAHNER, 「Possibilità di una concezione scolastica della grazia increata」, 『Saggi di antropologia soprannaturale』, 132-133). 그러나 창조되지 않은 은총은 전적으로 창조된 은총의 결과만은 아니다. 창조되지 않은 은총은, 형상적 원인이 질료의 궁극적 배치(질료인)를 선행하듯이, 창조된 은총을 선행하는 창조된 은총의 형상인이다(참조: 위와 같은 책, 148-149). 따라서 창조되지 않은 은총과 창조된 은총 사이의 형상인과 질료인 관계는 상호 우선성을 지니고 있으며, 이 두 은총은 서로 독립적으로 분리될 수 없는 것이다(참조: 위와 같은 책, 160).
[290] 참조: 라너, 『그리스도교 신앙 입문』, 181.
[291] 참조: K. RAHNER, 「Possibilità di una concezione scolastica della grazia increata」, 『Saggi di antropologia soprannaturale』, 148.
[292] 참조: 심상태, 『속. 그리스도와 구원』, 164.
[293] 참조: 라너, 『그리스도교 신앙 입문』, 176-177. 라너는 자연과 은총의 관계를 연구하면서 초자연적 실존의 개념을 규정한다(참조: K. RAHNER, 「Rapporto tra natura e grazia」, 『Saggi di antropologia soprannaturale』, 69-72). 라너에 의하

예외 없이 하느님의 보편적인 구원 의지에 따라 하느님의 자기 양여를 수용할 수 있도록 은총에 의해 고양되어 있는 초자연적 실존인 것이다.

초자연적 실존인 인간은 하느님에 대한 매개 없는 직관을 지향하면서 필연적으로 역사적으로 중개되는 초월론적 체험을 한다. 따라서 모든 초월론적 체험은 구원의 역사 안에서 구체적이고 범주적으로 중개되는 초자연적 은총 안에서 성취되는 것이다. 이러한 관점에서 비추어 보면, 선험적이고 비주제적으로 이루어지는 원초적 하느님 인식이든, 혹은 역사 안에서 범주적으로 이루어지는 대상적인 하느님 인식이든, 모든 하느님의 인식은 자연적이며 동시에 초자연적인 인식이 된다. 어떠한 하느님 인식도 순수하게 자연적인 인식은 존재하지 않는다는 것이다[294]. 그리고 인격적 주체가 신비의 지평 안에서 하게 되는 모든 자유와 사랑의 체험 또한 초자연적인 은총 안에서 성취된다. 결국, 초자연적 실존이 신비 자체를 지향하는 가운데 역사적으로 중개되는 모든 하느님의 자기 양여 체험은 초자연적인 은총 체험과 다르지 않으며, 이 은총 체험을 통해서 궁극적으로 신비이신 하느님이 전달되고, 그러기에 초월 체험으로서의 은총 체험이란 곧 자기 자신을 양여하시는 하느님에 대한 신비 체험이 되는 것이다[295].

1.3.1.3. 신비체험: 하느님의 자기 양여로서의 계시와 믿음 체험

초자연적 은총으로 주어지는 하느님의 자기 양여는 이중적인 양식을 지니고 있다: 하나는 인간의 자유에 앞서서 선험적으로 주어져 있는 초자연적인 상황으로서의 부르심이며, 다른 하나는 초자연적

면, 초자연적 실존이란 "은총을 수용할 수 있도록 무상으로 주어지는 실제적인 능력"(위와 같은 책, 70)으로, 인간의 본질은 "이러한 초자연적 실존으로 구성된다"(위와 같은 책, 72).
[294] 참조: 라너, 『그리스도교 신앙 입문』, 86-87.
[295] 참조: 심상태, 『익명의 그리스도인』, 94-95.

실존으로서 이 부르심에 대한 인간의 응답이다[296]. 여기에서 선험적으로 주어지는 하느님의 자기 양여로서의 부르심은 초자연적인 계시의 양상으로 나타나고, 이에 대한 인간의 응답은 계시에 대한 동의와 수용으로서 믿음의 행위로 나타난다[297]. 즉, 초자연적 계시와 믿음은 초자연적 은총으로 주어지는 하느님의 자기 양여의 필연적인 이중적 양식인 것이다.

이미 앞에서 고찰한 바와 같이, 라너는 인간의 초월적 구조에 대한 분석을 통하여 초자연적 은총을 통해서 고양된 인간의 실존 안에는 하느님의 자기 양여를 수용할 수 있도록 초월적 지평이 선험적으로 주어져 있다는 사실을 형이상학적으로 규명해 놓았다. 그러한 초월적 지평은 인간 존재의 불변하는 존재론적 능력이요, 믿음, 바람, 사랑과 같은 일반적인 구원의 행위들을 가능하게 하는 조건으로, 이 지평은 후험적인 가르침을 통해 그 내용을 수용하는 각 행위를 언제나 선행한다[298]. 하느님에 의해 주어진 이러한 능력은 대상적인 양식으로는 직접적으로 인식되지도 않고 순수하게 인간적인 행위로는 다다를 수도 없는 것으로, 이는 인간의 인식과 자유와 같은 초월적으로 무한한 영적 능력들 곁에 덧붙여진 "지엽적인" 능력이 아니라, 하느님과의 직접적인 만남을 지향하는 인간의 근본적인 초월적 바탕으로 이해되어야 한다[299]. 따라서 이러한 초월적 바탕은, 하느님에 의해서 자유롭고 인격적으로 주어진 하느님의 자기 양여로서, 은총의 진정한 본질을 구성하기에, 하느님의 자기 계시로 이해될 수 있다[300]. 이 하느님의 자기 계시가 바로 다른 모든 계시를 지탱해주는 비주제적이고 비반성적이며 비대상적인 원초적 계시이며, 이는 인류의 역사가 펼쳐지는 곳에서는 항상 어디서나 하

---

[296] 참조: 라너, 『그리스도교 신앙 입문』, 166.
[297] 참조: K. RAHNER – H. VORGRIMLER, 「Fede」, 『DizTeol』, 255.
[298] 참조: K. RAHNER, 「Atto di fede e contenuto della fede」, 『Nuovi saggi IX』, 215.
[299] 참조: 위와 같은 책, 216.
[300] 참조: K. RAHNER, 「Atto di fede e contenuto della fede」, 『Nuovi saggi IX』, 217-218.

느님의 자기 양여로서의 초자연적 은총 안에서 초월적이고 보편적으로 발생된다[301]. 라너는 이러한 원초적인 초자연적 계시를 초월적 보편 계시라 부른다[302]. 하느님의 보편적인 이 자기 계시는 하느님의 이끄심 아래 범주적이고 역사적인 양식으로 해석되어야 하는데, 그 "해석" 자체도 하느님의 원초적인 자기 계시가 대상적으로 "자기 해석"되면서 초자연적으로 성취되는 것이기에, 이 또한 하느님의 초자연적 계시의 의미를 지니게 된다[303]. 라너는 이렇게 반드시 역사 안에서 대상화되고 주제화되는 계시를 범주적 특수 계시라 부르고, 그 절대적 절정은 예수 그리스도의 영적이며 피조적인 실재 안에서 드러난다고 강조한다[304]. 하느님의 초자연적 자기 계시는, 초월적 보편 계시든 혹은 범주적 특수 계시든, 하느님의 자기 양여와 서로 분리될 수 없는 동일한 사건이며, 참되고 본래적인 이 계시는 하느님의 자기 양여로서의 초자연적 은총을 통하여 모든 시대 안에 항상 주어지게 된다[305].

인간은, 초월적 체험의 가능성과 조건으로 주어지는 원초적인 초자연적 계시를 바탕으로 인격적 자유의 주체로서, 역사적으로 중개되는 초월적 체험을 통해 초자연적 은총에 의해 고양되는 가운데 자기의 실존을 실현시켜 나간다. 그리고 이러한 실존의 실현을 통해 인식과 의지의 초월적 지평이 작용하면서 비주제적인 신비가 보다 더 범주적으로 주제화되고, 그럴 때마다 항상 어디서나 비주제적으로 하느님의 자기

---

[301] 참조: 라너, 『그리스도교 신앙 입문』, 204-205.
[302] 참조: 위와 같은 책, 208.
[303] 참조: K. RAHNER - H. VORGRIMLER, 「Rivelazione」, 『DizTeol』, 591; 라너, 『그리스도교 신앙 입문』, 210.
[304] 참조: 라너, 『그리스도교 신앙 입문』, 210; K. RAHNER - H. VORGRIMLER, 「Rivelazione」, 『DizTeol』, 593. 칼 라너에 의하면, 엄밀한 의미에서의 범주적 계시의 개념은 구약과 신약에 분명하게 적용할 수 있지만, 그렇다고 반드시 구약과 신약에서만 확인할 수 있는 것은 아니다. 범주적 계시의 단편적이고 부분적인 역사는 구약과 신약의 구원 경륜 밖에 존재하는 전 인류 역사와 종교 역사에서도 볼 수 있다(참조: 라너, 『그리스도교 신앙 입문』, 211).
[305] 참조: 심상태, 『익명의 그리스도인』, 136; K. RAHNER - H. VORGRIMLER, 「Rivelazione」, 『DizTeol』, 591.

양여로서의 초자연적 계시가 발생한다[306]. 그러므로 초자연적 계시는 하느님 체험이 아직 익명적이고 비주제적인 형태로 이루어진다 할지라도 인식과 자유의 초월론성 안에서 범주적이고 필연적인 역사를 통해 중개되는 모든 곳에서는 보편적으로 발생하는 것이다[307]. 하느님의 계시는 영적인 인격의 중심에 초자연적으로 주어진 은총으로 모든 시대의 모든 인간에게 주어졌으며, 인간의 모든 차원을 비추어준다[308].

이상과 같이 라너는, 하느님의 절대 신비에로 열려져 있는 신비로서의 인간은 항상 하느님의 계시 앞에 서 있는 초월자이며, 하느님의 자기 양여로서의 계시는 항상 어디서나 필연적으로 발생한다고 논증한다. 그런 다음 신비적이고 초월적인 인간에게 당신의 숨어 있는 본질을 열어 보여 주시는 하느님의 계시에 대한 인간의 응답을 믿음이라 규정한다[309]. 하느님은 초자연적 은총의 진정한 본질을 구성하는 하느님의 자기 양여를 통해, 당신 자신을 인격적으로 인간에게 건네주시고, 인간을 삼위일체적 일치 안에서 절대적인 친교로 인도하시는데, 이렇게 인간에게 초자연적으로 양여되는 하느님의 자기 계시를 수용하는 인간의 전적인 행위를 믿음이라 해석하는 것이다[310].

그런데 이러한 믿음은, 하느님의 자기 전달로서의 초자연성을 수용할 수 있도록 이를테면 믿음의 빛(lumen fidei)과 같이, 신앙의 내적 소인이며 원리로서 선험적으로 주어지는 원초적인 초자연적 계시 없이는 불가능하기 때문에, 믿음의 행위에는 그 자체로 이미 초자연적 은총이 전제되어 있다고 라너는 주장한다[311]. 그 결과 초자연적 은총에 의해 고양된 초자연적 실존은 본성적으로 초자연적 계시와 신앙을 존재론적으로 동반하게 되고, 그런 인간은 실존적으로 이미

---

[306] 참조: 심상태, 『칼 라너의 계시 이해』, 412-414.
[307] 참조: 라너, 『그리스도교 신앙 입문』, 206.
[308] 참조: 위와 같은 책, 231.
[309] 참조: K. RAHNER, 「Fede e sacramento」, 『Nuovi saggi X』, 511.
[310] 참조: K. RAHNER - H. VORGRIMLER, 「Fede」, 『DizTeol』, 255-257; K. RAHNER, 「Fede e sacramento」, 『Nuovi saggi X』, 518.
[311] 참조: 심상태, 『익명의 그리스도인』, 130

항상 잠재적인 신앙인이라는 것이다[312]. 이런 관점에서 보면, 믿음은 그 자체로 이미 무상으로 베풀어진 하느님의 초자연적 은총의 선물이 된다[313]. 그리고 이 믿음을 통해 인간은 지복직관 안에서 하느님과 일치를 이루기 때문에, 하느님의 자기 양여를 수용하는 행위로서의 초자연적 믿음은 의화와 구원에 있어서 필수적인 조건이 된다. 그러나 구원과 의화를 얻기 위해서는 순수하게 자연적인 하느님 인식에 바탕을 둔 소박한 "좋은 뜻"만으로는 충분하지 않다. 구원은 계시에 대한 본연의 초자연적 믿음을 요청한다[314].

구원에 필수적인 초자연적 믿음은 하느님의 보편적인 구원 의지로 말미암아, 하느님의 자기 계시가 보편성을 지니고 있듯이, 본질적으로 보편성을 지니고 있다. 라너는, 믿음의 내용(fides quae)과 믿음의 행위(fides qua)를 구별하면서, 믿음의 보편성을 믿음의 행위에 바탕을 둔 익명의 믿음의 가능성을 통해 규명한다. 믿음의 행위(fides qua)는 모든 인간에게 부여되어 있는 자유에 맡겨진 가능성으로서의 인간의 실재이다[315]. 만일 인간이 자유로운 행위 안에서, 초자연적 계시인 근본적인 목적 지향성(finalizzazione)을 자신의 영적 행위로 받아들인다면, 그는 진정으로 본연의 믿음의 행위(fides qua)를 인정하는 것이다. 비주제적으로 자유롭게 받아들이는 이러한 믿음의 행위(fides qua)를 라너는 "익명의 믿음"이라고 표현한다[316]. 구원을 위해서는 이 믿음으로 충분하며, 모든 인간은 비록 세례를 받지 않았더라도 하느님의 보편적인 구원의 은총에 의해 이러한 믿음에 도달하도록 불리어져 있다는 것이다[317].

---

[312] 참조: 위와 같은 책, 141.
[313] 참조: K. RAHNER - H. VORGRIMLER, 「Fede」, 『DizTeol』, 255.
[314] 참조: K. RAHNER, 「Fede anonima e fede esplicita」, 『Nuovi saggi VI』, 92-93.
[315] 참조: K. RAHNER, 「Atto di fede e contenuto della fede」, 『Nuovi saggi IX』, 213.
[316] 참조: K. RAHNER, 「Fede anonima e fede esplicita」, 『Nuovi saggi VI』, 99-100.
[317] 참조:: K. RAHNER, 「Fede anonima e fede esplicita」, 『Nuovi saggi VI』, 94-95.

한편, 하느님의 계시적인 자기 현시와 자기 양여에 대한 응답으로서의 초자연적이고 보편적인 믿음은 하느님 앞에 서 있는 자유로운 주체로서의 인간의 철저한 실존적 결단을 뜻하며, 좀더 구체적으로는 철저히 자기 자신을 수락하는 사랑의 초월적 행위를 의미한다[318]. 그런데 라너는 인간의 초월적 구조를 밝혀내면서, '존재의 자기 자신과 함께 있음'을 주체성으로, '자기 귀환 운동을 하는 영'을 자유로운 인격적 주체로 규정하였다. 이런 관점들을 함께 보면, 계시의 하느님 앞에 자유로운 사랑으로 서 있는 인격적 주체는 의지의 자유로운 결단을 통해 자기 자신을 철저히 수락하면서 동시에 절대적으로 자유로운 사랑으로 계시되는 하느님 자신을 수용하는 존재가 된다[319].

인간의 자기 자신에 대한 철저한 수락이 곧 구원에 필요한 초자연적 믿음이라는 라너의 규정에는 이렇게 자기 체험과 하느님 체험의 원천적 단일성이 전제되어 있다[320]. 이 단일성은 하느님 체험이 단순히 인간의 자기 체험이 이루어지는 주체 안에서 실현된다는 사실에 있는 것이 아니라, 오히려 원천적인 하느님 체험이 인간의 자기 자신에 대한 체험 가능성의 조건이며 하느님 체험 없이는 자기 체험이 불가능하다는 사실에서 생겨난다[321]. 그리고 라너는 자기 체험과 하느님 체험의 단일성으로부터 이웃 사랑과 하느님 사랑의 단일성을 연역해 낸다[322]. 근본적으로 "하느님 사랑과 이웃 사랑은…분리되지 않으면서 혼합되지 않는" 단일성을 지니기에, "하느님 사랑은 이웃 사랑일 때에만 실존적으로 실재적이며, 이웃 사랑은 자신을 하느님 사랑 안으로 지양할 때에만…자신의 최종적

---

[318] 참조: K. RAHNER, 「Fede e sacramento」, 『Nuovi saggi X』, 509; 심상태, 『익명의 그리스도인』, 143.
[319] 참조: 심상태, 『익명의 그리스도인』, 144-146.
[320] 참조: K. RAHNER, 「Esperienza di se stessi ed esperienza di Dio」, 『Nuovi saggi V』, 175-189.
[321] 참조: 심상태, 『익명의 그리스도인』, 149.
[322] 참조: K. RAHNER, 「Unità dell'amore di Dio e del prossimo」, 『Nuovi saggi I』, 385-412; 심상태, 『익명의 그리스도인』, 152.

신비성과 절대성과 이 절대성의 가능성을 포착하게 된다'³²³. 즉, 자기 자신에 대한 철저한 수락은 자기 체험과 하느님 체험의 동일성 그리고 이웃 사랑과 하느님 사랑의 동일성에 따라 하느님과 이웃에 대한 철저한 긍정을 내포하며, 이 사랑의 행위는 근본적으로 하느님의 초자연적 계시를 수용하는 초자연적 믿음의 행위가 되는 것이다³²⁴. 이 사랑의 행위의 완전한 모형은 예수를 통해서 결정적으로 계시된 삼위일체 하느님의 사랑이다. 그리고 사랑의 행위로서의 모든 믿음은 그리스도의 유일한 구원 업적에 참여하는 것이며, 그렇게 참여함으로써 사랑의 행위로서의 믿음의 행위(fedes qua)는 그리스도에 대한 믿음의 내용(fides quae)과 일치하게 된다³²⁵.

결론적으로 믿음이란, 인간의 실존적이고 총체적인 결단을 통해, 자기 자신을 인간에게 양여하시는 하느님의 초자연적 은총과 초자연적 계시를 수용하는 행위로서, 본질적으로는 초자연적 초월 체험 및 하느님의 사랑에 대한 신비 체험과 동일하게 된다. 이러한 의미에서 라너는 신비 체험을, 인간의 실존에 대한 철저한 수락을 통해, 하느님의 초자연적 자기 계시를 수용하는 초자연적 믿음 체험이라 규정한다³²⁶.

1.3.1.4. 신비체험: 성령의 체험

라너에 의하면, 신비체험은 초자연적으로 전달되는 하느님의 자기 양여로서의 은총 체험이요 계시 체험이다. 그리고 이 초자연적 은총과 계시를 수용하는 믿음의 체험은 인간이 자기 자신을 철저히

---

[323] 심상태, 『익명의 그리스도인』, 154.
[324] 참조: 위와 같은 책, 155.
[325] 참조: K. RAHNER, 「Atto di fede e contenuto della fede」, 『Nuovi saggi IX』, 214. 라너는 믿음의 내용(fides quae)과 믿음의 행위(fides qua)는 그 기원 면에서 동일하다고 주장한다. 왜냐하면, 근본적으로 믿어지는 실재, 즉 하느님의 자기 양여와 성령이 또한 똑같은 믿음의 원리이고 믿음을 실행시키는 힘이며, 믿음의 원동력이기 때문이다(참조: K. RAHNER, 「La fede del cristiano e la dottrina della Chiesa」, 『Nuovi saggi V』, 369).
[326] 참조: K. RAHNER, 「Esperienza mistica e teologia mistica」, 『Nuovi saggi V』, 528-529.

수락하는 행위를 통해서 가능해진다. 그런데 이러한 모든 신비 체험은 신비의 영적 본질로 말미암아 필연적으로 영의 형태로 발생되며 전달된다. 신비 체험은 신비에로 열려진 영이 초월 체험 안에서 영의 형태로 자기 양여되는 하느님 신비를 받아들이는 믿음의 행위를 통해서 성취되는 것이다. 이런 관점에서 라너는 신비체험을 믿음 안에서 이루어지는 성령의 초자연적 체험이라 규정한다[327].

존재론적으로 초월에로 열려진 영은, 범주적인 각각의 대상들을 만나 이들을 초월하는 가운데, 익명적이고 포착할 수 없으며 도달할 수 없는 무한한 신비를 향하여 끊임없이 움직이면서 이를 지향한다[328]. 하느님의 본질을 가장 잘 드러내 주는 이름인 신비는 일상적이고 범주적으로 체험되는 여러 실재들 사이에 덧붙여져 끼여 있는 특별하고 고유한 또 하나의 대상이 아니라, 포옹되지 않으면서도 모든 것을 포옹하는 기초요 모든 대상적 체험들이 요청하는 전제 조건이다[329]. 이 신비는 초월에 대한 불안정한 체험 안에서 체험된다. 초월적 영은 인식과 자유 행위를 통하여 무한한 이 신비 속을 움직이고, 이러한 영의 무한한 초월적 움직임은 하느님에 대한 매개 없는 직관 안에서 이루어지는 하느님과의 신비적 일치를 지향한다. 하느님의 자기 양여의 참된 본질은 바로 여기에 있으며, 이는 하느님에 대한 사랑의 직관 안에서 최종 완성된다[330]. 형이상학적이고 존재론적 성격을 지니고 있는 이러한 초월적 체험이 인간 존재의 가장 깊은 곳에서 하느님의 자기 양여에 의해 지탱되어 있는 초자연적 은총 체험이며 신비 체험임은 이미 앞에서 고찰하였으며, 이제 라너는 이러한 개념을 바탕으로, 신비체험을 하느님의 보편적인 구원 의지에 따라 모든 인

---

[327] 참조: K. RAHNER, 「Esperienza mistica e teologia mistica」, 『Nuovi saggi V』, 530.
[328] 참조: K. RAHNER, 「Esperienza dello Spirito Santo」, 『Nuovi saggi VII』, 287-288.
[329] 참조: 위와 같은 책, 289.
[330] 참조: 위와 같은 책, 290.

간을 하느님과의 직접적인 일치에로 향하도록 인도하는 성령의 체험이라 규정한다[331].

그런데 라너는 성령 체험으로서의 신비 체험은, 비록 비주제적이고 숨겨져 있으며 불투명하고 비반성적 형태이긴 하지만, 인간의 일상적 삶 안에 현존하고 있다는 사실을 강조한다[332]. 성령의 초월적 체험은 구체적이고 일상적인 체험들을 통하여 인간의 의식을 관통하고 있다는 것이다[333]. 라너는 성령의 초월적 체험이 범주적으로 성취되는 구체적인 사례들이 무한히 있을 수 있음을 지적하면서 몇 가지 사례를 든다: 절망적인 상황에서의 희망; 보상 없는 용서; 대가 없는 선행; 변명하지 않는 침묵; 양심적인 행위; 하느님이라 불리는 신비스럽고 표현할 수 없는 실재와 그분의 뜻 때문에 하게 되는 순종; 대가를 기대하지 않는 포기; 모든 특별한 희망들을 넘어서는 궁극적 희망; 어떤 책임성에 대한 자유로운 믿음; 인간의 궁극적 자유에 대한 체험과 수용; 죽음을 불가해한 약속의 도래로 조용히 받아들임; 사랑, 아름다움, 기쁨에 대한 단편적인 체험들; 쓰라리고 절망적이며 하루살이 같은 일상적인 실재를 끝까지 견디어냄; 침묵의 어둠 속에서 바치는 기도들; 조건 없이 무기를 내려놓음, 등등[334]. 피할 수 없는 이러한 일상적 체험을 하는 가운데 인간은 존재론적이고 초월적인 인간의 구조에 따라 초자연적인 체험을 하게 된다[335]. 따라서 신비에로 열려진 인간은 일상적이며 초자연적인 체험을 통해 하느님과 자유로운 은총과 성령을 체험하면서 성령에 취하게 된다. 바로 여기에 일상적 삶의 신비체험, 즉 모든 것 안에 현존하시는 하느님 신비를 체험하는 대중적이고 보편적인 신비체험이 숨겨져 있는 것이다[336].

---

[331] 참조: 위와 같은 책, 291.
[332] 참조: 위와 같은 책, 291.
[333] 참조: 위와 같은 책, 292.
[334] 참조: 위와 같은 책, 294-298.
[335] 참조: 위와 같은 책, 299-300.
[336] 참조: 위와 같은 책, 298.

라너는 그러한 초월적이며 초자연적인 성령 체험이, 그리스도교 안에는 물론이고 제도적이며 명시적으로 고백되는 그리스도교 밖에도 현존하는, 십자가에 못 박히시고 부활하신 예수 그리스도에 대한 체험이라고 주장한다[337]. 본질적으로 동일한 이 두 체험이 그리스도교 밖에서 성취될 수 있는 신학적 가능성에 대해서는, 그리스도인뿐만 아니라 모든 인간들에게 공통된 인간의 존재론적인 초월적 구조를 규명하는 가운데 이미 간접적으로 고찰하였다. 이제 라너는 하느님의 보편적인 구원 의지는 물론이고 인간 존재의 존재론적 구조와 초월 체험의 보편성을 바탕으로 성령의 체험을 부활하신 그리스도의 체험과 동일화시킨다.

하느님은 모든 인간이 하느님의 신적 본성에 참여할 수 있도록 은총에 의해 존재론적으로 고양된 초자연적 실존으로 인간을 창조하셨을 뿐만 아니라, 은총과 계시를 통해 지복직관 안에서 인간의 초자연적 실존이 완성되도록 또한 섭리하신다. 이러한 하느님의 보편적인 구원 의지에 따라 하느님의 모든 초자연적인 은총은 예수 그리스도의 죽음과 부활을 통해 계시된 은총과 본질적으로 하나가 된다[338]. 라너는 익명의 그리스도론을 확립시키면서, 예수 그리스도께서 죽음과 부활의 신비를 통해 우주 보편적인 존재가 됨으로써 당신의 영을 통해 "그리스도인이 아닌 믿는이" 가운데서도 현존하고 활동하신다는 사실을 밝혀낸다[339]. 그리고 아버지와 아들에게서 나오는 성령의 초자연적 은총에 의해서, 자유로운 인격적 주체로서의 초월적 인간이 인식과 의지를 통한 다양한 초월론적 체험을 통해 절대적이고 역사적으로 현존하시는 하느님의 자기 양여 안에서 함축적이고 실존적으로 예수 그리스도와 진정한 관계를 갖게 된다는 사실을

---

[337] 참조: K. RAHNER, 「Esperienza dello Spirito Santo」, 『Nuovi saggi VII』, 301-303.
[338] 참조: 위와 같은 책, 301-302.
[339] 참조: 라너, 『그리스도교 신앙 입문』, 412.

해석해 낸다³⁴⁰. 그러므로 모든 초자연적 믿음 안에서의 성령 체험은 예수 그리스도에 대한 은총 체험이며, 명시적이고 반성적으로 포착되지 않는 곳에서도 초자연적 은총의 절정으로서의 예수 그리스도를 지향하는 신비 체험이 가능하다는 것이다³⁴¹.

성령 안에서의 초월적 체험은 또한 전인적인 체험으로서, 하느님의 불가해한 신비에 인간 자신을 전적으로 내던지는 죽음의 체험이기도 하다. 그리스도인은 그러한 죽음의 체험 안에서 하느님과 신비적으로 일치하는 성령 체험의 절정을 맞이하게 되고, 참된 실존적 죽음은 신비적 용해 체험 안에서 자기 자신에 대한 궁극적인 포기의 형태로 실현된다³⁴². 즉, 성령 안에서의 초월적 체험은, 초자연적 은총의 절정인 예수 그리스도의 승리의 죽음에 참여하는 것과 궁극적으로 동일한 것이며, 이는 이 세상에서 비움과 포기와 삶의 어둠과 죽음이 곧 그리스도의 잔을 마시는 것을 의미하는 것이기도 하다. 이런 의미에서 성령은 믿음 안에서 그리스도의 은총을 통해서만 체험된다 하겠다³⁴³.

지금까지 살펴본 것을 종합하면, 성령 체험은 선택된 소수만의 "엘리트적"인 의식과는 전혀 관계가 없으며 보편적인 하느님의 구원 의지에 따라 다양한 형태로 일상적인 삶 안에서 언제 어디서나 실현되는 것이라고 결론 내릴 수 있다³⁴⁴. 그리고 이러한 일상적인 삶 안에서 성취되는 초월적이고 초자연적인 모든 체험은 성령의 자기 양

---

[340] 참조: 위와 같은 책, 410. 라너는, 작용인과 목적인 사이의 일치성, 상이성, 상호조건적인 관계성에 따라, 성령의 은총을 통하여 예수 그리스도의 구원의 신비에 참여한다는 사실을 설명하면서 성령의 체험이 본질적으로 그리스도의 체험과 동일하다는 사실을 논증한다(참조: 위와 같은 책, 415-416).
[341] 참조: K. Rahner, 「Esperienza dello Spirito Santo」, 『Nuovi saggi VII』, 301-302.
[342] 참조: 위와 같은 책, 302.
[343] 참조: 위와 같은 책, 303.
[344] 참조: K. Rahner, 「Esperienza dello Spirito Santo」, 『Nuovi saggi VII』, 304.

여 안에서 이루어지는 믿음과 구원 체험으로, 라너는 이를 "신비체험"이라 규정하는 것이다[345].

1.3.2. 라너 신비 신학의 새로운 지평: 신비 체험의 일상성, 익명성, 보편성

라너는 초월 사상을 정초한 다음 하느님은 모든 인간을 신비적 일치 안에서 하느님의 본질에 참여하도록 초대하며, 이를 실현하기 위하여 원초적인 초자연적 계시라 해석되는 존재론적 지평을 통해 그 가능성을 인간에게 주셨을 뿐만 아니라, 구원 역사 안에서 범주적으로 중개되는 하느님의 자기 양여로서의 초자연적 은총을 통해 이 참여가 성취되도록 섭리하신다는 사실을 밝혀냈다. 라너는 그러한 교의 신학적 바탕 위에서 하느님은 무엇보다 자신의 무한한 신비를 인간에게 양여하면서 당신은 변함없이 형용할 수 없는 신비 안에 머무시는 신비 자체이시며, 인간은 그 무한한 절대 신비를 지향하는 초월적 영으로서 신비적 존재라 규정하였다. 그러므로 신비 신학의 본질은 근본적으로 교의 신학의 본질과 분리되지 않는다. 이렇게 신비 신학과 교의 신학의 핵심이 동일하고, 그리스도교의 은총과 계시, 믿음과 구원이 본질적으로 우주적이고 보편적인 특성을 지닌다는 사실을 전제로, 라너는 모든 인간에게 적용할 수 있는 신비체험의 보편성을 해석해 냈다. 신비체험의 일상성과 익명성을 통해 보편적인 신비체험의 새로운 지평을 확립함으로써, "선택된" 소수만이 아니라 모든 사람들이 신비 체험을 할 수 있다는 데까지 신비체험을 보편적으로 확장시켜 놓은 것이다[346].

---

[345] 참조: K. RAHNER, 「Esperienza dello Spirito Santo」, 『Nuovi saggi VII』, 305.
[346] 참조: K. RAHNER, 「Esperienza della trascendenza dal punto di vista dogmatico cattolico」, 『Nuovi saggi VII』, 256; K. RAHNER, 「Esperienza dello Spirito Santo」, 『Nuovi saggi VII』, 304.

"전통적인" 그리스도교 신비 신학은, 초자연적인 무상의 선물들이 드물게 주어진다는 암묵적인 동의 아래, 환시, 탈혼, 황홀경, 공중 부양, 무아 경지에서의 명상, 미래에 대한 예견, 심령적인 교감, 오상 등과 같은 초현실적인 모습들을 강조하는 가운데, 비교적(秘敎的) 현상들로부터 비롯되는 특별하고 엘리트적인 특성을 부각시켰다[347]. 이러한 신학적 환경 안에서 정상적인 그리스도교 신자들은 자신들도 모르게 신비 체험을 자신들과는 무관한 일로 간주하게 되었다[348]. 그러나 라너는 드물게 일어나는 비교적 현상들을 신비 체험의 참된 본질과 구별시키면서, 신비체험은 일상적인 크리스쳔 체험과 단절된 저 너머에 절대적으로 있는 어떤 사건이 아니며, 모든 크리스쳔들과 모든 사람들이 할 수 있고 바랄 수 있는, 일상적인 믿음 체험이며 은총 체험임을 강조하였다[349]. 믿음은 하느님과의 신비적 일치 안에서 신비적 빛에 의해 극복되는 것도 아니고, 하느님과 인간의 신비적 일치나 무상으로 주어지는 성령의 체험의 관점에서 보면, 신비 체험이 은총의 삶보다 질적으로 더 "우월한" 단계로 나타나는 것도 아니다[350]. 이 지상에서는 성령 안에서의 믿음 체험보다 더 우월한 체험이 존재하지 않는다. 본연의 모든 신비체험은 믿음 안에서 이루어지는 은총 체험의 "아랫종류"로서만 이해될 수 있는 것이다[351]. 은총과, 믿음과, 성령의 소유와 하느님의 거주에 관한 참된 그리스도교 신학은 믿음과 은총의 체험 사이에 본질적으로 구별되는 어떤 중간적인 상태도 인정하지 않는다[352]. 진정한 신비 신학은 모든 크리스쳔들이 일상적인 삶을 통해 보편적으로 참여할 수 있는 은총과 믿음의 정상적인 틀 안

---

[347] 참조: K. RAHNER, 「Esperienza dello Spirito Santo」, 『Nuovi saggi VII』, 284.
[348] 참조: 위와 같은 책, 283.
[349] 참조: 위와 같은 책, 283-284.
[350] 참조: K. RAHNER, 「Esperienza mistica e teologia mistica」, 『Nuovi saggi VI』, 527.534.
[351] 참조: 위와 같은 책, 529.
[352] 참조: 위와 같은 책, 527.

에서만 이해될 수 있다[353]. 이 때문에 라너는 자신이 정초한 신비 신학을 일상의 신비 신학이라 부른다[354].

이러한 교의 신학적 기초하에 라너는 은총에 의해 지탱되고 성령을 받아들이는 신비체험이, 크리스챤 완덕의 여정 가운데 정상적인 한 단계로서, 인간에게 주어지는 하느님의 자기 양여 안에서 믿음과 희망과 사랑과 더불어 성취되는 것임을 강조한다[355]. 초월에 대한 신비 체험의 본질적인 현상은 이미 믿음과 희망과 사랑이라는 크리스챤 삶의 단순한 사건들 안에서 발생하고 있고, "하느님"이란 이름으로 고백되지는 않지만 신비를 지향하는 비반성적인 개방이 믿음과 희망과 사랑의 은총을 통해서 존재하며, 어디서든지 믿고 바라고 사랑하는 가운데 은총으로 주어지는 하느님의 자기 양여를 자유롭게 수용할 때에 구체적인 삶 안에서 실천되는 신비체험은 크리스챤 체험의 전형성을 지니게 된다는 것이다[356]. 라너는 초월에 대한 신비 체험의 보편성을 규명하면서, 믿음과 희망과 사랑의 체험이 일상적으로 작용하는 성령을 통하여 성취되고, 이러한 향주삼덕은 신비 체험에 의해서 극복되는 것이 아니라 오히려 완성된다는 사실을 아울러 밝혀 놓았다[357].

본질적으로 신비적인 인간(homo mysticus)은 일상적인 삶을 통해 초월의 신비 체험을 하게 되고, 이 체험 안에서 자기를 성취하게 되는

---

[353] 참조: K. RAHNER, 「Esperienza mistica e teologia mistica」, 『Nuovi saggi VI』, 529.
[354] 참조: K. RAHNER, 「Esperienza dello Spirito Santo」, 『Nuovi saggi VII』, 298; H. EGAN, 「I mistici e la mistica」, 669.
[355] 참조: K. RAHNER, 「Esperienza mistica e teologia mistica」, 『Nuovi saggi VI』, 529.534.
[356] 참조: K. RAHNER, 「Esperienza della trascendenza dal punto di vista dogmatico cattolico」, 『Nuovi saggi VII』, 257-258. 믿음과 희망과 사랑이 신비 체험으로서 초월 체험이라는 사실은, 인식과 의지의 원천적 동일이 곧 사랑임을 논증하면서, 그리고 초자연적 계시를 수용하는 것이 곧 믿음임을 규명하면서, 또한 일상 안에서 희망을 체험하는 것이 곧 성령의 체험이라는 사실을 규명하면서 이미 앞에서 고찰하였다.
[357] 참조: 위와 같은 책, 268.

데, 이러한 자기 성취는, 비록 주제적으로 인식되지 않는다 할지라도, 항상 성령과 초자연적 은총과 하느님의 자기 양여에 의해 지탱되고 뿌리내려진다[358]. 그러므로 성령과 초자연적 은총은, 모든 역사 안에서 모든 인간에게 초자연적 구원의 구체적인 가능성을 제공하는 하느님의 보편적 구원 의지에 따라, 인간의 초자연성의 근본적인 실현으로서 인간의 자유로운 자기 성취가 이루어지는 곳에서는, 제도적인 그리스도교회의 밖이라 할지라도, 언제 어디서나 존재하게 된다[359]. 라너는 신비에로 열려진 초월 인간의 존재론적인 구조와 원초적인 초월 체험을 밝히고, 인간 존재 안에 거룩한 신비로서의 초월적 지평이 현존하며, 선험적이고 비제주적인 지평으로서의 초자연적 은총과 계시를 바탕으로 초월 체험이 범주적으로 중개됨을 규명하는 가운데, 구원의 은총과 성령의 보편적인 현존을 논증하였다. 그러므로 본래의 참된 은총 체험과 성령 체험으로 해석되는 신비체험은, 비록 비주제적이고 익명적이긴 하지만, 제도적인 그리스도교 밖에서도 있을 수 있고 또 있어야 한다[360].

신비체험에 대한 전통적인 신학에서는 "정직한 행위"(actus honesti)와 같이 아직 초자연적인 구원의 행위는 아니나 존재론적으로 본질적인 영적 행위가 있을 수 있다고 간주한다[361]. 그러나 라너는 인간의 실제적이고 구체적인 실존 안에서는 은총에 의해 초자연적으로 고양되지 않은 "정직한 행위"란 존재하지 않으며[362], 초자연적이지 않은 "자연적" 신비 체험 또한 도무지 존재하지 않는다고 주장한다[363]. "정직한 행위"는 그 자체로 이미 성령에 의해 지탱된 초월 체험이며, 모든 초월 체험은 초자연적 은총 체험이기 때문에, 세례를 받지 않은 그리스도인

---

[358] 참조: 위와 같은 책, 265.
[359] 참조: 위와 같은 책, 265.
[360] 참조: 위와 같은 책, 266-267.
[361] 참조: 위와 같은 책, 267.
[362] 참조: 위와 같은 책, 269.
[363] 참조: 위와 같은 책, 273.

들의 "정직한 행위"를 통해서도 초자연적 은총 체험으로서의 신비 체험은 명백히 가능하다는 것이다[364]. 따라서 그리스도교 교의 신학은 제도적이고 명시적으로 고백되는 그리스도교 밖에서도 성령에 의해 지탱되는 인간의 초월성에 의한 하느님의 자기 양여 체험으로서의 초자연적 신비체험이 발견될 수 있다는 신학적 가능성을 원천적으로 부정하지 않는다[365]. 라너는 이를 "익명의 크리스천 신비체험"이라 부르며, 모든 신비 체험은 어느 곳에서든 예수 그리스도와 객관적인 관계를 맺고 있기 때문에, 익명의 크리스천 신비 체험은 일종의 "찾고 있는" 그리스도론이라 해석한다[366]. 라너는, 마태오 복음 25,35-40에 나타나는 이웃에 대한 사랑의 행위가, 설사 그리스도인 줄 아예 몰랐다 하더라도 곧 그리스도에 대한 사랑의 행위라는 예수의 가르침을 근거로, 모든 신비 체험은 그리스도를 지향한다고 단언한다[367].

이상과 같이 라너는 일상적인 삶 안에 숨어 현존하는 성령에 대한 명시적 혹은 익명적인 신비 체험의 가능성과 당위성을 형이상학적 기초 신학적으로 규명해낸 다음, 크리스천 신비 체험의 보편성을 교의 신학적으로 확립해 놓았다. 라너는, 보편적인 신비 체험을 통하여, 명시적인 크리스천이든, 익명적인 크리스천이든, 누구나 지복직관 안에서 삼위일체 하느님의 신적 본성에 참여할 수 있기 때문에, 이러한 보편적인 신비 신학을 이전의 "전통적인" 신비 신학과 대조시켜 "새로운 신비 신학"이라 불렀다[368]. 지난 한 세기 동안 펼쳐졌던 신비 신학에 관한 논쟁은 일상의 신비체험과 익명의 크리스천 신비체험을 바탕으

---

[364] 참조: K. RAHNER, 「Esperienza della trascendenza dal punto di vista dogmatico cattolico」, 『Nuovi saggi VII』, 269.
[365] 참조: 위와 같은 책, 268.
[366] 참조: 위와 같은 책, 267.274-275.
[367] 참조: 위와 같은 책, 275.
[368] 참조: K. RAHNER, 「Esperienza mistica e teologia mistica」, 『Nuovi saggi VI』, 535. 한편, 라너는 "고전적 신비체험"으로부터 본연의 참된 신비 체험을 구별해 낸다(참조: K. RAHNER, 「Esperienza dello Spirito Santo」, 『Nuovi saggi VII』, 283-284).

로 새로운 전망 안에서 체계화된 라너의 보편적 신비 신학을 통해 그 절정에 달하게 되었다고 보여진다.

1.4. 요약

이 장에서 우리는 보편적인 전망에서 20세기에 형성된 신비 신학의 개념을 살펴보았다. 성경과 교부들 그리고 중세 스콜라 신학에 의하면, 신비체험은 하느님의 구원을 체험하는 크리스천 믿음에 대한 보편적인 체험이었다. 그러나 17세기에 이단들을 낳게 되었던 주관주의와 연루되어 신비체험에 관한 논쟁이 야기되었으며, 그 결과 신비체험은 환시, 탈혼, 황홀, 몰아, 육체의 비상, 앞일에 대한 예견, 정신 감응력, 오상 등과 같은 특별 현상들에 대한 체험으로 여겨지게 되었다. 이 용어에 대한 이러한 몰이해는 신비체험에 대한 부정적이고 왜곡된 관념을 불러 일으켰고, 이는 그 후 약 2세기 동안 지속되었다. 그러다 20세기에 접어들면서 신비체험을 다시 정의할 필요성이 대두되었으며, 모든 크리스천이 신비체험에로 불리었다는 보편적이고 대중적인 전망에서 신비체험을 그리스도교 본연의 체험으로 정의하기에 이르렀다[369]. 사실 삼위일체 신비, 창조와 구원의 신비, 육화의 신비, 십자가와 부활의 신비, 승천과 성령 강림의 신비, 그리스도의 몸과 피의 신비, 성령의 신비, 계시와 믿음의 신비, 교회의 신비, 생명의 신비, 영광의 신비, 사랑의 신비, 진리의 신비, 마리아의 신비 등 크리스천 믿음의 본질적인 교의들이 모두 신비로 되어 있기 때문에, 신비에 대한 체험 없이는 참되고 진정한 크리스천이 될 수 없을 것이다[370]. 제2차 바티칸 공의회는 모든 크리스천들이 세례를 통하여 거룩함, 즉 사랑의 완성에로 불리었다고 선언함으로써

---

[369] 참조: B. MCGINN, 『Storia della mistica cristiana in occidente. Le origini (I-V secolo)』, 395.
[370] 참조: K. RAHNER, 「Pietà in passato e oggi」, 『Nuovi saggi II』, 24.

보편적인 신비체험을 간접적으로 지지하였다[371]. 이러한 역사적 관점에서 보면, 20세기는 보편적이고 대중적인 관점에서 신비 신학이 정립된 전환기였다고 말할 수 있을 것이다.

20세기의 신비 박사(Doctor mysticus)라 불리는 칼 라너는 신비 신학을 새롭게 정립하는 데 기여한 탁월한 신학자들 가운데 한 사람으로, 신비 신학을 초월 신학의 전망에서 교의 신학적으로 규명해 놓았다. 초월 신학은 인간 존재에 대한 선험적이고 존재론적인 구조를 형이상학적으로 분석함으로써 하느님과 인간 사이에 본질적으로 존재하는 초월적 관계를 밝히는 신학이다. 라너는 주요 주제로 존재론적 물음으로서의 인간, 존재와 인식의 원천적 일치, 인식과 의지의 일치, 전취, 초월적 지평 등을 다루는 초월 사상을 전개시키는 가운데, 인간 존재는 초월 체험을 할 수 있도록 존재론적으로 구조화되어 있다는 사실을 명확하게 밝혀 놓았다. 라너의 초월 사상에 의하면, 인간은 절대 초월을 지향하는 초월로서 실존적으로 초월 체험을 하지 않을 수 없는 존재이다. 이어서 라너는 절대 초월은 곧 하느님이며 초월의 지평은 하느님의 신비라는 사실을 심화시키면서 인간 존재를 절대 신비를 지향하는 신비인(homo mysticus)으로 이해한다. 뿐만 아니라 라너는 인간 존재는 하느님의 보편적인 구원 의지에 따라 초월적이고 신비적인 지평을 통하여 "창조되지 않은 은총"에 의해 초자연적으로 드높여져 있기 때문에, 모든 인간은 신비 체험을 하지 않을 수 없다고 주장한다. 이와 같이 라너는 형이상학적이고 교의 신학적인 차원에서 신비 체험의 보편적 지평을 정립해 놓았다.

라너의 신비 신학에 따르면, 신비 체험의 본질은 크리스천 체험의 본질과 다르지 않다. 이 논리는, 인간 존재의 심연에 익명적으로 존재하는 비주제적인 자기 양여에 의해 지탱되어 있는 초자연적 은총 체험과도 동일하고, 보편적인 구원 의지에 따라 모든 인간을 하

---

[371] 참조: 「교회 헌장」 39-40.

느님과의 직접적인 일치에로 인도하는 성령 체험과도 동일한, 하느님의 자기 양여로서의 초월 체험에 그 기초를 두고 있다. 신비 체험은 삼위일체 하느님에 대한 지복직관 안에서 하느님의 본성에 참여함으로써, 다시 말하면, 성령의 전적인 자기 양여를 통해서 온전하게 성취된다. 따라서 라너의 초월 신학 안에서 검토된 신비 체험은 크리스천 체험의 핵심으로서 계시와 믿음의 체험과 동일하게 되며, 그 결과 모든 인간은 신비 체험에로 불리어졌다고 결론지을 수 있다.

칼 라너에 따르면, 신비 체험은 명백히 고백되는 제도적인 그리스도교 밖에서도 성령에 의해 익명적으로 이루어질 수 있으며(익명의 크리스천 신비체험), 일상적인 삶을 통하여 보편적으로도 신비 체험을 할 수 있다(일상의 신비체험). 라너는 자신이 정립한 보편적인 신비 신학을 "새로운 신비 신학"이라 정의하면서 이를 "전통적인" 신비 신학과 구별하는데, 이는 라너가 새로운 신학적 지평을 열어 놓은 것을 의미한다. 이 지평에 따르면, 인간은 초월적 속성들과 덕들을 통하여 자기 자신을 드러내는 존재의 신비에로 존재론적으로 열려져 있기 때문에, 모든 인간은 모든 피조물 안에 현존하는 진선미와 같은 초월적 속성들이나 일상적인 삶 안에 있는 일상적인 덕들, 특히 사랑을 통하여 언제 어디서나 신비 체험을 하게 된다. 이와 같이 라너는 초월 사상을 바탕으로 모든 인간의 일상적이고 평범한 삶 안에 익명적이고 비주제적으로 현존하는 신비 체험의 보편적인 차원을 밝혀냈다.

라너의 신비 신학을 기초로 하면, 신비체험의 본질을 보편적인 관점에서 보다 더 잘 이해할 수 있고, 이를 통하여 중세에 이미 신비 체험과 밀접하게 연결되어 있는 회개의 삶을 실천적으로 확산시킨 아씨시 프란치스코의 신비체험의 정체를 심화시킬 수 있다. 그러나 칼 라너는 신비체험을 밝히면서 신비체험의 대상이나 방법 또는 목적과 같은 본질적인 요소들에 따라 신비체험을 정확하게 정의하지는 않았다. 그 때문에 신비체험을 다시 한번 정의할 필요가 있는데, 이에 대해서는 다음 장에서 다룰 것이다.

제2장

신비체험의 개념

라너의 신비 신학을 고찰하면서 인간은 존재론적으로 절대 신비에로 열려진 존재로서 신비체험을 회피할 수 없는 존재임을 확인하였다. 라너의 그러한 관점은, 창조된 이래 인간은 필연적으로 절대 신비이신 하느님과 관계를 맺어 왔으며 인간의 역사는 곧 신비체험의 역사임을 의미하는 것이라 하겠다. 다시 말하면, 인간은 본질적으로 "호모 미스티쿠스"(homo mysticus, 신비인[神秘人])이기 때문에, 모든 시대 모든 곳에 신비가들이 있었고, 또 앞으로도 그러할 것이라는 뜻이다[1].

역사적으로 많은 신비가들이 자신들의 체험에 대한 증언들을 글로 남겨놓거나 또는 이 체험들을 이론적으로 정리해 놓았다. 그러나 이는 대단히 다양하고 다의적이다. 이런 이유로 지난 세기에 "신비체험"이라는 용어는 그 의미를 놓고 격렬하게 논란이 되었던 말들 중의 하나가 되었다. 발타사르(H. U. von Balthasar)나 포이어슈타인(G. Feuerstein) 같은 신학자들은 교회의 용어들 가운데 "신비체험"(mistica)이라는 어휘를 포기하고 싶다고 토로할 정도로, 이 용어는 아직도 모호하고 복합적인 의미를 지니고 있다[2].

그럼에도 불구하고 신비체험 논쟁을 통하여 다음과 같이 몇 가지 점에서는 어느 정도 의견의 일치를 보았다고 말할 수 있다: 모

---

[1] 참조: A. LEVASTI, 「Introduzione」, 『Mistici del Duecento e del Trecento』, 17.
[2] 참조: F. RUIZ, 『Teologia mistica』, 9.

든 인간은 신비 체험에로 불리었다; 환시, 황홀, 무아, 육체의 비상 등과 같은 특별한 현상들은 신비 체험의 본질과 관계가 없다; 신비 체험은 크리스천 믿음 체험 가운데 중심에 자리하고 있다. 이 논문에서는 이러한 일치점을 전제로 신비체험의 개념을 검토할 것이다. 그 이유는 신비 체험에 대한 정의들이 다양하게 제시되었음에도 불구하고[3], 아직도 신비 체험에 적합한 정의를 찾아보기 어렵기 때문이다. 이 장에서는 신비 체험의 대상, 방법, 목적이라는 세 가지 기준에 따라 신비체험의 개념을 살펴볼 것이다[4].

2.1. 신비체험의 대상: 신비

신비체험의 대상으로서의 신비를 고찰하기 전에 먼저 이 장에서 다루게 될 신비체험의 방법과 목적 등 신비 체험의 기준들을 고찰하는 데에 도움이 될 신비체험에 대한 정의들을 몇 가지 살펴보겠다.

---

[3] 신비체험과 관련하여, 잉에(W. R. Inge)는 그의 저서 『크리스천 신비주의』의 부록 A 에서 25개의 정의를 소개하고 있다(참조: W. R. INGE, 『Christian mysticism』, 335-348).

[4] 버낟 맥긴은 『서구 그리스도교 신비주의의 역사』(현재 4권까지 출판되었음)를 쓰면서, 이 출판 계획의 마지막에 가서 신비주의를 정의하고자 한다. 그러나 그는 작품을 쓰기 위한 기준을 마련할 필요성 때문에, "깨달음", "직접적" 또는 "즉각적", "현존"과 같은 신비체험의 몇 가지 요소들을 취하면서, 『신비주의의 역사』 첫 권의 "전체 서론"에서 임시적으로 신비주의를 정의한다[참조: B. McGINN, 『Storia della mistica cristiana in occidente. Le origini (I-V secolo)』, ix-xviii]. 이에 비해 라 그루아는 신비체험의 두 요소, 즉 존재론적 요소와 심리학적 요소만을 강조한다: "존재론적 요소는 곧 영혼이 참여하는 하느님의 생명 자체로, 이는 하느님의 원리, 즉 그리스도로부터 유래되며, 영혼은 은총을 통하여 이 그리스도와 육체적으로(fisicamente, 신비적 의미에서) 결합되고, 윤리적으로는(moralmente) 의도를 통하여 결합된다". 반면에 "심리학적 요소는 존재론적 요소의 한 결과이기 때문에, 이는 인과 관계처럼 존재론적 요소와 관계가 있다"(G. LA GRUA, 『Il problema della vocazione generale alla mistica』, 13-15).

장 제르송(1363-1429): "…신비 신학은…영적인 애정의 일치를 통해 이르게 되는 하느님에 대한 체험적 인식이다".[5]

십자가의 요한(1542-1591): "…관상은 사랑의 학문으로, 이 학문은 하느님으로부터 주어지는 사랑의 소식이며, 이 사랑의 소식은 영혼이 창조주 하느님께 차츰차츰 올라갈 수 있도록 영혼을 비추어 주고 사랑에 타오르도록 이끌어주는데, 그 까닭은 사랑만이 영혼을 하느님과 일치시켜 주고 결합시켜 주기 때문이다".[6]

예수 마리아의 요한(1564-1615): "신비 신학은, 하느님과 하나가 되게 하는 의지의 일치로부터 나오거나 또는 위로부터 내려오는 빛에 의해서 낳아지는 하느님에 대한 천상적 지식이다".[7]

쿹벝 버틀러(1858-1934): "…'하느님의 현존과 존재에 대한 체험적 깨달음'으로서의 크리스천 신비체험…".[8]

윌리엄 랠프 잉에(1860-1954): "종교적 신비주의는…영혼과 자연 안에 살아 계시는 하느님의 현존을 깨닫는 것이라고 정의할 수 있다".[9]

에블린 언더힐(1875-1941): "…이는[신비주의는] 절대자와 의식적인 관계를 맺는 기술이다".[10]

---

[5] J. GERSON, 『Teologia mistica』, 202. 신비 신학에 대한 제르송의 정식, 즉 "하느님에 대한 체험적 인식"(cognitio experimentalis Dei)은 고전적인 정의가 되는데, 이는 이미 보나벤투라 안에 있는 사상을 종합한 것이다(참조: M. LAUWERS, 『Mistica』, 『DizMedi 2』, 1205). "하느님에 대한 체험적 인식"과 관련하여 보나벤투라는 다음과 같이 말한다: "Dicendum, quod Augustinus hic loquitur de cognitione experimentalis, quam quis habet de Deo sive in patria, sive in via: in patria quidam perfecte, sed in via imperfecte; neutra tamen habetur nisi a mundis corde. …Cognoscitur etiam per intimam unionem Dei et animae,…haec est cognitio excellentissima,…et elevat supra cognitionem fidei secundum statum communem"(BONAVENTURA DA BAGNOREGIO, 『II Sent』, d.24, dub.4).

[6] GIOVANNI DELLA CROCE, 『Notte oscura』, II,18,5, 『Opere』, 462.

[7] IOANNIS A IESU MARIA, 『Theologia mystica』, 16.

[8] C. BUTLER, 『Western mysticism』, 5.

[9] W. R. INGE, 『Christian mysticism』, 5.

[10] E. UNDERHILL, 『Mysticism』, 60.

토마스 옴(1892-1962): ["신비체험" 항목] "…하느님의 초월 실재에 대한 초월적이고 직접적인 체험을 통한 자각과 이성적인 인식"[11].

프레데릭 크로스필드 해폴드(1893-1971): "신비주의는 하느님에 대한 체험적 지혜 또는 체험적 지식, 다시 말하면,…하느님에 대한 직접적인 체험에 바탕을 둔 하느님에 대한 지식이라고 정의된다"[12].

데이빋 노울스(1896-1974): "…이는[신학적 신비주의 또는 신비적 신학은] '하느님에 대한, 또는 노력이나 추리 없이 영 안에서 받게 된 종교적 진리에 대한, 주고받을 수 없고 표현할 수 없는, 지식과 사랑'이라고 정의될 수 있다"[13].

레옹 보티(1896-1974): "[신비적 삶은]…은총의 삶에 대한 충만한 실현이다"[14].

앙리 드 뤼박(1896-1991): "신비체험은…신비의 내면화를 통한 믿음의 내면성이다"[15].

칼 라너(1904-1984): ["신비체험" 항목] "…인간과 모든 존재자의 기초 - 그리스도교 신비 신학과 유다 사상과 이슬람 사상 안에서는 인격적인 하느님 - 인 신의 무한성과 인간을 일치시키는 내적인 만남의 체험; 그리고…이러한 체험을 학문적으로 설명하려는 시도, 즉 이러한 체험에 대한 반성"[16].

장-에르베 니콜라(1910-2001): "[신비체험은]…절대자를 누리는 체험이다"[17].

---

[11] T. OHM, 「Mystik. I. Religionsgeschichtlich」, 「Lexikon für Theologie und Kirche. Vol VII」, 732.
[12] F. C. HAPPOLD, 「Mysticism」, 41.
[13] D. KNOWLES, 「What is mysticism?」, 13.
[14] L. VEUTHEY, 「Manuali di spiritualità francescana」, 57.
[15] H. de LUBAC, 「Mistica e mistero cristiano」, 24.
[16] K. RAHNER - H. VORGRIMLER, 「Mistica」, 「DizTeol」, 397-398.
[17] J. H. NICOLAS, 「Contemplazione e vita contemplativa nel cristianesimo」, 36. 신비체험에 대한 니콜라의 정의는 루이 갸르데(Louis Gardet)의 저서 「La mystique」에서 가져온 것이다.

디보 바르소티(1914-2006): "…신비체험은 은총에 대한 체험이다."[18].

그레고리오 라 그루아(1914-): "…이는[신비체험은]…하느님의 행위 아래 우리의 수동성을 통하여 우리가 체험하고 살아낸 그리스도의 삶으로…나타난다."[19].

알베르 데블레르(1916-1994): "크리스천 신비체험의 본질적 특성은 하느님 현존에 대한 직접적이고 수동적인 체험이라고 정의할 수 있다."[20].

에르만노 안칠리(1925-1988): "…'신비체험'이라는 용어는…영혼 안에 특별한 인식을 낳아주는, 크리스천과 하느님 사이의 신비로운 사랑의 친교를 의미"하거나 "…신비체험은…성령의 특별한 작용에 의하여 영혼 안에 야기되는 무한한 하느님에 대한 체험이라 정의될 수 있다."[21].

윌리엄 존스턴(1925-): "…사랑으로부터 오는 비밀스런 지혜가 아니라, 사랑으로부터 오는 비밀스런 지혜를 반성하고 이를 가르치는 학문인 신비 신학…"[22].

클라우디오 레오나르디(1926-2010): "…신비체험은…인간의 영혼 안에서 이루어지는 하느님에 대한 체험, 즉 그분의 현존에 대한 자각이다."[23].

옥타비안 슈무키(1927-): "신비주의는, 비록 심리학적으로 제약되어 있어 인간의 기질과 문화적 가치로부터 독립되어 있지는 않지만, 이는 삼위 하느님의 생명 안에서 초자연적으로 나누는 직접적인 체험이다."[24].

조반니 모이올리(1931-1984): "…이 용어[신비체험]로 우리는 어떤 한 종교적 세계가 내면적이고 직접적인 체험으로 살게 되는 종교체험의 계기나 수준 또는 표현을 언급하고자 한다."[25].

---

[18] D. BARSOTTI, 「Monachesimo e mistica」, 23.
[19] G. LA GRUA, 「Il problema della vocazione generale alla mistica」, 13.
[20] A. DEBLAERE, 「Témoignage mystique chrétien」, 118.
[21] E. ANCILLI, 「La mistica: alla ricerca di una definizione」, 「La mistica I」, 25.
[22] W. JOHNSTON, 「Teologia mistica」, 12.
[23] C. LEONARDI, 「Introduzione」, 「La letteratura francescana. Vol. I」, xiv.
[24] O. SCHMUCKI, 「The mysticism of st. Francis in his writings」, 246.

『데 마우로』(De Mauro, 1932-) 이탈리아어 사전의 "신비체험" 항목: "영혼이 수덕을 통하여 갖게 되는 하느님에 대한 인식을 대상으로 하는 신학적 학문" 또는 "이성적인 길이 아니라 직관적인 길을 통해 하느님과의 직접적인 체험을 대상으로 삼는 가르침"[26].

로넡 엘운(1933-): "⋯신비 체험은, 일상적인 것을 넘어 존재의 차원에서 체험이 이루어지는 동안 깊고 생생한 일치감을 주는 궁극적인 하느님 실재와의 직접적이고 비이성적인 만남이라고 해석되는 종교적 맥락 안에서의 체험이다"[27].

버낟 맥긴(1937-): "⋯신비체험은 하느님 현존에 대한 의식적인 깨달음을 수반한다"[28].

하비 이건(1937-): "크리스천 신비주의는 진리와 사랑이신 하느님과 신비가 사이에 이루어지는 생생한 사랑의 일치이다"[29].

마르틴 비알라스(1940-): "⋯크리스천 신비체험은 신비를 소유하여 실현시키는 것을 의미한다"[30].

루이지 보리엘로(1949-): "신비체험은 본질적으로 믿는이들의 내면에서 실행된 성령의 체험에 대한 깨달음이다"[31].

지금까지 인용한 정의들을 살펴보면, 신비체험의 대상들이 다양하게 나타나고 있음을 알 수 있다: 절대(언더힐, 니콜라), 하느님의 초월 실재나 하느님의 무한성(옴, 라너, 엘운), 하느님의 현존(버틀러, 잉에, 데블레르, 레오나르디, 맥긴), 하느님(제르송, 예수 마리아의 요

---

[25] G. MOIOLI, 「Mistica cristiana」, 『DizSpir』, 985.
[26] 『De Mauro. Il dizionario della lingua italiana』, 1550.
[27] H. EGAN, 『Christian mysticism』, 6.
[28] B. MCGINN, 『Storia della mistica cristiana in occidente. Le origini (I-V secolo)』, xvii.
[29] H. EGAN, 『Christian mysticism』, 16.
[30] M. BIALAS, 「Mistica come appropriazione del mistero」, 『Mistica e misticismo oggi』, 437.
[31] L. BORRIELLO, 「Mistica come pienezza dell'uomo」, 『Esperienza mistica e pensiero filosofico』, 137.

한, 해폴드, 노울스, 안칠리, 레오나르디, 이건, 『데 마우로』 사전), 성령(보리엘로), 그리스도의 생명(라 그루아), 비밀스런 지혜(존스턴), 은총 또는 삼위일체 하느님의 생명(보티, 슈무키), 사랑 또는 은총(십자가의 요한, 바르소티), 어떤 한 종교적 세계(모이올리)와 신비(뤼박, 비알라스). 신비체험의 대상을 고찰하기 전에 먼저 신비 체험에는 두 가지 양식이 있다는 점을 주목할 필요가 있다: 하나는 범주적인 존재자의 매개를 통하지 않는 신비 체험이고, 다른 하나는 범주적인 존재자를 통한 신비 체험이다. 그런데 "절대"(언더힐, 니콜라), "하느님의 초월 실재"(옴), "하느님의 궁극적 실재"(엘운) 그리고 "하느님의 무한성"(라너)과 같은 표현들을 보면, 이러한 표현들에는 범주적 존재자를 통한 신비 체험을 매개할 여백이 없기 때문에, 이들을 신비체험의 대상으로 규정하는 것은 적합하지 않다고 여겨진다. 뿐만 아니라 이러한 표현들은 철학적인 배경을 두고 생긴 용어들이라 신학적 실재를 표현하는 데에도 어려움이 있다.

"하느님의 현존"(버틀러, 잉에, 데블레르, 레오나르디, 맥긴)이라는 표현은 범주적 중개 없는 신비 체험이든, 범주적인 사물을 통한 신비 체험이든, 두 체험을 모두 포괄하고 있다는 점에서 신비체험의 대상이 될 수 있다[32]. 그러나 이 표현은 신비체험의 대상으로서는 문제가 있다. 왜냐하면, "현존"이라는 말은 본질보다 존재와 관계되는 개념이기 때문이다. 다시 말하면, "하느님의 현존"이라는 표현은 하느님의 존재에 대한 체험을 말하는 것이기에, 빛, 사랑, 진리, 선, 미, 덕으로서의 하느님의 신비 자체를 나타내기에는 적합하지 않다고 여겨진다. 하느님 신비의 현존에 대한 체험과 신비 자체에 대한 체험 사이에는 분명한 차이점이 있다. 같은 논리로, 하느님 사랑의 현존에 대한 체험과 하느님 사랑 자체에 대한 체험 사이에도 분명한 차이가 있다. 이러한 이

---

[32] 신비체험의 정의와 관련하여 잉에(Inge)는 하느님의 현존을 "영혼과 자연 안에"로 제한한다. 이러한 정의는 범주적 대상을 통해 중개된 신비 체험만을 받아들이는 것이다.

유로 버틀러가 "현존"이라는 표현에 "존재"라는 어휘를 덧붙인 것 같다. 그러나 이러한 덧붙임도 하느님의 본질을 신비체험의 대상으로 규정하는 데에는 크게 도움이 되지 않는다. 이외에도 "하느님의 현존"이라는 표현은, 위-디오니시오, 마이스터 에카를, 십자가의 요한과 같은 신비가들이 부정신학을 통해서 묘사하고 있는 하느님의 부재 체험을 나타내기에는 적합하지 않다. "현존"이라는 표현은 하느님의 부재로서의 현존과 같은 신학적 역설에 정확히 상응하는 용어가 아니기 때문이다.

여러 신학자들(제르송, 예수 마리아의 요한, 해폴드, 노울스, 안칠리, 레오나르디, 이건)과 『데 마우로』 사전은 "하느님"이라는 표현을 신비체험의 대상으로 규정하고 있다. 그러나 "하느님"이라는 말은 너무도 일반적이고 포괄적인 표현으로서 하느님의 본질에 대해 특별하게 말해 주는 것이 없기에, 이 표현은 가능한 한 피하고자 한다[33]. 신비체험의 대상으로, 하느님의 본질을 보다 더 잘 표현해 줄 수 있고 신비체험의 개념을 보다 더 명확하게 정의할 수 있는, 더 적합한 어휘를 발견하고 싶다. 이러한 맥락에서 보면, 몇몇 신학자들의 언

---

[33] 칼 라너에 의하면, 독일어 "고트"(Gott)라는 말은 여러 가지 신학적인 의미를 지니고 있음에도 불구하고, 사전적 및 어휘론적 관점에서 보면 하느님에 관해 말해 주는 것이 아무것도 없다(참조: K. RAHNER, 『Corso fondamentale sulla fede』, 73). 이러한 상황은 이탈리아어의 경우에도 비슷하다. "디오"(하느님)라는 어휘는 라틴 말 "데우스"(Deus)로부터 왔고, 이 라틴 말에 상응하는 그리스 말은 "테오스"(θεός)이다. 중세 신학에 따르면, "디오"라는 말은 두 가지 기원설을 갖고 있다. 하나는 하느님의 바라봄과 창조 행위의 일치를 가리키는 "테어레어"(θεωρέω, 보다)이고, 다른 하나는 모든 존재자에게 생명을 주기 위하여 이들에게 펼쳐지는 **말씀**의 우주적 달려감을 가리키는 "테어"(θέω, 달려가다)이다(참조: O. BOULNOIS, 『Dio. III. Teologia medievale』, 『DizCrit』, 419). 그러나 그리스 말 "테오스"(θεός, 하느님)의 경우에는 아직도 이 낱말의 어원적 의미가 정확하게 밝혀지지 않았기 때문에, 이 낱말의 어원은 하느님이라는 그리스 말의 본질을 캐내는 데 도움이 되지 않는다(참조: H. KLEINKNECHT, 『Θεός. A. Il concetto greco di Dio』, 『LessKittel. Vol. IV』, 322-323). 한편, 하느님 이름의 모호성 때문에, 하비 이건은 하느님을 "진리와 사랑"이라는 어휘들로 수식시켜 신비체험의 대상으로 규정하나, 이러한 선택도 신비체험의 대상과 관련된 문제를 근본적으로 해결해 주지는 못한다. 왜냐하면, 신비체험의 대상은 사랑과 진리뿐만 아니라 하느님의 모든 덕들을 포함하기 때문이다.

급은 신비체험의 대상으로서는 지나치게 구체적이다: 예를 들면, "성령"(보리엘로), "그리스도의 생명"(라 그루아), "비밀스런 지혜"(존스턴), "은총의 생명"이나 "삼위일체 하느님의 생명"(보티, 슈무키), "사랑"이나 "은총"(십자가의 요한, 바르소티), "어떤 한 종교적 세계"(모이올리) 등이 그러하다. 지금 여기에 나열한 표현들은 신비체험의 대상을 단지 하느님 신비의 한 부분에로 제한을 두고 있다[34]. 반면에, 모이올리는 신비체험의 대상을 여러 어휘들로 표현하고 있으나 명료하지 않고 여전히 모호하다.

지금 고찰되고 있는 정의들 가운데서는, 앙리 드 뤼박과 마르틴 비알라스 두 사람만이 신비를 신비체험의 대상으로 규정하고 있는데[35], "신비"야말로 신비체험의 대상으로서 가장 적합한 용어라 여겨진다. 왜냐하면, 형용할 수 없고 익명적이며 침묵적인 존재든, 자기 계시되고 자기 양여되며 피조물에게 참여되는 존재든, "얼굴을 가지고 있지 않는" 하느님의 본질에 잘 어울리는 이름은 신비이기 때문이다. 뿐만 아니라, 신비는 범주적 중개 없는 신비 체험과 범주적 대상들을 통해 중개되는 신비체험, 그리고 하느님의 존재와 본질 자체에 대한 신비 체험과, 피조물 및 범주적 사건들 안에 현존하는 신비 체험 등 모두를 포괄하는 이름이다.

한편, 여러 신학자들이 신비 체험과 하느님 신비 사이의 불가분리적 관계에 대해 언급을 한다[36]. 특히 앙리 드 뤼박은 신비체험이란

---

[34] 보리엘로의 정의에 나타나는 **영**은 하느님의 신비를 의미할 수 있다. 그렇다면, 신비체험의 대상을 신비라 표현하는 것이 더 정확할 것이다.

[35] 신비체험에 대한 뤼박의 정의에 의하면, 신비체험의 대상은 좀 모호하다. 왜냐하면, 믿음 또한 신비체험의 대상으로 볼 수 있기 때문이다. 그러나 신비만을 신비체험의 대상으로 보는 것이 그의 관점에 더 적합하다. 한편, 비알라스는 뤼박의 사상을 따르면서 크리스천 신비체험을 "신비를 소유하여 실현시키는 것"으로 규정한다(참조: M. BIALAS, 「Mistica come appropriazione del mistero」, 『Mistica e misticismo oggi』, 436-437).

[36] 보리엘로(L. Borriello)는 신비체험과 신비 사이의 밀접한 관계를 다음과 같이 지적하고 있다: "크리스천 신비체험은 그리스도의 신비와 뒤섞이지 않는 관계 안

다른 것이 아니라 신비를 받아들이는 것이라고 단언한다. 믿는이들에 의해 받아들여지는 신비 밖에서의 신비체험은 공허하게 되거나 이탈되고, 동시에 신비체험 밖에서의 신비는 외형화되거나 형식적이고 공허한 추상에 빠질 위험이 있다는 것이다[37]. 칼 라너 역시 자신의 초월 신학을 체계화하면서, 신비체험의 대상이 하느님의 신비임을 분명하게 밝혀 놓았다. 그에게 있어 인간 존재는 존재론적으로 거룩한 신비에로 열려진 초월적 영, 즉 "호모 미스티쿠스"(homo mysticus, 신비인)이다. 이러한 관점에서 바라보면, 라너가 말하는 신비체험은 신비 자체를 지향하는 "신비인"의 초월 체험을 의미하게 된다. 이 신비가 신비체험의 가장 적합한 대상이라고 여겨진다.

2.1.1. 신비의 개념

"신비"(mistero)라는 용어는 그리스어 "뮈스태리온"($\mu\upsilon\sigma\tau\acute{\eta}\rho\iota o\nu$)으로부터 유래되는데, 이 명사는 입을 닫거나 눈을 감는다는 의미를 지닌 동사 "뮈에어"로부터 왔을 것으로 추정된다. 즉, 신비는 어원적으로 비밀을 지킬 필요가 있는 그 무엇과 관계가 있는 것이다[38]. 그

에서 이해되어야 한다"(L. BORRIELLO, 「Mistica come pienezza dell'uomo」, 『Esperienza mistica e pensiero filosofico』, 129); 솔리냑(A. Solignac) 또한 신비체험과 신비와의 관계에 대해 다음과 같이 언급한다: "신비체험(mystique)이라는 말은 이제 관상보다 더 높은 단계에만 사용되는 용어가 더 이상 아니며, 그리스도의 신비에 참여하는 모든 사람에게 적용된다"(A. SOLIGNAC, 「Mystique」, 『Dictionnaire de spiritualité. Ascétique et mystique. Doctrine et histoire X』, 1890); 부이에(L. Bouyer)는 "신비와 신비체험은…전적으로 그리스도교적인 실재 안에서 서로를 통해서만 설명될 수 있다. …사실, 다른 어떤 것에로도 축소될 수 없는 그리스도의 신비는 신비체험의 유일하고 참된 대상"이라고 주장한다(L. BOUYER, 『Mysterion. Dal mistero alla Mistica』, 12); 이에 대해 프라스카(G. Frasca)는 "크리스천 신비체험은…신비(mysterion)라는 실재에 뿌리를 두고 있다"고 말하면서, 부이에의 주장을 재확인한다(G. FRASCA, 『L'esperienza mistica di Francesco d'Assisi』, 65).
[37] 참조: H. de LUBAC, 「Mistica e mistero cristiano」, 20-21.
[38] 참조: G. BORNKAMM, 「$M\upsilon\sigma\tau\acute{\eta}\rho\iota o\nu$ $\mu\upsilon\acute{\epsilon}\omega$」, 『LessKittel. Vol. VII』, 649.

리스 헬레니즘 문화 안에서 "뮈스테리온"은 이중적인 의미를 지니고 있었다: 하나는 세속적인 것이고, 다른 하나는 종교적인 것이다. 세속적인 의미에서 이 단어는 진실이나 숨겨진 실재, 또는 어떤 비밀을 가리켰고, 종교적인 의미에서는 특히 복수 형태로 종교 예절을 시작하는 자들이 비밀을 절대적으로 지켜야 하는 배경 안에서 신비들이나 종교적인 시작 예식을 가리키는 데 사용되었다[39]. 그리스도교 안에서 "뮈스테리온"이라는 용어는 두 가지 의미를 모두 지니고 나타난다. 즉, 하느님 진리의 신비와 거룩한 예식의 신비이다. 그런데 이 용어는 성찬 예식에서는 특별한 의미를 지니게 된다. 라틴 교회에서 그리스어 "뮈스테리온"은 일반적으로 "사크라멘툼"으로 번역되었고, 이 라틴어는 무엇보다도 성사적인 예식에 적용되었다. 이에 비해 "미스테리움"(mysterium)이라는 용어는 이교도들의 비교적인 예식을 지칭하거나, 성경의 숨겨진 의미를 포함하여, 숨겨진 진리를 나타내기 위해서 사용되었다[40]. 한편, 아우구스티노는 "미스테리움"(mysterium)과 "사크라멘툼"(sacramentum)을 거의 상호 교환적인 의미로 사용하였다[41]. 중세에 와서 이 두 용어들은 아우구스티노를 따라 대개 동의어로 사용되었다[42]. 그러나 시간이 더 흘러가면서 이 용어들은 서로 다른 의미로 사용되기 시작하여, "미스테리움"은 전적으로 그리스도교의 숨겨진 진리를 표현하는 용어가 되었고, "사크라멘툼"은 예식이나 거룩한 실재를 나타내는 용어가 되었다[43]. 신비체험

---

[39] 참조: C. COLOMBO, 「Mistero」, 『EnciCatto VIII』, 1132.
[40] 유스티노, 즉 2세기부터, 이교도 신비들은 그리스도교 예식을 모방하는 특징을 지니는데, 아주 안 좋은 의미로만 나타난다. 4세기가 되어서야 비로소 긍정적인 평가를 받게 된다(참조: B. STUDER, 「Mistero」, 『DizPatr』, 3305).
[41] 참조: A. DULLES, 「Mystery (in theology)」, 『CathEncy X』, 83.
[42] 참조: M. DENEKEN, 「Mistero」, 『DizMedi 2』, 1204.
[43] 참조: C. COLOMBO, 「Mistero」, 『EnciCatto VIII』, 1132. 토마스 아퀴나스는 성체성사를 제외한 다른 성사들을 신비라는 이름으로 부른 적이 단 한 번도 없다 (참조: A. DULLES, 「Mystery [in theology]」, 『CathEncy X』, 83).

의 대상과 관련하여 이 자리에서는 주로 신비에 대한 신약 성경의 개념과 이 용어의 신학적인 의미에 대해서 주로 살펴볼 것이다.

2.1.1.1. 신약 성경에 나타난 신비 개념

신약 성경에는 "뮈스태리온"($\mu\nu\sigma\tau\acute{\eta}\rho\iota o\nu$)이라는 낱말이 28번 나오는데, 이 가운데 3번은 복음서에, 21번은 사도 파울로 서간에, 4번은 묵시록에 나타난다. 복음서에서 이 낱말은 씨뿌리는 사람의 비유에만 나타나며, 마르 4,11의 본문은 다음과 같다: "너희에게는 하느님 나라의 신비가 주어졌다"($\acute{\upsilon}\mu\hat{\iota}\nu$ $\tau\grave{o}$ $\mu\nu\sigma\tau\acute{\eta}\rho\iota o\nu$ $\delta\acute{\epsilon}\delta o\tau\alpha\iota$ $\tau\hat{\eta}\varsigma$ $\beta\alpha\sigma\iota\lambda\epsilon\acute{\iota}\alpha\varsigma$ $\tau o\hat{\upsilon}$ $\theta\epsilon o\hat{\upsilon}$)[44]. 이 문장에서는 무엇보다 먼저 동사 "디더미"($\delta\acute{\iota}\delta\omega\mu\iota$)의 수동태 직설법 완료로 사용된 "데도타이"($\delta\acute{\epsilon}\delta o\tau\alpha\iota$)에 주목할 필요가 있다. 동사의 직설법 완료는 제자들 안에 하느님 나라의 신비가 현존하고 있음을 암시하고, 수동태는 하느님의 신비가 특별한 관계 안에서만 주어지는 하느님의 선물임을 알려주기 때문이다. 신비에 대한 인식은 제자들이 가지고 있는 총명함의 결과도 아니요, 그들이 개별적으로 이룬 공로에 대한 상도 아닌 것이다[45]. 여기서 지적해야 할 두 번째 점은 비유들이 그 자체로 하느님 나라의 신비를 포함하고 있다는 사실이다. 다시 말하면, 하느님 나라와의 비슷함이 비유적 설명 안에 들어 있다는 말이다. 비유들은 하느님 나라의 본질을 깨닫게 해주고, 이를 통해서 하느님 나라의 신비를 인식할 수 있게 된다[46]. 셋째는 "왕국의 신비"($\mu\nu\sigma\tau\acute{\eta}\rho\iota o\nu$ $\tau\hat{\eta}\varsigma$ $\beta\alpha\sigma\iota\lambda\epsilon\acute{\iota}\alpha\varsigma$)와 관련되어 있다. 이 구절에서 예수가 언급하고 있는 하느님 나라는 이미 묵시록 계통의 문학에서 만들어진 표현으로, 인간의 눈에는 숨겨져 있으나 마침내는 실현되어야 할

---

[44] 마태 13,11과 루카 8,10에는 다음과 같이 기록되어 있다: "너희에게는 하늘 나라의 신비를 아는 것이 허락되었다"(루카에는 "하늘 나라"가 아니라 "하느님 나라"로 나타난다).
[45] 참조: G. BORNKAMM, 「$M\nu\sigma\tau\acute{\eta}\rho\iota o\nu$ $\mu\nu\acute{\epsilon}\omega$」, 『LessKittel. Vol. VII』, 690-691.
[46] 참조: 위와 같은 책, 690.

하느님의 계획을 함축하고 있다. 마태 13,11.16에 의하면, 제자들은 이미 왕국의 비밀을 알고 있고[47], 이 비밀은 하느님의 종말론적인 구원의 다스림이 구체적으로 솟아나고 있음을 드러내 주는, 그리고 예수의 말과 행위를 깨달아 증언하는 그런 것을 의미한다. 이러한 관점에서 보면, 제자들에게 보여진 "하느님 나라의 신비"($\mu\upsilon\sigma\tau\acute{\eta}\rho\iota o\nu\ \tau\eta\varsigma\ \beta\alpha\sigma\iota\lambda\epsilon\acute{\iota}\alpha\varsigma\ \tau o\hat{\upsilon}\ \theta\epsilon o\hat{\upsilon}$)는 메시아이신 예수 자체, 즉 그리스도의 구원 신비를 가리키게 된다[48].

파울로 서간에서 "뮈스태리온"($\mu\upsilon\sigma\tau\acute{\eta}\rho\iota o\nu$)이라는 용어는 공관복음에 비해 더 풍부한 의미를 지니고 있다. 그의 서간에서 "하느님의 신비"($\mu\upsilon\sigma\tau\acute{\eta}\rho\iota o\nu\ \tau o\hat{\upsilon}\ \theta\epsilon o\hat{\upsilon}$ 또는 $\mu\upsilon\sigma\tau\eta\rho\iota o\nu\ \theta\epsilon o\hat{\upsilon}$)라는 표현은 3번 나타나고[49], "신비"($\mu\upsilon\sigma\tau\acute{\eta}\rho\iota o\nu$)라는 용어는 단독으로 5번 나타나는데, 모두 하느님을 수식하고 있다[50]. 하느님의 신비는 모든 세대에 숨겨져 있던 하느님의 심오한 지혜를 의미하고[51], 이는 하느님께서 인간의 영광을 위하여, 즉 인간의 구원을 위하여, 세상이 생기기 전부터 미리 마련해 두셨던 것이다. 파울로는 신비가 지니고 있는 어둠이 아니라 신비의 초자연적 차원을 강조하기 위해 "뮈스태리온"($\mu\upsilon\sigma\tau\acute{\eta}\rho\iota o\nu$)이라는 용어를 사용한다[52]. 파울로는 이 용어를 에페 1,9에서 "당신 뜻의 신비"($\mu\upsilon\sigma\tau\acute{\eta}\rho\iota o\nu\ \tau o\hat{\upsilon}\ \theta\epsilon\lambda\acute{\eta}\mu\alpha\tau o\varsigma\ \alpha\grave{\upsilon}\tau o\hat{\upsilon}$)라는 표현을 통해 더 분명하게 표현하는데, 이 구절에서 소유격 대명사 "아우투"($\alpha\grave{\upsilon}\tau o\hat{\upsilon}$)는 하느님을 수식하고, 2격으로 사용된 명사 "텔래마토스"($\theta\epsilon\lambda\acute{\eta}\mu\alpha\tau o\varsigma$)는 "세상 창조 이전에 그리스도 안에서 우리를 선택하시고, 우리가 사랑 안에서 당신 앞에 거룩하고 흠 없는 사람이

---

[47] "너희의 눈은 볼 수 있으니 행복하고, 너희의 귀는 들을 수 있으니 행복하다"(마태 13,16).
[48] 참조: G. BORNKAMM, 「$M\upsilon\sigma\tau\acute{\eta}\rho\iota o\nu\ \mu\upsilon\acute{\epsilon}\omega$」, 「LessKittel. Vol. VII」, 691.
[49] 참조: 1코린 2,1; 4,1; 콜로 2,2.
[50] 참조: 로마 11,25; 16,25; 1코린 2,7; 에페 3,3; 3,9.
[51] 참조: 1코린 2,7; 에페 3,9; 콜로 1,26.
[52] 참조: S. CIPRIANI, 「Le Lettere di Paolo」, 473.

되어, 예수 그리스도를 통하여 우리를 당신의 자녀로 삼으시기로 미리 정하신"(에페 1,4-5) 하느님의 구원 의지를 뜻한다. 하늘과 땅에 있는 모든 창조된 사물들이 그리스도 안으로 수렴된다는 면에서 보면(참조: 에페 1,10), 하느님의 구원 신비는 보편적인 특성을 지니고 있다고 말할 수 있다. 보편적인 구원의 신비는 또한 에페 3,4-6에서도 읽을 수 있으며, 파울로는 여기에서 이방인들이 그리스도 예수 안에서 유다인들과 함께 한 몸을 이루게 된다고 말한다. 하느님의 구원 경륜 안에서 이 보편적인 구원 신비의 대담함과 거대함이 계시를 통해 파울로에게 드러난 것이다[53]. 하느님의 지혜로서 그분의 보편적인 구원의 놀라운 신비는 인식의 대상이고[54], 선포의 대상이며[55] 믿음의 대상이다[56].

하느님의 숨겨진 놀라운 신비는 무엇보다 먼저 그리스도 예수를 통해서 인간에게 계시된다(참조: 에페 1,9). 파울로는 콜로 1,26-27에서 말한다: "[26]그 말씀은 과거의 모든 시대와 세대에 감추어져 있던

---

[53] 참조: S. CIPRIANI, 『Le Lettere di Paolo』, 560.
[54] 로마 11,25은 다음과 같다: "나는 여러분이 이 신비를 알아 스스로 슬기롭다고 여기는 일이 없기를 바랍니다…". 이 구절에서, 파울로 사도는 신비를 로마인들에게 알려주고자 한다. 참조: 콜로 1,27; 2,2.
[55] 1코린 2,1은 다음과 같다: "형제 여러분, 나도 여러분에게 갔을 때에, 뛰어난 말이나 지혜로 하느님의 신비를 선포하려고 가지 않았습니다". 이 구절은 파울로 사도가 신비를 선포하고 있다는 사실을 암시하고 있다. 참조: 1코린 15,51; 에페 6,19.
[56] 사도 파울로는 1티모 3,9.16에서 "믿음의 신비"와 "경외의 신비"에 대해 언급하고 있는데, 16절은 다음과 같다: "깨끗한 양심으로 믿음의 신비를 간직해야 합니다. 그리고 참으로 경외의 신비는 위대합니다. 육으로 나타나시고 영으로 의로워지셨도다. 천사들에게 보이시고 만민에게 알려지셨도다. 세상에서 믿어지시고 영광스럽게 높여지셨도다"(καὶ ὁμολογουμένως μέγα ἐστὶν τὸ τῆς εὐσεβείας μυστήριον· Ὃς ἐφανερώθη ἐν σαρκί, ἐδικαιώθη ἐν πνεύματι ὤφθη ἀγγέλοις ἐκηρύχθη ἐν ἔθνεσιν, ἐπιστεύθη ἐν κόσμῳ, ἀνελήμφθη ἐν δόξῃ)(『200주년 신약 성경』에서 인용). 이 구절에 나타나는 "신비"(μυστήριον)는 그리스도에게로 수렴되고 있고 그리스도 안에서 온전히 드러난다. 그리고 이 구절에서 "경건의 신비"(τῆς σεβείας μυστήριον)가 그리스도 자신을 가리킨다는 사실은, 이 구절 바로 다음에 뒤따라 나오는 그리스도론적 찬미가를 이끄는, 남성 대명사 "호스"(ὅς)를 통해 알 수 있다(참조: S. CIPRIANI, 『Le Lettere di Paolo』, 661-662).

신비입니다. 그런데 그 신비가 이제는 하느님의 성도들에게 명백히 드러났습니다. ²⁷하느님께서는 다른 민족들 가운데에 나타난 이 신비가 얼마나 풍성하고 영광스러운지 성도들에게 알려 주기를 원하셨던 것입니다". 이 문맥 안에서 보면, 하느님의 숨겨진 신비는 그리스도를 통해서 계시되는데(26절), 그리스도는 동시에 계시의 대상이기도 하다(27절). 에페 3,4과 콜로 4,3에는 "그리스도의 신비"(τῷ μυστηρίῳ τοῦ Χριστοῦ와 τὸ μυστήριον τοῦ Χριστοῦ)라는 표현이 나타나는데, 이는 두 가지 의미를 모두 포함하고 있는 것으로 보인다[57]. 이와 같이 파울로의 서간에 나타나는 하느님의 보편적인 신비는 그리스도론적인 케리그마와 밀접한 관계가 있고, 십자가에서 돌아가신 그리스도에 관한 선포(참조: 1코린 1,23)는 하느님의 신비를 알리고(참조: 1코린 2,1) 신비 안에서 하느님의 지혜에 대해 말하는 것(참조: 1코린 2,7)을 뜻한다[58]. 그리고 그리스도론적인 전망 안에서 파울로는 콜로 2,2에서 "하느님의 신비, 곧 그리스도를 아는 지식"(εἰς ἐπίγνωσιν τοῦ μυστηρίου τοῦ θεοῦ, Χριστοῦ)에 대해 언급하면서, 그리스도와 하느님의 신비를 명확하게 일치시킨다[59]. 이렇게 하느님의 구원의 신비, 즉 모든 시대에 숨겨져 있던 하느님의 신비로운 지혜는 육화하시고 십자가에서 돌아가셨으며 부활하신 그리스도를 통하여 세상에 드러난다. 그러나 한편으로는 그럼에도 불구하고 그리스도의 신비는 항상 헤아릴 수 없는 신비로 늘 남아 있게 된다(참조: 에페 3,8)[60].

---

[57] "그래서 그 부분을 읽으면, 내가 그리스도의 신비에 관하여 깨달은 것을 여러분도 이해할 수 있을 것입니다"(에페 3,4); "말씀을 전할 수 있는 문을 하느님께서 열어 주시어 우리가 그리스도의 신비를 말할 수 있도록, 우리를 위해서도 기도해 주십시오"(콜로 4,3). 참조: S. CIPRIANI, 『Le Lettere di Paolo』, 560.
[58] 참조: G. BORNKAMM, 「Μυστήριον μυέω」, 『LessKittel. Vol. VII』, 692.
[59] "내가 이렇게 하는 것은 여러분과 그들이 마음에 용기를 얻고 사랑으로 결속되어, 풍부하고 온전한 깨달음을 모두 얻고 하느님의 신비 곧 그리스도를 아는 지식을 갖추게 하려는 것입니다"(콜로 2,2).
[60] 참조: S. CIPRIANI, 『Le Lettere di Paolo』, 128.

사도 파울로는 하느님의 신비가 성령을 통하여 거룩한 사도들과 예언자들과 인간들에게 드러난다는 점을 또한 지적한다(참조: 에페 3,5과 1코린 2,10). 그리고 사도는 콜로 1,27에서 "여러분 가운데에 계신 그리스도"(Χριστὸς ἐν ὑμῖν)가 "여러 민족들 가운데에 나타난 신비"(τοῦ μυστηρίον τούτου ἐν τοῖς ἔθνεσιν)임을 언급하는데, "여러분 가운데에 계신 그리스도"(Χριστὸς ἐν ὑμῖν)는 "십자가에 못 박히시고 영광스럽게 되신 그리스도께서 '여러분 가운데', 즉 여러 민족들 가운데 머무심"을 의미한다[61]. 그리스도 아래 단 하나의 몸 안에서 이루어지는 모든 민족들의 일치는 그리스도의 피를 통한 구원과 하느님 은총의 풍요로움, 그리스도 안에서 만물이 수렴됨과 이 지상에서 이미 구원이 실현됨, 하느님의 아들됨(참조: 에페 1,4-14)과 인간의 영광됨(참조: 1코린 2,7)을 말하는 것이다.

지금까지 살펴본 신비의 의미들, 즉 모든 세기 동안 숨겨져 있던 하느님의 구원 신비, 그리스도를 통해 드러난 신비, 그리고 인간 존재 안에 계시는 그리스도의 신비는 파울로 서간에 나타난 "뮈스태리온"(μυστήριον)의 주요 개념들이다[62]. 신비체험의 대상과 관련하여 파울로 서간에 나타난 "뮈스태리온"(μυστήριον)의 개념은 모든 인간을 그리스도 안에서 그리고 그리스도를 통하여 구원하시려는 하느님의 보편적인 구원 계획과 근본적으로 관련되어 있다[63]. 그러므로 복음서나 파울로 서간의 신비 개념은 탈혼이나 환시, 황홀경과 같은 신비체험의 예외적 현상들과는 거리가 멀다 하겠다.

---

[61] G. BORNKAMM, 「Μυστήριον μυέω」, 『LessKittel. Vol. VII』, 696.
[62] 이러한 신비 외에 사도 파울로는 다음과 같은 신비들에 대해서도 언급한다: 부활의 신비: "자, 내가 여러분에게 신비 하나를 말해 주겠습니다. 우리 모두 죽지 않고 다 변화할 것입니다"(1코린 15,51; 참조: S. CIPRIANI, 『Le Lettere di Paolo』, 230-231); 그리스도와 교회 사이의 정배적 신비: "이는 큰 신비입니다. 그러나 나는 그리스도와 교회를 두고 이 말을 합니다"(에페 5,32; 참조: 『La Bibbia da studio』, la nota f, 2695); 복음의 신비: "그리고 내가 입을 열면 말씀이 주어져 복음의 신비를 담대히 알릴 수 있도록 나를 위해서도 간구해 주십시오."(에페 6,19) 등.
[63] 참조: L. BOUYER, 『Mysterion. Dal mistero alla Mistica』, 27.

2.1.1.2. 신비의 신학적 개념

"신비"는 그리스도교 신학의 중심 개념들 중의 하나이다. 그런데 칼 라너가 주장하는 관점 위에서 바라보면, 이 개념과 관련하여 특히 제1차 바티칸 공의회(1869-1870) 이래로 여러 신학적인 문제들이 야기되었다는 사실에 주목할 필요가 있다. 라너는 이러한 문제들을 자신의 논문 「가톨릭 신학 안에서의 신비 개념에 대하여」(Sul concetto di mistero nella teologia cattolica)에서 다음과 같이 세 가지로 제시한다. "신비는 애초부터 하나의 명제처럼 여겨졌다; 신비는 복수로 존재한다; 복수의 신비들은 일시적으로 파악할 수 없는 명제들이다"[64]. 이러한 관점으로부터 라너는 신비를 접근할 때 파생되는 여러 가지 문제점들을 지적한다. 예를 들면, 신비에 대한 저런 이해에 인간의 선천적인 능력인 이성(ratio)과 의지(voluntas)를 구분하기에 앞서 이들이 이미 원초적으로 일치되어 있다는 사실이 전제되어 있는지; 이러한 원천적 일치가, 신비를 지향하는 실재 아닌지; 그렇다면, 이성(ratio)과의 선재적인 일치 안에서 의지와 자유가 신비와 본질적인 관계를 갖는 것은 아닌지, 또 그 반대는 아닌지; 신비와 비밀스러운 명제를 동의어로서 그리고 전제적으로 받아들일 수 있는지; "신비들"이 복수로 존재하는지 등이다[65].

라너에 의하면, 신비는 범주적인 사물들 사이에 끼어 들어갈 수 있는 하나의 명제가 아니며, 그러기 때문에 신비는 원천적으로 의지와 하나인 지성(intellectus)으로부터 고립된 이성(ratio)의 본질로는 적절하게 측정되지도 않는다. 그러나 제1차 바티칸 공의회와 그 이후의 신학은 복수의 신비들이 존재한다는 전제하에 신비를 이해하고 있다. 신비나 신비들을 그렇게 이해하면, 이로부터 신비와 관련된 명제들은 비밀스러운 사물들이 되어버리는 결과가 초래되고, 그 결과 이러한 사물들은 이성으로는 접근 불가능한 것이 되어버리고 만다. 뿐만 아니라

---

[64] K. RAHNER, 「Sul concetto di mistero nella teologia cattolica」, 『Saggi teologici』, 395. 라너는 제1차 바티칸 공의회를 포함하여 그 이후에 형성된 사상의 일반적인 의미에 대해 검토한다.
[65] 참조: 위와 같은 책, 396.

비밀스럽고 접근 불가능한 명제들은 지성에게 어둡게 되어, 이 지상에 사는 한, 인간 존재는 피할 수 없이 주님으로부터 멀리 떨어져 순례하게 된다[66]. 이는 신비에 대한 이성적인 이해로부터 야기되는 것으로, 이러한 입장에 따르면, 복수의 신비들과 관계된 명제들은 이성의 영역에 속하게 되고, 이 명제들은 일시적으로는 파악 불가능하지만 나중에 명백히 깨닫게 됨으로써, 인간 이성의 본질과 이해하려는 이성의 요구를 만족시켜 주게 된다는 그런 관점에서 신비를 잠정적인 기간 동안에만 신비인 것으로 이해하는 결과가 빚어진다[67]. 그러나 신비는 인식론적인 이해를 통해 정의될 수 있는 제한된 개념도 아니고, 시간이 지나면 사라져버리는 일시적인 어둠도 아니다. 신비는 하느님에 대한 지복직관을 통해서도 변함없이 이해할 수 없는 무한한 신비로 남아 있는다. 신비의 불가해성은, 비록 인간 존재가 하느님의 신비를 관상하고 주제적으로 인식한다 할지라도, 인간에게는 항상 하느님에 대한 직관의 내용이요 복된 사랑의 대상인 것이다[68].

신비는 영으로 존재하는 인간의 존재론적 능력들과 밀접한 관계가 있다. 왜냐하면, 인간은 본질적으로 신비에로 열려진 초월이기 때문이다. 라너의 초월 신학에 의하면, 인식과 의지는 본래 초월적 영 안에서 일치되어 있으며, 영으로서의 인간 존재는, 존재론적으로, 인식과 의지의 일치인 사랑으로 존재한다[69]. 이러한 관점에서 라너는 "어떤 존재자든, 각 존재자가 사랑 안에서 실현되는 한, 존재자 안에는 인식이 있다"[70]고 주장하면서, 이성은 사랑 안에서만 완성되는 능력(facoltà)으로 여겨질 수 있고 여겨져야 하며, 인간은 인식

---

[66] 참조: 위와 같은 책, 398.
[67] 참조: 위와 같은 책, 399.
[68] 참조: 위와 같은 책, 402-403.
[69] 일반 존재론의 제1명제, 즉 인식함과 인식됨의 일치와, 형이상학적 인간학의 제1명제, 즉 존재에로 열려진 영으로서의 인간을 바탕으로, 존재와 인식의 일치, 인식과 의지의 원천적 일치, 인식과 의지의 일치로서의 사랑에 대한 라너의 논증에 대해서는 이미 제1장에서 살펴보았다.
[70] 위와 같은 책, 405.

을 통해서가 아니라 사랑을 통해 구원되기에, 그리스도교의 마지막 단어는 인식이 아니라 사랑이어야 한다고 단언한다[71]. 신비는 이렇게 사랑 안에서 수렴되는 인식과 의지가 지향하는 본질적 대상이다. 원초적으로 절대 초월을 지향하는 영으로서의 인간은 인식을 위한 이성과 자유로운 사랑을 위한 의지 같은 존재론적 능력의 실행을 통해 사랑의 신비 안에서 완성에 이르게 된다. 따라서 본질적으로 신비는 이성과 의지를 구별하는 가운데서는 이해될 수 없으며, 임시적으로 제한된 개념일 수도 없다[72]. 이러한 라너의 관점은 신비 체험의 대상으로서의 신비를 보다 더 잘 이해하기 위해 대단히 중요하다. 그러한 관점은 신비 체험의 보편적이고 일상적인 가능성과 밀접하게 연결되어 있으며, 신비 체험은, 설사 신비의 본질을 이성적으로 이해하지 못한다 할지라도, 인식의 차원과 의지의 차원에서, 특히 사랑을 통해서 그리고 사랑 안에서, 신비를 경험하고 인식하는 것이기 때문이다.

제1차 바티칸 공의회 이후의 신학에서 이해하고 있는 신비와 관련하여 라너는 또 다른 문제점을 지적한다. 이는 마치 타자로서의 하느님으로부터 누군가가 어떤 명제를 듣는 것처럼 그렇게 신비를 이해하는 것이다[73]. 라너는 신비란 "타자로서의 하느님"으로부터 유래하는 어떤 것이 아니라고 주장한다. 신비는 모순 없는 불가해성과 같은 단순한 어떤 타자가 아니다. 라너에 의하면, 신비는 "신비를 들을 수 있는 가능성의 조건으로, 아무런 대가없이 신성하게 된 어떤 주체를 요청한다"[74]. 이와 관련하여 우리는 이미 제1장에서 라너가 이러한 가능성을 존재론적 지평이나 초월의 지평이라 규정하면서, 이를 초자연적 은총이자 하느님의 자기 양여인 거룩한 신비와 동일시하고 있음을 살펴보았다. 이는 신비가 본질적으로 초자연적 은총

---

[71] 참조: K. RAHNER, 「Sul concetto di mistero nella teologia cattolica」, 『Saggi teologici』, 406-407.
[72] 참조: 위와 같은 책, 408.
[73] 참조: 위와 같은 책, 408.
[74] 위와 같은 책, 413.

과 불가분리적 관계에 있고, 모든 신비의 교류는 은총 안에서만 일어나기에, 신비는 이를 수용하는 주체와 떨어질 수 없다는 것을 의미한다[75]. 이러한 전망 위에서 라너는 인간을 본연의 신비, 즉 하느님을 지향하는 존재라고 정의하는데, 이러한 지향성은 인간 존재를 구성하는 실재의 한 부분이 된다. 이렇게 신비는 하느님과 인간의 관계를 구성하며, 그 결과, 존재론적으로 신비적 존재인 인간의 완성은 "영원한-신비를-통한-자기-존재의-완성"[76]을 의미하게 된다.

라너는 제1차 바티칸 공의회 이후 신학교에서 가르쳐 온 신비 개념을 극복하면서 신비를 무한히 거룩한 익명적 실재로 묘사한다. 여기서 라너가 "거룩한"이라는 형용사를 사용하는 이유는, 신비의 개념이 근본적으로 사랑의 속성에 의해 표시되고[77], 최고의 덕으로서의 사랑은 성성(聖性)의 본질적 속성 그 자체로 빛을 내기 때문이다. 거룩한 익명의 실재로서의 신비에 대한 이런 규정으로부터 거룩한 신비는 사랑은 물론이고 모든 덕들의 원천이라는 사실이 연역된다. 그러나 신비의 개념을 이렇게 이해한다 할지라도, 초월의 지평은 항상 익명적이고 정의될 수 없으며 규정할 수 없는 방식으로 나타난다. 이 지평의 본질은 하나의 정의로 명확하게 다룰 수가 없는 것이다. 이러한 이유로 인해 라너는 "원초적인 초월 체험 안에서만 참으로 드러나는 다른 모든 초월적 속성들처럼 신비는 정의될 수 없다"는 사실을 분명하게 지적한다[78]. 즉, 신비는 인식 주체의 관점에서 보았을 때 아직 인식되지 않은 어떤 실재가 아니라, 신비 체험을 하는 순간에도 그 본질을 파악할 수 없는 그런 실재인 것이다. 본질적으로 정의할 수 없고 초월적인 이러한 신비의 특성으로 말미암아 신비 체험, 특히 범주적인 대상들을 통해 매개되는 신비 체험은 범신론으로 기울어지지 않는다.

---

[75] 참조: 위와 같은 책, 412-413.
[76] 위와 같은 책, 418.
[77] 참조: 라너, 『그리스도교 신앙 입문』, 97.
[78] K. RAHNER, 「Sul concetto di mistero nella teologia cattolica」, 『Saggi teologici』, 427.

한편, 신비는 초월적(trascendentale) 주체의 밖에 무한히 초월하는 (trascendente) 대상으로만 존재하는 것이 아니라, 비록 익명적이고 비주제적이라 할지라도, 불가분리적 관계 안에서 초월의 주체 안에도 현존한다[79]. 라너의 관점에서 보면, 인간은 사실 신비가 관통하고 있는 존재, 즉 "호모 미스티쿠스"(homo mysticus, 신비인)로서, 신비적이지 않은 실재나 이해할 수 있고 개념으로 정리할 수 있는 실재에 몰두해 있을 때조차도, 늘 신비와 관계를 맺고 있는 존재이다. 그러므로 신비는 운이 좋으면 우연히 만나게 되는 그런 어떤 것이 아니며, "인간은 의식하지 않을 때조차도 언제 어디서나 신비를 살아가게 된다"[80]. 그리고 인간이 본질적으로 신비를 지향하고 있는 것처럼, 하느님 또한 거룩한 신비로서 "호모 미스티쿠스"인 인간 존재와 본질적으로 관계를 맺고 있다. 한편으로 신비는 인간 존재와 대단히 멀리 떨어져 있으면서, 다른 한편으로는 인간 존재의 심연에 항상 존재하기 때문에 인간과 대단히 가까이 있다는 말이다.

신비는 그 본질이 절대적이고 완전하며 무한하기 때문에 인간으로서는 이해할 수 없는 본성을 지니며[81], 이로 말미암아 인간은 하느님의 진리와 사랑을 끝없이 새로운 차원에서 인식하고 체험하게 된다. 인간은 지복직관에 든다 할지라도 신비의 궁극에는 다다를 수 없고, 신비의 이해 불가능한 본질은 결코 인간에게 장악되지 않는다. 이렇게 신비는 불가해성을 본성적으로 지니고 있으나, 그럼에도 불구하고 유일하게 명백한 실재로 나타난다. 이에 대해 라너는 다음과 같이 말한다:

> 우리의 인식 안에서는 본질적으로 독립된 것만이 명백하다. 그러나 모든 '터득된 실재'는 오로지 또 다른 것에로 올라가기 때문에 이

---

[79] 참조: K. RAHNER, 「Sul concetto di mistero nella teologia cattolica」, 『Saggi teologici』, 427.
[80] 참조: 위와 같은 책, 428.
[81] 참조: K. RAHNER, 「A proposito del nascondimento di Dio」, 『Nuovi saggi VI』, 351-361.

해될 수 있는데(그래서 명백하지 않다), 이 실재는 한편으로는 원리들 안에서 그리고 다른 한편으로는 감각적 체험의 기본 자료들 안에서 풀려진다. 즉, '터득된 실재'는 이 실재가 말 없는 둔함이나 존재론의 흑백에로, 즉 신비에로 되돌려질 때 분명하게 되고 이해할 수 있게 된다. 따라서 이해할 수 있게 되는 것은 신비가 지니고 있는 유일한 명백함 안에 기초를 두고 있다[82].

신비는 가장 눈부신 빛이지만, 그 빛이 너무 강해 오히려 어둠이 된다. 신비는 가장 투명한 어둠이다. 신비는 가장 이해할 수 없으면서도 가장 명백한 실재이다. 신비는 가장 어두운 빛이기 때문에 이해할 수 없고, 동시에 가장 투명한 빛이기 때문에 명백하다. 빛나는 어둠으로서, 불가해한 이 명백함 앞에서, "인간은 자신의 앎(일반적으로 '안다'고 말하는 것)이 아직 '탐험되지 않은 실재'라는 무한한 바다에 떠있는 아주 작은 섬에 지나지 않는다는 사실 외에, 정확하게 아는 것은 아무것도 없게 된다"[83]. 하느님에 대한 인간 인식의 정점은 '알지 못한다'는 것을 아는 것이다. 불가해하면서도 명백한 이 신비는 무한한 바다로서 유일하고 영원한 평화이며, 바로 이 안에 인간 존재의 영원한 지복이 있다[84]. 이런 의미에서 신비는 인간 존재가 지향하는 유일하고 참된 대상이 된다.

이상과 같이 이해한 신비 개념은 일반적으로 교의 신학과 기초 신학에서 사용한 개념보다 훨씬 깊고 근본적인 의미를 지니며, 인간의 능력들(facoltà)이 일치되어 있는 인간의 본질과 훨씬 깊은 관계를 지니게 된다. 이에 대해서는 제1장에서 칼 라너의 신비 신학을 고찰하면서, 이 신비가 인간 본질의 기초로서 존재론적으로 주어져 있을 뿐만 아니라 초자연적으로 들어 높여져 있어, 영의 첫 출발은 물론이고

---

[82] K. RAHNER, 「Sul concetto di mistero nella teologia cattolica」, 『Saggi teologici』, 434-435.
[83] 위와 같은 책, 435.
[84] 참조: . RAHNER, 「Sul concetto di mistero nella teologia cattolica」, 『Saggi teologici』, 436-437.

그 결정적 완성 안에도 항상 현존하고 있음을 이미 살펴보았다. 라너에 의하면, "신비"는 수많은 하느님의 이름들 가운데 하느님께 가장 적합한 이름이며, 하느님의 본질은 이 "신비"를 통해서 가장 잘 드러난다. 이 이름은 창조된 모든 사물을 무한히 초월하면서 형언할 수 없는 절대 신비로 머무시는 하느님의 신비적 본질을 제대로 규명해 주는 하느님의 이름이다. 이런 의미에서 하느님은 본질적으로 "데우스 미스티쿠스"(Deus mysticus, 신비의 하느님)라고 이해할 수 있다. 여기에서 "데우스 미스티쿠스"로서의 신비는, 인간 존재 안에 있는 초월의 지평처럼, 어떤 것에 의해서도 장악되지 않으면서 그 자체로 주도적인 신비를 말한다[85]. 이러한 관점에서 보면, 하느님의 신비는 유일한 실재가 되고, 그 결과 이 유일한 원초적 신비와 분리되어 있는 다른 신비들이란 있을 수 없게 된다. 그러므로 제1차 바티칸 공의회부터 이야기되기 시작한 복수로서의 신비들은 유일한 신비와는 모호한 관계에 있게 되고, 이 낱말의 원래 의미대로 불가사의한 것도, 신비를 신비인 것으로 놓아 두는 것도 아니면서, 신비를 정확한 어떤 것으로 인식하려는 시도로 남아 있게 된다[86].

유일한 신비와 동일한 지평에서 바라보면, 절대 존재를 지향하는 초월로서의 창조된 영을 포함하여, 모든 존재자는 신비 자체와 무한한 관계를 맺고 있으며, 절대 신비의 불가사의적 특성에 참여하게 된다. 따라서 창조된 존재자들은 이러한 관계 밖에서는 적절하게 이해될 수 없으며, 가장 하찮은 피조물에 대한 인식도 충만하게 이루어지기 위해서는 하느님에 대한 인식과 동일한 과정을 통해서만 가능해진다[87]. 이런 의미에서 실재에 대한 모든 이해는 궁극적으로 늘 "하느님 신비에

---

[85] 참조: K. RAHNER, 「Sul concetto di mistero nella teologia cattolica」, 『Saggi teologici』, 440-441; 라너, 『그리스도교 신앙 입문』, 91.
[86] 참조: 위와 같은 책, 439.
[87] 참조: 위와 같은 책, 444.

로 환원"(reductio in mysterium Dei)[88]된다고 말할 수 있다. 그러므로 유한자의 범주적 세계에는 절대적 신비들이 복수로 있을 수 없고, 인간에게 있어 하느님으로서의 하느님은 오로지 "신비"(mysterium)로만 존재하게 되는 것이다.

그럼에도 불구하고, 라너는 신비들 간의 필연적인 일치성과 유일한 신비와의 일치 관계 안에서 복수 신비들의 가능성을 열어놓는다[89]. 그러나 그렇다고 해서 신비들을 무한히 나열할 수 있는 것은 아니다. 모든 신비는 측정할 수 없을 정도로 참으로 심오하고 그러면서 하느님의 무한성을 나타내기 때문에, 신비들을 수량화할 수 있는 어떤 수가 있는 것은 아니다[90]. 라너에 의하면, 복수로서의 신비는 오직 세 가지 "신비들"만 가능하다. 삼위일체의 신비, 육화의 신비(또는 위격적 일치의 신비), 은총과 영광 안에서 인간을 성화시키는 "하느님-됨"(divinizzazione)의 신비(또는 지복직관과 초자연적 은총의 신비)가 바로 그것이다[91]. 다른 신비들은 이 세 가지 신비들 중의 하나로 환원된다. 예를 들면, 원죄의 신비는 인간의 초자연적인 '하느님이-됨'의 신비로 환원된다. 실체 변화의 신비와 구원론의 신비는 본질적으로 위격적 일치의 신비나 육화의 신비로 환원된다. 교회 직무와 관계되는 하느님의 법규들과 규정들, 그리고 성사들과 구원의 역사 같은 믿음의 신비들은, 하느님의 자유롭고 인격적인 역사(役使)로부터 솟아나오므로, 이들은 인간의 '하느님이-됨'의 신비로 환원된다[92]. 이렇게 보면, 복수 신비들은 유일하고 원초적인 신비가 구체화되고 더 분명하게 드러나는 것에 지나지 않는 것이다[93].

---

[88] 위와 같은 책, 445.
[89] 참조: K. RAHNER, 「Sul concetto di mistero nella teologia cattolica」, 『Saggi teologici』, 445.
[90] 참조: 위와 같은 책, 447.
[91] 참조: 위와 같은 책, 450. 라너는 이 세 가지 신비들을 "좁은 의미에서의 신비"(mysteria stricte dicta)라 규정한다(참조: 위와 같은 책, 447-450).
[92] 참조: K. RAHNER, 「Sul concetto di mistero nella teologia cattolica」, 『Saggi teologici』, 448-449.
[93] 참조: 위와 같은 책, 464.

지금까지 살펴본 신비에 대한 신학적 개념을 요약하면 다음과 같다. 신비는 수많은 하느님의 이름들 가운데 하느님에게 가장 적합한 이름으로, 인식론적으로 정의되거나 제한되는 개념이 아니다. 본질적으로 "신비이신 하느님"("데우스 미스티쿠스", Deus mysticus)은 지복직관 안에서조차도 이해할 수 없는 무한한 신비로 머물러 계신다. 그럼에도 불구하고 신비는 인간 주체와 단절된 타자로 단순하게 존재하지 않는다. 신비는 인간에게 존재론적으로 주어져 있는 초자연적 은총과 본질적으로 불가분리적 관계에 놓여 있어, 인간은 그 본성상 "신비이신 하느님"(Deus mysticus)을 지향하는 "신비의 인간"(homo mysticus)이기 때문이다[94]. 신비적 주체 안에 현존하는 신비는 상대적이고 유한한 인간에게는 근본적으로 불가해성을 지니고 있으나, 인간에게 영원한 행복이 되는 유일하게 명백한 실재이다. 신비는 인간 존재를 무한히 초월함과 동시에 유한한 피조물 안에 현존하는, 하느님의 본질을 가장 잘 드러내 주는 신적 본성이다. 이 신비가 바로 신비체험의 본연의 대상인 것이다.

2.1.2. 신비의 특성들

인식론적으로 정의될 수 없고 이해할 수 없는 신비는 다음과 같은 여러 특성들을 지니고 있는데, 이 특성들을 통하여 신비체험의 대상을 보다 더 잘 이해할 수 있게 된다.

(1) **숨어 있음과 현존**. 신비는 그 본성상 비주제적이고 익명적이며 형언할 수 없는 비규정적 개념으로, "숨어 계신 하느님"(Deus absconditus)의 본질과 잘 일치한다[95]. 그러기에 신비는 인간 존재에게는 전적으로 숨겨져 있으며, 이 숨어 있음은 신비의 본질적 특성 중 하나이다[96]. 이와 관련하여 탈출기는 "…내 얼굴을 보지는 못한다.

---

[94] 참조: K. RAHNER, 「Sulle vie future della teologia」, 『Nuovi Saggi V』, 73.
[95] 참조: K. RAHNER, 「A proposito del nascondimento di Dio」, 『Nuovi saggi VI』, 357.
[96] 참조: 위와 같은 책, 349-374.

나를 본 사람은 아무도 살 수 없다"(탈출 33,20)고 말하고, 요한복음 저자는 "아무도 하느님을 본 적이 없다"(요한 1,18)고 말한다.

숨어 있는 신비는 그러나 시공간적인 피조물 안에 항상 현존한다. "숨어 계신 하느님"(Deus absconditus)은 본질적으로 자기 자신을 피조물에게 양여하시는 "계시의 하느님"(Deus revelatus)이기 때문이다[97]. 성 파울로 역시 에페 4,6에서 신비의 현존에 대해 다음과 같이 증언한다: "만물의 아버지이신 하느님은 한 분이십니다. 그분은 만물 위에, 만물을 통하여, 만물 안에 계십니다". 우주 안에 현존하는 신비는 무엇보다 먼저 인간 안에 숨어 있으며, 이에 대해서는 초자연적 은총으로서의 초월적 지평이 인간의 심연 안에 신비로서 존재한다는 사실을 규명하면서 이미 살펴보았다. 인간은 존재론적으로 하느님의 신비 안에 존재하는 신비이다. 이와 관련하여 아우구스티노는 다음과 같이 고백한다: "늦게서야 당신을 사랑했습니다. 그토록 낡았면서도 그토록 새로운 아름다움이시여, 늦게서야 당신을 사랑했습니다! 그렇습니다. 당신께서는 제 안에 계셨고, 저는 제 밖에 있었습니다"[98]. "당신께서는 제 안의 가장 깊은 곳에 계셨고, 가장 그윽한 곳에 계셨습니다"[99]. 하느님의 신비는 이렇게 지금 여기(hic et nunc)에 계시고 숨어 현존하신다.

(2) 가시성(빛성)과 비가시성(어둠성). 하느님은 숨어서 현존하시는 신비이기에(참조: 콜로 1,15), 가시적이면서도 비가시적인 존재이다. 그런데 하느님은 그 본성상 완전한 사랑이기에 당신 자신을 다른 존재에게 계시하시지 않을 수 없다. 하느님의 사랑은 형언할 수 없이 아름다운 빛이다. 하느님은 본질적으로 형언할 수 없는 이 빛 속에서 계시된다. 이러한 신비는 성경에도 묘사되어 있으며, 하느님의 구원 계획의 신비는 그러한 형언할 수 없는 빛 가운데 드러난다

---

[97] 참조: 위와 같은 책, 366.
[98] A. AUGUSTINUS, 『Le confessioni』, (X,27,38), 332.
[99] 위와 같은 책, (III,6,11), 66.

(참조: 집회 42,18-19; 로마 11,25; 16,25; 에페 1,9; 3,3.5.9; 1코린 2,7.10). 형언할 수 없는 빛이 하느님의 형언할 수 없는 신비를 세상에 충만히 드러내는 것이다(참조: 요한 1,4-5.9). 그리고 계시적이고 공현적인 이 빛을 통해서 하느님은 볼 수 있게 된다. 그럼에도 불구하고, 하느님은 가까이 갈 수 없는 빛 가운데서 계시는(참조: 1티모 6,16), 숨어 있는 존재다. 하느님의 가시성은 숨어 있는 비가시적 가시성인 것이다. 이렇게 하느님의 신비는 현존하는 숨어 있음으로부터 비롯되는 두 가지의 본질적 속성, 즉 가시성과 비가시성, 빛성과 어둠성을 동시에 지니고 있다.

(3) **자연성과 초자연성**. 피조물 안에 현존하는 하느님 신비의 숨어 있음으로부터 신비의 또 다른 특성들, 즉 자연성과 초자연성이 비롯된다. 신비는 하느님께서 창조하신 자연 안에 현존한다는 의미에서 자연적이며, 그 본성상 피조물을 초월한다는 의미에서 초자연적이다. 이 때문에 라너는 자연적 신비들이란 명제를 받아들이면서도 순수하게 자연적인 신비는 존재하지 않는다고 말한다[100]. 신비의 자연성과 초자연성은 자연과 은총의 근본적인 일치를 그 기초로 하고 있다. 라너의 초월 신학에 의하면, 인간 존재는 초월에로 열려진 영이고, 이 영 안에 신비로서의 초월적 지평이 초월 체험이 이루어지도록 선험적이고 존재론적으로 주어져 있다. 이 신비적 열림은 그 자체로 초자연적 은총과 다르지 않으며, 이 은총에 의해 인간 존재는 초자연적으로 드높여진 영이 된다[101]. 따라서 신비적 존재의 초자연적 열림은 인간의 본성에 해당된다 하겠다[102]. 이러한 관점에서 바라보면, 실제 세계에 있는 자연은 결코 순수하게 "순수한" 자연일 수

---

[100] 참조: K. RAHNER, 「Sul concetto di mistero nella teologia cattolica」, 『Saggi teologici』, 411; K. RAHNER – H. VORGRIMLER, 「Mistero」, 『DizTeol』, 397.
[101] 참조: K. RAHNER, 「Natura e grazia」, 『Saggi di antropologia soprannaturale』, 113-115.
[102] 참조: 위와 같은 책, 119.

없으며, 늘 초자연적 질서 안에 있는 자연이고, 끊임없이 초자연적인 구원의 은총에 의해 둘러 싸여져 있는 자연인 것이다.[103]

(4) 초월론성(초월과 내재). 신비는 하느님의 초월론적 실재로서, 초월론적 특성들을 지니고 있다. 여기에 사용된 "초월론적"(trascendentale)이라는 형이상학적 용어는, 13세기 말부터 사용되어 온, 모든 사물이 공통적으로 지니고 있는 속성들을 의미한다.[104] 이러한 의미에서 "초월론적"이라는 말은 "범주적"(categoriale)이라는 용어와 대칭되고, "초월의"나 "초월하는"(trascendente)이라는 용어와 같은 의미를 지니게 된다.[105] 이 같은 형이상학적 관점에서 바라보면, 신비는 모든 범주적 사물들을 뛰어넘는다는 의미에서 "초월"(trascendenza)의 성격을 지닌다. 한편, 라너가 가져온 칸트의 사상 안에서 "초월론적"(trascendentale)이라는 용어는, 첫째, 선험적인(a priori) 개념으로서의 사물이든, 범주적인 사물이든, 사물의 가능성의 조건을 의미하고, 둘째, 사물을 고찰할 때에 "사물 그 자체"로서가 아니라 "현상"으로서의 조건을 뜻한다.[106] 이러한 관점에서 보면, "초월론적"(trascendentale)이라는 용어는, "모든 체험들 저 건너에 있는 것"이 아니라, "체험을 앞서는 것", 즉 경험적인 것과 대조된다는 의미에서, 선험적인(a priori) 것을 의미하게 된다.[107] 이를 칸트적인 전망에서 비추어보면, 인간 안에는 초월 체험의 조건으로 신비가 선험적이고 비주제적으로 존재하기 때문에, 창조된 인간 존재 안에 현존한다는 의미에서 신비는 또한 내재라는 개념을 지니게 된다. 그 결과, 유일한 신비의 초월론성은 초월과 내재의 특성을 동시에 지니게 되며, 어떤 측면에서는, 경륜적 삼위일체 하느님과 내재적 삼위일체 하느님과의 일치와도 연결되어

---

[103] 참조: 위와 같은 책, 112.
[104] 참조: N. ABBAGNANO, 「Trascendentale」, 『DizAbba』, 1117.
[105] 참조: A. CARLINI, 「Trascendentale」, 『EnciFilo 8』, 347.
[106] 참조: N. ABBAGNANO, 「Trascendentale」, 『DizAbba』, 1117.
[107] N. ABBAGNANO, 「Trascendentale」, 『DizAbba』, 1117.

있다고 말할 수 있다[108]. 이렇게 신비체험의 대상으로서의 신비는 시공간적이고 범주적인 세계를 뛰어넘는 초월의 특성을 지님과 동시에 범주적 세계 안에 현존한다는 의미에서 내재의 특성도 지니고 있다.

(5) **보편성**. 초월론적 속성을 지니는 정의 불가능한 신비 개념으로부터 비롯되는 또 다른 신비의 특성은 보편성이다. 하느님에게 가장 적합한 이름인 신비는 형이상학적 보편성 이외에 본질적으로 신학적 보편성도 지니고 있다. 그 이유는 이 하느님의 이름이 본성상 모든 곳에 두루 계시는 하느님의 정의 불가능한 본질을 잘 드러내기 때문이다. 그러므로 신비의 편재성은 제한될 수 없는 하느님으로부터 비롯되는 그분의 무한성을 나타내는 것이기도 하다[109]. 즉, 신비는 우주 전체 안에 현존하는 보편성을 지니고, 모든 피조물들은 이 신비와 보편적인 관계를 맺고 있는 것이다.

신비가 지니고 있는 본질적인 특성들, 즉 숨어 있음과 현존, 가시성과 비가시성, 자연성과 초자연성, 초월성과 보편성을 종합하면, 이 모든 특성들은 근본적으로 숨어 현존하는 신비의 성격과 관계가 있다. "숨어 있음"이라는 용어는 신비가 동시에 비가시적이면서 가시적이고, 어두우면서 빛나고, 자연적이면서 초자연적이고, 초월이면서 내재적인, 즉 초월론적이라는 것을 의미한다. 이렇게 신비는 지금 여기 보편적으로 현존한다.

2.1.3. 신비와 영의 관계

신비는 초월적 속성들처럼 정의할 수 없는 개념으로, 숨어 있음과 현존, 가시성(빛성)과 비가시성(어둠성), 자연성과 초자연성, 초월

---

[108] 라너는 신비의 유일성을 전개시키면서 내재적 삼위일체와 구원 경륜적 삼위일체의 동일성을 주장한다(참조: K. RAHNER, 「Sul concetto di mistero nella teologia cattolica」, 『Saggi teologici』, 458-460).
[109] 참조: C. MICHON, 「Onnipresenza divina」, 『DizCrit』, 941.

론성과 보편성 같은 특성들을 지니고 있다. 이러한 신비의 성격은 영의 특성과도 일치한다. 신비체험에서는 신비와 영이 유사하다는 말이다. 이 때문에, 신비 체험의 실제 세계에서는 신비와 영이 다른 개념들임에도 불구하고 항상 이 둘을 동시에 체험하게 된다. 칼 라너 역시 신비의 개념을 영과의 관계 안에서 다음과 같이 설명한다: "이는[신비는] (무한한) 전체로서 유한하고 창조된 영에 현존하며, 이 영은 그 본질상 무한에로 열려져 있다. 따라서 영은, 무한을 향해 열려진 상태로서, 이해 불가한 존재를 이해 불가한 존재로, 즉 불변의 신비를 받아들이는 가능성을 의미한다"[110]. 라너의 신학 사상 안에서 신비는 영으로 존재하는 인격적 주체의 기초요 목적이다[111]. 뿐만 아니라 라너는 신비체험을 신비에 대한 초월 체험과 성령에 대한 체험으로 정의하면서, 간접적으로 하느님의 신비를 **영**과 동일시한다[112]. 라너의 신비 신학 안에서 성령의 체험은 곧 신비 체험이며, 신비 체험은 곧 성령의 체험인 것이다. 이러한 신비와 영의 불가분리적 관계는 신약 성경과 교부들 안에서도 찾아볼 수 있다.

라틴어 "스피리투스"(spiritus)에 해당되는 그리스어 "프네우마"($\pi\nu\varepsilon\hat{v}\mu\alpha$)는 "프네어"($\pi\nu\acute{\varepsilon}\omega$) 동사에서 온 말로, 자연과 생명의 기본 요소로서의 힘을 의미하는데, 이 힘의 내적 외적 효력은 공기가 흐르고, 바람이 불고, 숨을 들이쉬고 내쉴 때에 알아보게 되며, 이를 은유적으로 이해하면, 영감을 받아 영이 가득 차 열정적으로 휘어잡는 영의 호흡 안에서 알아차리게 된다[113]. 그리스 사상 안에서 "프네우마"는 바람이나 숨을 뜻하고, 은유적 의미로는 생명이나 영혼 또는 정신을 의미한다. 또한, 이 낱말에는 좀 비밀적으로 작용하는 일정한 기능도 숨겨져 있다. "비밀스러운"이라는 의미에서 보면, "프네우마"는 어원적으로 "뮈스태

---

[110] K. RAHNER – H. VORGRIMLER, 「Mistero」, 『DizTeol』, 396.
[111] 참조: K. RAHNER, 「Unità – amore – mistero」, 『Nuovi saggi II』, 635-638.
[112] 참조: K. RAHNER, 「Esperienza dello Spirito Santo」, 『Nuovi saggi VII』, 277-308.
[113] 참조: H. KLEINKNECHT, 「Πνεῦμα」, 『LessKittel. Vol. X』, 776.

리온"($\mu\nu\sigma\tau\acute{\eta}\rho\iota o\nu$)이라는 낱말과 공통적인 의미를 지니는 것이다. 이런 관점에서 "프네우마"는, 물질적이고 범주적인 실재들과는 다른, 생명력이 있으면서 동시에 육체의 눈에는 보이지 않는 실재를 의미한다[114].

요한복음 저자는 "뮈스태리온"이라는 낱말을 사용한 적이 한 번도 없다. 그러나 이 복음서에는 "프네우마"라는 낱말이 신비라는 뜻을 지니는 경우들이 있다. 예를 들면, 요한 3,8의 경우이다: "바람은 불고 싶은 대로 분다. 너는 그 소리를 들어도 어디에서 와 어디로 가는지 모른다. 영에서 태어난 이도 다 이와 같다". 이 구절의 그리스어 원문에는 바람과 영이 모두 "프네우마"($\pi\nu\epsilon\hat{u}\mu\alpha$)라는 말로 표현되어 있다[115]. 이 인용문의 첫 부분, 즉 "바람은 불고 싶은 대로 불고, 너는 그 소리를 듣는다"는 구절은 "프네우마"(바람)의 기원과 목표가 비밀스럽게 숨겨져 있어, 인간의 시야로부터 감추어져 있음을 말하고 있다. 따라서 아무도 "프네우마"(바람)를 볼 수 없고, 다만 그 효과를 통해 스치는 소리를 감지할 수 있다. 복음서 저자는 이 8절을 인간의 새로운 태어남에 관한 예수와 니코데모의 대화 속에 넣으면서, "프네우마"(**영**)를 통해 위로부터 태어남에 대해 언급하는 가운데 "프네우마"(영)가 영이 비가시적인 실재로서 신비를 뜻함을 암시하고 있다[116]. 한편, 복음서 저자는 4장 24절에서 "하느님은 **영**"이라고 단언한다. 이 구절은 모든 지상적이고 인간적인 존재로부터 분리되어 존재하는 하느님이 창조된 사물들의 모든 존재양식들을 초월하는 영적인 선물들의 원천임을 되새겨 주고 있다[117]. 인간들의 존재를 새롭게 태어나게 하는 "프네우마"(영)를 주시는 하느님의

---

[114] 참조: A. M. GERARD – A. NORDON-GERARD, 「Spirito」, 『Dizionario della Bibbia』, 1592.

[115] 참조: R. BROWN, 『Giovanni』, 171. 불가타 번역본에서는 논의 중에 있는 구절의 "프네우마"($\pi\nu\epsilon\hat{u}\mu\alpha$)를 "스피리투스"(spiritus)라 번역하였다(참조: 『Nova Vulgata』, 1589).

[116] 참조: R. SCHNACKENBURG, 『Il vangelo di Giovanni. Parte prima』, 535-536; R. BROWN, 『Giovanni』, 185-186.

[117] 참조: R. SCHNACKENBURG, 『Il vangelo di Giovanni. Parte prima』, 651; 『La Bibbia da studio』, la nota b, 2425.

행위를 묘사하면서, 보이지 않는 하느님의 지극함과 거룩함을 표현하는 것이다[118]. 이러한 고찰로부터, "프네우마"(영)라는 말은 신비적이고, 비가시적이며 초월적인 하느님의 실재를 뜻한다는 사실을 추론할 수 있다.

루돌프 슈나켄부륵(R. Schnackenburg)과 레이몬드 브라운(R. Brown)은 "하느님은 **영**"이라는 표현이 하느님의 본질에 대한 정의가 아니라고 주장하는데[119], 이와 달리 이브 시모엥(E. Simoens)은 하느님은 **영**으로 정의된다고 주장한다[120]. 그러나 이러한 관점은 이미 교부 시대부터 등장하고, 몇몇 저자들은 하느님의 본질을 논의하면서 "영"의 개념을 발전시킨다. 예를 들면, 볼린스키(J. Wolinski)는 테르툴리아노(Tertulliano, ca. 160-225)의 신학 사상 안에서 "하느님의 **영**은 성령과 성자도 지칭하고, 하느님의 본질, 즉 성자와 성령 안에서 펼쳐지는 성부도 지칭한다"고 설명한다. 그리고 계속해서 말한다: "성령은 성부의 전체 실체의 한 '몫'이다. 성령은, 성부와 함께 셈해지는 '성자' 안에 있기 때문에, 애당초부터, 즉 영원으로부터, 성부와 함께 셈해진다"[121]. 이러한 설명에 의하면, **영**은 세 위격 모두와 상응하는 삼위일체 신비의 본질과 관계된다. 이는 힐라리오(Ilario di Poitiers, ca. 315-367)의 작품 『삼위일체에 대하여』(De Trinitate)에도 나타나는데, 여기에서 힐라리오는 다음과 같이 말한다: "이와 관련하여 이 세 번째 이름, 즉 성령이 자주 성부와 성자를 가리키는 데에 사용되고 있다는 사실을 모르거나 의심하면서 살아가는 사람들이 있다고 여겨진다. 그러나 이와 관련된 어려움은 없다: 사실, 성부도 성자도 **영**이시고 거룩하시다"[122].

---

[118] 참조: R. SCHNACKENBURG, 『Il vangelo di Giovanni. Parte prima』, 651; R. BROWN, 『Giovanni』, 225-227.
[119] 참조: R. SCHNACKENBURG, 『Il vangelo di Giovanni. Parte prima』, 651; R. BROWN, 『Giovanni』, 225.
[120] 참조: Y. SIMOENS, 『Secondo Giovanni』, 277.
[121] J. WOLINSKI, 「Spirito Santo(B. Teologia storica e sistematica)」, 『DizCrit, 1284』; 참조: J. MOINGT, 『Théologie trinitarie de Termullien. Vol. III』, 1064.
[122] "Manere autem hinc quosdam in ignorantia adque ambiguitate existimo, quod hoc tertium, id est quod nominatur Spiritus sanctus, uideant pro Patre et Filio frequenter intellegi. In quo nihil scrupuli est: siue enim Pater

힐라리오가 언급하고 있는 **영**은 삼위 가운데 한 분이신 제3위격으로서의 성령을 뜻하는 것이 아니라, 세 위격들의 공통 본질인 신비를 뜻하는 것으로 해석된다. 그런 해석의 증거는 『삼위일체에 대하여』에서 찾아볼 수 있다. 힐라리오는 말한다: "[사도가] '주님은 영'이시라고 말할 때, 이는 하느님의 무한한 본성을 가리키는 것이다"[123]. 이 구절에서 힐라리오는 영을 하느님의 무한한 본성으로 설명하는데, 그 핵심적인 의미는 거룩한 신비에 있다. 뿐만 아니라 힐라리오는 "하느님은 영"이라는 요한복음의 구절을 풀이하면서, 보이지 않고 이해할 수 없으며 무한한 하느님의 특성과 모든 사물들 안에 충만하게 존재하는 **영**의 무한한 편재성을 지적하는데[124], 영의 이 모든 특성들은 하느님의 신비와 관계가 있다. 그러므로 이 구절들에 나타나는 **영**의 개념은 하느님 신비에 대한 오늘날의 개념과 같다 하겠다.

힐라리오와 같은 관점에서 아우구스티노(Agostino, 354-430) 역시 그의 작품 『삼위일체에 대하여』(De Trinitate)에서 다음과 같이 말한다: "성경에서 '하느님은 영'이라고 말하는 바와 같이, 성령은 일반적인 의미에서 다루어질 수 있는 표현이다. 왜냐하면, 성부도 영이시고 성자도 영이시며, 성부도 거룩하시고 성자도 거룩하시기 때문이다. 그러므로 성부와 성자와 성령은 오직 한 하느님이시고 하느님은 거룩하시며 하느님은 영이시기 때문에, 성부와 성자와 성령은 '삼위일체'이시고 '영'이시고 '거룩하시다'고 부를 수 있다"[125]. 이 구절에서 아

---

siue Filius et Spiritus sanctus est"(PICTAVIENSIS HILARIUS, 『De Trinitate』, II,30, 65).

[123] "Ita cum ait: 'Dominus Spiritus est', naturam infinitatis eius ostendit" (PICTAVIENSIS HILARIUS, 『De Trinitate』, II,32,68).

[124] "Ergo quia Deus inuisibilis inconpraehensibilis inmensus est, ait Dominus uenisse tempus ut non in monte uel templo Deus sit adorandus: quia Spiritus Deus est, et Spiritus nec circumscribitur nec tenetur, qui per naturae suae uirtutem ubique est neque usquam abest omnibus omnes exuberans"(위와 같은 책, II,31,67).

[125] "Spiritus vero Sanctus, secundum id quod scriptum est: Quoniam Deus Spiritus est, potest quidem universaliter dici quia et Pater Spiritus et Filius Spiritus, et Pater sanctus et Filius sanctus. Itaque Pater et Filius et Spiritus

우구스티노는 힐라리오와 같은 관점에서 **영**을 하느님의 본성으로 이해하고 있고, 이 영은 신비로서 해석될 수 있다. 왜냐하면, 영으로서의 성부도 신비이고 영으로서의 성자도 신비이기 때문이다. 그리고 아우구스티노 사상 안에서 성부와 성자와 성령은 영으로 말미암아 한 분 하느님이 되시기에, 삼위 하느님은 영으로서 일체가 되는 것이고, 삼위일체 하느님은 그 본성상 신비이기에, 성부 성자 성령을 일체가 되게 하는 영 또한 삼위일체의 본질로서 신비라고 해석할 수 있다. 이러한 해석은 성령을 삼위일체 하느님의 실체로서의 성령과 삼위 가운데 한 분이신 제3위격으로서의 성령으로 구별하는 아우구스티노 자신에 의해 뒷받침된다: "성령을 다른 위격들과 구별하여 부를 때, 성령은 삼위일체라는 의미에서가 아니라 삼위일체의 한 위격이라는 의미에서, 성령을 성부와 성자와 관련시키면서 상대적으로 이해하는 것이다. 왜냐하면, 성령은 성부의 영이고 성자의 영이기 때문이다."[126]. 이 문장에서 아우구스티노는 삼위일체의 세 위격 중 한 분으로서의 성령을 세 위격의 공통 이름으로서의 성령으로부터 분명하게 구별하고 있다[127]. 이런 경우 성부와 성자의 공통 본질로서의 성령은 삼위일체의 신비를 뜻하는 것이라고 이해할 수 있다[128].

Sanctus, quoniam unus Deus et utique Deus sanctus est, et Deus Spiritus est potest appellari Trinitas et Spiritus et Sanctus"(A. AUGUSTINUS, 『De Trinitate』, [5,11,12], 252).

[126] "Sed tamen ille Spiritus Sanctus qui non Trinitas sed in Trinitate intellegitur in eo quod proprie dicitur Spiritus Sanctus, relative dicitur cum et ad Patrem et ad Filium refertur, quia Spiritus Sanctus et Patris et Filii Spiritus est" (위와 같은 책, [5,11,12], 252).

[127] "Ergo Spiritus Sanctus ineffabilis quaedam Patris Filiique communio, et ideo fortasse sic appellatur, quia Patri et Filio potest eadem appellatio convenire. Nam hoc ipse proprie dicitur quod illi communiter quia et Pater spiritus et Filius spiritus, et Pater sanctus, et Filius sanctus"(위와 같은 책, [5,11,12], 252).

[128] 신비로서의 영과 관련하여, 발타사르(H. U. von Balthasar)는 "성부와 성자 사이를 흐르고 있는 하느님의 신비는 성부와 성자의 유일한 공통 영에게 주어지는 이름"이라고 말한다(H. von BALTHASAR, 『Nella preghiera di Dio』, 117).

『삼위일체에 대하여』를 전개해 나가면서 아우구스티노는 같은 논리로 삼위일체의 실체와 사랑은 구별되는 두 개가 아니며 **영**은 사랑과 동일하다는 사실을 논증한다[129]. 아우구스티노는, 먼저, 삼위일체의 본성을 **영**으로 해석하고, 이어서 1요한 4,8과 16의 "하느님은 사랑"이라는 구절을 해석하는 가운데, 삼위일체의 실체를 사랑으로 설명하고, 삼위일체의 본질이 사랑으로서의 **영**임을 밝혀냄으로써, 삼위일체의 신비를 보다 분명하게 풀어낸다[130]. 물론, 이러한 해석은 성령이 곧 삼위일체 자체로 이해된다는 뜻이 아니라, 삼위일체 신비의 핵심이 성령이라는 말이다. 이런 의미에서 아우구스티노에게 있어 성령의 개념은 신비체험의 대상으로 제시된 신비 개념과 동일하다고 말할 수 있다.

지금까지 간략하게 삼위일체와의 관계 안에서 성령에 관한 테르툴리아노, 힐라리오 그리고 아우구스티노의 사상을 살펴보았고, 이를 통해 이 학자들이 삼위일체 하느님의 본질인 **영**과 삼위일체의 제3위격

---

[129] "Si ergo proprie aliquid horum trium caritas nuncupanda est, quid aptius quam ut hoc sit Spiritus Sanctus? Ut scilicet in illa simplici summaque natura, non sit aliud substantia et aliud caritas; sed substantia ipsa sit caritas, et caritas ipsa sit substantia, sive in Patre, sive in Filio, sive in Spiritu Sancto, et tamen proprie Spiritus Sanctus caritas nuncupetur"(H. von BALTHASAR, 『Nella preghiera di Dio』, [15,17,29], 676).

[130] "Quapropter si sancta Scriptura proclamat: Deus caritas est; illaque ex Deo est, et in nobis id agit ut in Deo maneamus, et ipse in nobis, et hoc inde cognoscimus, quia de Spiritu suo dedit nobis, ipse Spiritus est Deus caritas. Deinde, si in donis Dei nihil maius est caritate, et nullum est maius donum Dei quam Spiritus Sanctus, quid consequentius quam ut ipse sit caritas, qui dicitur et Deus et ex Deo? Et si caritas qua Pater diligit Filium, et Patrem diligit Filius, ineffabiliter communionem demonstrat amborum; quid convenientius quam ut ille dicatur caritas proprie, qui Spiritus est communis ambobus? Hoc enim sanius creditur vel intellegitur, ut non solus Spiritus Sanctus caritas sit in illa Trinitate, sed non frustra proprie caritas nuncupetur, propter illa quae dicta sunt. Sicut non solus est in illa Trinitate, vel spiritus vel sanctus, quia et Pater spiritus, et Filius spiritus, et Pater sanctus, et Filius sanctus, quod non ambigit pietas: et tamen ipse non frustra proprie dicitur Spiritus sanctus. Quia enim est communis ambobus, id vocatur ipse proprie quod ambo communiter"(위와 같은 책, [15,19,37], 688).

인 성령을 구별하고 있음을 확인하게 되었다[131]. 이러한 삼위일체의 본질로서의 **영**의 개념은 앞에서 고찰한 신비의 개념과 일치한다. 물론, **영**은 삼위일체의 한 위격이고 신비는 삼위일체의 위격적 개념이 아니기 때문에, 신비 개념과 **영** 개념 사이에는 분명한 차이가 있다. 그럼에도 불구하고, 이 두 용어는 공통된 뜻을 지니고 있으며, 이 때문에 신비와 **영**은 신비 체험의 실제 안에서는 구별 없이 신비체험의 같은 대상들로 나타난다. 그런 관점에서 신비에 대한 체험은 곧 **영**에 대한 체험이 되고, **영**에 대한 체험은 곧 신비에 대한 체험이 된다[132].

2.2. 신비체험의 방법으로서의 관상

이 장의 앞부분에서 제시한 신비체험의 정의들은 신비체험의 방법에 대해 특별하게 언급하고 있지 않다[133]. 방법적 차원을 언급하고 있

---

[131] 위에서 언급한 세 학자들은 요한 4,24을 주석하면서 "**영**"(Spiritus)이라는 용어를 하느님의 비물질적인 본성을 의미하는 것으로 이해하는데, 이러한 관점은 요한 크리소스토모(Giovanni Crisostomo, +407), 몹수에스티아의 테오도로(Teodoro di Mopsuestia, +428), 알렉산드리아의 치릴로(Cirillo di Alessandria, 370/380-444) 같은 다른 옛 저자들 안에서도 찾아볼 수 있고, 근대 시기까지 중세 신학자들의 해석도 공통 선상에 놓여 있다. 특히 도이츠의 루페르토(Ruperto di Deutz)는 "하느님의 비육체적인 본질을 의미하는 한, '영'이라는 이름은 유일한 하느님의 세 위격 모두에게 적합한 이름이며, '거룩하다'는 용어도 마찬가지이다; 우리의 저자는, 하느님의 유일한 본질 안에서 세 위격에 공통된 '성령'이란 호칭이 제3위격에게만 주어진 이유를, 이 셋째 위격이 자신의 영원한 기원을 다른 두 위격으로부터 취한다는 사실에서 찾는다"고 주장한다(G. FERRARO, 『Lo Spirito Santo nei commentari al quarto Vangelo di Bruno di Segni, Ruperto di Deutz, Bonaventura e Alberto Magno』, 54).
[132] 이와 관련하여, 라너는 신비체험을 **영**의 체험이라 규정하고(참조: K. RAHNER, 『Esperienza dello Spirito Santo』, 『Nuovi saggi VII』, 289-291), 마리탱(J. Maritain)은 "신비체험의 삶은 성령의 선물로부터 지속적인 영향을 받는 특징을 지닌다"고 말한다(J. MARITAIN, 『Vita di preghiera, liturgia e contemplazione』, 60-77).
[133] 맥긴(B. McGinn)은 관상이나 하느님에 대한 바라봄을 신비체험의 주요 범주 중의 하나로 제시하고 있으나, 이를 신비체험의 정의에는 포함시키지 않는다(참

는 정의들은 제르송, 예수 마리아의 요한, 뤼박, 라 그루아, 안칠리, 이탈리아어 사전 『데 마우로』(De Mauro)의 정의들 정도이다. 신비체험의 방법은 신비체험의 개념을 보다 더 분명하게 밝히기 위해서 반드시 고려해야 할 필수 요소 중의 하나이다. 그러나 방금 지적한 정의들에 제시된 방법들도 신비체험의 방법으로는 적합하지 않은 것으로 보여진다. 제르송의 정의에는 신비체험의 방법과 목적 사이에 모호성이 있다. 왜냐하면, "영적인 애정의 일치를 통해"(per coniunctionem affectus spiritualis)라는 표현은 마치 신비체험의 방법같이 묘사되어 있지만, 실제로는 신비체험의 목적에 더 적합하기 때문이다. 예수 마리아의 요한은 신비체험의 방법으로 의지의 일치와 위로부터 내려오는 빛을 언급하고 있으나, 의지의 일치는 방법과 목적 양쪽에 모두 상응하기 때문에 역시 모호하다 하겠다. 뿐만 아니라, 의지의 일치를 신비체험의 방법으로 받아들인다 해도, 신비체험의 방법을 의지 차원에로 축소시키는 문제가 여전히 남는다. 한편, 라 그루아는 "하느님의 행위 아래 우리의 수동성"이란 표현을 통해 방법적 차원을 언급하고 있으나, 이는 방법의 한 측면에 지나지 않는다. 이외에 뤼박, 안칠리, 『데 마우로』 사전은 신비체험의 방법으로 "신비의 내면화"나 "성령의 특별한 작용", 또는 "수덕"을 언급하지만, 이러한 용어들은 너무 일반적이고 광범위해서, 신비체험의 구체적이고 고유한 방법을 나타내기에는 적합하지 않은 것으로 여겨진다.

일부 신학자들은 신비 체험의 방법으로 관상을 언급한다. 예를 들면, 굴리엘모 생 티에리(Guglielmo di Saint Thierry)는 관상은 하느님과의 참된 영적 일치나 '하느님-됨'(deificazione)을 실현시킨다고 설명하고[134], 예수 마리아의 요한은 지혜의 옷, 관상, 의지를 통한 하

조: B. McGinn, 『Storia della mistica cristiana in occidente. Le origini [I-V secolo]』, xiv).

[134] 참조: H. Egan, 『I mistici e la mistica』, 184.

느님 감지와 같은 신비 신학의 세 가지 요소 중 하나로 관상을 지적한다[135]. 현대 신학자들 가운데서도 몇몇은 관상을 분명하게 신비 체험의 방법으로 제시한다. 예를 들면, 무라(E. Mura)는 신비 체험을 "헌신적인 관상을 통하여 영적인 실재 속으로 잠겨 들어가는 이의 마음 상태"[136]라 정의하고, 비앙키(E. Bianchi)는 "관상은…진정한 크리스천 삶의 목적이 아니라 하느님의 생명에 참여하기 위한 하나의 수단"[137]이라고 주장한다. 이러한 신학자들의 타당한 견해에 따라 이 논문에서는 관상을 신비체험의 적절한 방법으로 규정하고자 한다.

관상이라는 용어는, 제1장에서 이미 지적한 바와 같이, 교부 시대부터 중세 후기까지 신비체험과 동일한 의미로 사용되었다. 이러한 경향은 20세기에도 남아 있으며[138], 현재는 이 용어의 우선적 사용이, 내면성, 인식, 사랑이라는 의미를 함축적으로 지니는 가운데, 기도와 하느님과의 관계를 가리키는 데로 기울고 있다[139]. 그러나 이 논문에서는 관상과 신비체험을 명확하게 구별하고, 기도 형태로서의 관상 기도와도 분명하게

---

[135] 참조: GIOVANNI DI GESÙ MARIA, 『La teologia mistica』, 20.
[136] E. MURA, 『Mistica』, 『EnciCatto VIII』, 1135. 한편, 무라는 정확한 신학적 의미로 신비체험을 "영혼이…하느님과 가장 깊은 일치에 도달하게 되는, 가장 드높여진 영적인 삶의 상태"라 정의한다(위와 같은 책, 1135-1136).
[137] E. BIANCHI, 『La contemplazione: non opzione ma necessità di tutti i francescani』, 『Chiara… ti ascolto』, 39.
[138] 예를 들면, 버틀러(C. Butler)의 『서방 신비주의. 관상과 관상 생활에 관한 아우구스티노, 그레고리오, 베르나르도의 가르침』이라는 저서 제목에서 볼 수 있는 바와 같이, 이 영국 베네딕토 수도자는 관상의 개념을 신비체험과 구별하지 않고 있다. 델리오(I. Delio) 또한 관상이라는 용어를 신비체험과 동의어로 사용한다 (참조: I. DELIO, 『Toward a new theology of Franciscan contemplation: the mysticism of the historical event』, 132). 니콜라(J. Nicolas)는 관상과 신비 체험을 구분은 하지만, 이들의 차이점에 대해서는 언급하지 않는다(J. H. NICOLAS, 『Contemplazione e vita contemplativa nel cristianesimo』, 36-38.49). 이외에도 여러 신학자들 안에서 관상 개념이 신비체험의 개념과 거의 같은 개념으로 사용되고 있다(참조: E. MARIANI, 『L'esperienza francescana di Cristo nella contemplazione』, 『Lettura spirituale-apostolica delle Fonti Francescane』, 104).
[139] 참조: F. RUIZ, 『Le vie dello spirito』, 326.

구분함으로써, 관상이 신비 체험의 본연의 방법이며, 신비체험의 본질적 요소들 중 하나임을 정확하게 밝히고자 한다. 즉, 관상 기도는 신비체험의 방법인 관상 가운데 일부만을 나타내는 상대적이고 지엽적인 개념임에 비해, 관상은 모든 신비 체험에 적용될 수 있는 보편적이고 일반적인 개념으로 규명하려는 것이다[140]. 이러한 관점에서 바라보면, 관상은 신비 체험의 본질적인 요소들 중 하나가 되며, 관상 성소의 보편적 특성도 신비 체험의 보편성에 따라 그대로 유지가 된다. 그러므로 신비체험의 방법으로서의 관상은 관상의 보편성과 모순되지 않는 것이다[141].

2.2.1. 관상의 개념

라틴어 "콘템플라리"(contemplari) 동사(이 동사로부터 콘템플라찌오[contemplatio]라는 명사가 파생되었다)는 놀람과 감탄으로 오랫동안 바라보는 것을 의미하는데, 이 동사는 "쿰"(cum)과 "템플룸"(templum)으로 이루어진 합성어이다. 이 낱말의 첫 번째 요소는 동시성, 공동성, 일치를 의미하는 전치사이고, 두 번째 요소는 창공, 눈에 보이는 하늘로 둘러싸여진 공간, 또는 신성한 대상에게 바쳐진 신전을 뜻하는 명사이다[142]. 이 두 낱말은 어원적으로 하늘 공간이나 신전에 거

---

[140] 참조: V. BATTAGLIA, 『Cristologia e contemplazione』, 18.
[141] 참조: B. MCGINN, 『Storia della mistica cristiana in occidente. Le origini (I-V secolo)』, 378.
[142] 참조: L. BORRIELLO – M. HERRAIZ, 『Contemplazione』, 『DizMist』, 338. 윌리엄 섀넌(William H. Shannon)은 라틴 말 "템플룸"(templum, 신전)의 어원적 의미를 다음과 같이 풀이한다: "로마인들에게 '템플룸'은 점술가들이 징조들을 읽어낼 수 있도록 그들에게 떼어준 하늘이나 지상의 공간이었다. 따라서 이는 다른 공간들과는 분리된 신성한 공간이었으며, 여기에서 점술가들은 새들의 내장을 조사하였다. 그래서 신전은 어떤 신성한 사람들이 신의 뜻과 목적을 알아내기 위해서 '사물들(동물들)의 배속'을 살펴보는 장소였다"(W. H. SHANNON, 『Contemplation - Contemplative Prayer』, 『The New Dictionary of Catholic Spirituality』, 209-210).

주한다는 의미를 지니고 있으나, 점차 장소보다는 실재의 내부를 바라본다는 뜻을 갖게 된다.[143]

"관상"(contemplatio)과 "관상하다"(contemplari)는 말들은 그리스도교 안으로 들어오면서 하느님에 대한 바라봄을 가리키고, 나중에는 신비 체험을 뜻하는 전문적인 용어로 바뀌어 간다. 라틴어 "콘템플라찌오"(contemplatio)에 해당되는 그리스 말은, 뭔가를 주의 깊게 어떤 목적을 갖고 응시하고, 관찰하고, 바라보는 것을 뜻하는 "테어레어"($\theta\epsilon\omega\rho\acute{\epsilon}\omega$) 동사에서 파생된 "테어리아"($\theta\epsilon\omega\rho\acute{\iota}\alpha$)이다. "테어리아"는 알렉산드리아의 클레멘스를 통해 처음으로 그리스도교 신학 용어 안으로 들어온다.[144] 클레멘스에 의하면, "테어리아"의 궁극적 대상은 최고의 "그너시스"($\gamma\nu\omega\sigma\iota\varsigma$), 즉 "하느님을 인식하는 것" 또는 "하느님을 보는 것"이다.[145] "테어리아" 명사는 신약 성경에 나타나지 않으나 이 용어 대신에 이와 비슷한 의미를 지닌 "블레퍼"($\beta\lambda\acute{\epsilon}\pi\omega$, 116번), "테어레어"($\theta\epsilon\omega\rho\acute{\epsilon}\omega$, 58번), "호라어"($\acute{o}\rho\acute{a}\omega$, 114번), "에이더"($\epsilon\acute{\iota}\delta\hat{\omega}$, 623번), "테아오마이"($\theta\epsilon\acute{a}o\mu\alpha\iota$, 22번) 같은 동사들이 나타난다.[146] 이 낱말들을 살펴보면, 하느님을 보고 그분의 신비를 바라본다는 의미에서 관상이 무엇인지 파악할 수 있게 된다. 이 논문에서는 요한복음을 주로 살펴볼 것이다. "바라봄"은 이 복음서의 가장 중요한 주제들 중의 하나일 뿐만 아니라[147], 이 논문의 주요 연구 대상인 아씨시의 프란치스코 또한 관상과 관련하여 특별히 이 복음서의 영향을 크게 받았기 때문이다.

첫 번째로 살펴볼 동사는 "블레퍼"($\beta\lambda\acute{\epsilon}\pi\omega$)이다. 이 동사는 요한복음에 17번 나타나는데, 대체로 물질적인 바라봄이나 시각적인 바

---

[143] 참조: L. BORRIELLO – M. HERRAIZ, 「Contemplazione」, 『DizMist』, 338; W. H. SHANNON, 「Contemplation - Contemplative Prayer」, 『The New Dictionary of Catholic Spirituality』, 210.
[144] 참조: L. BORRIELLO – M. HERRAIZ, 「Contemplazione」, 『DizMist』, 341.
[145] L. BOUYER, 『Mysterion. Dal mistero alla Mistica』, 169-170.
[146] 참조: R. BROWN, 『Giovanni』, 1442.
[147] 참조: L. BOUYER, 『Mysterion. Dal mistero alla Mistica』, 144.

라봄을 표현하기 위해서 사용된다[148]. 예를 들면, "요한은 예수님께서 자기 쪽으로 오시는 것을 **보고**"(1,29), "아버지께서 하시는 것을 **보지** 않고서 아들이 스스로 할 수 있는 것은 하나도 없다"(5,19), "그가 가서 씻고 앞을 **보게** 되어 돌아왔다"(9,7)[149], "사람이 낮에 걸어다니면 이 세상의 빛을 **보므로** 어디에 걸려 넘어지지 않는다"(11,9), "제자들은…어리둥절하여 서로 **바라보기만** 하였다"(13,22), "마리아 막달레나가 무덤에 가서 **보니**"(20,1) 등이다. 이상과 같이 "블레퍼"($\beta\lambda\acute{\epsilon}\pi\omega$) 동사는 무엇인가를 육체의 눈으로 보는 것을 의미한다. 그러나 요한 9,39에는 영적인 차원의 의미도 들어 있다: "나는 이 세상을 심판하러 왔다. 보지 못하는 이들은 **보고**, 보는 이들은 눈먼 자가 되게 하려는 것이다". 이 문장에는 "블레퍼" 동사가 세 번 나타나는데, 이 가운데 첫 번째와 세 번째 "블레퍼"는 육체의 눈으로 보는 것을 의미하고, 두 번째는 믿음이 충만한 마음으로 보는 것을 의미한다. 즉, 영적으로 눈먼 이에게는 하느님의 실재를 볼 수 있는 능력이 결여되어 있다는 것이다. 따라서 이 구절에서 본다는 것은 하느님의 빛의 세계로 나아가는 믿음을 갖게 된다는 것을 뜻하고, 눈먼 자가 된다는 것은 보지 못하게 되어 불신앙의 상태가 된다는 것을 말한다[150].

관상과 관련이 있는 또다른 동사는 "테어레어"($\theta\epsilon\omega\rho\acute{\epsilon}\omega$)이다. 이 동사는 요한복음에 24번 나타나는데, 이 동사는 적어도 네 가지 의미를 지니고 있다[151]. 첫째로, 이 동사는 "블레퍼" 동사와 마찬가지로 육체적인 시각을 의미한다[152]. 예를 들면, "예수님께서 호수 위를 걸어 배에 가까이 오시는 것을 **보고**"(6,19), "이곳을 떠나 유다로 가서, 하시는 일을 제자들도 **보게** 하십시오"(7,3), "이리가 오는 것을 **보면**

---

[148] 참조: R. BROWN, 『Giovanni』, 1442.
[149] "블레퍼"($\beta\lambda\acute{\epsilon}\pi\omega$) 동사는 소경의 치유 이야기에서 육체적 시각의 의미로 5번 더 사용되고 있다(15절, 19절, 21절, 25절, 41절).
[150] 참조: R. SCHNACKENBURG, 『Il vangelo di Giovanni. Parte seconda』, 432.
[151] 참조: 위와 같은 책, 694.
[152] 참조: R. BROWN, 『Giovanni』, 1443.

…"(10,12), "세상은 그분을 **보지도** 못하고…"(14,17; 참조: 14,19), "너희가 더 이상 나를 **보지** 못할 것이기 때문이며…"(16,10; 참조: 16,16-17.19), "들여다 **보니** 하얀 옷을 입은 두 천사가 앉아 있었다"(20,12) 등이다. 물리적인 바라봄과 관련해서는, **영**이 육체의 눈에는 보이지 않는 존재이기 때문에, 세상은 "파라클리토"(Paraclito)를 볼 수 없다(14,17)는 점에 주목할 필요가 있다. 둘째로, "테어레어"($\theta\epsilon\omega\rho\epsilon\omega$) 동사는 주의 깊게 바라보고 관찰하는 것을 의미한다. 이 바라봄은 어느 정도 이해의 깊이를 낳긴 하지만, 아직 믿음에까지 들어올려진 상태는 아니다. 예를 들면, "많은 사람이 그분께서 일으키신 표징을 **보고**…"(2,23), "선생님, 이제 **보니** 선생님은 예언자시군요"(4,19), "많은 군중이 그분을 따라갔다. 그분께서 병자들에게 일으키신 표징들을 **보았기** 때문이다"(6,2) 등이다. 이 구절들에 나타난 "테어레어" 동사는 영적인 바라봄과 밀접한 관계가 있다. 그러나 이 바라봄은 아직 하느님 신비에 대한 참된 이해에 다다르지 못했기 때문에, 예수께서는 이러한 바라봄에서 생기는 믿음으로 만족하시지 못한다. 셋째로, "테어레어" 동사는 보다 더 깊고 지성적인 바라봄, 즉 믿음 안에서의 온전한 관상을 나타내는데[153], 예를 들면, "아들을 **보고** 믿는 사람은 누구나 영원한 생명을 얻는 것이다"(6,40), "나를 **보는** 사람은 나를 보내신 분을 **보는** 것이다"(12,45), "너희는 나를 **보게** 될 것이다"(14,19) 등이다. 이 구절들에서 "테어레어" 동사는 육체의 눈이 아니라 영적인 눈으로 그리스도와 하느님의 보이지 않는 신비를 꿰뚫어 보는 것을 의미한다. 즉, 본래 의미에서의 관상을 말하는 것이다. 한편, 요한 2,23과 6,40에 나타나는 "테어레어" 동사는 "피스테우어"($\pi\iota\sigma\tau\epsilon\upsilon\omega$), 즉 '믿는다'는 동사와 대단히 밀접하게 연결되어 있다. 요한 2,23의 믿음은 기적들 위에 바탕을 두고 있기 때문에 아직 불충분한 상태이긴 하지만, 아무튼 믿음은 바라봄으로부터 자연히 흘러나오는 필연적인 결과라는 것

---

[153] 참조: R. Brown, 『Giovanni』, 1443.

이다[154]. 넷째로, "테어레어" 동사는 천상에서의 관상을 뜻한다[155]. 요한 17,24에서 그 예를 볼 수 있다: "아버지, 아버지께서 저에게 주신 이들도 제가 있는 곳에 저와 함께 있게 되기를 바랍니다. 세상 창조 이전부터 아버지께서 저를 사랑하시어 저에게 주신 영광을 그들도 **보게** 되기를 바랍니다". 이 구절에서 그리스도의 영광은 세상 창조 이전에 성자가 누렸던 삼위일체 안에서의 완전한 영광을 말하기 때문에, 이 구절에 나타나는 '본다'는 동사는 천국에서의 지복직관을 의미한다[156]. 지금까지 살펴본 고찰로부터 "테어레어" 동사는 영적인 눈을 통해 하느님의 보이지 않는 신비를 바라본다는 의미를 지니고 있음을 알 수 있는데, 이러한 바라봄은 관상과 그 의미가 같다 하겠다.

"호라어"($ὁράω$) 동사와 "에이더"($εἴδω$) 동사도 관상과 관계가 있다. "호라어" 동사는 요한복음에 31번 나타나는데, 육체적이거나 외적인 시각과 영적이고 내적인 바라봄을 표현하기 위해 사용된다[157]. "호라어" 동사가 육체적인 시각을 나타내는 경우는 다음과 같다: "아무도 하느님을 **본** 적이 없다"(1,18), "너희는 … 그분의 모습을 **본** 적도 없다"(5,37), "너희는 나를 **보고도** 나를 믿지 않는다"(6,36) 등이다. 그러나 이 동사는 일반적으로 참된 이해가 뒤따르는 바라봄을 표현할 때 주로 사용된다. 요한복음에 따르면, 하느님을 본 사람은 아무도 없다(참조: 1,18). 즉, "하느님은 **영**"(4,24)이시기 때문에, 하느님은 본질적으로 볼 수 없는 비가시적인 존재이다. 그럼에도 불구하고 성부 하느님은 성자 안에서 볼 수 있는 존재가 된다[158]. 이와 관련하여 요한 14,9에는 다음과 같이 기록되어 있다: "나를 **본** 사람은 곧 아버지를 **본** 것이다". 성부는 보이지 않는 신비이고, 성자는 성부를 드러

---

[154] 참조: R. SCHNACKENBURG, 『Il vangelo di Giovanni. Parte prima』, 515; R. SCHNACKENBURG, 『Il vangelo di Giovanni. Parte seconda』, 107.
[155] 참조: 위와 같은 책, 694.
[156] 참조: R. SCHNACKENBURG, 『Il vangelo di Giovanni. Parte terza』, 311-312.
[157] 참조: R. BROWN, 『Giovanni』, 1443.
[158] 참조: R. SCHNACKENBURG, 『Il vangelo di Giovanni. Parte terza』, 115.

내는 볼 수 있는 신비이다. 그러나 성자의 가시적인 신비도 믿음의 눈, 즉 영적인 눈을 통해서만 보여진다는 사실을 유의하여야 한다. 이와 관련하여 요한 20,18과 25에 나타나는 부활하신 예수에 대한 파스카 체험은 대단히 의미 있는 증언이라 여겨진다. 요한복음 저자는 지금 인용한 구절에서 하느님의 신비를 인식하고 꿰뚫어 본다는 의미에서 "호라어" 동사를 사용하고 있다. 이외에도, 요한복음 16,16에 의하면, 예수께서는 제자들에게 "조금 있으면 너희는 나를 더 이상 **보지** 못할 것이다. 그러나 다시 조금 더 있으면 나를 **보게** 될 것"이라고 말씀하신다. 이 구절에서 복음서 저자는 먼저 육체적인 시각을 나타내기 위해 "테어레어"($\theta\epsilon\omega\rho\acute{\epsilon}\omega$) 동사를 사용하고, 이어서 영적인 바라봄을 표현하기 위해 "호라어"($\acute{o}\rho\acute{\alpha}\omega$) 동사를 사용한다. 여기에서 "호라어" 동사를 "테어레어" 동사와 비교해 보면, "호라어" 동사가 관상의 의미에 더 가깝다는 것을 알 수 있다. 요한복음 저자는 또한 11,40에서 하느님의 영광을 바라보는 것에 대해 언급하면서도 "호라어" 동사를 사용하는데[159], 그 의미는 죽음과 파멸을 주관하시는 하느님의 능력을 알아보는 것과 관계되고, 이러한 관점 너머에는 예수께서 죽은 이들을 다시 일으키실 힘을 하느님께로부터 받았다는 의미도 내포되어 있다[160]. 이렇게 이 구절에서 "호라어" 동사는 하느님의 영광을 바라보는 것과 관계가 있으며[161], 이는 요한복음의

---

[159] 요한 11,40: "예수님께서 마르타에게 말씀하셨다. '네가 믿으면 하느님의 영광을 보리라고 내가 말하지 않았느냐?'".
[160] 참조: R. SCHNACKENBURG, 『Il vangelo di Giovanni. Parte seconda』, 562.
[161] "에이더"($\epsilon\acute{i}\delta\omega$) 동사는 요한계 문헌에 95번 나타나는데, 이 가운데 36번은 "호라어"($\acute{o}\rho\acute{\alpha}\omega$) 동사와 비슷한 의미로 사용된다(참조: R. BROWN, 『Giovanni』, 1442). 육체적 혹은 외적 시각이란 의미에서 사용된 경우는 다음과 같다: "그들이 함께 가 예수님께서 묵으시는 것을 **보고**…"(요한 1,39); "예수께서 그가 누워 있는 것을 **보시고**…"(요한 5,6); "예수님께서 길을 가시다가 태어나면서부터 눈먼 사람을 **보셨다**"(요한 9,1), 등. 영적 혹은 내적인 바라봄의 경우들은 다음과 같다: "사람들은 예수님께서 일으키신 표징을 **보고**, '이분은 정말 세상에 오시기로 되어 있는 그 예언자시다' 하고 말하였다"(요한 6,14); "내가 진실로 진실로 너희에게 말

전체적인 맥락 안에서 하느님의 영광과 예수의 영광을 천국에서 바라본다는 의미로 심화된다.

관상과 관련하여 분석해야 할 또 다른 동사는 "테아오마이"(θεάομαι)이다. 이 동사는 요한복음에 6번 나타나며, 두 가지 의미로 사용되고 있다. 하나는 육체적 시각과 관계되는데, 예를 들면, "예수님께서 돌아서시어 그들[요한의 제자들]이 따라오는 것을 **보시고**…"(1,38)나 "예수님께서는 눈을 드시어 많은 군중이 당신께 오는 것을 **보시고**…"(6,5) 등이다. 다른 하나는 영적인 바라봄과 관계되는데, 이는 요한 1,14과 32에서 볼 수 있다[162]. 먼저, 요한 1,14에는 다음과 같이 나타난다: "말씀이 사람이 되시어 우리 가운데 사셨다. 우리는 그분의 영광을 **보았다**. 은총과 진리가 충만하신 아버지의 외아드님으로서 지니신 영광을 **보았다**". 이 영광은 육화의 신비를 통하여 나타나고, 십자가의 신비를 통해 완성된다(참조: 17,1). 둘째로, "아버지의 외아드님으로서 지니신 영광"이라는 표현에서 볼 수 있는 바와 같이, 성자의 영광은 성부의 영광과 밀접한 관계가 있다[163]. 요한 17,1.4에 의하면, 성자의 영광은 아버지를 영광스럽게 하는 데 그 목적이 있다. 이러한 이유로, 교부들은 요한 1,14의 '영광'에서 삼위일체 상호간의 신비를 바라본다[164]. 그런 차원에서 영광의 두 번째 의미는 삼위일체 신비와 관계가 있다고 말할 수 있다. 셋째로, 성부로부터 받은 성자의 영광은, 믿는이들이 지복직관 안에서 성자의 영광에 참여할 수 있도록, 믿는이들에게도 주어진다. 이는 본질적으로 삼위일체의 신적 본성에 참여하는 것, 즉 믿는이들이 영광 안에서 하느님이 되는 것을 의미한다. 이와 관련하여, 예수께서는 다음과 같이 기도하신다:

한다. 너희가 나를 찾는 것은 표징을 **보았기** 때문이 아니라 빵을 배불리 먹었기 때문이다"(요한 6,26); "그제야 무덤에 다다른 다른 제자도 들어갔다. 그리고 **보고** 믿었다"(요한 20,8), 등. "에이더"(εἴδω) 동사는 또한 '영광을 바라봄'에도 사용된다: "이사야가 이렇게 말한 것은, 그가 예수님의 영광을 **보았기** 때문이다"(요한 12,41).
[162] 참조: R. BROWN, 『Giovanni』, 1444.
[163] 참조: L. BOUYER, 『Mysterion. Dal mistero alla Mistica』, 148.
[164] 참조: R. SCHNACKENBURG, 『Il vangelo di Giovanni. Parte prima』, 343.

"아버지께서 저에게 주신 영광을 저도 그들에게 주었습니다. 우리가 하나인 것처럼 그들도 하나가 되게 하려는 것입니다"(요한 17,22). 따라서 영광의 셋째 의미는 은총과 영광 안에서 인간이 하느님이 되는 신비, 즉 지복직관과 초자연적 은총의 신비와 관계가 있다. 요한복음에 나타나는 이러한 영광의 세 가지 의미는 라너가 이야기하는 복수로서의 세 가지 신비와 일치한다[165]. 이런 관점에서 보면, 영광을 본다는 것은 삼위일체 하느님의 구원의 신비를 본다는 뜻이 된다. 그러므로 요한 1,14의 "테아오마이"($\theta\epsilon\acute{a}o\mu\alpha\iota$) 동사는 "관상하다"(contemplare)는 동사와 동의어라고 말할 수 있다. 요한 1,32에서 세례자 요한은 "나는 성령께서 비둘기처럼 하늘에서 내려오시어 저분 위에 머무르시는 것을 **보았다**"고 증언한다. 이 구절에서 '보다'($\theta\epsilon\acute{a}o\mu\alpha\iota$) 동사의 대상은 육체의 눈에는 보이지 않는 **영**이다. 이상과 같이 요한 1,14과 1,32에서 "테아오마이" 동사는 **영**이신 하느님의 신비를 관상하는 것을 의미한다.

지금까지 간략하게 요한복음에 나타나는 "블레퍼"($\beta\lambda\acute{\epsilon}\pi\omega$), "테어레어"($\theta\epsilon\omega\rho\acute{\epsilon}\omega$), "호라어"($\acute{o}\rho\acute{a}\omega$) 그리고 "테아오마이"($\theta\epsilon\acute{a}o\mu\alpha\iota$) 동사들에 대해 살펴보았다. 그리고 이러한 고찰을 통해 바라봄에 세 가지 유형이 있다는 것을 확인하게 되었다. 즉, 육체적인 바라봄과 영적인 바라봄 그리고 지복직관이 그것이다. 그런데 믿는이들은 내적인 과정을 통해 그리스도의 인성 안에 숨겨져 있는 신적 실재에 대한 단순한 육체적 바라봄으로부터 시작해서 영적 바라봄에 다다르게 된다. 그리고 이러한 영적 바라봄은 바라보는 이와 그러한 바라봄의 대상을 하나로 동화시키는 힘을 지니고 있다. 하느님의 신비를 바라보는 것과 그 신비를 닮게 되는 것은 서로 간에 관통되어 있는 영적 체험의 두 측면이기 때문이다[166]. 이는 신비체험의 본연의 방법인 관상에도 해당된다.

---

[165] 참조: K. RAHNER, 「Sul concetto di mistero nella teologia cattolica」, 『Saggi teologici』, 447-450.
[166] 참조: V. BATTAGLIA, 『Cristologia e contemplazione』, 87.

지금까지의 고찰을 종합하면, 신비체험의 방법으로서의 관상은 제일차적으로 영적인 눈으로 하느님의 신비를 바라보는 것이라고 규정할 수 있겠다[167].

그런데 관상은 시각하고만 관계가 있는 것이 아니라, 보이지 않는 영적 실재, 즉 하느님의 신비를 포착하는 모든 영적 감각들과 관계하고 있으며, 하느님의 신비는 바로 이러한 영적 감각들의 대상인 것이다[168]. 이와 같이 영적 감각들은 하느님의 신비를 그 대상으로 삼기 때문에, 이들은 하느님의 신비를 인식하는 것과 관계가 있으며, 이 인식을 규정하여 관상이라 한다. 이런 관점에서 보면, 영적 감각들은 관상의 기관이라고 할 수 있다. 그리고 각 감각들은 각각의 고유한 기능에 따라 나름대로 관상에 참여한다: 영적인 시각은 존재를 인식하고, 영적인 청각은 내적인 의미를 포착하며, 영적인 촉각은 그러한 감지에 확실성을 부여해주고, 영적인 미각과 후각은 초감각적인 실재들을 무엇보다 정감적으로 포착하게 해준다[169]. 5가지 영적 감각들 가운데 가장 탁월한 감각은 촉각으로, 이는 인간 존재를 하느님과 최상으로 하나되게 해준다[170]. 이렇게 인간은 영적 감각들을 통해 하느님의 신비를 인식하고, 하느님의 신비를 관상한다. 그러므로 관상은 모든 영적 감

---

[167] 한편으로 보면, 인간의 체험 안에서는 육체의 차원과 영의 차원이 서로 밀접하게 작용하고, 그 결과 영의 감각들과 연결되어 있는 육체의 감각들은 어떤 형태로든 하느님과의 사랑의 친교에 참여하게 되지만(참조: V. BATTAGLIA, 『Cristologia e contemplazione』, 21), 다른 편으로 보면, 육체의 감각들은 지복직관(visio beatifica)에서는 필요하지 않기 때문에 관상의 필수적인 요소는 아닌 것이다.

[168] 라너는 영적인 감각들의 대상은 하느님 자신이고, 이 감각들의 궁극적 완성은 하느님의 불가해성을 자유로운 사랑으로 받아들이는 가운데 이루어진다고 주장하는데, 라너의 초월 신학 안에서 "하느님 자신"이나 "하느님의 불가해성"이라는 용어들은 하느님의 신비를 의미한다(참조: K. RAHNER, 「I "sensi spirituali" secondo Origene」, 『Nuovi saggi VI』, 144).

[169] 참조: 위와 같은 책, 157-158.

[170] 참조: K. RAHNER, 「La dottrina dei "sensi spirituali" nel medioevo」, 『Nuovi saggi VI』, 196.

각과 관계가 있으며, 이런 의미에서 영적 감각들을 통해 하느님의 신비를 인식하는 것을 관상이라 할 수 있다.

영적 감각들은 인간 존재가 하느님의 신비를 관상할 수 있도록 영혼의 심연에 존재론적으로 주어져 있다. 인간 존재는 하느님의 신비를 관상하도록 선험적으로 그리고 존재론적으로 지향되어 있다는 말이다. 이러한 이유를 근거로, 라너는, 이미 제1장에서 살펴본 바와 같이, 인간 존재를 자신의 심연에서 하느님의 계시를 듣고 있는 역사적 영이라고 정의한다[171]. 그런데 여기서 '듣는다'는 말은 단순히 청각으로 느끼는 것만을 의미하는 것이 아니다. 이는 모든 영적 감각들을 통해 하느님을 느끼고 인식하는 것을 뜻한다. '듣는다'는 라너의 어휘는 모든 영적 감각들을 통해 하느님의 신비를 관상한다는, 일종의 신학적 제유인 것이다.

인간 존재는 본질적으로 관상을 통하여 완전한 관상으로서의 지복직관을 지향하며, 이 지복직관 안에서 삼위일체 하느님의 본질에 참여한다. 이러한 참여는 절대적 친밀 안에서 신비의 동반자인 인간 존재에게 주어지는 관상의 자연스런 결과이다. **신비**를 지향하는 신비로서의 인간과 하느님 본성에의 참여로서의 지복직관 사이에는 필연적인 관계가 있는 것이다. 그런 지평에서 라너는 인간을 지복직관을 지향하는 존재이며, 이 직관 안에서 신학적 주체는 자신의 실재에 가장 철저하게 다다르게 된다고 말한다[172]. 인간 존재에게 존재론

---

[171] 관상과 관련하여 발타사르(H. U. von Balthasar) 역시 인간 존재를 하느님의 말씀을 듣는 자로 규정하면서 다음과 같이 존재론적 차원을 강조한다: "바로 하느님 그분이 우리가 우리 자신이 되기 위해서 하느님의 말씀을 들어야 하도록 그렇게 우리를 창조하셨기에, 그분은 이러한 의무와 함께 힘도 또한 우리에게 주셨다. 그렇지 않다면, 그분은 당신 자신과 모순될 것이고, 그렇게 되면 그분은 진리도 아닐 것이다. 이 힘은 우리의 저 깊은 곳에 존재 그 자체로 있으며, 성부의 영적인 피조물로서 우리는 '말씀의 청자'이다"(H. von BALTHASAR, 「Nella preghiera di Dio」, 23).

[172] 참조: K. RAHNER, 「Sul concetto di mistero nella teologia cattolica」, 『Saggi teologici』, 441-442; 라너, 『그리스도교 신앙 입문』, 168.390.

적으로 영적 감각들이 주어져 있기 때문에, 모든 인간은 지복직관을 지향한다는 뜻이다.

신비체험의 방법으로서의 관상은 원천적으로 삼위일체 하느님의 관상을 최종 목표로 지향한다. 여기에서 삼위일체 하느님의 관상은 세 위격들의 상호 관계 안에서 이루어지는 절대적이고, 완전하고, 영원하고, 무한하며, 형용할 수 없는 **신비**에 대한 관상을 말하는 것으로[173], 그 관상의 본질은 완전하고 절대적인 **사랑**에 자리한다. 이 사랑 안에서 그리고 이 사랑을 통해서 성자는 성자를 완전하게 사랑하는 **사랑** 자체이신 성부를 관상하고, 성부 또한 똑같은 방법으로 **사랑** 자체이신 성자를 관상한다. 바로 이러한 성부와 성자 사이의 사랑이 **사랑** 자체요 **신비** 자체로서의 성령이시다[174]. 이렇게 세 위격들 상호간의 사랑을 영원한 **관상**의 심연에서 서로 바라보는 삼위일체 하느님은 관상의 주체임과 동시에 관상의 대상이 된다[175]. 이와 관련하여 폰 발타사르(H. U. von Balthasar)는 다음과 같이 주장한다: "우리는…하느님의 삼위일체 생명을 그 자체로 관상할 수 없다. …우리는 동일한 양식으로 삼위일체를 그 자체로 우리 사상의 대상으로 삼을 수 없다"[176]. 이는 하느님 홀로 절대적이고 완전하게 삼위일체의 **신비**를 관상할 수 있고, 인간은 관상 자체를 관상하면서 이 관상에 참여할 따름이라는 해석이다[177]. 이런 관점에서 삼위일체 하느님은 세 위격의 완전한 **사랑**의 **신비**를 영원히 서로 관상하는 "데우스 콘

---

[173] 참조: A. von SPEYR, 『Il mondo della preghiera』, 44-62. 발타사르는 그의 저서 『관상 기도』에서 삼위일체 하느님의 관상에 관한 스파이어(Speyr)의 개념을 받아들이고 있다(참조: H. von BALTHASAR, 『Nella preghiera di Dio』, 127).
[174] 참조: M. VANNIER, 「Spirito Santo」, 『DizMedi 3』, 1833-1834.
[175] "이 영원한 관상 안에서 자기 자신을 관상하는 하느님은 관상의 주체이면서 동시에 관상의 대상이다"(A. von SPEYR, 『Il mondo della preghiera』, 62).
[176] H. von BALTHASAR, 『Nella preghiera di Dio』, 127.
[177] 참조: 위와 같은 책, 126; A. von SPEYR, 『Il mondo della preghiera』, 57.

템플라티부스"(Deus contemplativus), "관상의 하느님"이라고 말할 수 있다.

모든 그리스도인들은, 익명적이든 명시적이든, 삼위일체 하느님의 영원한 관상에로 불리어졌으며, 초자연적 은총, 즉 성령을 통하여 이 관상에 참여한다[178]. 지복직관이란 바로 이러한 삼위일체 관상에 완전하게 참여하는 것을 말한다. 그렇게 보면, 삼위일체의 본성에 전적으로 참여함으로써 완성되는 신비 체험과 지복직관으로서의 완전한 관상은 완전히 하나라고 할 수 있으며, 이런 의미에서 관상은 신비 체험의 목적이 될 수 있다고 말할 수 있다. 그러나, 관상의 방법적 성격은 신비 체험의 목적으로서의 삼위일체 하느님의 관상 안에서도 여전히 견지된다. 왜냐하면, 절대 존재자에게는 존재와 본질이 일치하듯이, 삼위일체 하느님의 완전한 관상 안에서는 방법과 목적이 완전히 하나가 되기 때문이다. 그러기에 관상의 방법적 차원은 "데우스 콘템플라티부스"(Deus contemplativus, 관상의 하느님) 안에서도 사라지지 않으며, 완전한 지복직관인 관상은 완전한 관상의 완전한 방법으로서 완전하게 신비 체험의 본질과 일치하게 된다. 결론적으로, 신비체험의 방법으로서의 관상은 신비체험의 본질적인 요소들 중의 하나로서 지복직관만이 아니라 삼위일체 하느님의 관상에도 적용된다 하겠다.

한편, 관상은 영적 감각들을 통해 실현된다는 점을 다시 한번 확인할 필요가 있다. 그 이유는 영적 감각들을 통해 하느님의 신비를 보편적으로 듣고 느끼고 보기 때문이다. 관상 없이는 어떠한 신비 체험도 있을 수 없으며, 진정한 크리스천 체험도 가능하지 않다. 모든 진정한 크리스천 삶의 중심에는 관상이 위치해 있다. 모든 크리스천들은 바로

---

[178] 아드리엔 폰 스파이어(A. von Speyr)는 "크리스천은 하느님께서 어떻게 관상하시는가를 관상하면서 관상하는 것을 배운다"고 말한다(A. von SPEYR, 『Il mondo della preghiera』, 56).

이러한 관상에로 불리어졌고, 따라서 관상은 보편성을 지니는 크리스천 성소이다. 그런 관상의 보편적 관점에서 이제 관상의 삶을 관상 수도 생활과 관상 기도로부터 구별해 볼 수 있겠다. 관상의 삶은 하느님의 신비를 관상하는 모든 크리스천들에게 공통된 보편적 생활이고, 관상 수도 생활은 관상의 삶을 고유 카리스마로 선택하여 이를 전적으로 살아가는 일부 수도자들의 삶이다. 반면에 관상 기도는 기도의 한 형태로, 이를 통해서 혹은 이 기도 안에서 하느님의 신비를 관상하는 것이다. 따라서 어떤 기도든지, 성무일도와 같은 공적인 기도든, 또는 사적인 기도든, 구송 기도나 마음의 기도든, 묵상 기도든, 고요의 기도든 혹은 일치의 기도든, 모든 기도는 관상 기도가 될 수 있다[179]. 그러나, 정감적 기도나 의지의 훈련, 호흡법 또는 단순 기도 등과 같은, 관상 기도의 전형적인 형태들 또한 발전시킬 수 있다. 그리고 아직도 관상의 삶과 실천적 삶을 대립 개념으로 이해하는 견해들이 있지만, 관상은 활동 생활과 일치할 수 없는 개념이 아니다[180].

지금까지 신비체험의 방법으로서의 관상의 의미, 영적 감각들과 관상의 관계, 지복직관에로 지향된 관상의 존재론적인 차원, 관상의 원천이요 목적으로서의 삼위일체 하느님의 관상에 대하여 살펴보았다. 그리고 인간은 하느님의 신비를 관상하지 않을 수 없는 존재임도 확인하였다. 이런 의미에서 인간 존재는 "데우스 콘템플라티부스"(Deus contemplativus), 즉 "관상의 하느님"과 관계를 맺고 있는 "호모 콘템플라티부스"(homo contemplativus), "관상인"(觀想人)이라고 정의할 수 있다[181]. 모든 인간은 삼위일체 하느님의 관상에 참여함으로써 완성되는 관상에로, 즉 지복직관에로 예외 없이 불림받은 것이다.

---

[179] 참조: C. BUTLER, 『Western mysticism』, 217.
[180] 참조: C. BERNARD, 「Contemplazione」, 『DizSpir』, 263.
[181] 참조: H. von BALTHASAR, 『Nella preghiera di Dio』, 72.

2.2.2. 관상의 특성들

신비체험의 방법으로서의 관상의 개념을 고찰하면서, 인간 존재에게는 하느님의 신비를 관상할 수 있도록 영적 감각들이 존재론적으로 주어져 있으며, 인간 존재는 지복직관에로, 보다 더 정확히는, 삼위일체 하느님의 관상에로 지향되어 있다는 사실을 살펴보았다. 그 결과 인간 존재는 하느님의 신비를 관상하도록 존재론적으로 구조화된 "호모 콘템플라티부스"(homo contemplativus, 관상인)라는 사실을 확인하게 되었다. 그런 인간의 관상적 구조는 하느님의 보편적 신비와 상응한다. 그러므로 관상의 특성들은 신비의 특성과 마찬가지로, 다양하게 열거해 볼 수 있다. 그러나 여기서는 두 개의 특성, 즉 직접성과 수동성만을 간략하게 살펴보고자 한다.

(1) **직접성**. 관상은 그 대상인 신비와 '관상하는 주체'와의 관계 안에서 이루어지는데, 이러한 관상 안에는 본질적으로 관상의 특성으로서 직접성과 수동성이 내재해 있다. 무엇보다 먼저, 신비는 숨어 있는 실재로서 정의될 수 없고 규정될 수 없는 개념으로, 모든 피조물 안에 늘 초월적으로 현존하기 때문에[182], 관상하는 주체는 관상의 대상인 신비를 항상 직접적으로 대면한다. 이 원리는 범주적 매개를 통하지 않는 관상에서나[183], 범주적 대상을 통한 관상에서나 항상 그러하다. 왜냐하면, 육체의 감각들은 단지 감각적이고 물질적인 대상들만 대하는 데 비해, 영적 감각들은 범주적 대상을 통한 관상에서조차도 범주적 사물들 안에 초월적으로 현존하는 신비를 항상 직접적으로 대면하기 때문이다. 따라

---

[182] 참조: K. Rahner, 「Sul concetto di mistero nella teologia cattolica」, 『Saggi teologici』, 420-421.
[183] 범주적 중개가 없는 관상의 예로 지복직관이나, 보나벤투라의 『하느님께 나아가는 정신의 여정』 가운데 제5단계와 제6단계, 즉 "하느님의 으뜸 이름인 존재를 통한 하느님의 일체성에 대한 인식"과 "선이라는 이름 안에서 지극히 복되신 삼위 하느님에 대한 인식"을 들 수 있다(Bonaventura da Bagnoregio, 「Itin」V.VI, 『Sancti Bonaventurae opera V-1』, 547.557).

서 관상은 항상 하느님 신비와의 직접적이고 생생한 접촉으로부터 출발된다[184].

(2) **수동성**. 관상은 항상 관상하는 주체 쪽에서 신비를 수동적으로 수용함으로써 이루어지기 때문에, 수동성은 관상의 본질적인 특성에 속하게 된다[185]. 관상은 전적으로 하느님의 일이며, 이 안에서 관상하는 주체는 **그분**의 작용에 저항함 없이 항상 하느님의 신비를 수용하는 수동적인 위치에 머무르게 된다. 이러한 까닭으로, 관상은 항상 하느님께서 주시는 은총이라고 말할 수 있다[186]. 그러나 이는 인간편에서 지복직관까지 지속될 하느님의 신비를 수용하는 행위 자체를 부정하는 것이 아니다. 관상 안에는 관상하는 주체와 관상의 대상 사이에 항상 긴장이 존재한다. 즉, 능동적 차원과 수동적 차원이 항상 동시에 존재한다는 뜻이다[187]. 이런 의미에서 보면, 순수하게 능동적인 관상도 없고, 순수하게 주입적인(수동적인) 관상도 없게 된다[188]. 그러므로 수동적인 단계만의 특성을 부정할 수 없다 하더라도, 습득적 관상에도 수동성이 늘 있다는 사실만은 분명한 것이다[189]. 모든 관상은 본질적으로 수동성을 지니고 있으며, 모든 인간은 이러한 수동적 또는 신비적 관상에로 불리어졌다[190].

---

[184] 참조: V. BATTAGLIA, 『Cristologia e contemplazione』, 21.
[185] 버틀러(C. Butler)는 "오늘날 수동성은 대개 참된 관상의 기준으로 여겨지고 있다"고 말한다(C. BUTLER, 『Western mysticism』, xxxii).
[186] V. BATTAGLIA, 『Cristologia e contemplazione』, 20.
[187] 스파이어(A. von Speyr)는 삼위일체 하느님의 관상 안에서 '능동적인 행함'과 '수동적인 내맡김'이 완벽하게 일치를 이루고 있다고 강조한다(참조: A. von SPEYR, 『Il mondo della preghiera』, 51).
[188] 참조: U. BONZI, 『Contemplazione』, 『EnciCatto IV』, 442.
[189] "습득적" 관상이란 표현은 17세기에 카르멜 회원들이 초자연적 관상에 관한 아빌라 테레사의 개념을 엄밀하게 고찰하면서 처음으로 사용되었다(참조: C. BUTLER, 『Western mysticism』, xxxvi).
[190] 20세기에 신학자들은, 관상의 본질을 이루고 있는 지성적이고 정감적인 행위들을 단순화하면서, 우위성이 인간에게 있느냐 아니면 하느님에게 있느냐에 따라 습득 관상과 주입 관상을 구별하고 이러한 개념에 대해 끝없는 논쟁을 벌였다. 전통적인 구별에 의하면, 습득 관상은 **은총**의 도움을 받아 인간적인 노력을 통해 지성적 행위들과 정감적 행위들이 단순화되는 관상 기도이다. 따라서 이 관상

관상이 본질적으로 직접성과 수동성의 특징을 지니고 있기 때문에, 모든 신비 체험 또한 자연히 직접성과 수동성을 신비체험의 특성으로 지니게 된다. 이 때문에 옴(T. Ohm), 데블레르(A. Deblaere), 슈무키 같은 신학자들은 신비체험을 정의하면서 "직접적인" 혹은 "수동적인" 같은 형용사들을 그들의 정의에 포함시킨다. 그러나 직접성과 수동성은 관상의 개념 안에 본질적으로 포함되어 있기 때문에, 이 논문에서는 신비체험을 정의하면서 이러한 형용사들을 사용하지 않을 것이다.

2.3. 신비체험의 목적으로서의 '사랑의 일치'

이 장의 시작 부분에서 제시한 신비체험의 정의들 가운데, 라 그루아, 니콜라, 바르소티, 데블레르, 존스턴, 모이올리 같은 경우에는 신비체험의 목적을 분명하게 언급하지 않고 있으며, 다른 많은 경우에는 주지적 개념으로 표현하고 있다. 예를 들면, 제르송의 "하느님에 대한 체험적 인식", 십자가의 성 요한의 "하느님으로부터 주어지는 사랑의 소식", 예수 마리아의 요한의 "하느님에 대한 천상적 지식", 버틀러의 "하느님의 현존과 존재에 대한 체험적 깨달음"(perception), 잉에의 "살아 계시는 하느님의 현존을 깨닫는 것"(to realize), 언더힐의 "절대자와 의식적인(conscious) 관계를 맺음", 옴의 "하느님의 초월 실재에 대한 자각과 이성적인 인식", 해폴드의 "하느님에 대한 체험적 지혜 또는 체험적 지식", 레오나르디의 "하느님의 현존에 대한 자각"(la

---

은 능동적이고 자연적이다. 사랑 안에서 이루어지는 집중 기도, 믿음의 기도, 단순의 기도 등 통상적인 기도는 이에 속한다. 반면에, 주입 관상은 지성적 행위들과 정감적 행위들이 영혼 안에서 작용하는 하느님의 행위를 통해 단순화되는 관상 기도이다. 따라서 이 관상은 수동적이고, 신비적이며, 초자연적이다(참조: U. BONZI, 「Contemplazione」, 「EnciCatto IV」, 442). 한편, 카르멜 회원들을 중심으로 한편에서는 관상 성소와 관련하여 습득 관상의 보편성만 인정하면서, 일부만이 신비적 관상에로 불리었다고 주장하였고, 다른 한편에서는 모든 크리스천들이 지복직관에로 불리었다는 사실을 근거로 관상의 보편적 성소를 주장하였다.

consapevolezza), 맥긴의 "하느님 현존에 대한 의식적인 깨달음(la percezione consapevole)", 보리엘로의 "성령의 체험에 대한 깨달음"(coscienza), 『데 마우로』의 "하느님에 대한 인식" 등이 그러하다. 이러한 주지적 표현들 가운데, 제르송, 십자가의 요한, 버틀러, 해폴드와 보리엘로 같은 신학자들은 신비체험의 목적인 인식이나 학문에 "체험적"이나 "사랑의" 같은 표현들을 수식시키고 있지만, 그렇더라도 신비체험의 목적으로는 적합하다고 여겨지지 않는다. 노울스만 지성과 의지를 조화시키고 있다: "하느님에 대한…주고받을 수 없고 표현할 수 없는 지식과 사랑". 그러나 이러한 표현도 신비체험의 목적을 충분히 표현한 것은 아니다.

그리스도교 신비체험의 역사는, 어떤 면에서 보면, **한 분** 안에 자신을 잃어버림으로써 이루어지는 인간의 점진적인 해방의 역사라고 말할 수 있다[191]. 비슷한 맥락에서, 여러 신비가들과 신학자들이 하느님과 영혼의 일치를 신비 체험의 목적으로 언급한다[192]. 이는 『가톨릭 교회 교리서』도 마찬가지이다: "영적인 진보는 늘 그리스도와의 보다 더 친밀한 일치에 지향되어 있다. 이 일치를 신비체험이라

---

[191] 참조: G. LAFONT, 「Unione con Dio」, 『DizMist』, 1242.
[192] 십자가의 요한은 『카르멜의 산길』을 작성한 목적이 영혼과 하느님의 일치에 있음을 분명하게 언급하고 있으며(참조: GIOVANNI DELLA CROCE, 「Salita del Monte Carmelo」, 『Opere』, 5), 예수의 테레사는 『영혼의 성』에서 하느님과의 일치를 향하여, 특히 테레사가 영적 결혼이라고 부르는 혼례적 일치를 향하여, 인격이 점차 변화되어 가는 과정을 묘사하고 있다(참조: TERESA DI GESÙ, 「Catello interiore」, 『Opere』, 825.942-946). 뤼박은 하느님과의 일치에 관하여 다음과 같이 말한다: "인간의 행위가 하느님과 동화되는 한, 이는 모두 신비체험이 된다"(H. de LUBAC, 「Mistica e mistero cristiano」, 20). 참조: L. VEUTHEY, 「Manuali di spiritualità francescana」, 227; C. LAUDAZI, 「L'uomo chiamato all'unione con Dio in Cristo」, 10-11; 라너, 「그리스도교 신앙 입문」, 203; U. OCCHIALINI, 「Unione con Dio」, 『La mistica parola per parola』, 358-359; E. UNDERHILL, 「Mysticism」, 60; I. DELIO, 「Toward a new theology of Franciscan contemplation: the mysticism of the historical event」, 135.

부른다…"¹⁹³. 이와 같은 관점에서 신비체험의 목적은 하느님과의 일치라고 말할 수 있겠다¹⁹⁴. 이 논문에서는 이러한 하느님과의 일치를 신비체험의 본질적인 요소 중의 하나로 정확히 규정하고 이를 신비체험의 정의에 포함시키고자 한다¹⁹⁵.

위에서 제시한 정의들 가운데 보티의 "은총의 삶에 대한 충만한 실현", 라너의 "하느님의 무한성과 인간을 일치시키는 내적인 만남", 슈무키의 "삼위 하느님의 생명 안에서의 초자연적인 나눔", 비알라스의 "신비를 소유하여 실현시킴" 같은 표현들은 인간과 하느님 사이의 일치와 관계가 있다 하겠다. 그러나 라너와 해폴드가 선택한 "만남"이라는 용어는 하느님과 인간 사이에 이루어지는 신비적 일치의 깊이를 충분히 드러내 주지 못하고 있고, 보티와 슈무키 그리고 비알라스의 표현들도 상대적으로 신비적 일치를 좀더 적절하게 묘사하고는 있으나 불충분하기는 마찬가지이다. 신비체험의 목적으로 신비적 일치를 분명하게 명시하고 있는 신학자들은 에르만노 안칠리와 하비 이건이다. 이들에 따르면, 신비체험이란 "하느님과의 신비로운 사랑의 친교"(안칠리) 혹은 "하느님과 신비가 사이에 이루어지는 생생한 사랑의 일치"(이건)이다. 이 논문에서는 이를 단순하게 "사랑의 일치"라고 표현하고자 한다. 사랑은 **신비**의 핵심으로¹⁹⁶ 신비적 일치 개념을 축소시키는 것이 아니라 이를 더 풍요롭게 하기 때문이다.

---

[193] 『Catechismo della Chiesa cattolica』, 2014.
[194] 참조: F. RUIZ, 『Le vie dello spirito』, 349.
[195] 맥긴(B. McGinn)은, 신비체험의 목적을 어떤 형태로든 하느님과의 일치에 대한 체험으로 보는 경우가 종종 있다는 점을 지적하면서도, 정작 그는 하느님과의 일치가 신비체험을 이해하는 데 있어서는 중심 범주가 아니라는 주장에 동의한다. 그렇게 신비체험을 정의하면, 그리스도교 역사에서 신비가들이 소수가 될 것이라고 보기 때문이다[참조: B. MCGINN, 『Storia della mistica cristiana in occidente. Le origini (I-V secolo)』, xiv]. 그러나 모든 신비 체험에는 반드시 그 체험의 정도에 비례하는 하느님과의 신비적 일치가 뒤따른다.
[196] 라너는 「일치-사랑-신비」라는 논문을 끝맺으면서 **신비**를 복된 **사랑**으로 규정한다(참조: K. RAHNER, 「Unità - amore - mistero」, 『Nuovi saggi II』, 642).

안칠리를 제외하고, 십자가의 요한이나 노울스, 존스턴, 이건 같은 신학자들은 신비체험의 정의 안에 사랑을 포함시키고 있다.

2.3.1. '사랑의 일치'의 개념

이미 앞에서 모든 인간은 "호모 미스티쿠스"(homo mysticus), 즉 신비인(神秘人)으로서 존재론적으로 지복직관과 삼위일체 하느님의 관상을 지향하는 존재라는 사실을 확인하였다. 이러한 사실로부터, 사랑의 신비 안에서 이루어지는 하느님과 인간의 신비적 일치는 관상의 필연적인 결과라는 사실이 자연스럽게 귀결되어 나온다. 사실, 모든 인간은 일치를 동경하는 존재이고, 그러한 일치에 대한 동경은 초월의 지평을 통해 이미 인간 존재 안에 존재론적으로 주어져 있다[197]. 이는 은총 안에서 일치가 선험적이며 존재론적으로 인간 존재에게 주어져 있어, 인간은 본질적으로 "호모 우니투스"(homo unitus, 일치되는 인간)라는 것이다[198]. 다시 말하면, 인간은 실재에 대한 모든 이해를 근본적으로 "신비에로 환원"(reductio in mysterium)시키면서[199], 모든 다양한 실재들을 하나로 일치시켜 주는[200], 절대적 충만으로서 **일체**이신 하느님, 즉 "데우스 우니엔스"(Deus uniens, 일치시키는 하느님)를 지향하는 "일치인"(一致人, homo unitus)이라는 의미이다. 이러한 익명적이고 비주제적인 인간의 일치성은 지복직관에서 충만하게 완성되고, 이 지복직관 안에서 인간은 삼위이시고 일체이신 "데우스 우니엔스"(Deus uniens)와 전적으로 일치하게 된다.

---

[197] 참조: K. RAHNER, 「Unità - amore - mistero」, 『Nuovi saggi II』, 623.
[198] 인간은 하느님과의 일치를 위해 창조되었기 때문에, 신비 체험에 대한 열망은 인간에게 본성적으로 주어졌다고 뤼박은 주장한다(참조: H. de LUBAC, 『Mistica e mistero cristiano』, 19).
[199] 참조: K. RAHNER, 「Sul concetto di mistero nella teologia cattolica」, 『Saggi teologici』, 445.
[200] 참조: K. RAHNER, 「Unità - amore - mistero」, 『Nuovi saggi II』, 625.

"호모 우니투스"(homo unitus)인 인간과 "데우스 우니엔스"(Deus uniens)인 하느님의 신비적 일치는, 육화하시고 십자가에 돌아가신 그리스도의 신비를 통하여 실현되며, 그러기에 그리스도는 하느님과 신비적으로 일치하는 원리이시고 길이시다[201]. 사실 인간은, 그리스도의 위격적 일치를 통하여, 삼위일체 하느님과 위격적으로 일치하게 된다. 요한복음 저자는 이와 같은 신학적 지평에서 하느님과 인간의 신비적 일치에 대해 자주 언급하는데, 예를 들면, 요한 6,54-56과 14,20.23 그리고 15,2.4-7.9-10 등이 그러하다. 특히 요한 17,20-26에는 다른 어느 곳보다 신비적 일치가 잘 묘사되어 있다: "저는 그들에게 아버지의 이름을 알려 주었고 앞으로도 알려 주겠습니다. 아버지께서 저를 사랑하신 그 사랑이 그들 안에 있고 저도 그들 안에 있게 하려는 것입니다"(26절). 예수께서 바치신 "사제의 기도" 마지막 구절인 이 문장의 핵심 주제는, 십자가에서의 그리스도의 죽음과 부활을 통해 실현되는, 성부와 그리스도와 제자들 사이의 '사랑의 일치'이다. 이 구절에 담겨져 있는 다양한 신학적 의미들을 간략하게 살펴보면 다음과 같다[202].

첫째로, 26절의 "아버지께서 저를 사랑하신 그 사랑"은 성부의 사랑으로서 **영**이며 성령을 의미한다[203]. 그리고 "아버지께서 저를 사랑하신 그 사랑이 그들 안에 있고"라는 표현은 성부의 사랑인 **영**이 믿는이들 안에 머물고, 이러한 **사랑**의 머무름을 통해 믿는이들이 "하느님이-

---

[201] 참조: M. VILLER - K. RAHNER, 『Ascetica e mistica nella patristica』, 35.
[202] 참조: M. VILLER - K. RAHNER, 『Ascetica e mistica nella patristica』, 33-34.
[203] "중세의 신학자 도이츠의 루페르토(Ruperto di Deutz)는 26절[요한 17,26]에 묘사된 내적으로 현존하는 사랑을 성령과 동일시한다: 이는 성부와 성자 사이의 사랑을 성령으로 이해하는 후기 삼위일체 신학을 분명하게 반영하는 것이다. 그러나 루페르토가 26절에 나오는 예수의 약속들은 오로지 성령을 통해서만 성취될 수 있다고 이해할 때에 그가 전적으로 틀린 것은 아니다"(R. BROWN, 『Giovanni』, 953).

됨"(divinizzare)을 뜻한다[204]. 믿는이들의 '하느님이-됨'(divinizzazione)은, 라너 관점에서 바라보면, 하느님의 피조물에로의 자기-참여(auto-partecipazione)를 뜻한다. 하느님의 자기-참여는, 형상인으로서, 지복직관 안에서 이루어지는 직접적인 일치의 존재론적인 전제조건이 되는데, 라너는 하느님의 이 자기-참여를 "창조되지 않은 은총"으로서의 초자연적인 은총과 동일시한다. 왜냐하면, 하느님 자신도 아니고 하느님의 자기-참여의 결과도 아닌, 따라서 단순하게 완전히 창조된 실재는 절대적으로 초자연적일 수 없기 때문이다[205]. 라너의 초월 신학 안에서, "유사 형상"(quasi-formale)[206] 원인에 따라 이루어지는 하느님의 직접적인 자기-참여 같은, 창조되지 않은 은총은 은총에 관한 교의의 핵심 실재가 되는데, 그런 초자연적 실재와 하느님의 자기-참여에 의해 낳아지는 실재는 은총의 질서 안에서는 완전히 동일한 것이다[207]. 이와 같은 관

---

[204] "'하느님이-됨'에 관한 사상은 나지안조의 그레고리오나 니싸의 그레고리오 또는 막시모 증거자의 핵심 신학으로, 요한의 사상이다"(M. VILLER – K. RAHNER, 『Ascetica e mistica nella patristica』, 34). 같은 관점에서 마테오-세코(Mateo-Seco)는 니싸의 그레고리오의 "영광"의 개념을 설명하면서 다음과 같이 주장한다: "성령은, 세상이 생기기 전에 **말씀** 위에 머물러 계셨던 영광으로, 말씀의 육을 영광스럽게 하셨고 사람들을 그리스도와 일치시킴으로써 이들을 영광스럽게 하실 **분**이시다. 이로부터, 성령께서 사람들을 그리스도와 일치시키는 행위는 곧 사람들을 그리스도의 영광에 참여하게 하고, 바로 이 때문에 이 행위는 곧 '하느님이-됨'의 행위라는 결과가 나온다"(L. MATEO-SECO, 『Gloria』, 『DizNissa』, 298).

[205] 참조: K. RAHNER, 『Sul concetto di mistero nella teologia cattolica』, 『Saggi teologici』, 452-453.

[206] "하느님의 은총은 인간 존재의 내부에서 형상인이 될 수 없고(이는 신적인 '인간적인 것'이 될 것이다) 은총은 인간적인 인격에서 순수하게 외적이지(효능적이지) 않기 때문에, 라너는 하느님의 은총이 인간 인격 안에 온전하게 주어지고 온전하게 작용한다는 사실을 표현하기 위해 '형상인'을 '유사'라는 낱말로 꾸민다"(C. M. LACUGNA, 『Glossario』, K. RAHNER, 『La Trinità』, 125; 참조: K. RAHNER, 『Possibilità di una concezione scolastica della grazia increata』, 『Saggi di antropologia soprannaturale』, 142-143).

[207] 참조: K. RAHNER, 『Sul concetto di mistero nella teologia cattolica』, 『Saggi teologici』, 454.

점에서 라너는 하느님의 피조물에로의 이 자기-참여가 신학적 신비를 구성한다고 주장한다[208]. 결국, 성부의 사랑으로서의 **영**이 믿는이들 안에 사심으로써, 믿는이들은 하느님의 사랑의 신비인 창조되지 않은 은총 안에 머무르게 되는 것이다[209]. 이러한 관점에서 바라보면, 요한 17,26의 "아버지께서 저를 사랑하신 그 사랑이 그들 안에 있고"라는 구절은, 지복직관 안에서 이루어지는 인간의 하느님 본질에의 참여, 하느님의 피조물에로의 자기-참여, 창조되지 않은 은총의 자기-참여, 창조되지 않은 신비의 자기-참여, 사랑이신 성령의 자기-참여 등을 신학적으로 의미하게 된다.

둘째로, 요한 17,26의 "저도 그들 안에 있게 하려는 것"이라는 표현은 그리스도와 믿는이들의 일치, 즉 유한자와 무한자와의 사랑의 일치를 의미한다. 이 일치와 관련해서는, 삼위일체의 제2위격이 완전하고 구체적인 인간 본성과 일치하게 되는 위격적 일치(unio hypostatica)에 대해 살펴볼 필요가 있다[210]. 그 이유는 위격적 일치가 믿는이들과 하느님의 신비적 일치의 기초요 원리이기 때문이다. 이미 앞에서 고찰한 바와 같이, 칼 라너에 의하면, 신비는 유일하지만, 그럼에도 불구하고 복수 신비들에 대해 언급한다면, 세 가지 신비들이 가능하다: 즉, 삼위일체의 신비, 육화의 신비, 은총과 영광 안에서의 인간의 '하느님이-됨'의 신비 들이다. 이 세 가지 신비 가운데 두 번째 육화의 신비는 그리스도 안에서 이루어진 위격적 일치와 관련되는데, 이 일치를 통해서 **말씀**께서 사람이 되셨고, 사랑 안에서 모든 인간과 일치하셨다. 그러므로 육화의 신비와 인간의 '하느님-됨'의 신비 두 가지는 단순히 형상적 동등성만을 지니게 되는 것이 아니라, 이들 사이에 이루어지는 보

---

[208] 참조: 위와 같은 책, 454.
[209] 참조: A. RAFFELT – H. VERWEYEN, 『Leggere Karl Rahner』, 70.
[210] 참조: B. STUDER, 「Unione ipostatica」, 『DizPatr』, 5507.

다 더 깊은 사랑의 일치를 드러내 준다[211]. 신학적으로 보면, 은총과 영광 안에서 이루어지는 인간과 하느님의 초자연적 친교는 오직 위격적 일치 위에서만 존재론적으로 가능하고[212], 이 위격적 일치는 하느님의 **말씀**과 인간 본성과의 실체적 일치, 다시 말하면, "거룩한 신비이신 하느님의 피조물에로의 자기-참여"를 지향한다[213]. 즉, 하느님의 자기-참여는 본질적으로 "인간의 본성을 구성하는 일치로, 하느님이 당신-자신과-다른-존재에게 자기 자신을 내어줌으로써 이 인간 본성과 일치하는 것"으로 이해해야 되는 것이다[214]. 그러므로 지복직관 안에서 인간의 영혼을 관통하는 **로고스**의 현존은 위격적 일치에 전적으로 덧붙여지기만 하는 추가물로 이해해서는 안되고, 위격적 일치의 존재론적 요소로 이해되어야 한다. 사실, 인간은 지복직관이 그리스도의 인성과 하느님의 로고스가 결합되는 위격적 일치에 의해 중개될 때에만 지복직관을 누릴 수 있다[215]. 그리고 **말씀**께서 취하신 인성은 모든 인간들이 지니고

---

[211] 참조: K. RAHNER, 「Sul concetto di mistero nella teologia cattolica」, 『Saggi teologici』, 455-456. 한편, 십자가의 요한은 하느님과 인간 사이에 사랑의 동등성이란 표현을 사용한다: "따라서 사랑은 목적이 되며, 그러기에 하느님은 사물들 안에 있는 것 때문에 사물들을 사랑하는 것이 아니다. 이 때문에, 하느님께서 영혼을 사랑할 때는 어떤 형태로든 영혼을 당신 자신 안에 들어오게 하여 당신 자신과 동등하게 하신다; 따라서 하느님은 당신 자신에게 하시는 것과 똑같은 사랑으로 당신 안에서 당신과 함께 영혼을 사랑하신다"(GIOVANNI DELLA CROCE, 「Cantico spirituale B」, 32,6, 『Opere』, 681); 참조: GIOVANNI DELLA CROCE, 「Cantico spirituale A」, 23,5, 『Opere』, 921.
[212] 참조: K. RAHNER, 「Sul concetto di mistero nella teologia cattolica」, 『Saggi teologici』, 455.
[213] 위와 같은 책, 456.
[214] 참조: K. RAHNER, 「Sul concetto di mistero nella teologia cattolica」, 『Saggi teologici』, 456.
[215] 참조: K. RAHNER, 「Sul concetto di mistero nella teologia cattolica」, 『Saggi teologici』, 457. 둔스 스코투스에 의하면, 위격적 일치는 '실체적 있음의 질서'에 속하고, 지복직관은 피조물 안에서는 우연유가 되는 '행함의 질서'에 속한다. 따라서 이 두 질서 사이에는 실재의 동일성이나 본성의 동시성에서 나오는 어떤 필연적인 관계는 존재하지 않는다. 그럼에도 불구하고 위격적 일치와 지복직관은 서로 필연적으로 연관되어 있어 지복직관은 위격적 일치와 불가분리적인 관계에 있다

있는 인간 본성과 완전히 동일하기 때문에, 위격적 일치는 인간 존재와 하느님의 **존재** 사이에 이루어지는 신비적 일치의 가능성이요 가능태이다[216]. 모든 인간은 이러한 위격적 일치의 신비를 통해서 그리스도와 일치할 수 있고, 그 결과로 지복직관 안에서 하느님의 본질에 참여할 수 있게 된다. 이런 관점에서 요한 17,26의 "저도 그들 안에 있게 하려는 것"이라는 구절을 다시 읽으면, 이는 성자께서 스스로 피조물로서의 믿는이들에게 참여하시는 것을 의미하고, 믿는이들이 삼위일체의 제2위격 안에서 위격적 일치에 참여하는 것을 의미하며, 그 결과 믿는이들이 위격적 일치를 통해 "그리스도가 되는 것"(cristificazione), 다시 말해 "은총과 영광 안에서 그리스도의 인성이 심연으로부터 '하느님이 되는 것'(divinizzazione)"[217]을 통해 믿는이들 또한 '하느님이 되는 것'(divinizzazione)을 의미하게 된다.

셋째로, 요한 17,26에 묘사된 일치는 믿는이들이 삼위일체 신비에 참여하는 것을 의미한다. 인간이 은총 안에서 '하느님이-되는' 신비와 육화의 신비를 결합시켜 주는 위격적 일치는 또한 인간의 '하느님이-됨'의 신비와 삼위일체의 신비를 일치시켜 주는 것이기도 하다. 왜냐하면, 인성과 위격적으로 일치되신 **말씀**께서 **사랑**이신 **영** 안에서 성부와 완벽하게 불가분리적으로 일치하여 계시기 때문이다. 지금까지 인간의 하느님 본성에의 참여, 창조되지 않은 은총의 피조물들에로의 자기-참여, 그리고 성자와 인간을 일치시켜주는 육화된 **말씀**과 인성과의 위격적 일치에 대해 살펴보았다. 이러한 사실로부터 육화의 신비는 "준형상" 원인에 따라 인간과 **존재** 자체를 위격적으로 일치시켜 주는 힘을 지니고 있으며, 위격적 신비를 통해서 그리고 이 신비 안에서, 인간 존재가 "준형상" 원인에 따라 삼위일체 신비와 위격적으

고 말할 수 있다(참조: L. IAMMARRONE, 『Giovanni Duns Scoto metafisico e teologo』, 600).

[216] 참조: L. IAMMARRONE, 『Giovanni Duns Scoto metafisico e teologo』, 602.

[217] K. RAHNER, 「Sul concetto di mistero nella teologia cattolica」, 『Saggi teologici』, 457.

로 동일하게 결합된다는 사실을 추론해 낼 수 있다[218]. 인간과 하느님의 이러한 위격적 일치는 지복직관 안에서 삼위일체의 본질에 존재론적으로 참여하는 것을 의미하는데, 이는 요한 복음서 저자가 이 복음의 목적으로 언급하는 영원한 생명을 얻는 것과 다르지 않다[219]. 지복직관 안에서 (언제나 "준형상" 원인에 따라) 이루어지는 그러한 믿는 이들과 삼위일체 하느님과의 위격적 일치는 다음과 같이 다양하게 표현된다: 성령의 거주하심[220], 즉 '거룩하게 됨'(santificazione)과 '의롭게 됨'(giustificazione); 육화하신 **말씀**과 한 몸을 이룸, 즉 그리스도와 하나가 됨 또는 '그리스도가-됨'(cristificazione)[221]; 삼위일체 하느님께서 믿는이들 안에 거주하심, 즉 '하느님이-됨'(divinizzazione 또는 deificazione); 하느님의 아들이 됨[222]; 초자연적 은총의 충만한 실현, 즉 하느님의 자기 양여; 사랑의 완전한 실현; 성부와 성자의 영광 안에서 믿는이들이 영광스럽게 됨[223]; 완전한 구별 안에서 이루어지는 인간과 하느님의 최상의 일치[224] 등.

---

[218] 라너는 말한다: "따라서 만일 위격적 일치(unio hypostatica)가, 본질적으로,⋯은총과 영광 안에서 그리스도의 인간 본성의 '하느님이-됨'이라고 부르는 것 안에서 실현되는 것이라면, 하느님은 거룩한 신비이면서 절대적으로 가까이 계시는 분이기에, 위격적 일치 안에서의 하느님의 자기 참여는 본질적으로 하느님의 피조물에로의 자기-참여임을 의미하게 된다"(K. RAHNER, 「Sul concetto di mistero nella teologia cattolica」, 『Saggi teologici』, 457). 이 문장은, 하느님께서 위격적 일치를 통해 피조물에게 당신 자신을 양여하듯이, 그렇게 인간 존재가 위격적 일치를 통해서 그리고 위격적 일치 안에서 삼위일체 하느님의 본성에 참여하게 된다는 것을 내포하고 있다. 이는 어떤 의미에서 보면 인간 존재가 위격적으로 삼위일체 신비에 참여한다는 것을 의미한다. 그 이유는, 이미 앞에서 고찰한 바와 같이, 은총 안에서 이루어지는 인간의 '하느님이-됨'의 신비와 육화의 신비가 보다 근원적인 차원에서 깊이 일치되어 있기 때문이다(참조: 위와 같은 책, 455-456).
[219] 참조: 요한 20,31.
[220] 참조: 1코린 3,16-17; 6,19-20.
[221] 참조: L. VEUTHEY, 「Manuali di spiritualità francescana」, 223.
[222] 참조: 로마 8,15-17.
[223] 참조: 요한 2,11; 7,18; 12,23.28; 13,32; 17,1.5.10.22.24.
[224] 참조: K. RAHNER, 「Possibilità di una concezione scolastica della grazia increata」, 『Saggi di antropologia soprannaturale』, 151.

신비적 일치는 항상 인간 실존의 기초요 모든 실재의 유일한 원천인 사랑의 신비 안에서 실현된다[225]. 사랑은, 모든 실재를 일치시켜 주는 본질로서, 다양성의 복된 일치를 지향하는 인간 실존을 통합하는 절대적 힘을 본성적으로 지니고 있다[226]. 그러므로 모든 신비적 일치는 사랑의 원리에 따라 실현되고, 그러기에 신비적 일치는 근본적으로 사랑의 특성을 지니게 된다.

사랑의 신비 안에서 이루어지는 삼위일체 하느님과 인간의 결정적인 일치는 **신비** 자체에 대한 바라봄, 즉 지복직관 안에서 전적으로 실현된다. 그러나 이는 지복직관의 씨앗이요 시작으로서의 창조되지 않은 은총인 성령의 소유에 비례하여 이 지상에서부터 시작된다[227]. 칼 라너의 초월 신학에 따르면, 하느님은 형상인을 통하여 은총 안에서 인간에게 자신의 본질을 스스로 양여하시는데, 이러한 양여는 단순하게 창조된 은총으로부터 비롯되는 결과가 아니며, 창조된 은총을 논리적이고 객관적으로 앞서는 창조되지 않은 은총의 양여인 것이다[228]. 그런데 창조된 영으로서의 인간 존재의 심연에는, 비주제적이고 익명적으로 존재하는 창조되지 않은 은총을 뜻하는 초월의 지평이 존재론적으로 주어져 있다. 이렇게 지복직관의 존재론적 전제조건으로서 인간 존재의 심연에 현존하는 창조되지 않은 은총은 절대 존재가 창조된 영에게 양여되는 하느님의 자기 양여의 시작이며, 이는 창조된 영과 하느님의 충만한 일치[229], 즉 지복직관 안에서 이루어지는 하느님에 대한 온전한 소유를 향하여 끊임없이 성장해 간다. 창조되지 않은 은총

---

[225] 참조: K. RAHNER, 「Unità - amore - mistero」, 『Nuovi saggi II』, 629-630.
[226] 참조: 위와 같은 책, 633.
[227] 참조: K. RAHNER, 「Possibilità di una concezione scolastica della grazia increata」, 『Saggi di antropologia soprannaturale』, 148.
[228] 위와 같은 책, 148-149.
[229] 참조: K. RAHNER, 「Possibilità di una concezione scolastica della grazia increata」, 『Saggi di antropologia soprannaturale』, 149.

의 이러한 양여는 지복직관의 전제 조건으로서 진행 과정 중에 있는 존재론적 일치를 의미한다.[230]. 결론적으로, "호모 우니투스"(homo unitus, 일치되는 인간)는 지복직관, 즉 하느님의 신비에 대한 온전한 관상 안에서의 완전한 사랑의 일치를 지향하면서, 이 세상에서부터 "데우스 우니엔스"(Deus uniens, 일치시키는 하느님)와 사랑 안에서의 일치의 여정 중에 있다 하겠다.

2.3.2. '사랑의 일치'의 특성들

하느님과 인간 사이에 이루어지는 사랑의 일치의 특성들은 다양하게 열거될 수 있다. 그러나 여기에서는 두 가지 특성, 즉 혼례성과 감미로움에 대해서만 간략히 살펴볼 것이다.

사랑의 본질은 모든 실재들의 원초적 일치에 있고[231] 혼례는 사랑하는 이들의 사랑의 일치를 탁월하게 드러내 준다. 따라서 사랑 안에서의 신비적 일치는 본질적으로 정배적 특성을 지니고 있으며, 그 기원은 근본적으로 삼위일체 하느님의 정배적 **사랑**에 있다. 하느님은 모든 사랑의 기원이요 원천으로서 **사랑** 자체이기 때문에, 일체이신 하느님과 삼위이신 하느님의 형언할 수 없는 **사랑**이 정배적 특성을 지니는 것은 자연스럽고 당연하다 하겠다.[232] 이에 대하여 밭탈리아(V. Battaglia)는 요하네스 셰플러의 『케루빔 순례자』에 실린 아

---

[230] 참조: K. RAHNER, 「Possibilità di una concezione scolastica della grazia increata」, 『Saggi di antropologia soprannaturale』, 150-152. 놀테니우스(Noltenius) 역시 같은 입장에서 "신비체험은 영적인 성장의 과정으로, 이 안에서 인간은 거룩함으로 체험되는 것에 직접적으로 가까이 다가가고자 애쓴다"고 주장한다 (H. NOLTHENIUS, 『Un uomo dalla valle di Spoleto』, 290).

[231] 참조: K. RAHNER, 「Unità - amore - mistero」, 『Nuovi saggi II』, 633.

[232] 마짠티(G. Mazzanti)는, "하느님은 있음과 살아 있음 안에서 어떤 형태로든 혼례적인 실재이다. 즉, 동일한 하나의 본성을 형성하면서 서로 구별되는 세 위격으로 구성되고 구성하는 관계"라고 말하면서, 따라서 "하느님은 신비/혼례적 실재"라고 주장한다(G. MAZZANTI, 『Persone nuziali』, 129).

름다운 시 "하느님께서 당신 자신을 입 맞추시네: 당신의 입맞춤은 성령이시라네. / 그분께서 입 맞추시는 성자, 성부께서 입맞춤을 주셨네"를 인용하면서, 다음과 같이 묘사한다: "오로지 성부와 성자 사이에서만 주고받고, 성자께서 당신의 신부에게 건네주는, 더할 나위 없고 형언할 수 없는 입맞춤이 있으니, 바로 성령이시다"[233]. 따라서 성령은 성부와 성자의 **사랑**으로서 인간 존재와 삼위일체 하느님 사이에 이루어지는 사랑의 친교와 정배적 일치의 원리이시며, 인간 존재에게 당신 자신을 양여하는 가운데, 사랑 안에서의 일치와 일치 안에서의 성장을 실현시켜 주실 뿐만 아니라, 당신의 신랑인 인간 존재를 **사랑**의 불로 태우면서 그에게 **사랑**의 혼례복을 입혀 주신다[234]. 이러한 삼위일체 하느님의 **사랑**을 바탕으로, 탁월히 아름다운 아가서를 낳은 구약 시대는 물론이고, 그리스도교 초기부터 정배 영성이 발전되었다. 특히 아가서의 신랑 신부의 사랑을 주석하고 연구하는 가운데 두 가지 신학적 경향이 형성되었는데, 하나는 이 사랑을 **신랑**이신 그리스도와 **신부**인 **교회** 사이의 정배적 사랑으로 해석하는 것이고, 다른 하나는 **신랑**이신 그리스도와 신부인 크리스천들의 영혼 사이의 정배적 사랑으로 해석하는 것이다[235].

영적 혼례의 특성들은 사랑 안에서의 동등한 상호성, 사랑의 일치의 결정적 완전성, 사랑받는 이 안에서 이루어지는 사랑하는 이의 변화 등으로 나타난다[236]. 정배적 사랑이 지니는 이런 특성들 때문에, 인간 존재는 혼례적 사랑의 자연스런 결과로서 사랑의 일치에서 비롯되는 형언할 수 없는 감미로움을 누리게 된다. 이는 사랑의 일치

---

[233] V. BATTAGLIA, 『Il signore Gesù Sposo della chiesa』, 157.
[234] 참조: 위와 같은 책, 162-176.
[235] 참조: H. CROUZEL – L. ODROBINA, 「Sponsa Christi」, 『DizPatr』, 5111-5112.
[236] 참조: V. BATTAGLIA, 『Il signore Gesù Sposo della chiesa』, 190-193; S. POSSANZINI, 「Matrimonio sponsale」, 『DizMist』, 801-802.

의 또 다른 특성으로, 신비적 일치의 형용할 수 없음²³⁷이나 혼례의 기쁨²³⁸ 등으로 표현되곤 한다. 사랑의 일치 안에서 사랑하는 이들은 **사랑**의 향기에 도취되고 **사랑**의 포도주에 취해 대단히 흡족해하면서도, 결코 감미롭고 달콤한 이 **사랑**을 충분히 향유하지는 못한다. 사랑의 일치의 형언할 수 없는 이 감미로움은, 비록 이 세상에서부터 체험하기는 하지만, 지복직관에서 누릴 영원한 행복을 미리 맛보는 것에 지나지 않는다²³⁹.

2.4. 신비체험의 정의

이 장의 첫 부분에 인용된 정의들에 따르면, "미스티카"(mistica)라는 용어는 대체로 두 가지 차원을 가리킨다. 하나는 체험의 차원이고, 다른 하나는 인식의 차원이다²⁴⁰. 십자가의 요한과 존스턴 그리고 『데 마우로』 사전은 "미스티카"를 하나의 학문으로 규정하고, 라너는 이 두 측면을 모두 지적한다²⁴¹. 그러나 대부분의 학자들은 "미스티카"의

---

[237] 참조: M. BALDINI, 「Ineffabilità」, 『DizMist』, 664.
[238] 참조: V. BATTAGLIA, 『Il signore Gesù Sposo della chiesa』, 177.
[239] 참조: 위와 같은 책, 177-179.
[240] 알폰소 디 놀라(Alfonso M. di Nola)는 신비체험과 관련하여 체험 및 이론 두 차원을 모두 고려하면서, "신비체험은 개인적으로 신비 상태들을 체험한 이들의 관계 위에 기초를 두고 있기 때문에, 이 신비 상태들을 설명하고 분류하고 해석하면서, 이를 신앙적이거나 신학적인 어떤 체계 안에 위치시키는 가르침과 함께 고찰되어야 한다"고 주장한다(A. di NOLA, 「Mistica」, 『Enciclopedia delle religioni IV』, 479). 무라(E. Mura) 또한 신비체험의 두 차원, 즉 체험과 이론을 모두 지적한다. 그에 의하면, 신비체험이란 "종교적 관상을 통하여 영적 실재 안에 젖어드는 영혼의 상태나 혹은 이와 관계되는 가르침"을 의미한다(E. MURA, 「Mistica」, 『EnciCatto VIII』, 1135).
[241] 칼 라너: "…인간과 모든 존재자의 기초 – 그리스도교 신비 신학과 유다 사상과 이슬람 사상 안에서는 인격적인 하느님 – 인 신의 무한성과 인간을 일치시키는 내적인 만남의 체험; 그리고…이러한 체험을 학문적으로 설명하려는 시도, 즉 이러한 체험에 대한 반성"; 존스턴: "…사랑으로부터 오는 비밀스런 지혜가 아니라, 사랑으로부터 오는 비밀스런 지혜를 반성하고 이를 가르치는 학문인 신비

체험적 차원을 강조하는데, 그 가운데 니콜라, 바르소티, 데클레르, 레오나르디, 엘운, 슈무키 같은 학자들은 "미스티카"를 체험으로 정의하고, 제르송, 버틀러, 해폴드, 모이올리, 보리엘로 같은 학자들은 체험적 인식이라 정의한다. 이와 같이 체험적 차원을 강조하는 관점에서 이 논문에서는 넓은 의미에서, 다시 말하면, 인식도 체험의 한 부분이라는 의미에서[242], "미스티카"를 체험으로 이해하고자 한다. 이러한 관점을 전제로 "신비체험"(미스티카)의 본질적인 세 요소, 즉 대상으로서의 신비, 방법으로서의 관상, 목적으로서의 사랑의 일치에 따라 신비체험을 정의하면 "하느님의 신비를 관상함으로써 이 신비와 이루는 사랑의 일치"라 할 수 있다.

이렇게 규정된 신비체험은 믿음 안에서의 성령에 대한 초자연적 체험, 즉 인간에 대한 하느님의 자기 양여 안에서 이루어지는 믿음, 바람, 사랑의 체험과 다르지 않게 된다[243]. 그리고 그런 신비체험은 본질적으로 영적 체험과도 크게 다르지 않다. 물론, 영적 체험은 신비체험보다 더 넓은 개념으로 내적이고, 비가시적이며, 말로 표현할 수 없는 체험과 관계가 있고, 여기에는 신비 체험만이 아니라 수덕적 신심이나 영적 치유, 영적 교감, 1코린 12,4-11에 묘사된 여러 카

신학…"; 『데 마우로』 사전: "영혼이 수덕을 통하여 갖게 되는 하느님에 대한 인식을 대상으로 하는 신학적 학문" 또는 "이성적인 길이 아니라 직관적인 길을 통해 하느님과의 직접적인 체험을 대상으로 삼는 가르침".

[242] 라너는 초월 신학을 전개하면서, 하느님에 대한 비주제적이고 원초적인 인식은 초월 체험의 성격을 지니며(참조: 라너, 『그리스도교 신앙 입문』, 40), 이 체험은 하느님의 신비에 대한 체험과 본질적으로 같다고 주장한다(참조: 위와 같은 책, 87). 부이에(L. Bouyer) 또한 "신비체험이…체험이라는 것은 명백하다"고 말한다(L. BOUYER, 『Mysterion. Dal mistero alla Mistica』, 323).

[243] 참조: K. RAHNER, 『Esperienza mistica e Teologia mistica』, 『Nuovi saggi VI』, 529-530. 보리엘로(Borriello)는 신비 체험을 "인간에게 이루어지는 이러한 하느님의 계시와 선물을 의식적으로 실현시키는 것"이라고 정의하면서, "크리스천 신비체험은 믿음의 삶이라는 논리 안에 존재한다"고 주장한다(L. BORRIELLO, 『Mistica come pienezza dell'uomo』, 『Esperienza mistica e pensiero filosofico』, 137-138).

리스마에 대한 체험 등 다양한 체험들이 포함된다. 이에 비해 신비체험은 구원에 필수 불가결한 체험과 관계가 있으며, 크리스천 영적 체험의 핵심과 관계가 있다. 이런 관점에서 보면, 모든 신비체험은 진정한 종교 체험의 중심에 자리하게 되고[244], 모든 진정한 크리스천 체험은 본질적으로 신비체험이 된다[245]. 이러한 신비체험은 여러 가지 다양한 특성들을 지니는데, 그 가운데 몇 가지는 이미 앞에서 살펴보았다: 신비와 관련해서는 숨어 있음과 현존, 가시성(또는 빛성)과 비가시성(또는 어둠성), 자연성과 초자연성, 초월성(초월과 내재)과 보편성, 관상과 관련해서는 직접성과 수동성, 사랑의 일치와 관련해서는, 혼례성과 말할 수 없는 감미로움 들이다. 이러한 특성들 외에도 다른 특성들을 몇 가지 더 첨가할 수 있다[246].

---

[244] 참조: H. EGAN, 『Christian mysticism』, 5.
[245] 참조: L. BORRIELLO, 「Mistica come pienezza dell'uomo」, 『Esperienza mistica e pensiero filosofico』, 129.
[246] 페데리코 루이스(F. Ruiz)에 의하면, 신비체험의 특성들은 다음과 같다: 내밀하고 초월적인 하느님의 현존; 대상성에 대한 느낌과 확실성; 무상성, 공로 없이 쏟아짐; 능동적이고 수용적인 수동성; 체험의 대상뿐만 아니라 체험의 내용들도 적절하게 형용하거나 표현할 수 없음; 역설적이고 상징적인 표현법(참조: F. RUIZ, 『Le vie dello spirito』, 327-328). 반면에 에블린 언더힐(E. Underhill)은 신비체험의 특성들을 다음과 같이 표현한다: "참된 신비주의는 능동적이고 실천적이며, 수동적이거나 이론적이지 않다"; "참된 신비주의의 목적들은 전적으로 초월적이고 영적이다"; "신비주의의 관심사와 방법은 사랑이다"; "**하나이신 분**과의 살아 있는 일치는 고양된 삶의 뚜렷한 상태나 형태이다"; "신비주의는 결코 자아를 추구하지 않는다"(E. UNDERHILL, 『Mysticism』, 59-69). 하비 이건(H. Egan)은 그의 저서 『크리스천 신비주의』에서 풀랭(A. Poulain)이 설명한 신비체험의 특성들을 소개하고 있는데, 풀랭에 의하면, 주요 특성에는 두 가지가 있고 부차적인 특성에는 열 가지가 있다. 주요 특성들 중 첫째는 "하느님에 대한 체험적이고 느껴진 현존"이며, 둘째는 신비가들이 하느님의 현존을 느끼는 양식과 관계가 있는데, 즉 "영적인 감각들의 실존"이다; 부차적인 특성들은 "신비주의의 선물적 특성"; "개념을 초월하는 개괄적이고 모호한 사랑의 지식"; "하느님께서 어떻게 인간에게 당신 자신을 양여하시는지 이해할 수 없음"; "감각들이나 상상, 기억 또는 지성에 의해 제시될 수 없는, 하느님의 느껴지는 현존"; "강렬하고 커다란 움직임을 일으키는, 하느님의 느껴지는 현존"; "주입 관상은 습득 관상보다 노력이 훨씬 적게 요구된다"; "하느님의 느껴지는 현존이 동반하는 기쁨, 행복, 사랑, 평

무엇보다 먼저, 신비체험의 일상성을 들 수 있는데, 이는 신비와 관상의 보편성과 밀접하게 연관되어 있다. 모든 인간은 신비를 관상함으로써 신비체험을 할 수 있으며, 이 신비는 일하고, 쉬고, 말하고, 음악을 듣고, 사랑하고, 남을 도와주고, 사물들을 바라보고, 걷는 등 날마다 일어나는 평범하고 일상적인 삶 안에 숨겨져 있다. 이러한 형태의 신비 체험을 라너는 이미 제1장에서 살펴보았듯이, "일상의 신비체험"이라 규정한다. 신비체험의 일상성으로부터 "대중성"이라는 또 다른 신비체험의 특성이 연역된다. 신비체험의 대중성으로 말미암아 세례를 받았든 받지 않았든, 남자든 여자든, 성직자든 평신도든, 노인이든 젊은이든, 모든 사람들이 일상적으로 신비체험을 할 수 있게 된다. 갓 태어난 아기도 어머니의 사랑을 느끼면서 신비 체험을 비주제적으로 할 수 있다. 그러므로 이 논문에서 규정한 "일상적이고 대중적인 신비체험"은 어떠한 형태든 "엘리트 신비체험"은 인정하지 않는다. 신학자들 중에는, 좁은 의미에서의 "관상적 신비체험"(수동적 신비체험 혹은 주입 관상)과 넓은 의미에서의 "능동적 신비체험"(신비적 삶)을 구별하면서 모든 크리스천들이 좁은 의미에서의 신비체험을 하는 것은 아니라고 주장하는 이들이 있다[247]. 엘리

화, 고요, 휴식, 아픔, 고통, 비참, 괴로움에 대한 체험들"; "진정한 신비주의에서의 덕의 중요성"; "하느님의 주입 현존이 육체에 미치는 영향"; "유대", 즉 "신비가의 통상적인 내적 외적 활동을 지켜주는, 하느님의 느껴지는 현존"이다(H. EGAN, 『Christian mysticism』, 11-14).

[247] 카르멜 회원인 루이스(F. Ruiz)는 "신비적 삶"과 "주입 관상"을 다음과 같이 구분한다: "신비적 삶"은 상대적으로 적게 들어 높여진 성령의 선물과 관련이 있으며, 상대적으로 적게 고양되고 덜 의식적인 신비체험임에 비해, "주입 관상"은 상대적으로 더 많이 들어 높여진 선물과 관계되며, 더 빼어난 신비체험이 된다. 루이스는 모든 크리스천이 신비적 삶에로 불리었다고 여기지만, 좁은 의미에서의 관상적 신비체험에 불리운 자들은 소수뿐이라고 주장한다(참조: F. RUIZ, 『Le vie dello spirito』, 338-339.360; F. RUIZ, 『Teologia mistica』, 17-18). 또 다른 카르멜 회원인 안칠리(E. Ancilli)는 신비체험의 성소 문제를 다루면서, 루이스와 같은 관점에서, 관상적 신비 체험과 신비적 삶을 다음과 같이 구분한다: 관상적 신비 체험은 영혼이 영적인 바라봄 안에서 하느님의 직접적인 개입을 알아

트 신비체험에 바탕을 두고 있는 이 학자들은, 이 세상에서는 소수만이 아빌라의 테레사가 『영혼의 성』의 제7궁방에서 묘사하는 하느님과의 신비적 일치에 도달한다고 주장한다. 이러한 관점은 보편적인 신비체험의 개념과는 상당한 거리감이 있는 것이다. 만일 모든 사람들이 지복직관, 즉 삼위일체 하느님의 관상에로 불리어졌다면, 그리고 모든 인간이 삼위일체 하느님과의 "위격적" 일치에로 불리어졌다면, 이들은 모두 삼위일체 **신비**의 본성에 참여하는 것이고, 그러한 참여는 『영혼의 성』의 제7궁방에 묘사되는 신비적 일치를 탁월하게 능가하는 것이다. 지복직관에서의 신비적 일치 앞에서 테레사가 설명하는 신비적 일치는 그저 그림자요 어둠일 따름이다.

보편적으로 규정된 신비체험이 일상적이면서 동시에 그토록 탁월하다면, 이는 곧 이 신비체험이 평범하면서도 비범한 특성을 지닌다는 것이다. 이러한 신비체험의 평범성(ordinarietà)과 비범성(straordinarietà)은 자연과 은총의 본질적 일치에 그 신학적 바탕을 두고 있다. 그리스도교 전통 안에서, 특히 16-17세기 이후, 그리스도교 완덕을 위한 평범한 길을 다루는 수덕학과, 초자연적 관상 및 수동적 정화, 신비적 일치 그리고 특별한 은총들을 다루는 신비학을 구분하는 경향이 형성되었다[248]. 그런 전통 안에서 안칠리(E. Ancilli)는 은총에 대한 평범한 체험과 특별한 체험을 구별한다: 전자는 종교 체험이 되고, 후자는 신비 체

차리는 인간의 특별한 체험이고, 신비적 삶은 성령의 선물들이 점점 더 넓게 작용하는 가운데 영혼 안에서 성령의 활동이 점진적으로 확장되는 것이다. 안칠리의 주장에 따르면, 신비적 삶은 크리스천 신비에 대한 진정한 체험을 포함하고 있지 않으며, 아빌라의 테레사나 십자가의 요한이 설명하는 높은 관상적 상태는 더욱 그러하다. 모든 크리스천들은, "정상적"이라고 여겨지는, 이러한 신비적 삶에로 불리어진 것이고, 관상적 신비 체험은 정상적인 체험이 아니기에 모든 크리스천들의 보편적인 성소가 아니라는 것이다(참조: E. Ancilli, 「Il problema della vocazione alla mistica」, 『La mistica II』, 323-330).

[248] 참조: F. Asti, 『Spiritualità e mistica』, 48.

험이 된다는 것이다[249]. 이 구별은 본질적으로 자연과 은총을 구별하는 신학적 사유로부터 비롯되는 것이다[250]. 그러나 초월 신학을 통하여 라너는 자연과 은총의 불가분리적 관계를 분명하게 밝히는 가운데, 모든 구원의 은총은 근본적으로 초자연적이며, 인간의 구원 역사를 통해 범주적으로 중개된다는 사실을 규명해 놓았다[251]. 인간은 사랑에로 정향된 존재이다. 따라서 사랑을 받지 못하면, 인간은 불행해지고 삶을 잃게 된다. 그런데 이 사랑은 원천적으로 하느님의 사랑과 관계되어 있다. 그리고 초자연적 은총의 본질은 사랑 안에서 이루어지는 하느님의 자기 양여에 있다[252]. 이렇게 자연과 은총이 불가분리적 관계에 있기 때문에, 모든 초자연적 은총에 대한 체험, 즉 신비 체험은 평범하면서도 동시에 비범한 특성을 지니게 된다. 신비 체험은 일상적인 삶을 통해 범주적이고 역사적으로 중개된다는 면에서 평범하고, 이 체험이 하느

---

[249] 참조: E. ANCILLI, 「La mistica: alla ricerca di una definizione」, 『La mistica I』, 28.
[250] 20세기에 관상과 관련하여 평범성(ordinarietà)과 비범성(straordinarietà)에 대한 논쟁이 있었다. 헤들리(Hedley) 주교에 의하면, 관상은 특별한 기도이지만, 모든 크리스천의 규범이 될 수 있다. 루도빅 드 베쎄(Ludovic de Besse)에 의하면, 관상의 은총은 기적적인 선물이 아니라 영혼의 성화를 위한 수단이다. 즉, 관상은 평범하면서도 신비적인 기도이다. 그러나 예수의 테레사가 말하는 고요의 기도나 일치의 기도 같은 관상의 높은 상태들은 비범할 뿐만 아니라, 기적적이라고도 할 수 있다. 프란치스칸인 베이커(Frate Baker)에 의하면, 신비적 관상 또는 일치는 두 종류로 되어 있다: 하나는 능동적이고 평범하며, 다른 하나는 수동적이고 비범하다. 한편, 가리구-라그랑주(Garrigou-Lagrange)에 의하면, "비범한"이라는 수식어는 환시, 초자연적인 표현법, 계시, 탈혼, 황홀경이나 다른 모든 심리학적 현상들과 같은 현상들에 해당되고, 관상은 이러한 현시들과는 관계없이 하느님 섭리의 정상적인 계획에 속한다. 따라서 보다 높은 신비 체험들은 "비범한"(straordinario) 것이 아니라, "탁월한"(eminente) 것이다(참조: C. BUTLER, 『Western mysticism』, 59-61).
[251] 참조: K. RAHNER, 「Rapporto tra natura e grazia」, 『Saggi di antropologia soprannaturale』, 43-77; K. RAHNER, 「Natura e grazia」, 『Saggi di antropologia soprannaturale』, 79-122.
[252] 참조: K. RAHNER, 「Rapporto tra natura e grazia」, 『Saggi di antropologia soprannaturale』, 56.60.

님의 신비에 대한 체험으로서 초자연적이라는 면에서 비범하다는 것이다[253]. 결론적으로, 모든 신비 체험은 본질적 특성으로 평범성과 비범성을 근본적으로 그리고 동시적으로 지닌다 하겠다.

2.5. 요약

중세 후기부터 오늘날까지 여러 신학자들에 의해 규정된 신비체험에 관한 정의들 가운데 27개를 참고하며, 신비체험의 본질적인 세 가지 요소, 즉 신비체험의 대상으로서의 신비, 신비체험의 방법으로서의 관상, 신비체험의 목적으로서의 '사랑의 일치'를 기준으로 신비체험의 개념을 살펴보았다. 그리고, 이렇게 다양한 정의들이 규정되었음에도 불구하고, 신비체험의 본질적인 세 요소를 포함하고 있는 정의를 찾아보기 어렵기 때문에 이 장에서 다시 한 번 신비체험을 정의해 보았다[254]. 그리고 신비체험의 개념을 검토하기 위해 지난 세

---

[253] 이러한 관점에서, 환시나 황홀경, 탈혼, 오상 등과 같은, "전통적인" 신비체험에서 "특별한 체험"으로 묘사하는 예외적인 체험은 "특수한"(particolare)이나 "예외적인"(speciale)이라는 형용사로 수식하여, 이를 이 논문에서 규정하는 신비체험의 정상적인 특성으로서의 "비범성"(straordinarietà)과 구별하고자 한다.
[254] 이 논문에서 참고했던 27개의 신비체험 정의들은 다음과 같이 요약할 수 있다:

신학자	대상	방법	목적
제르송	하느님	영적인 애정의 일치를 통해	경험적 인식
십자가의 요한	사랑		영혼이 하느님께 올라감
예수 마리아의 요한	하느님	하느님과의 의지적 일치나 또는 천상의 빛을 통해서	하느님에 대한 천상적 지식
버틀러	하느님의 현존과 존재		하느님에 대한 체험적 깨달음

잉에	살아 계시는 하느님의 현존		하느님의 현존을 깨닫는 것
언더힐	절대자		절대자와 의식적인 관계를 맺음
옴	하느님의 초월 실재	초월적이면서 직접적인 체험을 통해	하느님의 초월 실재에 대한 자각과 이성적인 인식
해폴드	하느님		하느님에 대한 체험적 지혜 및 체험적 지식
노울스	하느님		하느님에 대한 주고받을 수 없고 표현할 수 없는 지식과 사랑
보티	은총의 삶		은총의 삶에 대한 충만한 실현
뤼박	신비 또는 믿음	신비의 내면화를 통하여	믿음의 내면화
라너	하느님의 무한성		신의 무한성과 인간을 일치시키는 내적인 만남
니콜라	절대		절대자를 누림
라 그루아	그리스도의 생명	하느님의 행위 아래 우리의 수동성을 통하여	우리가 체험하고 낸 그리스도의 삶
바르소티	은총		은총의 체험(?)
데블레르	하느님의 현존		하느님에 대한 직접적이고 수동적인 체험(?)
안칠리	하느님	성령의 특별한 작용에 의하여	하느님과의 신비로운 사랑의 친교
존스턴	비밀스런 지혜		
레오나르디	하느님		하느님 현존에 대한 자각
모이올리	어떤 한 종교적 세계		종교적 세계의 내면화(?)
엘운	궁극적인 하느님 실재		하느님 실재와의 직접적이고 비이성적인 만남
맥긴	하느님의 현존		하느님 현존에 대한 의식적인 깨달음

제2장 신비체험의 개념

기에 전개되었던 신비 신학 논쟁을 통하여 밝혀진 신비 체험 및 관상의 보편성, 특히 새로운 신학적 지평을 형성하는 데 크게 공헌한 칼 라너의 신비 신학을 기준으로 삼았다. 이 장에서 살펴본 핵심 내용들을 요약하면 다음과 같다:

정의할 수 없고 장악되지 않는 개념인 신비는 하느님의 본질을 가장 잘 드러내기 때문에, 하느님에게 가장 적합한 이름이 된다. 하느님은 완전하고 절대적인 신비의 **존재**(Esse mysticus), 즉 "데우스 미스티쿠스"(Deus mysticus, 신비의 하느님)이고, 인간은 절대적인 "신비의 하느님"(Deus mysticus)을 지향하도록 창조된 "호모 미스티쿠스"(homo mysticus, 신비인)이다. 그러므로, 신비는 하느님의 본질이자 인간의 본질이며, 신비 체험은 그리스도의 위격적 일치 안에서 실현되는 "호모 미스티쿠스"와 "데우스 미스티쿠스"의 관계이기 때문에, 신비는 신비체험의 고유한 대상이 된다.

인간 존재에게는 선험적으로 존재론적인 능력들(facoltà)이 주어져 있고, 이들 가운데는 육체적인 감각들과 영적인 감각들이 있으며, 이 감각들을 통하여 인간은 신비 체험을 하게 된다. 인간은 존재론적으로 주어진 이 감각들을 통하여 하느님의 신비를 관상하는 "관상의 존재"가 되고, 그러한 관상은 지복직관(visio beatifica) 안에서 충만히 실현된다. 이 지복직관 안에서 "관상하는 인간", 즉 "호모 콘템플라티부

슈무키	삼위일체 하느님의 생명		삼위 하느님의 생명 안에서 초월적으로 나눔
이건	진리와 사랑의 하느님		하느님과의 생생한 사랑의 일치
비알라스	신비		신비의 소유와 실현
보리엘로	성령		성령의 체험에 대한 깨달음
데 마우로 사전	하느님	수덕을 통하여	하느님에 대한 인식

이 도표를 통해, 신비체험의 본질적인 요소들을 통해 신비체험을 정의한 신학자들은 몇 안된다는 사실을 알 수 있다.

스"(homo contemplativus)는 영적인 감각을 통해, 성삼위께서 당신들의 완전한 **사랑**을 서로 관상하는, 삼위일체 하느님의 **관상**, 즉 "데우스 콘템플라티부스"(Deus contemplativus, 관상하는 하느님)에 참여한다. 그러므로 "호모 미스티쿠스"는 동시에 지복직관과 삼위일체 하느님의 **관상**을 지향하는 "호모 콘템플라티부스"이며, 모든 인간은 "관상하는 인간"으로서 이러한 직관과 **관상**에로 불리어졌다. "호모 미스티쿠스"는 선험적이고 존재론적으로 주어진 육체의 감각들과 영적인 감각들을 통해 하느님의 신비를 관상한다. 그리고 "호모 콘템플라티부스"는 하느님의 이 신비와 일치되지 않을 수 없다. 하느님의 신비와 신비적으로 일치하도록 이끄는 이러한 관상이 바로 신비체험의 방법이다.

하느님의 신비에 대한 관상을 통하여 "호모 콘템플라티부스"(homo contemplativus, 관상하는 인간)는 사랑 자체이신 "데우스 우니엔스"(Deus uniens, 일치시키는 하느님)와 필연적으로 그리고 당연히 일치하기 때문에, "관상하는 인간"은 동시에 **신비** 자체와의 일치에로 지향된 "일치되는 인간"(homo unitus)이다. 즉, 인간 존재는, "신비인"(homo mysticus)이요 "관상인"(homo contemplativus)으로서, "신비의 하느님"(Deus mysticus)이시고 "관상의 하느님"(Deus contemplativus)이시며 "일치시키는 하느님"(Deus uniens)이신 삼위일체 하느님의 본성에 참여하는, "일치되는 인간", 즉 "호모 우니투스"(homo unitus)이다. 그리고 "일치되는 인간"(homo unitus)과 "일치시키는 하느님"(Deus uniens) 사이에 이루어지는 신비적 일치는 사랑의 신비 안에서 실현된다. 하느님의 본질은 신비에 있고, 신비의 본질은 모든 범주적 피조물을 일치시키는 존재론적 힘을 지니고 있는 사랑이기 때문이다. 따라서 일체이신 하느님을 지향하는 "신비인"(homo mysticus)은 관상을 통하여 사랑의 신비 안에서 삼위이신 하느님과 하나가 된다. 삼위일체 **신비**와 이루어지는 이 사랑의 일치가 바로 신비체험의 궁극적이고 최종적인 목적이다.

이상과 같이 신비 체험의 본질적인 요소들을 기본 전제로 보편적인 관점에서 신비체험을 조명한 다음, 이를 보다 더 분명하게 "하느님의 신비를 관상함으로써 이 신비와 이루는 사랑의 일치"라고 정의하였다. 이렇게 정의된 신비 체험은 믿음과 바람과 사랑의 체험으로, **영**의 초자연적 체험인 크리스천 구원 체험과 일치하며, 영적 체험의 중심에 자리하게 된다.

　　그리고 신비체험을 보다 분명하게 정의하면서 신비체험과 관상의 관계성을 더 명확하게 밝히게 되었다. 관상은 신비 체험의 방법으로서, 신비체험의 본질적인 세 요소들 중의 하나이다. 그리고 신비적 주체와 하느님 신비 사이에 이루어지는 사랑의 일치는 관상의 필연적인 결과이다. 만일 이 사랑의 일치를 관상의 개념에 포함시키면[255], 관상은 신비체험과 같은 개념이 되고, 이 두 개념을 구별하면, 관상은 신비체험의 방법으로만 남아 있게 된다. 이 논문에서는 신비체험과 관상 사이의 모호한 관계를 보다 더 명확하게 가리기 위하여 신비체험의 방법과 목적을 구분하였다. 이런 의미에서 관상은 관상 기도와도 구별되고, 관상의 삶과도 구별된다. 또한, 관상은 신비체험의 본질적인 요소이기 때문에, 모든 크리스천과 관계 되는 보편성을 지닌다. 이는 관상의 보편성에 관하여 지난 세기에 전개되었던 긴 논쟁의 결과와 모순되지 않는다.

　　신비체험의 가장 완벽한 모형은 완전한 신비가이면서 신비 자체이신 예수 그리스도이시다[256]. 창조 이전부터 존재하시는 "로고스" 하느님은, 삼위일체 하느님의 제2위격으로서, 이해할 수 없고 형언할 수 없는 **신비**이신 성부를 완전하게 알고 계시며, 위격적 일치 안에

---

[255] 참조: E. MARIANI, 「Vita contemplativa e problemi vocazionali」, 547-549.
[256] "세라핌 박사는, 「모든 이의 유일한 스승이신 그리스도」라는 설교에서, 관상의 이중적인 작용을 언급하면서, 그리스도를 그분의 인성과 신성 안에서 관상적으로 인식하는 관상의 대가(大家)로 본다"(I. DELIO, 「Toward a new theology of Franciscan contemplation: the mysticism of the historical event」, 135-136).

서 육화하신 성자께서는 지상 생활 동안 사도 파울로가 신비라고 규정한 성부의 뜻을 완전하게 아시고 관상하셨으며, 십자가와 부활의 신비를 통해 성부와 완전하게 일치하셨다. 따라서 예수 그리스도는 형언할 수 없는 신비로 영원히 머물러 계시는 성부의 절대 **신비**를 완전하게 드러내는 **신비** 자체이시다. 예수의 어머니 마리아와 사도들 또한, 그리스도의 발자취를 따르면서, 육화하신 그리스도의 신비를 관상하고 사랑 안에서 그리스도와 온전히 일치한, 신비체험의 모형들이다. 사도 파울로 역시, 역사의 예수에 대한 직접적인 체험이 없었음에도 불구하고, 부활하신 그리스도의 영, 즉 성령을 통하여, 하느님의 보편적인 구원의 놀라운 신비를 깊이 관상했던, 신비체험의 탁월한 스승들 중의 한 사람이다. 타르소의 사도는 자신의 전 생애를 그리스도 안에 내어던지고 삼위일체 하느님과 깊이 일치했던 놀라운 신비가이다.

성모 마리아와 사도들 그리고 사도 파울로가, 역사의 예수에 대한 직접적인 체험이 있든 없든, 깊은 신비체험을 했듯이, 신비가 그리스도의 발자취를 따르는 모든 이들 또한 하느님의 구원 신비를 관상하면서 신비가들이 될 수 있다. 뿐만 아니라 부활하신 그리스도께서 우주적 그리스도로서, 즉 성령으로서, 우주 안에 현존하시기 때문에, 신비 체험은 익명적으로도 가능하다. 이러한 **영**을 통해서 모든 인간은 명시적이든 혹은 익명적이든 그리스도의 신비를 체험하는 신비가가 된다. 그리고 우주적 그리스도를 통한 우주적 신비체험의 탁월한 모범은 아씨시의 프란치스코이다. 이에 대해서는 다음에 이어지는 세 장에서 살펴볼 것이다.

제3장

신비체험의 대상으로서의 신비

아씨시의 프란치스코가 신비가인지 아닌지 의문을 제기하는 경향이 학계 일부에 있으나[1], 많은 신학자들과 신비가들이 프란치스코는 위대

---

[1] 신비체험은 "하느님 현존에 대한 직접적이고 수동적인 체험"이라는 알베르 데블레르(A. Deblaere)의 정의를 인용하면서, 알바로 카촐티는 "신비체험, 관상적 삶, 즉 관상은 본래의 의미에서는 하느님과의 사랑의 만남으로부터 주어지는 것이다. 이는 하느님의 현존, 즉 사랑스런 일치 안에서 이루어지는 하느님의 인격적인 현존에 대한 직접적인 체험이다"라고 주장한다(A. CACCIOTTI, 「Chiara d'Assisi mistica?」, 『Chiara d'Assisi e la memoria di Francesco』, 104-105; 참조: A. CACCIOTTI, 「Aspetti letterario-spirituali del francescanesimo delle origini」, 『Il francescanesimo dalle origini alla metà del secolo XVI』, 43-45). 이 정의에 따르면, 신비가들은 하느님 현존에 대한 직접적이고 수동적인 체험을 한 사람들이다. 이런 관점에서 보면, 아씨시의 프란치스코와 클라라는 의심의 여지없이 신비가들이다. 그럼에도 불구하고, 카촐티는 이어서 "신비가들은, 크리스천 신비체험의 본질적인 특성에 의하면, 믿음의 체험을 묘사해 놓은 사람들이다"라고 정의한다(A. CACCIOTTI, 「Chiara d'Assisi mistica?」, 『Chiara d'Assisi e la memoria di Francesco』, 106). 신비가들에 대한 이러한 정의에는 논란의 여지가 있다고 여겨진다. 왜냐하면, 카촐티 자신이 "체험을 하는 것과 체험을 묘사하는 것은 서로 별개의 것"(위와 같은 책, 106)이라고 지적함에도 불구하고, 정작 여기에서는 '신비가들'과 '신비 작가들'을 구별하고 있지 않기 때문이다. 따라서 카촐티는 신비체험의 개념을 잘 설명했음에도 불구하고, 아씨시의 프란치스코와 클라라가 자신들의 신비 체험을 제대로 묘사해 놓지 않았기 때문에 신비가들이 아니라는 모순에 빠지고 만다(참조: 위와 같은 책, 106-107; A. CACCIOTTI, 「Aspetti letterario-spirituali del francescanesimo delle origini」, 『Il francescanesimo dalle origini alla metà del secolo XVI』, 46). 그러나 제2장에서 신비체험에 관한 27개의 정의들을 고찰하면서 살펴본 바와 같이, 신비 체험을 기록해 놓는 것은 신

한 신비가였고 그의 신비 체험은 대단히 탁월했음을 증언하고 있다[2]. 그러므로 프란치스코가 신비가라는 사실에 대해서는 신학자들 사이에 어느 정도 일치를 보고 있다고 말할 수 있다. 문제는 그의 신비 체험을 어떻게 이해하느냐이다. 앞으로 세 장에 걸쳐 제2장에서 규정한 신비 체험의 개념에 따라, 즉 대상으로서의 신비, 방법으로서의 관상, 목적으로서의 사랑의 일치 등 신비체험의 세 가지 본질적인 요소들에 따라 프란치스코의 신비체험의 본질을 검토할 것이다. 이는 주로 프란치스코의 글을 중심으로 이루어질 것이고, 필요한 경우 초기 전기 사료들을 보조 자료로 사용할 것이다. 먼저, 신비체험의 대상부터 살펴보겠다.

프란치스코는 전 생애를 통해 하느님의 신비에 깊이 잠겨 살았음에도 불구하고, 그가 남겨 놓은 글에서 자신의 신비 체험을 표현하기 위해 "신비"(mysterium)라는 용어는 단 한 번도 사용하지 않는다. 반면에 그리

비체험의 본질적인 요소가 되지 않는다. 만일 카촐티가 프란치스코와 클라라는 신비 작가들이 아니라고 주장한다면 그런 그의 주장에는 일견 동의할 수 있다. 그러나 이 프란치스칸 성인들은 신비체험에 관한 카촐티의 정의로 비추어본다 하더라도 탁월한 신비가들이라고 말할 수 있다. 왜냐하면, 이 성인들이 하느님과의 신비적 일치를 빼어나게 보여 주는 모형들이라는 사실은 확실하기 때문이다. 이에 대해서는 이어지는 장들에서 살펴보게 될 것이다.

[2] 레오 13세 교황에 의해 "신비가들의 왕자"라고 불렸던 보나벤투라와(D. BARSOTTI, 「San Francesco preghiera vivente」, 149), 교회로부터 "신비 박사"(doctor mysticus)로 선포된 십자가의 요한이 프란치스코의 신비 체험에 대해 증언하고 있다. 보나벤투라는 「하느님께 나아가는 정신의 여정」에서 다음과 같이 기록한다: "Quod etiam ostensum est beato Francisco, cum in excessu contemplationis in monte excelso⋯apparuit Seraph sex alarum in cruce confixus⋯; ubi in Deum transiit per contemplationis excessum; et positus est in exemplum perfectae contemplationis, sicut prius fuerat actionis, tanquam alter Iacob et Israel"(보나벤투라, 「하느님께 나아가는 정신의 여정」 VII,3, 「Bonaventurae opera V-1」, 564-566). 십자가의 요한은 세라핌 천사에 의해 찔린 프란치스코를 "트란스베르베라씨온"(transverberación), 즉 사랑의 불꽃으로 가장 뜨겁게 타오르는 화살에 찔린 심장, 다시 말하면, 현세에서 가능한 신비 체험의 가장 높은 단계의 모형으로 제시한다(참조: GIOVANNI DELLA CROCE, 「Fiamma viva d'amore B」, II,8-13, 「Opere」, 759-761). 그 밖에도 프란치스코의 신비 체험을 연구한 학자들은 많이 있으며, 이는 이 논문의 참고 문헌에서 찾아볼 수 있다.

스 교부들에게는 하느님과 관계된 모든 것들이 "뮈스태리온"($\mu\upsilon\sigma\tau\acute{\eta}\rho\iota o\upsilon$, 신비)이었다[3]. 중세에 이 그리스 말에 해당되는 라틴어 "미스테리움" (mysterium)은 성사적 실재를 가리켰고, 성체는 최고의 신비였다[4]. 이러한 중세의 신학적 배경 아래 프란치스코는 그의 글에서 성체를 가리키기 위해 "미스테리움"이라는 용어를 두 번 사용한다[5]. 그러므로 이 용어의 의미는 우리가 이 글에서 사용하는 의미와는 다르다 하겠다.

프란치스코는 신비의 개념을 신학적으로 규정하지도 설명하지도 않았지만, 설교하거나 글을 쓸 때, 특히 찬미의 기도들이나 권고들을 남길 때, 의식적이든 무의식적이든 자신의 신비 체험에 대해 말하지 않을 수 없었다. 이러한 글들은 그의 체험의 자연스런 결과들이기 때문이다[6]. 그러므로 시적인 기도들이나 다른 글들 안에 들어 있는 신비 체험의 본질을 찾아낼 수 있으며, 이 장에서는 하느님의 신비에 관한 프란치스코의 관점을 고찰할 것이다. 그리고 이를 위해 프란치스코의 글에 나타나는 "영"(spiritus), "선"(bonum), "덕"(virtus)과 같은 용어들을 분석할 것이다. 이 용어들이 신비 개념과 밀접한 관계에 놓여 있기 때문이다.

3.1. 신비로서의 "영"

---

[3] 히포의 아우구스티노 이후, "뮈스테리온"($\mu\upsilon\sigma\tau\acute{\eta}\rho\iota o\upsilon$)이라는 그리스 말은 라틴어로 "사크라멘툼"(sacramentum)으로 번역되었으며, 10세기경부터 그리스도교 저자들에게 "사크라멘툼"과 "미스테리움"(mysterium)은 동의어로 사용되었다(참조: M. DENEKEN, 「Mistero」, 『DizMedi 2』, 1204).

[4] 참조: 위와 같은 책, 1204.

[5] "Omnes autem illi qui ministrant tam sanctissima mysteria, considerent intra se, maxime hi qui illicite ministrant, quam viles sint calices, corporales et linteamina, ubi sacrificatur corpus et sanguis eiusdem"(「1성직자 편지」 4); "[10]Et propter hoc facio, quia nihil video corporaliter in hoc saeculo de ipso altissimo Filio Dei, nisi sanctissimum corpus et sanctissimum sanguinem suum, quod ipsi recipiunt et ipsi soli aliis ministrant. [11] Et haec sanctissima mysteria super omnia volo honorari, venerari et in locis pretiosis collocari" (「유언」 10-11).

[6] 참조: O. SCHMUCKI, 「The mysticism of st. Francis in his writings」, 247.

제2장에서 신비의 개념을 고찰하면서, "영"과 "신비" 사이에 분명한 차이가 있음에도 불구하고, "영"이라는 용어가 "신비"와 대단히 유사한 의미를 지니고 있음을 살펴보았다. 프란치스코의 글에는 "영"(spiritus)이 95번 나타나는데[7], 이 용어는 하느님의 신비를 가리키기 위해 적잖이 사용되고 있다. 이 용어는, 절대적이고 '창조되지 않은 **영**'을 의미하는 대문자 "에스"(S)의 "스피리투스"(Spiritus)[8], '창조된 영'을 의미하는 소문자 "에스"(s)의 "스피리투스"(spiritus)[9], 그리고 부정적인 의미로 사용된 "육의 영"(spiritus carnis)이나 "더러운 영"(spiritus immundus)으로 구분해 볼 수 있다[10]. 이 마지막 영은 신비 개념과 관계가 없기 때문에, 이 논문에서는 다루지 않는다.

---

[7] 참조: J. GODET – G. MAILLEUX, 『Corpus des sources franciscaines V』, 3-11; 이 논문에서 인용하고 있는, 프란치스코의 글에 나타나는 낱말들의 빈도수는 모두 이 저서로부터 인용되었다.
[8] 참조: C. VAIANI, 『Vedere e Credere』, 26. 카예탄 에써는 프란치스코의 글에서 "스피리투스"(spiritus)가 다른 수식어 없이 단독으로 사용될 때 대문자 "에스"(S)의 "스피리투스"(Spiritus)와 소문자 "에스"(s)의 "스피리투스"(spiritus)를 구분하지 않는다. 이는 프란치스코의 글을 전해 주는 필사본들이 이 둘을 구분하지 않고 있고, 에써가 이를 존중하기 때문이다. 그러나 이 논문에서는 이해의 편의를 위해 구분하겠으며, 대문자 "스피리투스"(Spiritus)는 하느님의 본질로서 "창조되지 않은 신비"를 의미하고, 소문자 "스피리투스"(spiritus)는 창조된 영으로서 "창조된 신비"를 의미한다. 라틴어든, 이탈리아어든, 최근에 간행된 프란치스코의 글들, 예를 들면, 클라우디오 레오나르디(Claudio Leonardi)가 편집한 『La letteratura francescana. Vol. I. Francesco e Chiara d'Assisi』(Fondazione Lorenzo Valla Arnoldo Mondatori Editore, Milano, 2004)와 에르네스토 카롤리(Ernesto Caroli)가 편집한 새 이탈리아어판 『Fonti francescane』(Ed. Francescane, Padova, 2004)에서는 대문자 "스피리투스"(Spiritus)와 소문자 "스피리투스"(spiritus)를 구분하고 있다. 그러나 이러한 편집본들은 같은 "스피리투스"를 놓고 대문자 "에스"(S)의 "스피리투스"(Spiritus)로 읽을 것인지 아니면 소문자 "에스"(s)의 "스피리투스"(spiritus)로 읽을 것인지를 놓고 차이를 보인다.
[9] 소문자 "에스"(s)의 "스피리투스"(spiritus)는 프란치스코의 글에 약 30여 번 나타난다.
[10] 프란치스코의 글에 "육의 영"(spiritus carnis)과 "더러운 영"(spiritus immundus)은 다음과 같이 7번 나타난다: 「규칙 단편」 1,12.44.48; 「비인준 규칙」 17,6.10; 22,21.24.

3.1.1. 창조되지 않은 신비로서의 "영"

프란치스코의 글에 나타나는 대문자 "에스"(S)의 "스피리투스"(Spiritus)는 세 가지 경우로 사용되고 있다: (가) 성령(Spiritus Sanctus); (나) 수식어 없이 단순하게 사용된 영(Spiritus); (다) 주님의 영(Spiritus Domini)[11]. 일부 학자들에 의하면, 특별한 수식어 없이 사용된 대문자 "에스"의 영(Spiritus)은 성령을 의미하고[12], 주님의 영(Spiritus Domini)은 성령이나 그리스도의 영을 의미한다[13]. 이러한 해석은 잘못된 것은 아니지만, 이러한 표현 안에 들어 있는 심오한 신학적 의미를 보다 더 찾아볼 필요가 있다. 제2장에서 우리는 테르툴리아노, 힐라리오, 아우구스티노 같은 교부 시대 저자들이 삼위일체의 본질로서의 영과 제3위격으로서의 성령을 구분하고 있다는 사실을 살펴보았다. 같은 관점에서 프란치스코 또한 그의 글에서 대문자 "에스"(S)의 영(Spiritus)과 주님의 영(Spiritus Domini)을 성령과 구분하고 있다. 이러한 구분, 특히 영의 의미와 주님의 영의 정확한 의미는 아씨시 프란치스코가 지니고 있었던 신비 개념을 이해하는 데 있어 대단히 중요하다. 그러나 프란치스코의 글에서 성령은 해석에 있어 별다른 이견이 없을 정도로 그 의미가 분명하기에 이 논문에서는 고찰하지 않을 것이다[14].

---

[11] 프란치스코의 글에 "성령"(Spiritus Sanctus)은 40번 나타나고, 다른 수식어 없이 단독으로 사용된 "영"(Spiritus)은 적어도 7 번, 그리고 "주님의 영"(Spiritus Domini)은 8번 나타난다.

[12] 참조: C. VAIANI, 『Vedere e Credere』, 26; W. VIVIANI, 『L'ermeneutica di Francesco d'Assisi』, 171.

[13] 참조: R. BARTOLINI, 『Lo Spirito del Signore』, 13-15; O. van ASSELDONK, 『La lettera e lo spirito. Vol. II』, 75; C. VAIANI, 『Vedere e Credere』, 144.

[14] 신비체험을 성령의 체험으로 규정하는 라너의 관점에서 보면, 성령은 그 자체로 하느님의 신비와 밀접하게 연결되어 있다. 프란치스코의 글에서 "성령"(Spiritus Sanctus)이라는 표현은 약 40번 정도 나타나는데, 대부분의 경우에는 성부와 성자와 함께 사용되거나(21번) 또는 삼위일체론적 맥락에서 사용된다(6번). 한편, 성령은 삼위일체 하느님께서 세상을 창조하실 때 함께 협력하셨음을 나타내기

3.1.1.1. 대문자 "에스"(S)로 사용된 영(Spiritus)

프란치스코의 글에서 특별한 수식어 없이 사용된 대문자 "에스"의 영(Spiritus)은 다음과 같은 구절들에 나타난다: 「권고」 1,5.6(6절에는 2번 나타남); 7,1; 「규칙 단편」 1,18; 「형제회 편지」 18; 「비인준 규칙」 22,31. 이러한 경우들의 영은, 프란치스코에게 있어, 하느님의 본질을 의미하고[15], 하느님의 본질로서의 영은 하느님의 신비로 이해할 수 있다. 이에 대해 프란치스코는 「권고」 1,5-7에서 그의 신학적 견해를 잘 드러내 주고 있다:

> [5]아버지는 사람이 다가갈 수 없는 빛 속에 사시고, 하느님은 영이시며, 아무도 하느님을 본 적이 없습니다. [6]그러므로 생명을 주는 것은 영이고 육은 아무 쓸모가 없기 때문에 하느님은 영 안에서가 아니면 볼 수 없습니다. [7]이와 같이 아드님도 아버지와 같은 분이시기에 아버지를 보는 방법과 다르게 또한 성령을 보는 방법과 다르게는 아무도 아드님을 볼 수 없습니다([5]Pater lucem habitat inaccessibilem, et Spiritus est Deus, et Deum nemo vidit umquam. [6]Ideo nonnisi in

---

위해서도 사용된다(참조: 「비인준 규칙」 23,1.10). 「비인준 규칙」 12,6에서 프란치스코는 "여러분의 몸은 성령의 성전"이라고 말한다(참조: 「비인준 규칙」 22,27). 성령은 당신의 비추심을 통하여 믿는이들의 마음에 덕들을 부어주시고(참조: 「동정녀 인사」 6) 당신의 불로 인간 존재를 타오르게 하시면서(참조: 「형제회 편지」 51), 인간 존재를 다시 태어나게 하신다(참조: 「비인준 규칙」 16,7). 본질적으로 사랑인 영(Spiritus)의 불꽃 안에서 그리고 이 불꽃을 통해서 인간은 세라핌적 영이 된다(참조: 「비인준 규칙」 17,16). 이러한 영의 작용으로 말미암아 인간은 주 하느님이신 성부와 성자와 성령의 거처가 되고(참조: 「비인준 규칙」 22,27), 새로운 삼위일체적 존재로 완전히 새로 태어나게 된다. 성령의 작용을 통하여 인간 존재 안에 삼위일체 하느님께서 현존함으로써 인간은 존재론적으로 변화되고, 삼위일체적 변화를 통해 성령의 신랑이 된다(참조: 「1신자 편지」 1,8). 성령은 자신의 신비 안에서 그리스도와 일치하면서 모든 것들을 일치시키는 힘을 지니고 있다. 이런 의미에서 성령은 "신비이신 하느님"(Deus mysticus)과 "신비인 인간"(homo mysticus)을 실존적으로 일치시키는 신비라고 말할 수 있다.

[15] 하느님의 본성으로서의 영과 관련하여 힐라리오는 다음과 같이 언급하고 있다: "'Dominus Spiritus est', naturam infinitatis eius ostendit"(PICTAVIENSIS HILARIUS, 「De Trinitate」, II,32, 68). 이에 대해서는 이 논문의 제2장의 각주 124-130을 참조할 수 있다.

Spiritu videri potest, quia Spiritus est qui vivificat; caro non prodest quidquam. ⁷Sed nec filius in eo, quod aequalis est Patri, videtur ab aliquo aliter quam Pater, aliter quam Spiritus Sanctus).

「권고」 1에서 프란치스코는 어떻게 숨어 계신 성부 하느님을 알아볼 수 있느냐를 다루는 가운데[16], 5-7절에서 이 질문에 대한 답을 제시한다. 대답은 두 단계로 살펴볼 수 있다. 첫째, 프란치스코는 인간은 오로지 영 안에서만 성부 하느님을 볼 수 있다고 말한다. 그런데 이 대답에는 성부가 영(Spiritus)이라는 관점이 전제되어 있다. 프란치스코는 이를 논증하기 위해 특히 요한복음에 의지하는데, 이 복음에 의하면, 하느님의 본질은 **영**이다. 프란치스코는 이 **영**을 성부에게 적용한다. 즉, 「권고」 1,5에 나타나는 "하느님"(Deus)은 성부를 의미한다. 문맥상 「권고」 1,1-5에서 어떻게 성부를 볼 수 있느냐를 다루고 있기 때문이다. 따라서 5절의 "하느님은 영"(Pater est Spiritus)이라는 문장은 "성부는 영"(Pater est Spiritus)임을 의미한다. 프란치스코에게는 하느님도 성부도 영이다[17].

두 번째 단계에서 프란치스코는, 성부를 알게 해주는 중개자요 길이신 성자를 어떻게 볼 수 있느냐를 다루고 있다. 「권고」 1,1-2에서 프란치스코는 요한 14,6-7을 인용하면서 다음과 같이 말한다: "¹나는 길이요 진리요 생명이다. 나를 통하지 않고서는 아무도 아버지께 갈 수 없다. ²너희가 나를 알게 되면 내 아버지도 알게 될 것이다. 이제부터 너희는 그분을 아는 것이고, 또 그분을 이미 본 것이다". 이

---

[16] 페르난도 우리베에 의하면, "「권고」 1은 본질적으로 성체에 관한 글이 아니라,… 어떻게 하느님 안에 있는 생명에로 나아갈 것인지, 다시 말하면, 어떻게 성부를 알 것인지에 관한 영적 인식을 다루고 있는 글이다"(F. URIBE, 「Per 'conoscere' il Padre: L'Ammonizione I di san Francesco d'Assisi」, 5).

[17] 참조: O. van ASSELDONK, 「La lettera e lo spirito. Vol. II」, 77. 레온하르트 레만 역시 「권고」 1에서 하느님-영을 성부로 이해하고 있다(L. LEHMANN, 「L'eucaristia al tempo e negli scritti di Francesco d'Assisi」, L. LEHMANN – P. MARTINELLI – P. MESSA, 『Eucaristia, vita spirituale e francescanesimo』, 31).

구절에 의하면, 그리스도는 성부를 알 수 있는 유일한 길이다. 그러나 프란치스코는 「권고」 1,7에서 성자는 성부와 똑같기 때문에(aequalis est Patri)[18], 성자 또한 영 안에서만 볼 수 있다고 강조한다. 이러한 관점에는 프란치스코가 성자 또한 **영**으로 이해하고 있음이 전제되어 있다[19]. 왜냐하면, 5-7절에서 프란치스코가 하느님의 본질을 **영**으로 강조하면서 하느님으로서의 성자는 하느님으로서의 성부와 똑같다고 단언하기 때문이다. 따라서 7절에서의 성자 하느님과 성부 하느님의 동일성은 하느님의 생명, 즉 성자 안에서 성부의 생명을 주시는 하느님-**영**(Dio-Spirito)과 관계가 있다[20].

영이신 성자에 대한 프란치스코의 관점은 「권고」 1,12와 「인준 규칙」 10,8의 "주님의 영"(Spiritus Domini)이라는 표현과 상응한다. 이 표현에서 주님(Dominus)은 그리스도를 의미하기 때문이다[21]. **영**에 관한 프란치스코의 그리스도론적 관점은 성 파울로로부터 영향을 받는데[22], 이 이방인의 사도는 2코린 3,17에서 다음과 같이 말한다: "주님은 영이십니다. 그리고 주님의 영이 계신 곳에는 자유가 있습니

---

[18] 피에트로 메싸에 의하면, 「권고」 1,7에 나타나는 성부와 성자의 공통 실체성은 아우구스티노로부터 영향을 받은 것이다. 왜냐하면 이 7절과 비슷한 표현, 즉 "아버지와 똑같은 하느님의 형상"(formam Dei, in qua aequalis est Patri)이란 구절이 프란치스코가 사용했던 성무일도의 성 토요일 아침기도 독서에 나타나고, 이는 아우구스티노의 시편 63편에 대한 해설에서 가져온 것이기 때문이다 (참조: P. MESSA, 『Le fonti patristiche negli scritti di Francesco d'Assisi』, 281-282).

[19] "다시 말하면, 그리스도는 성부의 **아들**로서 하느님-**사람**이며, 또한 육화된 **아들**로서 성부와 일치되어 있기 때문에, 하느님의 생명을 줄 수 있는 하느님-**영**이시다" (O. van ASSELDONK, 『La lettera e lo spirito. Vol. II』, 78); "따라서 그리스도는 하느님-**영**으로서, 즉 하느님의 **아들**로서, 하느님-**영**이신 성부와 똑같으시고 성령-하느님과 똑같다고 볼 수 있다"(O. van ASSELDONK, 『Lo spirito dà la vita』, 149).

[20] "하느님으로서 세 위격은 모두 **영**이라는 단 하나의 동일 본성을 지니고 있다" (O. van ASSELDONK, 『La lettera e lo spirito. Vol. II』, 78).

[21] 참조: O. van ASSELDONK, 『La lettera e lo spirito. Vol. II』, 9.42-43; O. van ASSELDONK, 『Lo spirito dà la vita』, 151; C. VAIANI, 『Vedere e Credere』, 144.

[22] 참조: O. van ASSELDONK, 『La lettera e lo spirito. Vol. II』, 42.

다"(Dominus autem Spiritus est; ubi autem Spiritus Domini, ibi libertas). 셸티미오 치프리아니(Settimio Cipriani)에 의하면, 17절의 "주님"(Dominus)은 이 구절의 주어로 예수 그리스도 외에는 다른 누가 올 수 없다[23]. 따라서 "'주님, 즉 그리스도는 영'이신데, 이는 그리스도와 성령을 동일시하기 위해서가 아니라(이는 이단이 될 것이다), 그리스도께서 부활을 통해 '생명을 주는 영'(1코린 15,45)이 되셨다는 것을 강조하기 위해서이다."[24]

결국, 「권고」 1,5-7에 의하면, 성부에 대한 인식은 "영-하느님 (Spirito-Dio), 즉 성부와 성자의 영 안에서 보는(사는) 경우에만 가능하다"[25]. 하느님이신 성자든 성령이든 모두 동일한 조건으로 성부의 "비가시성"에 참여하기 때문이다[26]. 이러한 전망에는 프란치스코의 삼위일체적 관점이 숨겨져 있는바, 이에 따르면, 영(Spiritus)이라는 말은 단순히 삼위일체의 제3위격으로서의 성령만을 의미하는 것이 아니라, 세 위격 모두에게 동등하게 해당되는 유일한 본성으로서의 영을 의미하는 것이다[27]. 뿐만 아니라 "프란치스코는, 하느님-인간이신 성자는, 성부와 성령과 똑같은 한, 성부와 성령을 보는 방법과 다르게는(aliter) 볼 수 없다는 근본 원리에 따라 성자의 신비를 성부 안에서 설명한다"[28]. 그러므로 「권고」 1,5-7에서 프란치스코가, 초자연적이고 비가시적인 본성을 의미하는, 하느님의 '창조되지 않은 신비'를 영(Spiritus)이라는 용어를 통해 묘사하고 있다고 해석할 수 있다[29].

---

[23] 참조: S. CIPRIANI, 『Le Lettere di Paolo』, 276-277; 『La Bibbia da studio』, la nota w, 2649.
[24] S. CIPRIANI, 『Le Lettere di Paolo』, 276.
[25] O. van ASSELDONK, 『La lettera e lo spirito. Vol. II』, 78.
[26] 참조: F. URIBE, 『Per 'conoscere' il Padre: L'Ammonizione I di san Francesco d'Assisi』, 17.
[27] 참조: O. van ASSELDONK, 『La lettera e lo spirito. Vol. II』, 80.
[28] O. van ASSELDONK, 『La lettera e lo spirito. Vol. II』, 78.
[29] 참조: R. BARTOLINI, 『Lo Spirito del Signore』, 247.

이러한 해석은 「권고」 1,5-6에 묘사되어 있는 하느님 신비의 특성들[30]을 통해서도 확인이 된다. 첫째, 5절의 "다가갈 수 없다"(inaccessibilem)는 형용사는 이 권고 안에서는 인간 존재가 하느님 본질의 정점에 결코 도달할 수 없다는 의미에서 어둠의 의미를 지니고 있다. 그리고 이러한 어둠의 결과는 또 다른 신비의 특성인 하느님의 숨어계심으로 드러난다[31]. 그러므로 5절의 "다가갈 수 없는 빛"이라는 구절은 신비의 빛성과 숨어 계신 하느님의 어둠성을 동시에 함축하고 있는 표현이라 할 수 있다. 하느님은 인간 존재에게 당신 자신을 알려주면서 동시에 감춰버리는 존재이시다. 둘째로, 5절의 "아무도 하느님을 본 적이 없다"는 구절은 인간의 육체적 시각 앞에서는 하느님이 보이지 않는다는 하느님의 비가시성을 말해 준다. 따라서 5절에서 프란치스코는 하느님의 초월(trascendenza)에 대해 묘사하고 있는 것이다[32]. 셋째로, 하느님은 숨어 계시고, 비가시적이며, 초월적인 존재임에도 불구하고, 프란치스코는 6절에서 하느님은 **영** 안에서 보여진다는 것, 즉 **영** 안에서 하느님은 가시적인 존재가 된다는 사실을 밝히고 있다. 6절의 "하느님은 **영** 안에서가 아니면 볼 수 없다"는 표현은 하느님은 영 안에서만 볼 수 있다는 것을 의미하기 때문이다. 그러므로 「권고」 1,5-6에 의하면, 성부 하느님은 숨어 계시면서 현현되고, 어두우면서 빛나고, 비가시적이면서 가시적인 **영**으로(in Spiritu) 존재하시기에, 하느님은 초월적이면서 내재적인 **존재**(Esse)라는 것이다. 이러한 관점에서 보면, 프란치스코는 「권고」 1,5-7에서 무한하고 형언할 수 없는 신비 안에 숨어 계신 비가시적인 성부 하느님을 보는 방법을 설명하는 가운데, 세 위격의 유일한 공통 본성을 의미하는, 대문자 "에스"의 **영**(Spiritus)을 통해 삼위일체 하느님의 신비에 대해서 넌지시 언급하고 있다고 말할 수 있다.

---

[30] 하느님 신비의 특성들은 본 논문 제2장에서 이미 살펴보았다.
[31] 참조: L. LEHMANN, 『Le Ammonizioni di san Francesco d'Assisi』, 34.
[32] 참조: 위와 같은 책, 28.

3.1.1.2. 주님의 영

3.1.1.2.1. 삼위일체 하느님의 세 위격과 관계 있는 주님의 영

프란치스코의 글에는 "주님의 영"(Spiritus Domini)라는 용어가 7번 나타나는데[33], 이 용어의 해석에 있어서는 학자들 사이에 의견이 갈리고 있다. 예를 들면, 리노 바르톨리니(Rino Bartolini)는 "주님의 영"을 단순하게 성령으로 이해한다[34]. 그러나 체사레 바이아니(Cesare Vaiani)는 이를 그리스도와 성령을 모두 언급하는 표현임을 지적하면서, 그리스도의 영으로 해석한다[35]. 이에 비해 옵타투스 반 아셀돈크(Optatus van Asseldonk)는 성령 또한 주님의 영이라고 불려진다는 점을 언급하는 가운데, "스피리투스 도미니"(Spiritus Domini, 주님의 영)는 그리스도 및 하느님과 관계된다고 주장한다[36]. 이 논문에서는 반 아셀돈크의 해석과 같은 관점에서 "주님의 영"을 그리스도론적, 하느님 중심적, 삼위일체론적 관점에서 해석할 것이다.

프란치스코의 글에서 "주님"(Dominus)이라는 용어는 단독으로 쓰이기도 하고 "하느님", "예수 그리스도", "성부와 성자와 성령"과 같은 용어들과 함께 쓰이기도 한다. 그러나 이 용어가 삼위일체의

---

[33] 카예탄 에써의 새 비판본 『Die Opuscula des hl. Franziskus von Assisi』에서, "주님의 영"(spiritus Domini)이라는 표현은 소문자 "에스"(s)로 다음과 같이 세 번 나타난다: 「권고」 1,12; 12,1(이 구절에서는 두 번 나타나는데, 한 번은 제목에 나타나기에 이는 계산하지 않았다); 「1신자 편지」 1,6. 한편, 이 표현은 대문자 "에스"(S)로도 네 번 나타난다: 「2신자 편지」 48; 「규칙 단편」 1,51; 「인준 규칙」 10, 8; 「비인준 규칙」 17,14. 그러나 이 가운데 2번(「규칙 단편」 1,51; 「비인준 규칙」 17, 14)은 독립된 문장의 서두에서 "Spiritus autem Domini"라는 표현으로 나타나기 때문에 대문자 "에스"(S)로 쓰인 것인지는 확실하지 않다. 이 논문에서는 "Spiritus Domini"의 "Spiritus"를 대문자 "에스"(S)로 읽을 것이다. 한편, "Spiritus Domini"라는 표현은 신약 성경 가운데서는 2코린 3,17에서 볼 수 있다: "Dominus autem Spiritus est; ubi autem Spiritus Domini, ibi libertas".
[34] 참조: R. BARTOLINI, 『Lo Spirito del Signore』, 13-15.
[35] 참조: C. VAIANI, 『Vedere e Credere』, 144.
[36] 참조: O. van ASSELDONK, 『La lettera e lo spirito. Vol. II』, 9.75.

제3위격만 가리키기 위해서 사용된 경우는 단 한 번도 없다. 이는 "주님의 영"에서 "주님"이 성령을 수식하는 것이 아니라, 그리스도 예수나 삼위일체 하느님을 수식한다는 말이다. 물론, 교의 신학적 관점에서 보면, 그리스도의 영이든, 하느님의 영이든, 의심의 여지없이 모두 삼위일체의 제3위격을 의미한다는 것은 분명하다. 그렇지만 이러한 일반화는 프란치스코의 글에 나타나는 "주님의 영"의 의미를 충분히 드러내 주지 못한다. 그의 글 안에서 대문자 "에스"의 영(Spiritus)이 삼위의 공통 본성으로서의 신비를 의미하기 때문이다.

뿐만 아니라, "주님의 영"이 지니고 있는 인간중심적 관점에도 주의를 기울일 필요가 있다. 프란치스코의 글에서 "주님의 영"이라는 표현은 항상 구원적 맥락 안에서 하느님과 인간 존재 사이의 구원 관계의 전제 조건이나 원리로서 사용된다[37]: 「권고」 1,12에서 "주님의 영"은 믿는 이들 안에 머무시면서 지극히 거룩한 주님의 몸과 피를 받아모시는 영이시다; 「권고」 12,1에서 "주님의 영"은 누가 주님의 영을 지니고 있는지, 즉 인간 존재 안에 현존하시는 영과 관계가 있다; 「인준 규칙」 10,8에서 "주님의 영"은 형제들 안에 머무시며 활동하시는 영으로, 이 영이 모든 믿는이들과도 관계된다는 사실은 의심의 여지가 없다; 「비인준 규칙」 17,14와 「규칙 단편」 1,51에서 "주님의 영"은 인간 존재를 정화하고 비추며 삼위일체 하느님과 일치시켜 주는 영이다; 「1신자 편지」 1,6과 「2신자 편지」 48에서 "주님의 영"은 회개하는 이들 위에 내려오시는 영이시다. 따라서 프란치스코의 글에서 "주님의 영"은 항상 구원의 맥락 안에 있으며, 이는 하느님께서 인간 존재의 구원을 구체적으로 이루어주신다는 사실을 말해준다. 프란치스코에게 "주님의 영"은 "선들과 덕들과 선물들과 성령 안에

---

[37] 페르난도 우리베는 「권고」 1,12를 분석하면서, 프란치스코가 주님의 영을 성령의 은총을 위한 전제 조건과 원리로 제시하고 있다는 사실을 강조한다(참조: F. URIBE, 「Per 'conoscere' il Padre: L'Ammonizione I di san Francesco d'Assisi」, 23-24).

서 성부와 성자의 생명 자체를 참여케 해주시고, 양여해 주시며, 부어주시는"[38] 구원의 영이신 것이다. 그러므로 "주님의 **영**"이라는 표현에는 인간중심적인 프란치스코의 관점이 들어 있다고 말할 수 있다. 그러한 인간중심적 관점을 전제로 "주님의 **영**"의 몇 가지 의미를 살펴보도록 하겠다.

먼저, 프란치스코의 글에서 "주님의 **영**"이라는 표현은 그리스도론적 맥락에서 사용되는 경우들이 있다. 예를 들면, 「권고」 1,12이다: "당신을 믿는 이들 안에서 머무르시는 주님의 영이 주님의 지극히 거룩하신 몸과 피를 받아모시는 것입니다"(Unde Spiritus Domini, qui habitat in fidelibus suis, ille est qui recipit sanctissimum corpus et sanguinem Domini). "주님"(Dominus)이라는 용어는 「권고」 1 전체에 6번 나타나는데, 이 가운데 세 번(1절, 8절, 9절)은 예수의 이름과 함께 쓰여지고, 1번은 방금 인용한 구절에서 "지극히 거룩하신 몸과 피"와 관계되며, 다른 한 번은 3절에서 필립보 사도가 그의 스승 예수를 "주님"이라 부를 때, 예수 그리스도를 지칭하는 것으로 사용된다. 이러한 관점에서 보면, "주님의 **영**"에서 "주님"이란 용어는 삼위일체의 제2위격을 지칭한다고 말할 수 있다[39]. 「인준 규칙」 10,8에 나타나는 "주님" 역시 그리스도를 지칭한다: "오히려 우리가 무엇보다 먼저 갈망해야 할 것에 집중할 것입니다. 곧, 주님의 영과 그 영의 거룩한 활동을 마음에 간직하고…"(sed attendant, quod super omnia desiderare debent habere Spiritum Domini et sanctam eius operationem). 이 구절은, 프란

---

[38] O. van ASSELDONK, 『La lettera e lo spirito. Vol. II』, 25.

[39] 참조: O. VAN ASSELDONK, 『La lettera e lo spirito. Vol. II』, 9. 한편, 페르난도 우리베는 「권고」 1,12에서 "주님"(Dominus)이라는 말이 이중의 의미로 사용되고 있음을 강조하고 있다. 첫 번째는 **영**을 가리키고, 두 번째는 그리스도를 가리킨다는 것이다. 이러한 관점에서 보면, 이런 이중적 사용은 프란치스코가 삼위일체 하느님의 세 위격들의 일치성에 관해 어떤 관념을 지니고 있었는지를 드러내 준다 하겠다(참조: F. URIBE, 『Per 'conoscere' il Padre: L'Ammonizione I di san Francesco d'Assisi』, 23).

치스코가 "주 예수 그리스도 안에서"(in Domino Jesu Christo) 권고하고 격려하는 7절과 그리스도의 말씀을 인용하고 있는 10절 사이에 놓여 있다. 이러한 문맥에서 보면, 8절의 "주님의 **영**"에서 "주님"은 그리스도를 지칭하게 된다[40]. 따라서 「권고」 1,12와 「인준 규칙」 10,8에 나타나는 "주님의 **영**"은 그리스도론적 맥락 안에 있다고 말할 수 있다.

둘째, 「권고」 12,1에 나타나는 "주님의 **영**"은 하느님 중심적 맥락 안에 놓여 있다: "[1]하느님의 종이 주님의 영을 지니고 있는지는 이렇게 알 수 있습니다. [2]육은 항상 모든 선을 거스르기에, 주님께서 그 사람을 통하여 어떤 선을 행하실 때, 그의 육이 그 때문에 자신을 높이지 않고, [3]오히려 자신을 더 비천한 자로 여기며 다른 모든 사람들보다도 자신을 더 작은 자로 평가할 때 알 수 있습니다"([1]Sic potest conosci servus Dei, si habet de Spiritu Domini: [2]cum Dominus operaretur per ipsum aliquod bonum, si caro eius non inde se exaltaret, quia semper est contraria omni bono, [3]sed si magis ante oculos se haberet viliorem et omnibus aliis hominibus minorem se existimaret). 이 「권고」에서 프란치스코는 삼위일체의 위격들에 대해 명확하게 언급하지 않으면서 단순하게 "하느님"(Deus)과 "주님"(Dominus)이라는 명칭을 사용하고 있다. 「비인준 규칙」 17,6과 「권고」 7,4 및 8,3에 의하면[41], 주 하느님은 모든 선을 말씀하시고 이루시는 분이시다. 이러한 관점에서 보면, 「권고」 12에 나타나는 "주님"이라는 용어는

---

[40] 참조: O. van ASSELDONK, 『La lettera e lo spirito. Vol. II』, 42-43.
[41] "…non gloriari nec in se gaudere nec interius se exaltare de bonis verbis et operibus, immo de nullo bono, quod Deus facit vel dicit et operatur in eis aliquando et per ipsos…"(「비인준 규칙」 17,6); "Et illi sunt vivificati a spiritu divinae litterae, qui omnem litteram, quam sciunt et cupiunt scire, non attribuunt corpori, sed verbo et exemplo reddunt ea altissimo Domino Deo cuius est omne bonum"(「권고」 7,4); "Quicumque ergo invidet fratri suo de bono, quod Dominus dicit et facit in ipso, pertinet ad peccatum blasphemiae, quia ipsi Altissimo invidet, qui dicit et facit omne bonum"(「권고」 8,3).

일반적인 의미에서의 하느님을 지칭한다고 볼 수 있다. 따라서 「권고」 12에 나오는 "주님의 **영**"은 하느님의 영을 의미한다[42].

셋째, 「1신자 편지」 1,6과 「2신자 편지」 48, 「비인준 규칙」 17,14 그리고 「규칙 단편」 1,51에 나타나는 "주님의 **영**"은 삼위일체적 맥락 안에 놓여 있다. 「1신자 편지」 1,1-7을 한 예로 보면 다음과 같다:

> ¹마음을 다하고 목숨을 다하고 정신을 다하고 힘을 다하여 주님을 사랑하고, 자기 이웃을 자기 자신처럼 사랑하며, ²자신들의 육신을 그 악습과 죄와 더불어 미워하고, ³우리 주 예수 그리스도의 몸과 피를 받아 모시며, ⁴회개의 합당한 열매를 맺는 모든 사람, ⁵오, 그런 일을 실천하고 그런 일에 항구하는 남녀들은 얼마나 복되고 얼마나 축복받은 사람들인지! ⁶주님의 영이 그들 위에 머물고, 그들을 거처와 집으로 삼으실 것이며, ⁷그들은 아버지의 일을 하는 천상 아버지의 아들들이고 우리 주 예수 그리스도의 정배들이요 형제들이며 어머니들이기 때문입니다(¹Omnes qui Dominum diligunt ex toto corde, ex tota anima et mente, ex tota virtute et diligunt proximos suos sicut se ipsos, ²et odio habent corpora eorum cum vitiis et peccatis, ³et recipiunt corpus et sanguinem Domini nostri Jesu Christi, ⁴et faciunt fructus dignos poenitentiae: ⁵O quam beati et benedicti sunt illi et illae, dum talia faciunt et in talibus perseverant, ⁶quia requiescet super eos Spiritus Domini et faciet apud eos habitaculum et mansionem, ⁷et sunt filii patris caelestis, cuius opera faciunt, et sunt sponsi, fratres et matres Domini nostri Jesu Christi).

1절의 "마음을 다하고 목숨을 다하고 정신을 다하고 힘을 다하여 주님을 사랑하고"는 마르 12,30로부터 인용된 구절이다: "너는 마음을 다하고 목숨을 다하고 정신을 다하고 힘을 다하여 주 너의 하느님을 사랑해야 한다"(diliges Dominum Deum tuum ex toto corde tuo et ex tota anima tua et ex tota mente tua et ex tota virtute tua). 이 복음

---

[42] 참조: O. van ASSELDONK, 『La lettera e lo spirito. Vol. II』, 9.

구절에서 "주 하느님"(Dominus Deus)은 성부 하느님을 의미한다[43]. 이러한 성경적 관점에서 보면, 「1신자 편지」 1,1에 나오는 "주님"(Dominus)은 성부 하느님을 의미하게 된다. 반면에 3절에 나타나는 "주님"(Dominus)은 예수 그리스도의 몸과 피와 관계가 있기 때문에 삼위일체의 제2위격을 가리킨다. 따라서 6절에 나타나는 "주님의 영"의 "주님"(Dominus)은 성부와 성자를 지칭하거나 혹은 단순하게 하느님을 지칭하는 것이다. 한편, "주님의 영"은 믿는이들을 주님의 거처가 되게 하는데, 이는 「비인준 규칙」 22,27에 따르면, 믿는이들이 성부와 성자와 성령의 집이 된다는 것이다[44]. 삼위일체의 거처는 인간 존재의 신비적 변형을 뜻하는 것으로, 이를 통해 인간은 삼위일체의 생명 자체에 참여하게 된다[45]. 이렇게, 인간 중심적 관점에서 조명된 「1신자 편지」 1,6의 "주님의 영"은 삼위일체 하느님과 밀접하게 관련되어 있으며, 삼위일체적 관점은 7절에 나타나는 다음과 같은 표현에 의해 다시금 확인된다: "천상 아버지의 아들들이고 우리 주 예수 그리스도의 정배들이요 형제들이며 어머니들입니다"[46]. "주님의 영"이 지니는 삼위일체적 관점은 「비인준 규칙」 17,14-16에서도 볼 수 있다[47]. 결론적으로, 「1신자 편지」 1,6과 「2신자 편지」 48, 「비

---

[43] 뉴엔 반은, 「신약 성경 안에서의 하느님」에 관한 칼 라너의 연구를 바탕으로, 신약 성경에서 "데우스"(Deus, 하느님)라는 말은 성부의 위격을 가리키고 있다는 사실을 지적한다(참조: K. NGUYEN VAN, 「Gesù Cristo」, 57-58).

[44] "…et semper faciamus ibi habitaculum et mansionem ipsi, qui est Dominus Deus omnipotens, Pater et Filius et Spiritus Sanctus…"(「비인준 규칙」 22,27).

[45] 참조: O. van ASSELDONK, 「La lettera e lo spirito. Vol. II」, 68.

[46] 「1신자 편지」 1,12에 의하면, 믿는이들은 성령의 신랑 신부들이 된다.

[47] "14Spiritus autem Domini vult mortificatam et despectam, vilem et abiectam esse carnem. 15Et studeat ad humilitatem et patientiam et puram et simplicem et veram pacem spiritus. 16Et semper super omnia desiderat divinum timorem et divinam sapientiam et divinum amorem Patris et Filii et Spiritus Sancti"(「비인준 규칙」 17,14-16). 옾타투스 반 아셀돈크에 의하면, 「비인준 규칙」 17에서 프란치스코는 본질적으로 사도 파울로의 깊은 사상으로부터 영향을 받아 육의 영과 주님의 영에 대해 묘사하는데, 사도 파울로에 의하면, 우리 안에 머무시는 주님

인준 규칙」 17,14, 그리고 「규칙 단편」 1,51에 나타나는 "주님의 **영**"은 삼위일체론적 맥락 안에 있으며, 프란치스코가 "주님의 **영**"이라는 표현을 일반적으로 사용할 때에는 삼위일체적으로 언급하는 것이라고 해석할 수 있다.

지금까지 인간 중심적인 관점을 바탕으로 그리스도론적, 하느님 중심적, 삼위일체적 관점에서 "주님의 **영**"을 간략하게 살펴보았는데, 이에 따르면, "주님의 **영**"은 삼위일체 하느님의 제3위격으로서의 성령만을 지칭하는 것이 아니라, 세 위격 모두를 지칭하게 된다. 이런 경우, "주님의 **영**"의 **영**은 삼위일체 하느님의 세 위격의 유일한 공통 본질인 대문자 "에스"의 **영**(Spiritus)과 상응하게 된다. "주님의 **영**"의 **영**이든, 대문자 "에스"의 **영**이든, 이 두 **영**은 성부와 성자와 성령의 공통 본질로서 '창조되지 않은 **영**'을 의미하기 때문이다. 프란치스코는, 지성적으로가 아니라 신비적으로, '창조되지 않은 신비'인 **영**으로서의 하느님에 대한 깊은 직관력을 지니고 있었다[48]. 그러나 대문자 "에스"의 **영**은 범주적이고 역사적인 차원을 완전하게 초월하는 "내재적" 삼위일체 하느님의 형언할 수 없는 신비와 관계되고, "주님의 **영**"의 **영**은 구원 경륜적 삼위일체 하느님의 초월론적인 신비와 관계되기에, 그런 면에서 이 두 **영** 사이에는 차이점도 나타난다. 즉, "주님의 **영**"은 삼위일체 하느님의 거주를 통해 범주적이고 역사적으로 사람들을 세 위격의 삼위일체 본성으로서의 대문자 "에스"의 **영**에 참여하게 하고, 그 결과 "삼위 하느님의 각 위격께서 인간 존재에

의 **영**은 그리스도의 영과 같은 영으로, 육은 늘 이 주님의 **영**을 거슬러 싸운다 (참조: O. van ASSELDONK, 「La lettera e lo spirito. Vol. II」, 58). 성경의 관점에서 보면, 「비인준 규칙」 17,14-16에 나타나는 주님의 **영**은 그리스도의 **영**을 가리킨다. 그러나 16절에 나타나는 주님의 **영**은 삼위일체의 세 위격 모두와 밀접한 관계를 지니고 있다. 따라서 「비인준 규칙」 17에 나타나는 주님의 **영**은 삼위일체적 맥락 안에 놓여 있다고 말할 수 있다.

[48] 참조: O. van ASSELDONK, 「La lettera e lo spirito. Vol. II」, 23-24.

참여하시게 되는 것이다"[49]. 그러므로 "주님의 **영**"은 '창조되지 않은 신비'이며, 이를 통해 인간 존재는 세 위격의 유일한 동일 신성으로서의 **영**의 신비, 즉 삼위일체 신비를 인식할 뿐만 아니라, 삼위일체 하느님의 본성에도 참여하게 된다. 인간 존재 안에 거주하시는 "주님의 **영**"은 바로 이러한 창조되지 않은 **영**, 창조되지 않은 신비, 창조되지 않은 은총의 자기 양여인 것이다. 프란치스코의 영성 안에서 인간 존재와 삼위일체 하느님 사이의 위격적 일치는 "주님의 **영**"을 통해서 실현된다. 결론적으로 "주님의 **영**"은 구원 경륜적 삼위일체 신비와 밀접한 관계에 있다 하겠다.

3.1.1.2.2. 인간 존재 안에 현존하는 주님의 영

프란치스코 글에 따르면, 창조되지 않은 신비와 창조되지 않은 은총으로서의 "주님의 **영**"은 다음과 같이 후험적인 양식과 선험적인 양식 두 가지로 인간 존재에게 양여된다.

먼저, 피조물을 무한히 초월하는 "주님의 **영**"은 그 본성상 인간 존재로 내려오지 않을 수 없는데, 이는 후험적인 자기 양여 양식으로 이루어진다. 이는 이사 11,2을 인용하고 있는 「1신자 편지」 1,6에서 그 예를 볼 수 있다[50]: "주님의 영이 그들[회개하는 이들] 위에 머물고"(requiescet super eos Spiritus Domini). 이 구절에서 주님의 **영**은 믿는이들 안에서 거룩한 활동을 하기 위해 믿는이들의 밖으로부터 믿는이들 안으로 들어오신다. 그리하여 주님의 **영**은 인간의 마음 안에서 온갖 선을 행하면서 인간 존재의 창조된 영을 성화하고[51], 그 결과 이 창조된 영은 삼위일체 하느님의 거처가 된다. "호모 미스티쿠스"(homo mysticus)는 절대 신비를 향해 열려진 창조된 영으로서

---

[49] K. RAHNER, 『La Trinità』, 41.
[50] 이사 11,2: "Requiescet super eum spiritus Domini"(그 위에 주님의 영이 머무르니니).
[51] 참조: O. VAN ASSELDONK, 『La lettera e lo spirito. Vol. II』, 57.

"주님의 **영**"의 거룩한 활동을 통해 자신의 실존을 실현시켜 나가는 것이다.

한편, 칼 라너의 신비 신학에 의하면, 인간 존재의 심연에는 선험적이고 존재론적으로 창조되지 않은 은총이 존재하며, 이 은총으로 말미암아 창조되지 않은 **영**을 소유함으로써 이 지상에서부터 지복직관(visio beatifica)이 시작되고, 창조된 은총은 이 창조되지 않은 은총을 바탕으로 성장하여 그 결실로 창조된 영이 하느님과 직접적으로 일치하게 된다[52]. 이런 라너의 관점에서 「1신자 편지」 1,6을 읽으면, 창조되지 않은 영이 "주님의 **영**"을 후험적으로 받아들이기 위해서는 인간 존재 안에 선험적이고 비주제적으로 현존함을 전제하게 된다. 그러므로 "주님의 **영**"의 후험적 수용은 "주님의 **영**"이 후험적으로 자기 양여되는 것이고, 인간 존재 안에서의 창조되지 않은 영의 현존은 "주님의 **영**"이 선험적으로 인간 존재 안에 양여되는 것이다. 이와 같은 관점은 「권고」 1,12에서 볼 수 있다: "당신을 믿는이들 안에서 머무르시는 주님의 영이 주님의 지극히 거룩하신 몸과 피를 받아모시는 것입니다"(Spiritus Domini, qui habitat in fidelibus suis, ille est qui recipit sanctissimum corpus et sanguinem Domini). 이 구절에 따르면, 성체를 받아모시는 주체는 믿는이가 아니라 믿는이 안에 머무시는 "주님의 **영**"이며, 이는 "주님의 몸과 피를 받아모시는 것을 도와주면서 신성화시키는 선(先) 영성화"[53]를 의미한다. 따라서 「권고」 1,12은 "주님의 **영**"이 믿는이들 안에 선험적으로 현존하심을 암시하는 것으로, 이 현존은 인간 존재 안에 있는 영과 본질적으로 같은 것이다. 이와 관련하여 프란치스코는 「권고」 5,1에서 다음과 같이 말한다:

---

[52] 참조: K. RAHNER, 「Possibilità di una concezione scolastica della grazia increata」, 「Saggi di antropologia soprannaturale」, 148-152.
[53] A. CICERI, 「Le Ammonizioni」, 「Le origini del francescanesimo negli scritti di Francesco d'Assisi」, 121.

오, 사람이여, 주 하느님께서 육신으로는 당신의 사랑하시는 아들의 모습대로, 그리고 영으로는 당신과[54] 비슷하게 그대를 창조하시고 지어내셨으니, 주 하느님께서 그대를 얼마나 높이셨는지 깊이 생각해 보십시오(Attende, o homo, in quanta excellentia posuerit te Dominus Deus, quia creavit et formavit te ad imaginem dilecti Filii sui secundum corpus et similitudinem suam secundum spiritum).

이 「권고」에 따르면, 인간 존재에게는 창조의 순간 하느님의 영이 주어진다. 인간에게 주어진 이 영은 그리스도론적으로 이해할 수도 있고 하느님 중심적으로도 이해할 수 있다[55]. 베르헤이(S. Verhey)나 뉴엔 반(K. Nguyen Van), 네스키(C. Gniecki), 발토르타(A. U. Valtorta) 같은 학자들은 그리스도론적으로 해석을 하는데[56], 이에 따

---

[54] 라틴어 원문에서 "시밀리투디넴"(similitudinem, 우리말로는 "비슷하게"로 번역되었다) 다음에 나오는 소유 대명사 "수암"(suam, 우리말로는 "당신과"로 번역되었다)은 프란치스코 글을 전해 주는 필사본들의 "d 계열"과 볼테라 사본에는 나타나지 않는다(참조: K. ESSER, 『Gli scritti di s. Francesco d'Assisi』, 127). 카예탄 에써는 원문에 "수암"(suam)이 없는 것으로 해독하나, 조반니 복칼리(G. Boccali)를 비롯하여 뉴엔 반, 리노 바르톨리니, 발토르타 등 여러 학자들은 "수암"(suam)이 있는 것으로 본다(참조: G. BOCCALI, 『Concordantiae verbales Opusculorum S. Francisci et S. Clarae Assisiensium』, 7; K. NGUYEN VAN, 『Gesù Cristo』, 104; R. BARTOLINI, 『Lo Spirito del Signore』, 145; A. VALTORTA, 『L'uomo creato ad immagine del Figlio "secondo il corpo" negli scritti di Francesco d'Assisi』, 『L'uomo e il mondo alla luce di Cristo』, 151; L. LEHMANN, 『Le Ammonizioni di san Francesco d'Assisi』, 61).
[55] 참조: T. MATURA, 『Francesco, un altro volto』, 106.
[56] 이 해석과 관련하여 다양한 견해들이 있다: 시지스문트 베르헤이는 인간은 그리스도의 몸, 즉 "그분의 인성"의 모상과, 그리스도의 영, 즉 "그분의 신성"의 모상에 따라 창조되었다고 주장한다(참조: S. VERHEY, 『Der Mensch unter der Herrschaft Gottes』, 34); 뉴엔 반에 의하면, 인간의 몸도 "성자의 모상에 따라" 창조되었고, 인간의 영도 "성자의 모상에 따라" 창조되었다(참조: K. NGUYEN VAN, 『Gesù Cristo』, 111). 한편, 체스와프 네스키는 두 가지 해석의 가능성을 제시한다. 본문에 의하면, 인간의 몸은 성자의 모상에 따라 창조되었고, 인간의 영은 성부와 비슷하게 창조되었다; 그러나 인간의 몸은 성자의 모상에 따라 창조되었고 인간의 영은 성자와 비슷하게 창조되었다는 해석을 받아들일 수 있다(참조: C. GNIECKI, 『Visione dell'uomo negli scritti di Francesco d'Assisi』, 82-83). 이에 비해 발토르타는 "삼위이시고 한 분이신 하느님은 육에 있어서는 당신의 사랑하

르면, 인간의 영은 성자와 비슷하게 창조되었다는 것이며, 이런 해석은 카예탄 에써(Kajetan Esser)가 자신의 비판본에서 "당신 자신의"를 의미하는 소유 형용사 "수암"(suam)을 본문에 넣지 않은 해독과 상응한다. 이와 달리, 페르난도 우리베(Fernando Uribe)는 "창조하고 형성하였다"(creavit et formavit)는 겹낱말 표현이 지니고 있는 중요성을 특별히 강조하면서, 인간의 영과 관련하여 또 다른 그리스도론적 해석을 제시한다[57]. 우리베에 의하면, 프란치스코의 글에는 동사, 명사, 형용사들로 이루어진 다양한 겹낱말 표현들이 등장하는데[58], 그 중의 하나가 "창조하고 형성한다"는 것으로, 이는 하느님의 행위와 관련하여 대단히 능동적인 의미를 지니고 있는바, 그 의미는 단순히 인간을 무로부터 끌어내는 것만이 아니라, 하느님의 창조물에 틀을 만들어 형상을 부여하는 데 있다는 것이다[59]. 이러한 이해를 바탕으로 우리베는 창조 질서 안에서 인간 존재의 모형으로 그리스도에 대한 언급을 부각시키면서, 사도 파울로가 제시하고 교부들이 따랐던 그리스도 예형론의 관점에서, 인간의 위대성은 하느님께서 인간을 성자의 모상대로 성자와 비슷하게 창조했다는 사실에 있다고 주장한다[60]. 이러한 그리스도론적 해석은 성자와 비슷하게 창조된 인

시는 아들의 모상에 따라, 영에 있어서는 그분(=성자)과 비슷하게 창조하시고 지어내셨다"고 이해한다(A. VALTORTA, 「L'uomo creato ad immagine del Figlio "secondo il corpo" negli scritti di Francesco d'Assisi」, 『L'uomo e il mondo alla luce di Cristo』, 173).

[57] 참조: F. URIBE, 「La vera gloria dell'uomo. L'Ammonizione V di san Francesco」, 361-364.
[58] 페르난도 우리베(F. Uribe)에 의하면, 프란치스코의 글 전체 안에는 겹낱말 표현들이 약 100여 개 있다(참조: 위와 같은 책, 362).
[59] 참조: 위와 같은 책, 362.
[60] 참조: 위와 같은 책, 363-364. 한편, 인간의 창조에 대한 프란치스코의 그리스도론적 이해는 그 당시에는 흔치 않았던 관점이며, 프란치스코는 후대에 위대한 프란치스칸 신학자들, 특히 둔스 스코투스에 의해, 사변적인 용어들로 표현되면서도 놀라울 정도로 심화될, 그리스도의 일차성에 대한 신학적 성찰의 초석을 놓게 된다(참조: 위와 같은 책, 364; D. BARSOTTI, 『San Francesco preghiera vivente』, 44-45).

간의 영이 삼위일체 하느님의 제2위격의 **영**에 따라 선험적으로 창조된 영임을 의미하게 되는데, 이런 해석은 「권고」 1,12에 나타나는 그리스도의 영인 "주님의 **영**"과 대단히 잘 호응한다.

인간의 영에 대한 이러한 그리스도론적 해석은 하느님 중심적이고 삼위일체적인 관점과도 밀접한 관계가 있다[61]. 왜냐하면 "인간은 이미 하느님의 정신 안에 계획되어 있었고, 하느님께서는 인간을 육체와 영에 있어 최고의 모형이신 그리스도 안에서 구원하고 영광스럽게 하시고자 하셨기"[62] 때문이다. 그리고 창조의 으뜸 주체는 성부이고, 인간의 영 안에 현존하는 그리스도의 **영**[63]은 본질적으로 성부의 **영**과 동일하기 때문이다. 몇 가지 근거를 바탕으로 하느님 중심적이고 삼위일체적인 해석을 좀더 구체적으로 살펴보면 다음과 같다.

첫째, 대부분의 라틴어 수사본은 인간의 영을 그리스도와의 관계보다 하느님과의 관계로 해석하고 있다. 카예탄 에써의 연구에 의하면, 「권고」 5를 전해 주고 있는 수사본은 70개로, 이 가운데 12개는 어떤 수사본 계열에도 속하지 않는 독립된 개별 사본들이고, 다른 58개는 다음과 같은 6개의 계열에 속해 있는 사본들이다: "a 계열"(11개 사본), "c 계열"(9개 사본), "d 계열"(11개 사본), "f 계열"(초기 인쇄본 6개를 포함하여 9개 사본), "i 계열"(2개 사본), "k 계열"(16개 사본)[64]. 그런데 "d 계열"과 볼테라 사본을 제외한 모든 사본들은 「권고」 5,1에서 명사 "비슷함"(similitudinem) 뒤에 소유 형용사 "당신의"(suam)를 보존하고 있다. 이는 사본의 대부분이 인간의

---

[61] 참조: R. Bartolini, 「Lo Spirito del Signore」, 145-149; J. Freyer, 「Homo Viator」, 77-85.
[62] F. Uribe, 「La vera gloria dell'uomo. L'Ammonizione V di san Francesco」, 363.
[63] 「권고」 5,1 의 본문에서 "이마고"(imago, 모상)는 육체를 수식하고 "씨밀리투도"(similitudo, 비슷함)는 영을 수식하기 때문에(참조: 위와 같은 책, 362), 성자의 "이마고"는 성자의 몸을 수식하고 성자의 "씨밀리투도"는 성자의 **영**을 수식한다고 해석할 수 있다.
[64] 참조: K. Esser, 「Gli scritti di s. Francesco d'Assisi」, 86-121.

영을 "주 하느님"(Dominus Deus)과의 비슷함으로 해석하고 있음을 말해주는 것이다[65].

둘째, "주 하느님"(Dominus Deus)과의 관계 안에서 인간의 영을 삼위일체적으로 해석하는 관점은 「비인준 규칙」 23,1에 나타나는 창조에 대한 프란치스코의 관점과 일치한다: "전능하시고 지극히 거룩하시며 지극히 높으시고 지존하신 하느님, 거룩하시고 의로우신 아버지, 하늘과 땅의 임금이신 주님, 당신의 거룩한 뜻에 따라 그리고 당신의 외아드님을 통하여 성령과 함께 모든 영신적인 것과 육신적인 것을 창조하셨으며, 당신의 모습대로 그리고 비슷하게 만드신 저희를 낙원에 두셨으니, 바로 당신 자신 때문에 당신께 감사드리나이다"(Omnipotens, sanctissime, altissime et summe Deus, Pater sancte et iuste, Domine rex caeli et terrae, propter temetipsum gratias agimus tibi, quod per sanctam voluntatem tuam et per unicum Filium tuum cum Spiritu Sancto creasti omnia spiritualia et corporalia et nos ad imaginem tuam et similitudinem factos in paradiso posuisti). 이 구절에 따르면, (가) 영적이든, 육적이든, 모든 피조물들은 성부께서 성자를 통하여 성령과 함께 창조하셨다. 따라서 이 구절에서 성부의 주도 아래 이루어진 창조의 삼위일체적 관점을 분명하게 읽을 수 있다. (나) 이 구절의 라틴어 원문에서 "당신의"를 의미하는 소유 형용사 "투암"(tuam)은 성부를 수식하기 때문에, 인간 존재는 성부의 모습대로 그리고 성부와 비슷하게 만들어진다고 해석할 수 있다. 그런데 이러한 두 가지 관점은 「권고」 5,1에서도 볼 수 있다[66]. 성부의 주도권 아래 전개되는 삼위일체적 관점은

---

[65] 현대 학자들 또한, 원래 본문에 "수암"(suam, 그분의)을 넣는다면 "씨밀리투디넴"(similitudinem, 유사함)은 "도미누스 데우스"(Dominus Deus, 주 하느님)를 수식하게 된다고 말한다(참조: K. Nguyen Van, 『Gesù Cristo』, 111; C. Gniecki, 『Visione dell'uomo negli scritti di Francesco d'Assisi』, 82; A. Valtorta, 『L'uomo creato ad immagine del Figlio "secondo il corpo" negli scritti di Francesco d'Assisi』, 『L'uomo e il mondo alla luce di Cristo』, 168).

[66] 발토르타는, 인간의 육체에는 성자의 모상에 따라, 영은 성자와 비슷하게 창조되었다고 결론을 내림에도 불구하고, 「권고」 5,1의 삼위일체적 관점은 견지한다(참조:

다음과 같다. 「권고」 5,1에 나오는 "당신의 사랑하시는 아드님"(dilecti Filii sui)이라는 표현에서 "당신의"에 해당되는 형용사 "수이"(sui)는 성부와의 관계를 전제하기 때문에 이 구절의 "주 하느님"(Dominus Deus)은 성부를 의미한다. 그러므로 이 「권고」에서 인간 창조의 주도자는 성부이시다. 이 「권고」에서 제2위격은 "당신의 사랑하시는 아드님"이라는 표현을 통해 명확하게 언급되고 있다. 인간의 창조된 영은 성부의 **영**이든 성자의 **영**이든 창조되지 않은 **영**과 관계가 있으며, 이 **영**은 성령과도 관계가 있다. 따라서 「비인준 규칙」 23,1에 나타나는 성부의 주도 아래 이루어지는 삼위일체론적 관점은 「권고」 5,1의 삼위일체론적 관점과 일치한다 하겠다. 인간의 영과 관련되어 있는 성부의 비슷함에 대해서는, 「권고」 5,1의 비판본에 형용사 "수암"(suam, 당신 자신의)을 넣는다면, "주 하느님"(Dominus Deus)을 수식하는 "수암"은 「비인준 규칙」 23,1에 나타나는 형용사 "투암"(tuam, 당신의)과 호응하게 된다. 이 두 소유 형용사는 모두 성부를 수식하기 때문이다. 그러므로 「권고」 5,1에서 인간의 영이 성부와 비슷하게 창조되었다는 사실은 「비인준 규칙」 23,1의 관점과 일관되며, 소유 형용사 "수암"(suam)도 문법적으로 옳게 사용되었다 하겠다[67]. 이와 같이, 「비인준 규칙」 23,1을 「권고」 5,1과 함께 읽으면, 「권고」에서 인간의 영이 성자와 비슷하게 만들어졌다는 그리스도론적 해석은 더 근본적으로는 성부의 "비슷함"(similitudo)과도 관계를 지니게 된다.

A. VALTORTA, 「L'uomo creato ad immagine del Figlio "secondo il corpo" negli scritti di Francesco d'Assisi」, 「L'uomo e il mondo alla luce di Cristo」, 172-173).

[67] 시지스문트 베르헤이는 프란치스코가 「권고」 5,1 이외에 다른 권고들에서도 재귀적 의미를 지니고 있는 "그의"(suus)와 일반적 의미에서의 소유격 "그의"(eius)를 문법적으로 혼동하여 사용하고 있다는 사실을 밝혀내는데, 이에 동의하는 뉴엔 반은 「권고」 5,1의 "similitudinem suam secundum spiritum"의 "수암"(suam)을 "에유스"(eius)로 수정하면서, 인간의 영은 성자와 비슷하게 창조되었다고 해석한다(참조: K. NGUYEN VAN, 「Gesù Cristo」, 108).

셋째, 「비인준 규칙」 23,1에 나타나는 "모상 및 비슷함"(imago et similitudo)이라는 표현과 "창조하다"(creare)는 동사는 「권고」 5,1에서 더 구체적으로 설명되어 있으며, 이는 인간의 영이 성부의 비슷함과 밀접하게 관계가 있다는 해석의 단초를 제공해준다. 「비인준 규칙」 23,1에 의하면, 인간 창조에 관한 프란치스코의 근본적인 관점은 인간 존재가 성부의 모상대로 성부와 비슷하게 창조되었다는 것이다. 이는 인간이 삼위일체 하느님의 모상과 비슷함을 지니고 있다는 것을 의미한다[68]. 그렇다면, 성자 또한 성부의 모상대로 성부와 비슷하게 육화되었다고 말할 수 있다. 성자는 인간 존재의 완전한 모형으로서 참된 인성을 지니고 있기 때문이다. 이는 성자가 성부의 모상과 비슷함을 완전한 형태로 지니고 있다는 뜻이다. 그러므로 인간 존재는 육체와 영을 지니고 계신 육화하신 그리스도의 모상대로 그리스도와 비슷하게 창조되었다고 말할 수 있다. 그럼에도 불구하고, 인간의 육체는 삼위일체 하느님의 세 위격 가운데 오로지 제2위격과 관계되고, 인간의 영은, 삼위일체 하느님의 세 위격의 공통 본질이 **영**이기에, 삼위의 세 위격 모두와 관계를 지니게 된다. 이러한 이유로 프란치스코가 「권고」 5,1에서 "비슷함"(similitudinem)을 형용사 "수암"(suam, 당신 자신과)으로 수식시켜 놓은 것이 아닌가 싶다. **영**의 원천은 "**영**"(Spiritus)이신 성부 하느님이기 때문이다. 이러한 관점에서 보면, 인간의 육체와 관련하여 성부의 "모상"(imago)은 성자의 "모상"으로 보다 더 구체화되고 – 이런 의미에서, 「비인준 규칙」 23,1에 나타나는 성부의 "모상"과 「권고」 5,1에 나타나는 성자의 "모상"은 인간의 창조와 관련하여 일관된다고 말할 수 있다 – 인간의 창조된 영과 관련하여 성부와의 "비슷함"(similitudo)은 성자의 **영**이면서 동시에 성부의 **영**이신 창조되지 않은 **영**과 관련된다 하겠다.

---

[68] 참조: A. VALTORTA, 「L'uomo creato ad immagine del Figlio "secondo il corpo" negli scritti di Francesco d'Assisi」, 「L'uomo e il mondo alla luce di Cristo」, 166.

영의 창조와 관련하여 인간 존재와 하느님 사이에 적용된 "비슷함"이라는 용어는 완성되어야 하는 창조된 영의 불완전함을 함축하고 있는 말이다[69]. 이는 하느님의 비슷함에 따라 창조된 영이 근본적으로 "영이신 하느님"(Deus Spiritus)을 지향하지 않을 수 없다는 의미이다. 이러한 해석은 "모상과 비슷함"에 대한 전통적인 해석과 일치하는데, 이에 따르면, "모상"(imago)은 인간 존재 자체와 더불어 받게 되는 변하지 않는 은총의 선물을 의미하고, "비슷함"(similitudo)은 성령의 영향 아래 실현되어야 하는 열려진 상태를 의미한다[70]. 같은 관점에서 발토르타(A. U. Valtorta)는 로시니(R. Rosini)를 따라 모상은 "거저 주어진 은총"(gratia gratis data)이며 비슷함은 "[하느님의] 마음에 들게 하는 은총"(gratia gratum faciens)이라 해석하는데, 이 두 가지 은총은 서로 불가분리적이면서 무효화할 수 없는 선물들이다[71]. 즉, 인간의 육체와 관련되어 있는 모상은 인간이 존속하는 한 보존되지만, 인간의 영과 관련되어 있는 비슷함은 인간이 육적인 영으로 머물러 악과 죄로 가득 차게 되면 사라질 수 있는 것이다[72]. 이러한 해석은, 창조된 영은 절대 **신비**로서의 절대 **영**을 향한 열려짐이라는 라너의 개념과 같은 입장이며, 프란치스코의 사상과도 일치한다. 왜냐하면 인간의 영이 성부와 비슷하게 창조되었다는 프란치스코의 주장은 인간의 불완전한 영이, 그 본질이 **영**인, 성부를 지향한다는 뜻을 포함하고 있기 때문이다.

한편, 창조된 인간의 영은 비창조적 차원을 또한 지니고 있다. 창조된 순간에 인간에게 주어진 영은 모든 은총을 앞서는, 인간 존재

---

[69] 참조: A. VALTORTA, 「L'uomo creato ad immagine del Figlio "secondo il corpo" negli scritti di Francesco d'Assisi」, 「L'uomo e il mondo alla luce di Cristo」, 200.
[70] 참조: M. DEL GENIO, 「Mistica」, 「DizMist」, 825.
[71] 참조: A. VALTORTA, 「L'uomo creato ad immagine del Figlio "secondo il corpo" negli scritti di Francesco d'Assisi」, 「L'uomo e il mondo alla luce di Cristo」, 201.204.
[72] 참조: C. GNIECKI, 「Visione dell'uomo negli scritti di Francesco d'Assisi」, 49.

의 존재론적 기초로서의 원초적 은총이기 때문이다[73]. 이를 라너의 신비 신학에서 비추어 보면, 창조 순간에 선험적이고 비주제적으로 인간에게 주어진 영은 신비 체험의 존재론적 조건이자 선험적 가능성으로의 초월의 지평이며, 이 지평 위에서 그리고 이 지평을 통해서 영인 인간 존재는 절대 **영**이며 절대 **신비**이신 하느님을 지향하게 된다. 따라서 인간 안에 있는 존재론적이고 비주제적인 영은, 인간 존재의 심연에 신비의 지평으로 남아 있는 한, 지복직관의 씨앗으로서 창조되지 않은 은총이며, 이는 창조되지 않은 은총과 동일하다는 의미에서 창조되지 않은 신비로서 창조되지 않은 영이 된다. 이런 관점에서 보면, 창조 순간 주어져, 절대 **영**을 지향하면서 완성의 순간까지 실현되어야 할 인간의 영은 창조성과 비창조성을 동시에 지니는 것이다. 즉, 인간의 영은 불완전성이라는 면에서는 성부와 비슷하게 창조되지만, 영의 열려짐이라는 면에서는 창조가 아니라 성부의 **영** 안에서 형성된다는 뜻이다. 이렇게 인간의 영은 동시에 두 가지 차원을 지니고 있다. 하나는 창조되는 차원이고, 다른 하나는 형성되는 차원이다. 이러한 이유로 프란치스코가 동사 "창조하다"(creavit)는 "육으로는 당신의 사랑하시는 아들의 모습대로"에 대응시키고, "형성하다"(formavit)는 "영으로는 당신과 비슷하게"에 대응시키면서, 「비인준 규칙」 23,1의 "창조하다"(creare)를 「권고」 5,1에서는 "창조하고 형성하다"(creare et formare) 두 동사로 결합시켜 놓은 것이 아닌가 해석해 본다[74]. 이와 같은 관점에서 해석하면, 「권고」 5,1의 "형성

---

[73] 참조: A. VALTORTA, 「L'uomo creato ad immagine del Figlio "secondo il corpo" negli scritti di Francesco d'Assisi」, 「L'uomo e il mondo alla luce di Cristo」, 194-197.

[74] 「권고」 5,1에 나타나는 "formare"(형성하다) 동사는 영(spiritus)의 두 차원을 암시하고 있는데, 하나는 인간 존재 안에 있는 영(spiritus), 즉 "창조되지 않은 영"의 "작용인"으로서의 "창조된 영"이고, 다른 하나는 창조된 영의 "형상인"으로서의 창조되지 않은 영으로서, 이 두 영의 관계는 창조되지 않은 은총과 창조된 은총 사이에 존재하는 형상인과 질료인의 상호 불가분리적인 관계와 같은 관계에

하다"(formare) 동사는 인간 존재 안에 있는 영의 비창조성과 이 영이 성부와 비슷하게 형성됨을 의미하게 된다. 그리고 "창조하고 형성하다"는 겹낱말 표현은 그리스도를 통해서 구원되고 영광스럽게 될 인간 안에서 작용하시는 주 하느님의 행위를 지칭하는 프란치스코의 이중 언어 표현법이 된다[75].

지금까지 인간 안에 현존하는 선험적인 영을 논증하기 위하여 「권고」 5,1에 나타난 "비슷함"(similitudo)의 그리스도론적이고 하느님 중심적인 의미에 대해서 살펴보았는데, 이러한 고찰로부터 다음과 같은 사실들을 추론해 볼 수 있다. (가) 성자와 비슷하게 창조된 인간의 영은 보다 더 근본적으로는 성부의 비슷함과 관련되어 있다. (나) 인간의 영은 창조성과 더불어 비창조성을 지니고 있으며, 이 비창조성은 존재론적이고 선험적인 차원을 지니고 있음을 의미한다. 다시 말하면, 인간 존재 안에는 존재론적이고 선험적인 영, 즉 창조되지 않은 은총과 창조되지 않은 신비로서 창조되지 않은 영이 존재한다. (다) 인간 존재 안에 있는 창조되지 않은 영은 삼위일체 하느님의 구원 경륜적 신비와 관련이 있는 "주님의 **영**"(Spiritus Domini)과 밀접하게 연결되어 있다. 그러므로 "주님의 **영**"은 하느님의 구원을 실현하기 위하여 인간 존재 안에 선험적으로 이미 존재한다고 말할 수 있다.

3.1.2. 창조된 신비로서의 영(spiritus)

지금까지 삼위일체 하느님의 세 위격의 본질인 **영**(Spiritus)과 인간 존재에게 자기 양여하시는 "주님의 **영**"(Spiritus Domini)에 대해

있다. 한편, 페르난도 우리베(F. Uribe)는 "'모상에 따라 창조'하고 '비슷함에 따라 형성'하는 것을 학적으로 구분하는 프란치스코를 상상하는 것은 어려운 일"이라고 지적한다(F. Uribe, 「La vera gloria dell'uomo. L'Ammonizione V di san Francesco」, 363).
[75] 참조: 위와 같은 책, 361-362.

고찰하였다. 이제 '창조되지 않은 영'으로부터 비롯되는 '창조된 영'(spiritus)을 살펴볼 것이며, 이 영은 소문자 "에스"(s)로 구분할 것이다.[76] '창조된 영'은 인간 존재 안에 현존하는 영과 피조물 안에 현존하는 영으로 구분하여 살펴볼 수 있다.

3.1.2.1. 인간 안에 현존하는 신비로서의 창조된 영

프란치스코의 글에서 볼 수 있는 인간 구조에 관한 중심 어휘들은 "육체"(corpus), "육"(caro), "마음"(cor), "영"(spiritus), "영혼"(anima)들이다. "육체"라는 말은 프란치스코의 글에 85번 나타나고, "육"은 23번, "마음"은 55번, "영"은 95번, 그리고 "영혼"은 77번 나타난다. 이러한 어휘들을 분석해 보면, 인간은 육체와 영혼으로 구성되어 있으며, 마음과 영은 영혼에 속하고, 육은 육체에 속해 있음을 알 수 있다.[77] 그리고 마음[78]은 인간의 중심에 자리하고 있고,[79] 영은 마음

---

[76] "스피리투스"(spiritus)라는 말은 프란치스코의 글에서 95번 나타나며, 소문자 "에스"(s)로는 33번 정도 나타난다.

[77] 프란치스코의 글에서 "카로"(caro, 육)라는 말은 긍정적인 의미로도 사용되고 부정적인 의미로도 사용된다. 긍정적인 경우에는 '몸'이라는 의미를 지니는데, 예를 들면, 그리스도의 몸을 의미하거나(참조: 「비인준 규칙」 20,5; 「권고」 1,19; 「2신자 편지」 4), 지극히 거룩한 몸, 즉 성체나(참조: 「비인준 규칙」 20,4; 「권고」 1,1), 또는 단순히 인간의 몸을 의미하고(참조: 「인준 규칙」 6,8; 「권고」 12,2), 부정적인 경우에는 선을 소유하려는 육체의 부정적인 성향을 의미한다. '육'(肉)은 인간의 마음 안에 소유욕을 불러일으키고 이 욕망을 통해 마음 안으로 들어간다. 그렇게 육이 마음을 점령하면, 마음은 육의 영이 되고 만다. 교만, 헛된 영광, 질투, 인색, 이 세상에 대한 근심과 걱정, 중상, 비방 들은 마음을 점령한 육의 영으로부터 비롯되는 결과들이다. 부정적인 의미에서 육은 그 본성상 항상 선과 반대되고(참조: 「권고」 12,2), 아무 쓸모가 없으며(참조: 「권고」 1,6), 영혼의 적일 따름이다(참조: 「비인준 규칙」 10,4). 육체는 본능적으로 항상 육신의 안락함과 달콤함을 추구하는데, 육은 육체의 그런 욕망을 알아차리는데 대단히 현명하다(참조: 「권고」 14,3; 「비인준 규칙」 17,10). 육체가 어떤 보상이나 이익으로 말미암아 "육의 지혜"에 유혹되어 소유욕에 기울어지는 순간, 육은 이 욕망을 통해 즉시 마음 안으로 들어와 마음을 차지해 버린다(참조: 「비인준 규칙」 22,20). 이렇게 마음은 육의 영에 속아 넘어간다. 이와 같이 육은 인간을 속이면서(참조: 「1신자 편지」 2,11), 악습과 죄에 빠지게 하고 욕정과 육신의 나쁜 욕망을

의 가장 깊은 곳에 현존한다. 이에 관한 예는 「비인준 규칙」 17,12에서 볼 수 있다: "[육의 영은] 내적인 영 안에서 신앙심과 성덕을 추구하지 않고, 사람들에게 겉으로 드러나는 신앙심과 성덕을 얻기를 원하고 열망합니다"(quaerit non religionem et sanctitatem in interiori spiritu sed vult et desiderat habere religionem et sanctitatem foris

---

좇아다니게 한다(참조: 「1신자 편지」 2,3). 그리고 육은 육체로부터 나오기 때문에, 육 자체는 육체에 속해 있다고 할 수 있다.
[78] 프란치스코의 글에서 "마음"(cor)은 육과 영이 활동하고 서로 싸우는 장소이다 (참조: R. BARTOLINI, 「Lo Spirito del Signore」, 68). 육이 마음을 차지하면 마음은 육의 영이 되고, 이로부터 온갖 사악함과 악과 죄들이 비롯되어 쏟아져 나온다(참조: 「비인준 규칙」 22,7; 「1신자 편지」 2,12; 「2신자 편지」 37.69). 이와 같은 방법으로 사탄은 사람들로부터 마음을 낚아채어 주님으로부터 떨어져 나가게 한다(참조: 「비인준 규칙」 22,20.25). 한편, 마음은 영이 머무르며 활동하는 장소이기도 하다. 예를 들면, 프란치스코는 「권고」 21,2에서 "주님께서 자기에게 보여 주시는 좋은 것들을 마음속에 간직하지 못하는 수도자는 불행하다"고 말하고 「권고」 28,3에서는 "주님의 비밀을 자기 마음속에 간직하는 좋은 복되다"고 말하는데, 이 구절들에 의하면, 하느님의 좋은 것들과 그분의 비밀은 사람의 마음 안에 보존된다. 하느님의 이 선과 비밀은 영의 형태로 존재한다. 「1신자 편지」 1,10과 「2신자 편지」 53에는 다음과 같이 기록되어 있다: "우리가 신성한 사랑과 순수하고 진실한 양심을 지니고 우리의 마음과 몸에 그분을 모시고 다닐 때 우리는 [우리 주 예수 그리스도의] 어머니들입니다". 이 구절은 믿는이들을 마음 안에 그리스도를 모시고 다니는 자들로 제시하고 있다. 「형제회 편지」 7은 다음과 같다: "그분의 계명을 여러분의 마음에 온전히 간직하십시오". 이 구절에서 마음은 주님의 계명을 간직하는 장소이다. 「동정녀 인사」 6에는 다음과 같이 기록되어 있다: "성령의 은총과 비추심으로 믿는이들의 마음에 당신들[덕들]이 쏟아 부어지면…". 이 구절에 의하면 덕들은 마음에 부어진다. 「비인준 규칙」 22,26-27은 다음과 같다: "[26]…무엇보다도 주 하느님께서 요구하시는 일, 즉 그분을 깨끗한 마음과 순수한 정신으로 섬기고 사랑하며 공경하고 흠숭하도록 할 것이며, [27]이곳에 성부와 성자와 성령이신 전능하신 주 하느님께 집과 거처를 항상 마련해 드립시다". 이 구절에 의하면, 마음은 삼위일체 하느님의 거처와 집이다. 그리고 「비인준 규칙」 22,13-17에 의하면, 하느님의 말씀은 사람의 마음 안에 뿌려지고 간직되며 열매를 맺고, 「권고」 16,2에 의하면, 깨끗한 마음은 천상의 것들을 찾으며, 주 하느님을 흠숭하고 바라보는 일을 그치지 않는다. 이러한 구절들로부터, 비록 프란치스코가 명시적으로 언급하지는 않지만, 마음은 하느님의 비밀들과 계명들과 덕과 그리스도의 신비 등 모든 선들을 부여해 주는 영이 머물고 활동하는 자리라는 사실을 연역해 낼 수 있다.
[79] 참조: R. BARTOLINI, 「Lo Spirito del Signore」, 179.

apparentem hominibus). 이 구절에서 "내적인 영 안에서"(in interiori spiritu)라는 표현은 "사람들에게 겉으로 드러나는"(foris apparentem hominibus)이라는 구절과 대칭을 이루고 있기 때문에, "내적인"(interior)이라는 형용사는 영(spiritus)의 내부가 아니라 인간의 내면, 즉 영혼이나 마음의 내면을 의미한다. 프란치스코는 이 구절에서 영은 인간의 내면에 있다는 것을 암시하고 있다.

인간의 영은 무엇보다 먼저 창조된 영이다. 이는 「수난 성무」 5,3에서 볼 수 있다: "제 영이 아뜩해질 때, 제가 갈 길 당신은 아시나이다"(In deficiendo ex me spiritum meum et tu cognovisti semitas meas). 이 구절에서 "영"을 수식하고 있는 소유 형용사 "나의"(meus)는, 영이 인간 구조의 한 요소로 "아뜩해짐"(deficere)과 같은 나약함을 지니고 있다는 것을 드러내 준다. 프란치스코는 이에 대해 「안토니오 편지」 2에서도 언급하고 있다: "수도규칙에 담겨 있는 대로, 신학 연구로 말미암아, 거룩한 기도와 헌신의 영을 끄지 않으면, 그대가 형제들에게 신학을 가르치는 일은 나의 마음에 듭니다"(Placet mihi quod sacram theologiam legas fratribus, dummodo inter huius studium orationis et devotionis spiritum non exstinguas, sicut in regula continetur). 이 문장은 기도와 신심의 영이 꺼질 가능성을 드러내고 있는데, 이 영은 생명의 빛으로, 이 구절에서는 바람에 꺼지는 불꽃 이미지로 표현되어 있다[80]. 꺼질 가능성, 즉 불완전함을 지니고 있는 이 영은 인간 구조의 한 요소로, 기도 및 신심과 관련되어 있는 인간의 능력을 작용하게 한다. 이와 같이 약하고 불완전한 영은 인간의 구성 요소로서 창조된 영이다.

그럼에도 불구하고, 「권고」 5,1을 고찰하며 살펴본 바와 같이, 창조된 영 안에는 창조되지 않은 영(spiritus)이 동시에 함께 존재한다. 그렇게 인간의 심연에 존재하는 창조된 영이 창조되지 않은 영과 불

---

[80] 참조: I. RODRÍGUEZ – A. ORTEGA, 「Los escritos de san Francisco de Asís」, 354.

가분리적 관계에 있기 때문에, 인간의 영은 삼위일체 하느님의 본질인 **영**(Spiritus)을 지향하지 않을 수 없다. 이런 의미에서 프란치스코가 말하는 인간의 영은 대문자 "에스"의 **영**(Spiritus)을 지향하는 가운데 절대 초월에로 열려진 영(spiritus)이라 정의할 수 있다. 프란치스코는 이러한 영의 지향성을 "원하다"(velle), "힘쓰다"(studere), "바라다"(desiderare), "찾다"(quaerere), "끄지 않다"(non estinguere), "지키다"(retinere), "흠숭하다"(adorare)와 같은 동사들을 통해 표현한다. 「비인준 규칙」 17,14-16에서 그 예를 볼 수 있다:

> ¹⁴이와 반대로 주님의 영은 육이 혹독한 단련과 모욕을 당하기를 원하며, 천한 것으로 여겨지고 멸시받기를 원합니다. ¹⁵그리고 겸손과 인내, 그리고 순수하고 단순하고 참된, 영의 평화를 얻도록 힘씁니다. ¹⁶그리고 모든 것에 앞서 항상 성부와 성자와 성령의 신성한 두려움과 신성한 지혜와 신성한 사랑을 얻기를 갈망합니다(¹⁴Spiritus autem Domini vult mortificatam et despectam, vilem et abiectam esse carnem. ¹⁵Et studet ad humilitatem et patientiam et puram et simplicem et veram pacem spiritus. ¹⁶Et semper super omnia desiderat divinum timorem et divinam sapientiam et divinum amorem Patris et Filii et Spiritus Sancti).

인용된 이 부분에서 주님의 영이 지향하는 바는 세 동사를 통해 묘사되어 있다: 즉, "원하다"(vult), "힘쓰다"(studet), "갈망하다"(desiderat). 첫째로, "주님의 **영**"(Spiritus Dimini)은 육을 따르기를 원치 않고(14절), 겸손과 인내와 영의 평화를 찾으며(15절), 삼위일체 하느님의 신성한 두려움과 신성한 지혜와 신성한 사랑을 갈망한다(16절). 이 구절들에서는 15절만 명시적으로 영과 관계 있는 것으로 묘사되어 있으나, 실제로는 세 구절 모두 영과 관련이 있다. 왜냐하면, 14절에서 육이 창피와 모욕을 당하는 이유는 인간 존재 안에 있는 마음이 "주님의 **영**"을 받아들이도록 하는 데 있고, 15-16절에서 나열된 덕들은 "주님의 **영**"이 활동한 열매들로서 본질적으로 삼위일체 하느님의 신비를 나타내기 때문이다. 한편, 위에서 언급한 세 동사(원하다, 힘쓰다, 갈망하다)는 모두 직설법으로 활용되고 있는데, 이는 인간 안에 현존하는 "주님의 영"이 존재론적인 덕들, 즉 하느님의 신비를 지향한다는 것을 드러내 보여 주는 것으로, 이에 대해서는 잠시 후에 더 구체적으로 살펴볼 것이다. 이러한 관점에서 보면, 인간의 영은 인간 존재 안에 선험적으로 현존하는 "주님의 영"의 후험적인 자기 양여를 통하여 절대적이고 무한한 "주님의 영"을 끊임없이 지향한다고 말할 수 있다[81].

"영이신 하느님"(Deus Spiritus)을 향한 인간의 지향성은 「인준 규칙」 5,2에서도 찾아볼 수 있다: "[형제들은]…거룩한 기도와 헌신의 영을 끄지 않도록 할 것이며, 현세의 다른 모든 것들은 이 영에 이바지해야 합니다"([Fratres]…sanctae orationis et devotionis spiritum non extinguant, cui debent cetera temporalia deservire). 이 구절에서 기도와 신심의 영은 인간의 근본적이고 영속적인 자세를 지칭하는 것으로, 이는 헌신적으로 기도를 하게 되는 계기들을 넘어서서, 인간으로 하여금 정신과 마음이 하느님의 현존으로부터 멀어지지 않도록 늘 깨어 있게 하는 것이다[82]. 그리고 "현세의 다른 모든 것들은 이 영에 이바지해야 한다"는 종속절은 근본적으로 "주님의 영과 그 영의 거

---

[81] 「비인준 규칙」 17,14-16과 관련하여, 「비인준 규칙」 17,12에 나타나는 또 다른 동사 "퀘레레"(quaerere, 추구하다)를 또한 영이신 하느님(Deus Spiritus)을 향하는 인간의 지향성을 드러내 주는 또 다른 보기로 들 수 있다. 이 12절은 프란치스코가 육의 영과 주님의 영을 대조시키고 있는 구절, 즉 「비인준 규칙」 17,11-16에 나타나기 때문에, 이 구절에서 주어 "육의 영"(spiritus carnis)을 "주님의 영"(Spiritus Domini)으로 바꾸어 다음과 같이 읽을 수 있다: "[주님의 영은]…내적인 영 안에서 신앙심과 성덕을 추구합니다"([Spiritus Domini]… quaerit religionem et sanctitatem in interiori spiritu). 신앙심과 성덕이 지향하는 궁극점은 삼위일체 신비이다. 따라서 "퀘레레"(quaerere)의 직설법 현재로 사용된 "퀘리트"(quaerit) 동사는 지향의 의미를 지니고 있다 하겠다. 뿐만 아니라, "내적인 영 안에서"라는 표현은 영이 인간 존재의 심연에 자리하고 있다는 것을 의미하기에 이 표현 역시 하느님 영을 향하는 인간 영의 지향성과 밀접한 관계가 있다.

[82] 참조: F. URIBE, 「La Regla de san Francisco」, 182.

룩한 활동을 간직함"(「인준 규칙」 10,8)에로 수렴되는 "거룩한 기도와 신심의 영"이 지니고 있는 우선성을 드러내 준다[83]. 따라서 "끄지 않는다"(non extinguant)는 표현은 "영이신 하느님"(Deus Spiritus)을 지향한다는 의미이다. 「1신자 편지」 2,21에는 "영이신 하느님"에 대한 인간의 지향성이 더 분명하게 표현되어 있다: "그리고 이[우리 주 예수 그리스도의] 말씀들은 영과 생명이니 [우리 주 예수 그리스도의 말씀들을] 거룩한 행위로 끝까지 간직하십시오"(et apud se retineant cum sancta operatione usque in finem [verba Domini nostri Jesu Christi], quia spiritus et vita sunt [verba Domini nostri Jesu Christi]). 이 구절에서 "거룩한 행위"(sancta operatio)는 본질적으로 "주님의 **영**"의 활동을 의미한다. 왜냐하면, 프란치스코의 사상 안에서는 인간 존재 안에서 모든 선을 말씀하시고 이루시는 분은 바로 하느님이시기 때문이다. 그리고 "[우리 주 예수 그리스도의] 말씀들이 영과 생명"이라는 표현은 영이 본질적으로 생명이라는 뜻을 함축하고 있다. 이에 대해 반 아셀돈크는 다음과 같이 말한다: "성인이 자유스럽고 자연스럽게 사용한 영과 생명은 깊은 면에서 보면 프란치스코가 동일시하는 말들인데, 그 뜻은 이러하다: 하느님은 **영**이시고, 신적인 생명을 주시며, 하느님-**영**은 생기를 불어넣으신다. 살리는 자이신 이 **영** 안에서 받게 되는 하느님 말씀을 통해서 **영**은 생명이 된다"[84]. 이러한 관점에서 보면, 「1신자 편지」 2,21의 "끝까지 간직하십시오"라는 표현은 하느님-**영**을 향한 인간 영의 지향성을 잘 드러내 주는 구절이라 하겠다.

하느님-**영**을 향한 인간 영의 지향성은 「비인준 규칙」 22,31에서도 볼 수 있다: "하느님은 **영**이십니다. 그러므로 그분을 흠숭하는 이는 영과 진리 안에서 흠숭드려야 합니다". 하느님은 **영**이시고 **영** 안에서만 하느님을 볼 수 있기 때문에, 영은 하느님의 신비에로 들어가

---

[83] 참조: F. URIBE, 「La Regla de san Francisco」, 181.
[84] O. van ASSELDONK, 「La lettera e lo spirito. Vol. II」, 15.

는 유일한 문이고 길이다. 인간은 이 영 안에서만 그리고 이 영에 의해서만 **영**이신 하느님을 지향할 수 있다. 이 때문에 인간 존재의 심연에는 이미 존재론적으로 창조된 영이 주어져 있으며, 이를 통해 인간은 영이신 하느님을 볼 수 있고 흠숭할 수 있다. 이러한 전제 위에 프란치스코는 "흠숭드려야 한다"(oportet adorare)는 표현을 사용하면서 하느님-**영**을 향한 참된 지향성을 간접적으로 암시하고 있다.

영에로의 열려짐은 주님의 **영**이나 은총의 **영**의 거룩한 활동을 통하여 실현되며[85], 이 **영**은 인간의 마음에 후험적으로 내려온다[86]. 이와 같은 **영**의 활동은, 인간 존재 안에 선험적이고 비주제적으로 현존하는, 존재론적 지평으로서의 주님의 **영**이 주제화되는 것으로, 이 주제화를 통해 인간의 마음은 주님의 **영**으로 가득 차 삼위일체의 거처로 변화된다. 이에 대해 프란치스코는 「권고」 14,1에서 영의 가난을 언급하면서 간접적으로 암시하고 있다: "행복하여라, 영으로 가난한 사람들! 하늘 나라가 그들의 것이다". 이 구절에서 가난하게 되는 것은 영과 관련되는 것이 아니라 마음이며, 이 권고 안에서 마음은 명시적으로 나타나지 않는다. 하느님이 창조하시고 인간 존재에게 존재론적으로 주어져 있는 영은 늘 순수한 형태로 있다. 따라서 영은 마음을 정화하는 작용인이다. 프란치스코의 글 안에서 "가난하다"(pauper)는 형용사는 소유하지 않음을 의미하고, 영과 관련해서는 영이 깨끗한 마음 안에 있는 상태를 말한다. 마음이 영의 덕택으로 가난하고 순수해지면, 필연적으로 마음은 주님의 **영**의 거룩한 활동으로 가득 차게 된다. 이와 같이 인간 존재는 주님의 **영**이 주제화됨으로써 신적 존재(divinizzazione)가 된다[87]. 창조된 영의 완전한 주제화는 지복직관에서 이루어지는 신비적 일치 안에서 실현된다.

---

[85] 참조: 「인준 규칙」 10,8-9; 「형제회 편지」 18.
[86] 참조: 「1신자 편지」 1,5-7; 「2신자 편지」 48.
[87] 클라우디오 레오나르디는 하느님의 종은 "**영**의 힘으로 하느님이 된다"고 주장한다(C. LEONARDI, 「Introduzione」, 「La letteratura francescana. Vol. I」, lxxxix).

지금까지 하느님 **영**에로 열려져 있으며 주님의 **영**의 거룩한 활동을 통하여 주제화되는, 불완전한 영인, 인간의 창조된 영에 대하여 살펴보았다. 이러한 고찰을 통하여 다음과 같은 몇 가지 결론을 내릴 수 있다: 프란치스코의 영성 안에서 인간의 영은 모든 인간 존재에게 선험적이고 존재론적으로 주어져 있으며, 인간의 영은 보편성을 지니고 있다; 인간 존재는 하느님 **영**을 지향하는 "호모 스피리투스"(homo spiritus, 영의 사람)이다; "호모 스피리투스"인 인간 존재는 주님의 영의 거룩한 활동을 통하여 하느님이 된다(divinizzato), 즉 "호모 미스티쿠스"(homo mysticus, 신비인)가 된다. 앞으로 살펴보겠지만, 이러한 결론들은 프란치스코의 보편적인 신비 체험의 신학적 토대가 된다.

3.1.2.2. 모든 피조물 안에 현존하는 신비로서의 창조된 영

창조된 영은 인간 존재뿐만 아니라 다른 모든 피조물 안에도 현존하며, 이 때문에 프란치스코는 이들을 통해서도 하느님의 절대 신비를 관상한다. 피조물 안에 있는 영에 대한 그의 신비 체험은 그의 전기들에 풍부히 묘사되어 있으나[88], 그의 글에서도 적으나마 찾아볼 수 있다.

피조물 안에 숨어 있는 창조된 영은 말씀의 신비에 그 기초를 두고 있으며, 프란치스코는 이 말씀에 대해서 대단히 성경론적인 개념을 지니고 있다[89]. 「2신자 편지」 2-3에서 프란치스코는 다음과 같이 말한다:

주님의 **영**(Spiritus Domini)의 주제화, 즉 믿는이들의 "하느님-됨"(deificazione)에 대해서는 이 논문의 제5장에서 다시 논할 것이다.
[88] 참조: 「1첼라노」 58-61(새들에게 들려준 설교와 피조물들의 순종); 「2첼라노」 165-171(피조물 안에서 창조주를 관상함); 「대전기」 VIII,6-11(이성이 없는 피조물들이 프란치스코를 좋아함).
[89] 참조: R. BARTOLINI, 『Lo Spirito del Signore』, 26.

²저는 모든 사람의 종이기에 모든 사람을 섬겨야 하며 내 주님의 향기로운 말씀들을 전해야 합니다. ³그래서 내 육신의 허약함과 병고로 일일이 직접 방문할 수가 없음을 고려하여, 이 편지와 인편으로 아버지의 말씀이신 우리 주 예수 그리스도의 말씀과 영이며 생명이신 성령의 말씀을 여러분에게 전하기로 마음을 먹었습니다(²Cum sim servus omnium, omnibus servire teneor et administrare odorifera verba Domini mei. ³Unde in mente considerans, quod cum personaliter propter infirmitatem et debilitatem mei corporis non possim singulos visitare, proposui litteris praesentibus et nuntiis verba Domini nostri Jesu Christi, qui est Verbum Patris, vobis referre et verba Spiritus Sancti, quae spiritus et vita sunt).

프란치스코는 일반적인 의미에서의 하느님 말씀을 성자의 말씀(2절)[90]과 더 구체적으로 성령의 말씀(3절)으로 구분하는데, 이러한 구분에는 틀림없이 특별한 의도가 숨겨져 있을 것이다. 의도적으로 성자의 말씀과 구분하여 쓰고 있는 성령의 말씀은, 인간 존재를 포함하여 모든 피조물들 안에 현존하는, 창조된 영을 통하여 계시된 하느님의 말씀을 암시하는 것으로 보인다[91]. 이는 프란치스코의 글

---

[90] "내 주님의 말씀"(verba Domini mei)이라는 구절에서 "주님"(Domini)은 이 편지의 첫 문맥 안에서 보면 "하느님"(Deus)을 지칭하는 것으로 보인다. 이 편지는 다음과 같이 시작된다: "**주**(Domini) 성부와 성자와 성령의 이름으로. 아멘. 모든 경건한 그리스도교 신자들, 성직자들과 평신도들, 남자와 여자들, 온 세상에 살고 있는 모든 이들에게 여러분의 종이며 아랫사람인 프란치스코 형제가 여러분에게 경의와 함께 존경을 표하며, 하늘의 참된 평화와 **주님**(Domino) 안에서 진실한 사랑을 기원합니다"(「2신자 편지」 1). 이 구절에서 "주님"(Dominus)이라는 용어는 두 번 나타나는데, 이는 일반적인 의미에서 하느님을 뜻한다.

[91] 뉴엔 반은 그의 저서 『예수 그리스도』에서 하느님의 **아들**은 성체와 복음과 모든 사람들과 모든 피조물 안에 현존한다는 사실을 지적하고 있다. 성자의 보편적인 현존은 창조된 영의 보편적 현존과 일치한다. 왜냐하면 성자가 **영**의 형상으로 피조물 안에 현존하기 때문이다(참조: K. NGUYEN VAN, 『Gesù Cristo』, 209). 같은 관점에서 발토르타 또한 "**그분[사람]**이신 예수 그리스도] 안에서 모든 피조물들은 다양한 양식과 단계로 하느님의 모상을 따른다"고 언급한다(A. VALTORTA, 「L'uomo creato ad immagine del Figlio "secondo il corpo" negli scritti di Francesco d'Assisi」, 『L'uomo e il mondo alla luce di Cristo』, 188). 옥타비안 슈무키 또한 하느님의 보편적 현존을 다음과 같이 말한다: "하느님께서는 모

전체 안에서 찾아볼 수 있다. 이런 의미에서 말씀에 대한 프란치스코의 구별은 피조물 안에 숨겨져 있는 영을 통하여 말씀의 신비를 이해하는 실마리를 우리에게 제공해 준다고 말할 수 있다. 뿐만 아니라, 인용된 구절에 따르면, 프란치스코의 사명은 '**원말씀**이신 그리스도'의 말씀들과 '영이며 생명'이신 성령의 말씀들을 전파하는 데 있다. 이와 관련하여 프란치스코는 「비인준 규칙」 22,39에서 그리스도의 말씀들 또한 영이며 생명이라고 지적한다: "내가 너희에게 한 말은 영이며 생명이다"(Verba, quae locutus sum vobis, spiritus et vita sunt). "'영이며 생명'이란 요한복음의 표현은 '영은 곧 생명'이라 번역할 수 있는데", 이는 "초자연적 질서 안에 있는 생명의 원리"를 뜻한다[92]. 이러한 관점에서 보면, 그리스도의 말씀이든 성령의 말씀이든, 하느님의 말씀은 영이며 생명이신 하느님의 신비와 관계된다.

말씀의 신비는 이제 하느님의 말씀을 포함하고 있는 프란치스코의 '말들'에게로까지 확장된다. 이에 대하여 프란치스코는 「1신자 편지」 2,19-21에서 다음과 같이 말한다: "[19]이 편지를 받으시는 모든 이들에게 하느님이신 사랑 안에서(참조: 1요한 4,16) 우리가 부탁합니다. 위에서 언급한 우리 주 예수 그리스도의 향기로운 말씀들을 신성한 사랑으로 잘 받아들이십시오. [20]그리고 글을 모르는 사람들은 읽어 달라고 자주 부탁하십시오. [21]그리고 이 말씀들은 영과 생명이니(요한 6,63) 거룩한 행위로 끝까지 간직하십시오"([19]Omnes illos quibus litterae istae pervenerint, rogamus in caritate quae Deus est, ut ista supradicta odorifera verba Domini nostri Jesu Christi cum divino amore benigne recipiant. [20]Et qui nesciunt legere, saepe legere faciant; [21]et apud se retineant cum sancta operatione usque in finem, quia

---

든 피조물 안에 깊이 현존하시며 야생 동물들의 자기 보존 본능이나 곤충들의 성가신 소리 속에도 현존하신다"(O. SCHUMUCKI, 「The mysticism of st. Francis in his writings」, 258).

[92] M. CONTI, 「Il genere letterario della Lettera di san Francesco a tutti i fedeli」, 34.

spiritus et vita sunt). 21절에서 프란치스코는 자신의 편지에 있는 '말들' 또한 영과 생명을 주는 하느님 말씀의 표현이라 확신하고 있다. 그리고 19절에서는 자신의 '말들'을 그리스도의 향기로운 말씀들과 동일시한다[93]. 따라서 이 부분은 프란치스코의 정신 안에서 그리스도의 말씀의 신비가 프란치스코의 '말들'에로 확장되고 있다는 사실을 분명히 드러내 주는 구절들이다. 한편, 「유언」 12에서 프란치스코는 말씀의 신비를 주님의 말씀이 기록된 모든 말들에게까지 더 보편적으로 넓힌다: "지극히 거룩한 이름들과 그분의 말씀이 기록된 것이 부당한 곳에서 발견되면, 나는 그것을 모으겠고, 또 그것을 모아 합당한 곳에 모시기를 바랍니다"(Sanctissima nomina et verba eius scripta, ubicumque invenero in locis illicitis, volo colligere et rogo, quod colligantur et in loco honesto collocentur)[94]. 이 구절에서 "지극히 거룩한 이름들과 그분의 말씀이 기록된 것"(sanctissima nomina et verba eius scripta)이라는 표현은, 세속적인 글들에 들어 있는 말이든, 또는 전례 독서집, 성무일도, 기도서들과 같은 종교 서적들에 있는 말씀이든, 모든 하느님의 말씀들을 가리키는 것으로 보인다[95]. 따라서 프란치스코에게 하느님 말씀의 신비는 주님과 관계되어 있는 모든 말들 안에 현존한다고 말할 수 있다.

프란치스코는 하느님 말씀의 신비를 단지 쓰여진 말에만 제한하지 않는다. 하느님 **말씀**에 의해 창조된 우주 자체가 하느님 신비를 우리에게 계시해 주는 하나의 책이다[96]. 프란치스코가 피조물들을 하

---

[93] 참조: O. van ASSELDONK, 「La lettera e lo spirito. Vol. II」, 291.
[94] "지극히 거룩한 이름들과 그분의 기록된 말씀"이라는 표현의 병행 구절은 다음과 같다: 「1성직자 편지」 6.12; 「2성직자 편지」 6.12; 「1보호자 편지」 5; 「형제회 편지」 35-37.
[95] 참조: L. LEHMANN, 『I testamenti di Francesco e Chiara d'Assisi』, 65. 일반적인 글들에게까지 적용한 경우는 「대전기」 X,6을 참조할 수 있다.
[96] 참조: J. S. LEE, 「Francis the mystic」, 128; G. BESCHIN, 「Amor」, 「DizBona」, 159.

느님의 '책'이라고 명백하게 규정한 적은 없지만, 그는 이러한 피조물들을 통해 하느님 말씀의 신비를 늘 관상하였다.

피조물 안에 있는 말씀의 신비는 주님의 말씀으로 그리스도의 몸과 피로 변하는 빵과 포도주의 형상 아래 그 절정에 달하게 된다. 이에 대해 프란치스코는 「권고」 1,9에서 다음과 같이 기록한다: "그리고 당신 자신을 참된 살로서 거룩한 사도들에게 보여 주신 것과 마찬가지로 지금 축성된 빵으로 우리에게 당신 자신을 보여 주십니다"(ita et modo omnes qui vident sacramentum, quod sanctificatur per verba Domini super altare per manum sacerdotis in forma panis et vini, et non vident et credunt secundum spiritum et divinitatem, quod sit veraciter sanctissimum corpus et sanguis Domini nostri Jesu Christi, damnati sunt). 프란치스코는 "형상"(species)이나 "우유"(accidens), "실체"(substantia), "실체변화"(transsubstantiatio), "축성"(consecratio), "실재 현존"(presentia realis) 같은 용어들이나, 그 당시 교의적으로 규명하기 위해서 특히 제4차 라테라노 공의회에서 사용했던 "성체"(eucharistia)라는 용어는 단 한 번도 사용하지 않으며[97], "주님의 몸과 피"(corpus et sanguis Domini)라는 표현을 즐겨 사용한다. 「권고」 1,9에서 프란치스코는 성체의 거룩한 변화를 빵과 포도주가 주님의 말씀을 통하여 거룩하게 되는 것으로 이해하고 있다. 빵과 포도주의 신비, 즉 그리스도의 몸과 피의 신비는 영과 생명인 하느님의 말씀을 통하여 거룩하게 되기 때문에, 이 신비는 삼위일체의 본질인 **영**에 기원을 둔 영 안에서만 볼 수 있고 믿을 수 있다. 프란치스코는 거룩하게 된 빵과 포도주 안에서 하느님의 살아 있는 영, 즉 하느님의 신비를 관상하였다. 프란치스코는 자신의 글에서 "미스테리움"(mysterium)이라는 용어를 그리스도의 몸과 피라는 의미로 두 번 사용한다[98]. 이는 프란

---

[97] 참조: L. LEHMANN, 「L'eucaristia al tempo e negli scritti di Francesco d'Assisi」, L. LEHMANN – P. MARTINELLI – P. MESSA, 「Eucaristia, vita spirituale e francescanesimo」, 11-19.27.

[98] "Omnes autem illi qui ministrant tam sanctissima mysteria, considerent intra se, maxime hi qui illicite ministrant, quam viles sint calices, corporales

치스코가 성체를 살아 계신 그리스도의 신비로 관상했다는 사실을 드러내 주는 것이다.

프란치스코는 또한 모든 살아 있는 피조물 안에서도 창조된 신비로서의 영을 관상하였다. 「찬미 권고」에서 프란치스코는 모든 피조물들을 하느님 찬미에로 초대하면서, 9절에서 "영"(spiritus)이라는 낱말을 사용하는데[99], 이는 살아 있는 피조물들을 의미한다. 이 찬미가의 문맥에서 보면, 9절의 "영"은 인간 존재만을 나타내지 않는다. 「찬미 권고」 9의 "스피리투스"(spiritus)에 해당되는 「시편」 150,6의 히브리어는 "네샤마"(נְשָׁמָה)로, 이는 어원적으로 '숨'을 의미하고, 성경에서는 자기 자신을 성찰하는 능력이나 자기 자신에 대한 진실성을 뜻하며, 하느님과 인간에게만 적용된다[100]. 따라서 시편 150,6에서는 인간이 첫 자리에 놓여진다. 그럼에도 불구하고, 잔프란코 라바시(Gianfranco Ravasi)에 의하면, 인간은 "찬미의 '숨'이 되고 바로 이러한 '숨'을 통해서(역사적 차원) 모든 살아 있는 존재가 찬미 안으로 감싸들여진다(우주적 차원)"[101]. 한편, 프란치스코가 사용했던 불가타에서는 "네샤마"(숨)를 '영'이나 '살아 있는 숨결'을 뜻하는 "루악흐"(רוּחַ)와 구별하지 않는데[102], 이 "루악흐"는 인간이나 동물 모두에게 적용되며[103] 라틴어로는 "스피리투스"(spiritus, 영)라 번역된다. 이러한 성경적 기초 위에서 「찬미 권고」 9에 나타나는 "모든 영"(omnis spiritus)은 "영을 지니고 있는 모든 존재들, 즉 천사들과 인간들, 그

---

et linteamina, ubi sacrificatur corpus et sanguis eiusdem"(「1성직자 편지」 4); "Et haec sanctissima mysteria super omnia volo honorari, venerari et in locis pretiosis collocari"(「유언」 11).

[99] 「찬미 권고」 9: "숨 쉬는 것 모두 다 주님을 찬미하여라"(Omnis spiritus laudet Dominum).

[100] 참조: G. RAVASI, 『Il libro dei salmi. Vol. III』, 1005.

[101] 위와 같은 책, 1005.

[102] 시편 150,6: "Omnis spiritus laudet Dominum". 한편, 구약 성경에서 "루악흐"(רוּחַ)가 사람이나 동물 모두에게 적용된 경우들은 시편 104,30과 코헬 3,19에서 찾아볼 수 있다.

[103] 참조: G. RAVASI, 『Il libro dei salmi. Vol. III』, 1005.

리고 더 단순하게는 생명의 숨을 지니고 있는 모든 것"[104]이라고 해석할 수 있다.

「찬미 권고」에서 찬미에로 초대된 주체들은 서로 대응하는 두 무리를 이루고 있다. 한 무리는 하늘과 땅과 모든 강들과 그리고 여기에 사는 모든 살아 있는 것들로 이루어지고(5-9절), 다른 무리는 새들과 어린이들과 총각들과 처녀들로 이루어진다(11-14절). 첫째 무리의 구조에서 하늘은 모든 새들의 공간을(5절), 땅은 모든 들짐승과 길짐승들의 공간을(5절), 강들은 모든 물고기들의 공간을(6절) 나타내고, 하늘과 땅과 강들은 우주를 나타낸다. 이러한 맥락에서 보면, 9절의 "모든 영"은 우주 안에 있는 모든 살아 있는 것들을 언급하는 것으로 해석될 수 있다. 반면에 3절에서는 하느님을 두려워하는 모든 이들이 하느님 찬미에로 초대되고 7절에서는 하느님의 아들들이 초대된다.

피조물 안에 숨어 있는 말씀의 신비는 생물이든 무생물이든 모든 피조물, 즉 우주 전체에로 확장된다. 프란치스코는 「권고」 5,2에서 피조물 안에 하느님의 영이 숨어 있음을 다음과 같이 요약하면서 간접적으로 언급한다: "하늘 아래에 있는 모든 피조물들은 나름대로 자신의 창조주를 그대보다 더 잘 섬기고 인식하고 순종합니다"(omnes creaturae, quae sub caelo sunt, secundum se serviunt, cognoscunt et obediunt Creatori suo melius quam tu). 이 구절은 모든 피조물과 관련되어 있고, 이 모든 피조물에 "섬기다", "순종하다", "인식하다"와 같이 인간에게 부여된 능력들을 적용시키고 있다. 그리고 "모든 피조물"이라는 표현은, 식물이든 동물이든, 생물이든 무생물이든, 구별 없이 모든 것에 관계된다. 그러나 이 구절이 모든 피조물이 지성과 의지를 지닌 인간 존재와 동등한 영적 존재임을 뜻하는 것은 아니다. 아무튼 이 구절은 모든 피조물 안에 창조된 영이 현존한다는 사실을 분명하게 보여 주고 있다.

---

[104] L. LEHMANN, 『Francesco. Maestro di preghiera』, 89.

우주 전체 안에 현존하는 말씀의 신비는 「태양 노래」에서 더 아름답고 신비적으로 찬미된다. 이 찬가에서 우주 안에 숨겨져 있는 영의 신비는 피조물들의 아름다움과 선[105], 특히 덕들을 통해 노래되는데, 이 찬가에 의하면, 태양에는 아름다움의 신비와 '빛이신 하느님 모습'(significatione)의 신비가 숨겨져 있고(4절), 달과 별에는 아름다움과 맑음의 신비가(5절), 바람과 모든 날씨에는 기르심(sustentamento)의 덕이(6절), 물에는 겸손과 깨끗함의 덕이(7절), 불에는 아름다움과 쾌활함과 씩씩함과 힘참의 신비가(8절), 땅에는 기르심과 모성의 덕이(9절) 숨겨져 있다. 그리고 프란치스코는 3절에서 "내 주님, 당신의 모든 피조물과 더불어 찬미받으사이다"[106]라고 감탄하고 있다. 이 구절 또한 프란치스코가 모든 피조물 안에서 하느님의 신비를 관상하고 있음을 드러내 준다. 왜냐하면 이 구절에 나타나는 "쿤"(cun) 전치사는 동반격이 아니라 도구격이며, 따라서 이 구절은 "…모든 피조물을 통하여 찬미받으소서"[107]를 뜻하기 때문이다. 그리고 이 찬가에 명확하게 표현되고 있는 공기와 불과 물과 땅도 프란치스코의 관상 대상이 우주적 보편성을 지니고 있음을 암시해 준다. 프란치스코는 이 찬미가 안에 우주의 네 가지 요소를 등장시킴으로써 우주적 구조에 대한 성경적이고 철학적인 풀이를 단순화시키고 있다[108]. 이와 같이 「태양 노래」는 프란치스코가, 하느님 말씀인, 우주 전체 안에 현존하는 창조된 영의 신비를 관상하고 있음을 보여준다.

　피조물 안에 있는 창조된 영의 보편성은 프란치스코의 보편적 신비체험의 신학적 기초가 된다. 인간 존재의 영이든, 피조물의 영이든, 모든 창조된 영은 물질적이고, 유한하고, 범주적이며 역사적인 존재 사물들 안에 현존하면서 동시에 "**영**이신 하느님"(Deus Spiritus), 즉

---

[105] 참조: V. BRANCA, 「Il Cantico di frate Sole」, 146.
[106] 「태양 노래」 3: "Laudato sie, mi signore, cun tucte le tue creature".
[107] C. PAOLAZZI, 「Il Cantico di frate Sole」, 69.
[108] 참조: 위와 같은 책, 83.

신비 자체에로 열려져 있다. 이러한 영의 보편적 성질로 말미암아 "영인 인간"(homo spiritus)은 모든 피조물과 신비적인 관계를 맺고 있으며, 이러한 피조물 안에 현존하는 신비를 통해 언제 어디서나 신비 체험을 하게 된다.

3.2. 신비로서의 선

인간 존재 안에 있는 선이든, 피조물 안에 있는 선이든, 프란치스코가 관상했던 우주 안에 현존하는 하느님의 선은 모두 신비이다. 이 선은 '하나'요, 진이요, 미로서, 모든 존재자 안에 보편적으로 존재하는 초월적 속성이다. 이와 관련하여 토마스 아퀴나스는 다음과 같이 주장한다: "선과 존재자는 실제로 같은 것이나, 개념적으로는 서로 구분된다. …선은 모든 것이 욕망하는 것이다. …그러나 선은 존재자가 말하지 않는 욕망성의 이유를 말한다"(bonum et ens sunt idem secundum rem: sed differunt secundum rationem tantum. …bonum est quod omnia appetunt. …sed bonum dicit rationem appetibilitatis, quam non dicit ens)[109]. "모든 존재자는 존재자인 한 선"(omne ens, inquantum est ens, est bonum)이기 때문에[110], 존재자에 대한 인식은 선에 대한 인식이 되고, 존재자에 대한 체험은 선 체험이 된다.

칼 라너는 초월 사상을 통하여 존재의 초월적이고 신비적인 차원을 분명하게 밝혀 놓았다. 절대 존재이든 인간 존재이든 존재는 신비이고, "신비인 인간"(homo mysticus)은 실재하는 모든 존재자를 통

---

[109] THOMAS AQUINAS, 「Summa Theologiae」 I, q.5, a.1, 『Sancti Thomae Aquinatis Summa theologiae. Vol. I』, 171. 참조: N. ABBAGNANO, 「Bene」, 『DizAbba』, 121-122: "선(bonum)과 존재자(ens)는 이성적으로 서로 구분된다 할지라도, 실제로는 같은 것이다. 선은 사실 '존재자가 아닌 욕망'의 대상으로서 존재자이다."

[110] THOMAS AQUINAS, 「Summa Theologiae」 I, q.5, a.1, 『Sancti Thomae Aquinatis Summa theologiae. Vol. I』, 176.

해 신비 체험을 한다는 것이다. 이런 의미에서 라너는 실재에 대한 모든 인식은 궁극적으로 언제나 "신비에로 환원"(reductio in mysterium)[111]된다고 확언한다. 라너는 인간학적인 전환을 통해 형이상학적으로 탐구한 존재론적 신비를, 존재자와 존재를 명확하게 구분하지 않으면서, 이들 모두에게 적용한다. 라너의 초월 사상 안에서 존재자는 '있다고 말할 수 있는 모든 것'이며 존재가 제공하는(addice) 모든 것이다[112]. 이는, 존재자에 대한 구체적인 인식은 존재와 본질에 대한 인식과 동시적으로 이루어지며 이들의 인식은 결코 서로 분리되어 이루어지지 않는다는 형이상학적 구조에 기초를 두고 있다. 이는, 둔스 스코투스를 포함하여, 아리스토텔레스주의 형이상학에서도 확인이 된다. 이에 대하여 루이지 얌마로네(L. Iammarrone)는, 존재와 본질로 구성되는 존재자는 본질을 지니고 있는 주체를 의미하며 이러한 본질은 그 본질이 실제로 있게 되는 현실태를 통해서만 인식될 수 있다, 다시 말하면, "본질"이라는 용어는 있음의 한 양상을 가리킨다고 주장한다[113]. 이런 관점에서 보면, 존재자의 신비는 존재의 신비가 되며, 존재든 존재자든, 존재의 신비에 대한 체험은 실재 안에서는 항상 본질 체험과 동시적으로 발생한다 하겠다.

이상과 같이 실재 안에서는 선과 존재자가 일치되어 있기 때문에, 존재자의 신비는 선의 신비와 하나가 된다. 뿐만 아니라, 존재에 관한 토마스와 라너의 사상에 의하면, 존재자의 신비는 일성, 진성, 선성, 미성 등 존재자의 모든 초월적 속성들에게도 동일하게 적용된다[114].

---

[111] 참조: K. RAHNER, 「Sul concetto di mistero nella teologia cattolica」, 『Saggi teologici』, 445.
[112] 참조: H. FORGRIMLER, 「Essere – Ente」, 『DizTeolNu』, 260.
[113] 참조: L. IAMMARRONE, 「Giovanni Duns Scoto metafisico e teologo」, 94.99.
[114] 토마스 아퀴나스에 의하면, 초월적 속성에는 다음과 같이 여섯 가지가 있다: 존재자(ens), 무엇(res), 일성(unum), 어떤 것(aliquid), 선(bonum), 진(verum)(참조: N. ABBAGNANO, 「Trascendentale」, 『DizAbba』, 1117). 한편, 일부 후기 스콜라 학자들은 미 또한 초월적 속성이라 규정한다(참조: A. CARLINI, 「Trascendentale」, 『EnciFilo 8』, 347).

같은 관점에서, 프란치스코의 신비체험과 관련하여 선이 욕망의 대상이며, 동시에 존재론적이고 실제적으로 존재하는 신비라는 점을 고찰하는 것은 대단히 의미 깊다 하겠다. 선은 존재자에 대한 구체적인 인식과 범주적인 체험 안에서는, 실제적으로, 신비로서의 한 존재자로 나타나기 때문이다.

3.2.1. 존재론적 선

프란치스코는 자신의 글에서 존재자의 초월적 속성들 가운데 특히 "선"(bonum)에 대해 자주 언급한다. "선"이라는 말은 그의 글에 51번 나타나는데, 이는 하느님의 속성들과 관련된 명사들 중에서 단일 명사로는 가장 빈번하게 나타나는 말이다. 하느님은 무엇보다도 먼저 선이시고, 이 선은 신비 자체이신 하느님의 이름이다[115]. 따라서 선은 하느님의 본질을 특징짓는 신비이며[116], 쏟아져 나오는 하느님의 신비를 체험하는 데 있어 주요한 기초가 된다[117]. 프란치스코는 이 하느님의 선을 묘사하기 위해 절대 의미를 부여하는 "혼자의"(solus)라는 형용사를 수식시킨다: "홀로 선하시고"(「비인준 규칙」 23,9), "홀로 선하신 당신께"(「시간경 찬미」 11), "홀로 선하시고"(「비인준 규칙」 17,18), "홀로 선하시고"(「2신자 편지」 62). 또한, 프란치스코는 하느님의 절대 선을 최상급을 통해서도 표현한다: "그러므로 우

---

[115] 보나벤투라는 「하느님께 나아가는 정신의 여정」 제6장 제목, 즉 "하느님의 이름인 선 안에서의 지극히 복되신 삼위일체 관조에 대하여"(De speculatione beatissimae Trinitatis in eius nomine, quod est bonum)에서 선을 하느님의 이름으로 규정한다(참조: BONAVENTURA DA BAGNOREGIO, 「Itin」 VI, 「Sancti Bonaventurae opera V-1」, 556).
[116] 참조: O. TODISCO, 「Bonum」, 「DizBona」, 221.
[117] 보나벤투라에 의하면, "[삼위일체의] 유출에 대한 관상에 있어 가장 근본적인 기초는 선 자체이다"(contemplationis emanationum ipsum bonum est principalissimum fundamentum)(BONAVENTURA DA BAGNOREGIO, 「Itin」 VI,1, 「Sancti Bonaventurae opera V-1」, 556).

리는 충만한 선, 모든 선, 완전한 선, 참되시고 으뜸선이신 우리 창조주 …"(「비인준 규칙」 23,9), "당신은 선이시고, 모든 선이시며, 으뜸선이시고, 살아 계시며 참되신 주 하느님이시나이다"(「하느님 찬미」 3), "모든 선이시고, 으뜸선이시고, 온전한 선이시며, 홀로 선하신 당신께"(「시간경 찬미」 11), "주님, 당신은 으뜸선이시고 영원한 선이시며"(「주님 기도」 2). 여기에 사용된 "충만한", "모든", "완전한" "으뜸의", "영원한", "혼자의" 같은 형용사는 하느님 선의 절대성과 일차성을 나타낸다.

프란치스코는 자신의 글에서 이 절대 선과 관련하여 "소유하다", "소유", "소유물", "소유의", "자기 것으로 삼다"와 같은 말들을 하느님에게는 적용하지 않는다[118]. 프란치스코는 하느님은 모든 선을 소유하신다고 말하지 않고, 하느님은 선 자체라고 말한다. 이는 프란치스코가 하느님의 선을 존재론적으로 이해하고 있다는 것을 뜻한다. 존재론적 선에 대한 프란치스코의 관점은 선에 대한 그의 일의적 이해를 통해 검토해 볼 수 있으며, 이는 프란치스코의 신비체험을 이해하는 데 대단히 큰 의미를 던져준다.

프란치스코는 하느님의 선을 원급으로도 언급한다[119]. 이는 프란치스코가 하느님의 절대 선과 피조물 안에 있는 유한한 선을 일의적으로 인식하고 있다는 사실에 대한 해석학적 실마리를 제공해 준다. 선은 모든 존재자 안에 실제적이고 보편적이며 존재론적으로 존재하기 때문에, 프란치스코가 선을 관상할 때에는 자연히 형이상학적 일의성[120]의 관점에서 관상하게 되는데, 이는 그의 글을 분석해 보면, 알 수 있다.

---

[118] 참조: O. van ASSELDONK, 『La lettera e lo spirito. Vol. II』, 310.
[119] "Confitemini ei [Filii Dei] quoniam bonus…"(「형제회 편지」 8); "Altissimu, onnipotente, bon Signore…"(「태양 노래」 1); "Laudate Dominum, quoniam bonus est"(「찬미 권고」 10).
[120] 철학계에서는 둔스 스코투스의 일의적 개념에 대해 논란을 벌이고 있으나, 그에 의하면, 존재자의 일의성은, 그 개념이 형이상학적 차원을 포함하든지 또는

「하느님 찬미」에서 프란치스코는 "충만한", "모든", "완전한" "으뜸의", "영원한" 등과 같은 형용사를 사용하지 않고 하느님을 단순하게 '선'이라고 묘사한다: "당신은 선이시나이다"(Tu es bonum). 이 구절에서 프란치스코가 '선'을 원급으로 묘사한다는 사실은 그가 '선'을 일의적으로 인식하고 있음을 말해 주는 것이라 하겠다. 프란치스코는 "선"(bonum)이나 "좋은"(bonus)이라는 낱말을 하느님에게만 적용하는 것이 아니라, 피조물 안에 있는 다른 모든 '선'에게도 똑같은 의미로 적용한다: "좋은 일에(bonis operibus) 종사하라"(「비인준 규칙」 7,10), "주 하느님께 모든 좋은 것을(omnia bona) 돌려드리고"(「비인준 규칙」 17,17), "모든 선(omne bonum)을 소유하시는…주 하느님께"(「권고」 7,4), "주님께서 자기에게 보여 주시는 좋은 것들(bona)을 …"(「권고」 28,1), "좋은 땅에(in terram bonam)…좋은 마음으로(in corde bono)"(「비인준 규칙」 22,17), 등. 이 구절들에서 프란치스코는 "보눔"(bonum, 좋음) 명사와 "보누스"(bonus, 좋은) 형용사를 똑같은 의미로, 다시 말하면, 문법적인 관점에서 일의적으로, 하느님이신 **선**과 하느님께서 창조하신 모든 선들에게 적용시키고 있다.

인식론적 의미만을 지니든지 관계없이, 존재자라는 용어가 모든 존재자들에게 적용된다는 것을 의미한다(참조: L. IAMMARRONE, 『Giovanni Duns Scoto metafisico e teologo』, 77-78). 스코투스 학자들은 존재자의 일의성 문제를 놓고 해석하면서 갈라져 있다. 이들 가운데 민지(P. Minge), 베토니(P. E. Bettoni), 보티(P. L. Veuthey), 만노(P. A. Manno) 같은 학자들은 둔스 스코투스는 인식론적 차원에서만 일의성에 대해 언급한다고 주장한다. 이에 비해 질송(E. Gilson), 바르트(T. Barth), 회레스(W. Hoeres), 토디스코(O. Todisco), 스카핀(P. Scapin) 같은 학자들은 존재자의 일의성은 무엇보다 형이상학적 차원과 관련되어 있으며 그 결과 인식론적 차원과도 관련되어 있다고 주장한다. 이탈리아의 스코투스 대가인 얌마로네(L. Iammarrone)는 두 번째 학자들의 주장이 "명민한 박사"(Doctor subtilis)의 사상에 더 일관적이기 때문에 이들의 주장을 선호한다(참조: L. IAMMARRONE, 『Giovanni Duns Scoto metafisico e teologo』, 78-79). 한편, 존재자의 일의성 때문에 스코투스의 사상을 열렬한 범신론자들 가운데 하나로 격하시키는 자들도 없지 않으나, 그의 사상은 결코 범신론으로 흘러가지 않는다(참조: 위와 같은 책, 83).

선에 대한 일의적 관상은 모든 선은 하느님으로부터 오고 하느님께서 이루셨다는 신학적 개념에 의해 더 분명해진다. 프란치스코는 「주님 기도」 2에서 다음과 같이 말한다: "주님, 당신은 으뜸선이시고 영원한 선이시며, 모든 선이 당신에게서 나오고 당신 없이는 어떤 선도 없기에…"(quia tu, Domine, summum bonum es, aeternum, a quo omne bonum, sine quo nullum bonum). 이 구절에서 "으뜸선"과 "영원한 선" (summum et eternum bonum)은 제일차적인 선을 의미하고, "모든 선"(omne bonum)과 "어떠한 선"(nullum bonum)에 나타나는 "선"(bonum)은 "제이차적인 선"을 의미한다[121]. 모든 제이차적인 선의 근원은 제일차적인 선이며, 제이차적인 선들은 절대적으로 제일차적인 선에 종속되어 있다. 이러한 사상을 바탕으로 프란치스코는 모든 선을 말씀하시고 이루시는 분은 지극히 높으신 하느님이시며(참조: 「권고」 8,3), 따라서 하느님은 모든 선의 근원적인 샘으로, 이로부터 모든 선이 흘러나오고(참조: 「비인준 규칙」 17,17), 그러기에 하느님은 모든 선의 유일한 주인이시라고(참조: 「비인준 규칙」 17,18) 강조한다.

모든 선은 하느님으로부터 비롯되고 하느님 없이는 어떠한 선도 없다는 프란치스코의 주장은, 모든 피조물은 선이고 따라서 모든 피조물을 통해서 그리고 모든 피조물 안에서 프란치스코가 하느님의 신비를 관상했다는 것을 의미한다. 토마스 첼라노는 「2첼라노」 165,5에서 이를 다음과 같이 증언한다: "그는[프란치스코는] 아름다운 사물들 안에서 **아름다움** 자체를 보았다. 모든 사물들이 그에게는 선이었다"(Cognoscit in pulchris Pulcherrimum; cuncta sibi bona). 여기에서 "모든 사물들이 그에게 선이었다"(cuncta sibi bona)는 구절은 "모든 존재자는 선"(omne ens est bonum)이라는 명제와 일치하며[122], 이 구

---

[121] "제이차적인 선"이라는 용어는 이재성 수사(작은 형제회)의 석사 학위 논문에서 인용하였다(참조: J. S. LEE, 『Francis the mystic』, 24).
[122] 참조: BONAVENTURA DA BAGNOREGIO, 「Itin」III,3, 『Sancti Bonaventurae opera V-1』, 530; O. TODISCO, 「Bonum」, 『DizBona』, 221.

절의 "선"(bonum)은 모든 존재자에 적용되기에 존재론적인 의미를 지닌다 하겠다. 그러므로 프란치스코의 글에서 모든 선의 근원이 하느님에게 있다는 것은 본질적으로 선은 존재론적이라는 의미를 함축하는 것이다.

선에 대한 프란치스코의 또 다른 결론은, 근본적으로 인간의 선은 존재하지 않는다는 것이다. 이를 프란치스코는 이렇게 표현한다: "선한 일을 하는 사람은 없습니다. 단 한 사람도 없습니다"(「권고」 8,2: Non est qui faciat bonum, non est usque ad unum); "그리고 우리의 것이라고는 악습과 죄밖에는 아무것도 없다는 사실을 우리는 확실히 알고 있어야 합니다"(「비인준 규칙」 17,7: Et firmiter sciamus, quia non pertinent ad nos nisi vitia et peccata). 이러한 단언은 인간 존재 안에 있는 제이차적인 선은 하느님의 절대 선과 일의적 관계에 있다는 것을 암시하는 표현이다. 다시 말하면, 모든 선들에 대한 하느님의 절대적인 소유권은 형이상학적으로 선의 일의성을 전제하고 있는 것이다. 모든 선들의 일의성과 하느님 선의 절대성 사이에 존재하는 필연적 관계는 「권고」 8,3에서도 읽을 수 있으며, 이 권고에서 프란치스코는 하느님의 선을 소유하는 것은 하느님을 모독하는 죄라고 표현한다:

> 누구든지 주님께서 자기 형제 안에서 말씀하시고 이루시는 선을 보고 그 형제를 시기하면, 모든 선을 말씀하시고 이루어 주시는 지극히 높으신 분 자신을 시기하는 것이기에 하느님을 모독하는 죄를 범하는 것입니다(Quicumque ergo invidet fratri suo de bono, quod Dominus dicit et facit in ipso, pertinet ad peccatum blasphemiae, quia ipsi Altissimo invidet, qui dicit et facit omne bonum).

이 구절의 의미는 세 단계로 구분하여 이해할 수 있다: (가) 얼핏 보면 형제들이 제이차적인 선을 말하고 행하는 것 같지만, 좀더 깊이 있게 보면 하느님께서 형제들 안에서 선을 말씀하시고 이루시는 것이다; (나) 형제들 안에 있는 제이차적인 선을 피상적으로 보면, 형제들을 질투하는 것 같지만, 실제로는 모든 선을 이루시는 하느님 자신을 질투하는 것이다; (다) 결과적으로 형제들에 대한 질투는 하느님을 모독하는 죄가 된다. 이 구절에 나타난 프란치스코의 선에 대한 일의적 관점을 분명하게 하기 위해서 두 가지 점에 주목할 필요가 있다. 첫째로, 프란치스코는 "선"(bonum)을 이루는 주체가 "주님"(Dominus)이라는 사실을 분명히 밝히고 있는데, 라틴어 원문에서는 이 주체가 관계 대명사 "퀃"(quod)으로 표현되어 있다. "형제 안에서"(in ipso)라는 표현 또한, 선이 실제로 형제들 안에서 실현됨에도 불구하고, 그 주체가 형제들이 아니라 주님임을 분명하게 드러내 준다[123]. 그러므로 인간 존재 안에 있는 선이 하느님의 현존 자체라는 것은 명백하며, 이는 하느님의 절대 선과 인간 안에 있는 제이차적 선 사이에 일의적 관계가 없다면 올바로 이해될 수 없다. 둘째로, 프란치스코는 질투의 대상이 사람이 아니라 하느님이라는 사실을 강조한다. 대명사 "잎시"(ipsi, 자신)는 인간 안에 있는 선이 하느님으로부터 비롯됨을 다시 한 번 환기시키면서 선에 대한 프란치스코의 일의적 관점을 다시금 드러내 준다. 이렇게 선을 일의적으로 해석할 때 비로소 다른 이들의 선에 대한 질투가 하느님을 거스르는 모독의 죄가 되게 된다. 만일 이를 유비적인 관점에서 이해하면, 하느님의 절대 선과 피조물의 제이차적 선 사이에는 피할 수 없고 극복할 수 없는 골이 생기기 때문에, 질투의 죄는 결코 하느님을 모독하는 죄가 되지 않는다. 일의적 관점에서 바라볼 때만, 주님께서 다른 형제들을 통해서 이루시는 선에 대한 질투가 인간에 대한 질투가 아니라 하느님께 대한 질투가 되는 것이다.

    선에 대한 일의적 관상에 매료되어 프란치스코는 홀로 선하신 하느님의 선, 즉 "데우스 보누스"(Deus bonus, 선이신 하느님)의 절대성을 깊이 꿰뚫어 보았다. 선의 일의적 지평 안에서 프란치스코는 피

---

[123] 참조: D. SOLVI, 「Commento」, 『La letteratura francescana. Vol. I』, 398.

조물 안에 현존하는 모든 제이차적인 선을 하느님의 선으로 관상하면서, 존재론적으로 더할 나위 없이 선 자체, 선이신 하느님(Deus bonus), 즉 영원하고 완전하며 절대적인 선을 관상하였고, 우주적이고 보편적이며 초월적인 선을 관상하였으며, 최고이고 지극하며 으뜸인 선을 관상하였고, 비주제적이고 비대상적이며 익명적인 존재론적 선을 관상하였다.

3.2.2. 절대 선에로 지향된 인간 존재

하느님의 절대적이고 완전한 선은 본성적으로 확산성을 특성으로 지니고 있으며, 이로 말미암아 선은 존재론적으로 가능한 모든 방향으로 퍼져 나간다.[124] 무엇보다 먼저, 하느님의 최고선은 삼위일체의 위격들 안에서의 완전한 상호 교류를 필연적으로 함축하고, 그리고 선의 확산 법칙에 따라 피조물에로 퍼져 나간다. 피조물은 "하느님 선의 확산"(diffusivum boni Dei)으로서 그 자체로 자유롭게 퍼져 나가는 하느님 사랑의 표현이요 결실이다. 그러므로 피조물은 선에 참여하는 장소이고[125], 인간은 하느님의 최고선에 참여하는 "선한 존재"(esse bonus)이다. 프란치스코는 그의 글에서 "선이신 하느님"(Deus bonus)을 지향하는 인간의 지향성에 대해 명백하게 언급하지 않는다. 더 나아가 프란치스코는 "선"(bonus)이라는 용어를 인간 존재에게 적용하지도 않으며, 오히려 악습과 죄 외에 인간의 것이라곤 아무것도 없다고 주장한다. 그럼에도 불구하고 프란치스코가 최고선을 지향하는 인간의 지향성을 강조하고 있다고 말할 수 있다. 왜냐하면 어떤 선도 인간의 것이라곤 없다는 사실은 "선이신 하느님"(Deus bonus)을

---

[124] 보나벤투라는 선의 신비를 "위-디오니시오의 '선의 자기 확산'(bonum diffusivum sui)이라는 주장과 같은 선상에서" 설명한다(O. TODISCO, 「Bonum」, 『DizBona』, 221).
[125] 참조: O. TODISCO, 「Bonum」, 『DizBona』, 222.

지향하지 않을 수 없는 인간의 지향성을 역설적으로 주장하는 것이기 때문이다. 이러한 지향성은 "돌려드리다"(reddere)는 동사를 통하여 간접적으로 살펴볼 수 있다.

"렏데레"(reddere) 동사는 프란치스코의 글에 18번 나타나는데, 이 가운데 8번은 "셈 바치다"는 의미로 사용되고, 1번은 「주님 기도」 8에서 "악을 악으로 갚는다"는 구절에서 사용되며, 9번은 모든 선을 하느님께 되돌려드린다는 의미로 사용된다[126]. 이 마지막 경우가 절대 선을 향한 인간의 지향성과 관계가 있다. 먼저, 프란치스코의 글에서 "렏데레"(reddere), 즉 돌려드림의 주체는 인간만이 아니라 모든 피조물에도 해당된다. 「2신자 편지」 61에서 프란치스코는 다음과 같이 말한다: "우리를 위하여 이처럼 견디셨고 이처럼 온갖 좋은 것을 주셨으며 앞으로도 주실 하느님께 하늘과 땅, 바다와 심연에 있는 모든 피조물들은 찬미와 영광과 영예와 찬양을 돌려드려야 하겠습니다"(Ei autem qui tanta sustinuit pro nobis, tot bona contulit et conferet in futurum, omnis creatura, quae est in caelis, in terra, in mari et in abyssis reddat laudem Deo, gloriam, honorem et benedictionem). 이 구절에서 모든 피조물이 하느님께 찬미와 영광과 영예를 드려야 하는 이유는 하느님께서 과거와 현재와 미래에 아낌없이 베풀어 주시는 선에 자리한다. 여기에서 프란치스코는 "피조물"(creatura)에 "모든"(omnis)이라는 형용사를 수식시키면서 하느님의 선과 피조물들과의 보편적인 관계를 강조하고 있다. 프란치스코가 "렏데레"(reddere)의 주체를 인간에게로 제한하지 않고 모든 피조물에게로 보편적으로 확장시킨다는 사실은 선의 신비의 보편성과 밀접하게 관련되어 있다.

"돌려드림"(reddere)의 대상은 하느님께로부터 받은 모든 선이다. 「비인준 규칙」 17,17에서 프란치스코는 다음과 같이 언급한다: "우리

---

[126] 참조: 「권고」 7,4; 11,4; 18,2; 「보호자 편지」 7; 「2신자 편지」 61; 「찬미 권고」 11; 「규칙 단편」 1,54; 「비인준 규칙」 17,17-18.

는 지극히 높으시고 지존하신 주 하느님께 모든 좋은 것을 돌려드리고, 모든 좋은 것이 바로 그분의 것임을 깨달으며, 모든 선에 대해 그분께 감사드립시다. 모든 선이 그분에게서 흘러나옵니다"(Et omnia bona Domino Deo altissimo et summo reddamus et omnia bona ipsius esse cognoscamus et de omnibus ei gratias referamus, a quo bona cuncta procedunt). 이 구절에서 무엇보다도 주목해야 할 것은 "모든 선"(omnia bona)이라는 표현이 모든 피조물에게 적용되기 때문에, 이 표현이 "모든 존재자는 선"(omne ens est bonum)이라는 명제와 일치한다는 점이다. 그러므로 하느님께 돌려드려야 할 대상은 보편적이고 우주적인 특성을 지닌다. 즉, 프란치스코의 돌려드림 영성은 근본적으로 선의 보편성과 일치하는 것이다.

지금까지 살펴본 "돌려드림"(reddere)의 주체와 대상의 보편성을 바탕으로 인간 존재는 "데우스 보누스"(Deus bonus, 선이신 하느님)를 지향하는 "호모 보누스"[homo bonus, 선(善)인 인간]라고 말할 수 있다. 그리고 이러한 영성은 "[인간의] 영은 사랑의 추를 통하여 최고선으로 기울어진다"(spiritus [hominum] tendunt ad summum bonum per pondus dilectionis)[127]고 주장하는 보나벤투라의 사상과도 일치한다. "세라핌 박사"(Doctor seraphicus)에 의하면, 최고선이신 하느님은 모든 피조물이 선을 향하도록 섭리하시고, 인간의 심연에는 존재론적으로 "선을 향하는 추"(pondus ad bonum dirigens)[128]인 "양심"(sinderesi)이 주어져 있다. 그러므로 보나벤투라의 사상 안에서 인간은 존재론적으로 주어져 있는 "양심"을 통해서 "선이신 하느님"(Deus bonus)을 지향하는 "선의 존재"(esse bonus)인 것이다.

---

[127] BONAVENTURA DA BAGNOREGIO, 『III Sent』, d.36, a.un., q.6, 806.
[128] "Sicut intellectus indiget lumine ad iudicandum, ita affectus indiget calore quodam et pondere spirituali ad recte amandum: ergo sicut in parte animae cognitiva est quoddam naturale iudicatorium, quod quidam est conscientia, ita in parte anima affectiva erit pondus ad bonum dirigens et inclinans; hoc autem non est nisi synderesis"(BONAVENTURA DA BAGNOREGIO, 『II Sent』, d.39, a.2, q.1, f.4, 908).

프란치스칸 영성 안에서 선의 보편성은, 창조된 신비는 창조된 영의 형태로 모든 피조물들 안에 현존한다는 사실에 기초를 두고 있다. 피조물 안에 보편적으로 존재하는 선의 신비는 시공간 안에 제한되어 있는 유한한 선이고, 따라서 이러한 선은 제이차적이고 일시적이며 부분적인 선으로, 어느 정도 대상화되고 주제화된 선이다. 프란치스코의 글에 나열된 선들, 예를 들면, 모든 피조물들(「2신자 편지」 61), 재산(「인준 규칙」 2,8), 좋은 일들(「비인준 규칙」 7,12), 인간의 의지(「권고」 2,3; 3,10), 사람들 안에서 그리고 사람들을 통해서 행하시고 말씀하시거나 이루시는 좋은 말과 일(「비인준 규칙」 17,6), 주님께서 주시는 좋은 것들(「권고」 21,2; 28,1), 장상직(「권고」 4,2), 재능과 능력과 지식과 지혜(「1신자 편지」 2,16) 등은 모두 하느님께 돌려드려야 할 제이차적이고 유한하며 창조된 선들이다.

제이차적인 선은 참되고 영원하며 완전하고 절대적인 최고의 선이 아니다. 인간은 최고의 선 안에서만 영원히 머무를 수 있다. 제이차적인 선은 소유로 말미암아 사라질 수 있는 위험을 그 속성으로 지니고 있기 때문에, 이 선을 소유하면 악이 되어 사라지고 만다. 이러한 소유는 프란치스코의 글에 다음과 같은 표현들로 나타난다: "어떤 선에 대해서 자랑하고, 스스로 기뻐하며, 마음속으로 자기 자신을 높임"(「비인준 규칙」 17,6; 「권고」 12,2; 17,1); "선을 알게 하는 나무에서 열매를 따 먹음"(「권고」 2,3); "선을 보고 그 형제를 질투함"(「권고」 8,3); "어떤 것이라도 자신을 위해 숨겨 두는 사람"(「권고」 18,2); "사람들에게 보상을 받을 의도로 드러내려 함"(「권고」 28,1). 프란치스코에 의하면, 어떤 소유든지 제이차적인 선을 소유하면 이는 죄가 된다. 왜냐하면 이 소유로 인해 하느님의 선을 망가뜨리기 때문이다(참조: 「권고」 2,3-4). 그러므로 이차적인 선은 인간에게 참 행복의 궁극적인 목표가 될 수 없다. 이는 인간을 불행과 멸망으로 이끌 따름이다. 이 때문에 프란치스코는 선의 소유에 대해 "벌 받아야 마땅

합니다"(「권고」 2,5), "살인자들"(「권고」 3,11), "영혼의 파멸 쪽을 향해 자기의 돈주머니를 챙기는 것"(「권고」 4,3), "하느님을 모독하는 죄"(「권고」 8,3) 등의 강한 표현으로 경계한다.

제이차적인 선 앞에서 인간은 "돌려드림"(reddere)만을 옳은 행위로 선택할 수 있다. 이러한 돌려드림은 온전한 가난, 즉 모든 선을 하느님께 돌려드리면서 자신을 위해서는 아무것도 남겨 두지 않는 전적인 "없음"이다. 인간 존재는 이와 같이 전적인 가난을 통해 실현되고, 따라서 "렌데레"(reddere, 돌려드리다)는 인간의 실존을 성취시키는 존재론적 행위가 된다. 이에 대해 프란치스코는 「권고」 11,4에서 다음과 같이 말한다: "카이사르의 것은 카이사르에게 돌려주고 하느님의 것은 하느님께 돌리면서 자기에게는 아무것도 남겨 두지 않는 사람은 복됩니다"(Et beatus est, qui non remanet sibi aliquid reddens quae sunt caesaris caesari, et quae sunt Dei Deo). 이 「권고」에서 말하는 복됨은 실존적 행위로서의 "렌데레"로부터 비롯되는 필연적인 결과이다. 이 구절에서 "카이사르"는 지상적이고 물질적이며 육체적인 사물들, 즉 악습과 죄를 은유하고, 반면에 "하느님의 것"은 천상적이고 영적인 것들, 즉 하느님의 선을 가리킨다. 그러므로 자기 실존을 성취시키는 복된 자는 "렌데레"를 통해 전적인 가난 안에 머물면서, 육체적이든 영적이든, 세상적이든 천상적이든, 자기 자신을 위해서 아무것도 남겨 두지 않는 자이다. 이러한 가난은 자기 자신을 "없음"으로 완전하게 비우는 상태와 동일한 것이다.

프란치스코에 따르면, 인간은 본래 전적으로 비운다는 면에서 "없음"인 존재, "무"인 존재, 즉 "씨네 프로프리오"(sine proprio, 소유 없이)의 존재이다[129]. 하느님의 "피조물"로서 인간은 자신의 "존재"부

---

[129] 마샬은 프란치스코에게 있어 "없음"은 '어떤 것이 부재하는 것'이 아니라 '모든 것이 충만하게 현존하는 것'임을 강조하면서, 프란치스코의 영적 여정은 "포르지운쿨라의 '비움'으로부터 라 베르나의 '없음'에로"의 여정, 즉 전체를 향한 여정이라고 규정한다"(A. MARSHALL, 「From "emptiness" to "nothingness"」, 112).

터 출발해서 모든 것을 하느님께 돌려드려야 한다. 이에 대해 프란치스코는 「비인준 규칙」 17,7에서 다음과 같이 언급한다: "우리의 것이라고는 악습과 죄밖에는 아무것도 없다는 사실을 우리는 확실히 알고 있어야 합니다"(Et firmiter sciamus, quia non pertinent ad nos nisi vitia et peccata). 형이상학의 관점에서 보면, 악은 실재가 아니기 때문에[130], 이 구절은 인간 존재가 본래 "없음"이라는 형이상학적이고 신비적인 상태를 역설적으로 표현한 것이라 할 수 있다. 이러한 형이상학이고 신비적인 상태는 사실은 끊임없이 "전적인 없음"을 지향하는 실존적 돌려드림(reddere)을 목표하도록 선험적으로 주어진 일종의 초월적 지평이라 할 수 있고, 이를 통해 "렌데레"(reddere)는 전적으로 절대 선을 지향하게 된다. 인간 존재는 이렇게 끝없이 자신의 의지를 무화시키는 "렌데레"를 통하여 절대 선이신 하느님과 일치하게 되고, 그러한 일치를 통해 인간은 자신의 초월적 실존을 실현시켜 나간다. 프란치스코 영성 안에서 인간은 돌려드리면서 존재하는 "호모 렌덴스"(homo reddens), "돌려드리는 사람"이다. 이를 르네 데카르트의 저 유명한 형이상학적 명제, "나는 생각한다. 그러므로 존재한다"(cogito, ergo sum)로 바꾸어 표현하면, "렌도 에르고 숨"(reddo, ergo sum: 나는 돌려드린다. 그러므로 존재한다)이 된다. "렌데레"는 인간의 실존을 성취시키는 실존적 행위이다.

실존적 "돌려드림"은 모든 선을 하느님께 돌려드리면서 "없음"에 머무르는 전적인 가난으로, 이는 역설적으로 인간 존재가 의지적으로 추구할 수 있는 유일한 선이기도 하다. 즉, 모든 선을 돌려드리는 선이요, 어떤 선도 소유하지 않는 선이다. 인간 존재는 이렇게 모든 선을 하느님께 돌려드리고 어떤 선도 소유하지 않음으로써 "유일한 선"에 참으로 머무르게 된다. 이에 대해 프란치스코는 「비인준 규칙」 21,9에서 다음과 같이 말한다: "끝날까지 선에 항구하십시오."(perseverate

---

[130] 참조: G. FORNERO, 「Male」, 『DizAbba』, 670.

usque in finem in bono). 이 구절에서 "선에 항구하다"는 표현은 선을 소유하라는 의미가 아니다. 그렇게 되면 악으로 끝난다. 여기에서 "선"(bonum)은 제이차적인 선이 아니라, 모든 선의 샘으로서, 절대적이고 으뜸이며 영원한 제일차적 선을 말하는 것이다. 프란치스코의 글에서는 가끔 "선"(bonum)이라는 명사나 "좋은"(bonus)이라는 형용사가 절대 선을 가리키는 경우들이 있다. 따라서 "끝날까지 선에 항구하라"는 표현은 실존적 "돌려드림"과 전적인 가난을 통해 하느님의 선 안에 머무름을 뜻한다 하겠다. 간단히 말하면, 이 구절은, 인간 존재는 끝까지 절대 선을 지향해야 한다는 것을 강조하는 것이다. 프란치스코에게 있어 인간은 본질적으로 "렌데레"를 통해 절대 선을 지향하는 존재이다. 프란치스코는 「비인준 규칙」 23,9에서 이 선을 유일하게 바랄 만하고 좋아할 만하며 만족될 수 있고 사랑할 만한 대상, 즉 하느님으로 제시하고 있다: "우리는 충만한 선, 모든 선, 완전한 선, 참되시고 으뜸선이신 우리 창조주이시고 구세주이시고 구원자이시며 홀로 진실하신 하느님 외에는 다른 아무것도…원하지도 말고, 바라지도 말고, 다른 아무것도 마음에 들어 하지도, 즐거워하지도 맙시다"(Nihil ergo aliquid aliud desideremus, nihil aliud velimus, nihil aliud placeat et delectet nos nisi Creator et Redemptor et Salvator noster, solus verus Deus, qui est plenum bonum, omne bonum, totum bonum, verum et summum bonum, qui solus est bonus). 이 구절에서 프란치스코는 하느님을 인간이 지향해야 할 유일한 대상으로 언급하면서, 하느님 선의 절대성을 "선"(bonum)이라는 말을 4번 반복하면서 강조하고 있다. 이는 절대적 선이 "호모 렌덴스"(homo reddens, 돌려드리는 사람)가 지향하는 대상임을 뜻하는 것이다. 결론적으로, 하느님은 절대 선, 즉 "데우스 보누스"(Deus bonus, 선이신 하느님)이고, 인간은 "데우스 보누스"를 지향하는 "호모 렌덴스"(homo reddens)요 "호모 보누스"[homo bonus, 선(善)인 인간']인 것이다.

3.3. 신비로서의 덕

3.3.1. 존재론적 덕

"호모 렌덴스"(homo reddens), 즉 "돌려드리는 사람"이 절대적인 제일차선으로서의 "좋으신 하느님"(Deus bonus)을 지향하면서 필연적으로 다다르게 되는 신비는 덕과 밀접하게 연결되어 있다. 덕과 선은 서로 불가분리적인 관계에 있는 신비의 속성들이기 때문이다. 이와 관련하여 보나벤투라는 "덕은 참된 선으로 구성되어 있다"(virtus consistit circa verum bonum)고 말하고[131], 보나벤투라와 같은 관점에서 작은 형제회의 이 보나벤투라 수사는 선이 쌓여진 것이 덕이며 덕이 쌓여진 것이 사랑이라고 규정한다[132]. 또한, 토마스 아퀴나스는 "활동하는 습성인 인간의 덕은 좋은 습성이며 선을 이루기 위해서 작용한다"(virtus humana, quae est habitus operativus, est bonus habitus, et boni operativus)고 말하고[133], 라너는 덕은 "윤리적 선을 실행하는 힘"이라고 정의한다[134]. 이러한 관점에서 초월적인 속성인 선을 신비 체험의 본질적 요소인 신비로 이해하면, 덕은 형이상학적 개념일 뿐만 아니라 신비로서의 선과 관계가 있는 신학적인 개념이 된다. 그러나 선은 정적인 신비임에 비해 덕은 동적인 신비라 할 수 있다. 덕은 선을 실행하면서 선의 신비를 강화하고 심화시키며 성장시키고 풍요롭게 하기 때문이다.

---

[131] BONAVENTURA DA BAGNOREGIO, 「De perfectione evangelica」, q.1, conclusio, ad 10, 「Sancti Bonaventurae opera V-3」, 64.
[132] 참조: J. S. LEE, 「Francis the mystic」, 65.
[133] THOMAS AQUINAS, 「Summa Theologiae」 I-II, q.55, a.3, 「La somma teologica. Vol. X」, 120.
[134] K. RAHNER – H. VORGRIMLER, 「Virtù」, 「DizTeol」, 768. 라너는 넓은 의미에서 덕을 "완전하게 실현된, 지성적이고 영적인 인간의 능력"이라고 규정한다(위와 같은 책, 768).

이런 관점 아래 프란치스코의 글 안에 나타난 덕에 관한 다양한 표현들을 분석하면, 프란치스코가 이해한 신비 개념을 포착할 수 있다. 이 논문에서는 덕을 "윤리적인 덕"과 "존재론적인 덕"으로 구분하여[135], 존재론적인 관점에서 프란치스코가 이해했던 덕의 개념을 살펴볼 것이다. 그 이유는 그가 인간적인 덕뿐만 아니라 하느님의 "본질적 속성"으로서의 덕에 대해서도 언급하고 있기 때문이다[136].

---

[135] 전통적인 신학에 의하면 덕들은 자연적인 덕들과 초자연적인 덕들로 구분된다: 자연적인 덕들은 4추덕과 같은 습득적인 덕들과 상응하고, 초자연적인 덕들은 신학적인 덕들과 같은 주입덕들과 상응한다(참조: H. VORGRIMLER, 「Virtù」, 『DizTeolNu』, 800-801). 이와 달리 토마스 아퀴나스는 덕들을 지성적인 덕들과 윤리적인 덕들, 그리고 신학적인 덕들로 구분한다: 지성적인 덕들은 지혜, 학문, 지성과 관계되고, 윤리적인 덕들은 4추덕과 관계되며, 신학적인 덕들은 사랑, 믿음, 희망과 관계된다(참조: THOMAS AQUINAS, 「Summa Theologiae」 I-II, q.57, 『La somma teologica. Vol. X』, 146-147). 그러나 "자연과 은총의 관계에 대한 최근의 신학에 의하면, 인간의 전 실존은 첫 순간부터 하느님의 '초자연적인' 은총 아래 있기 때문에, 엄밀한 의미에서 '자연적인' 덕들이란 존재하지 않는다"(H. VORGRIMLER, 「Virtù」, 『DizTeolNu』, 800). 이러한 관점에서 바라보면, 덕들은 그 본성상 애초부터 존재론적인 차원을 지닌다 하겠다.

[136] "서구 신학에서,…하느님의 속성들은 하느님의 존재와 활동으로부터 추론되었다. 자존성(自存性, aseità), 영-존재, 단순성, 무한성, 불변성, 공간과 시간의 초월(무한성, 영원성), 단일성(유일신 사상), 진리-존재, 인격-존재는 존재의 속성들로 간주되었고, 사랑 및 선성(善性, 좋음, 선) 같은 완전한 의지, 완전한 인식(전지, 지혜), 자유, 성성(聖性), 정의, 자비, 전능, 충실성은 행위의 속성들로 간주되었다"(H. VORGRIMLER, 「Attributi di Dio」, 『DizTeolNu』, 92-93). 한편, 하느님의 이름들은 하느님의 속성들과 밀접한 관계가 있는데, 여기에는 선, 선성, 미와 사랑, 존재, 생명, 지혜, 지성, 힘, 정의, 구원, 불평등, 위대함, 약함, 동일성, 다양성, 비슷함, 상이함, 휴식, 운동, 평등, 시간, 영원, 평화, 성인들의 성인, 임금들 중의 임금, 주인들 중의 주인, 유일자 등이 있다(참조: Y. de ANDIA, 「Attributi divini」, 『DizCrit』, 173). 토마스 아퀴나스는 하느님의 이름들과 하느님의 본성과의 관계에 관하여 연구하였다. 하느님의 이름들은 다음과 같은 두 가지 문제점을 지니고 있다: "한편으로는 하느님의 속성들을 하느님의 본질에 귀속시키는 방식의 문제; 다른 한편으로는 하느님 속성들의 다양성과, 본질의 유일성이나 단순성의 문제"(위와 같은 책, 174). 토마스에게 하느님의 속성들은 "본질적으로"(substantialiter) 하느님의 본질을 드러내 주는 특성들을 구별시켜 주는 것이지만, 그러나 하느님 이름들의 다양성과 본질의 단순성 사이의 구별은 이성적 차원의 구별에 지나지 않는다(참조: 위와 같은 책, 174).

라너에 의하면, "우리가 체험하는 충실, 자비, 사랑 등은…단순히 하느님의 형이상학적 본성에 대하여 (신학적으로 표명된) 필수적인 '속성들'이 아니라, 본질적으로 그 이상의 무엇이다"[137]. 라너는 계속해서 말한다: "하느님에 관한 교의 안에서 하느님의 본성은 절대 존재로 제시된다. 그러나 이와 관련하여 '순수 현실태'인 존재의 무한한 충만은, 자존성(aseitas)과 더불어, 거룩한 신비로 경배될 때에만 참으로 이해된다"[138]. 하느님의 본성이 신비의 지평 안에서 참으로 이해되듯이, 하느님의 본질적 속성인 덕도 그러하다. 하느님의 덕들은 하느님의 신비이기에, 단순한 신적 속성들이 아니라 본질적으로 그 이상의 무엇인 것이다. 왜냐하면 하느님의 신비는 유일하고, 하느님의 본성과 그분의 본질적 속성들은 실제로 불가분리적 관계에 있기 때문이다. 이런 관점에서, "존재론적인 덕"을 바라보면 "존재론적 덕"이란 하느님의 원초적인 덕으로서 필수적인 신적 속성의 차원을 능가하면서 동시에 초월적인 방식으로 인간 존재 안에 현존하는 덕이라 이해할 수 있다.

프란치스코의 글 안에서 "덕"(virtus)이라는 말은 21번 나타난다. 이 가운데 3번은 천사들을 의미하고[139], 6번은 보통 명사로 일반적인 의미에서의 덕을 가리키며[140], 12번은 선을 실행하는 힘을 의미한다. 마지막 경우는 다시 세 가지 형태로 구분되는데, 5번은 하느님의 본성을 의미하고[141], 5번은 인간에게 선험적으로 주어진 능력을 의미하며[142],

---

[137] K. Rahner – H. Vorgrimler, 「Dio (dottrina su)」, 『DizTeol』, 193.
[138] 위와 같은 책, 194.
[139] "…beatum Michaelem, Gabrielem et Raphaelem et omnes choros beatorum seraphim, cherubim, thronorum, dominationum, principatuum, potestatum, virtutum, angelorum, archangelorum…"(「비인준 규칙」 23,6); "…omnibus virtutibus caelorum…"(「유언」 40과 「수난 성무」 후렴 2).
[140] 참조: 「권고」 27,1; 「인준 규칙」 6,4; 9,4; 「덕 인사」 4; 「동정녀 인사」 6; 「참기쁨」 14.
[141] 참조: 「1신자 편지」 1,1; 「규칙 단편」 1,10; 「수난 성무」 6,8; 「비인준 규칙」 23,8.
[142] 참조: 「2신자 편지」 62; 「시간경 찬미」 3; 「수난 성무」 9,11-12; 10,2.

2번은 하느님에 의해 발휘되는 힘을 의미한다[143]. 이러한 덕의 세 가지 형태는 프란치스코가 덕을 단순히 윤리적인 차원에서 인간적인 노력이나 능동적인 훈련을 통해 얻을 수 있는 태도나 윤리적인 능력으로만 다루지 않고, 존재론적 차원에서, 삼위일체의 신비를 드러내는 본질적 속성으로 관상했다는 사실을 분명하게 드러내 준다[144].

모든 덕들은 완전한 덕이신 하느님으로부터 비롯되고 흘러나온다는 면에서 신성과 밀접하게 관련되어 있다[145]. 프란치스코는 그의 글에서 그러한 하느님의 덕을 모든 덕들의 근원으로 언급한다. 「수난 성무」 9,11에서 그 예를 볼 수 있다: "보라, 그분께서 당신의 힘찬(virtutis) 목소리를 드높이시니, 이스라엘 위에 계신 하느님께 영광을 드려라. * 그분의 존엄과 그분의 권능이(virtus) 구름 위에 있네"(Ecce dabit voci suae vocem virtutis, date gloriam Deo super Israel * magnificentia eius et virtus eius in nubibus). 이 구절에는 "비르투스"(virtus)가 두 번 나타나는데, 한 번은 소유격으로, 다른 한 번은 주격으로 나타난다. 첫째 경우, 즉 소유격의 "비르투티스"(virtutis)는 단순히 "힘 있는"을 의미한다기보다는 하느님의 "힘"(virtus), 즉 하느님의 힘 있는 존재를 의미한다. 하느님께서 당신의 힘 있는 존재성을 드러내시는 것이다. 둘째 경우의 "비르투스"(virtus)는 하느님의 특질이나 품성과 관계가 있다[146].

하느님의 덕은 본성적으로 존재론적인 특성을 지니고 있다. 이에 대해서 프란치스코는 「2신자 편지」 62에서 다음과 같이 언급한다: "그분은 홀로 선하시고, 홀로 지존하시고, 홀로 전능하시고, 감탄할 만한 분이시고, 영광스러우시고, 그리고 홀로 거룩하시고, 세세 대대 영원히 찬미받으실 만한 분이시며, 축복받으실 바로 그분은 우리의 힘이시고 굳셈이시기 때문입니다. 아멘"(quia ipse [Deus] est virtus et

---

[143] 참조: 「형제회 편지」 37; 「주님 기도」 7.
[144] 참조: E. GOORBERGH – T. ZWEERMAN, 『Respectfully yours』, 138.
[145] 참조: O. van ASSELDONK, 『La lettera e lo spirito. Vol. II』, 60.
[146] 참조: E. GOORBERGH – T. ZWEERMAN, 『Respectfully yours』, 263.

fortitudo nostra, qui est solus bonus, solus altissimus, solus omnipotens, admirabilis, gloriosus et solus sanctus, laudabilis et benedictus per infinita saecula saeculorum. Amen). 이 구절에서 프란치스코는 "하느님은 우리의 힘이시고 굳셈"(Deus est virtus et fortitudo nostra)이라고 기록하고 있는데, 그 기초는 하느님의 선과 높음과 전능함…에 있다. 이 구절에서 "비르투스"(virtus)는 선, 높음, 전능과 같은 하느님의 속성들과 밀접한 관계에 있기 때문에, 이 "비르투스"는 존재론적인 차원을 지니고 있다고 말할 수 있다.

하느님의 존재론적 덕은 은총과 모든 선의 충만, 곧 성령 자체를 의미하며[147], 이 성령으로부터 모든 덕들이 흘러나온다[148]. 이에 대하여 프란치스코는 「동정녀 인사」 3에서 다음과 같이 말한다: "당신[동정녀 마리아] 안에는 온갖 은총과 온갖 선이 가득하였으며 지금도 가득하나이다"(in qua [sancta Maria] fuit et est omnis plenitudo gratiae et omne bonum). 이 구절에서 "온갖 은총과 온갖 선의 충만"(omnis plenitudo gratiae et omne bonum)이라는 표현은 성령께서 부어 주신 덕들과 관계가 있다. 왜냐하면 이 「인사」에서 프란치스코가 동정녀 마리아를 덕의 관점에서 찬미하고 있기 때문이다. 그러한 관점은 이 「인사」의 6절에 나타난다: "그리고 거룩한 모든 덕들이여, 당신들에게도 인사드리나이다. 성령의 은총과 비추심으로 믿는 이들의 마음에 당신들이 쏟아부어지면…"(et vos omnes sanctae virtutes, quae per gratiam et

---

[147] 칼 라너는 "초자연적 은총의 본질은…사랑 안에서 이루어지는 하느님의 자기 양여"라고 주장한다(K. RAHNER, 「Rapporto tra natura e grazia」, 『Saggi di antropologia soprannaturale』, 60). 이러한 자기 양여는 영의 거주와 일치하며, 이는 창조되지 않은 은총과 다른 것이 아니다(참조: K. RAHNER, 「Possibilità di una concezione scolastica della grazia increata」, 『Saggi di antropologia soprannaturale』, 132). 한편, 칼 라너에 의하면, 창조된 은총은 창조되지 않은 은총과 분리될 수 없는 관계에 놓여 있다(제1장의 각주 289 참조). 칼 라너의 초월 신학에 의하면, "은총은 하느님 자체이다"(K. RAHNER, 「Natura e grazia」, 『Saggi di antropologia soprannaturale』, 101). 라너의 관점에서 바라보면, 하느님의 존재론적 덕은 영(Spirito)의 완전한 거주를 의미한다고 말할 수 있다.

[148] 참조: O. van ASSELDONK, 「La lettera e lo spirito. Vol. II」, 310.

illuminationem Spiritus sancti infundimini in corda fidelium). 이 간단한 구절에서 프란치스코는 존재론적인 덕의 특성들을 몇 가지 드러내 보이고 있다. 첫째, 프란치스코는 "모든 거룩한"(omnes sanctae)이라는 형용사를 통해 덕의 보편성과 성성(聖性)을 전제하고 있다. 그리고 이러한 전제 위에 "성령의 은총과 비추심으로"(per gratiam et illuminationem Spiritus sancti)라는 표현을 통해, 갈라 5,22에서 보는 바와 같이[149], 모든 덕은 성령의 활동의 결과라는 사실을 분명히 밝히고 있다. 뿐만 아니라, "쏟아넣다"(infundere)는 동사의 수동태를 통해 성령에 의해 믿는이들의 마음에 넣어지는 덕의 수동성을 강조하고 있다. 덕의 수동성은 덕의 초자연적이고 초월적인 특성을 포함하고 있는 개념이다. 프란치스코에게 전적으로 자연적인 덕이란 존재하지 않는다. 모든 덕은 예외없이 성령에 의해 인간 존재 안에 부어지는 초자연적이고 초월적인 은총의 열매인 것이다. 그러므로 「동정녀 인사」 6은 보편성, 거룩함, 성령으로부터 비롯됨, 초자연성, 초월성과 같은 덕의 존재론적 특성들을 잘 보여 주는 구절이라 하겠다.

존재론적인 하느님의 덕 이외에도 프란치스코는 인간에게 선험적이고 존재론적으로 주어진 기능으로서의 "덕"(virtus)에 대해서도 인식하고 있었다[150]. 인간은 바로 이러한 덕을 통해 절대 선과 절대 덕을 지향하게 된다[151]. 예를 들면, 「1신자 편지」 1,1로, 여기에서 프란치스

---

[149] "그러나 성령의 열매는 사랑, 기쁨, 평화, 인내, 호의, 선의, 성실, 온유, 절제입니다"(갈라 5,22).
[150] 보나벤투라는 "덕은 정신이 지니고 있는 좋은 품성"(virtus est bona qualitas mentis)이라는 베드로 롬바르도의 정의를 주석하면서, 덕에 관한 여러 가지 정의들을 제시하는데, 그 가운데 하나는 "덕이란 사물에 속해 있는 궁극적 능력"(virtus est ultimum potentiae de re)이라는 것이다(BONAVENTURA DA BAGNOREGIO, 「II Sent」, d.27, dub.3, 671). 같은 주해서에서 보나벤투라는 "덕은 좋은 의지"(Virtus est bona voluntas)라는 아우구스티노의 정의도 언급한다(위와 같은 책, 672).
[151] 덕들 가운데 가장 대표적인 덕은 사랑이며, 이 사랑에 대해 라너는 다음과 같이 주장한다. "인간은 하느님 자신이신 사랑을 수용할 수 있고, 사랑을 수용하기에 적합하도록 되어 있다. 인간은 사랑 – 따라서 은총, 즉 하느님을 직접 바

코는 모든 힘을 다해 하느님을 사랑하라고 권고하면서, "비르투스"(virtus)라는 말을 "힘"이라는 의미로서 사용하고 있다: "마음을 다하고 목숨을 다하고 정신을 다하고 힘을 다하여 주님을 사랑하고, 자기 이웃을 자기 자신처럼 사랑하는…사람들"(Omnes qui Dominum diligunt ex toto corde, ex tota anima et mente, ex tota virtute)[152]. 이 구절에서 "마음"(corde), "영혼"(anima), "정신"(mente)이라는 용어들은 "힘"(virtute)이라는 말과 더불어 인간에게 주어진 기능으로, 이는 그 자체로는 완성되지 않은 가능성의 존재론적 조건이며, 주님의 영의 활동을 통해 완성된다. 이런 의미에서, 인간의 잠재력 안에 자리하고 있는 "비르투스"(virtus)는[153] 일종의 "순종적 가능태"(potentia oboedientialis)[154]로서 은총을 향하는 인간 본성의 지향성을 의미하며, 순종적 가능태로서의 "비르투스"(virtus)는 가능성의 존재론적 조건으로 주어져 완전한 덕을 향해 열려진 선험적이고 실존적인 지평을 의미한다. 이 지평 위에서 그리고 이 지평 안에서 인간 존재 안에 있는 "비르투스"(virtus)는 완전하고 절대적인 덕을 통해 실현되어 간다. 이와 관련하여 프란치스코는 「수난 성무」 6,8에서 "비르투스"의 불완전한 모습에 대해 언급한다: "제 힘은 옹기 조각처럼 메마르고…"(Aruit tamquam testa virtus mea). 갈증을 느끼는 "비르투스"(virtus)는 불완전하

라봄 – 을 수용할 수 있으며, 사랑을 통하여 풍부한 능력과 이해 및 열망을 지닐 수 있다. 따라서 인간은 이러한 사랑을 통하여 실제적인 '가능태'를 지니게 되고 '항상'(semper) 이 가능태를 소유하게 된다"(K. RAHNER, 「Rapporto tra natura e grazia」, 『Saggi di antropologia soprannaturale』, 66). 여기에서 말하는 가능태는 인간이 본성적으로 타고나는 기능들과 밀접한 관계가 있다.

[152] "Omnes diligamus ex toto corde, ex tota anima, ex tota mente, ex tota virtute … Dominum Deum"(「비인준 규칙」 23,8).

[153] 토마스 아퀴나스는 덕들은 영혼의 가능태 안에 위치해 있고, 지성과 의지 및 감각력 같은 기능들은 덕의 자리임을 논증한다(참조: THOMAS AQUINAS, 「Summa Theologiae」 I-II, q.56, 『La somma teologica. Vol. X』, 128-145; J. PORTER, 「Virtù」, 『DizCrit』, 1469).

[154] 참조: K. RAHNER, 「Natura e grazia」, 『Saggi di antropologia soprannaturale』, 118.

고 유한하며 미완성된 상태를 암시하는 것이다. 완전한 덕은 더 이상 갈증을 느끼기 않기 때문이다. 그러므로 인간 안에 있는 "비르투스"(virtus)는 하느님으로부터 비롯되는 덕 자체를 통해 완성되어야 한다. 이에 대해 프란치스코는 「수난 성무」 9,12에서 다음과 같이 언급한다: "하느님은 당신 성소에서 경외로우시다. * 이스라엘의 하느님께서 친히 당신 백성에게 권능과 힘을 주시네"(Mirabilis Deus in sanctis suis * Deus Israel ipse dabit virtutem et fortitudinem plebi suae). 주님의 승천부터 성령 강림 8부 사이에 특별히 덧붙여 바쳤던 이 구절에서, 프란치스코는 동사의 미래형을 사용하면서 하느님께서 당신의 백성에게 "힘"(virtus)을 주시도록 기도한다. 여기에서 동사의 미래 시제를 사용하는 이유는 인간 안에 있는 덕이 그리스도의 수난과 부활을 통해 실현되어야 하는 데 있고, "힘"(virtus)을 간청하는 이유는 인간에게 미완성된 상태로 주어지는 "비르투스"(virtus)가 하느님의 덕을 통해 완성되어야 하는 데 있다. 다시 말하면, 존재론적 가능성의 지평으로 주어진 "비르투스"(virtus)는 완전하고 절대적인 덕에 의해 그리고 초자연적 은총과 성령의 비추심을 통해 수동적으로 완성되는 것이다.

지금까지 살펴본 것을 바탕으로, 프란치스코는 하느님을 절대적이고 완전한 존재론적 덕, 즉 "데우스 비르투스"(Deus virtus, 덕이신 하느님)로 이해했고, 인간에게는 잠재력으로서의 "비르투스"(virtus)가 선험적으로 주어져 있어 인간은 절대적이고 완전한 하느님의 덕을 지향하는 "덕"(virtus), 즉 "호모 비르투스"(homo virtus, 덕의 인간)로 이해했다고 말할 수 있다[155]. 만일 윤리적으로 선을 실행하는 "덕"(virtus)이 선험적으로 주어지지 않았다면, 어떤 덕이든지 덕을 실현시키는 것은 불가능할 것이다. 이런 의미에서 두 가지 덕, 즉 하느님의 절대적인 덕과 인간 존재의 선험적인 덕은 모두 본질적으로 존재론적인 차원을 지니고 있다 하겠다. 프란치스코는 라 베르나에

---

[155] 카를로 마짠티니는 존재 자체를 존재론적인 덕성(德性, virtualità)이라고 정의한다(참조: C. MAZZANTINI, 「Virtualità ontologica」, 『EnciFilo 8』, 718).

서 신비 체험을 하면서 삼위일체 안에서 존재론적인 덕들의 신비를 관상하였고, 이를 "당신은…이시나이다"(tu es…)라는 일종의 호칭 기도 형식을 통해 「하느님 찬미」 안에 표현해 놓았다. 이 찬미가는 하느님 신비에 대한 연속적인 명제들로, 이 안에서 프란치스코는 하느님이신 덕들, 즉 존재론적인 덕들을 노래하고 있다[156].

3.3.2. 완전한 덕의 신비이신 그리스도

3.3.2.1. 모든 덕들의 꽃이신 그리스도

그리스도는, 모든 선이 완전하게 실현되어 있는 덕의 유일한 전형이다. 「시간경 찬미」 3에서 프란치스코는 다음과 같은 말들로 그리스도를 찬미한다: "죽임을 당하신 어린양은 덕과 신성과 지혜와 힘과 영예와 영광과 찬양을 받기에 합당한 분이시나이다"(Dignus est agnus, qui occisus est accipere virtutem et divinitatem et sapientiam et fortitudinem et honorem et gloriam et benedictionem). 희생된 어린양이신 그리스도만이 최고로 영예스러운 칭호들과 모든 선을 받기에 합당하고, 또 이를 소유할 수 있는 유일한 분이시다. 이 구절에서 "받아들이다"(accipere) 동사는 이 찬미가 안에서는 소유하다는 의미도 지니고 있다. 이 동사가 여기서 수반하는 첫 번째 낱말은 "덕"(virtus)이다. 그리스도는 이 덕을 소유할 수 있는 유일한 분이시다. 이러한 관점에서 보면, 모든 덕이 예수 안에 충만하다는 의미에서 그리스도는 본성적으로 "덕"(virtus)인 존재라고 말할 수 있다[157].

프란치스코가 「덕 인사」에서 찬미하는 덕들은 그리스도의 덕과 관계가 있다[158]. 우선, 이 작품에서 찬미되는 덕들은 윤리적인 덕들이

---

[156] 참조: O. van ASSELDONK, 「La lettera e lo spirito. Vol. II」, 60.
[157] 참조: R. BARTOLINI, 「Lo Spirito del Signore」, 170.
[158] 테오도르 즈베르만은 「덕 인사」를 분석하면서 이 작품이 그리스도께 드리는 찬가라고 주장한다(참조: E. GOORBERGH - T. ZWEERMAN, 「Respectfully yours」, 151).

아니라 하느님의 존재론적인 덕들이다. 이에 대해 프란치스코는 4절에서 다음과 같이 말한다: "지극히 거룩한 덕들이여, 주님께서 당신으로부터 흘러나오는 여러분 모두를 지켜 주시기를!"(Sanctissimae virtutes, omnes vos salvet Dominus, a quo venitis et proceditis). 이 구절에서 프란치스코는 "생기다"(venire) 동사와 "비롯되다"(procedere) 동사를 통해 모든 덕들의 원천이 하느님께 있음을 분명하게 밝히고 있다.[159] 「덕 인사」에는 "주님"(Dominus)이라는 말이 5번 나타나는데, 이는 일반적인 의미에서의 하느님이나 성부 하느님을 지칭하는 것으로 보인다. 왜냐하면 18절의 "주님께로부터 높은 데서"(desuper a Domino)라는 표현에 나오는 "주님"은 하늘에 계신 주 하느님을 뜻하기 때문이다. 덕들의 기원이 하느님께 있음은, 모든 덕들은 성령에 의해 인간의 마음 안에 부어진다는 「동정녀 인사」 6절과 일치하고, 모든 선은 하느님으로부터 비롯된다는 「주님 기도」 2절과도 상응한다. 이러한 관점에서 「덕 인사」에 나오는 덕들은 모두 하느님의 덕이라고 이해할 수 있다.

덕들의 기원이 하느님께 있음은 덕들을 수식하는 최상급 "지극히 거룩한"(sanctissimae)이라는 형용사를 통해서도 알 수 있다(참조: 「덕 인사」 4절). 프란치스코의 글에는 최상급 "상티씨무스"(sanctissimus, 지극히 거룩한)가 52번 나타나는데, 이 가운데 21번은 그리스도의 몸과 피를 수식하고, 19번은 삼위일체 하느님을 수식한다. 그리고 7번은 하느님이나 그리스도와 관계가 있으며, 이 가운데 2번은 하느님 말씀을 수식하고[160], 1번은 하느님의 이름을[161], 2번은 계명들을[162], 1번은 삼

---

[159] 참조: I. RODRÍGUEZ – A. ORTEGA, 『Los escritos de san Francisco de Asís』, 202. 한편, 「덕 인사」에 나오는 "비롯되다"(procedere) 동사는 신경에도 사용되는데, 신경에 의하면, 성령은 성부와 성자로부터 비롯된다(참조: D. SOLVI, 「Commento」, 『La letteratura francescana. Vol. I』, 406).

[160] "Beatus ille religiosus, qui non habet iucunditatem et laetitiam nisi in sanctissimis eloquiis et operibus Domini"(「권고」 20,1); "Et omnes theologos et, qui ministrant sanctissima verba divina…"(「유언」 13).

위일체 하느님의 축복을[163], 1번은 그리스도와 마리아의 삶을 수식한다[164]. 내용면에서 보면, 이 7번의 최상급은 모두 직접적으로 하느님을 수식한다. 나머지 5번의 "지극히 거룩한"은 다양하게 사용되고 있다: 2번은 덕들을 수식하고[165], 1번은 동정녀 마리아를[166], 1번은 마리아의 자궁을[167], 1번은 성체를 수식한다[168]. 마지막 이 세 경우는 하느님이나 그리스도와 밀접하게 관계가 있다. 마지막 경우에는 프란치스코가 최상급 "상티씨마"(sanctissima)를 "직무"(ministeria)에 적용시키는데, 그 까닭은 전적으로 그리스도의 몸과 피에 달려 있다. 다시 말하면, 이

---

[161] "Sanctissima nomina et verba eius scripta, ubicumque invenero in locis illicitis, volo colligere et rogo, quod colligantur et in loco honesto collocentur"(「유언」 12).

[162] "Tollite corpora vestra et baiulate sanctam crucem eius * et sequimini usque in finem sanctissima praecepta eius"(「수난 성무」 7,8; 15,13).

[163] "⁴⁰Et quicumque haec observaverit, in caelo repleatur benedictione altissimi Patris et in terra repleatur benedictione dilecti Filii sui cum sanctissimo Spiritu Paraclito et omnibus virtutibus caelorum et omnibus sanctis. ⁴¹Et ego frater Franciscus parvulus vester servus quantumcumque possum, confirmo vobis intus et foris istam sanctissimam benedictionem"(「유언」 40-41).

[164] "¹Ego frater Franciscus parvulus volo sequi vitam et paupertatem altissimi Domini nostri Jesu Christi et eius sanctissimae matris et perseverare in ea usque in finem; ²et rogo vos, dominas meas, et consilium do vobis, ut in ista sanctissima vita et paupertate semper vivatis"(「마지막 원의」 1-2).

[165] "…et hoc humiliter, sicut decet servos Dei et paupertatis sanctissimae sectatores"(「인준 규칙」 5,4); "Sanctissimae virtutes, omnes vos salvet Dominus …"(「덕 인사」 4).

[166] 각주 164 참조.

[167] "Audite, fratres mei: Si beata Virgo sic honoratur, ut dignum est, quia ipsum portavit in sanctissimo utero"(「형제회 편지」 21).

[168] "Omnes autem illi qui ministrant tam sanctissima ministeria…"(「2성직자 편지」 4). 이 구절에 나타나는 "지극히 거룩한 직무"(sanctissima ministeria)라는 표현은 이 구절과 병행을 이루고 있는 「1성직자 편지」 4에서는 "지극히 거룩한 신비"(sanctissima mysteria)라 표현되어 있다. 뿐만 아니라 여러 수사본에 "직무"(ministeria)라는 말 대신에 "신비"(mysteria)라는 말이 나타난다. 따라서 "지극히 거룩하신"(sanctissimus)이라는 최상급과 관련이 있는 프란치스코의 표현들 중에서 "신비"(mysteria)라는 말은 "직무"(ministeria)라는 말보다 더 원문에 가깝다는 가능성을 배제할 수 없다.

최상급은 실제로는 지극히 거룩한 성체를 수식하는 것이고, 내용면에서 "지극히 거룩한 직무"(sanctissima ministeria)는 "지극히 거룩한 신비의 직무"(ministeria sanctissimi mysterii)를 의미한다고 말할 수 있다. 그리고 "상투스"(sanctus)의 최상급을 마리아의 "자궁"에 수식시킨 이유 또한 그리스도와 밀접한 관계가 있다. 말씀의 잉태로 마리아의 자궁이 지극히 거룩하게 되기 때문이다. 지금까지의 관점에서 보면, 「마지막 원의」에 나타나는 마리아의 경우는 좀 예외적인 경우로 여겨질 수 있으나, 이 경우에도 "상투스"(sanctus)의 최상급을 마리아에게 적용시킨 까닭은 하느님과 밀접하게 연관되어 있다. 마리아 역시도 하느님과 그리스도의 어머니가 되었기에 "지극히 거룩할"(sanctissima) 수 있기 때문이다. 그러므로 프란치스코의 글 안에서 "상투스"(sanctus)의 최상급은 전적으로 그리스도 혹은 하느님을 수식하는 형용사라고 결론지을 수 있다. 이러한 관점에서 바라보면, "상투스"(sanctus)의 최상급이 "덕"(virtus)을 수식하고 있는 「인준 규칙」 5,4와 「덕 인사」 4는 예외적인 경우들이 된다. 그러나 프란치스코에게 하느님은 본질적으로 덕이기에[169], 이 최상급 또한 하느님과 밀접한 관련이 있는 것으로 이해할 수 있다. 잠시 후 곧 살펴보겠지만, 「하느님 찬미」에서 프란치스코는 하느님을 다양한 이름과 함께 덕으로 찬미한다. 이러한 지평에서 「인준 규칙」 5,4의 "지극히 거룩한 가난"(paupertas sanctissima)은 그리스도의 가난으로 이해할 수 있고, 「덕 인사」 4의 "지극히 거룩한 덕들"(sanctissimae virtutes)은 하느님의 덕으로 이해할 수 있다. 즉, 프란치스코는 하느님의 다른 이름들과 마찬가지로 덕들에게도 최상급 "상티씨무스"(sanctissimus)를 수식시키는 것이다.

---

[169] "덕"(virtus)은 삼위일체 하느님의 절대적인 "완전함"이라는 의미로 이해할 수 있다. 그런데 완전함은 정적(靜的)이라기보다 동적(動的)이다. 따라서 하느님은 끊임없이 활동하시면서, 사랑, 아름다움 등 당신 완전함의 수많은 차원들과 구원의 효과들을 다양하게 드러내신다. 이런 의미에서 "완전함"이란 하느님의 무한한 "힘"이라 할 수 있고, 하느님의 측량할 수 없는 무한한 "생명력"이라 할 수 있다. 이 모든 것을 한마디로 "덕"(virtus, 힘)이라 하는 것이다.

한편, 모든 하느님의 덕들은 존재론적 특성을 지니고 있다. 본질적으로 덕은 존재론적 특성을 지니고 있는 선이 쌓여진 선들의 층이기 때문이다. 「덕 인사」에 나타나는 이러한 존재론적인 하느님의 덕들은 특히 그리스도의 구원의 신비와 밀접한 관계를 지니고 있다. 제1절에서 프란치스코는 "지혜"(sapientia)에게 "여왕"(regina)이라는, 「덕 인사」에 나타나는 칭호들 중에서 가장 탁월한 칭호를 부여한다. 프란치스코가 "지혜"를 위해 최고의 칭호를 선택한 이유는 이 덕이 하느님의 지혜이신 그리스도를 나타내기 때문이다[170]. 그럼에도 불구하고 프란치스코는 "단순성"(simplicitas)을 "여왕"의 "자매"(soror)로, "순종"(obedientia)은 "거룩한 여주인님"(Domina sancta)이라 부르면서, 모든 덕들을 같은 수준에 올려놓는데, 이는 모든 덕들이 그리스도이신 지혜와 자매 관계에 있다는 것을 간접적으로 드러내 주는 것이다. 이런 의미에서 「덕 인사」는 그리스도의 덕들을 기리는 찬미라 할 수 있다.

프란치스코는 이 신비적 시에서 육화에서부터 십자가의 죽음에 이르기까지 그리스도의 전 생애 안에 담겨져 있는 덕들을 찬양한다. 「덕 인사」 1절의 "지혜"와 "단순성"은 육화의 신비와 관계가 있고, 2절의 "가난"과 "겸손"은 그리스도의 지상 생애의 신비와 관계가 있으며, 3절의 "사랑"과 "순종"은 십자가의 신비와 관계가 있다. 이러한 해석은, 「덕 인사」의 1-3절과 「2신자 편지」의 4-11절 사이의 병행을 통해 뒷받침되는데, 이 「편지」 구절에는 육화의 신비(4절), 지상에서의 그리스도의 가난하고 겸손한 삶(5절), 사랑과 순종의 관점에서 조명된 수난의 신비(6-11절)가 묘사되어 있다[171].

---

[170] "Sapientiam non habent spiritualem, quia non habent Filium Dei in se, qui est vera sapientia Patris"(「2신자 편지」 67).
[171] 참조: C. LEONARDI, 「Introduzione. Francesco d'Assisi」, 「La letteratura francescana. Vol. I」, cx.

"지혜"와 "단순성"이 나타나고 있는 「덕 인사」 1절에서 프란치스코는, 사람들 사이에 하느님의 지혜로 현존하기 위해서 단순한 아기로 구유에 육화하신 그리스도를 찬미하고 있다[172]. 이 구절을 「2신자 편지」 4절과 함께 읽으면, "지혜"는 "합당하고 거룩하고 영광스러운 아버지의 말씀"(4절)인 덕이 되고, "단순성"은 "우리의 인간성과 연약성의 실제 육"(4절)을 취하신 볼 수 있는 하느님이 된다.

"가난"과 "겸손"이 나타나고 있는 「덕 인사」 2절은 이 세상에서 나그네와 순례자로 사셨던 가난하고 겸손하신 그리스도께 대한 찬미가 된다. 이 구절은 「2신자 편지」 5절과 일치하는데, 여기에는 그리스도의 가난이 다음과 같이 언급되어 있다: "그분은 누구보다도 부유하시면서도 당신의 어머니이신 지극히 복되신 동정녀와 같이 이 세상에서 몸소 가난을 택하기를 원하셨습니다"(Qui, cum dives esset super omnia, voluit ipse in mundo cum beatissima Virgine, matre sua, eligere paupertatem). 가난만을 언급하고 있는 이 구절에는 "가난"과 함께 동시에 찬미되는 "겸손"의 덕도 포함되어 있다. 「비인준 규칙」 9,1에 의하면, 동냥은 지상에서의 그리스도의 가난과 겸손을 대단히 아름답고 신비적으로 드러내 주는 하나의 표지이다. 「비인준 규칙」 9,5에서 프란치스코는 그리스도께서 "주님 자신도 복되신 동정녀도 제자들도 가난하셨고 동냥으로 사셨다"고 단언하면서, 그리스도께서 "가난하셨고 나그네이셨다"는 사실을 강조하고 있으며, 「인준 규칙」 6,2에서는 동냥을 다음과 같이 가난과 겸손의 덕과 연결시키고 있다: "[형제들은] 이 세상에서 순례자와 나그네처럼 가난과 겸손 안에서 주님을 섬기면서 신뢰심을 가지고 동냥하러 다닐 것입니다"([Fratres] tanquam peregrini et advenae in hoc saeculo in paupertate et humilitate Domino famulantes vadant pro eleemosyna confidenter). 프란치스코는 동냥을 청하면서 부끄러움과 모욕을 겪었으며, 그 안에 숨겨져 있는 가난과

---

[172] 참조: E. GOORBERGH - T. ZWEERMAN, 「Respectfully yours」, 148.

겸손의 신비를 관상하였고, 이를 통해 그리스도와 일치하였다[173]. 이러한 관점 안에서 프란치스코는 "형제들을 하늘 나라의 상속자요 왕이 되게 하고, 물질에 가난한 사람이 되게 하면서도 덕행에 뛰어나게 하는 지극히 높은 가난의 극치"(「인준 규칙」 6,4)를 찬양한다. 「덕 인사」 2에 나타나는 "가난"의 덕은 이와 같이 이 세상에서 가난의 탁월한 모범으로서 탁발을 사셨던 그리스도의 가난을 의미하고, "겸손"의 덕은 부끄러움과 모욕을 겪으셨던 가난하신 그리스도의 겸손을 의미한다.

"사랑"과 "순종"이 나타나고 있는 「덕 인사」 3절에서는 성부의 뜻에 따라 자기 자신을 십자가 위에 바치면서 성부께 대한 최고의 사랑을 보여 주신 십자가의 그리스도가 찬미되고 있다. 이 구절과 호응하는 「2신자 편지」 6-11절에는 먼저 제자들과 함께 파스카 만찬을 하면서 자신의 몸과 피를 바치는 그리스도의 사랑이 묘사되어 있고(6-7절), 이어서 올리브 동산과 십자가에서의 죽음을 통해 성부의 뜻을 따르는 그리스도의 순종이 언급되어 있다(8-11절). 그리고 11절에는 **수난**이 성부의 뜻에 따라 이루어진 것이라고 묘사되어 있다: "아버지의 뜻은, 아버지께서 우리에게 주시고 우리를 위해 태어나신 복되고 영광스러운 당신의 아드님이 십자가 제단에서 자신의 피를 통하여 자신을 희생과 제물로 바치는 것이었습니다"(Cuius Patris talis fuit voluntas, ut filius eius benedictus et gloriosus, quem dedit nobis et natus fuit pro nobis, se ipsum per proprium sanguinem suum sacrificium et hostiam in ara crucis offerret). 프란치스코는 「형제회 편지」 46에서 십자가에 못 박히신 그리스도의 성부께 대한 순종을 더 분명하게 밝힌다: "우리 주 예수 그리스도께서 지극히 거룩하신 아버지께 대한 순종을 떠나지 않기 위하여 당신의 목숨을 바치셨기 때문입니다"(Dominus noster Jesus Christus dedit vitam suam, ne perderet

---

[173] "초기에 프란치스코는 자신을 훈련시키기 위하여, 그리고 구걸을 부끄러워하는 형제들을 생각해서 자주 혼자서 동냥을 나가곤 하였다"(「2첼라노」 74,1). 참조: 「2첼라노」 71,1-3.

sanctissimi Patris obedientiam). 그리스도의 순종은 참되고 완전하며 거룩한 최고의 순종으로, 이를 통해 그리스도는 자신의 의지와 삶은 물론이고 자신의 진존재를 무화(無化)시켰는데, 이 무화는 성부께 대한 참되고 완전하며 거룩한 최고의 사랑이 된다[174]. 따라서 「덕 인사」 3의 "사랑"과 "순종"은, 십자가 위에서 완전하게 실현된, 성부께 대한 그리스도의 사랑과 순종의 신비와 깊이 연관되어 있다 하겠다[175].

그리스도의 십자가 안에는 「덕 인사」에서 찬미된 모든 덕들이 완전하게 일치되어 있다. 십자가 위에서 완전하게 일치된 사랑과 순종은 그 자체로 참되고 완전한 가난이요 겸손이다. 왜냐하면 그리스도께서 사랑의 순종을 통해 자신의 전존재를 완전하게 무화(無化)시켰기 때문이다[176]. 그리스도께서 지상 생애 동안 실천한 덕들은 수난의 신비 안에서 모두 하나로 수렴되어 일치된다. 이를 보나벤투라의 명제에 따라 표현하면, 십자가는 모든 덕들이 피어나는 생명의 나무요 신비의 나무라 할 수 있다. 십자가에 못 박히신 그리스도의 신비는 모든 덕들의 꽃이다[177].

3.3.2.2. 십자가의 그리스도: 악습을 몰아내는 덕

십자가의 그리스도로부터 흘러나오는 신비의 빛은 모든 죄와 악습을 몰아내는 힘을 지니고 있다. 이 때문에 프란치스코는 「주님 기도」 7에서 죄의 용서를 빌면서 그리스도의 수난과 하느님의 자비에로 달려간다: "'저희 죄를 용서하시고': 형언할 수 없는 당신의 자비와,

---

[174] 참조: R. BARTOLINI, 「Lo Spirito del Signore」, 131.
[175] 참조: D. SOLVI, 「Commento」, 「La letteratura francescana. Vol. I」, 405.
[176] 참조: F. URIBE, 「Strutture e specificità della vita religiosa secondo la regola di s. Benedetto e gli opuscoli di s. Francesco d'Assisi」, 271(이 저서는 앞으로 다음과 같이 간단하게 표기하겠다: 「Strutture e specificità della vita religiosa」); D. SOLVI, 「Commento」, 「La letteratura francescana. Vol. I」, 430.
[177] 참조: F. URIBE, 「Il Francesco di Bonaventura」, 518.

우리의 주님이시며 사랑하시는 당신 아드님의 수난의 힘과, 지극히 복되신 동정 마리아와 당신께서 뽑으신 모든 이들의 공로와 전구로"(Et dimitte nobis debita nostra: per tuam misericordiam ineffabilem, per passionis dilecti Filii tui virtutem et per beatissimae Virginis et omnium electorum tuorum merita et intercessionem). 이 문맥 안에서 "데비타"(debita)는 악습과 죄를 의미한다. 모든 악습과 죄들은 그리스도의 수난의 "힘"(virtus), 즉 "덕"에 의해 사라진다. 프란치스코는 이러한 그리스도의 '덕의 신비'를 「권고」 27에서 다음과 같이 노래한다[178]:

---

[178] 「권고」 27이 시적으로 정교하게 잘 다듬어졌을 뿐만 아니라, 참된 행복에 대해 언급하고 있는 권고들을 모아 놓은 부분(「권고」 13-26; 28)에서 벗어나 있음에도 불구하고, 언어 표현이나 문체 및 구조 등 여러 근거를 바탕으로, 여러 학자들이 이 「권고」를 믿을 만한 프란치스코의 글로 인정하고 있다(참조: R. KARRIS, 「The Admonitions of St. Francis」, 9-13; E. GOORBERGH – T. ZWEERMAN, 「Respectfully yours」, 263-264; G. BAKER, 「The ladies of virtue: considering a new lens for the "Salutation of the Virtues"」, 169-170; L. DEL FABBRO, 「Le Ammonizioni di san Francesco d'Assisi」, 150-151). 한편, 얀 회베리히츠는 프란치스코의 글에 나타난 어휘들을 분석하면서, 「권고」 27이 믿을 만한 프란치스코의 글이라는 주장을 비판한다. 그리고 결론적으로 「권고」 27은 정주 수도원 전통 안에서 생겨났으며 후에 프란치스코의 권고들을 수집할 때 편입되었다는 가설을 세우고, 이 「권고」와 프란치스코의 다른 글들 사이에 보이는 언어 표현법의 커다란 차이를 이유로, 이 「권고」는 프란치스코의 믿을 만한 글들에 속하지 않는다고 끝맺는다(참조: J. HOEBERICHTS, 「The authenticity of Admonition 27 of Francis of Assisi. A discussion with Carlo Paolazzi and beyond」, 508-523). 회베리히츠의 비판을 반박하면서 카를로 파올라찌는 「권고」 27의 용어들이 프란치스코의 다른 글들과 일치한다는 사실을 밝혀낸다(참조: C. PAOLAZZI, 「Per l'autenticità della Admonitio XXVII e il lessico di frate Francesco: una risposta a Jan Hoeberichts」, 487-504). 여기에는 특히 「권고」 27의 문체나 구조와 관련하여 논란의 여지가 없지 않으나, 「권고」 27과 프란치스코의 다른 글들 사이에 일관성이 있다는 사실을 파올라찌가 어느 정도 증명해 냈다고 판단된다. 한편, 앙드레 얀센은 프란치스코가 카말돌리 수도원에 머물렀으며 이 수도원에서 특별히 관상과 관련하여 카말돌리 영성을 알게 되었다고 주장한다(참조: A. JANSEN, 「Translation, Meaning, and Structure of Admonition XXVII, 4-6」, 238-239). 얀센의 연구에 의하면, 「권고」 27,4-6의 구절들은 용어 면에서 카말돌리 수도원의 일정한 영향을 반영하고 있다(참조: 위와 같은 책, 241-254). 따라서 프란치스코가 카말돌리의 어떤 구절을 취해 자신의 사상에 따라 다

¹사랑과 지혜가 있는 곳에 두려움도 무지도 없습니다. ²인내와 겸손이 있는 곳에 분노도 동요도 없습니다. ³기쁨과 더불어 가난이 있는 곳에 탐욕도 인색도 없습니다. ⁴고요와 묵상이 있는 곳에 걱정도 방황도 없습니다. ⁵자기 집을 지킴에 주님의 두려움이 있는 곳에 원수가 들어갈 곳이 없습니다. ⁶자비와 신중함이 있는 곳에 지나침도 완고함도 없습니다(¹Ubi caritas est et sapientia, ibi nec timor nec ignorantia. ²Ubi est patientia et humilitas, ibi nec ira nec perturbatio. ³Ubi est paupertas cum laetitia, ibi nec cupiditas nec avaritia. ⁴Ubi est quies et meditatio, ibi neque sollicitudo neque vagatio. ⁵Ubi est timor Domini ad atrium suum custodiendum, ibi inimicus non potest habere locum ad ingrediendum. ⁶Ubi est misericordia et discretio, ibi nec superfluitas nec induratio).

모든 덕들은 본질적으로 존재론적인 특성을 지니고 있는 하느님의 덕이며, 프란치스코는 이와 같은 관점에서 「권고」 27에 나타나는 덕들을 찬미하고 있다. 그럼에도 불구하고, 「권고」 27은 동시에 그리스도의 덕에 대한 시적 찬미가로도 해석할 수 있다¹⁷⁹. 그 까닭은, 프

들었을 가능성을 배제할 수 없다. 실제로 프란치스코는 그 이전에 이미 작성된 기도들을 이용하여 수정하거나 첨가하면서 자신의 기도를 만들곤 하였는데, 몇 가지 예를 보면 다음과 같다: 「유언」 5에 나오는 "십자가 경배송"(Adoramus te)은 십자가를 경배할 때 사용하던 전례 기도문을 더 길게 확장시킨 것이고(참조: L. LEHMANN, 『Francesco. Maestro di preghiera』, 63-64), 「동정녀 인사」는 "성모송"을 묵상한 기도이며(참조: 위와 같은 책, 181), 「레오 축복」은 신명기 6,22-26에 나오는 아론의 축복을 거의 글자 그대로 인용하고 있고(참조: 위와 같은 책, 281), 「수난 성무」의 시편들은 거의 모두(15개 가운데 13개)가 구약 성경의 시편들에서 다양하게 가져온 구절들과 신약 성경에서 인용한 구절들, 그리고 프란치스코가 개인적으로 덧붙인 구절들을 마치 모자이크처럼 엮어 놓은 것이다(참조: 위와 같은 책, 124-125).
¹⁷⁹ 프란치스코는 상인의 아들이었지만, 그의 아버지의 뜻에 따라 교육을 받았으며 그 결과로 시적 능력을 함양하였다는 사실을 염두에 둘 필요가 있다(참조: F. ASTI, 『Dire Dio』, 190). 어린이였을 때 그는 아씨시의 산 죠르죠 본당 학교에 다녔고, 중세 시대의 교육 방법에 따라 시편을 암송하면서 읽기와 쓰기 등 라틴어 기초를 공부하였다(참조: O. SCHMUCKI, 『The mysticism of st. Francis in his writings』, 258). 뿐만 아니라 프란치스코는 그 당시의 음유 시인들의 노래들도 알고 있었으며(참조: 위와 같은 책, 263; A. FORTINI, 『Nova vita di san

란치스코의 글에 의하면, 죄들은 그리스도의 수난의 "힘"(virtus)에 의해 용서되는데, 「권고」 27에서 프란치스코가 모든 악습과 죄를 물리치는 덕들을 찬미하고 있기 때문이다[180].

1-3절에 나타나는 첫 다섯 개의 덕들, 즉 "사랑", "지혜", "인내", "겸손", "가난"은 특히 그리스도와 관계가 깊으며, 이에 대해서는, "인내"에 대한 검토를 제외하고는, 이미 앞에서 살펴보았다. 그러므로 여기서는 간략하게 "인내"(patientia)에 대해서만 고찰할 것이다. 프란치스코의 글 안에서 "인내"(patientia)라는 낱말은 14번 나타나는데, 이 가운데 7번은

Francesco. vol. I-1」, 173), 회개 전에는 다른 사람들보다 노래를 더 잘 부르려고 애를 썼었다(참조: 1첼라노 2). 회개 후에 프란치스코는 「권고」 27 외에도 「태양 노래」나 「하느님 찬미」, 또는 「덕들 찬미」 같은 시적인 기도들을 작성하는 신비가 시인이 되었다(참조: E. GOORBERGH - T. ZWEERMAN, 『Respectfully yours』, 43.152.287-290). 이따금씩 그는 프랑스 말로 노래를 불렀으며(「1첼라노」 16; 「2첼라노」 127; 「대전기」 II,5; 「세 동료」 33; 「완덕의 거울」 93), 땅에서 나뭇가지를 집어들고 연주하기도 하였다(참조: 「2첼라노」 127,3; 「아씨시 편집본」 38,3). 전승에 의하면, 그는 「태양 노래」에 곡도 붙였고(참조: 「아씨시 편집본」 66,5; 「완덕의 거울」 119,4), 한없이 감미로운 천상의 음악을 감상하기도 하였다(참조: 「2첼라노」 126,6-8; 「아씨시 편집본」 66,8-9). 말하자면, 프란치스코는 천성적인 신비 음악가였다. 이러한 점들을 고려하면서 「권고」 27을 읽으면, 이 「권고」의 정교한 시적 형태를 간단하게 후대의 라틴어 전문가들의 손질로만 돌릴 수가 없을 것이다. 한편, 테오도르 즈베르만은 「권고」 27의 시적 규칙성을 바탕으로 이 「권고」가 그리스도론적 구조를 지니고 있다고 주장한다(참조: E. GOORBERGH - T. ZWEERMAN, 『Respectfully yours』, 261-307).

[180] "[7] Et accipiens calicem dixit: Hic est sanguis meus novi testamenti, qui pro vobis et pro multis effundetur in remissionem peccatorum. ···[11] Cuius Patris talis fuit voluntas, ut filius eius benedictus et gloriosus, quem dedit nobis et natus fuit pro nobis, se ipsum per proprium sanguinem suum sacrificium et hostiam in ara crucis offerret; [12] non propter se, per quem facta sunt omnia, sed pro peccatis nostris, [13] relinquens nobis exemplum, ut sequamur vestigia eius. [14] Et vult ut omnes salvemur per eum et recipiamus ipsum puro corde et casto corpore nostro"(「2신자 편지」 7.11-14); "Benedictus Dominus Deus Israel, qui redemit animas servorum suorum de proprio sanctissimo sanguine suo···"(「수난 성무」 6,15).

겹낱말 표현처럼 "겸손"과 함께 사용된다[181]. "인내"는, 육화하고 십자가에 못 박히신 그리스도의 "겸손"과 밀접한 관계가 있는 덕이다. 한편, 프란치스코에게 하느님은 본질적으로 "인내"이시며[182], 이는 그리스도의 십자가를 통해 극적으로 현시된다. 이런 관점에서 바라보면, 인내는 대단히 그리스도론적인 덕이 된다.

「권고」 27에는 이 「권고」에 나타난 덕들을 그리스도론적으로 해석할 수 있는 또 다른 실마리가 있다. 이는 5절의 "티모르 도미니"(timor Domini, 주님의 두려움)이다. 여기에서 2격으로 사용된 "도미니"(Domini, 주님의)는 목적격으로 이해하면 '주님을 두려워하는 것'으로 해석이 되고[183], 주격으로 이해하면 '주님이 두려워하는 것'으로 해석이 된다. 그러나 이 논문에서는 다음과 같은 두 가지 이유를 근거로 이 "도미니"를 주격으로 해석하고자 한다[184]. 첫째로, 프란치스코가 이 「권고」에서 언급하는 덕들은 인간적인 덕들이 아니라 하느님의 덕이고, 그의 영성 안에서 모든 덕들은 근본적으로 하느님으로부터 비롯된다. 따라서 5절의 "티모르 도미니"(timor Domini)는 하느님의 두려움을 의미하는 것으로서, 이 두려움은 1절에 나타나는 "인간의 두려움"(timor hominis), 즉 인간적인 무서움이나 공포, 불안

---

[181] 참조: 「권고」 13,1.2; 27,2; 「2신자 편지」 44; 「규칙 단편」 1,52; 「인준 규칙」 10,9; 「비인준 규칙」 17,15.
[182] "Tu es patientia"(「하느님 찬미」 4); "Quoniam tu es patientia mea Domine * Domine, spes mea a iuventute mea"(「수난 성무」 12,4).
[183] 카예탄 에써는 "주님의 두려움"(timor Domini)에서 두려움의 대상은 하느님이고 두려움의 주체는 인간이라고 해석한다(참조: K. Esser, 「Le ammonizioni di san Francesco」, 364-366).
[184] 참조: E. Goorbergh – T. Zweerman, 「Respectfully yours」, 267-268; A. Ciceri, 「Le Ammonizioni」, 「Le origini del francescanesimo negli scritti di Francesco d'Assisi」, 168; R. Karris, 「The Admonitions of St. Francis」, 246; A. Jansen, 「Translation, Meaning, and Structure of Admonition XXVII, 4-6」, 241.

을 의미하는 두려움과는 전적으로 다르다[185]. 둘째로, 프란치스코는 「비인준 규칙」 17,16에서 다음과 같이 "하느님의 두려움"(timor divinus)에 대해 언급한다: "그리고 무엇보다도 항상 성부와 성자와 성령의 신성한 두려움과 신성한 지혜와 신성한 사랑을 얻기를 갈망합니다"(Et semper super omnia desiderat divinum timorem et divinam sapientiam et divinum amorem Patris et Filii et Spiritus Sancti). 이 구절에서 "하느님의 두려움"(divinum timorem)이 하느님쪽에서의 두려움, 즉 하느님이 두려워하는 두려움이라는 사실은 대단히 분명하다[186]. 「권고」에 나타나는 "주님의 두려움"을 그러한 「비인준 규칙」의 관점에서 비추어 보면, 이는 주님의 집이 주님 자신에 의해 지켜지는 것을 의미하게 된다. 그렇다면, "주님의 두려움"에서 "주님"은 누구를 지칭하는 것일까? 첫째로 이 "주님"(Dominus)은 "하느님"(Deus)을 지칭하는 것으로 이해할 수 있다[187]. 이에 대한 사례는 「수난 성무」 10,2에서 볼 수 있다: "하느님께 아뢰어라. 당신이 하신 일들 놀랍기도 하나이다, 주님! * 당신의 크신 능력에 원수들도 당신께 굴복하나이다"(Dicite Deo, quam terribilia sunt opera tua, Domine * in multitudine virtutis tuae mentientur tibi inimici tui). 이 시편에서 "도미누스"(Dominus, 주님)는 "하느님"(Deus)을 의미하는데, 이런 「수난 성무」의 관점에서 「권고」 27에 나타나는 "주님의 두려움"을 이해하

---

[185] 참조: R. KARRIS, 「The Admonitions of St. Francis」, 241.
[186] 반 아셀돈크는 프란치스코가 「비인준 규칙」 17,16에서 하느님의 세 가지 덕을 분명하게 밝히고 있음을 고찰하면서, 거룩한 두려움은 성부께, 거룩한 지혜는 성자께, 거룩한 사랑은 성령께 대응시킨다(참조: O. van ASSELDONK, 「La lettera e lo spirito. Vol. II」, 61).
[187] 테오도르 즈베르만은 "하느님의 두려움"(timor Domini)을 주 하느님의 두려움으로 해석하면서, 성경, 특히 루카 11,21과 정주 수도원 영성을 바탕으로, 이런 경우의 두려움은 "존경"과 "경외"를 뜻한다고 주장한다(참조: E. GOORBERGH – T. ZWEERMAN, 「Respectfully yours」, 265-268; O. van ASSELDONK, 「La lettera e lo spirito. Vol. II」, 61).

면, 이 「권고」의 "주님"(Dominus)은 하느님을 지칭하는 것으로 이해할 수 있다. 즉, 주님의 두려움이란, 놀라운 일들을 펼치시는 하느님 앞에서 원수들이 두려워 떨게 되는, 엄위로우신 하느님이 갖고 계신 위엄으로서의 두려움, 즉 원수들을 두려워하게 하는 하느님의 무시무시함으로서의 두려움인 것이다.

한편, "주님의 두려움"은 그리스도론적인 관점에서 그리스도의 두려움으로 해석할 수도 있다. 왜냐하면 원수들 중의 원수인 죄와 이 죄의 필연적인 결과로서의 죽음은 그리스도의 십자가를 통해 완벽하게 패배하기 때문이고, 죄들을 풀어주시는 하느님의 자비 역시 십자가를 통해 가장 극적으로 현시되기 때문이다[188]. 하느님의 완전한 사랑은 인간의 모든 죄를 용서해 주시고 이러한 죄로부터 인간을 보호해 주신다. 원수들은 그런 그리스도의 놀라운 위엄 앞에서 두려워 떨게 되고 감히 뚫고 들어갈 틈을 전혀 찾지 못하게 된다. 그래서 프란치스코는 「주님 기도」 7에서 죄의 용서를 간청하면서 **수난**의 덕에 의지하는 것이다. 이와 같은 관점에서 바라보면, "주님의 두려움"의 "주님"은 자연스럽게 그리스도를 가리키는 것이 된다.

이러한 해석은 「권고」 27,5의 "집"(atrium)이라는 용어의 분석을 통해 더 분명해진다. 원수들의 표적이 되는 "아트리움"(atrium)은, 「1신자 편지」 1,6에 의하면, 주님의 **영**이 머무시며 쉬시는 믿는이들을 의미한다: "주님의 **영**이 그들[회개하는 이들] 위에 머물고, 그들을

---

[188] 그리스도의 "십자가"는 하느님 사랑의 "완전함"(virtus, 힘)을 바라보고 관상하고 체험할 수 있는 장소이며 사건으로, 이는 요한 3,16, 즉 "하느님께서는 세상을 너무나 사랑하신 나머지 외아들을 내주시어, 그를 믿는 사람은 누구나 멸망하지 않고 영원한 생명을 얻게 하셨다"와 1코린 1,23-25, 즉 "[23]우리는 십자가에 못 박히신 그리스도를 선포합니다. 그리스도는 유다인들에게는 걸림돌이고 다른 민족에게는 어리석음입니다. [24]그렇지만 유다인이든 그리스인이든 부르심을 받은 이들에게 그리스도는 하느님의 힘이시며 하느님의 지혜이십니다. [25]하느님의 어리석음이 사람보다 더 지혜롭고 하느님의 약함이 사람보다 더 강하기 때문입니다"에서 볼 수 있다.

거처와 집으로 삼으실 것이며…"(quia requiescet super eos Spiritus Domini et faciet apud eos habitaculum et mansionem). 이 구절에서 주님의 **영**의 거처와 집은, 좀더 엄밀하게 말하면, 주님의 **영**이 들어와 거룩한 활동을 하게 되는 믿는이들의 마음을 가리킨다[189]. 이는 「비인준 규칙」 22,26-27에 더 잘 표현되어 있다: "[26]무엇보다도 주 하느님께서 요구하시는 일, 즉 주 하느님을 깨끗한 마음과 순수한 정신으로 섬기고 사랑하며 공경하고 흠숭하도록 할 것이며, [27]이곳에 성부와 성자와 성령이신 전능하신 주 하느님께 집과 거처를 항상 마련해 드립시다"([26]quocumque modo melius possunt, servire, amare, honorare et adorare Dominum Deum mundo corde et pura mente faciant, quod ipse super omnia quaerit, [27]et semper faciamus ibi habitaculum et mansionem ipsi, qui est Dominus Deus omnipotens, Pater et Filius et Spiritus Sanctus). 이 구절에서 장소 부사인 "이비"(ibi, 그곳에)는 "깨끗한 마음과 순수한 정신"을 수식하며, 인간은 바로 이곳에 삼위일체 하느님의 거처와 집을 마련해 드린다. 그러므로 주님의 **영**이 믿는이들 위로 내려오심으로써 성부와 성자와 성령의 집이 되는 장소는 바로 마음이며, 이곳에서 주님의 **영**과 육의 영이 서로 싸움을 벌인다. 주님의 **영**은 그분 자신의 거룩한 활동, 즉 덕들을 통해 마음으로부터 육의 영을 쫓아버리고[190], 이로 말미암아 인간의 마음은 주님의 **영**으로 가득 차게 되어 결과적으로 "성령"(uno spirito santo)이 된다. 그리고 인간 안에 있는 덕들은 그리스도의 수난의 덕을 통해 완성되고, 이 안에서 인간 존재는 절대 덕이신 하느님과 일치하게 된다. 이렇게 하여 인간의 마음은 삼위일체 하느님의 거처와 집으로 변화된다. 이런 관점에서 바라보면, 「권고」 27은 프란치스코가 육의 영, 즉 악습을 마음으로부터 몰아내는 그리스도의 덕을 찬미한 것이고, "자기 집(atrium suum)을 지킨다"는 것은 삼위일체 하느님의 거처

---

[189] 참조: E. GOORBERGH - T. ZWEERMAN, 『Respectfully yours』, 303.
[190] 참조: 「인준 규칙」 10,8; 「비인준 규칙」 17,9-16.

가 되는 마음, 즉 **신비** 자체이신 하느님께서 머무시는 신비의 집을 지킨다는 것을 의미한다. 고요하고 안락한 이 신비의 집이야말로 모든 욕망과 유혹과 악습으로부터 안전하게 되는 유일한 피난처요 힘이요 성채다[191]. 이 신비의 집을 지키는 두려움은 십자가에 못 박히신 그리스도의 두려움이다. 모든 덕들이 일치되어 있는 그분의 십자가로부터 나오는 효력(덕, virtus)이야말로 온갖 악습을 포함하여 그분의 모든 원수들을 모조리 멸망시키기 때문이다. 그러므로 **수난**의 위엄성, 즉 그리스도의 두려움이 그분의 모든 원수들을 흩어버리면서 인간의 마음 안에 자리하게 될 삼위일체 하느님의 거처를 안전하게 지켜 주는 것이다. 이렇게 십자가에 못 박히신 분의 두려움이 하느님의 거처인 인간의 마음을 지켜 주는 한, 다시 말하면, 하느님 자신이 인간 안에 현존하는 하느님의 신비를 보호하는 한[192], 원수들이 침입할 틈은 결코 없게 될 것이다. 이런 의미에서, "티모르 도미니"(timor Domini, 주님의 두려움)는 그리스도의 두려움만을 의미하는 것이 아니라, 주 하느님 앞에서 원수들, 즉 악습들이 갖는 두려움도 함축한다고 말할 수 있다[193].

지금까지 살펴본 「권고」 27,5에 대한 이러한 해석을 통하여 「권고」 27은 악습을 몰아내는 십자가에 못 박히신 그리스도의 힘(virtus, 덕)을, 즉 생명의 나무인 십자가 위에서 죽음의 나무 열매를 따 먹은 첫 아담의 죄를 씻어내신 새 아담의 신비를 찬미하는 것이라고 해석할 수 있다[194].

---

[191] 참조: J. S. LEE, 「Francis the mystic」, 120.
[192] 참조: A. JANSEN, 「Translation, Meaning, and Structure of Admonition XXVII, 4-6」, 246.
[193] "주님의 두려움"(timor Domini)이라는 표현에서 "주님"(Dominus)이라는 말은 주어적 속격, 즉 "주님께서 [지니시는]"의 의미와, 객어적 속격, 즉 "주님께 대한"의 의미를 모두 지닐 수 있다.
[194] 참조: E. GOORBERGH – T. ZWEERMAN, 「Respectfully yours」, 61.

3.3.2.3. 그리스도의 구원 사건들의 일치

모든 악습들을 몰아내면서 인간의 마음, 즉 하느님의 거처를 지켜 주시는 십자가의 그리스도 안에는 모든 덕들이 섞임 없이 하나의 덕, 즉 "존재론적 하나"(unum ontologicum)로 일치되어 있다고 말할 수 있다. 프란치스코는 「덕 인사」 6-7에서 이를 다음과 같이 표현한다: "⁶하나의 덕을 가지고 있고 다른 덕들을 거스르지 않는 사람은 모든 덕을 갖게 됩니다. ⁷그러나 하나의 덕을 거스르는 사람은 하나도 갖지 못하고 모든 덕을 거스르게 됩니다"(⁶Qui unam habet et alias non offendit, omnes habet. ⁷Et qui unam offendit, nullam habet et omnes offendit). 이러한 관점에서 바라보면, 십자가의 그리스도는 모든 덕들이 일치되어 있는 "존재론적 하나"로 나아가는 길이며, 이 "하나" 안에서는 육화, 공현, 십자가의 죽음, 부활, 승천, 성령 강림 같은 그리스도의 구원 사건들도 불가분리적으로 조화되게 된다. 프란치스코가 이에 대해 명시적으로 언급하지는 않지만, 그의 글에는 그러한 신학적 관점이 거의 확실히 들어 있다.

프란치스코는 성체 안에서 핵심적인 그리스도의 구원 신비들, 즉, 육화, 공현, 십자가와 부활, 승천 및 성령 강림의 신비를 동시에 관상한다. 이는 「권고」 1에서 볼 수 있다. 「권고」 1,16-18에는 성체의 신비가 역사 안에 연장되는 육화임이 분명하고 정확하게 표현되어 있다[195]: "¹⁶보십시오. 그분은 어좌로부터 동정녀의 태중으로 오신 때와 같이 매일 당신 자신을 낮추십니다. ¹⁷그분은 겸손한 모습으로 매일 우리에게 오십니다. ¹⁸매일 사제의 손을 통하여 아버지의 품으로부터 제대 위에 내려오십니다"(¹⁶Ecce, quotidie humiliat se, sicut quando a regalibus sedibus venit in uterum Virginis; ¹⁷quotidie venit ad nos ipse

---

[195] 참조: F. URIBE, 「Per 'conoscere' il Padre: L'Ammonizione I di san Francesco d'Assisi」, 26.

humilis apparens; 18quotidie descendit de sinu Patris super altare in manibus sacerdotis). 이 구절에서 프란치스코는 일종의 "성체 구유"를 구상하면서[196], 그리스도의 겸손과 가난의 관점에서 성체 안에 숨겨져 있는 새로운 육화의 신비를 조명하고 있는데, 이는 사제의 손안에서 "무화"(無化, kénosis)가 새롭게 실현되는 것을 의미한다[197]. 즉, 베틀레헴에서의 예수의 육화와, 겸손과 가난의 신비로 이루어지는 성체의 신비 사이에 존재하는 동시성을 프란치스코가 바라보고 있는 것이다.

성체와 관련된 표현을 보면, 프란치스코의 글에는 "성체"(eucaristia)라는 용어가 나타나지 않고, 간혹 "성사"(sacramentum)[198]나 "신비"(mysterium, 2번 나타남)라는 표현이 나타나며, 일반적으로는 "몸과 피"(corpus et sanguis) 혹은 "주님의 몸"(corpus Domini)이라는 표현이 나타난다(34번 나타남). 프란치스코는 성체를 지칭할 때 "주님의 몸과 피"(corpus et sanguis Domini)라는 표현을 선호한 것으로 보인다. 이 표현은 그리스도의 인간적 본성[199], 특히 십자가에서 희생되시고 죽음으로부터 부활하신 분을 상기시켜 주면서, 본질적으로 수난의 파스카 신비와 불가분리적 관계를 지니고 있음을 드러내 주는 표현이다[200]. 이런 이유로 프란치스코가 성체 신비가 지니고 있는 희생적 특성을 잘 나타내 주는 "주님의 몸과 피"라는 표현을 좋아한 것으로 보인다[201]. 특히 "피"(sanguis)라는 낱말은 수난의 희생을 더

---

[196] D. Mordino, 「San Francesco cantore dell'Eucaristia」, 259.
[197] 참조: F. Uribe, 「Per 'conoscere' il Padre: L'Ammonizione I di san Francesco d'Assisi」, 28.
[198] 프란치스코의 글에는 "사크라멘툼"(sacramentum)이라는 말이 3번 나타나는데 (「권고」 1,9; 「형제회 편지」 37; 「인준 규칙」 2,2), 이 가운데 2번은 성체를 뜻한다 (「권고」 1,9; 「형제회 편지」 37).
[199] 참조: K. Nguyen Van, 「Gesù Cristo」, 226.
[200] 참조: D. Mordino, 「San Francesco cantore dell'Eucaristia」, 260.
[201] 참조: K. Nguyen Van, 「Gesù Cristo」, 233.

잘 표현해 주며[202], 이러한 관점은 「2신자 편지」 6-14에 다음과 같이 생생하게 묘사되어 있다.

⁶그리고 그분은 수난이 가까워지자 당신의 제자들과 함께 파스카를 거행하셨습니다. 그분은 빵을 들어 감사를 드리시고 축복하신 다음, 쪼개며 말씀하셨습니다. 너희는 받아먹어라. 이는 내 몸이다. ⁷또 잔을 들어 말씀하셨습니다. 이것은, 죄를 용서해 주려고 너희들과 많은 사람을 위하여 흘리는, 새로운 계약의 나의 피다. ⁸그리고 나서 아버지께 기도하셨습니다. 아버지, 하실 수만 있으시면 이 잔을 저에게서 거두어 주십시오. ⁹그러는 동안 땀이 핏방울처럼 되어 땅에 떨어졌습니다. ¹⁰그러나 아버지의 뜻에 당신의 뜻을 맞추시며 말씀하셨습니다. 아버지, 당신의 뜻이 이루어지게 하십시오. 제가 원하는 대로 하지 마시고 아버지께서 원하시는 대로 하십시오. ¹¹아버지의 뜻은, 아버지께서 우리에게 주시고 우리를 위해 태어나신 복되고 영광스러운 당신의 아드님이 십자가 제단에서 자신의 피를 통하여 자신을 희생과 제물로 바치는 것이었습니다. …¹⁴또한 그분은 우리 모두가 당신을 통하여 구원을 받고, 우리가 순수한 마음과 정결한 육신으로 당신을 받아 모시기를 바라십니다(⁶Et prope passionem celebravit pascha cum discipulis suis et accipiens panem gratias egit et benedixit et fregit dicens: Accipite et comedite, hoc est corpus meum. ⁷Et accipiens calicem dixit: Hic est sanguis meus novi testamenti, qui pro vobis et pro multis effundetur in remissionem peccatorum. ⁸Deinde oravit Patrem dicens: Pater, si fieri potest, transeat a me calix iste. ⁹Et factus est sudor eius sicut guttae sanguinis decurrentis in terram. ¹⁰Posuit tamen voluntatem suam in voluntate Patris dicens: Pater, fiat voluntas tua; non sicut ego volo, sed sicut tu. ¹¹Cuius Patris talis fuit voluntas, ut filius eius benedictus et gloriosus, quem dedit nobis et natus fuit pro nobis, se ipsum per proprium sanguinem suum sacrificium et hostiam in ara crucis offerret. …¹⁴Et vult ut omnes

---

[202] 참조: L. LEHMANN, 「L'eucaristia al tempo e negli scritti di Francesco d'Assisi」, L. LEHMANN – P. MARTINELLI – P. MESSA, 「Eucaristia, vita spirituale e francescanesimo」, 33.

salvemur per eum et recipiamus ipsum puro corde et casto corpore nostro).

이 단락에서 프란치스코는 마지막 만찬과 예수의 수난을 성체와 관련시켜 묘사하고 있다. 첫째, 6-7절에 성체 제정 말씀이 나온다. 둘째, 11절의 "십자가의 제단에서"(in ara crucis)라는 표현은 권고 1,18의 "제대 위에"(super altare)라는 표현과 상응한다. 셋째, 11절의 "피"(sanguis)와 "제물"(hostia)은 십자가에 못 박히신 그리스도와 성체에 모두 적용된다. 넷째, 14절에 나타나는 "받아 모신다"(recipiamus)는 동사는 성체를 받아모심을 의미하고, 대명사 "잎슘"(ipsum, 당신을)은 십자가에서 희생된 그리스도를 가리키기에, 이러한 낱말들이 들어 있는 "순수한 마음과 정결한 육신으로 당신을 받아 모신다"(recipiamus ipsum puro corde et casto corpore nostro)는 구절은 십자가에 못 박히신 분의 희생과 성체를 동시에 연상시켜 주는 표현이다. 이러한 관점을 바탕으로, 프란치스코가 선호했던 "주님의 몸과 피"라는 표현은 그가 성체의 신비를, "흘리다", "땀이 핏방울처럼 되어 땅에 떨어졌다", "자신의 피를 통하여 자신을 희생 제물로"와 같은 표현들로 묘사되고 있는 수난의 파스카 신비 안에서 관상했다는 증거로 이해할 수 있다.

한편, 「2신자 편지」 6-14절에 묘사된 성체의 관점 안에 들어 있는 수난의 파스카 신비는 이 「편지」의 4절에 묘사된 **말씀**의 육화 신비와 병행을 이룬다[203]: "하늘에 계신 지극히 높으신 아버지께서는 당신의 거룩한 가브리엘 천사를 시켜 아버지의 이토록 합당하고 거룩하고 영광스러운 이 말씀이 거룩하고 영화로운 동정녀 태중에 계심을 알리셨습니다. 그리하여 그 **말씀**은 마리아의 태중으로부터 우리의 인간성과 연약성의 실제 육을 받으셨습니다"(Istud Verbum Patris tam dignum, tam sanctum et gloriosum nuntiavit altissimus Pater de caelo per sanctum Gabrielem angelum suum in uterum sanctae ac gloriosae

---

[203] 참조: D. SOLVI, 「Commento」, 『La letteratura francescana. Vol. I』, 430.

virginis Mariae, ex cuius utero veram recepit carnem humanitatis et fragilitatis nostrae). 이 구절에서 프란치스코는 육화하신 **말씀**의 "자기 비움"(kénosis)을 묘사하고 있는데, 이는 아버지의 뜻을 위해 자신의 뜻을 포기한, 10절의 그리스도의 겸손한 순종과 일치한다. 그리고 육화의 맥락 안에서 표현된 "이토록 합당하고 거룩하고 영광스러운 **말씀**"이라는 구절은 수난의 맥락 안에서 표현된 "복되고 영광스러운 아드님"이라는 구절과 일치한다. 11절의 "십자가의 제단"이라는 표현 또한, 「권고」 1,18에서 구유로 묘사된 성체 제단과 상응하기 때문에, 육화의 신비를 암시하는 표현이라 할 수 있다[204]. 이에 대한 사례로 「수난 성무」 15,12를 들 수 있다: "너희 몸을 들어 그분의 거룩한 십자가를 져라. * 그분의 지극히 거룩한 계명을 끝날까지 지키어라"(Tollite corpora vestra et baiulate sanctam crucem eius * et sequimini usque in finem sanctissima praecepta eius). 「수난 성무」 15는 시편들 가운데 프란치스코가 손질을 가장 많이 하여 그의 개인적인 모습이 많이 남아 있는 시편으로, 「수난 성무」의 시편들 중에서 성탄 시기의 모든 시간경 때 바쳤던 유일한 시편이다. 프란치스코는 이 시편을 주님의 성탄부터 공현 8부까지 바쳤다[205]. 그런데 프란치스코가 주님의 탄생을 기뻐하는 시편에조차 "그분의 거룩한 십자가를 져라"는 구절을 첨가해 놓았다는 사실은 "탄생에서부터 십자가의 죽음에 이르기까지, 그리스도의 사랑에 대한 기억을 따로 분리해 낼 수 없다"[206]는 것을 보여 주는 것이다. 이와 같이 프란치스코는 육화 안에 비주제적으로 숨겨져 있는 십자가에 못 박히신 분의 신비를 관상하였다[207].

---

[204] 참조: K. NGUYEN VAN, 「Gesù Cristo」, 230.
[205] 참조: 「FF」, 216.
[206] C. PAOLAZZI, 「수난 성무」의 각주 16, 「FF」, 216.
[207] 이에 대해 토마스 첼라노는 프란치스코에 대한 그의 첫 전기에서 다음과 같이 증언한다: "육화의 겸손과 수난의 사랑이 특히 그를 사로잡았으므로 그는 다른 것을 생각하고 싶지도 않았다"(「1첼라노」 84,3).

4절과 11절에서 볼 수 있는 육화와 수난의 맥락 안에서 "영광스럽다"(gloriosus)는 형용사를 통해 표현된 성자의 영광은 부활의 신비와 분리될 수 없는 관계에 있다. 그러므로 「2신자 편지」 4-14에 서술된 육화와 수난의 신비 또한 부활의 신비와 맺어져 있다고 말할 수 있다. 이에 대한 한 예는 「수난 성무」 9,2에서 볼 수 있는데, 이 시편은 부활 시기를 위해 작성된 시편으로, 부활 대축일부터 성령 강림 8부 축일까지 저녁기도와 끝기도와 일시경을 제외한 모든 시간경에 매일 바쳐졌으며, 성령 강림 8부 축일부터 대림절까지, 그리고 주님의 공현 8부 축일부터 주님의 만찬 목요일까지 주일과 주요 축일의 아침기도 때에도 바쳐졌다[208]. 그 구절은 다음과 같다: "그분의 오른손이, 그분의 거룩한 팔이 * 사랑하는 당신 아드님을 희생시키셨도다"(Sacrificavit dilectum Filium suum dextera eius * et brachium sanctum suum). 여기에서 "사랑하는 당신 아드님을 희생시키셨도다"는 구절은 프란치스코가 써넣은 것이며, 이는 그가 부활 대축일과 부활 시기에 수난의 신비를 동시에 관상했다는 증거가 되는 구절이다. 그러므로 이 구절은 고통을 겪고 십자가에 못 박히신 그리스도가 영광스럽게 부활하신 그리스도와 결코 분리되지 않는다는 사실을 밝혀 주는 근거라 하겠다[209].

다시 「권고」 1,16-18로 돌아가면, 프란치스코에게 성찬례는 육화의 신비와 십자가 제단 위에서 이루어진 그리스도의 파스카 희생을 기억하는 성사이다[210]. 따라서 성찬례는 이 세상에 육화하시고 십자가에 못 박히신 후 부활하시어 영광스럽게 된 그리스도가 제대에 다시 육화하시어 현존하게 되는 신비이다[211]. 프란치스코는 여기에서 그치지 않고 22절에서 다음과 같이 기록한다: "이처럼 '보라, 내가 세상 끝날

---

[208] 참조: 「FF」, 207-208.
[209] 참조: W. VIVIANI, 「L'ermeneutica di Francesco d'Assisi」, 291.
[210] 참조: L. LEHMANN, 「L'eucaristia al tempo e negli scritti di Francesco d'Assisi」, L. LEHMANN – P. MARTINELLI – P. MESSA, 「Eucaristia, vita spirituale e francescanesimo」, 34.
[211] 참조: 위와 같은 책, 29.

까지 너희와 함께 있겠다' 하고 당신 자신이 말씀하시는 대로 주님은 당신을 믿는 이들과 함께 항상 이렇게 계십니다'"(Et tali modo semper est Dominus cum fidelibus suis, sicut ipse dicit: Ecce ego vobiscum sum usque ad consummationem saeculi). 이 구절은, 임마누엘 예수에 대한 소식으로 시작해서, 순례하는 교회와 그리스도와의 유대, 즉 살아 계시고 영광스러우시며 천상의 모든 권능을 지니시면서 이 지상에 현존하시는 우주적 주님과의 유대를 강조하는 마태오 복음의 마지막 구절인 28장 20절로부터 인용한 것이다[212]. 아우구스티노는 그의 설교 178 「주님의 승천」에서 마태오 복음의 이 구절을 그리스도의 승천 안에서 풀이하는데, 이 설교는 성무일도 가운데 승천 8부 아침기도의 독서로 실려 있다. 여기에서 아우구스티노는 다음과 같이 말한다: "우리 가운데 머무시기 위하여 육을 취하셨던 **말씀**께서 **아버지**께 올라가셨고, 다음과 같이 말씀하시면서 당신의 현존을 약속하셨습니다: '보라, 내가 세상 끝날까지 너희와 함께 있겠다'"(Ascendit, inquam, ad Patrem Verbum quod caro factum est, ut inhabitaret in nobis; et suam praesentiam repromisit dicens: Ecce ego vobiscum sum omnibus diebus usque ad consummationem saeculi)[213]. 이 구절에서 아우구스티노는 사람 사이에서의 그리스도의 머무심과 믿는이들과 함께 계시겠다는 약속을 그리스도의 승천과 관련시키고 있다[214]. 「권고」 1,22에서 프란치스코는, 아우구스티노의 해석과 같은 관점에서, 마태 28,20의 부활하신 그리스도의 약속을 교회 안에서의 그분의 성체적 현존과 연결시킨다[215]. 이는 프란치스코가 성체 안에서 승천의 신비를 관상했음을 보여 주는 증거가 된다. 왜냐하면 부활하신 그리

---

[212] 참조: ORTENSIO DA SPINETOLI, 「Matteo」, 781-782.
[213] P. MESSA, 「Le fonti patristiche negli scritti di Francesco d'Assisi」, 301.
[214] 참조: 위와 같은 책, 301.
[215] 참조: L. LEHMANN, 「L'eucaristia al tempo e negli scritti di Francesco d'Assisi」, L. LEHMANN – P. MARTINELLI – P. MESSA, 「Eucaristia, vita spirituale e francescanesimo」, 34-35.

스도의 우주적 현존은 승천의 신비를 의미하기 때문이다[216]. 이러한 관점은, 승천 축일부터 대림까지 매일 저녁기도 때 바치는 「수난 성무」 7,10-11과도 대응한다[217]. 특히 10절의 "하느님, 하늘 높이 오르소서. * 당신의 영광 온 땅 위에 드러내소서"(exaltare super caelos Deus * et super omnem terram gloria tua)는 부활하시어 영광스럽게 되신 십자가의 그리스도의 보편적 현존, 즉 승천의 신비를 잘 보여 준다. 이 표현은 매일 일시경으로 바치는 「수난 성무」 3,12에도 나타난다[218]. 따라서 프란치스코는 성체를 포함하여 그리스도의 우주적 사건 안에서 승천의 신비를 늘 관상했다고 말할 수 있다.

「수난 성무」 7은 프란치스코가 육화부터 수난과 죽음, 부활과 승천은 물론이고 마지막 날 다시오심까지 그리스도의 구원 신비들을 동시에 관상하였음을 드러내 주는 시편이다[219]. 이 시편은 성 금요일 저녁기도를 위해 만들어졌음에도 불구하고, 십자가에 못 박히신 분을 가엾게 여기는 연민의 정이 그 특징이 아니라, 오히려 반대로 "복된 수난"(beata Passio)에 대한 감동으로 가득 차 있어, 아무런 설명없이 이 시편을 누군가에게 내놓으면 이 시편이 성 금요일 저녁기도를 위해 만들어진 시편인지 과연 알아차릴까 한편으로 의문이 든다[220]. 이 시

---

[216] 토마스 키팅은 "**승천**이란 그리스도께서 창조의 모든 부분에서 창조의 심장 안으로 되돌아오시는 것이다. …그리스도의 현존의 신비는 창조의 모든 부분 안에 숨겨져 있다"고 말한다(T. KEATING, 『Il mistero di Cristo』, 138). 따라서 키팅에 의하면, **승천**의 신비는 부활하신 그리스도께서 우주적 존재가 되심으로써 우주 만물 안에 현존하시는 것을 의미한다(참조: 위와 같은 책, 138). 한편, 피에트로 메싸는 "제자들에게 있어 **승천**이란 예수를 종의 신분으로 바라보다 주님으로 바라보는 것이고, 육신의 눈으로 바라보는 육체적인 바라봄으로부터 [영적인 눈으로 바라보는] 영적인 바라봄으로 바뀌는 것"이라고 주장한다(P. MESSA, 『Le fonti patristiche negli scritti di Francesco d'Assisi』, 290).
[217] 참조: 『FF』, 205.
[218] 참조: 『FF』, 201.
[219] 참조: L. LEHMANN, 『Francesco. Maestro di preghiera』, 153.
[220] 참조: 위와 같은 책, 150; O. SCHMUCKI, 『The mysticism of st. Francis in his writings』, 244-255.

편에는 그 정도로 수난의 신비와 부활의 신비가 잘 조화되어 있다. 그리고 3절에는 육화의 신비가 다음과 같이 언급되어 있다: "지극히 거룩하신 천상 아버지, 세상이 있기 전부터 우리 임금님이 * 높은 곳에서 당신이 사랑하시는 아드님을 보내시어 세상 한가운데서 구원을 이루어 주셨도다"(Quia sanctissimus Pater de caelo, Rex noster ante saecula * misit dilectum Filium suum de alto et operatus est salutem in medio terrae). 여기에서 "지극히 거룩하신 천상 아버지께서 높은 곳에서 당신 사랑하시는 아드님을 보내시어"(quia sanctissimus Pater de caelo misit dilectum Filium suum de alto)는 프란치스코가 써넣은 구절로, 이는 육화의 신비를 드러내 주는 표현이며, "세상 한가운데서 구원을 이루어 주셨기에"(operatus est salutem in medio terrae)는 그리스도의 수난과 부활을 암시하는 구절이다. 그리고 8절에는 "그분의 거룩한 십자가를 져라"는 표현이 나타나고, 10절에는 다음과 같이 성자께서 승천하시어 성부 우편에 계신다는 구절이 나타난다: "그분은 하늘에 오르시어, 하늘에서 지극히 거룩하신 아버지의 오른편에 앉아 계시도다"(Et ascendit ad caelos et sedet ad dexteram sanctissimi Patris in caelis). 마지막으로 11절에는 그리스도의 두 번째 오심이 다음과 같이 기록되어 있다: "이제 우리는 아노라, 그분께서 오심을. * 정녕 그분은 정의로 심판하러 오시리라"(Et scimus quoniam venit * quoniam veniet iustitiam iudicare). 이상과 같이 「수난 성무」7은 프란치스코가 육화, 십자가와 죽음, 부활, 승천, 재림의 신비를 동시에 관상하였음을 잘 드러내 주는 시편이다.

그리스도의 구원 신비에 대한 관상과 공현의 신비와의 관계는 「권고」1,20에 나타난다: "그들[사도들]은 육신의 눈으로 그분의 육신만을 보았지만, 영신의 눈으로 관상하면서 그분이 하느님이심을 믿었습니다"(Et sicut ipsi intuitu carnis suae tantum eius carnem videbant, sed ipsum Deum esse credebant oculis spiritualibus contemplantes). 피에트로 메싸(P. Messa)에 의하면, 이 구절에서 "그들은 육신의 눈으로 그분의 육신만을 보았지만, 그분이 하느님이심을 믿었습니다"(intuitu carnis suae tantum eius carnem videbant, sed ipsum Deum esse credebant)는 표현은 대 레오 교황의 설교 중 "공현 대축일에"(In Epiphaniae solemnitate)로부터 영향을 받은 것이라고 한다. 이 설교는 공현 8부 때 바치는 아침기도의 독서 가운데 하나이며, 이 설교에서 교황은 동방 박사들과 아기 예수의 만남을 주석하면서 다음과 같이 말한다: "[동방 박사들은] 몸 안에서는 **말씀**을, 아기 안에서는 지혜를, 연약함 안에서는 덕을, 인간의 진리 안에서는 위엄 있는 주님을 경배합니다"(Adorant in carne Verbum, in infantia sapientiam, in infirmitate virtutem, et in hominis veritate Dominum majestatis)[221]. "대 레오 교황이 동방 박사들 안에서 본 자세를 똑같이 프란치스코가 사도들 안에서 보고 있다"[222]. 사실, 프란치스코에게 성체는 "역사 안에 계속되는 육화"로서[223], 동시에 공현의 신비이기도 하다. 왜냐하면 공현의 신비는 "예수의 인격 안에서 드러나는 하느님의 영광과, 인간을 향한 하느님 사랑의 현현"을 뜻하기 때문이다[224]. 이런 관점에서 바라보면, 제대에서 이루어지는 성체 신비를 시적이고 신비적으로 찬미하고 있는 「형제회 편지」 26-29은 대단히 탁월한 공현적 찬가라 할 수 있다: "[26]살아 계신 하느님의 아드님, 그리스도께서 사제의 손 안에서 제대 위에 계실 때, 모든 사람은 두려움에 싸이고 온 세상은 떨며 하늘은 환호할지어다! [27]오, 탄복하올 높음이며 경이로운 공손함이여! 오, 극치의 겸손이여, 오, 겸손의 극치여! 우주의 주인이시며 하느님이시고 하느님의 아들이신 분이 이토록 겸손하시어 우리의 구원을 위해서 하찮은 빵의 형상 안에 당신을 숨기시다니! [28]형제들이여, 하느님의 겸손을 보십시오. 그리고 그분 앞에

---

[221] P. MESSA, 「Le fonti patristiche negli scritti di Francesco d'Assisi」, 294.
[222] 위와 같은 책, 294.
[223] F. URIBE, 「Per 'conoscere' il Padre: L'Ammonizione I di san Francesco d'Assisi」, 28.
[224] H. VORGRIMLER, 「Epifania」, 「DizTeolNu」, 249.

여러분의 마음을 쏟으십시오. 그분이 여러분을 높여 주시도록 여러분도 겸손해지십시오. ²⁹그러므로 여러분에게 당신 자신 전부를 바치시는 분께서 여러분 전부를 받으실 수 있도록 여러분의 것 그 아무것도 여러분에게 남겨 두지 마십시오."(²⁶Totus homo paveat, totus mundus contremiscat, et caelum exsultet, quando super altare in manu sacerdotis est Christus, Filius Dei vivi! ²⁷O admiranda altitudo et stupenda dignatio! O humilitas sublimis! O sublimitas humilis, quod Dominus universitatis Deus et Dei Filius, sic se humiliat, ut pro nostra salute sub modica panis formula se abscondat! ²⁸Videte, fratres, humilitatem Dei et effundite coram illo corda vestra; humiliamini et vos, ut exaltemini ab eo. ²⁹Nihil ergo de vobis retineatis vobis, ut totos vos recipiat, qui se vobis exhibet totum). 26절과 27절은 그리스도의 몸과 피 안에 감추어져 있는 놀라운 신비에 대한 신비적 찬가이고, 28절과 29절은 이 형언할 수 없는 신비 앞에서 온몸으로 바치게 되는 경배이다. 이 신비적 찬가 안에서 "베들레헴에 육화하신 신비" 앞에서 동방 박사들이 지녔던 태도와 똑같은 프란치스코의 공현적 태도를 읽을 수 있다.

성령 강림의 신비는 「권고」 1,12에 나타나 있다: "당신을 믿는 이들 안에 머무르시는 주님의 **영**이 주님의 지극히 거룩하신 몸과 피를 받아모시는 것입니다"(Spiritus Domini, qui habitat in fidelibus suis, ille est qui recipit sanctissimum corpus et sanguinem Domini). 이 구절 안에 들어 있는 깊은 뜻은 「1신자 편지」 1,5-7²²⁵과 「비인준 규칙」 22,26-27²²⁶과 함께 읽을 때 더 분명하게 드러난다. 「1신자 편지」에 의

---

²²⁵ "⁵O quam beati et benedicti sunt illi et illae, dum talia faciunt et in talibus perseverant, ⁶quia requiescet super eos Spiritus Domini et faciet apud eos habitaculum et mansionem, ⁷et sunt filii patris caelestis, cuius opera faciunt, et sunt sponsi, fratres et matres Domini nostri Jesu Christi" (「1신자 편지」 1,5-7).

²²⁶ "²⁶Sed in sancta caritate, quae Deus est, rogo omnes fratres tam ministros quam alios, ut omni impedimento remoto et omni cura et sollicitudine postposita, quocumque modo melius possunt, servire, amare, honorare et adorare Dominum Deum mundo corde et pura mente faciant, quod ipse

하면, "주님의 **영**"(Spiritus Domini)은 당신의 거처를 마련하기 위해 믿는이들 위에 내려오시고, 「비인준 규칙」에 의하면, 인간의 깨끗한 마음은 지극히 거룩하신 삼위일체 하느님의 거처가 된다. 이러한 관점에서 바라보면, "주님의 **영**"은 믿는이들이 성부의 아들이 되고 성령의 정배가 되며 그리스도의 형제와 어머니가 되도록 믿는이들 안에 삼위일체의 생명을 넣어 주시는 분이시다[227]. 따라서 성체를 모시는 이들은, 주님의 **영**이 그들 안에서 주님의 몸과 피를 받아 모시는 것이기에, 이 주님의 **영**에 참여함으로써 삼위일체의 거처가 되는 것이다[228]. 이러한 구원 사건이 바로 성체의 신비를 통해 이루어지는 성령 강림이다. 성령이 사도들을 가득 채우듯이, 주님의 **영**이 성체라는 그리스도의 신비를 통해 믿는이들의 마음에 충만히 내려오시기 때문이다.

뿐만 아니라 그리스도의 구원 신비들 안에 현존하는 덕들, 예를 들면, 성체의 겸손, 육화의 자기 비움(케노시스, kénosis)과 가난, 십자가에서 이루어진 전적인 의지 포기와 순종을 통한 그리스도의 철저한 자기 무화, 승천과 공현을 통해 드러나는 영광 또한 성령 강림의 신비와 불가분리적 관계에 있다. 모든 덕들은 성령으로부터 비롯되는 초자연적 은총이요 성령의 선물이며[229], 부활하신 그리스도의 영광이 곧 성령이기 때문이다[230]. 그러므로 성령 강림의 신비는 그리스도의 모든

---

super omnia quaerit, [27]et semper faciamus ibi habitaculum et mansionem ipsi, qui est Dominus Deus omnipotens, Pater et Filius et Spiritus Sanctus …"(「비인준 규칙」 22,26-27).

[227] 참조: O. van ASSELDONK, 「La lettera e lo spirito. Vol. II」, 291.

[228] 참조: L. LEHMANN, 「L'eucaristia al tempo e negli scritti di Francesco d'Assisi」, L. LEHMANN – P. MARTINELLI – P. MESSA, 「Eucaristia, vita spirituale e francescanesimo」, 30-31.

[229] "…et vos omnes sanctae virtutes, quae per gratiam et illuminationem Spiritus sancti infundimini in corda fidelium"(「동정녀 인사」 6); "Sanctissimae virtutes, omnes vos salvet Dominus, a quo venitis et proceditis"(「덕 인사」 4).

[230] 니싸의 그레고리오는 "독싸"(δόξα, 영광)라는 말을 "하느님의 위엄, 삼위일체 안에서의 평등성, 성령의 신성, 인간편에서 하느님의 위격들을 인식하는 것, 부활하

구원 신비들과 연결되어 있으며[231], 덕들 가운데 하나를 지니고 있으면서 다른 덕들을 거스르지 않는 사람은 모든 덕들을 갖게 되듯이, 그리스도의 어떤 덕에 대한 체험은 곧 그리스도의 모든 덕들에 대한 체험이 되고 그리스도의 모든 구원의 신비에 대한 체험이 된다.

프란치스코는 이상과 같이 육화에서부터 성령 강림에 이르기까지 그리스도의 본질적인 구원 신비들이 조화된 가운데 동시에 모든 덕들이 온전하게 일치되어 있는 하느님의 신비를 관상하였으며, 이러한 관상 안에서 성자가 절대적 사랑 안에서 성부와 완전하게 일치되는 삼위일체의 놀라운 신비 속으로 깊이 잠겨 들어갔다고 말할 수 있다.

3.3.3. 삼위일체 신비의 본질적 속성인 덕

프란치스코는 덕의 신비를 통해 삼위일체 신비를 탁월하게 관상하였다. 성부도 **사랑**이고, 성자도 **사랑**이며, 성령도 **사랑**이듯이, 그렇게

신 그리스도께서 당신 제자들에게 알려주신 종말론적인 영광, 하늘에서 누리는 영원한 생명"을 가리키기 위해 사용한다(L. MATEO-SECO, 「Gloria」, 『DizNissa』, 296-297). 따라서 그레고리오에게 있어 "성령은 본질적으로 정확히 영광이다" (위와 같은 책, 297).

[231] 피에트로 메싸는 "프란치스코가, '주님의 성탄절에'(in Nativitate Domini)라는 설교를 남긴 대 레오 교황처럼, 주님의 성탄과 믿는이들 안에 머무시는 성령의 현존을 이어주는 연결점을 보고 있다"는 사실을 지적한다(P. MESSA, 『Le fonti patristiche negli scritti di Francesco d'Assisi』, 300). 한편, 옥타비안 슈무키는 "『주님의 수난 성무일도』가 그리스도의 수난과 부활, 승천, 그리고 마지막 날의 재림을 모두 포괄한다는 면에서 두드러진다"고 강조한다(O. SCHMUCKI, 「The mysticism of st. Francis in his writings」, 255). 같은 관점에서 갈랑과 씨리노는 그리스도의 **수난**이 「수난 성무」의 주요 주제임에도 불구하고, 프란치스코가 이 성무일도에서 "그리스도의 탄생과 부활, 영광스럽게 됨 그리고 다시오심"을 상기시키고 있기 때문에, 「수난 성무」를 "그리스도의 **신비들**의 성무일도"라고 명명(命名)한다(참조: L. GALLANT – A. CIRINO, 『The Geste of the Great King. Office of the Passion of Francis of Assisi』, 203).

프란치스코에게는 성부도 **덕**이고, 성자도 **덕**이며, 성령도 **덕**이다.[232] 그러므로 삼위일체 하느님은 **지혜**이시고, **겸손**이시고, **인내**이시고, **아름다움**이시고,…온갖 덕이시다. 모든 덕들은 나뉨 없는 **일치**와 거룩한 **삼위** 안에서 형언할 수 없이 완벽하게 일치되어 있다[233]. 이러한 덕은 삼위일체의 본질적 속성으로서 완전하고 절대적이며 존재론적이고 비주제적이자 비대상적이고 초월적이며 초자연적이다. 프란치스코는 이 덕의 신비를 통하여 형언할 수 없이 깊이 삼위일체의 신비를 관상하였으며, 이를 자필로 남겨 놓은 신비적 시, 즉 「하느님 찬미」에 묘사해 놓았다[234]. 이 찬미가에 의하면, 삼위일체 하느님은 어느 정도 이성적으로 설명이 가능하고 인간 존재 안에도 현존하는 실재이다. 프란치스코에게 삼위일체 하느님은 인간 존재 안에 살아 계시고 일상적인 삶 안으로 들어오시는 구체적이며 생명력 있는 신비이다.

페르난도 우리베(F. Uribe)는 바르톨리 란젤리(A. Bartoli Langeli)의 비판본과 카를로 파올라찌(Carlo Paolazzi)의 연구를 바탕으로 「하느님 찬미」의 본문을 다음과 같이 32절로 재구성하였다(앞의 숫자는 에써가 구분한 절 번호이고, 뒤의 숫자는 우리베가 구분한 절 번호이다)[235].

---

[232] 보나벤투라는 "Deus est caritas et essentialiter et causaliter: essentialiter, quia in se amor est; causaliter, quia in nobis amorem efficit"라고 말하고 (BONAVENTURA DA BAGNOREGIO, 「I Sent」, d.17, pars1, dub.5, 305), 둔스 스코투스는 "Spiritus sanctus est formaliter dilectio per essentiam; …Spiritus sanctus est formaliter caritas per essentiam"이라고 말한다(I. DUNS SCOTUS, 「Ordinatio」, I, d.17, pars1, q.1-2, n.176, 「Opera omnia V」, 223). 따라서 본문에 나오는 "성부도 **덕**이고, 성자도 **덕**이며, 성령도 **덕**"이라는 표현을 이 위대한 프란치스칸 스승들과 같은 관점에서 바라보면, 삼위일체 안에서 사랑은 다른 덕들과 불가불리적인 관계에 있기 때문에, 이는 삼위일체 하느님 또한 본질적, 인과적, 형상적으로 완전한 덕임을 뜻한다 하겠다.
[233] 참조: 「찬미 권고」 16.
[234] 참조: E. GOORBERGH – T. ZWEERMAN, 「Respectfully yours」, 254.
[235] 참조: F. URIBE, 「Orar como Francisco」, 19-20. 앞으로 이 장에서 「하느님 찬미」를 인용하는 경우, 구절의 숫자는 페르난도 우리베의 구분을 따를 것이다.

1 Tu es sanctus Dominus Deus solus, qui facis mirabilia.	1	당신은 놀라운 일을 하시는 거룩하고 유일한 하느님이시나이다.
2 Tu es fortis.	2	당신은 힘 세시나이다.
Tu es magnus.	3	당신은 위대하시나이다.
Tu es altissimus.	4	당신은 지극히 높으시나이다.
Tu es omnipotens[236].	5	당신은 전능하시나이다.
Tu pater sancte, rex caeli et terrae.	6	당신은 거룩하신 아버지, 하늘과 땅의 임금이시나이다.
3 Tu es trinus et unus Dominus Deus deorum.	7	당신은 삼위이고 한 분이시오며 신들의 주 하느님이시나이다.
Tu es bonum, omne bonum, summum bonum, Dominus Deus vivus et verus[237].	8	당신은 선이시고 모든 선이시며 으뜸선이시고 살아 계시며 참되신 주 하느님이시나이다.
4 Tu es amor caritas.	9	당신은 애정이며 사랑이시나이다.
Tu es sapientia.	10	당신은 지혜이시나이다.
Tu es humilitas.	11	당신은 겸손이시나이다.
Tu es patientia .	12	당신은 인내이시나이다.
[Tu es pulchritudo][238].	13	당신은 아름다움이시나이다.
Tu es securitas.	14	당신은 안전함이시나이다.
Tu es quietas.	15	당신은 고요이시나이다.
Tu es gaudium et laetitia.	16	당신은 즐거움이시며 기쁨이시나이다.
Tu es spes nostra[239].	17	당신은 우리의 희망이시나이다.

---

[236] 카를로 파올라찌는 다음과 같은 프란치스코의 어휘 사용법을 근거로 "전능한"(omnipotens)이라는 단어가 유지되어야 한다고 강조한다: 프란치스코의 글에 "능력 있는"(potens)이라는 형용사는 인간과 관련하여 부정적인 의미로 2번 사용되고 있으나(『지도자 편지』 5; 『수난 성무』 2,9), "전능한"(omnipotens)은 하느님과 관련하여 27번 나타난다(참조: C. PAOLAZZI, 『Studi su gli "Scritti" di frate Francesco』, 118-119).

[237] 바르톨리 란젤리에 의하면, 8절의 "베루스"(verus)라는 단어는 "틀림없이" 프란치스코의 자필 원고의 제6행 시작 부분에 나오는 "도미누스"(Dominus) 위쪽의 "왼쪽 행간에 쓰여진 첨가된 표현"이다(A. BARTOLI LANGELI, 『Gli autografi di frate Francesco e di frate Leone』, 36).

[238] 바르톨리 란젤리에 의하면, 13절은 행간에 첨가된 구절로, 여기에 나오는 "아름다움"(pulchritudo)이라는 말은 현재 상태로는 되찾을 수 없다(참조: 위와 같은 책, 37).

	Tu es iustitia.	18	당신은 정의이시나이다.
	Tu es temperantia.	19	당신은 절제이시나이다.
	Tu es omnia divitia nostra ad sufficientiam.	20	당신은 우리의 흡족한 온갖 보화이시나이다.
5	Tu es pulchritudo.	21	당신은 아름다움이시나이다.
	Tu es mansuetudo.	22	당신은 온화이시나이다.
	Tu es protector.	23	당신은 보호자이시나이다.
	Tu es custos et defensor noster[240].	24	당신은 우리의 수호자요 방어자이시나이다.
	Tu es fortitudo.	25	당신은 힘이시나이다.
	Tu es refugium.	26	당신은 피난처이시나이다.
6	Tu es spes nostra.	27	당신은 우리의 희망이시나이다.
	Tu es fides nostra.	28	당신의 우리의 믿음이시나이다.
	Tu es caritas nostra.	29	당신은 우리의 사랑이시나이다.
	Tu es…[241].	30	당신은…
	Tu es tota dulcedo nostra.	31	당신은 우리의 모든 감미로움이시

---

[239] 바르톨리 란젤리에 의하면, 17절은 행간에 첨가된 구절로, 여기에 나오는 "우리의 희망"(spes nostra)이라는 말은 현재 상태로는 되찾을 수 없다(참조: 위와 같은책, 37).

[240] 카를로 파올라찌와 페르난도 우리베는 카예탄 에써의 비판본에 따라 그들의 비판본에 "우리의"(noster)를 포함시켰다. 그러나 바르톨리 란젤리의 연구에 의하면, 친필 원본에는 이 말이 들어갈 여백이 없으므로, 이 논문에서는 이 낱말이 본문에 없는 것으로 보았다(참조: 위와 같은 책, 37). 새 이탈리아어판인 "프란치스칸 원천"에도 이 낱말(noster)은 들어 있지 않다(참조: 『FF』, 175).

[241] 대괄호 안에 들어갈 어휘들은 현재의 친필 원문 상태로는 더 이상 읽을 수 없어 아직까지 해결되지 않은 상태로 남아 있다. 카예탄 에써에 의하면, 『하느님 찬미』를 전해 주는 필사본들의 약 과반수가 이 자리에 "당신은 무한한 선성(善性)이시나이다"(tu es bonitas infinita)를 넣고 있다. 그러나 에써는 "선성"(bonitas)이라는 낱말이 프란치스코의 글에 한 번도 나타나지 않을 뿐만 아니라, 이 표현 자체도 프란치스코의 언어에 낯설어, 자신의 비판본에 이를 포함시키지 않았다(참조: K. ESSER, 『Gli scritti di s. Francesco d'Assisi』, 170). 한편, 클라우디오 레오나르디가 편집한 "프란치스칸 문헌집"에는 이 자리에 "당신은 우리의 행복"(tu es felicitas nostra)이라는 문장이 들어갔는데, 그 이유에 대해서는 언급되어 있지 않다(참조: 『La letteratura francescana. Vol. I』, 214.449). "행복"(felicitas)이라는 명사든, "행복한"(felix)이라는 형용사든, 이러한 낱말들은 프란치스코의 글에 나타나지 않는다. 새 이탈리아어판인 "프란치스칸 원천"에는 이 구절 자체가 생략되어 있다.

Tu es vita aeterna nostra: Magnus et admirabilis Dominus Deus Omnipotens, misericors Salvator [242].	32	나이다. 당신은 우리의 영원한 생명이시나이다: 위대하시고 감탄하올 주님, 전능하신 하느님, 자비로운 구원자시여.

「하느님 찬미」에 나타나는 하느님의 이름들을 보면, "주 하느님"(Dominus Deus)이 네 번 나타나고, "삼위이시고 한 분이신 주 하느님"(trinus et unus Dominus Deus)이 한 번 나타나며, "거룩하신 아버지"(pater sancte)가 한 번 나타난다. 그러므로 이 찬미가에 나타나는 대명사 "당신"(tu)은 "주 하느님"(1절)이나 "거룩하신 아버지"(6절) 혹은 "삼위이시고 한 분이신 주 하느님"(7절)을 수식하는 것이다. 이런 면에서 보면, 「하느님 찬미」는 프란치스코가 성부 하느님과 삼위일체이신 하느님을 찬미하는 노래로 이해할 수 있다[243]. 그런데 이 찬미가에는 성 파울로가 갈라 5,22에서 언급하고 있는 성령의 열매들과, 본질적으로 성령으로부터 유래되는, 다른 덕들도 나타난다[244]. 따라서 「하느님 찬미」는 성령론적 특성 또한 지니고 있다 하겠다. 그러나 이 찬미가에 그리스도론적 특성을 지니고 있다는 외적인 증거는 명확하

---

[242] 바르톨리 란젤리는 "위대하시고 감탄하올 주님, 전능하신 하느님, 자비로운 구원자시여"(Magnus et admirabilis Dominus Deus omnipotens, misericors Salvator)라는 구절이 프란치스코의 친필 원문에 있지도 않고, 있었지도 않았다고 단언한다(참조: A. BARTOLI LANGELI, 「Gli autografi di frate Francesco e di frate Leone」, 37). 그러나 카를로 파올라찌는 「하느님 찬미」의 친필 원문이 실려 있는 양피지 자체가 훼손되었고, 이 양피지가 훼손되기 전에는 이 찬미가의 마지막 감탄문이 들어갈 공간이 있었음을 증명하면서, 이 마지막 구절이 친필 원문에 포함되어 있었으며 초기 필사자들이 이 구절을 전해 주었음을 재확인해 주었다(참조: C. PAOLAZZI, 「Studi su gli "Scritti" di frate Francesco」, 120-126).
[243] 참조: J. HAMMOND, 「Saint Francis's doxological mysticism in light of his Prayers」, 「Francis of Assisi. History, hagiography and hermeneutics in the Early Documents」, 136.
[244] 참조: G. BAKER, 「The ladies of virtue: considering a new lens for the "Salutation of the Virtues"」, 171.

게 드러나지 않는다. 그럼에도 불구하고 프란치스코가 이 찬미가에서 그리스도의 신비, 특히 십자가의 그리스도를 찬미하고 있음을 추론해 볼 수 있다고 여겨진다[245]. 먼저 이에 대해 살펴본 뒤, 이어서 「하느님 찬미」에 나타나는 하느님 중심적이고 삼위일체적인 특성을 살펴보겠다.

3.3.3.1. 「하느님 찬미」에 대한 그리스도론적 해석

회개 초에 프란치스코는 성 다미아노 성당의 십자가 앞에서 그리스도의 신비를 깊이 관상하였는데[246], 십자가에 못 박히신 분에 대한 그의 관상은 라 베르나에서의 결정적 사건에서 그 절정에 도달하게 된다[247]. 성 다미아노 성당에서의 사건과 라 베르나에서의 성흔 사건 사이에 숨겨져 있는 프란치스코 신비 체험의 강한 연속성에 대해서는 토마스 첼라노가 「제2생애」 10,8에서 다음과 같이 기록하고 있다: "그때부터 십자가에 달리신 분에 대한 애처로움이 그의 거룩한 영혼에 뿌리를 내렸고, 아직 살에는 찍히지 않았지만 경의로운 오상이 그의 마음속 깊이 찍혔음을 경건히 추측할 수 있다"(Infigitur ex tunc sanctae animae Crucifixi compassio, et ut pie putari potest, cordi eius,

---

[245] 참조: J. HAMMOND, 「Saint Francis's doxological mysticism in light of his Prayers」, 『Francis of Assisi. History, hagiography and hermeneutics in the Early Documents』, 136. 한편, 테오도르 즈베르만은 「하느님 찬미」의 시적 구조를 분석하면서, 프란치스코가 라 베르나에서 환시 중에 관상하였던 여섯 날개를 가진 세라핌 형상의 십자가에 못 박히신 분을 「하느님 찬미」에 숨겨 놓았다고 주장한다. 즈베르만에 의하면, 「하느님 찬미」는 그리스도의 지상 생애를 상징하는 숫자인 33행으로 구성되었으며, 이 찬미가의 제2부는 십자가에 못 박힌 여섯 날개의 세라핌 형상을 이루고 있다(참조: E. GOORBERGH - T. ZWEERMAN, 『Respectfully yours』, 227-254).

[246] 프란치스코는 그의 전 생애를 통해 십자가에 못 박히신 분의 신비를 관상하였다(참조: 「3첼라노」 2-3; O. van ASSELDONK, 「La lettera e lo spirito. Vol. I」, 645-656; O. SCHMUCKI, 「The stigmata of St. Francis of Assisi」, 159-160).

[247] 참조: J. HAMMOND, 「Saint Francis's doxological mysticism in light of his Prayers」, 『Francis of Assisi. History, hagiography and hermeneutics in the Early Documents』, 129.

licet nondum carni, venerandae stigmata passionis altius imprimuntur). 프란치스코의 마음에 찍힌 상처들은 그리스도의 수난에 대한 관상을 통하여 점점 더 거세게 불타올랐고, 마침내 그의 몸에도 외적으로 찍히게 되었다[248]. 그렇게 프란치스코의 영혼은 하느님 사랑의 신비적 상처를 받았다[249].

이와 같은 그리스도론적인 해석에 관한 실마리는 양피지로 된 프란치스코의 자필 원고의 앞면, 즉 「레오 축복」이 쓰여진 쪽의 윗부분에 레오 형제가 붉은 글씨로 써놓은 글에서 찾아볼 수 있는데, 이 글은 다음과 같다:

> 복되신 프란치스코는 죽음을 맞기 2년 전 라 베르나에서 하느님의 어머니이신 복되신 동정녀와 복되신 미카엘 대천사께 바치기 위해서 거룩하신 동정녀 마리아 승천 축일부터 9월의 거룩한 미카엘 축일까지 사순절을 지냈다. 그런데 주님의 손이 그분 위에 내려왔으며, 세라핌의 현시를 보고 말씀들을 들은 후, 그분의 몸에 그리스도의 상흔들이 찍힌 다음, 이 양피지의 다른 쪽에 기록된 찬미가를 지었으며, 그분에게 베풀어진 은혜에 대하여 하느님께 감사드리면서 자신의 손으로 직접 이를 기록하였다(Beatus Franciscus duobus annis ante mortem suam fecit quadragesimam in loco Alverne ad honorem beate Virginis matris dei et beati Michaelis archangeli a festo Assumptionis sancte Marie Virginis usque ad festum sancti Michaelis septembris. et facta est super eum manus domini post visionem et allocutionem seraphym et impressionem stigmatum christi in corpore suo: fecit has laudes ex alio latere cartule scriptas. et manu sua scripsit gratis agens deo de beneficio sibi collato)[250].

---

[248] 옥타비안 슈무키는 라 베르나에서 오상을 받기 이전의 프란치스코의 몸과 정신의 상황을 분석한 후, 이 신비적 사건은 프란치스코의 영적인 상태가 육체적으로 나타난 것임을 논증한다(참조: O. SCHMUCKI, 「The stigmata of St. Francis of Assisi」, 111-123).

[249] 참조: 위와 같은 책, 135.

[250] A. BARTOLI LANGELI, 「Gli autografi di frate Francesco e di frate Leone」, 31-32.

이 붉은 글씨의 마지막 부분에 나타나는 "그분에게 베풀어진 은혜에 대하여"(de beneficio sibi collato)라는 표현은, 프란치스코가 "세라핌의 현시를 보고 말씀을 들은 후, 그분의 몸에 그리스도의 상흔이 찍힌 다음" 「하느님 찬미」를 작성한 것으로 보아, 그가 경이로운 오상을 통해 받은 은혜를 함축하고 있는 것으로 보인다. 따라서, 레오의 증언에 의하면, 프란치스코가 죽기 2년 전, 즉 1224년에, 세라핌 현시와 말씀 그리고, 그의 몸에 찍힌, 그리스도의 상흔을 통해 그에게 내려진 놀라운 은혜에 대해 하느님께 감사를 드리면서 「하느님 찬미」를 작성하였다고 볼 수 있다. 한편, 몇몇 전기들의 증언에 의하면, 이 찬미가 프란치스코가 라 베르나에 머물러 있는 동안 쓰여 졌으며[251], 프란치스코는 40일이 채워진 다음, 즉 미카엘 대천사 축일 뒤에 라 베르나 산에서 내려왔다[252]. 그러므로 「하느님 찬미」는 1224년 9월 후반기에 작성되었다고 추정할 수 있다[253]. 이 찬미가는 이렇게 프란치스코가 라 베르나에서 그리스도의 상흔을 받은 직후에 쓰여졌기 때문에, 이 찬미가에는 프란치스코의 라 베르나에서의 놀라운 신비 체험이 틀림없이 반영되어 있을 것이다[254]. 그리고 「하느님

---

[251] "¹Dum maneret sanctus in monte Alvernae cella reclusus, unus de sociis magno desiderio cupiebat habere de verbis Domini recreabile scriptum, manu sancti Francisci breviter adnotatum. ···⁴Quadam enim die vocat eum beatus Franciscus dicens: "Porta mihi chartam et atramentum, quoniam verba Domini et Laudes eius scribere volo, quae meditatus sum in corde meo". ⁵Allatis protinus quae petierat scribit manu propria Laudes Dei et verba quae voluit, et ultimo benedictionem fratris, dicens: 'Accipe tibi chartulam istam, et usque ad diem mortis tuae custodias diligenter'"(「2첼라노」49,1.4-5). 참조: 「대전기」 XI,9,5-9.

[252] "···quadraginta dierum numero, iuxta quod decreverat, in solitudine consummato, superveniente quoque solemnitate Archangeli Michaelis, descendit angelicus vir Franciscus de monte···"(「대전기」 XIII,5,1); 참조: O. SCHMUCKI, 「The stigmata of St. Francis of Assisi」, 228-229.

[253] 참조: F. URIBE, 「Orar como Francisco」, 19.

[254] 참조: C. PAOLAZZI, 「Lettura degli "Scritti" di Francesco d'Assisi」, 103-104; L. LEHMANN, 「Francesco. Maestro di preghiera」, 261; D. BARSOTTI, 「San Francesco preghiera vivente」, 124.

찬미」와 라 베르나에서의 프란치스코의 신비 체험과의 관계는 십자가에 못 박히신 그리스도의 신비와도 밀접하게 연결되어 있으리라. 이에 관한 몇 가지 점을 살펴보면 다음과 같다.

1절: "당신은 놀라운 일을 하시는 거룩하고 유일한 하느님이시나이다"(Tu es sanctus Dominus Deus solus, qui facis mirabilia). 「하느님 찬미」에는 동사가 "에쎄"(esse, ~이다)와 "파체레"(facere, 하다) 두 개 나타난다. 이 가운데 첫 번째 동사 "에쎄"(esse)는 31번 나타나고, 두 번째 동사 "파체레"(facere)는 1절에 한 번 나타난다. 프란치스코가 "놀라운 일"(mirabilia)이라는 말과 더불어 "파체레"(facere) 동사로 「하느님 찬미」를 시작한다는 사실은 그가 라 베르나에서 체험한 하느님의 놀라움을 드러내고자 한 것으로 보인다[255]. 그리고 1절의 "미라빌리아"(mirabilia, 놀라운 일)라는 명사는 32절에 나타나는 "암미라빌리스"(admirabilis, 감탄할 만한) 형용사와 어원이 같다. 즉 프란치스코는 이 찬미가에서 하느님의 무한한 최고 신비 앞에서 경이로운 찬탄으로 「하느님 찬미」를 시작하고 끝맺는 것이다[256]. 그러므로 첫 절과 마지막 절 사이에 들어 있는, 하느님 신비의 속성들과 관계된 표현들은 라 베르나에서의 신비적인 십자가 사건에 대한 응답으로 이해할 수 있다[257]. 한편, 1절의 "당신은 놀라운 일을 하시는 하느님이시나이다"는 시편 76,15에서 인용한 구절인데, 이 시편에서 저자는 고통스러운 시련을 겪은 뒤에 하느님의 놀라운 일들을 찬미하고 있다[258]. 이런 시편을 배경으로 「하느님 찬미」 1을 읽으면, "당신은 놀라운 일을 하시는 하느님"이라는 구절은 십자가에 못 박히신 성자를 통하여

---

[255] 참조: F. URIBE, 「Orar como Francisco」, 22.
[256] 참조: F. URIBE, 「Orar como Francisco」, 22-23; J. HAMMOND, 「Saint Francis's doxological mysticism in light of his Prayers」, 「Francis of Assisi. History, hagiography and hermeneutics in the Early Documents」, 135.
[257] 참조: L. LEHMANN, 「Francesco. Maestro di preghiera」, 261.
[258] 참조: D. SOLVI, 「Commento」, 「La letteratura francescana. Vol. I」, 447.

구원 사업을 이루시는 주님과 관계가 있고, 그 신비가 라 베르나에서 프란치스코에게 계시된 것으로 이해할 수 있다.

8절: "당신은 선이시고 모든 선이시며 으뜸선이시고 살아 계시며 참되신 주 하느님이시나이다"(Tu es bonum, omne bonum, summum bonum, Dominus Deus vivus et verus). 「하느님 찬미」에 나타나는 대부분의 구절들은 간단하고 단순하지만, 8절은 예외적으로 다른 구절보다 더 길고[259], 다음과 같은 몇 가지 특징을 지니고 있다: "선"이라는 용어가 3번 반복하여 나타나고 점점 그 표현이 강해진다; "주 하느님"이란 표현이 세 번째로 나타난다; 프란치스코의 글 가운데 다른 곳에서도 사용되고 있는 겹낱말 표현 "살아 계시고 참되신"(vivus et verus, 「수난 성무」 15,1)이 나타나며, 이는 성경에서 영감을 받은 것으로 하느님의 두 속성을 가리킨다(참조: 1테살 1,9). 이러한 요소들은 프란치스코가 늘 구체적으로 활동하시는 하느님의 현존을 깊이 체험했다는 사실을 분명하게 드러내 준다[260]. 이러한 관점에서 바라보면, "살아 계시며 참되신"(vivus et verus)이라는 표현은 라 베르나에서 있었던 그리스도론적 신비 사건을 반영하고 있다고 말할 수 있는데, 그 이유는 이 사건이 프란치스코의 생애 중에서 가장 생생한 신비 체험이고, 이 체험을 통해 프란치스코가 결정적으로 그리스도로 변화되었기 때문이다[261].

11-12절: "[11]당신은 겸손이시나이다. [12]당신은 인내이시나이다"([11]Tu es humilitas. [12]Tu es patientia). 9절 이후에 나타나는 모든 명사들은 그리스도의 덕들과 대응하는데, 이 덕들은 십자가에 못 박히신 분 안에서 하나로 수렴된다. 따라서 이 명사들은 라 베르나에서 프란치스코가 했던 그리스도 체험과도 관계 있는 것으로 보인다. 학자들에

---

[259] 「하느님 찬미」의 32절, 즉 마지막 구절은 8절보다 더 길지만, 이 마지막 구절은 두 부분으로 나뉘어져 있다.
[260] 참조: F. URIBE, 「Orar como Francisco」, 25.
[261] 참조: L. LEHMANN, 「Francesco. Maestro di preghiera」, 262.

의하면, 하느님의 겸손은 구약 성경에서는 포착하기 어려운 속성이다. 왜냐하면, 이 하느님의 덕은 신약 성경의 그리스도 사건을 통해서 그 의미를 지니기 때문이다[262]. 뿐만 아니라, 육화를 통해 계시된 하느님의 겸손은 십자가 위에서 죽으시는 "케노시스"를 통해 절정에 이르기 때문에, 이 겸손은 어원적으로 "수난당하다"(patior)라는 동사로부터 파생된 "인내"와 불가분리적 관계에 있다. 이렇게 겸손과 인내는 그리스도의 육화와 수난을 염두에 두지 않고서는 도저히 이해할 수 없는 덕들이다[263]. 그러므로 11-12절에는 라 베르나 환시 중에 나타난 십자가에 못 박히신 분이 암시되어 있는 것으로 보이며[264], 토마스 첼라노 역시 「제1생애」 94-95에서, 프란치스코가 십자가에 못 박히신 분의 고통을 깊이 관상했을 뿐만 아니라, 오상을 통해 그리스도의 고통에 생생하게 참여하였다고 증언하고 있다.

13.16.21-22절: "[13]당신은 아름다움이시나이다(21절). [16]당신은 즐거움이시며 기쁨이시나이다. [22]당신은 온화이시나이다"([13]Tu es pulchritudo. [16]Tu es gaudium et laetitia. [22]Tu es mansuetudo). 하느님의 아름다움에 대한 체험과 관련하여, 레온하르트 레만(L. Lehmann)은 다음과 같이 말한다: "라 베르나에서의 신비적 체험은 성인의 몸에 거룩한 상흔의 자취를 남겼고, 그의 영혼에는 하느님 아름다움의 자욱을 남겼다"[265]. 토마스 첼라노 또한 「제1생애」 94,3-5에서 프란치스코가 라 베르나 환시 가운데 보았던 하느님 아름다움에 대한 형언할 수 없는 체험을 다음과 같이 증언한다:

> [3]지존하신 분의 복된 종은 이것을 보자 그만 감탄하였지만, 이 환시가 무엇을 뜻하는지 도무지 알 수가 없었다. [4]그러면서도 자기를

---

[262] 참조: F. URIBE, 「Orar como Francisco」, 25; L. LEHMANN, 「Francesco. Maestro di preghiera」, 263.
[263] 참조: F. URIBE, 「Orar como Francisco」, 25-26.
[264] 참조: D. SOLVI, 「Commento」, 「La letteratura francescana. Vol. I」, 448.
[265] L. LEHMANN, 「Francesco. Maestro di preghiera」, 265.

주시하고 있는 너그럽고 인자한 세라핌의 모습에 그는 무척이나 즐거웠고 기뻤다. 그 천사의 아름다움은 이루 헤아릴 수조차 없었다. 그러나 천사가 십자가에 못 박혀 있다는 사실과, 그 찌르는 듯한 아픔이 차츰 프란치스코를 두려움으로 몰아갔다. ⁵그러자 그는 일어섰다. 그는 이를테면 슬프기도 했고 기쁘기도 했으며, 즐거움과 괴로움이 그 안에서 서로 교차하였다(³Cumque ista videret beatus servus Altissimi, admiratione permaxima replebatur, sed quid sibi vellet haec visio advertere nesciebat. ⁴Gaudebat quoque plurimum et vehementius laetabatur in benigno et gratioso respectu, quo a Seraphim conspici se videbat, cuius pulchritudo inaestimabilis erat nimis, sed omnino ipsum crucis affixio et passionis illius acerbitas deterrebat. ⁵Sicque surrexit, ut ita dicatur, tristis et laetus, et gaudium atque moeror suas in ipso alternabant vices).

4절에서 토마스 첼라노는 십자가에 못 박힌 세라핌의 "아름다움"(pulchritudo)이 이루 형언할 수 없다고 묘사하고 있는데, 이는 프란치스코가 십자가에 못 박히시고 부활하신 그리스도의 아름다움을 대단히 깊게 관상하였다는 것을 의미한다. 「하느님 찬미」 13절과 21절에 나오는 "아름다움"(pulchritudo)은 프란치스코가 라 베르나에서 했던 십자가에 달린 세라핌의 형언할 수 없는 아름다움에 대한 신비체험과 관계가 있는 것으로 보인다[266]. 토마스 첼라노는 또한 4-5절에서 "즐겁다"(gaudere)와 "기쁘다"(laetari)는 동사와, "슬프다"(tristis)는 형용사, 그리고 "즐거움"(gaudium)이라는 명사를 사용하면서, 기쁨과 즐거움에 대해 묘사하고 있는데, 이는 그지없이 아름다운 세라핌에 대한 관상으로부터 비롯되는 것이다. 4절에서 토마스 첼라노는 "plurimum"(대단히)과 "vehementius"(몹시) 부사를 통해서, 그리고 5절에서는 "슬프기도 했고 기쁘기도 했으며"(tristis et laetus)와 "즐거움과 괴로움"(gaudium atque moeror)이라는 신비적이고 수사적인 표현들을 통해서 프란치스코가 느꼈던 기쁨과 즐거움에 대한 강도를 강

---

[266] 참조: C. PAOLAZZI, 『Lettura degli "Scritti" di Francesco d'Assisi』, 110.

조하고 있다. 아무튼 "즐겁다"(gaudere)와 "기쁘다"(laetari), "슬프다"(tristis)와 "즐거움"(gaudium)은 프란치스코가 십자가에 못 박힌 세라핌 환시 중에 체험한 즐거움과 기쁨이 「하느님 찬미」 16절의 "즐거움"(gaudium) 및 "기쁨"(laetitia)과 관계가 있다는 것을 보여 주는 것이라 하겠다. 이외에도 「1첼라노」 94,4의 "너그럽고 인자한 모습"이라는 표현은 「하느님 찬미」 22절의 "온화"와 관계가 있고[267], 「1첼라노」 94,3의 "그만 감탄하였지만"(admiratione permaxima)은 「하느님 찬미」 1절의 "놀라운 일"(mirabilia)과 32절의 "감탄하올"(admirabilis)과 관계가 있는 것으로 보인다. 그러므로 「1첼라노」 94,3-5와 「하느님 찬미」 사이의 이러한 호응 관계 위에서 바라보면, 프란치스코가 라 베르나에서 받은 신비적 환시 체험을 「하느님 찬미」에서 간접적으로 표현하고 있다 하겠다.

17절: "당신은 우리의 희망이시나이다"(Tu es spes nostra). 「하느님 찬미」에서는 이 구절에서 처음으로 "우리"라는 대명사가 나타나는데, 이는 이 구절 이후 6번 더 반복되어 나타난다(20.27-29.31-32절). 이러한 반복은 하느님의 환시가 지니고 있는 친밀성을 이 찬미가의 제2부에서 강조해 주는 것이다[268].

31절: "당신은 우리의 온갖 감미로움이시나이다"(Tu es tota dulcedo nostra). "우리의 감미로움"이라는 표현은 20절의 "우리의 흡족한 온갖 보화"와 밀접한 관계가 있으며, 그리스도의 상처들을 받은

---

[267] 카를로 파올라찌는 「하느님 찬미」 22의 뒤에 "도살장으로 끌려가는 순한 어린 양"(예레 11,19)과 "겸손하시어 암나귀를 타고" "너에게 오시는"(마태 21,5) 임금님이 숨어 있다는 사실을 강조하고(참조: C. PAOLAZZI, 「Lettura degli "Scritti" di Francesco d'Assisi」, 111), 페르난도 우리베는 2코린 10,1에 나오는 "그리스도의 온유"를 연상한다(참조: F. URIBE, 「Orar como Francisco」, 29). 이러한 지적들은 라 베르나에서의 프란치스코의 환시를 그리스도론적 관점에서 조명하는 근거들이다(참조: D. SOLVI, 「Commento」, 「La letteratura francescana. Vol. I」, 449).
[268] 참조: F. URIBE, 「Orar como Francisco」, 28.

프란치스코의 신비 체험을 반영하고 있다[269]. 프란치스코에게 그리스도는 가장 감미로운 신비이기 때문이다. 프란치스코는 「1신자 편지」 1,13에서도 예수 그리스도를 지니는 감미로움에 대해 경탄한다[270].

32절: "당신은 우리의 영원한 생명이시나이다: 위대하시고 감탄하올 주님, 전능하신 하느님, 자비로운 구원자시여"(Tu es vita aeterna nostra: Magnus et admirabilis Dominus Deus Omnipotens, misericors Salvator). 프란치스코는 그의 글에서 요한복음을 인용하면서 그리스도 자신이든 또는 그리스도의 말씀이든 모두 생명이라고 단언하는데, 이는 「비인준 규칙」 22,39-40에서 볼 수 있다: "[39]내가 너희에게 한 말은 영이며 생명이다. [40]나는 길이요 진리요 생명이다"([39]Verba, quae locutus sum vobis, spiritus et vita sunt. [40]Ego sum via, veritas et vita). 39절의 말씀은 「1신자 편지」 2,21에 나타나고, 40절의 말씀은 「권고」 1,1에 나타난다. 그런데 이들 문맥에서 "생명"이란 용어는 그리스도론적인 의미를 지니고 있다. 한편, "구원자"라는 용어는 프란치스코의 글에 7번 나타나며, 대부분의 경우는 삼위일체적이거나 하느님 중심적인 관점에서 사용된다. 그럼에도 불구하고, 이 용어가 프란치스코의 글에서는 종말론적인 관점에서 인간의 희망으로서의 하느님을 지칭하기 위해 사용되기 때문에[271], "구원자"는 육화하신 그리스도를 언급하는 것이 아니라 그분의 신성 안에서 영광스럽게 되신 성자를 언급하는 것이라 하겠다[272]. 뿐만 아니라, "구원자"라는 용어는 그리스도를 지칭하기 위해서도 한 번 사용되고 있는데(「비인준 규칙」 16,7), 이는 「하느님 찬미」에 나타나는 "구원자"를 그리스도론적인

---

[269] 참조: 위와 같은 책, 32.
[270] 「1신자 편지」 11-13에서 프란치스코는 삼위일체 하느님의 세 위격을 찬미하는데, 여기에서 성부와 성령의 신비에 대해서는 간단하고 단순하게 묘사하지만, 성자에 대해서는 특히 "감미롭다"(dulcis)는 말을 적용하면서 다양한 형용사를 동원한다.
[271] 참조: K. NGUYEN VAN, 「Gesù Cristo」, 122.
[272] 참조: D. SOLVI, 「Commento」, 『La letteratura francescana. Vol. I』, 450.

관점에서 해석할 수 있게 해준다. 그리고 "위대한", "감탄할", "전능한"이라는 형용사들 또한 프란치스코가 라 베르나에서 체험한 하느님 환시가 지니고 있는 특성들을 드러내 준다[273]. 그러므로 32절에는 라 베르나 신비 체험에 바탕을 둔 그리스도론적인 차원이 들어 있다 하겠다[274].

3.3.3.2. 「하느님 찬미」: 하느님 중심적이고 삼위일체적인 해석

「하느님 찬미」는, 제일차적으로, 삼위일체 신비의 원리이신 성부 하느님께 드리는 찬미가이다[275]. 그리고 이 찬미가는 존재론적이고 그리스도론적인 덕들을 통해 삼위일체 신비를 경배하는 노래이다. 이 노래에서 프란치스코는 삼위일체 신비 안에서 완전한 조화를 이루는 가운데 무한히 펼쳐지는 존재론적인 덕들의 놀라운 아름다움과 형언할 수 없는 감미로움을 시적으로 찬미하고 있다.

먼저, 프란치스코는 「하느님 찬미」를 시적인 기도로 작성하면서, 6절을 제외한 모든 구절에서 "당신은…이다"(tu es…)라는 형식을 사용하고 있다[276]. 여기에서 "에쎄"(esse, 영어의 be 동사에 해당) 동사의 시제, 즉 현재 직설법은 늘 살아 계신 하느님의 영원한 현존을 가리킨다. 그리고 마치 긴 호칭 기도처럼 지치지 않고 끊임없이 반복되는 "당신은…이다"(tu es…) 표현은 프란치스코가 삼위일체 하느님의 살아 있는 신비를 얼마나 깊고 생생하게 체험했는가를 드러내 준다[277].

---

[273] 참조: L. LEHMANN, 「Francesco. Maestro di preghiera」, 272.
[274] 참조: F. URIBE, 「Orar como Francisco」, 33.
[275] 참조: D. SOLVI, 「Commento」, 「La letteratura francescana. Vol. I」, 450.
[276] 「하느님 찬미」의 제1절에는 관계 대명사 "퀴"(qui)가 이끄는 종속절이 나타나지만, 주절은 "당신은 …이다"(tu es ...) 형식을 지니고 있다. 한편, 6절에는 주어 "당신"(tu)은 나타나지만, 동사 "이다"(es)는 숨겨져 있다.
[277] 참조: F. URIBE, 「Orar como Francisco」, 15-16; J. HAMMOND, 「Saint Francis' doxological mysticism in light of his Prayers」, 「Francis of Assisi. History, hagiography and hermeneutics in the Early Documents」, 134.

「행적」에 의하면, 프란치스코는 세라핌 환시를 보기 전에 "지극히 감미로우신 나의 하느님, 당신은 누구십니까?"(「행적」 9,40)를 반복해서 물었고, "하느님의 무한한 선의 심연"(「행적」 9,55)을 깊이 들여다보았다 한다. 이 두 구절은 프란치스코가 영원히 형언할 수 없는 신비로 머무시는 하느님의 신비를 관상하였다는 증거가 된다[278]. 이러한 관점에서 바라보면, 「하느님 찬미」에 나타나는 일련의 "당신은…이다"(tu es…)는 무한하고 형언할 수 없는 하느님 신비의 문을 부단히 두드렸던 프란치스코의 끝없는 질문에 대한 하느님의 응답이라고 말할 수 있다[279]. 그러므로 "당신은…이다"(tu es…)라는 형식은 프란치스코가 하느님이신 존재론적 신비의 구체적이고 살아 있는 현존을 생생하게 묘사하는 형이상학적이면서 신비적인 언어 표현법이라 하겠다. 이러한 이유로 페르난도 우리베(F. Uribe)는 「하느님 찬미」를 "하느님 존재에 대한 찬가"라 부른다[280].

「하느님 찬미」에는 "나"와 관련된 1인칭 단수가 전혀 나타나지 않는다[281]. 프란치스코는 이 찬미가에서 1인칭 단수 대명사와 동사를 사용하지 않는다. 23절에서 프란치스코는 시편 30,5, 즉 "당신은 저의 보호자이시나이다"(tu es protector meus)를 인용하면서, 소유격 형용사 "나의"(meus)를 떼어낸다[282]. 이는 이 찬미가에서 "나의"가 나타나지 않는 것이 프란치스코의 분명한 의지임을 명확하게 보여 주는 것이다. 따라서 「하느님 찬미」는 "나"와 연결되어 있는 모든 관계가 깨끗하게 정화되어 있는 찬미가이고, 타자를 순수하게 바라보는 고요한 응시의 노래이며, 청원과 요구 없이 하느님 신비를 직접 지향하는 하느님 중심적 관상의 시(詩)이다[283]. 그러나 「하느님 찬미」에 1인칭

---

[278] 참조: A. ROTZETTER, 『Francesco d'Assisi』, 41.
[279] 참조: C. PAOLAZZI, 『Francesco in cammino』, 36.
[280] F. URIBE, 『Orar como Francisco』, 22.
[281] 참조: 위와 같은 책, 16.
[282] 참조: D. SOLVI, 「Commento」, 『La letteratura francescana. Vol. I』, 449.
[283] 참조: L. LEHMANN, 『Francesco. Maestro di preghiera』, 256.

단수형 "나"(ego)는 나타나지 않지만, 1인칭 복수형의 소유 형용사 "우리"(noster)는 나타난다. 이는 자기 자신을 낮추시는 하느님과 이러한 하느님을 맞아들이고 관상하며 찬미하는 충실한 종 사이의 생생하고 깊고 친밀한 일치를 드러내 준다[284]. 소유 형용사 "우리"(noster)는 나중심적 "에고"(ego)와 전혀 관계가 없는 것이다. 그러므로 「하느님 찬미」에서 "나"가 나타나지 않는다는 것은 프란치스코가 삼위 하느님의 신비를 존재론적 차원에서 관상하였다는 간접적인 증거가 된다. 왜냐하면, 프란치스코가 자신의 "자아"[ego] 차원을 극복한 상태, 즉 "나"라는 자기 중심성이 정화된 상태에서 하느님의 신비를 있는 그대로 찬미하였기 때문이다.

「하느님 찬미」에는 존재론인 덕들이 풍부하게 나타나는데, 이는 모든 덕들이 무한하고 우주적이며 보편적인 덕에로 수렴되는 삼위일체 신비를 극적으로 드러내 준다. 나아가, 삼위일체 하느님의 속성들과 관계되는 다양한 형용사들과 명사[285] 또한, 프란치스코가 삼위일체 하느님의 무한한 신비와 심오한 본질을 대단히 깊게 관상하였다는 사실을 보여 준다.

「하느님 찬미」에 나타나는 첫 번째 신비는 제1절의 거룩함(sanctus)이다. "상투스"(sanctus, 거룩하다)라는 낱말은 프란치스코의 글에 202번 나타나는데, 이는 하느님의 속성과 관계되는 형용사들 가운데 가장 많이 나타나고 가장 중요한 낱말이다. 프란치스코에게 있어 하느님은 무엇보다 먼저 "거룩하신" 존재이다. 하느님의 거룩함은 초월적 속성들, 예를 들면, 존재(ens), 일성(一性, unum), 진성(眞性, verum), 선성(善性, bonum), 미성(美性, pulchrum) 등을 통해 특히 더 잘 드러난다. 「하느님 찬미」에서 "존재"(ens)는 "에스"(es), 즉 "에쎄"(esse) 동사의 2인칭 단수 현재 직설법 형태로 31번 나타나고, 일성(一性)은 7절에서 "우누스"(unus) 형용사의 형태로 1번 나타나며,

---

[284] 참조: C. PAOLAZZI, 『Lettura degli "Scritti" di Francesco d'Assisi』, 113.
[285] 참조: R. BARTOLINI, 『Lo Spirito del Signore』, 174.

진성(眞性)은 8절에서 "베루스"(verus) 형용사의 형태로 1번, 선성(善性, bonum)은 8절에서 3번, 미성(美性)은 13절과 22절에서 명사 "풀크리투도"(pulchritudo) 형태로 2번 나타난다. 프란치스코는 이 찬미가에서 초월적 속성들을 통하여 영원한 **현존**으로 존재하시는, 유일하고 참되며 좋고 아름다우신 하느님을 관상한다[286].

---

[286] 무한히 펼쳐지는 존재의 신비 앞에서 프란치스코는 진(眞)의 신비 또한 탁월하게 관상하였다. 이는 프란치스코의 글에 15번 나타나는 "진리"(veritas)라는 말과 33번 나타나는 "참되다"(verus)는 말을 통해서 알 수 있다. 예를 들면, 프란치스코는 「수난 성무」 3,10-11에서 다음과 같이 기도한다: "[10]주님, 제가 백성들 가운데에서 당신을 찬송하고 * 겨레들 가운데에서 당신을 노래하리니, [11]당신의 자애가 하늘까지 * 당신의 진리가 구름까지 닿도록 크기 때문이니이다"([10]Confitebor tibi in populis, Domine * et psalmum dicam tibi in gentibus. [11]Quoniam magnificata est usque ad caelos misericordia tua * et usque ad nubes veritas tua). 10절의 "주님"(Dominus)은 8절의 "하느님"(Deus)이나 3절의 "지극히 거룩하신 아버지"(sanctissimus pater)를 말하기 때문에, 11절의 "당신의 진리"(veritas tua)는 하느님의 진리나 성부의 진리를 뜻한다. 그리고 11절의 "구름까지"(ad nubes)는 하느님의 진리가 땅만이 아니라 하늘에도, 즉 온 우주에 미친다는 의미이다(참조: L. LEHMANN, 「La dimensione universale negli scritti di Francesco d'Assisi」, 「Due volti del francescanesimo」, 105.107). 따라서 「수난 성무」 3,11을 통해, 프란치스코가 온 우주에 충만하게 가득 찬 하느님의 진리를 관상하였음을 알 수 있다. 한편, 하느님의 진(眞)은 늘 선과 일치해 있다. 이는 프란치스코의 글에서도 볼 수 있는데, 「비인준 규칙」 23,9에서 프란치스코는 다음과 같이 말한다: "우리는 충만한 선, 모든 선, 완전한 선, 참된 으뜸선이신 우리 창조주이시고 구세주이시고 구원자이시며 홀로 참되신 하느님 외에는 다른 아무것도, 홀로 선하신 … 하느님 외에는 다른 아무것도 … 마음에 들어 하지도 만족하지도 맙시다"(…nihil aliud placeat et delectet nos nisi Creator et Redemptor et Salvator noster, solus verus Deus, qui est plenum bonum, omne bonum, totum bonum, verum et summum bonum, qui solus est bonus, …). 이 구절에는 "참되다"(verus)는 형용사가 두 번 나타나는데, 이는 문장의 구조상 두 번 모두 하느님의 "선"(bonum)과 밀접한 관계가 있다. 하나는 "충만한 선이신 홀로 참되신 하느님"(solus verus Deus qui est plenum bonum)이라는 구절로, 이 구절의 라틴어 원문에는, 하느님의 "진"(眞)이 관계대명사 "퀴"(qui)를 통해 "충만한 선"과 일치되어 있다. 또 다른 구절은 "참되고 으뜸인 선"(verum et summum bonum)이라는 표현으로, 여기에서 선과 진은 나뉘어질 수 없는 형태로 서로 용해되어 있다. 한편, 「비인준 규칙」 23,9 가운데 이 논문에 인용된 부분에는 "홀로의"(solus)라는 형용사가 두 번 나타나는데, 이 낱말은 "참된 하느님"(verus Deus)과 "좋으신 하느님"(bonus Deus, 라틴어 원문

8절에서 프란치스코는 하느님의 "선"(bonum)과 "모든 선"(omne bonum) 및 "으뜸선"(summum bonum)을 관상한 후에 9절에서 하느님의 "애정"(amor)과 "사랑"(caritas)을 찬미한다. 하느님은 선의 최고 확산으로서 그 본질이 사랑이기 때문에, 이 사랑 또한 선의 최고 확산이라 할 수 있다. 이와 같이 하느님의 선과 하느님의 사랑은 불가분리적으로 긴밀하게 연결되어 있는 것이다. 그리고 사랑은 선과 더불어 하느님의 첫 번째 이름이자 마지막 이름이며, 하느님의 가장 깊은 최고의 본질이다. 그러므로 선의 최고 형상인 사랑은[287] 거룩한 덕으로서 창조되지 않은 사랑이며 모든 초월적인 덕들은 이 사랑의 덕에로 수렴된다. 창조되지 않은 사랑은 모든 덕들 가운데 으뜸덕이며 가장 높은 지고의 덕으로서 모든 덕들의 뿌리요 모든 덕들의 완전한 실현이기 때문이다[288]. 이 사랑이 프란치스코 신비체험의 기초요 주춧돌이다. 프란치스코의 신비적 눈은 하느님이시며 살아 있는 이 사랑의 신비에 늘 열려져 있었다[289]. 프란치스코의 글에서 "하느님은 사랑이시다"(1요한 4,8.16)는 구절은 9번 나타나는데, 이들은 글자 그대로 인용되

에서는 "qui[Deus] solus est bonus"에 해당)을 수식하며, 그 의미는 하느님이 모든 진들과 선들의 원천이라는 데 있다. 따라서 "솔루스"(solus)는 모든 진들과 선들의 "일성"(一性, unum), 즉 초월적 속성으로서의 "일성"을 함축하는 표현이라 할 수 있다. 결론적으로, 「비인준 규칙」 23,9는 프란치스코가 "일성, 진성", "선성"을 통하여 존재의 신비를 관상하였음을 드러내 주는 구절이라 하겠다. 그리고 존재의 신비에 대한 프란치스코의 관상은, 다음과 같은 구절에서 볼 수 있는 바와 같이, 하느님의 다른 속성들에로 확장된다: "홀로 선하시고 홀로 자비로우시고 홀로 양순하시고 홀로 부드러우시며 홀로 달고도 단 하느님, 홀로 거룩하시고 홀로 정의로우시고 홀로 진실하시고 홀로 거룩하시며 홀로 올바르신 하느님, 홀로 인자하시고 홀로 무죄하시고 홀로 순수하신 하느님…"(qui solus est bonus, pius, mitis, suavis et dulcis, qui solus est sanctus, iustus, verus, sanctus et rectus, qui solus est   benignus, innocens, mundus, …).

[287] 참조: J. S. LEE, 「Francis the mystic」, 65.
[288] 참조: K. ESSER, 「Le ammonizioni di san Francesco」, 349.
[289] 참조: C. PAOLAZZI, 「Francesco d'Assisi e la contemplazione di Dio "tutto in tutte lecose"」, 「Religioni e ambiente」, 29.

지 않고[290], 이 가운데 6번은 "하느님이신 사랑 안에서"라는 형태로 나타나며[291], 3번은 "당신은 애정이며 사랑이시나이다"(「하느님 찬미」 4), "당신은 우리의 사랑이시나이다"(「하느님 찬미」 6), "주님, 당신은 사랑이시기에"(「주님 기도」 2)로 나타난다. 이 구절은 프란치스코의 글에 나타나는 성경 말씀 가운데에서는 가장 많이 인용된 구절이다[292]. 이와 관련하여 토마스 첼라노는 「2첼라노」 196,3-4에서 다음과 같이 증언한다: "³그는 대화에서 일상 쓰는 말에 어쩌다 하느님의 사랑이라는 말이 들어가면 마음속으로 어떤 변화를 느끼지 않고 들어본 적이 결코 없었다. ⁴하느님의 사랑이라는 말을 듣자마자 그는 마치 밖에서 말하는 사람의 소리의 채가 마음 안에 있는 현을 긁은 듯이 곧 자극을 받아 꿈틀거렸으며 불이 붙었다"(³Inter alia verba, quorum usus esset in communi sermone, amorem Dei non sine quadam sui immutatione valebat audire. ⁴Subito nacque, ad auditum amoris Dei, excitabatur, afficiebatur, inflammabatur, quasi plectro vocis extrinsecae chorda cordis interior tangeretur). 이러한 관점에서 바라보면, 「하느님 찬미」에서 사랑 이후에 나오는 모든 탄성들은 인간에 대한 하느님의 사랑어린 향함 안에 모두 용해되며[293] 하느님 속성과 관련된 모든 명사와 형용사들은 하느님 사랑의 나타남이라고 말할 수 있다[294].

---

[290] 참조: A. BLASUCCI, 「"In caritate quae Deus est" Dio-Amore negli scritti di s. Francesco d'Assisi」, 『L'esperienza di Dio in Francesco d'Assisi』, 406.
[291] 「1신자 편지」 2,19; 「2신자 편지」 87; 「비인준 규칙」 17,5; 22,26; 「규칙 단편」 I,15. 113.
[292] 라자로 이리아르테에 의하면, 프란치스코가 그의 글에서 가장 자주 인용한 성경 구절은 "남이 너희에게 해주기를 바라는 그대로 너희도 남에게 해주어라"는 마태 7,12로, 이는 7번 나타난다(참조: L. IRIARTE, 『Vocazione francescana』, 51). 그러나 발터 비비아니에 의하면, 요한 17,11의 "거룩하신 아버지"가 프란치스코의 글 가운데 가장 자주 인용된 구절이며, 이는 21번 나타난다(참조: W. VIVIANI, 『L'ermeneutica di Francesco d'Assisi』, 256).
[293] 참조: L. LEHMANN, 『Francesco. Maestro di preghiera』, 263.
[294] 참조: 위와 같은 책, 274.

사랑 바로 뒤에 이어지는 네 개의 덕들은 「권고」 27의 첫 두 구절에 나타나는 덕들, 즉 사랑과 지혜 그리고 겸손과 인내와 일치하는 덕들로, 「권고」 27에서 이 덕들이 모두 그리스도론적인 특성을 지니고 있음은 이미 살펴보았다. 이 네 개의 그리스도론적인 덕들은 「하느님 찬미」에서는 하느님의 본질적인 속성들, 즉 존재론적인 덕들로 찬미된다. 그리고 여기에는 「덕 인사」에서 하례되는 덕들의 세 쌍 가운데 한쪽, 즉 사랑과 지혜와 겸손도 포함되어 있는데, 이 중에서 사랑의 짝은 순종이고, 겸손의 짝은 가난이다. 여기에서 사랑을 정결의 자리에 놓으면, 「하느님 찬미」에는 「덕 인사」에 나타나는 세 쌍의 덕들을 통해서 복음 삼덕도 간접적으로 찬미되고 있다고 볼 수 있다. 뿐만 아니라, 27절부터 29절에는 신학적 덕들(향주삼덕)이 존재론적 차원에서 하느님의 본질적 속성으로 노래되고 있다. 이런 지평에서 바라보면, 「하느님 찬미」에서는 사랑의 덕과 복음적 권고 그리고 신학적 덕들이 존재론적 일치 안에서 하나의 덕으로 찬미되고 있다고 말할 수 있다. 즉, 사랑은 복음적 권고가 되고, 복음적 권고는 신학적 덕들이 되며, 신학적 덕들은 사랑이 되는 것이다.

「하느님 찬미」에는 또한 4추덕도 등장하는데, 이 덕들은 그리스도교 이전부터 추구해 왔던 보편적인 덕들이다. "슬기"(prudentia)는 10절에서 "지혜"(sapientia)의 형태로 나타나고, "정의"(iustitia)는 18절에, "절제"(temperantia)는 19절에, 그리고 "용기"(fortitudo)는 25절에 나타난다. 그러나 여기에서 주의해야 할 점은 4추덕이 「하느님 찬미」에서 하느님의 본질적인 속성들로 찬미되고 있다는 사실이다. 그리스도교 안에서 4추덕은 "자연적인 덕들"로서, 하느님께서 내려 주시는 "신학적 덕들"에 종속되는 방법적 차원의 덕들로 간주되었고[295],

---

[295] 참조: G. LAVERE, 「Virtù」, 『DizAgos』, 1455. 플라톤은 처음으로 덕들을 4개의 기본적인 덕들로 체계화시킨 철학자이고, 후에 이들은 "4추덕"이라 불렸다. 아리스토텔레스는 이러한 전통을 계승하였으며, 그에 의하면, 덕들은 선천적으로

특히 "용기"(temperantia)는 수덕적인 글들에서 자주 다루어졌다[296]. 이에 비해 프란치스코는 「하느님 찬미」에서 이 "자연적인 덕들"을 존재론적인 차원에서 하느님의 신비로 관상한다. 그뿐만 아니라 4추덕이 「하느님 찬미」에서 찬양되고 있다는 사실은 덕들에 대한 프란치스코의 관상적 차원이 보편적이고 우주적으로 전개됨을 의미하는 것이기도 하다.

「하느님 찬미」에는 갈라 5,22에 언급되어 있는 성령의 열매들도 나타난다: "사랑"(caritas, 9절 및 29절), "기쁨"(gaudium, 16절), "인내"[12절; 불가타에는 "롱가니미타스"(longanimitas, 참을성)라 번역되었으나, 「하느님 찬미」에는 "파찌엔찌아"(patientia, 인내)로 나타난다], "온유"(mansuetudo, 23절), "절제"[19절; 불가타에는 "콘티넨찌아"(continentia, 자제)라 번역되었으나, 「하느님 찬미」에는 "템페란찌아"(temperantia, 절제)로 나타난다], "믿음"(fides, 28절), "선행"[8절; 불가타에는 "보니타스"(bonitas, 선성)라 번역되었으나, 「하느님 찬미」에는 "보눔"(bonum, 선)으로 나타난다]. 성령의 열매 가운데 "평화"(pax)는 「하느님 찬미」에 나타나지 않는다. 그러나 이 낱말은 프란치스코의 글에 13번 나타나며, 「하느님 찬미」 15절의 "고요"(quietas)와 밀접한 관계가 있다[297]. 「하

주어지는 것이 아니라, 경험적으로 습득되는 것이다. 덕에 대한 플라톤의 이론은 초기 그리스도교 사상가들에게 여러 가지 문제점들을 야기시켰다. 성경의 전통 안에는 덕에 관한 체계적인 이론이 없다고 말할 수 있으나, 사도 파울로는 그리스도에 대한 따름을 통해 크리스천적이고 본질적으로 하느님의 선물로 주어지는 덕들, 즉 믿음과 희망과 사랑을 얻을 수 있다고 강조한다. 크리스천이 아닌 사람들이 체계화시킨 덕들과 크리스천 덕들을 통합시킨 위대한 사상가는 암브로시오였다. 그리고 덕은 오로지 하느님으로부터만 비롯된다고 주장한 아우구스티노 이후, 4추덕들은 세 가지 신학적 덕들과 통일되었다(참조: C. MORESCHINI, 「Virtù e vizi」, 「DizPatr」, 5637-5641).

[296] 참조: F. URIBE, 「Orar como Francisco」, 28.
[297] 앙드레 얀센은 프란치스코가 "고요"(quies)가 지니고 있는 풍부한 의미를 "평화"(pax)라는 용어를 통해 표현했다고 주장한다(참조: A. JANSEN, 「Translation, Meaning, and Structure of Admonition XXVII, 4-6」, 254).

느님 찬미」에 나타나지 않는 또 다른 성령의 열매는 "친절"(benignitas)로, 이는 8절의 "선"(bonum) 및 33절에 나타나는 형용사 "자비로운"(misercors)과 관계가 있다. 그리고 「비인준 규칙」 23,9에서 프란치스코는 하느님을 "홀로 친절하신 분"(qui solus est benignus)이라 규정하고 있는데, 이것으로 보아 프란치스코의 관상 안에는 "친절"이 분명하게 들어 있다 하겠다. 이런 관점에서 보면, 「하느님 찬미」에서 프란치스코는 성령과 성령의 열매를 분리해서 이해하는 윤리적 차원을 뛰어넘어, 존재론적 차원에서 성령의 열매들을 하느님의 신비 자체로 관상하였다고 말할 수 있다[298].

이외에도 「하느님 찬미」에는 "안전함"(securitas, 14절), "고요"(quietas, 15절), "보호자"(protector, 23절), "수호자" 및 "방어자"(custos et defensor, 24절), "피난처"(refugium, 26절) 같은 하느님 신비의 속성들이 나타나며, 이들은 모두 하느님의 속성들과 관계 있는 어휘들이다[299]. 그리고 모든 존재론적인 덕들과 하느님의 본질적인 속성들은 성성(聖性) 자체요 **신비** 자체인 성령 안에서 하나로 일치된다[300]. 이렇게 일치된 모든 덕들과 하느님의 속성들이 바로 영원한 생명(32절)이며, 인간 존재가 영원히 안전하게 머무를 수 있는 유일한 피난처이자 단 하나의 "집"(atrium, 27,5)이라 할 수 있다. 형언할 수 없이 달콤한 **신비**는 이 세상에서 나그네와 순례자로 살아가는 인간이 달려갈 수 있는 유일한 보호자요, 수호자요, 방어자인 것이다.

지금까지 고찰한 바에 의하면, 「하느님 찬미」에 나타나는 존재론적인 덕들과 하느님의 속성들은 하느님의 신비 자체로 하느님 중심

---

[298] 칼 라너는 하느님의 인격적인 **영**의 양여를 "창조되지 않은 선물"(donum increatum)과 동일시한다(참조: K. RAHNER, 「Possibilità di una concezione scolastica della grazia increata」, 『Saggi di antropologia soprannaturale』, 128).
[299] 참조: C. PAOLAZZI, 『Lettura degli "Scritti" di Francesco d'Assisi』, 111.
[300] 「하느님 찬미」에 나타나는 모든 덕들은 성령 안에서 하나로 일치된다고 반 아셀돈크는 강조한다(참조: O. van ASSELDONK, 『La lettera e lo spirito. Vol. II』, 26).

적인 특성을 지닌다[301]. 동시에 이러한 하느님 중심적인 속성들은 삼위일체적인 특성도 지닌다. 제1장에서 칼 라너의 신비 신학을 요약하면서 살펴본 바와 같이, 성부는 인간의 지성이나 의지 또는 감성으로는 결코 따라잡을 수 없고 포착할 수도 없는 영원히 무한한 신비로 머무시는 신비 그 자체이시다. 그럼에도 불구하고 무한한 신비는 동시에 끝없는 사랑이시고 무한한 생명이시기에, 사랑이 충만하고 영원히 살아 있는 신비는 본질적으로 끝없이 자기 자신을 선물로 내어주신다[302]. 이런 **신비** 자체와 사랑 자체의 완전하고 전적인 자기 양여가 제2위격으로서의 성자이고, 성자는 바로 이러한 성부께서 자기 자신을 인격적으로 드러내시는 자기-현현(顯現)이시며[303], 그런 까닭으로 성자 하느님은 성부의 **말씀**이 되신다. 그리고 성자는 육화를 통하여 가시적 존재가 되신다. 「하느님 찬미」에서 찬양되는 모든 존재론적인 덕들과 하느님의 속성들은, 인간에게 인식되고 체험된다는 차원에서, "보여지는 하느님"인 성자와 관계된다 하겠다. 따라서 「하느님 찬미」는 존재론적인 덕들과 하느님 속성들을 통해 현시된 성자께 대한 찬미가라 할 수 있다.

성부 하느님은 끝없이 자기 자신을 현시하시는 무한한 신비로서, 가시적인 모양으로 성자를 낳으실 뿐만 아니라, 당신의 무한한 사랑의

---

[301] 참조: F. URIBE, 「Orar como Francisco」, 16.
[302] "최고선인 존재에게는 가장 아름다운 완덕이 결여될 수 없으며, 이 완덕은 자신을 선물로 내어준다. 그러나 이 내어줌은 최고선인 존재에게 합당해야 하고, 따라서 이러한 존재 내부에서 일어나야 한다. 만일 이 존재가 자신과 다른 존재에게 건네진다면, 이는 전적으로 자기 자신을 내어주는 선물일 수 없을 것이다. 왜냐하면 하느님과 다른 존재는 그 어떤 존재라도, 무한하신 하느님께서 자기 자신을 전적으로 내어주시듯이 그렇게 전적으로 내어줄 수 없는, 유한한 존재이기 때문이다. 따라서 이러한 내어줌은 하느님의 생명 자체 내에서 일어난다"(G. BESCHIN, 「Amor」, 「DizBona」, 157). 성부께서 이렇게 무한하신 당신의 본질 자체를 자기 양여하시는 전적인 선물이 바로 성부 하느님의 **아들**이신 성자이시다(참조: 위와 같은 책, 158).
[303] 참조: K. RAHNER, 「La trinità」, 41.

신비를 또한 전달하시는 존재이기도 하다. 성부께서 이렇게 당신 자신을 내어주실 때 자기 전달되는 사랑의 신비가 제3위격으로서의 성령이시다[304]. 「하느님 찬미」에서 찬양되는 존재론적인 덕들과 하느님의 속성들은 신비가 프란치스코에게 전달된 이러한 성령과 관계가 있다. 「하느님 찬미」에 7번 나타나는 "우리"라는 낱말은 바로 이를 증언해 준다. 그리고 "당신은 우리의 흡족한 온갖 보화"(tu es omnia divitia nostra ad sufficientiam, 20절)라는 구절이나 "당신은 우리의 모든 감미로움"(tu es tota dulcedo nostra, 31절)이라는 구절도 프란치스코가 관상과 신비 체험을 통해 하느님의 형언할 수 없는 신비와 일치해 있음을 드러내 주는 구절들이다. 30절의 "위대하시고 감탄하올 주님"(magnus et admirabilis Dominus)이라는 표현 또한 마찬가지이다. 프란치스코가 존재론적인 덕들과 하느님의 속성들을 관상하는 동안 하느님 사랑의 무한한 신비는 이미 프란치스코의 존재 안으로 전달된 것이다. 이렇게 프란치스코에게 인격적으로 자기 양여된 신비가 바로 성령이시다. 프란치스코는 자신의 존재 심연에 이렇게 자기 양여된 형언할 수 없는 성령의 감미로운 신비에 한없이 매료되었다. 그리고 형언할 수 없는 **신비** 자체이신 성자와 성령을 통하여 하느님이 자기 양여되는 가운데, 프란치스코는 창조되지 않은 **덕**과 "창조되지 않은 **사랑**"[305], 창조되지 않은 **선**[306]과 **존재** 자체, 그리고 형용할 수 없는 무한한 **신비**로 머무시는 성부 하느님을 관상하였다. 「하느님 찬미」에서 프란치스코는 완전하신 **삼위**와 단순하신 **일체**(참조: 「형제회 편지」 52), 거룩하신 **삼위**와

---

[304] 참조: 위와 같은 책, 41.
[305] 보나벤투라 또한 하느님을 "창조되지 않은 사랑"이라 규정한다: "Item, caritas nostra est ordinata: si ergo ordo est de eius complemento, videtur multo fortius, quod caritatis summae et increatae sit res diligere ordinate, cum illa sit exemplar caritatis creatae: si ergo Deus diligit res ordinate, videtur, quod non aequaliter"(BONAVENTURA DA BAGNOREGIO, 『III Sent』, d.32, a.un., q.3, 701-702).
[306] 참조: L. TEMPERINI, 「Amore di Dio」, 『DizFran』, 70.

나뉨이 없으신 **일체**(참조: 「찬미 권고」 16), 그리고 지극히 높으신 **삼위**와 거룩하신 **일체**(참조: 「형제회 편지」 1) 안에서 "장엄하고 황홀한 신비"(mysterium tremendum et fascinans)³⁰⁷를 찬미한다. 「하느님 찬미」는 프란치스코가 관상한 삼위일체 하느님의 놀라운 신비를 증언해 주는 신비적 시(詩)이며 탁월한 아가(雅歌)라 하겠다.

3.4. 요약

프란치스코의 글에는 "신비"(mysterium)라는 말이 성체라는 의미로 두 번 나타나지만, 그럼에도 불구하고 오늘날 우리가 사용하고 있는 "신비"라는 개념이 그의 글에 나타난다는 사실을 증명하기 위하여 그의 글 가운데 "영"(spiritus)과 "선"(bonum)과 "덕"(virtus)과 같은 몇몇 어휘들을 고찰하여 보았다.

프란치스코의 글에서 "영"(spiritus)이라는 말은 신비의 개념과 가장 가까운 용어로, 그 의미는 다음과 같이 요약할 수 있다.

(1) "창조되지 않은 **영**"(Spiritus increatus). 프란치스코의 글에서 "**영**"(Spiritus)이라는 말은 성령, 다른 수식어 없이 단독으로 쓰인 대문자 "에스"(S)의 "스피리투스"(Spiritus), 그리고 "주님의 영"(Spiritus Domini)과 관련이 있으며, 이 말은 삼위일체 하느님의 제3위격으로서의 성령과 하느님 본성으로서의 **영**을 동시에 가리킨다. 그런데 이 후자의 **영**은 삼위일체 하느님의 세 위격 모두에게 동일하게 적용이 되며, 이러한 **영**은 "창조되지 않은 **영**"(Spiritus increatus)을 의미하고 창조되지 않은 신비와도 일치한다. 그리고 창조되지 않은 **영**은 절대적이고 완전한 신비이기 때문에, 이 **영**은 자기 자신과 다른 존재들에게 절대적으로 열려져 있다. 이러한 절대적인 열려짐 안에서 하느

---

³⁰⁷ 참조: L. LEHMANN, 『Francesco. Maestro di preghiera』, 257.

님의 완전한 자기 확산이 절대적으로 이루어지면, 그런 확산이 절대적 신비의 완전한 자기 양여로서의 삼위일체 신비인 것이다. 그런 의미에서, 프란치스코에게 절대 신비로서의 삼위일체 하느님(Deus mysticus)은 **영**(Deus Spiritus)이라고 말할 수 있다.

(2) "창조된 **영**"(spiritus creatus). 창조된 영은 절대적인 열려짐이신 하느님의 자유로운 자기 확산과 관련이 있으며, 이러한 확산은 창조를 통하여 실현된다. 프란치스코의 글에서 창조된 영은 소문자 "에스"(s)의 "스피리투스"(spiritus)로 나타나고 이 영은 모든 피조물 안에 현존한다. 그리고 창조된 영은 다음과 같이 두 경우로 구분해 볼 수 있다. (가) 인간 안에 현존하는 창조된 영: 이는 인간 존재의 심연에 선험적으로 주어진 영으로, 창조된 순간에 부여되는 인간의 지성과 의지 등과 관계가 있다. 이 영은 신비 체험의 존재론적 지평과 근본적으로 동일하다. 따라서 프란치스코의 신비체험 안에서 인간 존재의 본질은 지성과 의지를 통해 창조되지 않은 **영**에로 열려지고 이 **영**을 지향하는 영이라 할 수 있으며, 그렇게 창조된 영은 절대 **신비**에 참여하게 된다. (나) 비인격적인 피조물 안에 현존하는 창조된 영: 이 영은 지성과 의지를 지니고 있지 않기 때문에 신비와의 인격적 친교 없이 그저 단순하게 열려져 있다. 우주는 창조된 신비로 가득 차 있으며, 이 신비는 창조되지 않은 **영**으로부터 자유롭게 흘러나온다. 인간 존재는 영으로서 피조물 안에 현존하는 신비를 통하여 무한한 신비이신 하느님 **영**을 지향한다. 프란치스코의 보편적인 신비체험은 우주에 가득 차 있는 이러한 영의 보편성과 밀접한 관계가 있다.

(3) "주님의 **영**"(Spiritus Domini). 창조되지 않은 **영**은 피조물들을 무한히 초월하면서 동시에 인간으로 하여금 성부를 지향하도록 인간 존재 안에도 현존한다. 프란치스코는 이 **영**을 "주님의 **영**"(Spiritus Domini)이라 부르는데, 이 **영**은 인간 존재와 인격적이고 역동적인 관계를 지니게 된다. 주님의 **영**은 완전하게 자유로우면서 동시에 인

간의 영과 불가분리적 관계를 맺는 가운데 선험적이고 존재론적인 양상으로 인간 존재 안에 현존하며, 당신의 거룩한 활동을 통하여 창조된 영인 인간 존재를 성장시키고 완성시켜 준다.

지금까지 요약한 바에 의하면, 프란치스코 글에 나타난 "영"(spiritus)이라는 용어는 창조되지 않은 영과 창조된 영을 동시에 가리키는데, 이는 하느님의 신비라는 말과 정확하게 일치한다. 따라서 프란치스코의 글에 나타난 "영"은 신비체험의 대상으로서의 하느님의 신비와 불가분리적 관계에 있다고 말할 수 있다.

신비체험의 대상으로서의 신비와 관계가 있는 또 다른 중요한 용어들은 진, 선, 미와 같은 초월적 속성들이다. 이들 중 프란치스코의 글 안에서 특히 두드러지게 나타나는 속성은 "선"이다. 프란치스코는 하느님 홀로 좋으시고(Deus bonus) 모든 선은 하느님으로부터 비롯된다는 사실을 강조하면서, 창조되지 않은 신비로서의 선과 창조된 신비로서의 선을 일의적으로 관상한다. 선에 대한 이러한 존재론적인 관점은 보편적 신비체험의 신학적 기초가 되며, 이런 기초를 바탕으로 인간 존재는 우주 안에 보편적으로 현존하는 선의 신비를 통하여 하느님의 신비를 체험하게 된다. 프란치스코에게 선의 신비는 사변적으로 추구된 메마른 개념이 아니라, 구체적인 피조물 안에 살아 움직이는 실재이다. 따라서 그의 신비 체험은 어디서나 누구에게든지 가능하다. 사실, 선에 대한 체험은 지식 수준이나 나이, 사회적 지위 등과는 아무런 관계가 없다. 이러한 선의 신비는 프란치스코의 대중적이고 "민주적인" 신비체험의 신학적 기초가 된다. 한편, 프란치스코는 "돌려드림"(reddere)의 영성을 통하여 "창조되지 않은 선"의 신비를 지향하는 인간의 본성에 대해서도 언급한다. 이를 한마디로 요약하면, 인간 존재는 본질적으로 선하신 하느님께 모든 선을 돌려드리는(homo reddens) "호모 보누스"(homo bonus), 즉 "선한 인간"이 된다.

신비를 향하여 열려져 있는 인간의 영은 덕과 사랑을 통해 그 정점에 이르게 된다. 왜냐하면 덕은 선들의 선이며, 사랑은 선의 최고 형상이기 때문이다. 프란치스코는 선의 신비와 마찬가지로 덕의 신비도 존재론적이고 일의적으로 관상했다. 프란치스코에게 덕은 하느님의 본질적 속성(Deus virtus)이며, 이 덕은 그리스도의 신비와 삼위일체 하느님의 신비를 탁월하게 드러내 준다. 그리스도께서 완전한 덕들을 통하여 성부와 완전하게 일치했기 때문에, 그리스도 자신이 그 자체로 가장 탁월하게 존재론적인 덕이 되었다고 말할 수 있다. 그리고 그리스도의 이 존재론적인 덕은 본질적으로 모든 악습들을 몰아내는 힘을 지니고 있으며, 이 덕 안에서는 육화, 공현, 십자가의 죽음, 부활, 승천, 성령 강림 등 그리스도의 모든 구원 신비들이 동시적으로 조화롭게 일치된다. 그러므로 덕은 그 본성상 그리스도론적인 특성을 지니고 있다. 인간 존재는 일상의 덕을 통하여 그리스도의 모든 구원의 신비들을 동시적으로 체험하면서 그리스도의 이 완전한 덕에 참여할 수 있다. 한편, 그리스도께서 당신의 전 생애를 통해 성부의 신비를 계시하시기 때문에, 그리스도의 덕은 동시에 삼위일체적인 특성을 지니게 된다. 프란치스코는 라 베르나에서 그의 전 생애 가운데 최고의 신비체험을 한 후에, 즉 세라핌의 형상으로 십자가에 못 박히신 그리스도의 환시를 보고 그리스도의 다섯 상흔을 받은 후에, 삼위일체 하느님의 신비를 특히 그리스도론적이고 존재론적인 덕들을 통해 묘사해 놓았다. 모든 인간은 바로 이러한 "덕이신 하느님"(Deus virtus)에로 불리었고, **덕** 자체, 즉 최고의 덕인 **사랑**과 일치하게 된다(homo virtus). 인간은 일상적인 삶 안에서 덕들을 통해 그리스도의 신비와 삼위일체의 신비를 체험한다. 따라서 덕의 신비는 일상적인 신비체험의 신학적 기초가 된다 하겠다.

    이상과 같이 프란치스코는 "영", "선", "덕"과 같은 용어들을 통해 신비체험의 대상인 하느님의 신비를 묘사해 놓았다. 이 신비를 관상하는 것이 그의 신비체험의 방법이며, 이 신비와 일치하는 것이 그의 신비체험의 목적이다. 이에 대해서는 계속해서 다음의 두 장에서 살펴볼 것이다.

제4장

신비체험의 방법으로서의 관상

제3장에서 프란치스코의 글에 나타난 신비체험의 대상으로서의 하느님은 무엇보다 "영이신 하느님"(Deus spiritus), "좋으신 하느님"(Deus bonus), "덕이신 하느님"(Deus virtus)으로서의 "데우스 미스티쿠스"(Deus mysticus), 즉 "신비로우신 하느님"이고, 인간 존재는 "영으로서의 인간"(homo spiritus), "좋은 인간"(homo bonus), "덕으로서의 인간"(homo virtus)으로서, "신비로우신 하느님"(Deus mysticus)을 지향하지 않을 수 없는 "호모 미스티쿠스"(homo mysticus), 즉 "신비로운 인간"임을 살펴보았다. 이제 "호모 미스티쿠스"는 어떠한 길을 통해 "데우스 미스티쿠스"를 지향하는지 물을 차례가 되었다. 이 길에 대한 물음은 바로 신비체험의 방법의 문제이며, 이에 대해서는 이미 제2장에서 규명해 놓았다. 즉, 관상이다. 프란치스칸 전통에 의하면, 아씨시의 프란치스코는 탁월한 관상가였다[1]. 그는 창조물을 통

---

[1] 우선, 관상의 개념에 대한 의견이 분분하다는 사실을 먼저 지적할 필요가 있다. 그럼에도 불구하고 프란치스칸 전통 안에 프란치스코의 관상적 차원을 드러내 주는 증언들이 널리 펴져 있음을 볼 수 있다. 「1첼라노」 91,2: "은총을 얻기 위하여 자기에게 차례가 온 시간을 쪼개어 그중에서 필요한 일이라고 여겨지는 일부 시간은 가까운 이웃에게 선행을 하고, 나머지는 들어앉아 복된 관상에 바치곤 하는 것이 그의 습관이었다"; 「2첼라노」 98,8: "보르고를 지난 지는 꽤 오래되었는데도 딴 세상에서 돌아온 사람처럼 이 천상의 관상가는 언제 보르고를 지나왔느냐고 진지하게 물어왔다"; 「스피라」 44,5: "quid, inquam, in omnibus omnium Creatoris

해서 그리고 창조물 안에서 하느님의 신비를 관상하였고, 이 세상에서 벌써 범주적 중개 없이 하느님의 신비를 관상할 수 있었다. 그러나 아씨시의 이 신비가는 그의 글에서 "관상"(contemplatio)이란 단어를 단 한 번도 사용하지 않았으며, 그의 글에는 "콘템플란테스"(contemplantes)라는 현재 분사 형태로 "관상하다"(contemplari)는 동사가 오로지 한 번 나타날 따름이다². 오늘날 우리가 말하는 관상을 표현하기 위해서 프란치스코는 "보다"(videre)는 동사를 즐겨 사용하였다. 이 동사는 그의 글에 59번 나타나고, "바라봄"(visio)이라는 명사도 1번 나타난다. 이외에도 그의 글에는 "드러내다"(ostendere)나 "주의를 기울이다"(attendere) 같은 동사도 나타난다. 이러한 용어들을 분석하면, 프란치스코가 지니고 있었던 관상의 개념을 추론해 볼 수 있다.

---

potentiam, sapientiam bonitatemque contemplans, verae cognitionis, dulcedinis hausit et gratiae?"; 「아씨시 편집본」 86,28: "프란치스코는 마치 피조물들이 하느님을 느끼고 이해하고 하느님과 대화하듯이, 내적으로뿐만 아니라 외적으로도 기쁨에 싸여 그들과 대화하였으며, 그런 경우에 그는 자주 하느님 관상에 빠져들곤 하였다". 현대의 여러 프란치스칸 학자들 또한 프란치스코가 관상의 전형임을 지적하고 있다(참조: C. DE FILIPPIS, 「Profezia e contemplazione in s. Francesco d'Assisi」, 27-40; T. MATURA, 「Il cuore rivolto al Signore. La dimensione contemplativa della vita cristiana secondo gli Scritti di Francesco」, 397-414; C. PAOLAZZI, 「Francesco d'Assisi e la contem-plazione con la mente e con il cuore」, 183-200; J. PEDROSO, 「Occhi dello spirito. Itinerario alla contemplazione sulle tracce di Francesco e Chiara d'Assisi」, 1-251; M. CONTI, 「Dimensione contemplativa della vita francescana e clariana」, 222-255; O. SCHMUCKI, 「"Mentis silentium". Il programma contemplativo nell'Ordine francescano primitivo」, 177-222; O. van ASSELDONK, 「S. Francesco, maestro di preghiera e contemplazione」, 「La lettera e lo spirito. Vol. II」, 293-304; C. VAIANI, 「Vedere e Credere」, 175 pp).

² 엔조 비앙키는 프란치스코가 "관상"(contemplatio)이란 말을 사용하지 않은 이유를 "아마도 정주 수도원주의가 이 용어에 끼친 모호성을 그[프란치스코]가 알아보았기 때문일 것"이라고 설명한다(E. BIANCHI, 「La contemplazione: non opzione ma necessità di tutti i francescani」, 「Chiara… ti ascolto」, 42).

4.1. 프란치스코의 글에 나타난 "비데레"(videre) 동사의 의미

프란치스코의 글에 나타난 "비데레"(videre, 보다) 동사는 육체적 시각, 영적 시각, 지복직관 이렇게 세 가지 의미로 구분해 볼 수 있으며, 이 가운데 영적 시각과 지복직관은 관상의 본래 의미와 밀접한 관계를 갖고 있다. 그러나 육체적 감각을 통해서도 영적 감각에로 나아갈 수 있기 때문에 육체적 감각을 관상으로부터 배제시킬 수는 없다[3].

4.1.1. 육체적 바라봄

"비데레"(videre, 보다) 동사는 프란치스코의 글에 59번 나타나는데, 이 가운데 약 40번 정도는 육체적 시각의 의미로 사용되었다. 이러한 시각은 다시 본래의 육체적 시각과 내적 시각의 의미로 구분해 볼 수 있다.

먼저, "비데레"(videre) 동사가 본래의 육체적 시각을 가리키기 위해 사용된 경우들을 고찰해 보면, 이 동사는 '육체의 눈을 통해 무엇인가를 감지하다'[4], '목격하다'[5], '접촉하다, 만나다'[6], '주의 깊게 바라보다'[7] 등과

---

[3] 참조: F. TEDOLDI, 『La dottrina dei cinque sensi spirituali in san Bonaventura』, 200.
[4] 나병 환자를 봄(참조: 「유언」 1); 여자를 봄(참조: 「비인준 규칙」 12,5; 「규칙 단편」 1,32); "나를 보는 사람들"(「수난 성무」 4,6); 울고 있는 사람들을 바라봄(참조: 「2신자 편지」 74); 역사적인 예수의 몸을 바라봄(참조: 「권고」 1,4.8.9.20); 성체 안에 계신 그리스도의 몸과 피를 육체적인 눈으로만 바라봄(참조: 「권고」 1,21; 「유언」 10); 지극히 거룩한 몸과 피가 아니면 육신적으로 그리스도를 볼 수 없음(참조: 「유언」 10; 「1성직자 편지」 3; 「2성직자 편지」 3).
[5] 영적으로 살지 않고 육적으로 사는 사람들을 봄(참조: 「비인준 규칙」 5,4); 하느님께 대해 악한 말을 하거나 악한 짓을 하거나 그분을 모독하는 것을 봄(참조: 「비인준 규칙」 17,19); 부드럽고 화려한 옷을 입은 사람이나 맛 좋은 음식을 먹고 마시는 사람들을 봄(참조: 「인준 규칙」 2,17).
[6] 「수도규칙」을 지키지 않는 형제들을 보려고 하지 않음(참조: 「형제회 편지」 44); 그대의 눈을 바라봄(참조: 「봉사자 편지」 9).
[7] 오른쪽을 살피고 바라봄(참조: 「수난 성무」 5,5); 내 아픔 같은 아픔이 또 있는지 살펴보고 바라봄(참조: 「수난 성무」 6,1).

같은 여러 가지 의미를 지닌다. 이러한 경우에 "비데레"는 육체의 감관 중의 하나인 시각을 통하여 일어나는 것이고, 이러한 시각의 대상은 우선적으로 가시적이고 범주적인 피조물이라고 말할 수 있다. 그런데 프란치스코는, 이미 제3장에서 살펴본 바와 같이, 창조물 안에 숨겨져 있는 창조된 신비를 관상하면서, 하느님의 창조되지 않은 신비 안으로 젖어 들어갔다. 이러한 신비체험의 관점에서 비추어보면, 육체의 시각으로 피조물을 바라봄은 프란치스코의 관상과 불가분리적인 관계에 있다고 할 수 있다. 그렇지만 육체적 시각은 그 자체만으로는 영적 차원으로 확장되지 못하고 물질적 차원에 갇혀 있게 된다. 이 감각은 피조물들 안에 있는 "제이차적 선"(第二次的 善)을 감지함에도 불구하고 결코 이 선(善)을 넘어서지 못하기 때문이다. 육체의 눈으로 예수의 인성만을 보았던 예수의 동시대인들이나 그리스도의 몸과 피의 성사 안에서 빵과 포도주만을 바라보는 이 시대인들은 모두 육체적 시각에 걸려 있는 물질적 차원을 초월하지 못하는 것이다. 만일 그렇다면, 계속해서 물질적 차원에만 머물러 있게 될 것이고, 그런 상태에서는 하느님의 선을 자기 것으로 소유하지 않을 수 없을 것이며[8], 나병 환자들을 보는 것이 쓰지 않을 수 없을 것이다[9].

프란치스코의 글 안에서 "비데레"(videre) 동사는 내적 시각에로 확장되어 나간다. 이 동사는 '잘 생각하다', '잘 검사하다', '판단하다'[10], '알아채다'[11], '주의하다', '주시하다', '집중하다', '주의를 기울이다'[12] 같은 다양한 의미를 지니고 있다.

---

[8] 참조: 「1신자 편지」 2,10; 「2신자 편지」 68.
[9] 참조: 「유언」 1.
[10] 사라센인들과 다른 비신자들 가운데로 가기를 원하는 형제들이 적합한지를 바라봄(참조: 「비인준 규칙」 16,4); 주님이 기뻐하시는 일인지를 바라봄(참조: 「비인준 규칙」 16,7; 「규칙 단편」 1,38; 2,25); "필요하다고 판단하면"(「인준 규칙」 4,2); "적당하고 필요하다고 여겨지면"(「1보호자 편지」 2).
[11] 악을 보고 알아챔(참조: 「1신자 편지」 2,10; 「2신자 편지」 68); 더 좋고 더 유익하다고 여김(참조: 「권고」 3,5.10).

내적 시각의 대상은 넓은 의미에서의 선과 이와 대조되는 악이다. 프란치스코는 내적인 눈으로 일상적인 사건 안에 숨겨져 있는 선을 바라보면서 하느님의 신비 안으로 들어가기 때문에, 내적인 시각은 관상의 초기 단계라고 볼 수 있다. 그러나 여기에서 말하는 내적인 시각은 "제이차적 선"을 제이차적 선으로만 깨닫는 수준에서의 감각을 뜻하는 것이다. 이런 차원에서는 선을 소유하는 악을 피하는 것이 지난(至難)할 수밖에 없다. 최고선을 바라보지 못하기에, 악의 감미로움을 보면서 여기에 빠져들지 않을 수 없기 때문이다(「권고」 3,5.10). 이를 영적인 관점에서 비추어 보면, 내적인 수준에만 머무는 자들은 눈먼 이들과 다를 바가 없다 하겠다(「1신자 편지」 2,11; 「2신자 편지」 69).

육체적 시각이든, 내적인 시각이든, 이런 감각만으로는 관상에 다다를 수 없다. "비데레"(videre)는 영적인 시각으로 전환될 때에만 비로소 관상의 세계에 들어서게 된다.

4.1.2. 영적인 바라봄

프란치스코는 그의 글에서 일반적인 의미에서의 "비데레"(videre, 보다)와 영적인 눈으로 바라봄을 의미하는 "비데레"를 구분하면서, 영적인 감각을 강조한다. 이런 의미에서의 "비데레" 동사는 그의 글 안에 19번 나타나는데, 이 가운데 4번은 지복직관의 의미를 지니고 있다. 그러한 "비데레"의 대상은 한마디로 영의 형태로 현시되는 신비라고 할 수 있다. 우리는 이미 제3장에서 프란치스코의 신비체험의 대상, 즉 신비를 검토하면서, 현대 신비 신학에서 말하는 신비의

---

12 세상에 대한 걱정과 삶에 대한 근심으로부터 조심함(참조: 「비인준 규칙」 8,1); 불안해하지 않도록 주의함(참조: 「비인준 규칙」 16,19); "보십시오, 소경들이여"(「1신자 편지」 2,11; 「2신자 편지」 69); "사제 형제들이여, 여러분의 품위를 생각해 보십시오"(「형제회 편지」 23); 죽음이 다가오고 있음을 주시함(참조: 「지도자 편지」 2).

개념이 그의 글 안에서는 "영"(spiritus)이라는 용어를 통해 묘사되고 있음을 살펴보았다. 그에게 하느님은 영(Spiritus)이시기에, 삼위일체도 신비요, 성부도 신비요, 성자도 신비요, 성령도 신비이다. 뿐만 아니라, 영이신 하느님의 신비는 인간 존재와 피조물 안에도 현존한다. 이 신비를 알아보는 방법은 영의 눈, 즉 영적인 시각으로 바라보는 것이다. 왜냐하면, 신비는 영의 형상으로 존재하는데다, 영은 본질적으로 영 안에서만 보여질 수 있고, 신비는 신비 안에서만 보여질 수 있기 때문이다. 이러한 이유로 프란치스코 역시 육체적인 바라봄과 영적인 바라봄을 구분하면서 후자를 강조하는데, 이런 경우 영적인 바라봄이란 "**영**이 우리를 통하여 바라볼 수 있도록 감각들의 한계를 넘어서는 것"이며 또는 "영적인 지혜로 이끌어주는 믿음을 통하여 바라보는 것"[13]이다. 이제 바라봄의 대상들을 기준으로 영적인 시각의 의미가 무엇인지 좀더 구체적으로 살펴보고자 한다[14].

4.1.2.1. 성부 하느님

하느님이 영이시기 때문에 성부 하느님은 영 안에서만 보여질 수 있다는 사실은 영적 바라봄의 기초요 바탕이다. 「권고」 1,1-6에서, 프란치스코는 요한 14,6-9을 인용하면서 이 문제를 다루고 있다.

먼저, 「권고」 1,3을 보면, 다음과 같이 필립보의 말이 인용된다: "주님, 저희에게 아버지를 보게 해주십시오. 저희에게는 그것으로 충분하겠습니다"(Domine, ostende nobis Patrem, et sufficit nobis). 이 구절에 나오는 "오스텐데레"(ostendere) 동사는 '보여 주다'를 뜻하기에, "보

---

[13] F. URIBE, 「Per 'conoscere' il Padre: L'Ammonizione I di san Francesco d'Assisi」, 30.
[14] 타데 마투라는 깨끗한 마음으로 바라보는 대상은 하느님, 인간, 세계, 역사 등 모든 실재라고 말한다(참조: T. MATURA, 「Il cuore rivolto al Signore. La dimensione contemplativa della vita cristiana secondo gli Scritti di Francesco」, 405).

다"는 의미를 지닌 동사류에 속한다 할 수 있다[15]. 성부 하느님을 보여 준다는 것은 인간의 최종적 욕망과 가장 궁극적인 바람을 해결해 준다는 것을 뜻한다[16]. 프란치스코는 이러한 근본적인 물음에 대하여 「권고」 1,5-6에서 그 나름대로 해답을 제시한다: "⁵아버지는 사람이 다 가갈 수 없는 빛 속에 사시고, 하느님은 영이시며, 아무도 하느님을 본 적이 없습니다. ⁶그러므로…하느님은 영 안에서가 아니면 볼 수 없습니다"(⁵Pater lucem habitat inaccessibilem, et Spiritus est Deus, et Deum nemo vidit umquam. ⁶Ideo nonnisi in spiritu videri potest). 5절은 대등 접속사 "엩"(et, 그리고)으로 연결되어 있어, 언뜻 보기에 '빛이신 성부'와 '영이신 하느님'은 문법적으로 독립된 주어들로 비쳐질 수 있다. 그러나 「권고」 1,1-6의 문맥 안에서 보면, 프란치스코가 이 부분에서 성부 하느님을 인식하는 문제를 다루면서, 요한 4,24의 "하느님은 영"이라는 구절을 영이신 성부 하느님의 본질을 밝히기 위해 인용하기 때문에, 5절에 나타나는 "데우스"(Deus, 하느님)는 성부를 지칭하는 것으로 이해해야 한다[17]. 그러므로 이 구절에서 프란치스코는 가까이 다가갈 수 없는 빛이신 성부는 영이라고 단언하는 것이며, 자연히 성부 하느님을 본 사람은 아무도 없게 되는 것이다. 이런 경우 "보다"(videre) 동사는 육체의 눈으로 보는 것을 의미한다. 결국, 영이신 성부는 육체의 눈에는 '비가시적' 존재라는 말이다. 그리고 '비가시적'

---

[15] 참조: F. URIBE, 「Per 'conoscere' il Padre: L'Ammonizione I di san Francesco d'Assisi」, 12.
[16] 참조: W. VIVIANI, 「L'ermeneutica di Francesco d'Assisi」, 170.
[17] 이러한 해석은 「권고」 1,8에 의해서도 가능하다: "그래서 주 예수를 인성으로 보았지만 영과 신성에 따라 그분이 하느님의 참 아드님이시라는 것을 보지도 않았고 믿지도 않았던 모든 사람들은 단죄받았습니다". 이 구절에 나오는 "하느님"(Deus)이라는 용어가 성부를 지칭한다는 사실은 문맥상으로 보아 확실하다. 그리고 "주 예수를 인성으로 보았지만"이라는 구절에 나타나는 "보다" 동사가 육체적 시각을 의미하기에, 이 구절에 나오는 "아드님"은 가시적인 존재가 된다. 그런데 5절에 나오는 성부는 비가시적 존재이다. 이러한 관점에서 5절의 "데우스"(Deus, 하느님)는 성부와 관련된다 하겠다.

이라는 말은 '비대상적'을 의미하기에, 비가시적 존재라는 말은 성부께서 비대상적이고 비주제적인 존재라는 뜻이고, '비대상적'이라는 말은 시간과 공간 및 역사를 초월하는 것을 의미하기에, 성부는 초역사적이고 초월적인 존재라는 뜻이다. 따라서 제5절은 성부 하느님이 비가시적이고, 비대상적이며, 비주제적이고, 초역사적이며 초월적인 존재라고 규정하는 구절이라 할 수 있다. 이러한 프란치스코의 신학적 논리는, 영원하고 무한하며 형언할 수 없는 신비 속에 머무시는 절대적이고 비가시적인 존재인 성부 하느님은 육체의 눈에는 결코 보여지지 않는다는 사실을 충분히 긍정하게 해준다. 그럼에도 불구하고 프란치스코는 여기에 머무르지 않고, 성부 하느님을 볼 수 있는 유일한 길을 제시하면서 비가시적인 세계로 넘어간다. 「권고」 1,6에서 그는 말한다: "하느님은 영 안에서가 아니면 볼 수 없습니다"[18]. 성부 하느님은 영이시기 때문에, 그분은 영 안에서만 보여질 수 있는 존재라는 말이다. 이는 성부 하느님이 무한한 신비 안에 영원히 머무시는 **신비** 그 자체로서 신비 안에서는 가시적인 존재가 된다는 뜻이다. 영은 영 안에서만 볼 수 있다는 사실은 프란치스코 관상의 가장 기본적인 전제라 할 수 있다. 그렇다면, 구체적으로 어떻게 비가시적인 성부 하느님을 영 안에서 볼 수 있는가? 「권고」 1에서 프란치스코는 두 가지 방법을 제시한다. 하나는 사도들이 성자를 관상한 방법이고, 다른 하나는 믿는 이들이 성체 안에서 그리스도의 몸과 피를 관상하는 방법이다.

4.1.2.2. 성자 하느님

육화하신 그리스도 안에는 육체의 눈에 보이는 인성과 영의 눈에만 보이는 신성이 완벽하게 일치되어 있다. 이러한 그리스도는, 「권고」 1에

---

[18] 이러한 프란치스코의 관점은 그가 성무일도를 통해 접하게 된 교부들의 사상 안에서 찾아볼 수 있으며, 특히 성인 공통 중 "독서의 기도"의 제1독서였던 대 그레고리오 교황의 『복음 강론집』 가운데 하나가 그렇다(참조: P. MESSA, 『Le fonti patristiche negli scritti di Francesco d'Assisi』, 278).

의하면, 비가시적인 성부를 관상할 수 있는 유일한 길이다. 왜냐하면 예수를 보고 인식하는 자만이 성부를 보고 인식할 수 있기 때문이다[19].

창조 이전부터 존재하시는 말씀이자 육화하신 말씀인 성자 하느님이 성부와 똑같은 **신비**이시기에, 영 안에서가 아니면 성자 하느님도 결코 볼 수 없다는 사실은, 프란치스코 관상 신학의 또 다른 결과라 할 수 있다. 이에 대하여 아씨시의 관상가는 「권고」 1,7에서 다음과 같이 말한다. "이와 같이 아드님도 아버지와 같은 분이시기에 아버지를 보는 방법과 다르게 또한 성령을 보는 방법과 다르게는 아무도 아드님을 볼 수 없습니다"(Sed nec filius in eo, quod aequalis est Patri, videtur ab aliquo aliter quam Pater, aliter quam Spiritus Sanctus). 이 구절에서 프란치스코는 성자는, 절대로 가까이 다가갈 수도 없고 눈에도 보이지 않는, 성부와 동일한 실체를 지니고 있다고 확언하면서[20], 육체적 시각에는 비가시적이나 영 안에서는 가시적인 **영**과 관련시키는 가운데, 성자는 성령을 보는 방법과 다르게는 결코 그 누구에게도 보여지지 않는다고 분명하게 언급한다. 이와 같이 성부와 성자를 바라보는 지평에는 다음과 같은 상호 관계가 병행을 이루고 있다:

	육체적 비가시성	영적 가시성
성부	아버지는 사람이 다가갈 수 없는 빛 속에 사시고, 하느님은 영이시다(5절)	하느님은 영 안에서가 아니면 볼 수 없습니다(6절)
성자	아드님도 아버지와 같은 분이시기에(7절)	성령을 보는 방법과 다르게는 아무도 아드님을 볼 수 없습니다(7절)

---

[19] 참조: F. URIBE, 「Per 'conoscere' il Padre: L'Ammonizione I di san Francesco d'Assisi」, 18.
[20] 참조: P. MESSA, 「Le fonti patristiche negli scritti di Francesco d'Assisi」, 278.

프란치스코가 그리스도는 **영** 안에서만 보여진다고 단호하게 언급하는 것을 보면, 그는 틀림없이 그리스도의 정체를 본질적으로 비가시적이고, 비대상적이며, 비주제적인 초월의 신비로 파악하고 있었던 것 같다. 그럼에도 불구하고 육화하신 그리스도가 시공간적이고 역사적이며 가시적이고 범주적인 존재라는 사실, 즉 그리스도 안에는 대상적이고 주제적이며 가시적인 인성과 비주제적이고 초월적이며 비가시적인 신성이 동시에 공존한다는 사실 또한 의문의 여지가 없는 신학적 사실이다. 그러므로 그리스도 안에는, 형언할 수 없는 **신비**로 머물러 계시는 성부 하느님과, 역사적으로 육화하신 그리스도의 범주적 인성 안에 숨어 계시는 초월적이고 비가시적인 신비를 동시에 바라볼 수 있는 가능성이 늘 열려져 있다[21]. 이 시점에서 다시 한 번 **영** 안에서만 성부 하느님을 볼 수 있다는 사실에 주목할 필요가 있다. 왜냐하면 **영** 이야말로 육의 장벽을 뛰어넘어 비가시적인 실재, 즉 하느님의 신비를 보고 믿을 수 있는 능력을 허용해 주기 때문이다[22].

프란치스코는 「권고」 1,8과 20에서 예수 시대인들과 사도들을 대조시키면서, 사도들을 영적 바라봄의 모형으로 제시한다: "[8]그래서 주 예수를 영과 신성으로 보지 않고, 인성으로만 보아 그분이 하느님의 참 아드님이시라는 것을 보지도 않았고 믿지도 않았던 모든 사람은 단죄받았습니다. [20]그리고 그들은 육신의 눈으로 그분의 육신만을 보았지만, 영신의 눈으로 관상하면서 그분이 하느님이심을 믿었습니다"([8]Unde omnes qui viderunt Dominum Jesum secundum humanitatem et non viderunt et crediderunt secundum spiritum et divinitatem, ipsum esse verum Filium Dei, damnati sunt. [20]Et sicut ipsi [apostoli] intuitu carnis

---

[21] "공현 대축일의 밤기도 독서에는 아우구스티노의 설교로 알려진 설교가 나타나는데, 이는 예수의 탄생에 관한 주석이다". 여기에서 이 설교의 저자는 예수의 인성을 넘어서서 그분의 신비를 바라보도록 예수의 인성을 묵상하라고 권고한다. "이와 같은 사상은 「권고」 1에도 나타난다"(P. MESSA, 「Le fonti patristiche negli scritti di Francesco d'Assisi」, 283).

[22] 참조: F. URIBE, 「Per 'conoscere' il Padre: L'Ammonizione I di san Francesco d'Assisi」, 19.

suae tantum eius carnem videbant, sed ipsum [filium Dei] Deum esse credebant oculis spiritualibus contemplantes). 이러한 대조를 보다 명료하게 제시하기 위해 도표로 나타내면 다음과 같이 요약할 수 있다:

	육체의 눈으로 바라봄	영적인 눈으로 바라봄
예수 시대 사람들(8절)	주 예수를…인성으로 본… 모든 사람들	그분이 하느님의 참 아드님이시라는 것을 보지도 않았고 믿지도 않았던 모든 사람들
사도들(20절)	그들은 육신의 눈으로 그분의 육신만을 보았지만	영신의 눈으로 관상하면서 그분이 하느님이심을 믿었습니다

이 도표에는 "보다"는 동사(videre)가 3번 나타나고, "관상하다"는 탈형 동사(contemplari)의 분사형이 1번 나타난다. 그러나 이 도표에 나타나 있는 8절과 20절의 앞쪽에 있는 "보다"(videre) 동사의 의미와 후반부에 있는 "보다"(videre와 contemplari) 동사의 의미는 판이하게 다르다. 전자는 육체의 시각으로 바라보는 것을 의미하고, 후자는 영적인 눈으로 바라보는 것을 의미하기 때문이다. 이 권고에서 프란치스코는 예수의 동시대인들이 그를 만났음에도 불구하고 육체의 눈으로 예수의 인성만을 보면서 영적인 눈으로 그리스도를 보지 못해, 그리스도가 하느님의 아들이심을 믿을 수가 없었노라고 애석해 한다. 이러한 바라봄은 참된 바라봄이 아니다. 그러나 「권고」 1,20에서 프란치스코는 사도들의 경우에는 육신의 눈으로 그리스도의 육신을 바라보면서 동시에 영적인 눈으로 그리스도를 하느님으로 관상하며 믿었다고 강조한다[23]. 즉, 사도들 안에서는 그리스도의 인

---

[23] 카예탄 에써(K. Esser)의 비판본에는 「권고」 1,19의 "Et sicut sanctis apostolis" (사도들에게와 마찬가지로) 다음에 "apparuit"(나타나다) 동사가 나타나지 않지만, 조반니 볼칼리(G. Boccali)의 비판본에는 이 동사가 들어가 있다: "그리고 당신 자신을 참된 살로서 거룩한 사도들에게 보여 주신 것과 마찬가지로 지금 축성된 빵으로 우리에게 당신 자신을 보여 주십니다"(Et sicut sanctis apostolis

성에 대한 물리적 인식으로부터 그분의 신성에 대한 영적 인식에로의 이행 과정이 영 안에서 이루어진 것이다[24].

이 구절에서 유의할 점은 프란치스코가 "하느님"(Deus)이라는 용어를 믿음의 궁극적 목표로 제시한다는 것이다. 왜냐하면 여기에서 "하느님"은 삼위일체의 제2위격으로서의 그리스도만을 지칭하는 것이 아니라 세 위격 모두에게 공통적으로 적용할 수 있는 일반적인 의미에서의 "하느님"을 뜻하기 때문이다. 따라서 숨어 계신 하느님을 다루고 있는 『권고』 1의 전체적인 문맥 안에서 바라보면[25], 20절은 사도들이 그리스도의 신비 안에서 성부의 신비를 바라보았음을 강조하는 구절이라 하겠다.

한편, 20절에 사용된 동사의 시제에도 특별히 주의할 필요가 있다. 8절에서는 "보다"(videre) 동사와 "믿는다"(credere)는 동사가 완료시제(viderunt, crediderunt)로 사용되는데, 20절에서는 반과거(videbant, credebant)의 형태로 사용되기 때문이다. 문법적으로 동사의 반과거는 행위의 동시성을 나타내기 때문에, 20절의 영적인 눈으로 바라보며 믿는 행위는 육체의 눈으로 바라보는 행위와 동시적으로 발생하

---

apparuit in vera carnis, ita et modo se nobis ostendit in sacro pane). 리노 바르톨리니는 복칼리의 비판본을 받아들이면서, "나타나다"(apparuit) 동사와 "보여 주다"(ostendit) 동사가 신약 성경에서 부활하신 그리스도와 관련하여 여러 번 함께 나타난다는 사실을 근거로, 『권고』 1,19의 "참된 살로서 거룩한 사도들에게 보여 주셨다"는 구절을 그리스도께서 당신 부활 이후에 사도들에게 나타나 당신의 참된 살을 그들에게 보여 주신 것이라고 해석한다. 이와 같은 관점에서 『권고』 1,20을 이해하면, 이 구절에서 그리스도를 본다는 것은 그리스도의 부활 신비를 바라본다는 것이 된다(참조: R. Bartolini, 『Lo Spirito del Signore』, 254).

[24] 피에트로 메싸에 의하면, 20절에서 볼 수 있는 "인투에리"(intueri, 들여다보다) 동사는 인간의 실재 안에서 하느님의 실재를 인식하는 것을 뜻하며, 이러한 인식은 구원을 선물로 주시는 하느님 아드님의 신비를 체험하는 데 필수적으로 요청된다 (참조: P. Messa, 『Le fonti patristiche negli scritti di Francesco d'Assisi』, 282).

[25] 레온하르트 레만은 『권고』 1의 정확한 주제는 "숨어 계신 하느님에 대하여"가 될 것이라고 주장한다(참조: L. Lehmann, 『Le ammonizioni di san Francesco』, 34).

게 된다. 사실 프란치스코가 언급하는 영적인 바라봄은 육체적인 바라봄을 배척하는 것이 아니며, 이를 한 단계 끌어올려 더 높은 차원으로 승화시키는 것이다[26]. 이런 의미에서 육체적 바라봄은 영적 바라봄의 한 요소라 할 수 있다. 비가시적이고 비주제적인 신비에 대한 영적 바라봄은 육체적인 시각을 통해서 이루어지기 때문이다. 그런데 사도들은 그리스도의 인성을 범주적인 대상으로 바라보는 단계로부터 비대상적이고 비범주적인 그분의 신성을 초월적 신비로 바라보는 단계로 넘어갔고, 그런 점에서 프란치스코는 그들을 영적인 바라봄의 탁월한 전형으로 제시하는 것이다.

지금까지 고찰한 것을 종합하면, 육화하신 그리스도 안에는 인성과 신성이 완벽하게 조화되어 있으며, 그러한 그리스도야말로 성부께 이르는 유일한 길이라 하겠다. 이러한 까닭으로, 그리스도를 중개로 성부의 신비를 알아보는 데에는 육체적 바라봄과 영적인 바라봄이 모두 요청된다. 사실 사도들도 그렇게 육체의 눈으로는 그리스도의 육체를 바라보면서 동시에 그분의 육체로부터 흘러나오는 그리스도의 신비를 영적인 눈으로 바라보았고, 그러는 가운데 성부의 신비도 동시에 바라보게 되었다. 성부와 똑같은 성자를 매개로 성부를 바라보는 것은 프란치스코의 영적 여정의 최종 목표였다[27].

4.1.2.3. 축성된 빵과 포도주

비가시적이고 비주제적인 성부 하느님을 영적으로 볼 수 있는 또 다른 놀라운 길은 성자의 계속적이며 새로운 육화이신 축성된 빵과 포도주이다[28]. 이에 대해 프란치스코는 「권고」 1,16-19에서, 역사적으로 육화하신 그리스도의 신비를 바라보는 방법과 같은 논리를 전개시켜

---

[26] 참조: C. VAIANI, 『Vedere e Credere』, 161.
[27] 참조: P. MESSA, 『Le fonti patristiche negli scritti di Francesco d'Assisi』, 283.
[28] 참조: F. URIBE, 『Per 'conoscere' il Padre: L'Ammonizione I di san Francesco d'Assisi』, 28.

나간다: "¹⁶보십시오! 그분은 어좌로부터 동정녀의 태중으로 오신 때와 같이 매일 당신 자신을 낮추십니다. ¹⁷그분은 겸손한 모습으로 매일 우리에게 오십니다. ¹⁸매일 사제의 손을 통하여 아버지의 품으로부터 제대 위에 내려오십니다. ¹⁹그리고 당신 자신을 참된 살로서 거룩한 사도들에게 보여 주신 것과 마찬가지로 지금 축성된 빵으로 우리에게 당신 자신을 보여 주십니다"(¹⁶Ecce, quotidie humiliat se, sicut quando a regalibus sedibus venit in uterum Virginis; ¹⁷quotidie venit ad nos ipse humilis apparens; ¹⁸quotidie descendit de sinu Patris super altare in manibus sacerdotis. ¹⁹Et sicut sanctis apostolis in vera carne, ita et modo se nobis ostendit in sacro pane). 이 구절에서 프란치스코는 제대 위로 오시는 그리스도와 동정녀 마리아의 태중으로 오신 그리스도를 비교하면서 육화와 성체를 비교하고 있다²⁹. 프란치스코의 영적 감각 안에서 보면, 그리스도께서는 본질적으로 비가시적이고 비주제적인 성부의 신비를 드러내기 위하여 매일 아버지의 품으로부터 제대 위로 내려오신다³⁰. 아씨시의 신비가는 19절에서 "오스텐데레"(ostendere, 보여 주다) 동사를 사용하는데, 이 동사는 3절에서 성부의 신비를 보여달라는 인간의 궁극적인 갈망을 표현할 때 사용되었던 동사이다. 그러므로 사도들이 역사적인 그리스도 안에 숨겨져 있는 신비를 바라보았듯이, 역사적 그리스도 이후를 사는 사람들은 영적인 눈으로 축성된 빵과 포도주 안에서 그리스도의 신비를 볼 수 있으며, 동시에 이 신비 안에서 성부의 숨겨진 신비도 바라볼 수 있는 것이다.

프란치스코는 「권고」 1,9와 21에서 믿는이들과 믿지 않는 이들을 대조시키면서 영 안에서 축성된 빵과 포도주를 바라볼 것을 권고한다: "⁹이와 마찬가지로 주님의 말씀을 통하여 제대 위에서 사제의 손으로 빵과 포도주의 형상으로 축성되는 성사를 보면서, 영과 신성에

---

²⁹ 참조: K. NGUYEN VAN, 『Gesù Cristo』, 229-230.
³⁰ 참조: P. MESSA, 『Le fonti patristiche negli scritti di Francesco d'Assisi』, 291-292.

따라 이것이 참으로 우리 주 예수 그리스도의 지극히 거룩하신 몸과 피라는 것을 보지도 않고 믿지도 않는 모든 사람도 단죄 받습니다. [21]이와 같이 우리들도 육신의 눈으로 빵과 포도주를 볼 때, 그것이 참되고 살아 있는 그분의 지극히 거룩하신 몸과 피라는 것을 보고 굳게 믿도록 합시다"([9]ita et modo omnes qui vident sacramentum, quod sanctificatur per verba Domini super altare per manum sacerdotis in forma panis et vini, et non vident et credunt secundum spiritum et divinitatem, quod sit veraciter sanctissimum corpus et sanguis Domini nostri Jesu Christi, damnati sunt. [21]sic et nos videntes panem et vinum oculis corporeis videamus et credamus firmiter, eius sanctissimum corpus et sanguinem vivum esse et verum). 인용된 이 구절들 안에는 "비데레"(videre, 보다) 동사가 4번 나타난다. 9절과 21절의 전반부에 먼저 나타나는 "비데레" 동사는 육체적 시각을 뜻하고, 후반부에 나타나는 "비데레" 동사는 영적인 시각을 의미한다. 9절에서 프란치스코는 축성된 빵과 포도주 안에서 그리스도의 몸과 피를 알아보는 눈은 육체적인 눈이 아니라 영적인 눈임을 강조한다. 이는 가시적이고 범주적이며 주제적이고 대상적인 빵과 포도주 형상 안에 숨어 계시는 그리스도의 몸과 피의 성사가 본질적으로 비가시적이고 비범주적이며 비주제적이고 비대상적인 신비임을 암시하는 것이라 하겠다. 이와 같이 숨어 계신 신비를 바라보기 위해서는 절대적으로 영적인 시각이 요청된다[31]. 프란치스코의 언어 구사법에 의하면, 그리스도의 몸과 피는 본질적으로, 비가시적이고 비주제적인 성부의 초월적 신비를 드러내 주는, 그리스도의 초월적 신비를 의미한다. 이는 「권고」 1,8과 20,9와 21을 비교해 보면, 보다 분명하게 드러난다:

---

[31] "보지도 않고 믿지도 않는 모든 사람들은 단죄받는다"는 표현과 특히 "모든 사람들"이라는 낱말에는 어떤 형태의 예외도 용납되지 않는다는 의미가 내포되어 있는데, 이러한 표현을 통하여 프란치스코가 이해했던 영적인 바라봄의 절대성을 포착할 수 있다.

		육체의 눈으로 바라봄	영적인 눈으로 바라봄
믿지 않는 이들	예수 시대 사람들 (8절)	주 예수를…인성으로 본…모든 사람들	그분이 하느님의 참 아드님이시라는 것을 보지도 않았고 믿지도 않았던 모든 사람들
	프란치스코 시대 사람들 (9절)	주님의 말씀을 통하여 …빵과 포도주의 형상으로 거룩하게 되는 성사를 보는 모든 사람들	영과 신성에 따라 우리 주 예수 그리스도의 지극히 거룩하신 몸과 피라는 것을 보지도 않고 믿지도 않는 모든 사람들
믿는 이들	사도들 (20절)	그들은 육신의 눈으로 그분의 육신만을 보았지만	영신의 눈으로 관상하면서 그분이 하느님이심을 믿었습니다
	프란치스코 시대 사람들 (21절)	우리들도 육신의 눈으로 빵과 포도주를 볼 때	그것이 참되고 살아 있는 그분의 지극히 거룩하신 몸과 피라는 것을 보도록 또 굳게 믿도록 합시다.

이 도표를 통하여 그리스도의 신비에 대한 바라봄과 축성된 빵과 포도주의 신비에 대한 바라봄 사이의 병행을 비교해 볼 수 있다. 「권고」 1의 핵심 주제는 가까이 다가갈 수 없는 빛 가운데 머무시는 비가시적인 성부를 바라보는 문제이다. 그런데 8절과 20절에서 프란치스코는 인성에 대한 바라봄으로부터 신성에 대한 바라봄으로 넘어감으로써[32] 그리스도 안에서 성부를 관상하게 된 사도들을 그 해결의 길로 제시한다[33]. 그리고 그 해결의 길이란 바로 관상이며, 사도들은 이러한 관상의 모형이다. 이와 동일한 전망 아래 프란치스코는

---

[32] "인성에 따라"(secundum humanitatem)로부터 "신성에 따라"(secundum divinitatem)로 넘어가는 과정은 아우구스티노의 「요한복음 주해」 38,2-6에서 볼 수 있는데, 이는 수난 주간의 넷째 평일 독서의 기도에 실려 있었다(참조: P. MESSA, 「Le fonti patristiche negli scritti di Francesco d'Assisi」, 284).
[33] 참조: F. URIBE, 「Per 'conoscere' il Padre: L'Ammonizione I di san Francesco d'Assisi」, 30.

9절과 21절에서 역사적 그리스도 이후의 사람들에게 성부의 신비를 바라보는 길로 축성된 빵과 포도주를 제시한다. 왜냐하면 축성된 빵과 포도주는 그리스도의 살아 있는 몸과 피로서, 그리스도의 이 신비 안에 하느님의 신비, 즉 성부의 신비가 숨겨져 있기 때문이다. 그런데 영 안에서 하느님의 신비를 바라보는 것은 프란치스코가 「권고」 1에서 강조하는 주제로서, 이는 사도들의 영적인 바라봄과 믿는이들의 바라봄 모두에게 적용되는 것이다. 특히 9절의 부사 "이타"(ita, 이와 마찬가지로)는 21절의 "시크"(sic, 이와 같이)와 밀접한 관계가 있으며, 이는 신학적으로 그 본질적 의미를 동일하게 형성하면서, 사도들의 바라봄과 믿는이들의 바라봄을 근원적으로 연결시켜 준다. 그러므로 사도들이 자신의 육안(肉眼)으로 그리스도의 인성을 바라보는 가운데 영의 눈으로 그분이 하느님의 아들임을 믿고 동시에 그 안에서 성부의 신비를 바라보았듯이, 역사의 예수 이후의 사람들 또한 육체의 눈으로 축성된 빵과 포도주를 바라보면서 그리스도의 신비를 바라볼 수 있고 그렇게 성부의 신비를 바라볼 수 있게 되는 것이다.

한편, 축성된 빵과 포도주에 대한 영적인 바라봄은 육체적인 바라봄을 마비시켜 그 기능을 중지시키는 것이 아니라, 오히려 육체적 시각을 기초로 삼아 이루어진다는 점 또한 지적할 필요가 있다. 이는 사도들이 "인성에 따른"(secundum humanitatem) 바라봄으로부터 "신성에 따른"(secundum divinitatem) 바라봄에로의 이행(移行)을 통하여 육화하신 **말씀** 안에서 하느님의 신비를 포착한 데서도 확인할 수 있다. 뿐만 아니라, 물질적이고 범주적인 성체 안에 현존하는 그리스도에 대한 영적인 바라봄도 같은 원리 안에서 전개되는데, 이는 모든 피조물 안에 숨어 계신 하느님의 신비를 관상했던 프란치스코의 신비체험에 있어 가장 기초적인 전제 중의 하나가 된다. 프란치스코의 생애를 전해 주는 첫 전기 작가들의 증언에 따르면, 그는 자주 하루 종일 피조물들을 찬미하며 시간을 보냈으며, 이러한 관상을 통하여 빈번히 하느님 자체에 대한 관상에까지 나아갔다[34]. 그러므로 프란치스코는 피조물 안에서 하느님의 신비를 관상하듯이 그렇게 성체 안에서 그리스도의 신비를 관상하였으며[35] 그 반대도 또한 마찬가지라고 추론할 수 있다. 현재 남아 있는 프란치스코의 글에는 이러한 병행에 관한 언급은 찾아볼 수 없지만, 그럼에도 불구하고 피조물의 신비와 성체의 신비를 관상하는 원리는 동일하다고 어렵지 않게 연역해 낼 수 있다.

4.1.2.4. 선과 덕과 구원의 신비

제3장에서 우리는 이미 모든 선들과 덕들이 비대상적이고 비주제적이며 존재론적인 신비임을 살펴보았다. 비가시적이고 초월적인 모든 신비는 그 자체로 이미 선이요 덕으로서, 영적인 바라봄의 대상이며, 프란치스코는 이러한 바라봄에 대해 명시적이든 암시적이든 계속해서 언급하고 있다.

프란치스코는 그의 타고난 직관력으로 '창조된 모든 실재' 안에 참여하신 하느님의 익명적 개입을 꿰뚫어 보고, 이를 "형제"(frater) "자매"(sora)라는 칭호를 통해 탁월하게 표현해 놓았다. 「태양 노래」

---

[34] "그는 벌들의 완벽한 일 처리와 탁월한 기술을 하느님의 영광을 위하여 여러 사람 앞에서 칭찬하였고, 벌이나 다른 피조물들을 찬탄하며 하루를 온통 보내곤 하였다"(「1 첼라노」 80,9); "[프란치스코는] 마치 그들이[불과 다른 피조물들이] 하느님을 느끼고 이해하고 하느님과 대화할 수 있는 것처럼, 내적 외적으로 대단한 기쁨에 젖어 그들에게 이야기를 했으며, 이런 경우에 그는 자주 하느님께 대한 관상으로 넋을 잃곤 하였다"(「아씨시 편집본」 86,28). 두 번째 이야기는 "그분과 함께 지냈던 우리"(nos qui fuimus cum illo)라는 저 유명한 문장과 관계가 있는 일화들 중 하나이다.

[35] 참조: C. VAIANI, 『Vedere e Credere』, 161. 야니스 스피테리스 또한 같은 신학적 관점에서 "프란치스코에게 있어 피조물은 거의 '성사적' 표지였으며, 이러한 표지 안에서 프란치스코는 주님의 현존과 주님의 무한한 선성을 바라보았다"(Y. SPITERIS, 『Francesco e l'oriente cristiano un confronto』, 120)고 주장하면서, "성 프란치스코의 태도는…말하자면 '성체'를 우주적으로 확장하는 것"(위와 같은 책, 121)이라고 결론 내린다.

는 이러한 신비적 바라봄을 특히 더 아름답게 노래한 시(詩)로, 여기에서 프란치스코는 해, 달, 별, 불, 꽃과 같은 피조물들의 아름다움과, 온갖 피조물들이 생산해 내는 열매들과, 땅의 모성(母性)과, 사랑 어린 용서와, 육체적 죽음의 형제성 등 우주 만물을 통해서 하느님을 찬미한다. 이렇게 프란치스코가 관상한 피조물의 모든 신비적 차원들은 한마디로 "선의 신비"라고 요약할 수 있다. 그리고 피조물 안에 비밀스럽게 숨겨져 있는 선의 신비는 일종의 최고선이신 창조자의 공현이라 이를 수 있으며, 프란치스코는 영적인 눈을 통하여 이 신비를 바라보았다[36].

아씨시의 이 탁월한 선의 관상가는 또한 덕의 신비를 존재론적 차원에 이르기까지 깊이 바라보았다. 이 관상가에게 모든 덕은 비가시적이고 초월적인 신비로서, 이 역시도 영적 바라봄의 대상이다. 「형제회 편지」 28에서 프란치스코는 빵의 형상 안에 숨어 계신 하느님의 "탄복하올 높음과 경이로운 존엄함"의 덕을 관상하면서 이 놀라운 겸덕(謙德)을 바라보도록 모든 형제들을 초대한다: "형제들이여, 하느님의 겸손을 보십시오. 그리고 그분 앞에 여러분의 마음을 쏟으십시오. 그분이 여러분을 높여 주시도록 여러분도 겸손해지십시오."(Videte, fratres, humilitatem Dei et effundite coram illo corda vestra; humiliamini et vos, ut exaltemini ab eo). 이 구절에 나타나는 "하느님의 겸손"은 범주적이고 가시적인 대상이 아니라 비대상적이고 비주제적인 신비로서 초월적인 덕이다. 따라서 "보십시오"(videte)라는 동사는 육체적인 시각이 아니라 영적인 시각으로 바라보는 것을 의미한다. 이 구절은 프란치스코가 덕을 영적인 바라봄의 대상으로 간주했다는 사실을 드러내 주는 하나의 근거가 된다.

아씨시의 관상가는 또한 구원의 신비도 영적 바라봄의 대상으로 언급한다. 「권고」 6,1에서 그는 그리스도의 수난을 바라보도록 형제

---

[36] 참조: C. PAOLAZZI, 『Il Cantico di frate Sole』, 80-82.

들을 초대한다: "모든 형제들이며, 우리 모두 당신 양들을 속량하기 위해 십자가의 수난을 견디어 내신 착한 목자를 주의 깊게 바라봅시다"(Attendamus, omnes fratres, bonum pastorem, qui pro ovibus suis salvandis crucis sustinuit passionem). 이 구절에서 사용된 "앝텐다무스"(attendamus) 동사는 주의 깊게 바라보는 것을 뜻하기 때문에, 이 동사가 근본적으로 영적 바라봄에로의 초대를 함축하고 있다는 사실은 틀림없다 하겠다. 그리고 여기에서 바라봄의 대상은 단순히 착한 목자가 아니라, "십자가의 수난을 견디어 내신 착한 목자"이다. 즉, 프란치스코는 바라봄의 초점을 착한 목자가 겪으신 수난의 신비에로 집중시키는 것이다. 그러므로 「권고」 6은 수난의 신비가 영적 바라봄의 대상임을 보여 주는 권고라 하겠다.

「1신자 편지」 2,7에서는 그리스도의 빛이 영적 바라봄의 대상으로 묘사되어 있다: "그들[회개하지 않는 이들]은 참된 빛이신 우리 주 예수 그리스도를 보지 않기에 소경입니다"(caeci sunt, quia verum lumen non vident Dominum nostrum Jesum Christum). 이 구절에 나타나는 "빛"(lumen)이라는 말은 물리적인 빛이 아니라 그리스도의 신비를 지칭하는 전형적인 신비적 표현 중 하나이다. 따라서 그리스도이신 참된 빛은 육체적 시각의 대상이 아니라 영적인 바라봄의 대상이며, 이와 관련된 "본다"(videre) 동사 또한 영적인 시각과 불가분리적 관계에 있다. 즉, 이 동사의 대상은 신비인 것이다.

하느님 신비에 대한 바라봄은 「수난 성무」 6,14에도 나타난다: "너희는 내가 하느님임을 바라보고 또 바라보아라. 주님이 말씀하신다. 나는 민족들 위에 우뚝 섰노라, * 세상 위에 우뚝 섰노라"(Videte, videte, quoniam ego sum Deus, dicit Dominus * exaltabor in gentibus et exaltabor in terra). 이 구절에서 프란치스코는 본다는 동사를 반복하여 사용하면서 바라봄을 강조하고 있다. 여기에서 바라봄의 대상은 하느님 자신이며, 이 시편에서 이는 구원의 신비를 통하여 드러난다.

영적인 바라봄과 관련하여 「수난 성무」 14,5에는 다음과 같은 구절이 나타난다: "가난한 이들아, 보고 즐거워하여라. * 너희는 하느님을 찾고 너희 마음에 생기를 돋우어라"(Videant pauperes et laetentur * quaerite Deum et vivet anima vestra). 이 구절에 나타나는 "보다"(videre) 동사의 목적어는 5절에서는 숨겨져 있으나, 이 시편의 전체 맥락 안에서 보면, 이 구절 앞에 나오는 구절 전체와 관련되어 있음을 알 수 있다. 즉, 지극히 거룩하신 아버지의 위로(1절), 구원자이시고 신뢰할 수 있으며 안전한 나의 하느님(2절), 나의 힘이시며 나의 찬미이신 주님(3절), 원수를 짓부수시는 하느님 영광의 위대하심(4절)이 그것이다. 이상과 같이 "보다" 동사를 수식하는 목적어들은 모두 하느님의 놀라운 일들과 관계되어 있으며, 이 경우에도 "보다"(videre) 동사는 영적 바라봄을 의미하고 그 대상은 구원의 신비라 하겠다.

지금까지 영적인 바라봄의 대상인 선과 덕과 구원의 신비를 특히 프란치스코의 글에 나타난 "보다"(videre) 동사와의 관계 안에서 몇 가지 사례를 중심으로 살펴보았다. 그러나 이 시점에서 지적하고 싶은 것은 프란치스코가 관상한 하느님의 신비는 위에서 고찰한 몇 가지 경우들로 제한될 수 없다는 점이다. 왜냐하면 프란치스코가 체험한 영적 바라봄 가운데 틀림없이 그 일부만이 그의 글 안에 남겨졌겠기 때문이다. 예를 들면, 그에게 계시된 하느님의 뜻 또한 오랫동안 그가 관상했던 영적 바라봄의 대상이었을 것으로 추정되는데, 이는 그가 세상을 떠나기 직전 자신의 생애를 되돌아보며 남겨 놓은 「유언」 14절과 23절에서 확인해 볼 수 있다[37].

---

[37] "14그리고 주님께서 나에게 몇몇 형제들을 주신 후 내가 해야 할 일을 아무도 나에게 보여 주지 않았지만, 지극히 높으신 분께서 친히 나에게 거룩한 복음의 양식(樣式)에 따라 살아야 할 것을 계시하셨습니다. 23'주님께서 당신에게 평화를 내려 주시기를 빕니다' 하고 우리가 해야 할 인사를 주님께서 나에게 계시하셨습니다"(「유언」 14.23).

4.1.3. 지복직관

영적인 바라봄은 하느님의 숨어 있는 신비를 꿰뚫어 보는 것으로, 이는 인간 존재가 하느님의 본성 자체에 참여하는 지복직관 안에서 완전하게 실현된다. 프란치스코는 "비데레"(videre, 보다) 동사를 통하여 이러한 지복직관에 대해서도 언급한다. 그가 남겨 놓은 글에는 "찬란함을 볼 수 있게 하소서"(videant claritatem)라는 표현이 네 차례, 즉 「1신자 편지」 1,19, 「2신자 편지」 60, 「규칙 단편」 1,28, 「비인준 규칙」 22,55에 나타나는데, 이는 지복직관과 밀접하게 관계되어 있는 표현이다[38]. 요한 17,24을 인용한 이 구절에서 "클라리타스"(claritas, 찬란함 또는 영광)라는 말은 그리스어 성경 원문으로는 "독싸"($\delta\delta\xi\alpha$)이며, 이 그리스 말은 구약 성경의 히브리어 "카봇"(כָּבוֹד)과 밀접한 관계가 있다. 구약 성경 안에서 "카봇"은 하느님의 힘이 발휘되는 가운데 가시적으로 드러나는 하느님의 위엄을 가리키는 말이다. 하느님은 비가시적인 존재임에도 불구하고 놀라운 행위를 통해 인간에게 현시(顯示)되는데, 이러한 현시가 바로 하느님의 "카봇"이며[39], 그 의미는 요한복음에서도 발견된다. 제4복음서에 의하면, 그리스도는, 하느님의 말씀으로서, 하느님 "영광"($\delta\delta\xi\alpha$)의 육화이며, 하느님의 가시적 현존은 그분의 힘이 발휘되는 가운데 나타난다[40]. 요한복음 안에서 하느님의

---

[38] "아버지, 저는 이들도 제가 있는 곳에 저와 함께 있게 되기를 바라며, 그리하여 아버지의 나라에서 저의 찬란함을 그들도 볼 수 있게 하소서"(「1신자 편지」 1,19); "아버지, 저는 이들도 제가 있는 곳에 저와 함께 있게 되기를 바라며, 그리하여 아버지의 나라에서 저의 찬란함을 그들도 볼 수 있게 하소서"(「2신자 편지」 60); "아버지, 아버지께서 저에게 주신 이들도 제가 있는 곳에 저와 함께 있게 해주시어, 당신의 나라에서 저의 찬란함을 그들도 볼 수 있게 하여 주십시오"(「규칙 단편」 1,28); "아버지, 아버지께서 저에게 주신 이들도 제가 있는 곳에 저와 함께 있게 해주시어, 당신의 나라에서 당신의 찬란함을 그들도 볼 수 있게 하여 주십시오. 아멘"(「비인준 규칙」 22,55).
[39] 참조: R. Brown, 「Giovanni」, 1444.
[40] 참조: 위와 같은 책, 1445.

"영광"(δόξα)은 그리스도께서 행하신 기적들을 통하여 빛나고, 그분의 죽음과 부활 안에서 그 절정에 다다른다. 왜냐하면 그리스도의 죽음과 부활이야말로 하느님의 힘이 가장 탁월하게 드러나는 행위이기 때문이다. 다시 말하면 성부의 "영광"(δόξα)은 지상에서 행하신 그리스도의 모든 활동들 안에서 빛나며, 이 때문에 하느님의 "영광"(δόξα)은 성부로부터 성자께로 주어지는 것이라 말할 수 있다[41]. 결국, 히브리어 "카봇"이든 그리스어 "독싸"든, 이 두 낱말은 하느님의 놀라운 현존에 대한 가시적 차원을 공통점으로 지닌다 하겠다.

그리스어 "독싸"(δόξα, 영광)는 불가타 성경에서 "클라리타스"(claritas, 찬란함)라는 말로 번역되고, 불가타 성경을 읽었던 프란치스코는 그의 글에서 이 라틴어를 인용한다. 요한복음을 특별히 선호했던 아씨시의 관상가는 지금 논의하고 있는 구절이 나오는 네 곳 가운데 「규칙 단편」 1,28을 제외한 세 곳에서 예수의 사제적 기도를 자기 나름대로 고유하게 편집하면서 요한 17,24로 이 기도를 끝맺는다. 이는 「비인준 규칙」 22,54-55에 다음과 같이 나타난다: "[54]그리고 저는 그들에게 아버지의 이름을 알려 주겠습니다. 아버지께서 저를 사랑하신 그 사랑이 그들 안에 있고 저도 그들 안에 있게 하려는 것입니다. [55]아버지, 아버지께서 저에게 주신 이들도 제가 있는 곳에 저와 함께 있게 해주시어, 당신의 나라에서 당신의 찬란함을 그들도 볼 수 있게 하여 주십시오. 아멘"([54]Et notum faciam eis nomen tuum, ut dilectio, qua dilexisti me, sit in ipsis et ego in ipsis. [55]Pater quos dedisti mihi, volo, ut ubi ego sum, et illi sint mecum, ut videant claritatem tuam in regno tuo. Amen). 이 단락에서 54절은 요한 17,26과 상응하고, 55절은 요한 17,24와 상응한다. 이 부분에서 프란치스코는 요한 17장의 24절과 26절을 바꾸어 놓음으로써, 「비인준 규칙」 22장을 예수의 사제적 기도로 끝맺으면서

---

[41] 참조: W. VIVIANI, 「L'ermeneutica di Francesco d'Assisi」, 141.

"당신의 나라에서 당신의 찬란함을 그들도 볼 수 있게 하여 주십시오"(videant claritatem in regno tuo)라는 표현을 부각시킨다.

여기에서 "찬란함"(claritas)이라는 말은 성부와 관계되는데, 성부의 찬란함은 그리스도의 십자가와 수난과 죽음을 통하여 사랑의 광채가 나타나는 가운데 드러나고, 제자들이 성부에 대해서 지니는 인식, 즉 그리스도의 구원 신비를 통해 계시된 하느님의 내밀한 존재를 인식하는 가운데 드러난다[42]. 그리고 "당신의 나라에서 당신의 찬란함을 그들도 볼 수 있게 하여 주십시오"라는 간구는 예수의 고별 기도의 절정을 이루는데, 이 기도에서 그리스도는 수난 직전에 성부께 제자들과 믿는이들의 믿음이 성취되도록 간청한다. 따라서 프란치스코가 그의 글에서 예수의 기도를 "찬란함을 볼 수 있게 하여 주십시오"라는 청원으로 끝맺는다는 사실은 그가 믿음의 완성을 어떻게 이해하고 있는지, 다시 말해 믿음의 완성이란 인간의 전존재가 시작되고 완성되는 성부의 나라에서 하느님의 찬란함을 보는 것임을 밝혀주는 것이라 하겠다[43]. 이와 같이 "찬란함을 바라보는 것"(videre claritatem), 그것이 바로 지복직관이다.

한편, 「1신자 편지」 1,19, 「2신자 편지」 60, 「비인준 규칙」 22,55에는 "그들도 제가 있는 곳에 저와 함께 해주시라"는 기도가 "당신의 나라에서 당신의 찬란함을 그들도 볼 수 있게 해주시라"는 기도 앞에 나타나는데, 여기에서 "제가 있는 곳"이란 성자께서 성부와 일치하시는 사랑의 자리를 뜻하고[44] **말씀**이신 성자께서, 부활과 승천을 통하여 다시 돌아가야 할, 육화 이전에 계시던 성부의 품을 뜻한다[45]. 그런데

---

[42] 참조: 위와 같은 책, 256.
[43] 참조: 「La Bibbia da studio」, la nota w, 2465.
[44] "아버지와 제가 하나인 것처럼 이들도 거룩해져 하나가 되게 하소서"(「1신자 편지」 1,18); "아버지와 제가 하나인 것처럼 이들도 거룩해지도록…"(「2신자 편지」 58).
[45] 요한복음 저자는 16장 28절에서 "나는 아버지에게서 나와 세상에 왔다가 다시 세상을 떠나 아버지께 간다"고 기록하고 17장 5절에서는 "세상이 생기기 전에

프란치스코는 하느님의 찬란함을 보게 해 달라는 기도를 바치기 전에 먼저 54절에서 사랑의 일치를 지향하는 예수의 기도를 인용한다: "아버지께서 저를 사랑하신 그 사랑이 그들 안에 있고 저도 그들 안에 있게 하려는 것입니다"(ut dilectio, qua dilexisti me, sit in ipsis et ego in ipsis). 이 구절에서 "딜렉찌오"(dilectio, 사랑)는 성부와 성자를 일치시켜 주는 사랑을 지칭하고, 이 사랑이 믿는이들 안에 있게 해 달라는 간청은 믿는이들이 성부 및 성자와 사랑 안에서 일치하게 해 달라는 것을 뜻하기 때문에, 이 구절은 믿는이들과 삼위일체 하느님이 사랑 안에서 본질적으로 일치하는 것을 의미한다. 이와 같이 프란치스코는 예수의 기도를 통해서 먼저 하느님의 신비 안에서 성취되는 사랑의 일치를 강조한 뒤에 하느님의 찬란함에 대한 바라봄을 언급한다. 이러한 사상의 흐름 안에서 바라보면, 하느님의 찬란함에 대한 믿는이들의 관상은 사랑 안에서 하느님 신비와 일치함으로써 실현되는 것이다. 그러므로 지복직관은 사랑의 신비에 달려 있고, 사랑의 신비를 전제하며, 사랑의 신비 안에서 성취되는 것이라 할 수 있다[46].

「1신자 편지」 1,19, 「2신자 편지」 60, 「규칙 단편」 1,28의 경우, "찬란함을 바라본다"(videre claritatem)는 구절에서 "찬란함"의 주체는 성자인데, 이는 프란치스코가 불가타 성경의 "나의 찬란함"(claritatem meam)이란 표현을 그대로 인용한 것이다. 이에 비해 「비인준 규칙」 22,55의 경우, 찬란함의 주체는 성부가 되는데, 이는 이 구절의 "당신의 찬란함"(claritatem tuam)이란 표현을 통해 알 수 있다. 프란치스코는 요한 17,24에서 성자를 수식하고 있는 소유 형용사 "meam"(나의)을 「비인준 규칙」 22,55에서 성부를 수식하는 "tuam"(너의, 당신의)으로 고친다. 따라서 "찬란함"(claritas)에 대해 언급하고 있는 네 구절을 종합하면, 프란치스코의 글 안에서 "찬란함"이란 말은 성부와 성자를

제가 아버지 앞에서 누리던 그 영광"이라고 기록하면서, 성자께서 머무시는 자리가 성부의 품임을 분명하게 밝히고 있다.

[46] 참조: P. MESSA, 「Le fonti patristiche negli scritti di Francesco d'Assisi」, 316.

모두 수식하며, 이 찬란함은 성부와 성자 사이의 완전한 사랑의 일치, 즉 성령을 의미하기 때문에, "찬란함을 바라본다"(videre claritatem)는 표현은 삼위일체 하느님의 세 위격들 상호간의 사랑을 관상하는 것이라 할 수 있다[47]. 그런데 이러한 관상은, "찬란함을 볼 수 있게 해주십시오"라는 표현이 나타나는 네 구절들에 의하면, "당신의 나라에서", 즉 성부의 나라에서 실현되며, 바로 이 나라에 '가까이 다가갈 수 없는 빛'이신 성부, 즉 그리스도께서 육화 이전에 머무셨고 십자가의 죽음과 부활 이후에 되돌아가신 성부께서 머무르신다. 이런 관점에서 비추어 보면, "당신의 나라에서"라는 표현은 하느님의 찬란함을 바라보는 것이 이 세상에서가 아니라 지복직관 안에서 실현되는 것임을 밝혀주는 근거가 되는 구절이라 하겠다. 그러므로 성부의 나라에서 실현되는 삼위일체 하느님의 찬란함에 대한 바라봄은 인간 존재가 하느님의 본성에 참여하는 지복직관을 의미하고 인간의 실존이 온전하게 실현되는 관상을 뜻하는 것이라 하겠다. 다시 말하면, 관상이란 죽음을 통해 영원한 생명에 들어가면서 완전하게 현재화되는 것이다. 그러므로 프란치스코는 "찬란함을 볼 수 있게 해주십시오"라는 표현을 통해 지복직관에 대해 언급하고 있다고 결론 내릴 수 있다.

프란치스코의 글 안에서 지복직관에 대한 언급은 「주님 기도」 2절과 4절에 더 분명하게 나타나 있다: "[2]하늘에 계신 [우리 아버지]: 천사들과 성인들 안에 계신 [우리 아버지]: 주님, 당신은 빛이시기에 인식에로 그들을 비추시나이다. 주님, 당신은 사랑이시기에 사랑에로 불태우시나이다. 주님, 당신은 으뜸선이시고 영원한 선이시며 모든 선이 당신에게서 나오고 당신 없이는 어떤 선도 없기에 그들 안에 머무시며 그들을 복됨으로 채우시나이다. [4]아버지의 나라가 오시며: 은총으로 저희 안에서 다스리시고 당신의 나라에 저희가 이르게 하시기 위함이나이다. 그곳에는 당신께 대한 또렷한 바라봄이 있고 당신께 대한 완전한 사랑이 있고 당신과의 복된 사귐이 있으며 당신의 영원한 누림이 있

---

[47] 참조: 『La Bibbia da studio』, la nota w, 2465.

사옵니다"(²Qui es in caelis: in angelis et in sanctis; illuminans eos ad cognitionem, quia tu, Domine, lux es; inflammans ad amorem, quia tu, Domine, amor es; inhabitans et implens eos ad beatitudinem, quia tu, Domine, summum bonum es, aeternum, a quo omne bonum, sine quo nullum bonum. ⁴Adveniat regnum tuum: ut tu regnes in nobis per gratiam et facias nos venire ad regnum tuum, ubi est tui visio manifesta, tui dilectio perfecta, tui societas beata, tui fruitio sempiterna). 「주님 기도」 2에 나타나는 4개의 현재 분사, 즉 "비추는"(illuminans), "불태우는"(inflammans), "머무는"(inhabitans), "채우는"(implens)의 대상은 천사들과 하늘에 있는 성인들이다. 다시 말하면, 이 단락에서 프란치스코가 언급하는 비춤, 불태움, 머무름, 충만함은 하늘에서만 완전하게 실현되는 것이다. 따라서 2절의 "복됨"(beatitudo)은 성부를 직접적으로 바라봄으로써 완전하게 실현되는 지복(至福)을 가리키며, 이는 이 구절에서 빛나는 빛, 타오르는 사랑, 최고의 선으로 묘사된 삼위일체 하느님의 본성에 참여하는 것을 의미한다. 한편, 4절에서는 천상에서 지상으로 향하는 하강적 관점이 인간이 지향해야 할 성부의 나라, 즉 하느님 나라를 향하는 상승적 관점으로 뒤바뀌는데, 여기에서 프란치스코는 인간 존재의 최종적 목표, 다시 말해, 삼위일체 하느님의 생명에 참여하는 완전한 복됨을 보다 더 구체적으로 묘사한다[48]. 이 복됨 안에서는 가까이 다가갈 수 없는 빛이신 성부의 신비를 가리움 없이 보게 되고, 완전하고 복된 사랑 안에서 성부와 일치하며, 영원한 빛과 타오르는 사랑과 모든 선을 끝없이 누리게 된다. 그러므로 4절에 나오는 "바라봄"(visio)은 지복직관을 의미하는 것이라 하겠다.

지금까지 살펴본 지복직관에 대한 설명을 통해, 영적 바라봄의 궁극적 목적지는 삼위일체 하느님의 세 위격과 누리는 복된 친교에 참여하는 것이라고 말할 수 있다[49].

---

[48] 참조: R. BARTOLINI, 『Lo Spirito del Signore』, 126.
[49] 참조: W. VIVIANI, 『L'ermeneutica di Francesco d'Assisi』, 231.

4.2. 프란치스코의 관상

프란치스코의 글 안에서 '영적인 눈으로 바라본다'는 것은 관상의 개념과 밀접한 관계를 갖고 있다. 이러한 이유로 학계 일부에서는 관상을 구체적인 사물들 안에 숨어 있는 하느님의 신비를 영적인 눈으로 꿰뚫어 보는 것이라 규정하기도 한다. 예를 들면, 체사레 바이아니(Cesare Vaiani)는 그의 저서 『바라봄과 믿음』(Vedere e Credere)에서, 프란치스코가 추구한 크리스천 체험의 본질을 규명하는 가운데, 관상을 바라보는 단계로부터 바라보며 믿는 단계로 넘어가는 과정이라 정의한다[50]. 이 정의에서 첫 번째 바라봄은 육체적인 눈으로 가시적인 대상을 물리적으로 보는 것을 의미하고, 두 번째 바라봄은 영적인 눈으로 비가시적인 대상을 꿰뚫어 보는 것을 뜻한다. 말하자면, 관상을 가시성으로부터 비가시성에로의 이행(移行)으로 이해하는 것이다. 바이아니의 이러한 관점은 관상을 바라봄의 차원으로부터 믿음의 차원으로 넘어가는 과정으로 이해하는 피에트로 메싸(Pietro Messa)의 관점과 일치한다[51]. 한편, 일리아 델리오(Ilia Delio)는 프란치스칸 기도를 체계적으로 종합하면서 관상을 "사물의 진리를 깨닫거나 혹은 구체적인 실재 안에 있는 하느님의 흘러넘치는 선을 깨닫도록 마음의 눈으로 꿰뚫어 보는 것"이라고 정의한다[52]. 바이아니나 메싸와 마찬가지로, 델리오 또한 관상의 정의를 구체적인 실재로부터 출발한다. 이러한 유형의 정의는 범주적인 매개를 통하여 관상했던 프란치스코의 관상 개념에는 적합하다고 여겨진다. 그런데 탁월한 관상가였던 프란치스코는 하느님의 신비를 피조물과 같은 범주적

---

[50] 참조: C. VAIANI, 『Vedere e Credere』, 160.
[51] 피에트로 메싸는 "프란치스코에게 있어 바라봄으로부터 믿음에로 넘어가는 여정은 곧 관상의 여정이요, 신비를 포착할 수 있는 영적인 시각의 여정"이라고 주장한다(P. MESSA, 『Le fonti patristiche negli scritti di Francesco d'Assisi』, 298).
[52] I. DELIO, 『Franciscan prayer』, 11.

인 대상들을 통해서도 관상하였지만, 이러한 구체적인 범주적 대상을 중개하지 않고도 관상하였다. 예를 들면, 최고선과 형언할 수 없는 사랑과 거룩한 빛을 찬미하거나, 평화와 완전한 기쁨과 자유 등을 즐기는 경우이다. 범주적 대상을 통한 프란치스코의 관상은 범주적 중개 없는 관상에서 더 아름답게 꽃핀다. 이러한 까닭으로 프란치스코의 관상을 '범주적 대상을 통한 관상'(혹은 '범주적 매개를 통한 관상')과 '범주적 대상을 통하지 않는 관상'(혹은 '범주적 매개 없는 관상')으로 구분하고, 이미 제2장에서 규정한 관상의 개념에 따라, 이를 영적인 눈으로 하느님의 신비를 바라봄이란 관점에서 조명하고자 한다.

4.2.1. 범주적 대상을 통한 관상

우리는 이미 앞에서 비가시적이고 비주제적이며 비대상적인 성부 하느님을, 역사적 그리스도를 통해서든 혹은 축성된 빵과 포도주를 통해서든, 영적인 눈으로 바라볼 수 있다는 가능성을 고찰하였다. 이러한 영적인 바라봄을 이 논문에서는 '범주적 대상을 통한 관상'(범주적 관상)이라 규정하고자 한다. '범주적 관상'에서는 영적인 바라봄뿐만 아니라 육체적인 바라봄도 관상의 필수적인 요소가 된다[53]. 다시 말하면, 범주적 대상을 통한 관상이란 물질적이고 시공간적이며 가시적인 대상을 육체적 시각으로 바라보면서 이러한 대상 안에 숨겨져 있는 하느님의 비범주적이고 비주제적이며 비가시적인 신비를 영적인 눈으로 바라보는 것을 가리키는 것이다. 옥타비안 슈무키(Octavian Schmucki)는 이를 "보이는 것을 통하여 보이지 않는 것에로"(per visibilia ad invisibilia) 나아가는 과정으로 설명하면서, 이를 신비적 역동성이라 지칭한다[54].

---

[53] 참조: C. VAIANI, 『Vedere e Credere』, 84-85.
[54] 참조: O. SCHMUCKI, 「The mysticism of st. Francis in his writings」, 257.

프란치스코는 피조물들을 통하여 하느님의 신비를 관상하였다. 이러한 그의 범주적 관상은 방법론적으로 성체를 관상하는 원리와 동일하게 이루어진다. 성자를 통하여 창조된 피조물 안에는 어떤 형태로든 성자의 신비가 현존하고, 성체 안에 현존하는 그리스도의 신비를 관상하듯이, 그렇게 피조물 안에 현존하는 성자의 신비를 관상할 수 있기 때문이다. 이와 관련하여 프란치스코는 「2신자 편지」 12에서 다음과 같이 말한다: "당신을 통하여 모든 것이 생겨났습니다"(per quem facta sunt omnia). 이 구절에서 관계 대명사 "쾜"(quem)은 바로 앞 문장에 나오는 "성자"(Filius)를 수식하는데[55], 이는 요한 1,3에서 가져온 것이다[56]. 이 구절에는 프란치스코가 모든 피조물이 성자를 통하여 비롯되었음을 바라보았다는 사실이 전제되어 있으며, 그러한 바라봄은 성체적 관상과 불가분리적 관계에 놓여 있다 할 것이다.

이와 동일한 관점에서 프란치스코는 「비인준 규칙」 23,1.3에서 **말씀**을 통한 창조에 관해 다음과 같이 언급한다: "[1]…거룩하시고 의로우신 아버지,…당신의 거룩한 뜻에 따라 그리고 당신의 외아드님을 통하여 성령과 함께 모든 영적인 것과 육신적인 것을 창조하셨으며, 당신의 모습대로 그리고 비슷하게 만드신 저희를 낙원에 두셨으니, 바로 당신 자신 때문에 당신께 감사드리나이다. [3]또한 당신 아드님을 통하여 저희를 창조하신 것같이, 저희를 사랑하신 그 거룩한 사랑 때문에 참 하느님이시며 참 사람이신 그분을 영화로우시고 평생 동정이신 지극히 복되시고 거룩하신 마리아에게서 태어나게 하셨으며…당신께 감사드리나이다"([1]…Pater sancte et iuste,…propter temetipsum gratias agimus

---

[55] "[11]아버지의 뜻은, 아버지께서 우리에게 주시고 우리를 위해 태어나신 복되고 영광스러운 당신의 아드님이 십자가 제단에서 자신의 피를 통하여 자신을 희생과 제물로 바치는 것이었습니다. [12]이것은 당신을 통하여 모든 것이 생겨나게 하신 그분 자신을 위한 것이 아니라 우리의 죄 때문이었습니다"(「2신자 편지」 11-12).
[56] "모든 것이 그분을 통하여 생겨났고 그분 없이 생겨난 것은 하나도 없다"(요한 1,3).

tibi, quod per sanctam voluntatem tuam et per unicum Filium tuum cum Spiritu Sancto creasti omnia spiritualia et corporalia et nos ad imaginem et similitudinem tuam factos in paradiso posuisti. ³Et gratias agimus tibi, quia sicut per Filium tuum nos creasti, sic per sanctam dilectionem tuam, qua dilexisti nos, ipsum verum Deum et verum hominem et gloriosa semper Virgine beatissima sancta Maria nasci fecisti…). 이 단락에서 프란치스코는 모든 사물들에 대한 창조와 인간의 창조 그리고 성자의 육화에 대하여 성부께 깊이 감사드리고 있고, 이는 창조 신비에 대한 깊은 관상으로부터 자연적으로 비롯되는 필연적 결과이다. 프란치스코는 여기에서 성자를 통한 창조를 두 번 언급하는데, 한 번은 1절에서 모든 사물들에 대한 창조를 언급할 때 나타나고, 다른 한 번은 3절에서 인간 창조를 언급할 때 나타난다. 한편, 1절에서 프란치스코는 성부의 거룩한 뜻에 따라 창조된 모든 사물들과 인간을 병행시키고 있고, 3절에서는 접속사 "시쿹"(sicut, ~같이)과 부사 "식"(sic, 그렇게)으로 짜여진 문장 구조를 통하여 성부의 사랑의 신비 안에서 이루어진 인간의 창조와 성자의 육화를 병행시킨다. 이러한 병행은 프란치스코가, 성부의 거룩한 뜻과 그분의 사랑을 척도로, 창조물과 인간과 육화 사이에 존재하는 신학적 동등성을 간파하였음을 추론하게 해준다.

성체적 관점은 「형제회 편지」 37에서도 찾아볼 수 있다: "사실 많은 것들이 하느님의 말씀을 통하여 거룩해지며, 제단의 성사가 그리스도의 말씀의 힘으로 이루어지기 때문입니다"(Multa enim sanctificantur per verba Dei, et in virtute verborum Christi altaris conficitur sacramentum). 프란치스코는 이 구절에서 여러 사물들의 성화(聖化)와 제단의 성사를 병행시키고 있고, 이러한 성화와 성사는 하느님의 말씀을 통하여 이루어진다. 이 문장에 나오는 "물타"(multa)라는 용어는 주로 축성된 용기들과 다른 전례 도구들을 가리키지만, 프란치스코의 관상 안에서 성사적 의미는 이러한 용기들과 도구들로 제한되지 않는다. 「태양 노래」 4에는 다음과 같은 표현이 나타난다: "아름답고 장엄한 광채로 빛나는 해님은 지극히 높으신 당신의 의미를 지니나이다"(Et ellu [lo frate sole] è bellu e radiante con grande splendore, de te, altissimo, porta significatione). 이 구절에서 볼 수 있는 "식니피카찌오네"(significatione, 의미)는 태양을 통해 드러나는 공현적 신비를 가리키는 것으로 보이고, 의미에 대한 이 언급은 태양에게만 적용되는 것이 아니라, 하느님의 공현(公現)으로 이해되는, 모든 피조물들의 축성과도 관계되는 것으로 여겨진다[57]. 다시 말하면, 「태양 노래」 전체 안에서 모든 피조물은 하느님의 의미(significatione)를 지니고, 하느님의 신비를 반사시키며, 궁극적으로 하느님 자체를 계시한다[58].

지금까지 검토한 성체적 관점에서 비추어 보면, 프란치스코는 모든 피조물이 **말씀**을 통하여 창조되었고 성부로부터 비롯되는 의미(significatione)를 지니고 있음을 신학적으로 통찰하고 있었다고 추론할 수 있다. 이런 의미에서 온 세상은 모든 피조물을 관통하고 있는 하느님의 공현적 신비를 통하여 축성되었다고 말할 수 있다. 그리고 프란치스코는 피조물 안에 숨겨져 있는 하느님의 신비를 영적인 눈으로 관상하였듯이, 그렇게 동일한 방법으로 성체의 신비도 관상하였다.

---

[57] 참조: C. PAOLAZZI, 「Il Cantico di frate Sole」, 72; A. MAZZIOTTI, 「"Il Cantico di Frate Sole" di Francesco d'Assisi」, 24. 파비오 스카르사토는 하느님께서 창조하신 사물은 그 자체로 하느님을 현현하는 특성을 지닌다고 주장한다(참조: F. SCARSATO, 「Laudato sie per sora bellezza」, 37). 야니스 스피테리스에 의하면, "교부들은 세상을 하느님의 현현, 즉 일종의 하느님 현존의 '성사', 따라서 미 자체의 성사로 바라보는 경향이 있다. 이것이 바로 본연의 의미에서의 '성사적 우주론'이라 할 것이다. …그러므로 세상은 의미를 지니고 있는 표지들이며 의미를 부여하는 **분**께 다다르기 위하여 이 표지를 읽을 줄 알아야 한다"(Y. SPITERIS, 「Francesco e l'oriente cristiano un confronto」, 104). 요하네스 프라이어(J. Freyer) 또한 피조물의 성사성과 우주의 축성에 대하여 언급한다(참조: J. FREYER, 「Homo Viator」, 115).

[58] 참조: C. PAOLAZZI, 「Il Cantico di frate Sole」, 84.

프란치스코에게 온 우주는 한편으로 보면 그리스도의 역사적인 몸, 즉 육화하신 말씀과 동일한 차원이 있고, 다른 편으로 보면, 축성된 빵과 동일한 차원이 있다. 아씨시의 관상가는 축성된 빵을 매개로 이루어지는 관상을, 육화하신 **말씀**의 또 다른 형상이자 축성된 빵의 또 다른 형상인, 우주 전체에로 확장하면서, 창조물 안에 있는 부분적이고 제한된 제이차적 선 안에서 제일차적 선, 즉 무한하고 절대적이며 완전한 최고선을 관상하는 데까지 나아갔다. 이는 "페르"(per, 통하여) 관상과 "인"(in, 안에서) 관상 두 가지 형태를 통하여 검토해 볼 수 있다[59].

토마스 첼라노는 「제2생애」 165에서 프란치스코의 이러한 두 가지 관상을 다음과 같이 묘사한다:

> [1]이 세상은 우리가 순례하는 유배지이기에 여기를 바삐 떠나려 했던 이 복된 나그네는 이 세상에 있는 사물들로부터 적지 않은 도움을 벌써 받고 있었다. [2]프란치스코는 암흑세계의 지배자인 마귀와의 관계에서는 이 세상을 전쟁터로 보았지만, 하느님과의 관계에서는 하느님 선성(善性)의 매우 밝은 거울로 보았다. [3]그는 어디에서든 모든 작품들 안에서 창작가이신 그분을 찬미하였다. 창조물들에게서 무엇을 발견하든 그는 그것을 창조주와 관련시켰다. [4]그는 주님의 손에서 빚어진 모든 작품 안에서 즐거워하였고, 유쾌한 사물들을 통하여 그 사물들에게 생명을 부여하는 이성과 원인을 보았다. [5]그는 아름다운 사물들 안에서 아름다움 자체를 보았다.

---

[59] 보나벤투라는 하느님께 대한 인간의 관상 여정을 (1) "인간 밖에서"(extra nos), (2) "인간 안에서"(intra nos), (3) "인간 위에서"(supra nos)와 같이 세 단계로 구분하고, 각 단계를 다시 "통하여"(per) 단계와 "안에서"(in) 단계로 구분하여 6단계로 체계화하는데, 이는 다음과 같다: (1) "흔적을 통하여"(per vestigia), (2) "흔적 안에서"(in vestigiis), (3) "모상을 통하여"(per imaginem), (4) "모상 안에서"(in imagine), (5) "하느님 빛의 유사함을 통하여"(per divinae lucis similitudinem), (6) "빛 자체 안에서"(in ipsa luce)(참조: BONAVENTURA DA BAGNOREGIO, 「Itin」 VII,1, 『Sancti Bonaventurae opera V-1』, 564). 이러한 관상 여정의 여섯 단계에서 "통하여"(per) 단계는 하느님의 신비를 유비적으로 관상하는 것을 의미하고, "안에서"(in) 단계는 하느님의 신비를 일의적으로 관상하는 것을 의미한다.

모든 사물들이 그에게는 선이었다. 그들은 "우리를 만드신 분은 가장 좋으신 분입니다"라고 외쳤다. ⁶그는 창조물 안에 찍혀 있는 자취를 통하여 어디서든 **사랑하는 분**을 따라갔고, 모든 사물에서 사다리를 만들어 그 사다리를 밟고 옥좌로 올라갔다(¹Mundum quasi peregrinationis exsilium exire festinans, iuvabatur felix iste viator iis quae in mundo sunt non modicum quidam. ²Nempe ad principes tenebrarum utebatur eo ut campo certaminis, ad Deum vero ut clarissimo speculo bonitatis. ³In artificio quolibet commendat Artificem, quidquid in factis reperit, regerit in Factorem. ⁴Exsultat in cunctis operibus manuum Domini, et per iucunditatis spectacula vivificam intuetur rationem et causam. ⁵Cognoscit in pulchris Pulcherrimum; cuncta sibi bona: "Qui nos fecit est optimus", clamant. ⁶Per impressa rebus vestigia insequitur ubique dilectum, facit sibi de omnibus scalam, qua perveniatur ad solium).

인용된 이 단락의 라틴어 원문에는 "인" 관상과 관계 있는 "인" (in) 전치사가 다음과 같이 세 차례 나타난다⁶⁰: (가) 모든 작품들 안에서 창작가를 찬미하였다(3절); (나) 주님의 손에서 빚어진 모든 작품 안에서 즐거워하였다(4절); (다) 아름다운 사물들 안에서 아름다움 자체를 보았다(5절). 한편, "페르"(per) 전치사는 두 번 나타난다⁶¹. "인"(in) 전치사는 '피조물 안에서' 이루어진 프란치스코의 일의적이고 수동적인 관상을 나타내주고, "페르"(per) 전치사는 '피조물을 통하여' 이루어진 그의 능동적이고 유비적인 관상을 보여준다. 이를 도표로 요약하면 다음과 같다:

---

⁶⁰ 3절의 후반부에는 "인"(in) 전치사가 다음과 같이 두 번 나타난다: "quidquid in factis reperit, regerit in Factorem". 그러나 이 경우들은 "인" 관상과 직접적인 관계가 없기에, 여기에서는 고려하지 않았다.
⁶¹ 3절에는 "인"(in) 전치사만 나타나지만, 이 문장의 후반부는 내용적인 면에서 바라보면 "페르" 관상과 관련이 있다. 이런 의미에서 3-5절에는 "인"(in) 전치사와 "페르"(per) 전치사가 짝을 이루면서 세 번 나타난다고 말할 수 있다.

구절	안에서(in)		통하여(per)	
	신비체험의 매개체	신비체험의 대상	신비체험의 매개체	신비체험의 대상
3절	어디에서든 모든 작품들 **안에서**	**창작가**를 찬미하였다	창조물들에게서 무엇을 발견하든	**창조주**와 관련시켰다
4절	모든 작품 **안에서**	즐거워하였다	유쾌한 사물들을 **통하여**	**이성**과 **원인**을 보았다
5-6절	아름다운 사물들 **안에서**	**아름다움 자체**를 보았다	창조물 안에 찍혀 있는 자취를 **통하여**	**사랑하는 분**을 따라갔고
			모든 사물에서 사다리를 만들어	**옥좌**로 올라갔다

    토마스 첼라노는 3-5절에서 특별히 "인"(in) 전치사를 통하여 프란치스코의 관상을 묘사하고 있는데, 이 전치사는 일의적 관상을 표현해 주는 기능을 지닌다. 3절과 5절 두 부분에서 첼라노는 프란치스코가 창조물 "안에서"(in) 창조자를 찬미하고, 아름다운 사물들 "안에서"(in) 아름다움 자체를 인식하였다고 설명한다. 그런데, 이 전치사 "인"(in)은 피조물의 안을 가리키므로, 첼라노의 표현은 논리적으로 창조물 안에 창조자가 현존하고, 아름다운 사물 안에 아름다움 자체가 현존한다는 사실을 의미한다[62]. 이는 피조물 안에 현존하는 하느님의 신비와 하느님 자체이신 무한한 **신비** 사이에 일의적 관계가 있다는 사실을 전제하는 것이다. 그러므로 3-5절에 나타나는 "인"(in)은 프란치스코가 피조물 안에 현존하는 신비를 일의적으로 관상했음을 암시해 준다 하겠다. 그리고 여기서 말하는 일의적 관상

---

[62] "만물의 아버지이신 하느님도 한 분이십니다. 그분은 만물 위에, 만물을 통하여, 만물 안에 계십니다"(에페 4,6).

이란, 마치 칼 라너가 구원 경륜적 삼위일체론과 내재적 삼위일체론을 동일시하듯이[63], 피조물 안에서 바라본 하느님의 신비가 무한하고 형언할 수 없는 신비로 머무시는 하느님 신비와 본질적으로 다르지 않다는 것을 뜻한다. 이를 라너의 관점에서 바라보면, 프란치스코가 「태양 노래」에서 피조물을 통하여 하느님의 신비를 찬미할 때, 이 신비가 가까이 다가갈 수 없는 빛 가운데 머무시는 삼위일체 하느님의 신비 자체와 이질적이지 않다는 뜻이다. 만일 이 신비가 이질적이라면, 「태양 노래」에서 프란치스코가 찬미하는 신비는 본질적으로 하느님의 신비가 될 수 없을 것이다.

일의적인 "인" 관상은 대단히 수동적으로 이루어진다. 3절의 "창작가이신 그분을 찬미하였다"(In artificio quolibet commendat Artificem)에서 '찬미하다'를 의미하는 "콤멘다레"(commendare) 동사는 창작가의 놀라움에 매료되어 찬미하는 주체 안에 이미 찬미를 위한 어떤 수동적인 상태를 논리적으로 미리 전제하고, 찬미하는 주체는 이를 바탕으로 창작가를 찬미한다. 그리고 5절의 "아름다운 사물들 안에서 아름다움 자체를 보았다"(Cognoscit in pulchris Pulcherrimum)에서 "보았다"의 라틴어 동사는 "코뇨쉐레"(cognoscere, 인식하다)로, 이 동사는 인식론적인 수동성을 전제한다[64]. 라너의 신비 신학에 의하면, 신비 체험이란 계시되는 하느님의 신비를 인간 편에서 받아들이는 수용적 행위이며, 따라서 신비에 대한 인식은 근본적으로 수동적 수용 현상이라 말할 수 있다. 같은 관점에서 토마스 첼라노는 5절에서 프란치스코가 아름다움 자체를 인식하기 이전에 모든 피조물

---

[63] 참조: K. RAHNER, 「Sul concetto di mistero nella teologia cattolica」, 『Saggi teologici』, 459.
[64] 칼 라너에 의하면, 인간의 인식은 근본적으로 수용성을 지니게 되는데, 이는 인간이 선험적으로, 즉 본질적으로, 어떤 인식을 소유하는 것이 아니라, 어떤 대상이 그 스스로 인간에게 드러나게 될 때에 비로소 인식을 얻게 됨을 뜻하는 것이다(참조: 라너, 『말씀의 청자』, 162).

들이 먼저 그에게 "우리를 만드신 분은 가장 좋으신 분입니다"라고 외치는 것으로 묘사한다. 이는 아름다움 자체가 먼저 피조물들 안에서 반사되고, 이를 프란치스코가 수용하면서 피조물들로부터 흘러나오는 아름다움을 인식하는 것임을 암시한다 하겠다[65]. 따라서 5절의 아름다움 자체에 대한 인식은 수동적 인식이며 이는 수동적 관상과 밀접하게 관계되어 있다. 이와 동일한 선상에서, 4절의 "주님의 손안에서 빚어진 모든 작품 안에서 즐거워하였고"(Exsultat in cunctis operibus manuum Domini)에서 전치사 "인"(in, 안에서) 또한 프란치스코가 피조물 안에서 하느님의 신비를 일의적으로 관상하였음을 가리키며, "기뻐하다"(exsultare)는 자동사는 수용적 차원에서 수동적으로 기뻐하는 것이라 이해할 수 있다. 기쁨은 그 자체로 외부적인 요인에 의해 야기되는 수용적이고 수동적인 반응이기 때문이다. 이와 같이 "인"(in) 관상은 본질적으로 일의적이고 수동적이며, 토마스 첼라노에 의하면 프란치스코는 피조물 "안에서" 하느님의 신비를 그렇게 일의적이고 수동적으로 바라본 관상가였다.

한편, 토마스 첼라노는 위에서 인용한 단락에서 전치사 "페르"(per, 통하여)를 통하여 유비적이고 능동적인 관상에 대해서도 묘사하고 있다. 3절에는 "페르"(per) 전치사가 나타나지 않지만, "레제레"(regere) 동사[66]를 통해 간접적으로 "페르" 관상이 표현되어 있다. 첼라노는 3절 후반부에서 "피조물들에게서 무엇을 발견하든 그는 그것을 창조주와 관련시켰다"(quidquid in factis reperit, regerit in Factorem)고 묘사한다. 여기서 동사 "레제릿"(regerit)은 관상하는 주체의 능동성을 드러내 주는 동사이다. 즉, 프란치스코는 피조물 안에서 발견한 모든 것

---

[65] 한스 우르스 폰 발타사르는 하느님께서는 무엇보다 먼저 아름다움 안에서 당신 자신을 드러내시고(참조: H. von BALTHASAR, 『La mia opera ed epilogo』, 67) 이 세상에 존재하는 모든 존재자는 공현적이라고 주장한다(참조: 위와 같은 책, 123).

[66] "레제레"(regere) 동사는 '이끌어주다'는 뜻을 지니고 있는데, 여기서는 "관련시켰다"로 번역하였다.

들을 자신의 능동적 지성과 의지를 통해 창조주와 연결시키는 것이다. 그러므로 피조물 안에서 발견한 것들을 '통하여' 능동적이고 의지적으로 하느님의 신비를 관상하는 것이라고 말할 수 있다. 이러한 능동적 관상은 본질적으로 유비적 특성을 지니고 있다. 왜냐하면, 유비적 관상이란 끊임없이 하느님의 신비에로 수렴되는 관상을 의미하는데, 인간의 능동적 의지만으로는 결코 하느님의 신비에 도달할 수 없고, 끊임없이 보다 가까이 다가갈 수 있을 따름이기 때문이다.

프란치스코의 능동적이고 유비적인 관상은 4절의 "유쾌한 사물들을 통하여 그 사물들에게 생명을 부여하는 이성과 원인을 보았다"(per iucunditatis spectacula vivificam intuetur rationem et causam)에서도 볼 수 있다. 이 구절에서 탈형 동사 "인투에오르"(intueor)는 주의 깊게 들여다보거나 관찰하는 것을 의미하므로, 이 구절은 프란치스코가 "유쾌한 사물들"을 통하여 모든 피조물들의 "이성과 원인"을 의지적이고 능동적으로 찾아 관상하였다는 것을 암시한다 하겠다.

6절은, 위에서 인용한 단락 중에서, 프란치스코의 능동적이고 유비적인 관상을 가장 분명하게 보여 주는 구절이다: "그는 피조물 안에 찍혀 있는 자취를 통하여 어디서든 사랑하는 분을 따라갔고, 모든 사물에서 사다리를 만들어 그 사다리를 밟고 옥좌로 올라갔다"(per impressa rebus vestigia insequitur ubique dilectum, facit sibi de omnibus scalam, qua perveniatur ad solium). 이 구절에서 "사다리를 만들어"라는 표현은 자연 안에 찍혀진 흔적을 "통하여" 이루어지는 관상의 능동성뿐만 아니라 유비성까지 암시하는 표현이다. 뿐만 아니라, "만들다"(facere)는 동사는 의심의 여지없이 분명하게 관상 주체의 능동성을 나타내고 있으며, "사다리"(scala)라는 명사는 "옥좌"(solium)를 지향하여 끊임없이 밟고 올라감을 함축하고 있다. 따라서 이러한 표현들은 대단히 유비적인 은유라고 말할 수 있다. 이상과 같이 위에 인용한 구절에는 타동사와 전치사 "페르"(per) 및 은유적인 표현들을 통해 프란치스코의 유비적이고 능동적인 관상이 반복되며 묘사되어 있다 하겠다.

지금까지 「2첼라노」 165,1-6을 중심으로 범주적 대상을 매개로 이루어지는 프란치스코의 일의적이고 수동적인 "인"(in) 관상과 유비적이고 능동적인 "페르"(per) 관상을 고찰하였다. 그런데 신비 신학의 왕자인 보나벤투라는 일의적인 "인"(in) 관상이 유비적인 "페르"(per) 관상보다 더 탁월하다고 주장한다[67]. 그럼에도 불구하고 "인"(in) 관상과 "페르"(per) 관상은 상호 작용을 통하여 더 깊이 심화되고 이러한 심화 작용을 통해 끝없이 펼쳐져 나간다. 프란치스코는 창조물을 통해 전개되는 유비적 및 능동적 관상과 창조물 안에서 전개되는 일의적 및 수동적 관상을 통하여 하느님의 신비를 탁월하게 관상하였으며, 이러한 그의 관상은 범주적 대상을 매개로 하지 않는 '비범주적 관상' 안에서 그 정점에 다다르게 된다.

4.2.2. 범주적 대상을 통하지 않는 관상

창조된 실재들을 통하여 하느님의 신비를 탁월하게 관상하였던 프란치스코는 또한 피조물이란 범주적 중개 없이도 하느님의 신비를 놀랍게 바라보았던 관상의 전문가로, 그는 인간 존재의 영혼 안에 깊숙이 새겨진 초월적 빛을 통하여, 선과 덕의 형상으로 존재하는, 하느님의 신비 자체를 관상하였다[68]. 그러한 관상의 가장 대표적인 사례 중의 하나는 「하느님 찬미」이며, 이 기도문에서 프란치스코는 실재 사물에 대한 언급 없이 모든 덕들이 조화되어 있는 삼위일체 신비를 관상하고 있다. 이와 같이 범주적인 매개 없이 영적인 눈을 통해 즉각적으로 이루어지는 관상[69]을 이 논문에서는 '범주적 대상을 통하지 않는 관상'(비범주적 관상)이라 규정하고자 한다.

---

[67] 참조: BONAVENTURA DA BAGNOREGIO, 「Itin」V,1, 『Sancti Bonaventurae opera V-1』, 514.
[68] 참조: BONAVENTURA DA BAGNOREGIO, 「Itin」V,1, 『Sancti Bonaventurae opera V-1』, 546.
[69] 이 관상에서는 물질적 대상이 매개되지 않지만, 그럼에도 불구하고 육체의 감각들은 영적인 감각들과 함께 작용한다. 왜냐하면, 형언할 수 없는 천상적 기쁨을 충

'비범주적 관상'의 첫 번째 대상은 존재의 신비이다. 왜냐하면 존재는 다른 것을 통해 이해되는 것이 아니라, 주제적이든 비주제적이든, 항상 지성에 의해 제일 먼저 이해되고[70], 제1장에서 고찰한 바와 같이, 인간은 본질적으로 존재에 대해서 질문하지 않을 수 없는 형이상학적인 존재이기 때문이다[71]. 이러한 이유로 하느님 신비에 대한 관상의 여정에서는 필연적으로 존재의 신비에 대한 관상이 수반되기 마련이며, 이는 프란치스코의 관상에서도 마찬가지이다. 물론, 프란치스코는 학적인 전문가가 아니었기 때문에 존재에 대한 형이상학적 물음에 사변적으로 접근하지는 않았다. 그럼에도 불구하고 그가 남긴 글과 그에 대한 초기 전기들을 통해 그가 신비적이고 실천적인 생애 전반에 걸쳐 모든 존재자들의 근원과 크리스챤 삶의 목표로서의 존재의 신비를 실존적으로 관상하였음을 엿볼 수 있다.

프란치스코가 존재의 신비를 관상하였다는 사례들 가운데 하나는 「행적」 1,21에 나타난다. 이 전기 사료에 의하면, 프란치스코의 첫 동료인 퀸타발레의 베르나르도가 자신의 집에 아씨시의 성인을 초대했을 때, 이 관상가는 밤새 "나의 하느님, 전부시여"(Deus meus et omnia)만을 반복하며 기도하였다[72]. 이 간략한 기도문을 전해 주는 「행적」은 비록 프란치스칸 원천 가운데에서는 늦은 시기에 작성되지

만하게 맛보는 동안에는 육체의 감각과 영적인 감각들이 조화롭게 용해되고, 이는 이 지상에서 천상적 기쁨을 미리 즐기는 것이기 때문이다(참조: F. TEDOLDI, 「La dottrina dei cinque sensi spirituali in san Bonaventura」, 201).

[70] 참조: BONAVENTURA DA BAGNOREGIO, 「Itin」V,1, 「Sancti Bonaventurae opera V-1」, 548.
[71] 이 논문의 제1장에 나오는 "1.2.2.1. 존재론적 물음의 필연성과 초월성"을 참조할 수 있다.
[72] "[20]하느님의 비밀을 철저하게 숨겼던 프란치스코 성인은 베르나르도가 깊이 잠들었다고 여겨지자 밤의 정적이 깊은 가운데 침대에서 일어나, [21]얼굴을 하늘로 들고 손과 눈을 하느님께 올린 채, 전적인 열심과 타오르는 열정으로 '나의 하느님, 전부시여!'(Deus meus et omnia)라고 외치며 신심에 북받쳐 기도하였다. [22]프란치스코는 대단히 많은 눈물을 흘리며 하느님께 이 말들을 반복하였고, 이른 아침까지 '나의 하느님, 전부시여!' 외에 다른 말들은 전혀 하지 않으면서 너무도 신심에 깊이 젖어 이 말들만을 계속 바쳤다"(「행적」 1,20-22).

만[73], 프란치스칸 "화두"(話頭)와 같은 이 기도문은 프란치스코 자신이 바쳤던 기도로 받아들일 수 있다[74]. 그 근거는 첫째로 이 기도문을 전해 주는 일화가, 분명하고 구체적인 형태는 아니지만 초기 전기 사료들에 나타나기 때문에[75], 역사성을 충분히 지니고 있는 것으로 평가할 수 있다는 데에 있다. 예를 들면, 토마스 첼라노는 「1첼라노」 24,2-4에서 다음과 같이 기록한다: "그[베르나르도 형제]는 복되신 사부님을 손님으로 자주 모셨으므로 사부님의 생활과 행동을 눈여겨보고 목격함으로써 사부님의 거룩함의 향기로 말미암아 새롭게 되어 경외심을 품게 되었고, 구원의 정신을 낳기에 이르렀다. 그는 프란치스코가 잠을 거의 자지 않고 밤새도록 기도하며 하느님과 복되신 동정 성모를 찬미하는 것을 목격하고 놀라서 말하였다"(^{2}Post hunc frater Bernardus···^{3}Hic enim frequenter susceperat beatum patrem hospitio, cuius vitam et mores intuitus et expertus, refectusque sanctitatis eius odore, concepit timorem et salutis spiritum parturivit. ^{4}videbat eum tota nocte orantem, rarissime dormientem, laudantem Deum et gloriosam Virginem matrem eius···). 이 이야기는 프란치스코 사후 얼마 지나지 않아, 좀더 정확히 말하면, 그의 시성식(1228년 7월 16일)과 그의 유해 이장(1230년 5월 25일) 사이에 작성되었을 뿐만 아니라, 「1첼라노」가 작성될 당시에는 이 이야기의 목격 증인인 퀸타발레의 베르나르도가 아직 생존해 있었기 때문에[76], 이 이야기의 역사성은 확실해 보인다. 그런데 「행적」에 나타나는 증언은 이 사건의 사실성을 확인해 주는 「1첼라노」의 증언과 일치한다. 따라서 이러한 두 전

---

[73] 참조: F. URIBE, 「Introduzione alle fonti agiografiche di san Francesco」, 425-428.
[74] 카를로 파올라찌에 의하면, '나의 하느님, 전부시여!'는 프란치스코의 전형적인 금언들 중 하나이고(참조: C. PAOLAZZI, 「Il Cantico di frate Sole」, 18-21), 반 아셀돈크(van Asseldonk)에 의하면, '나의 하느님, 전부시여!'의 의미는 의심의 여지없이 프란치스코의 깊은 내면의 세계를 잘 표현해 주고 있다(참조: O. van ASSELDONK, 「Lo spirito dà la vita」, 200-201).
[75] 참조: 「1첼라노」 24,2-4; 「2첼라노」 15,6; 「세 동료」 27,3; 「행적」 1,16-21.
[76] 참조: F. URIBE, 「Introduzione alle fonti agiografiche di san Francesco」, 62-63.

기 사료의 일치를 바탕으로 「행적」에 나오는 "나의 하느님, 전부시여"라는 '화두'는 「1첼라노」 24,4에 나오는 "하느님을 찬미함"(laudantem Deum)이라는 표현과 일치한다고 말할 수 있다.

"나의 하느님, 전부시여"(Deus meus et omnia)라는 프란치스코의 '화두'가 그의 기도라는 두 번째 이유는, 이 구절이 글자 그대로 프란치스코의 글에는 나타나지 않지만, 이 기도문이 프란치스코의 전형적인 말씨와 일치한다는 사실이다. 먼저, "나의 하느님"(Deus meus)이라는 표현은 「수난 성무」에 10번 나타난다[77]. 예를 들면, 프란치스코는 다음과 같은 표현으로 하느님께 간구한다: "당신은 나의 하느님이시나이다"(「수난 성무」 1,6: Deus meus es), "당신은 나를 구하시는 하느님이시나이다"(「수난 성무」 14,2: tu es Deus salvatore meus), "제 어머니 뱃속에서부터 당신은 나의 하느님이시나이다"(「수난 성무」 2,5: de ventre matris meae Deus meus es tu), "당신은 지극히 거룩하신 나의 아버지이시며, 나의 임금님, 나의 하느님이시나이다"(「수난 성무」 2,11; 5,15: tu es sanctissimus pater meus Rex meus et Deus meus). 「수난 성무」에는 또한 "나의 하느님"(Deus meus)과 비슷한 표현인 "나의 아버지"(Pater meus)라는 표현이 5번 나타난다[78]. 따라서 프란치스코는 「수난 성무」를 바치면서 매일 "나의 하느님"이나 "나의 아버지"라는 표현으로 하느님께 기도하였다고 말할 수 있다. 뿐만 아니라 프란치스코는 기도하면서 하느님을 "나의 임금님"(「수난 성무」 2,11; 5,15: Rex meus), "나의 해방자"(「수난 성무」 8,7: liberator meus), "나의 성채"(「수난 성무」 11,8.9; 12,9.10: susceptor meus), "나의 피난처"(「수난 성무」 11,8; 12,9: refugium meum), "나의 도움"(「수난 성무」 11,9; 12,10: adiutor meus), "나의 자비"(「수난 성무」 11,9; 12,10: misericordia mea), "나의 보호자"(「수난 성무」 12,5: protector meus), "나의 희망"(「수난 성무」 2,4;

---

[77] 참조: 「수난 성무」 1,6; 2,5.11; 5,15; 11,8.9; 12,9.10; 13,3; 14,2.
[78] 참조: 「수난 성무」 2,11; 3,3; 5,15; 6,11; 15,4. 한편, "나의 아버지"(Pater meus)라는 표현은 「권고」 1,2.4와 「비인준 규칙」 23,4에도 나타난다.

12,4: spes mea), "나의 인내"(「수난 성무」 12,4: patientia mea), "나의 힘, 나의 찬미"(「수난 성무」 14,3: fortitudo mea et laus mea), "나의 생명"(「수난 성무」 1,1: vitam meam), "나의 도움이며 해방자"(「수난 성무」 8,7: adiutor et liberator meus), "나의 주님"(「태양 노래」 14; 「2신자 편지」 2: Dominus meus)이라고도 부른다. 이러한 표현들을 종합하면, 프란치스코는 "나의 하느님"(Deus meus)을 대단히 강하게 의식하고 있었으며, 이는 「행적」이 전해 주는 프란치스칸 금언의 "나의 하느님"(Deus meus)과 일치한다고 말할 수 있다.

한편, 「행적」 1,21에 나타나는 "옴니아"(omnia, 모두)는 "옴니스"(omnis, 모든) 형용사가 명사적으로 사용된 것으로, 이 형용사는 프란치스코의 글에 399번 나타난다. 이러한 높은 빈도수는 "옴니스"(omnis)가 프란치스코의 사상을 잘 보여 주는 어휘들 중 하나임을 말해 주는 것이라 하겠다. 이 형용사를 통해서 프란치스코는 특히 하느님 신비의 보편성과 전체성을 강조하고 있다[79]. 그런 적절한 사례들 가운데 하나는 프란치스코의 글에 18번 나타나는 "모든 선"(omne bonum)이라는 표현이다[80]. 이 표현 안에는 '하느님의 절대적이고 완전한 선성'(善性, bonum, 선)과, '보편적인 선의 총체성'(omne, 모든)이 일치되어 있는데, 이 주제는 프란치스코가 그의 전 생애를 통해 관상했던 신비이다. 하느님의 전체성이 잘 드러나는 또 다른 표현은 「시간경 찬미」 11에 나오는 "기도"이다: "전능하시고 지극히 거룩하시고 지극히 높으시며 으뜸이신 하느님, 모든 선이시고 으뜸선이시고 온전한 선이시며, 홀로 선하신 당신께(참조: 루카 18,19), 모든 찬미와 모든 영광과 모든 감사와 모든 영예와 모든 찬양과, 그리고 모든 좋은 것을 돌려드리나이다. 그대로 이루어지소서. 그대로 이루어지소서. 아멘"(Omnipotens,

---

[79] 참조: L. LEHMANN, 「La dimensione universale negli scritti di Francesco d'Assisi」, 『Due volti del francescanesimo』, 91.
[80] 참조: 「권고」 7,4; 8,3; 12,2; 18,2; 「주님 기도」 3; 「규칙 단편」 1,54(2번)과 55; 「하느님 찬미」 3; 「시간경 찬미」 11; 「수난 성무」; 「규칙 단편」 17,17(2번).18; 23,8.9(2번); 「동정녀 인사」 3.

sanctissime, altissime et summe Deus, omne bonum, summum bonum, totum bonum, qui solus es bonus, tibi reddamus omnem laudem, omnem gloriam, omnem gratiam, omnem honorem, omnem benedictionem et omnia bona. Fiat. Fiat. Amen). 이 간단한 기도에는 "모든"(omne)이라는 형용사가 7번 나타나고, "옴네"(omne) 형용사와 "포텐스"(potens, 힘 있는) 형용사가 결합된 "옴니포텐스"(omnipotens, 전능한) 형용사 1번, 그리고 "옴네"(omne)와 동의어인 "토투스"(totus, 전부의) 형용사가 1번 나타난다. 이외에 "지극히 거룩한"(sanctissime), "지극히 높은"(altissime), "으뜸의"(summe, summum) 같은 최상급들도 최고라는 의미에서 "모든"(omnis)이라는 형용사와 같은 계열의 표현이라 할 수 있다. 만일 이 기도를 한 문장으로 요약한다면, "Deus meus et omnia", "나의 하느님, 전부시여"가 될 것이다. 이러한 관점에서 「시간경 찬미」의 "기도"는 프란치스코가 그의 회개 초기에 바쳤던 「행적」 1,21의 '화두'를 발전시켜 확장한 것이라고 말할 수 있다.

"나의 하느님, 전부시여"(Deus meus et omnia)는 「하느님 찬미」 4에도 다음과 같이 반향되어 나타난다[81]: "당신은 우리의 흡족한 온갖 보화이시나이다"(tu [Deus] es omnia divitia nostra ad sufficientiam)[82].

---

[81] 참조: C. Paolazzi, 「Lettura degli "Scritti" di Francesco d'Assisi」, 111; F. Uribe, 「Orar como Francisco」, 29.

[82] 「하느님 찬미」 4절의 "옴니아"(omnia)와 관련하여, 카예탄 에써는 행과 행 사이에 써넣은 "옴니아"(omnia)는 프란치스코의 "틀린 라틴어"(faslus latinum)류에 속한다고 주장하고(참조: K. Esser, 「Gli scritti di s. Francesco d'Assisi」, 165), 다니엘레 솔비도 에써의 의견에 동의한다(참조: D. Solvi, 「Commento」, 「La letteratura francescana. Vol. I」, 449). 이에 비해 카를로 파올라찌는 "옴니아"(omnia)를 중성 명사로 읽으면서 이 낱말 다음에 쉼표를 넣어 "tu es omnia, divitia nostra ad sufficientiam"(당신은 전부이시며, 우리의 흡족한 보화이시나이다)과 같이 해독해야 하며, 이 "옴니아"(omnia)는 프란치스코가 퀸타발레의 베르나르도 집에서 밤새 반복해서 바쳤던 '나의 하느님, 전부시여!'(Deus meus et omnia)의 반향이며 변형된 형태라고 주장한다(참조: C. Paolazzi, 「Studi su gli "Scritti" di frate Francesco」, 119; C. Paolazzi, 「Lettura degli "Scritti" di Francesco d'Assisi」, 111). 한편, 조반니 볼칼리는 「Concordantiae verbales」의 제2판에서 "옴니아"(omnia) 다음에 쉼표가 있는 것으로 해석한다(참조: I.

「행적」1,21의 짧은 기도를 "tu es Deus meus et omnia"(당신은 나의 하느님, 전부이시나이다)로 이해하면, 「하느님 찬미」4와 「행적」1,21 사이에 공통적으로 울리는 소리가 있음을 느낄 수 있다. 같은 맥락에서 레온하르트 레만(L. Lehmann)은 "나의 하느님, 전부시여"(Deus meus et omnia)라는 표현을 「하느님 찬미」에 연속적으로 등장하는 하느님의 이름들을 간결하게 요약해 놓은 것이라 이해한다[83]. 결론적으로, 지금까지 고찰한 사실들을 종합하면, 「행적」1,21에 나타나는 "나의 하느님, 전부시여"(Deus meus et omnia)는 프란치스코가 바친 그의 기도라고 결론 내릴 수 있을 것이다.

「행적」이 전해 주는 '화두' "나의 하느님, 전부시여"는 프란치스코가 회개 초기부터 하느님 신비에 깊이 젖어 들었음을 증언해 주는 기도이다. 따라서 이 기도를 통해 우리는 프란치스코가 지니고 있었던 존재론적 관점과 체험을 조명해 볼 수 있다. 칼 라너의 신비 신학에 의하면, 존재는 개별적인 체험들을 기초 삼아 후험적으로 추상(抽象)해 낼 수 있는 어떤 개념이 아니라, 각각의 개별적 체험이 자리하는 토대로서 하나의 지평과 같은 것이다[84]. 비명시적이고 비주제적이며 실존적으로 이루어지는 초월적 지평에 대한 형이상학적 체험은 점진적으로 주제화되어 가고, 그런 과정에서 무한한 사랑과 고통과 욕망 등이 체험된다. 이와 같이 초월적 체험을 통하여 '지평으로서의 존재'가 무한하고 포착될 수 없는 존재, 모든 존재자의 근거, 또는 모든 가능한 인식과 모든 개별적 사랑의 원초적인 전체로 체험되는데, 이를 간단하게, 존재의 신비 혹은 절대 신비에 대한 체험이라 이름하는 것이다[85]. 이러한 라너의 관점에서 바라보면, 지금 논의

BOCCALI, 「Concordantiae verbales opusculorum s. Francisci et s. Clarae Assisiensium」, 130).
[83] 참조: L. LEHMANN, 「La dimensione universale negli scritti di Francesco d'Assisi」, 『Due volti del francescanesimo』, 103.
[84] 참조: H. VORGRIMLER, 「Essere – Ente」, 『DizTeolNu』, 260.
[85] 참조: 위와 같은 책, 261.

하고 있는 프란치스코의 '화두'는 그가 모든 존재자의 기초가 어디에 있는지, 모든 존재자의 궁극적 목적지가 어디인지에 관해 그 근본적인 해답을 찾을 때까지 끊임없이 질문했음을 전제하는 것으로 이해할 수 있다. 그 이유는 프란치스코가 존재의 신비를 본질적으로 절대 존재로 깨달았기 때문이고, 「십자가 기도」에 나오는 기도의 대상, 즉 "올바른 믿음과 확실한 희망과 완전한 사랑"의 궁극적인 기초이자 "감각과 깨달음"의 궁극적인 기초로 이해했기 때문이다.

이런 관점에서 비추어보면, 「행적」 1,21의 기도는 프란치스코의 회개가 존재의 신비에 대한 체험을 통해 이루어졌음을 암시하는 것이라 하겠다. 이에 대하여 페르난도 우리베(F. Uribe)는 프란치스칸 삶의 영적인 구조를 규명하면서, 프란치스코의 회개 안에는 존재의 차원이 포함되어 있으며[86], 이러한 존재 차원은 프란치스코의 삶의 특징일 뿐만 아니라, 초기 전기 작가들이 증언하는 바와 같이, 자기 자신에 대한 발견으로부터 인간 존재와 하느님 존재에 대한 탐구에로 차츰차츰 발전되어 가는 과정이라고 주장한다. 그 후 우리베는 초기 전기들, 특히 「세 동료」와 토마스 첼라노의 「제1생애」 및 「제2생애」를 분석하고 필요한 경우 보나벤투라의 「대전기」를 참고하는 가운데, 프란치스코의 성소가 성숙되어 가는 여정임을 밝히는 가운데, 이를 다음과 같이 여섯 단계의 결정적인 만남으로 구체화한다: (가) 자기 자신과의 만남, (나) 가난한 자들과의 만남, (다) 나환자들과의 만남, (라) 십자가의 그리스도와의 만남, (마) 복음과의 만남, (바) 형제들과의 만남[87]. 이 가운데 첫 번째 만남은 자기 자신에 대한 발견과 관계가 있고, 가난한 자들과 나환자들과 형제들과의 만남은 인

---

[86] 페르난도 우리베에 의하면, "프란치스코의 정신 안에서 회개는 무엇보다도 근본적인 자세로서 말하자면 항구한 존재 양식이다. 즉, '회개하는 것'이 아니라 '회개자가 되는 것'이다"(F. URIBE ESCOBAR, 『Strutture e specificità della vita religiosa』, 242).

[87] 참조: F. URIBE, 「L'itinerario vocazionale di Francesco d'Assisi」, 6.

간 존재에 대한 탐구와 관계가 있으며, 십자가의 그리스도 및 복음과의 만남은 하느님 존재에 대한 탐구와 관련이 있다.

그런데 프란치스코와 나환자와의 만남은 그의 점진적인 회개의 여정 중에서 존재의 체험과 관련하여 하나의 전환점이 된다. 「유언」 1-3에서 프란치스코는 나환자와의 만남 안에서 이루어진 단맛 체험을 자신의 회개에 있어 결정적인 순간으로 회상하고 있는데, 이를 통해 그는 자기 자신과 그리스도를 동시에 만나게 된다[88]. 나환자들을 만나면서 자신이 내적으로 그들처럼 비참한 상태에 있음을 발견하고 자신이 바로 나환자임을 깨달은 것이다. 그리고 자신의 비참한 인간적 처지를 깨달으면서 그는 동시에 나환자 안에서 그리스도를 알아보고 그를 연민에 가득 차 끌어안는다[89]. 이렇게 프란치스코는 나환자들에게 자비를 베푸는 가운데 나환자인 자기 자신을 포옹하고 "나환자이신 그리스도"[90]를 포옹함으로써 그의 삶에 있어서 결정적인 순간을 맞게 되고, 그 순간 나환자와 자기 자신과 그리스도가 하

---

[88] 피에트로 마라네시는 "나환자들과 함께 자비를 체험함은 프란치스코를 프란치스코가 되게 해준다"고 주장한다(P. MARANESI, 「Facere misericordiam」, 98).
[89] 「2첼라노」 9,12에서 토마스 첼라노는 프란치스코가 나환자를 통하여 그리스도를 만났다는 점을 신비적으로 묘사하고 있다: "그리고 프란치스코는 즉시 자기 말에 올라타 주위를 여기저기 두리번거렸다. 그러나 평지만 있고 사방이 트여 숨을 만한 곳이 없었는데도 어디서도 나병 환자를 찾아볼 수가 없었다". 프란치스코가 입을 맞추었던 나병 환자가 사라졌다는 사실은 이 나병 환자가 그리스도였다는 점을 암시하는 신비적 묘사라고 이해할 수 있다. 보나벤투라는 「대전기」 I,6, 1-2에서 나병 환자와 십자가에 못 박히신 그리스도의 일치성을 더 분명하게 표현하고 있다: "¹이제 프란치스코는 가난의 영과 겸손의 감각 그리고 깊은 연민의 정을 둘러입게 되었다. ²예전에 그는 나병 환자들과 함께 지내는 것은 물론이고 멀리서 바라보는 것조차도 진절머리 냈으나, 예언자의 말대로, 나환자의 모멜스런 모습을 취하신 십자가의 그리스도로 말미암아, 이제는 자기 자신을 완전하게 경멸하기 위해, 온 심혈을 기울여 나병 환자들에게 겸손하고 친절하게 자비를 베풀었다". 한편, 보나벤투라는 "자기 자신을 완전하게 경멸하기 위해"라는 표현을 통해 프란치스코가 자신을 나병 환자로 여겼음을 간접적으로 암시하고 있다.
[90] J. de SCHAMPHELEER, 「Fino alla croce」, 「La spiritualità di Francesco d'Assisi」, 67.

나되는 체험을 하게 된다[91]. 이렇게 해서 그에게는 형언할 수 없이 썼던 역겨움이 형언할 수 없는 단맛으로 변화되는데, 이러한 단맛은, 그가 온몸으로 찾았던, 모든 존재의 근거가 되는 존재 자체, 즉 존재의 신비, 하느님이신 신비로부터 비롯되는 것이라 할 수 있다[92]. 프란치스코는 이렇게 회개의 원천으로서의 '신비의 감미로움'을 발견한 후 세속을 떠나게 되었으며, 일생 이 감미로움의 신비를 관상하며 살아갔다.

감미로움의 여정은 끊임없이 지속적으로 이루어지는 존재의 신비 안에서의 순례이다. 프란치스코는 존재의 신비 안을 순례할수록 그만큼 더 감미로움의 신비에 매료되었고, 감미로움의 신비에 매료될수록 그의 전 존재는 그만큼 더 이 신비에 사로잡혀, 형언할 수 없는 존재의 신비를 더욱더 깊이 관상하게 되었다. 끝없이 무한하게 펼쳐지는 이 놀라운 신비 앞에서 프란치스코는 압도당하지 않을 수 없었고, 이 신비를 찬미하지 않을 수 없었다. 그러한 탁월한 사례들 가운데 하나가 바로 「행적」 9,40과 55에 나타나는 프란치스코의 또 다른 '화두'이다.

이 구절들에 의하면, 프란치스코는 1224년 라 베르나에서 깊은 침묵 중에 사십 일을 보내면서[93], "지극히 감미로우신 나의 하느님, 당신은 누구시오며, 미미한 벌레요 당신의 하찮은 종인 저는 누구옵니까"(Quid es tu, dulcissime Deus meus, et quid sum ego, vermiculus et parvus servus tuus)라고 물으며 존재의 신비에 대해 참구(參究)하였

---

[91] 참조: J. S. LEE, 『Francis the mystic』, 92.
[92] 참조: 위와 같은 책, 37.
[93] 프란치스코가 라 베르나 절벽 위의 외진 움막에 은둔했던 것과 관련하여, 옥타비안 슈무키는 그 근거 자료로 「행적」 9,28-31을 인용하고, 이 자료의 역사성에 대해서는 다음과 같이 언급한다: "늦은 시기에 작성된 이 원천이 처음으로 전해 주는 개별 사건들의 역사적 사실성이 어떻든 간에, 성인이 갈라진 절벽 때문에 접근하기 힘든 외진 곳으로 갔다는 사실에는 의문의 여지가 없다 하겠다"(O. SCHMUCKI, 『The stigmata of St. Francis of Assisi』, 173).

고, 이에 대한 해답으로 "관상의 빛 안에서"(in quodam lumine contemplationis) "하느님의 무한한 선의 심연과 나의 비천함에서 흘러나오는 한 없는 눈물"(abissum infinite bonitatis divine et profundum lacrimosum vilitatis mee)을 보게 되었다[94]. 이러한 구절들은 프란치스코가 그의 생애 끝 무렵까지 존재의 신비에 대해 부단히 탐구하였음을 증언해 주는 것이다[95]. 먼저, 그가 오상을 받기 전 제기했던 "당신은 누구시옵니까"(Quid es tu)라는 물음은 오상을 받은 직후 작성한 「하느님 찬미」와 잘 어울린다. 「하느님 찬미」는 거의 모든 문장이 "당신은…이시나 이다"(tu es…)로 구성되어 있는데, 이러한 문장들에는 "당신은 누구시옵니까"(Quid es tu)라는 물음이 전제되어 있기 때문이다. 「하느님 찬미」는 이러한 물음들에 대한 대답처럼 보여진다[96]. 뿐만 아니라 「행적」

---

[94] "39…[레오 형제는] 성인이 무릎을 꿇고 얼굴은 하늘을 향한 채 손은 하느님께 들어 올린 상태에서 다음과 같이 말하는 것을 보았다. 40·지극히 감미로우신 나의 하느님, 당신은 누구시오며, 미미한 벌레요 당신의 하찮은 종인 저는 누구옵니까?'"(「행적」 9,39-40); "53레오 형제를 몹시도 사랑했던 프란치스코 성인이… 그에게 말하였다: 54·오, 예수 그리스도의 어린양인 형제여,…55·주님, 당신은 누구시오며, 저는 누구옵니까'라고 묻고 나서 나는 관상의 빛 안에 있었고, 그 상태에서 하느님의 무한한 선의 심연과 나의 비천함에서 흘러나오는 한없는 눈물을 보았습니다"(「행적」 9,53-55).

[95] 「행적」은 대략 1327-1337 사이에 작성되었고 이 「행적」의 9,40과 55의 병행 구절은 초기 전기 사료들 가운데 「행적」의 이탈리아어 번역본으로 여겨지는 「잔꽃송이」에만 나타나기 때문에, 「행적」 9,40과 55에 대해서는 역사성의 문제를 제기할 수 있다. 그러나 이 구절들은 프란치스코의 초기 동료들의 증언으로부터 유래된 구전으로 추정된다. 왜냐하면, 몇몇 학자들에 의하면, 「행적」은 13세기 말과 14세기 초 사이에 그 당시 퍼져 있던 전승도 수집하는데, 이 가운데는 특히 레오 형제(1271년까지 생존했음)와 클라라 성녀가 전해 준 자료들도 포함되었을 것으로 보기 때문이다(참조: F. URIBE, 「Introduzione alle fonti agiografiche di san Francesco」, 425-432). 디보 바르소티 또한 "[라 베르나에서의 프란치스코의 말들을] 전해 주는 작품이 늦은 시기에 속하긴 하지만, 그럼더라도 이러한 사실이 프란치스코의 입에서 직접 흘러나온 말들을 전해 주는 전승을 절대적으로 불가능하게 하는 것은 아니다"(D. BARSOTTI, 「San Francesco preghiera vivente」, 62)라고 주장한다.

[96] 참조: C. PAOLAZZI, 「Il Cantico di frate Sole」, 21.

9,40의 "지극히 감미로우신 하느님"이라는 표현은 「하느님 찬미」 7의 "당신은 우리의 온전한 감미로움"이라는 구절과 상응한다. 감미로움에 대한 표현들은 프란치스코의 글 가운데 「비인준 규칙」 23,9, 「1신자 편지」 1,13, 「2신자 편지」 16에서도 찾아볼 수 있다[97]. 그리고 「행적」 9,55에 나타나는 하느님의 절대적인 선성에 관한 표현, 즉 "하느님의 무한한 선의 심연"(abissum infinite bonitatis divine)이라는 구절은 프란치스코의 글에 자주 나타나는 선의 최상급 표현들과 밀접한 관계를 지니고 있다.

「행적」 9,40의 "미미한 벌레"(vermiculus)라는 낱말은 프란치스코의 신비적 은유로서, 그의 글에서는 "베르미스"(vermis, 벌레) 형태로 「2신자 편지」 46에 두 번, 「수난 성무」 4,7에 한 번 나타난다[98]. 특히 프란치스코는 연중 시기의 평일 삼시경에 「수난 성무」 4,7을 바치면서, 십자가 위에서 벌레처럼 돌아가신 그리스도의 케노시스 신비를 관상하였다. 그러므로 "미미한 벌레"(vermiculus)라는 낱말은 대단히 프란치스코적인 표현이라고 할 수 있다. 한편, 「행적」 9,40의 "파르부스"(parvus, 하찮은) 형용사는 프란치스코의 글에서는 "파르불루스"(parvulus, 보잘것없는) 형태로 8번, "미노르"(minor, 보다 더 작은)형태로 19번 나타나며, "종"(servus)이라는 명사는 61번 나타난다.

---

[97] "…홀로 선하시고 홀로 자비로우시고 홀로 양순하시고 홀로 감미로우시며 홀로 달콤하신 하느님 외에는 다른 아무것도…"(「비인준 규칙」 23,9); "또한 흡족스럽고 겸손하고 평화롭고 감미롭고 사랑스러우며 무엇보다도 먼저 열망해야 할 그러한 형제와 그러한 아들인 우리 주 예수 그리스도를 모시는 것이, 오, 얼마나 거룩하고 얼마나 소중한지!"(「1신자 편지」 1,13); "…주님이 얼마나 감미로운지를 맛보려 하지 않고…"(「2신자 편지」 16).

[98] "그리고 우리는 우리 탓으로 비참하고 썩었으며 악취나고 벌레들이기에 우리의 육신을 수치와 멸시를 받아 마땅한 것으로 여깁시다. 주님께서 예언자를 통하여 말씀하십니다: 저는 인간이 아닌 벌레, 사람들의 우셋거리, 백성의 조롱거리"(「2신자 편지」 46); "저는 인간이 아닌 벌레 * 사람들의 우셋거리, 백성의 조롱거리"(「수난 성무」 4,7). 이외에도 "벌레"(vermis)라는 말은 프란치스코의 글에 2번 더 나타나지만(「1신자 편지」 2,18; 「2신자 편지」 85), 이들은 신비적 은유와는 전혀 관계가 없다.

프란치스코는 자기 자신을 소개할 때 자주 "보잘것없는 종"(parvulus servus)이나 혹은 단순하게 "보잘것없는 사람"(parvulus) 또는 "종"(servus)이라고 표현한다[99]. 따라서 「행적」 9,40의 "하찮은 종"(parvus servus)과 "미미한 벌레"(vermiculus)는 자신을 비천하고 하찮은 벌레로 여겼던 프란치스코의 자의식을 잘 보여 주는 표현이라 하겠다.

「행적」 9,55의 "나의 비천함에서 흘러나오는 한없는 눈물"(profundum lacrimosum vilitatis mee)이라는 구절 또한 프란치스코의 내면의 세계를 잘 보여 주는 표현이다. "비천한"(vilis)이라는 낱말은 프란치스코의 글에 15번 나타나는데, 한 번은 「형제회 편지」 3에서 프란치스코가 자기 자신을 "비천하고 넘어지기 쉬운 사람"(homo vilis et caducus)이라고 언급하며 나타나고 다른 경우들은 그가 타인들에게 "비천한 자가 되라"(esse vilis)고 권고할 때 나타난다[100]. 이와 같이 프란치스코의 벌레로서의 자의식은 "비천함"(vilitas)에 대한 그의 관념과 분리될 수 없고, 「행적」 9,55의 "나의 비천함에서 흘러나오는 한없는 눈물"(profundum lacrimosum vilitatis mee)이라는 표현은 대단히 프란치스코적인 어투라고 할 수 있다.

지금까지 간략하긴 하지만 프란치스코 글의 문체적 관점에서 「행적」 9,40과 55에 나타나는 물음과 대답이 전형적인 프란치스코의 표현이요 어투라는 사실을 살펴보았다. 이러한 사실을 바탕으로, 프란

---

[99] "…주 하느님 안에서 여러분의 종이며 하찮은 사람인 프란치스코 형제가…"(「1보호자 편지」 1); "…보잘것없고 넘어지기 쉬운 사람인 여러분의 하찮은 종 프란치스코 형제가…"(「형제회 편지」 3); "…주 하느님 안에서 보잘것없고 하찮은 여러분의 종인 프란치스코 형제가…"(「지도자 편지」 1); "…그리고 여러분의 하찮은 종 나 프란치스코 형제는…"(「유언」 41); "…나 작은 형제 프란치스코가…"(「유언」 34); "하찮은 나 프란치스코 형제는…"(「마지막 원의」 1); "…하느님의 종들 가운데 가장 작은 종 프란치스코 형제가…"(「2보호자 편지」 1); "저는 모든 사람들의 종이기에"(「2신자 편지」 2); "여러분의 작은 종인 나 프란치스코 형제가…"(「2신자 편지」 87); "…그분의 종이며 그대의 종인 나를 사랑하고 있는 것으로 알고 있겠습니다…"(「봉사자 편지」 9).
[100] 참조: 「권고」 12,3; 19,1; 「규칙 단편」 1,74; 「비인준 규칙」 9,2.

치스코가 라 베르나에서 오상을 체험할 때까지, 다시 말하면 그의 생애의 끝 무렵까지, 존재 문제에 몰두하였고, 존재의 신비를 관상하였으며, 이 신비 안으로 깊이 잠겨들어갔다고 추론할 수 있다[101]. 그런데 여기서 유의해야 할 점은 「행적」 9,40에 나타나는 존재론적인 물음이 인식론적인 무지에서 비롯된 단순한 질문이 아니라, 무한하게 펼쳐지는 형언할 수 없는 존재의 신비 앞에서, 바꾸어 말하면, 하느님 신비를 관상하고 그런 관상으로부터 자연스럽게 흘러나온 놀라움 앞에서 가슴 벅차 터져 나온 감탄의 질문이라는 사실이다. 이는 프란치스코가 그의 일생 전체를 통해 추구했던 관상을 증언해 주는 근거이기도 하다.

「행적」 1,21과 9,40.55에 나타난 바와 같이 프란치스코는 자신의 나환자성과 벌레성을 깊이 통찰하는 가운데, 존재의 신비, 특히 인간 존재와 신 존재를 비대상적으로 끊임없이 관상하였다. 프란치스코의 관상은 이렇게 범주적인 대상 없이 이루어지는 비대상적 관상을 통하여 탁월하게 꽃피어났다. 존재는 초월적 속성인 선과 분리될 수 없고 선은 그 자체로 자기 확산적이기에, 최고선은 최고로 자기 확산적이다[102]. 존재에 대한 프란치스코의 관상은 이와 같은 원리 아래 자연히 최고선, 즉 순수하고 절대적인 존재에 대한 관상에로 전개되고, 이를 통하여 프란치스코는 삼위일체 신비를 관상하였다. 프란치스코의 이러한 관상을 잘 보여 주는 글들 가운데 하나가 「하느님 찬미」이다. 여기에서 아씨시의 관상가는 삼위일체 신비를 구체적이고 범주적인 대상 없이 직접적으로 찬미한다.

「하느님 찬미」에는 동사가 두 개 나타난다. 하나는 "에스"(es, …이다)로 이는 31번 나타나고, 다른 하나는 "파치스"(facis, 하다)로, 이는

---

[101] 참조: G. BOURDEAU, 「Dallo specchio alla finestra: Questioni d'esperienza contemplativa」, 7.
[102] 참조: BONAVENTURA DA BAGNOREGIO, 「Itin」 V,2, 『Sancti Bonaventurae opera V-1』, 556.

1절에 한 번 나타난다. 먼저, "파치스"(facis) 동사는 요한복음적인 어조를 지니고 있는 낱말로 이해할 수 있다. 발터 비비아니(W. Viviani)에 따르면, 「하느님 찬미」의 말씨는 대단히 요한적인데, 예를 들면 다음과 같다: "당신은…거룩하고 유일한 하느님이시나이다"(1절), "당신은 거룩하신 아버지,…"(2절), "참되신 주 하느님"(3절), "당신은 애정이며 사랑이시나이다. …당신은 기쁨이시나이다"(4절), "당신은 우리의 사랑이시나이다. …당신은 우리의 영원한 생명이시나이다"(6절)[103]. 또한, 비비아니는 「비인준 규칙」 22,41의 "아버지, 당신의 이름을 거룩하게 하소서"(Pater clarifica nomen tuum)라는 구절을 분석하면서, "클라리피카레"(clarificare)는 맑게 빛나고, 찬란하고, 영광스럽고, 놀랍게 하는 것을 의미하며[104], "당신의 이름"(nomen tuum)은 특히 하느님의 사랑과 선성(善性)을 통해 드러나는 성부의 본질과 인격 및 내밀한 본성을 가리킨다고 설명한다[105]. 이러한 관점에서 비비아니는 「하느님 찬미」 1의 "당신은 놀라운 일을 하시는 거룩하고 유일한 하느님이시나이다"를 요한적인 구절로 이해하면서, "놀라운 일을 하신다"(facis mirabilia)는 표현은 하느님의 영광을 드러내는 것을 뜻한다고 해석한다. 다시 말하면, 사랑, 선, 지혜 등 「하느님 찬미」에 나열된 신적 속성들과 이름들을 통해 하느님의 신비가 찬미되면서 계시된다는 것이다. 한편, 「하느님 찬미」 2에는 "하늘과 땅"이라는 표현이 나타나는데, 이는 이 찬미가에 유일하게 등장하는 사실적 피조물이다[106]. 이 "하늘과 땅"을 전거로 1절의 "파체레"(facere)는 우주의 창조 신비를 함축하고 있는 동사라 이해할 수 있다[107]. 프란

---

[103] 참조: W. Viviani, 「L'ermeneutica di Francesco d'Assisi」, 289.
[104] 참조: 위와 같은 책, 253.
[105] 참조: 위와 같은 책, 249-250.256.
[106] 3절에 "신들"(dei)이라는 낱말이 나타나지만, 사실 신들은 창조되지도 않았고 존재하지도 않는다. 따라서 신들은 하느님의 피조물이 아니다.
[107] 참조: K. Nguyen Van, 「Gesù Cristo」, 95.

치스코가 거룩한 상흔 체험을 하고 난 뒤에 쓴 「하느님 찬미」에는 성자의 신비도 또한 표현되어 있는데, 이는 존재론적인 덕들을 통해 드러난다. 이런 의미에서 "파체레"(facere) 동사는 모든 존재론적인 덕들이 수렴되어 절정에 달하는 성자의 신비까지 암시한다고 말할 수 있다. 「하느님 찬미」에서 프란치스코는 존재론적인 덕들을 지성적으로 관상할 뿐만 아니라 실존적으로도 체험하고 있다[108]. 이렇게 존재론적인 덕들을 관상하면서 이들을 체험한다는 것은 존재론적인 덕들이 프란치스코의 존재의 심연으로 전달되는 것을 의미하고, 모든 덕들은 성령으로부터 비롯되기에, 존재의 심연으로 전달된 덕들은 프란치스코 안에 전달된 성령이라 할 수 있다. 이런 차원에서 보면, "파체레"(facere) 동사는 성령의 신비와도 관계가 있게 된다. 결론적으로 「하느님 찬미」에 나타나는 "파체레"(facere) 동사는 삼위일체 하느님의 구원 신비를 함축한다고 이해할 수 있으며[109], 이 신비를 통해 성부 하느님은 당신의 영광과 성자의 영광을 보게 하시고[110], 하느님께서는 그렇게 "놀라운 일을 하시는 것이다"(facit mirabilia). 이와 같이 프란치스코는 범주적인 대상을 매개하지 않고 하느님의 영광과 삼위일체 신비를 관상하였다. 보나벤투라는 라 베르나에서 체험한 이러한 프란치스코의 관상 형태를 하느님께 나아가는 정신의 여정 가운데 최고의 단계로 제시하면서, 이를 범주적인 중개 없이 하느님 사랑의 살아 있는 불꽃 안에서 실현되는 영혼의 신비적 황홀 상태라 설명한다[111].

지금까지 범주적인 중개 없이 이루어지는 프란치스코의 관상에 대하여 살펴보았다. 그런데 여기서 주목해야 할 점은 비범주적인 관

---

[108] 참조: W. VIVIANI, 「L'ermeneutica di Francesco d'Assisi」, 289.
[109] 참조: K. NGUYEN VAN, 「Gesù Cristo」, 126.
[110] 참조: 「비인준 규칙」 22,55; 「1신자 편지」 1,19; 「2신자 편지」 60.
[111] 참조: BONAVENTURA DA BAGNOREGIO, 「Itin」 VII,3, 「Sancti Bonaventurae opera V-1」, 566.

상은 하느님의 신적 본성을 온전하게 관상하는 지복직관의 상태에서 완전하게 실현되고 프란치스코는 이러한 지복직관의 관상을 관상의 궁극적 목적지로 지향했다는 사실이다[112]. 지복직관의 상태에서 인간 존재는 삼위일체 하느님의 세 위격 간의 상호 "영광"(claritas), 즉 삼위일체 하느님의 서로 간의 완전하고 영원한 **관상**을 관상한다. 하느님은 완전하게 살아 계시고 역동적인 **사랑**이기 때문에, 부성적인 **사랑**(사랑하는 자)으로부터 자녀적인 **사랑**(사랑받는 자)이 영원히 출산되고, **사랑하는 자**와 **사랑받는 자** 사이로부터 동일한 **사랑**이 영원히 기출(氣出)된다[113]. 그리고 **사랑**의 세 위격은 영원한 출산과 영원한 기출 안에서 자신들의 완전한 **사랑**을 영원히 서로 관상한다. 이것이 세 위격 상호간에 서로의 **사랑**을 관상하는 삼위일체 하느님의 **관상**이다[114]. 그러므로 삼위 하느님은 "관상의 하느님"(Deus contemplativus)이라 말할 수 있다. 이러한 관상은 요한 17,23-26의 '성자를 향한 성부의 사랑'과 요한 14,31과 15,10의 '성부를 향한 성자의 사랑'에 반영되어 있다. 프란치스코는 「1신자 편지」 1,18, 「2신자 편지」 58-60, 「비인준 규칙」 22,53-55에서 그러한 상호 관상적 사랑에 대해 언급하고 있으며, 여기에는 삼위일체의 영광을 바라보는 것으로서의 지복직관, 즉 '하느님의 관상'에 참여함을 뜻하는 지복직관도 동시에 표현되어 있다. 인간 존재는 '하느님의 관상'에 참여함으로써 영원히 관상하는 존재, 즉 "호모 콘템플라티부스"(homo contemplativus, 관상하는 인간), 완전한 관상인(觀想人)이 된다. 이것이 범주적 중개 없는 관상의 최고 절정이라 하겠다.

---

[112] 참조: W. VIVIANI, 『L'ermeneutica di Francesco d'Assisi』, 231.
[113] 참조: F. LAMBIASI – D. VITALI, 『Lo Spirito Santo: Mistero e presenza』, 136.138.
[114] 참조: H. von BALTHASAR, 『Nella preghiera di Dio』, 126-127.

4.3. 프란치스코의 관상과 감각들

4.3.1. 관상과 신비적 감각들의 관계

관상의 대상은 한마디로 하느님의 신비라고 말할 수 있고, 이 신비는 영에 의해서만 포착되는 특성을 지니고 있다[115]. 이러한 까닭으로 이 논문에서는 관상을 하느님의 보이지 않는 신비를 영의 눈으로 바라보는 것이라 정의했다. 그런데 이 경우에 '바라보다' 동사는 단순히 육체적인 시각만을 의미하는 것이 아니라, 넓은 의미에서의 바라봄을 가리키는 것으로, 영적인 감각을 통해 하느님의 신비를 느끼고 깨닫고 인식하는 것을 의미한다. 관상을 가능하게 해주는 영적인 감각들은 거룩한 것에 이끌려 하느님과 접촉하게 되고, 그 결과 하느님의 신비를 지금 이 순간 이 자리에서(hic et nunc) 아무런 중개 없이 실존적으로 직접 느끼게 해준다[116]. 육체의 감각들은 이러한 영적인 감각들에 다다르는 일부분이다. 관상 초기에 육체적 감각들은 영적인 감각들과 일치하지 않지만, 점차 일치하게 되고[117], 마침내는 영적인 감각들과 혼연일체가 된다[118].

프란치스코의 관상 안에서 육체적인 감각들은 무시되지도 배제되지도 않으며, 범주적 관상에서는 관상의 필수적인 요소로서 영적인 감각들과 함께 작용한다. 뿐만 아니라, 비범주적 관상에 있어서도 이 관상이 비록 육체적인 감각들에 의존되어 있지는 않지만, 이 단계에서는 육체적 감각들도 성화되기 때문에 이 감각들이 영적인 감각들에 수반되어 나타난다. 따라서 프란치스코의 관상 안에서 육체

---

[115] 참조: K. RAHNER, 「I "sensi spirituali" secondo Origene」, 『Nuovi saggi VI』, 144.
[116] 참조: F. TEDOLDI, 『La dottrina dei cinque sensi spirituali in san Bonaventura』, 258.
[117] 참조: 위와 같은 책, 296.
[118] 참조: 위와 같은 책, 200-201.

의 감각들은 영적인 감각들과 밀접한 관계가 있으며, 이 논문에서는 이러한 감각들을 '관상적 감각들' 혹은 '신비적 감각들'이라 부를 것이다. 프란치스코의 글에는 신비적 감각들과 관련된 구절들이 꽤 등장하는데, 그 가운데 하나는 「유언」 1-3이다:

> ¹주님께서 나 프란치스코 형제에게 이렇게 회개를 시작하도록 해주셨습니다. 죄 중에 있었기에 나에게는 나병 환자들을 보는 것이 쓰디쓴 일이었습니다. ²그런데 주님 친히 나를 그들 가운데로 이끄셨고 나는 그들과 함께 지내면서 자비를 체험하였습니다. ³그리고 내가 그들에게서 떠나올 무렵에는 나에게 쓴맛이었던 바로 그것이 도리어 몸과 마음의 단맛으로 변했습니다. 그리고 그 후 얼마 있다가 나는 세속을 떠났습니다(¹Dominus ita dedit mihi fratri Francisco incipere faciendi poenitentiam: quia cum essem in peccatis nimis mihi videbatur amarum videre leprosos. ²Et ipse Dominus conduxit me inter illos et feci misericordiam cum illis. ³Et recedente me ab ipsis, id quod videbatur mihi amarum, conversum fuit mihi in dulcedinem animi et corporis; et postea parum steti et exivi de saeculo).

이 구절에 소개된 신비 체험은 프란치스코의 글 중에 나타나는 신비 체험들 가운데에서는 첫 번째에 해당되는데, 프란치스코는 이를 신비적 감각들을 통해 묘사하고 있다. 여기에서 프란치스코는 나환자들과의 만남으로 야기된 자신의 감정적 반응들을 근본적으로 재정리하고 있다[119]. 그리고 이 체험에 나타나는 강렬한 감정은 나환자와의 만남 이후에 전개되는 프란치스코의 관상 여정에 있어서 대단히 중요한 역할을 지니게 된다.

「유언」에 나타난 감정의 근본적인 재정리는 육체적 감각과 영적인 감각의 전환, 특히 단맛과 쓴맛의 전환을 통해서 이루어진다. 「유언」 1에서 프란치스코는 자신이 죄 중에 있었기 때문에 나병 환자를 보는 것이 몹시 썼다고 회상하면서 회개 이전의 자신의 처지를 시각

---

[119] 참조: O. SCHMUCKI, 「The mysticism of st. Francis in his writings」, 247.

과 미각의 느낌들을 통하여 묘사하고 있다. 1절에 나타나는 "아마루스"(amarus, 쓴) 형용사는 두 가지 차원에서 해석해 볼 수 있다: 하나는 육체의 눈으로 나병 환자를 보는 것이 역겹게 느껴졌던 육체의 쓴맛이고, 다른 하나는 육적인 상태에 있던 영혼이 느꼈던 영적인 쓴맛이다. 회개 이전의 이러한 쓴맛은, 3절에서 볼 수 있는 바와 같이, 사랑의 행위 안에서 영혼과 육체의 단맛으로 변한다. 이 변화는 느낌의 근본적인 전환이며, 이를 통해 신비적 감각들이 새롭게 정립되는데, 이는 회개를 통하여 이루어진 실존의 재탄생으로부터 비롯되는 필연적인 결과로, 영적인 감각은 물론이고 회개 안에서 성화된 육체적인 감각에도 적용된다[120]. 신비적 감각의 첫 번째 재정립은 물리적 감각에 해당되는 육체의 쓴맛이 영혼의 단맛으로 변화된 것이다. 이는 육체적인 느낌이 영적인 느낌으로 전환된 것을 의미한다. 둘째는, 육적인 상태에 있던 영적인 쓴맛이 영혼의 단맛으로 변한 것이다. 이는 영적인 느낌들 안에서 이루어진 전환이다. 셋째는 물리적인 쓴맛이 물리적인 단맛으로 변화된 육체적인 감각 안에서의 전환이다. 3절에서 프란치스코는 영혼의 단맛만 언급하지 않고 육체의 단맛에 대해서도 언급하는데, 이는 회개를 통해 인간 존재가 새롭게 태어남으로써 육체적인 감각들도 거룩하게 변화되었음을 의미하는 것이다. 사랑의 신비 안에서는 육체의 단맛도 영혼의 단맛으로부터 비롯됨을 밝혀주는 것이라 하겠다. 이는 영적인 감각이 육체적인 감각으로 전환된 경우이다. 이와 같은 신비적 감각들의 근본적인 재정립은 인간 존재의 새로운 탄생으로부터 유래되는 필연적인 열매로서, 프란치스코의 경우에는 나환자와의 만남을 통해 이루어지고, 새롭게 정립된 그의 관상적 감각들은 그의 관상적 여정을 따라 사랑의 불꽃을 통해 뜨겁게 타오르면서, 하느님 사랑의 신비를 깊이 인

---

[120] 참조: F. TEDOLDI, 『La dottrina dei cinque sensi spirituali in san Bonaventura』, 296.

식하게 해준다. 이 신비 안에서 프란치스코는 흘러넘치는 사랑의 불꽃으로 온전히 변화되기를 갈망한다[121].

토마스 첼라노는 「제1생애」 17,3-4에서 나환자와의 만남과 관계된 프란치스코의 신비적 감각들을 보다 더 구체적으로 묘사한다: "³자신이 허영에 차 있던 시절에는 나병 환자를 바라보는 것마저 지겨워 두 마일(약 3km) 가량이나 떨어져서 그들의 집을 쳐다보는데도 손으로 코를 막아버렸다고 늘 말해주곤 했다. ⁴그러나 이제 그는 지극히 높으신 분의 은총과 권능으로 거룩하고 유익한 것에 대해 생각하기 시작했으며, 아직도 그가 세속의 옷을 입고 있던 어느 날, 나병 환자를 만나게 되자 마음을 더욱 굳게 먹고 다가가 그에게 입을 맞추었다"(³In tantum namque, ut dicebat, aliquando amara ei leprosorum visio exsistebat ut, cum tempore vanitatis suae per duo fere milliaria eminus ipsorum domos respiceret, nares suas propriis manibus obturaret. ⁴Sed, cum iam gratia et virtute Altissimi, sancta et utilia inciperet cogitare, in saeculari adhuc habitu constitutus leprosum unum obvium habuit die quadam, et semetipso fortior effectus accessit, et osculatus est eum). 여기 인용된 4절에 의하면, 「유언」 1-3에 나타난 프란치스코의 회개는 나환자와의 입맞춤을 통해 이루어진다[122]. 그런데 이러한 입맞춤은 촉각을 통한 만남으로, 촉각은 영적 감각들 가운데 가장 완전하고, 가장 강렬하며, 가장 탁월하다[123]. 뿐만 아니라 3절의 "손으로 코를 막아버렸다"(nares suas propriis manibus obturaret)는 표현을 보면, 프란치스코가 나병 환자를 바라보는 미각적 쓴맛만이 아니라, 악취를 맡

---

[121] 참조: 위와 같은 책, 309.
[122] "그러자 나병 환자가 마치 무엇을 얻으려는 듯 손을 내밀자 입맞춤과 더불어 그의 손에는 돈이 쥐어졌다"(「2첼라노」 9,11); "나환자를 몹시 무서워했던 그는 이번에는 있는 힘을 다해서 자신을 억제하며 말에서 내려와 나환자의 손에 입을 맞추고는 돈을 집어 주었다"(「세 동료」 11,4).
[123] 참조: F. TEDOLDI, 「La dottrina dei cinque sensi spirituali in san Bonaventura」, 315.

는 역겨움도 체험했음을 알 수 있다. 즉, 나환자와의 만남을 통해 후각의 쓴맛도 체험한 것이다. 이상과 같이 「유언」 1-3과 「1첼라노」 17,3-4을 통해서 프란치스코의 회개 초기에 있었던 나환자를 통한 신비 체험은 시각, 후각, 미각, 촉각과 같은 다양한 신비적 감각들을 매개로 이루어졌다고 말할 수 있다.

프란치스코는 신비적 감각들의 감정적 반응이 전적으로 뒤바뀌는 일대 전환을 통하여 하느님 신비의 새로운 세계로 들어갔으며, 이를 통해 쓴맛과 단맛 안에 숨겨져 있는 신비 체험의 '황금률'을 발견하게 되었다. 이는 「1신자 편지」 2,11에 다음과 같이 언급되어 있다: "죄를 짓는 일은 육신에 달콤하고 하느님을 섬기는 일은 육신에 씁니다" (corpori dulce est facere peccatum et amarum est facere servire Deo). 이 구절에서 "달콤하다"(dulcis)는 말은 하느님의 참되고 영원한 감미로움을 의미하는 것이 아니라 제이차적인 선으로부터 비롯되는 불완전한 단맛을 의미한다. 이러한 부분적인 달콤함은 하느님의 천상적 감미로움 앞에서는 무미건조한 맛으로 뒤바뀐다[124]. 이런 까닭으로 프란치스코는 제이차적인 감미로움을 추구하는 자들을 원수들, 즉 육과 세속과 악마에 속아넘어간 소경들이라고 준엄히 경고한다[125]. 이와 마찬가지로 11절에 나타나는 "쓰다"(amarus)는 말은 참된 쓴맛이 아니라 순간적이고 일시적인 쓴맛으로, 이 쓴맛 안에는 참된 감미로움이 숨겨져 있다. 그래서 프란치스코는 「2신자 편지」 15에서 마태 11,30을 인용하면서 다음과 같이 말한다: "그분의 멍에는 감미롭고 그분의 짐은 가볍습니다"(eius iugum suave et onus ipsius leve). 그런데 눈에 보이지 않는 영적인 감미로움은 인간 존재의 심연에 존재하는 영에 의해서만 포착되고 인식된다. 그러므로 「1신자 편지」 2,11은 육체가 느끼는 것

---

[124] "천상적인 감미로움으로 채워져 있는 그에게 이 세상의 감미로움은 무미건조하기 짝이 없었다"(「2첼라노」 94,6).
[125] "보십시오, 소경들이여, 그대들은 그대들의 원수들인 육과 세상과 마귀에 속았습니다"(「1신자 편지」 2,11; 「2신자 편지」 69).

과 반대로 "죄를 짓는 일은 영혼에 쓰고 하느님을 섬기는 일은 영혼에 달콤합니다"로 이해할 수 있다.

프란치스코는 신비의 순례자로서 신비 체험의 황금률에 따라 신비의 여정을 쉼 없이 걸어가면서 하느님의 형언할 수 없는 신비를 끊임없이 관상하였다. 그리하여 이 놀라운 아씨시 관상가에게 표현할 길 없이 감미롭고 달콤한 신비는 나환자와의 만남 이래 그가 전 존재를 통해 추구한 참된 안식처요 안전한 성채이며 고요한 피난처이자 영원한 고향이 되었다[126]. 토마스 첼라노는, 프란치스코가 회개 초기부터 하느님의 이 지고의 감미로움에 매료되어 지상에 살아 있는 동안 결코 이 신비를 떠나지 않을 정도로 그렇게 신비에 충만해 살았다고 표현하기까지 한다[127].

4.3.2. 프란치스코의 글에 나타난 다섯 가지 신비적 감각들

감수성이 풍부하고 예민했던 프란치스코는 타고난 능력을 바탕으로 하느님의 신비를 놀랍도록 깊게 관상하였으며, 그가 남겨 놓은 글에는 다섯 가지 신비적 감각들이 여기저기에서 발견된다. 이를 초기 전기들에 들어 있는 자료들과 더불어 간략히 정리하면 다음과 같다.

(1) **시각**. 프란치스코 글 안에서 "보다"(videre) 동사는 영적인 바라봄이나 지복직관의 의미로 19번 사용된다. 육체적이든 영적이든 관상은 이러한 시각으로부터 출발되고, 특히 아름다움을 그 대상으로 삼는다. 프란치스코는 「하느님 찬미」에서 하느님을 "아름다움"(pulchritudo)이라

---

[126] 참조: J. S. LEE, 「Francis the mystic」, 120.
[127] "이리하여 이미 그의 세속 옷 밑에는 수도 정신을 입고 있었고, 드러난 자리를 피하여 한적한 곳을 찾았으며, 성령의 방문을 받아 자주 가르침을 받았다. ²그는 처음부터 아주 풍성하게 그에게 쏟아져 내린 지고의 감미로움에서 자주 넋을 잃었고, 그 감미로움은 그가 살아 있는 동안 결코 그를 떠나지 않았다"(「2첼라노」 9,1-2).

고 규정하면서[128], 완전하고 영원하며 절대적인 최고미를 관상한다. 그리고 두 가지 형태로 전해져 오는 「신자 편지」에서는 성령을 감탄할 만한 정배로 소개하는 가운데[129] 정배와 믿는이들의 영혼 사이에 맺어지는 사랑의 아름다움을 관상한다. 뿐만 아니라 「주님 기도」에서는 성부를 빛으로 묘사하고 두 개의 「신자 편지」에서는 그리스도를 빛으로 묘사하면서 하느님의 비가시적인 빛의 신비를 관상한다[130]. 하느님의 미와 비가시적인 빛은 물론이고 선과 덕 등 모든 신비들은 영적 바라봄의 대상들이다.

(2) **청각**. 프란치스코의 글 가운데 "듣다"(audire)는 동사는 14번 나타나는데, 이 중에서 3번은 육체의 귀와 동시에 마음의 귀로 하느님의 말씀이나 주님의 이름을 듣는다는 의미로 사용되고[131], 1번은 좋은 마음의 귀로 하느님의 말씀을 듣는다는 의미로 사용된다[132]. 그리고 프란치스코는 「형제회 편지」 6에서 형제들에게 주님의 음성에 마음의 귀를 기울이라고 권고한다: "[주님의 아들들이며 나의 형제들

---

[128] "당신은 아름다움이시나이다"(「하느님 찬미」 4.6).
[129] "위로가 되고 아름답고 감탄스러운 그러한 정배를 모시는 것이, 오, 얼마나 거룩한지!"(「1신자 편지」 1,12; 「2신자 편지」 55).
[130] "아버지는 사람이 다가갈 수 없는 빛 속에 사시고…"(「권고」 1,5); "하늘에 계신 (우리 아버지): 천사들과 성인들 안에 계신 (우리 아버지), 주님, 당신은 빛이시기에 알아보도록 그들을 비추시나이다"(「주님 기도」 2); "그들은 참된 빛이신 우리 주 예수 그리스도를 보지 않기에 소경입니다"(「1신자 편지」 2,7; 「2신자 편지」 66).
[131] "주님의 이름을 들음: "그분의 이름을 들을 때에 형제들은 땅에 엎드려 두렵고 공경하는 마음으로 그분을 흠숭하십시오. 그분의 이름은 지극히 높으신 분의 아드님, 주 예수 그리스도이십니다. 그분은 영원히 찬양 받으실 분이십니다"(「형제회 편지」 4); 하느님의 말씀을 들음: "그리고 하느님에게서 온 사람은 하느님의 말씀을 듣는 법이니, 아주 특별하게 거룩한 직책을 맡은 우리는 하느님께서 말씀하시는 바를 듣고 실천해야 함은 물론, 우리 창조주의 높으심과 그분 안에서의 우리의 순종이 우리 안에 차차 뿌리를 내리도록, 우리는 거룩한 그릇과 그분의 거룩한 말씀을 담고 있는 전례서를 비롯한 다른 전례용품들을 잘 간수해야 합니다"(「형제회 편지」 34).
[132] "그러나 좋은 땅에 뿌려졌다는 것은 좋고 갸륵한 마음으로 말씀을 듣고 깨닫고 간직하여 인내로써 열매를 맺는 사람들을 두고 하는 말입니다"(「비인준 규칙」 22,17).

이여] 여러분의 마음의 귀를 기울이시고 하느님의 아드님의 음성을 따르십시오."([Domini filii et fratres mei] inclinate aurem cordis vestri et obedite voci Filii Dei). 이 구절에 나타나는 하느님의 아드님의 음성은 영적인 특성을 지니고 있고, 따라서 영적인 귀를 통해서만 들을 수 있다. 그리고 마음의 귀로 듣는다는 것은 관상적 청각의 특성이다. 초기 전기 사료들은 청각과 관련된 프란치스코의 관상 일화들을 여러 가지 전해 주는데, 그 가운데 하나는 성 다미아노 성당의 십자가로부터 주님의 음성을 들은 것이고[133], 다른 하나는 묵상 중에 천상적 악기로 연주되는 놀랍고도 한없이 감미로운 음악을 들은 것이다[134].

(3) **후각**. 「신자들에게 보낸 편지」에는 "주님의 향기로운 말씀"(odorifera verba Domini)이라는 표현이 나타나는데[135], 여기에서 프란치스코는 하느님 말씀의 신비를 표현하기 위해 감각적인 은유를 사용한다. 은유는 신비가들이 자신들의 강하고 풍요로운 체험들을 직접적으로 나타낼 수 없을 때 이를 표현하기 위해 선택하는 일종의 언어 기교이다[136]. 영적인 감각들 또한 그 자체로 "하느님의 형언할 수 없는 체험을 감각적으로 감지될 수 있는 언어로 바꾸어 나타내고자 하는 일종의 순수 은유"이다[137]. 따라서 두 개의 「신자 편지」에 나타나는 "주님의 향기로운 말씀"이란 표현은 신비적 은유로 영적 감각과 깊은 관계가 있다. 그 이

---

[133] 참조: 「세 동료」 13,6-10; 「2첼라노」 10.
[134] "6다음 날 밤 성인이 깨어 하느님을 묵상하고 있는 참에 갑작스레 기타 소리가 들렸다. 기막힌 화음에다 무척이나 감미로운 선율이었다. …8마침내 그의 영혼이 하느님께 올라가 거룩하신 사부님은 감미로운 곡조에 흠뻑 취해서 딴 세상으로 끌려갔다는 느낌을 받았다"(「2첼라노」 126,6.8).
[135] "이 편지를 받으시는 모든 이들에게 하느님이신 사랑 안에서 우리가 부탁합니다. 위에서 언급한 우리 주 예수 그리스도의 향기로운 말씀들을 거룩한 사랑으로 잘 받아들이십시오"(「1신자 편지」 2,19); "저는 모든 사람들의 종이기에 모든 사람들을 섬겨야 하며 내 주님의 향기로운 말씀들을 전해야 합니다"(「2신자 편지」 2). 후자에 나오는 "주님의 향기로운 말씀들"은 그리스도의 말씀과 성령의 말씀을 의미한다.
[136] 참조: A. PACCIOLLA, 「Linguaggio metaforico」, 『DizMist』, 747.
[137] U. OCCHIALINI, 「Sensi spirituali」, 『DizMist』, 1127.

유는 프란치스코가, 귀로 듣든 눈으로 읽든, 하느님 말씀의 신비를 구체적이고 생생하게 관상하면서 이를 비유를 통해 후각적으로 표현하기 때문이다. 그리고 토마스 첼라노 역시 프란치스코가 꽃들의 감미로운 향기를 맡으면서, 수많은 사람들을 죽음으로부터 생명에로 불러내신, 부활하신 그리스도라는 꽃의 향기를 맡았노라고 기록한다[138]. 이러한 증언에 의하면, 프란치스코는 육체의 후각으로 꽃들의 향기를 맡으면서, 영적인 후각으로 그리스도의 부활하신 신비를 관상한 것이라 하겠다.

(4) **미각**. 프란치스코는 「비인준 규칙」 23,9.11에서 달콤하고(dulcis) 감미롭다(suavis)는 형용사를 통해 은유적으로 하느님의 속성을 묘사하고[139], 「하느님 찬미」 7에서는 "당신은 우리의 온갖 감미로움"(Tu es tota dulcedo nostra)이라고 노래하며 하느님을 감미로움 자체로 규정한다. 이러한 구절들로부터 프란치스코가 하느님의 본질적인 속성 중의 하나인 신비적 감미로움을 관상하였다고 추론할 수 있다. 영적인 달콤함이나 감미로움은 미각적 은유로 신비가들이 즐겨 사용하는 전형적인 표현 중 하나이다[140]. 한편, 「1신자 편지」 1,3에서 프란치스코는 그리스도를 형제와 아들로 모시는 신비적 감미로움에 대해 탄성을 터트린다[141]. 아씨시 신비가에게 하느님은 지고의 감미로움이고, 완전하

---

[138] "¹성인께서 아름다운 꽃의 자태를 보고 향긋한 방향을 맡을 양이면, 이 꽃의 아름다움이 얼마만한 기쁨을 그의 마음에다 부어 넣었는지를 독자 여러분께서 생각할 수 있는지? ²그는 사고의 눈을 이사이의 그루터기에서 피어나와 봄날에 빛을 주며, 그 향기로 해서 헤아릴 수 없이 많은 주검들을 부활시킨 바 있는 그 꽃의 아름다움으로 돌리곤 했다"(「1첼라노」 81,1-2).

[139] "⁹...홀로 선하시고 홀로 자비로우시고 홀로 양순하시고 홀로 감미로우시며 홀로 달콤하신 하느님 외에는 다른 아무것도,…우리는 원하지도 말고 바라지도 말고, 다른 아무것도 마음에 들어 하지도 만족하지도 맙시다. …¹¹…그분은…지존하신 분, 높으신 분, 감미로우신 분, 사랑할 만한 분, 좋아할 만한 분, 온전히 모든 것에 앞서 세세 영원히 바랄 만한 분이시나이다"(「비인준 규칙」 23,9.11).

[140] 참조: O. SCHMUCKI, 「The mysticism of st. Francis in his writings」, 246-247.

[141] "또한 흡족스럽고 겸손하고 평화롭고 감미롭고 사랑스러우며 무엇보다도 먼저 열망해야 할 그러한 형제와 그러한 아들인 우리 주 예수 그리스도를 모시는 것

고 영원한 감미로움이며, 충만하고 절대적인 감미로움이다. 토마스 첼라노는 프란치스코가 하느님의 감미로움을 관상하였을 뿐만 아니라 자주 천상적 감미로움에 깊이 몰입했다고 묘사한다[142].

(5) **촉각**. 보나벤투라에 의하면, 촉각은 영적 감각들 가운데 가장 높고 가장 영적인 감각이다. 왜냐하면, 촉각을 통해서 하느님과 가장 강렬하게 일치하기 때문이다[143]. 프란치스코는 촉각적 관상의 탁월한 전형이다. 「형제회 편지」 21-22에서 프란치스코는 축성된 살과 피를 통해 살아 계신 하느님을 만지는 놀라움에 휩싸인다[144]. 또한 이 탁월한 감각적 관상가는 그의 글에서 4차례에 걸쳐 주님의 십자가와 자신의 십자가를 지는 것에 대해 언급한다[145]. 십자가를 짐은 영적 촉각과 관계가 있다. 중세 이탈리아어 "소스테네레"(sostenere)를 포함하여 "수스티네레"(sustinere, 견디다) 동사는 프란치스코의 글에 21번 나타나는데, 이 가운데 11번은 박해와 비난, 질책, 병약함과 시련을 참아내

이, 오, 얼마나 거룩하고 얼마나 소중한지! 그분은 당신의 양들을 위해 목숨을 바치셨고, 아버지께 이렇게 기도하셨습니다"(「형제회 편지」 1,13).
[142] "³삼라만상에서 창조주이신 하느님의 지혜와 힘과 선을 관상할 때에 그가 즐긴 그 감미로운 느낌을 누가 말로 할 수 있으리오? ⁴진정 창조주의 지혜와 힘과 선을 관조하면서 해를 쳐다볼 때, 달을 바라볼 때, 그리고 별과 창공을 응시할 때, 이루 말로 다할 수 없는 경이로운 기쁨에 자주자주 도취되곤 하였다"(「1첼라노」 80,3-4); "¹그는 관상의 감미로움에 사로잡혔고 무아경에 도취되었다. ²그것은 모든 인간적 이해를 뛰어넘는 것이었기 때문에 그는 자신의 체험을 드러낼 수가 없었다"(「2첼라노」 98,1-2).
[143] 참조: K. Rahner, 「La dottrina dei "sensi spirituali" nel medioevo」, 「Nuovi saggi VI」, 196.
[144] "²¹들으십시오, 나의 형제들이여. 복되신 동정녀께서 지극히 거룩한 태중에 그분을 품으신 것만으로도 그토록 지당한 공경을 받는다면, 그리고 복된 세례자가 두려워서 감히 하느님의 거룩한 머리에 손을 대지 못했다면, 그리고 그분께서 잠시 동안 누워 계셨던 무덤도 경배를 받는다면, ²²하물며 이제 죽지 않고 영원히 살아 계시어 영광을 받으신 분이며 천사들도 보고 싶어 하는 분을 손으로 만지고, 마음과 입으로 모시며, 다른 이들도 모시도록 해주는 사람은 얼마나 거룩하고 의롭고 합당해야 하겠습니까!"(「형제회 편지」 21-22).
[145] 자기 십자가를 짐: 「비인준 규칙」 1,3; 주님의 거룩한 십자가를 짐: 「권고」 5,8; 「수난 성무」 7,8; 15,13.

거나, 고통을 인내롭고 평화롭게 겪어내는 것을 의미하고[146], 3번은 어려움 중에 있는 이웃을 부축해 주는 것을 의미한다[147]. 이러한 경우들은 모두 그리스도의 십자가를 지는 것과 연관되어 있는데, 그런 의미에서 "견디다"(sustinere) 동사는 영적 촉각과 관계가 있다 하겠다. 또한 영적 촉각과 관련하여 프란치스코의 글에는 서로 발을 씻어준다는 표현이 5번 나타난다[148]. 이 사랑의 행위는 그리스도가 자신의 십자가에서의 죽음을 미리 보여 주면서 제자들의 발을 씻어 준 복음적 사실에 바탕을 두고 있으며[149], 프란치스코의 신비체험 안에서 이는 관상적 촉각에 대한 정확한 언급이 된다. 프란치스코의 신비적 촉각은 라 베르나에서의 거룩한 상흔 체험을 통해 그 절정에 다다른다[150].

4.3.3. 「태양 노래」에 나타난 신비적 감각들

프란치스코는 회개 초기에 나환자와의 만남 안에서 하느님의 단맛을 체험한 이후 신비적 감각들을 통해 하느님의 신비를 관상하면서 신비의 감미로움에 점점 더 매료되어 갔다. 「태양 노래」는 그러한 프란치스코의 영혼 상태를 잘 보여 주는 신비적 작품으로서, 이 찬가에는 신비적 감각들도 다양하게 등장하고 있다. 이를 간단하게 살펴보면 다음과 같다.

---

[146] 참조: 「권고」 3,8.9; 22,1.3; 「태양 노래」 10.11; 「규칙 단편」 1,40.46; 2,26; 「비인준 규칙」 17,8; 「노래 권고」 11.
[147] 참조: 「권고」 18,1(2번); 「2신자 편지」 44.
[148] 발터 비비아니에 의하면, 프란치스코의 글 가운데 발을 씻는 장면은 「비인준 규칙」 6,4와 「권고」 4,2에 명백하게 나타나고, 「권고」 19와 「비인준 규칙」 5,9-12 그리고 「2신자 편지」 42-43에는 암시적으로 나타난다(참조: W. VIVIANI, 「L'ermeneutica di Francesco d'Assisi」, 153-158).
[149] 참조: 위와 같은 책, 151.
[150] 참조: F. TEDOLDI, 「La dottrina dei cinque sensi spirituali in san Bonaventura」, 320.

3-4절에서 프란치스코는 태양의 아름다움과 태양의 빛을 통해 주님을 찬미하고, 5절에서는 달과 별들의 아름다움을 통해서 주님을 찬미한다. 토마스 첼라노에 의하면, 프란치스코의 영혼은 "해를 쳐다 보거나 달을 바라볼 때, 그리고 별과 창공을 응시할 때"(cum respiciebat solem, cum lunam cernebat, cum stellas et firmamentum intuebatur)[151] 자주 말할 수 없는 기쁨으로 일렁거렸으며, 그 가운데서도 태양은 특히 그에게 "피조물들 가운데 가장 아름답고 하느님을 더 많이 닮은"(est pulchrior omnibus aliis creaturis et magis Deo assimilari potest)[152] 피조물이었다. 이러한 천체들의 빛과 아름다움은 육체적이고 영적인 바라봄의 대상이며, 바라봄을 통해 프란치스코는 하느님의 빛과 아름다움을 관상하였다. 따라서 이러한 구절들에는 신비적 감각들 중 시각이 두드러진다 하겠다.

6절에서 프란치스코는 바람과 공기, 구름과 날씨 그리고 모든 절기를 통해 주님을 찬미한다. 이 중에서 바람은 촉각의 대상이고, 공기는 후각과 촉각, 구름과 날씨는 시각의 대상이다. 그리고 프란치스코는 "모든 절기"(onne tempo)라는 표현을 사용하는데, 여기에는 추위, 더위, 시원함, 폭풍, 천둥과 번개, 눈, 우박, 서리 등 다양한 기후들이 포함되므로, 그는 이러한 기후들을 통해서도 주님을 찬미한다. 그리고 "저들로써 당신 피조물들을 기르심이나이다"라는 표현을 보면, 프란치스코가 동식물과 인간 등 다양한 생명체들을 살아가게 하는 사계절을 통해서도 주님을 찬미함을 알 수 있다[153]. 이 두 문장은 다섯 가지 신비적 감각들과 모두 관계가 있다.

7절에서 프란치스코는 유익하고, 겸손하며, 귀하고 깨끗한 물을 통해 주님을 찬미한다. 모든 피조물들을 살려내는 유익한 물은 주로

---

[151] 『1첼라노』 80,4.
[152] 『아씨시 편집본』 83,30.
[153] 참조: C. PAOLAZZI, 『Il Cantico di frate Sole』, 90.

시각의 대상이지만, 닦는 데 사용되는 물은 촉각의 대상이고, 마시는 물은 미각의 대상이며[154], 낮은 데로 흘러가는 겸손한 물은 시각의 대상이다. 이 구절에서 프란치스코는 또한 물 안에 숨겨져 있는 선과 겸손과 정결의 신비도 관상하고 있는데, 모두 신비적 감각들을 통해 이루어진다.

8절에서 프란치스코는 밤을 비추는 불을 통해 주님을 찬미한다. 아름다운 빛을 내는 불은 3-4절의 태양과 달과 별들처럼 시각적 대상이지만, 열을 내는 불은 촉각의 대상이다. 그리고 3절의 태양이 주 하느님에 대한 신학적 은유이듯이[155], 8의 물리적 불은 인간 영혼의 어둔 밤을 비추고 불태우는 신비적 불로 이해할 수 있다[156]. 이런 관점에서 보면, 불을 수식하는 "아름답고 쾌활하고 씩씩하고 힘차나이다"는 표현은 신비적인 불꽃에 대한 묘사로 해석할 수 있으며, 이러한 불은 영적 감각의 대상이 된다.

9절에서 프란치스코는 다양한 열매들과 꽃들과 풀들을 길러내는 땅을 통해 주님을 찬미한다. 여기에서 드넓은 땅은 시각의 대상이고, 부드러운 땅은 촉각의 대상이다. 그리고 땅이 산출하는 다양한 열매들은 미각의 대상이며, 아름답고 향기로운 꽃들과[157] 푸른 풀은 시각과 후각의 대상이다. 또한 프란치스코는 이 구절에서 모든 살아 있

---

[154] 참조: H. NOLTNENIUS, 「Un uomo dalla valle di Spoleto」, 373.
[155] 참조: D. SCHIOPETTO, 「Il Cantico di frate sole, cantico dei giullari del Signore」, 374.
[156] 다리오 스키오펠토는 "프란치스코가 불을 성령의 상징으로 관상했다"고 해석한다(D. SCHIOPETTO, 「Il Cantico di frate sole, cantico dei giullari del Signore」, 382).
[157] 「태양 노래」에서 프란치스코는 해, 달, 별, 불을 통해 표현되는 아름다움을 "울긋불긋한 꽃들"이라는 표현을 통해 땅에까지 확장하며 찬미하는데, 카를로 파올라찌에 의하면, 이는 프란치스코가 첨가한, 성경을 반영하는, 여러 구절들 가운데 가장 돋보이는 새로움이다(참조: C. PAOLAZZI, 「Il Cantico di frate Sole」, 90). 토마스 첼라노 또한 꽃들의 아름다움에 대한 프란치스코의 놀라운 관상을 전해주고 있다(참조: 「1첼라노」, 81,1-3).

는 피조물들을 기르고 돌보며[158] 낳아주는 땅으로부터 땅의 모성을 관상한다. 이러한 모성은 영적 시각의 대상이라 할 수 있다.

10-11절에서 프란치스코는 병약함과 시련을 견디어 내는 사람들과 평화롭게 참는 사람들을 통해 주님을 찬미한다. 이 부분은 프란치스코가 견딤(sostenere) 속에 숨겨져 있는 고통을 통해서 그리스도의 십자가 신비를 관상하였음을 암시해 준다[159]. 「태양 노래」 2에 의하면, 인간은 지극히 높으신 주님의 이름을 부르는 것조차 부당한 그런 존재이지만, 그럼에도 불구하고 견딤을 통해서는 주님을 찬미할 수 있게 된다. 여기서 "견디다"(sostenere)는 말은 영적 촉각의 대상이 되는데, 이를 통해 프란치스코는 십자가에 못 박히신 그리스도의 신비를 더 깊이 관상한다.

보나벤투라는 「대전기」를 작성하면서 프란치스코를 신비적 감각들을 통한 관상의 본보기로 제시한다[160]. 회개 이후 프란치스코는 그의 전 생애를 통해 전 존재로 하느님의 형언할 수 없이 감미로운 신비를 관상하였다. 따라서 프란치스코의 관상, 특히 하느님 신비의 감미로움에 대한 관상은, 감각적인 차원으로부터 출발함과 동시에 그러한 차원을 넘어서는, 전인격적인 차원에로 확장된다. 그 결과 그의 전 인격은 하느님의 감미로운 신비 안에서 전적으로 실현된다. 그러

---

[158] "돌본다"는 말의 중세 이탈리아 말은 "고베르나"(governa)인데, 이 말은 오늘날 이탈리아의 일부 지역에서 구어로 "동물들에게 먹이를 준다"는 뜻으로 사용된다. 따라서 「태양 노래」 9의 "기르고 돌본다"(sustenta et governa)는 두 동사는 어머니 땅이 흙으로부터 생산되는 갖가지 열매들과 풀들은 물론이고 사람들과 동물들까지도 양육함을 뜻한다(참조: C. PAOLAZZI, 『Il Cantico di frate Sole』, 89).

[159] 테오도르 즈베르만에 의하면, "견디다"(sustinere)는 말은 "돌려주다"(reddere) 및 "섬기다"(servire)는 말과 더불어 프란치스코 영성의 핵심적인 요소이며, 이 '견딤'은 십자가 위에서 고통을 겪으신 그리스도의 견딤과 밀접한 관계가 있다 (참조: E. GOORBERGH – T. ZWEERMAN, 『Respectfully yours』, 100.126.131); C. PAOLAZZI, 『Il Cantico di frate Sole』, 93-96.

[160] 참조: F. TEDOLDI, 『La dottrina dei cinque sensi spirituali in san Bonaventura』, 299.

한 인격의 근본적인 전환은 무엇보다도 구체적이고 직접적인 감각들을 통해 이루어지는 관상의 힘으로부터 비롯된다. 그러므로 신비적 감각들은 생생하고 현재적이며 감촉적이고 역동적인 방식으로 하느님의 신비를 직접 '너'로 체험할 수 있게 해준다[161]. 프란치스코는 이와 같이 인격적인 현존으로서의 '너'에 대한 강렬하고 깊은 체험을 통해서 지극히 높으시고 거룩하신 하느님을 현재 강하게 살아 계신 전능하시고 좋으시며 사랑이 충만하시고 인자하신 존재로 체험한다. 그가 용기 있게 세상을 떠난 것이나 아버지와의 단호한 단절, 순례자와 나그네로서의 극단적인 가난의 삶, 그리스도에 대한 전적인 따름, 성부께 대한 전적인 의탁 등 이 모든 선택은 틀림없이 구체적이고 생생한 신비적 감각들을 통해 하느님 신비의 감미로움을 강하게 체험한 데 그 기원이 있다.

4.4. 받아들임과 깨달음과 믿음으로서의 관상

프란치스코의 관상은 신비적 감각들을 통해 전존재로 하느님의 신비를 바라보는 것이다. 그런데 이 관상은 인식론적 관점에서 바라보면 관상가가 감각들을 통해 하느님의 신비에로 쉼없이 가까이 다가가는 수용적 행위가 된다. 이는 관상이 인식론적 특성을 지닌다는 뜻이다. 뿐만 아니라, 관상을 기초 신학적 관점에서 바라보면, 이는 관상가가 하느님의 신비를 하느님의 자기 양여나 하느님의 자기 계시로 받아들이는 믿음의 행위가 된다. 이와 같은 관상과 인식과 믿음의 관계는 프란치스코의 글에도 분명하게 나타난다.

---

[161] 프란치스코의 글에서 '너'로서의 하느님에 대한 체험은 「하느님 찬미」에서 여러 번 확인할 수 있는데, 이 찬미가에서 프란치스코는 하느님을 31번에 걸쳐 2인칭 단수로 부르고 있다.

「권고」1에서 프란치스코는 비가시적이고 가까이 다가갈 수 없는 하느님에 대한 인식, 즉 깨달음 문제를 다루면서, 이 문제에 대한 해답으로 영적인 바라봄을 제시한다. 그런 점에서 관상은 곧 하느님에 대한 깨달음 문제와 같아지게 된다[162]. 프란치스코는 「권고」1,1-4에서 다음과 같이 말한다:

> ¹주 예수께서 당신 제자들에게 말씀하십니다. 나는 길이요 진리요 생명이다. 나를 통하지 않고서는 아무도 아버지께 갈 수 없다. ²너희가 나를 깨닫게 되면 내 아버지도 깨닫게 될 것이다. 이제부터 너희는 그분을 깨달은 것이고, 또 그분을 이미 본 것이다. ³필립보가 예수님께, "주님, 저희가 아버지를 보게 해주십시오. 저희에게는 그것으로 충분하겠습니다' 하자, ⁴예수님께서 그에게 말씀하십니다. '필립보야, 내가 이토록 오랫동안 너희와 함께 지냈는데도, 너는 나를 깨닫지 못했단 말이냐? 나를 본 사람은 곧 내 아버지를 본 것이다"
> (¹Dicit Dominus Jesus discipulis suis: Ego sum via, veritas et vita; nemo venit ad Patrem nisi per me. ²Si cognosceretis me, et Patrem meum utique cognosceretis; et amodo cognoscetis eum et vidistis eum. ³Dicit ei Philippus: Domine, ostende nobis Patrem, et sufficit nobis. ⁴Dicit ei Jesus: Tanto tempore vobiscum sum et non cognovistis me? Philippe, qui videt me, videt et Patrem meum).

이 단락에는 "코뇨쉐레"(cognoscere, 깨닫다) 동사가 4번 나타나고, "비데레"(videre) 동사가 3번 나타난다. 이 동사들은 관상과 깨달음의 관계를 잘 드러내 준다. 2절의 "너희가 나를 깨닫게 되면 내 아버지도 깨닫게 될 것"이라는 구절은 가까이 다가갈 수 없는 성부에 대한 깨달음의 원리이고, 4절의 "나를 본 사람은 곧 내 아버지를 본 것"이라는 구절은 볼 수 없는 신비로 머무시는 하느님에 대한 관상의 공식이라 할 수 있다. 4절의 경우 "보다"(videre) 동사는 깨닫는다(cognoscere)는 의미에서, 즉 하느님의 신비를 받아들인다는 뜻에서

---

[162] C. VAIANI, 『Vedere e Credere』, 24.78; E. BIANCHI, 「La contemplazione: non opzione ma necessità di tutti i francescani」, 『Chiara... ti ascolto』, 42.

관상을 의미하고, "나를 본 사람은 곧 내 아버지를 본 것"이라는 구절은 "나를 보고 깨달은 사람은 곧 내 아버지를 보고 깨달은 것"임을 의미한다. 다시 말하면 "나를 관상한 사람은 곧 나의 아버지를 관상한 것"이라는 뜻이다. 따라서 2절의 "너희가 나를 깨닫게 되면 내 아버지도 깨닫게 될 것"이라는 구절과 4절의 "나를 본 사람은 곧 내 아버지를 본 것"이라는 구절은 같은 의미를 지닌다 하겠다. 이런 관점에서 프란치스코에게 하느님의 신비를 관상한다는 것은 하느님의 신비를 받아들이고 깨닫는 것이 된다. 깨달음, 즉 인식은 관상의 필연적인 결과인 것이다.

　인식론적 관점에서 바라보면, 관상과 깨달음은 하느님의 신비를 받아들인다는 공통점을 지니고 있고, 이러한 공통점은 관상과 믿음의 관계에도 해당된다. 프란치스코는 이런 의미로 「권고」 1,8-9에서 "본다"(videre)는 동사와 "믿는다"(credere)는 동사를 함께 사용한다: "⁸그래서 주 예수를 인성으로만 보아 그분이 하느님의 참 아드님이시라는 것을 영과 신성으로 보고 믿지 않았던 모든 사람들은 단죄받았습니다. ⁹이와 마찬가지로 주님의 말씀을 통하여 제대 위에서 사제의 손으로 빵과 포도주의 형상으로 축성되는 성사를 보면서, 영과 신성에 따라 이것이 참으로 우리 주 예수 그리스도의 지극히 거룩하신 몸과 피라는 것을 보고 믿지 않는 모든 사람도 단죄받습니다"(⁸Unde omnes qui viderunt Dominum Jesum secundum humanitatem et non viderunt et crediderunt secundum spiritum et divinitatem, ipsum esse verum Filium Dei, damnati sunt; ⁹ita et modo omnes qui vident sacramentum, quod sanctificatur per verba Domini super altare per manum sacerdotis in forma panis et vini, et non vident et credunt secundum spiritum et divinitatem, quod sit veraciter sanctissimum corpus et sanguis Domini nostri Jesu Christi, damnati sunt). 이 구절에서 8절과 9절의 앞부분에 나오는 "보다"(videre) 동사는 하느님의 신비를 깨닫는 수준에까지 이르지 못하는 단순하고 피상적인 바라봄을 의미하고, 이 구절들의 후반에 나타나는 "보다" 동사는 하느님의 신비를 인식론적으로 받아아들이는 수용 행위로서의 "깨닫다"(cognoscere)를 의미한다. 그런데 믿음은 하느님 신비를 수용하는 행위이기 때문에[163], 깨달음으로서의 바라봄 안에는 이미 인과 관계에 따라 믿음이 포함되어 있는 것이다. 이런 의미에서 8절과 9절에 나오는 "videre et credere"(보고 믿다)의 "엩" (et, 그리고)은 두 동사를 단순하게 대등적으로 연결해 주는 접속사가 아니라 이 두 동사 사이에 내재하는 인과적 필연성과 시간적 동시성을 함께 표현해주는 인과적 접속사로 해석할 수 있다[164]. "보고 믿다"(videre et credere)는 두 동사는 또 다른 의미를 새롭게 형성하는 일종의 겹낱말 표현인 것이다[165].

"보고 믿다"(videre et credere)는 「권고」 1,20-21에 또다시 나타나는데, 그 의미는 이 구절에서 더 분명하게 드러난다: "[20]그리고 그들은 육신의 눈으로 그분의 육신만을 보았지만, 영적인 눈으로 관상하면서 그분이 하느님이심을 믿었습니다. [21]이와 같이 우리들도 육신의 눈으로 빵과 포도주를 볼 때, 그것이 참되고 살아 있는 그분의 지극히 거룩하신 몸과 피라는 것을 보고 굳게 믿도록 합시다"([20]Et sicut ipsi intuitu carnis suae tantum eius carnem videbant, sed ipsum Deum esse credebant oculis spiritualibus contemplantes, [21]sic et nos videntes

---

[163] 이 논문의 제1장 "1.3.1.3. 신비체험: 하느님의 자기 양여로서의 계시와 믿음 체험"을 참조할 수 있다.

[164] "보고 믿는다"(videre et credere)는 겹낱말 표현은 교부들의 주석 작품에서도 볼 수 있고, 이러한 교부들의 글은 프란치스코가 사용한 성무일도에도 실려 있었다. 예를 들면, 인노첸시오 교황의 명으로 시행한 성인 축일력으로는 12월 21일에 지낸 토마스 사도의 축일에 대 그레고리오 교황의 「복음에 관한 설교」가 실려 있는데, 여기에서 이 교황은 "그러나 한편으로 보았고, 다른 한편으로 믿었다"(Sed aliud vidit, aliud credidit)는 표현을 사용한다(참조: P. MESSA, 「Le fonti patristiche negli scritti di Francesco d'Assisi」, 293). "보고 믿는다"(videre et credere)는 주제는 주님의 수난 주간 제2일 독서의 기도에 사용된 요한복음 주석에도 나타나며, 여기에서 아우구스티노는 예수를 죽인 이들이 "자신들의 악행으로 돌아가시는 그리스도를 보았고, 자신들의 악행들에 대해 너그러우신 그리스도를 믿었다"고 기록하고 있다(위와 같은 책, 293-294).

[165] 참조: F. URIBE, 「Per 'conoscere' il Padre: L'Ammonizione I di san Francesco d'Assisi」, 13.

panem et vinum oculis corporeis videamus et credamus firmiter, eius sanctissimum corpus et sanguinem vivum esse et verum). 이 구절에서 프란치스코는 8-9절에서 펼쳤던 논리와 똑같은 논리를 전개한다. 21절에서 "보다"(videre) 동사는 육체적인 바라봄을 의미하는데, 현재 분사로 사용되었기 때문에, 문법적으로 물리적인 시각의 수용으로서의 "보다"(videre)와 인식론적인 수용으로서의 "보고 믿다"(videre et credere) 사이에 시간적 동일성은 존재하나, '육체적인 바라봄'과 '영적인 바라봄' 사이에는 어떤 인과적 관계도 존재하지 않는다. 한편, 20절의 "영적인 눈으로 관상하면서 믿었다"(credebant oculis spiritualibus contemplantes)는 구절은 8절 및 9절과 상응하는데, 이 구절에서 현재 분사로 사용된 "관상하다"(contemplari) 동사는 "믿다"(credere) 동사가 직설법 반과거인 주절에 종속되어 나타난다. 따라서 이 구절에서는 하느님의 신비를 수용할 때 당연히 귀결되는 "보고 믿음" (videre et credere)의 동시성과 인과성을 문법적으로 추론할 수 있다. 그러므로 「권고」 1에 나타나는 영적인 "바라봄"(videre)은 인과적으로 "믿음"(credere)을 내포하고 있고, "보고 믿음"(videre et credere)으로서의 "관상"(contemplari)은 항상 하느님의 자기 계시뿐만 아니라 동시에 하느님의 자기 양여로서의 하느님의 신비를 수용하는 믿음의 행위가 된다[166].

이상과 같이 프란치스코가 말하는 관상은, 영적인 바라봄을 통하여 하느님의 신비를 받아들이는 행위와 인과적인 관계에 있는 깨달음을 의미하고, 이러한 수용 행위와 필연적인 관계에 있는 믿음을 의미한다. 따라서 관상은 영적인 바라봄을 통하여 하느님의 신비를 받아들이고 깨닫고 믿는 행위라고 규정할 수 있다[167]. 이와 관련된 언급은 「비인준 규칙」 22,42에서 찾아볼 수 있다: "아버지, 아버지께서 저에게 주신 이 사람들에게 저는 아버지의 이름을 드러냈습니다. 아버

---

[166] 참조: C. VAIANI, 「Vedere e Credere」, 40.
[167] 참조: V. BATTAGLIA, 「Cristologia e contemplazione」, 83

지께서 저에게 주신 말씀을 제가 이들에게 주었고, 이들은 또 그것을 받아들였습니다. 그리하여 이들은 제가 아버지에게서 나왔다는 것을 참으로 깨달았고, 아버지께서 저를 보내셨다는 것을 믿게 되었습니다"(Pater, manifestavi nomen tuum hominibus, quos dedisti mihi; quia verba quae dedisti mihi, dedi eis; et ipsi acceperunt et cognoverunt quia a te exivi, et crediderunt quia tu me misisti)[168]. 이 구절은 프란치스코가 대부분을 거의 글자 그대로 요한 17장으로부터 인용하고 있는 「비인준 규칙」 22,41-55의 한 부분이다. 예수의 '사제적 기도'라고 불리는 이 부분은 대단히 신비적이다. 여기에서 특별히 주목해야 하는 표현은 42절의 "받아들이다"(accipere), "깨닫다"(cognoscere), "믿다"(credere) 동사이다. 이 세 동사는, 이미 앞에서 고찰한 바와 같이, 모두 관상과 관계가 깊은 낱말들이다. 이 구절에서 "받아들임"(accipere)의 대상은 "아버지께서 저에게 주셨고 제가 이들에게 준 말씀", 즉 성부의 말씀이고, "깨달음"(cognoscere)의 대상은 "제가 아버지에게서 나왔다는 것"이며, "믿음"(credere)의 대상은 "아버지께서 저를 보내셨다는 것"이다. 세 동사의 이러한 대상들은 "아버지의 이름을 사람들에게 드러내는 것", 즉 성부의 신비를 계시하는 것에로 수렴된다. 그런데 프란치스코는 이 구절에서 세 동사를 모두 직설법 완료로 표현하고 있으며, 이는 제자들이 성부와 성자의 신비를 받아들이고 깨닫고 믿으면서 이 신비를 관상하였음을 의미한다. 「비인준 규칙」 22,42의 세 동사들은 「2신자 편지」 58에 또다시 그대로 나타나고, 「1신자 편지」 1,15에서는 "받아들이다"(accipere), "믿다"(credere), "깨닫다"(cognoscere)는 순서로 나타난다. 이러한 동사들의 순서가 바뀌어 나타나는 것은

---

[168] 카예탄 에쎄르는 그의 비판본 「Die Opuscula des hl. Franziskus von Assisi」에서 "깨달았다"(cognoverunt)는 동사 다음에 쉼표를 넣었으나, 조반니 복칼리(G. Boccali)는 "나왔다"(exivi)는 동사 다음에 넣었다(참조: I. BOCCALI, 「Concordantiae verbales Opusculorum S. Francisci et S. Clarae Assisiensium」, 44). 이 논문에서는 복칼리의 비판본을 따랐다.

그렇게 중요한 것이 아니다. 세 동사 모두 관상 안에서는 동시성을 지니고 있기 때문이다.

지금까지 살펴본 바에 의하면, 프란치스코의 관상은 하느님의 신비를 "받아들이고 깨닫고 믿는 행위"로서의 바라봄이라고 규정할 수 있다. 그리고 이러한 관상 개념은 초월적 계시와 초자연적 믿음을 무한한 신비로 머무시는 하느님의 자기 양여로 규정하는 라너의 초월 체험, 즉 초월 신학 안에서 전개되는 신비체험과 일치한다. 프란치스코에게 관상은 초월적으로 자기 계시되는 하느님 신비를 수용하는 초자연적 믿음의 행위이기도 하다.

4.5. 관상의 방법

4.5.1. 무방법의 방법

프란치스코는 신비체험의 방법에 관하여 체계적인 글을 남겨 놓지 않았다. 그러나 그의 관상은 어떤 이론적인 체계 위에 바탕을 두고 있지 않으며, 그러므로 그의 관상 방법은 무방법의 방법 혹은 비체계적인 방법이라고 이해될 수 있음을 지적할 필요가 있다. 이와 관련하여 페르난도 우리베는 프란치스코가 기도를 다루고 있는 글들에서 각 형제의 개별적인 기도에 대해서는 언급을 하면서도, 기도에 관한 논리적인 글은 쓰지 않았으며 기도의 구체적인 방식에 관한 규범들도 제시하지 않았는데, 그 이유는 형제들이 자신들을 주님의 **영**에 내맡기면서 항상 순수한 마음으로 기도하기를 바랐기 때문이라고 밝히고 있다[169]. 「인준 규칙」 5,2의 "거룩한 기도와 헌신의 영을 끄지 말라"(sanctae orationis et devotionis spiritum non exstinguant)는 권고 또한 기도에 대한 프란치스코의 비체계적이고 무방법적인 특성과 밀

---

[169] 참조: F. URIBE ESCOBAR, 「Strutture e specificità della vita religiosa」, 284-286.

접한 관계가 있는 것으로 보여진다. 어떤 면에서 보면, 이러한 프란치스코의 방법은 무한하고 형언할 수 없는 하느님의 신비를 관상하는 데 있어 가장 좋은 길일 수 있다. 왜냐하면 하느님의 신비는 그 무한성으로 인해 어떤 체계에로 환원될 수 없을 뿐만 아니라 이론적으로 조직화된 어떤 구조 안에로도 갇혀질 수 없기 때문이다. 사실 '영원한 현재'이신 하느님의 신비를 관상하기 위해서는 '순간' 혹은 '찰나'로 충분하다. 그리고 그런 '순간 관상'이나 '찰나 관상'에로 이끄는 체계적인 방법은 사실상 가능하지도 않고, 설사 있다손 치더라도 불필요하다. 하느님의 무한한 신비를 바라보는 데는 무한한 가능성이 존재하기 때문이다. 그러기에 프란치스코는 관상을 하면서 '방법 없는 방법' 혹은 '체계 없는 체계'를 사용하지 않을 수 없었을 것이다.

4.5.2. 수동적 방법

프란치스코 관상의 비체계적인 방법은 수동성과 밀접한 관계가 있다. 그 이유는 먼저 종교 체험이 한층 더 깊은 차원에서 내면화되기 위해서는 근본적인 수동성, 즉 "거룩한 내맡김"(pati divina)이 필수적인 전제 조건으로 요청되기 때문이고[170], 이러한 수동성은 하느님의 신비를 관상하는 데 방법론적으로 원리가 되기 때문이다. 따라서 수동적인 길을 통해 프란치스코의 관상의 방법을 조명해 볼 수 있겠다. 한편, 관상은 신비 체험의 전통적인 방법으로 알려진 "세 겹의 길"을 통해 실현되는데[171], 이에 대해 프란치스코는 직접적이든

---

[170] 참조: O. SCHMUCKI, 「The mysticism of st. Francis in his writings」, 248.
[171] 놀테니우스(H. Nolthenius), 프라이어(J. Freyer), 프라스카(G. Frasca), 프로필리(L. Profili) 같은 학자들은 전통적인 '세 겹의 길'의 관점에서 프란치스코의 신비적 삶을 조명한다(참조: H. NOLTHENIUS, 「Un uomo dalla valle di Spoleto」, 290; J. FREYER, 「La mística en las Fuentes franciscanas」, 86-97; G. FRASCA, 「L'esperienza mistica di Francesco d'Assisi」, 97-131; L. PROFILI, 「L'esperienza francescana di Cristo nella contemplazione」, 「Lettura spirituale-apostolica delle Fonti Francescane」, 111-115).

간접적이든 그의 글에서 적어도 네 번 언급하고 있다[172]. 이제 관상의 방법과 관련하여 "세 겹의 길"에 들어 있는 수동성에 대하여 살펴보고자 한다.

프란치스코의 글 가운데 "세 겹의 길"이 명확하게 언급된 곳은 「형제회 편지」 51-52이다: "[51]내적으로 깨끗해지고 내적으로 빛을 받고 성령의 불에 타올라, 당신의 사랑하시는 아드님 우리 주 예수 그리스도의 발자취를 따를 수 있게 하시고, [52]지극히 높으신 분이시여, 오로지 당신의 은총으로만 당신께 이르게 하소서. 주님께서는 완전한 삼위이시고 단순한 일체이시며 살아 계시고 다스리시며 영광을 받으시고 세세 대대로 전능하신 하느님이시나이다"([51]ut interius mundati, interius illuminati et igne sancti spiritus accensi sequi possimus vestigia dilecti Filii tui, Domini nostri Jesu Christi, [52]et ad te, Altissime, sola tua gratia pervenire qui in Trinitate perfecta et Unitate simplici vivis et regnas et gloriaris Deus omnipotens per omnia saecula saeculorum). 51절의 "깨끗해지고"(mundatus), "빛을 받고"(illuminatus), "불타오른다"(accensus)는 동사들은 전통적인 "세 겹의 길", 즉 정화, 조명, 일치와 정확하게 일치하는 낱말들이다[173]. 그런데 이 구절에서 유의해야 할 점은 과거 분사로 사용된 동사들의 수동형으로, 이는 전통적인 "세 겹의 길"이 지니고 있는 수동적 차원을 잘 드러내 주며, 이는 세 동사들의 주체가 하느님이라는 사실과도 무관하지 않다. 일반적으로 정화의 길은 악습을 이겨내고 주로 인간적인 노력을 통해 덕을 기르는 과정이기에[174], 이는 능동적인 단계에 해당된다. 그러나 프란치스코의 신비체험 안에서는 이러한 정화도 조명의 단계나 일치의 단계에서처럼 수동적으로 이루어진다. 그리고 이러한 수동성은 52절의 "당신의 은총으로만 이르게 하소서"(sola tua gratia pervenire)라는 표현을 통해 분

---

[172] 참조: 「권고」 16,1-2; 「형제회 편지」 51-52; 「주님 기도」 2; 「비인준 규칙」 17,14-16.
[173] 참조: J. FREYER, 「La mística en las Fuentes franciscanas」, 100; L. LEHMANN, 「Francesco. Maestro di preghiera」, 305.
[174] 참조: A. LOUTH, 「Vita spirituale」, 「DizCrit」, 1490.

명하게 언급되어 있다. 이 구절에서 프란치스코는 "솔라"(sola, 홀로 의)라는 형용사를 사용함으로써, 하느님께 나아가는 여정에서 하느님의 은총을 마주하고 있는 인간의 수동성을 부각시킨다. 한편, 51-52절에서 삼위일체 하느님께 나아가는 길은 성자의 발자취를 따름과 내용상으로 겹쳐지기 때문에, 52절의 "지극히 높으신 당신께 오로지 당신의 은총으로만 이르게 하소서"라는 표현은 "사랑하시는 아드님 우리 주 예수 그리스도의 발자취"를 따름 또한 은총을 통해서만 가능함을 의미하는 것이다. 이러한 관점에서 바라보면, 51절에 나오는 "깨끗해진"(mundatus), "비추어진"(illuminatus), "불타오른"(accensus)이라는 세 개의 과거 분사는 그리스도의 발자취를 따르는 내적인 방법들과 관련되며, 따라서 프란치스코의 영성 안에서 정화와 조명과 일치는 모두 하느님의 은총을 통해 수동적으로 이루어진다 하겠다.

"세 겹의 길"에 들어 있는 수동성은 「비인준 규칙」 17,14-16에서도 볼 수 있다: "¹⁴이와 반대로 주님의 영은 육이 혹독한 단련과 모욕을 당하기를 원하며, 천한 것으로 여겨지고 멸시받기를 원합니다. ¹⁵그리고 겸손과 인내, 그리고 순수하고 단순하고 참된 영의 평화를 얻도록 힘씁니다. ¹⁶그리고 모든 것에 앞서 항상 성부와 성자와 성령의 신성한 두려움과 신성한 지혜와 신성한 사랑을 얻기를 바랍니다"(¹⁴Spiritus autem Domini vult mortificatam et despectam, vilem et abiectam esse carnem. ¹⁵Et studeat ad humilitatem et patientiam et puram et simplicem et veram pacem spiritus. ¹⁶Et semper super omnia desiderat divinum timorem et divinam sapientiam et divinum amorem Patris et Filii et Spiritus Sancti). 이 구절에서 프란치스코는 주님의 **영**에 대해 언급하고 있는데, 이 부분에는 비록 명시적으로 표현되지는 않았지만 전통적인 "세 겹의 길"이 반영되어 있다[175]. 「비인준 규칙」 17장의 전체 문맥 안에서 비추어보면, 14절은 주님의 **영**이 육을 다스리는 것에

---

[175] 참조: F. URIBE, 「"Ir por el mundo" o la evangelizaciòn a través del testimonio」, 260.

관한 내용이다. 그런데, 프란치스코 글에 의하면, 이 주님의 **영**은 마음 안에서 육(carne, 肉)을 거슬러 투쟁하며 활동을 한다. 말하자면, 마음은 주님의 **영**과 육의 영이 서로 아귀다툼하는 전쟁터인 것이다. 육은 늘 인간의 마음을 온갖 사악함과 악습과 죄에로 유혹하고[176], 주님의 **영**은 그 반대로 이러한 육이 모욕을 당하거나 무릎을 꿇음으로써[177] 마음의 순수함을 유지시켜 이 깨끗한 마음으로 하여금 늘 하느님의 신비를 바라볼 수 있도록 이끌어준다[178]. 그러므로 마음을 어둡게 하는 뿌리인 육을 주님의 **영**이 지배한다는 것은 곧 어두움으로부터 마음을 정화시킨다는 것을 의미하는 것이다. 그런데 14절에서 볼 수 있는 "혹독한 단련", "모욕", "천한", "멸시받는"과 같은 어휘들은 모두 마음의 정화를 위해서 선택된, 정화에 대한 은유적 표현들이다. 그러므로 14절은 신비적 여정에서 정화의 길 혹은 정화 단계에 해당된다 하겠다. 이와 달리 15절에는 겸손, 인내, 평화와 같은 덕들이 나타난다. 여기에서 우리가 주목해야 할 점은, 「동정녀 인사」 6에 묘사되어 있는 바와 같이, 모든 덕은 성령의 비추심에 따라 믿는이들의 마음에 쏟아지는 초자연적 은총이라는 것이다[179]. 이런 관점에서 보면, 15절은 덕의 조명, 즉 조명의 길 혹은 조명의 단계와 관계가 있게 된다. 한편, 16절에는 "신성한 두려움과 신성한 지혜와 신성한 사랑"(divinum timorem et divinam sapientiam et divinum amorem)이라는 하느님의 세 가지 덕이 나타나는데, 이 덕들은 "디비누스"(divinus, '하느님의', '신의', '신적인'이라는 뜻을 지니고 있는 라틴어)라는 형용사가 수식하고 있어 15절에 나타나는 덕들과는 구별이 되고, 세 덕들을 수식하고 있는 "디비누

---

[176] 참조: 「비인준 규칙」 22,7.20.25; 「1신자 편지」 2,12; 「2신자 편지」 37.69.
[177] 참조: O. van ASSELDONK, 「Lo spirito dà la vita」, 198.
[178] 참조: 「권고」 16,2.
[179] 참조: 「동정녀 인사」 6: "성령의 은총과 비추심으로 믿는 이들의 마음에 당신들 [덕들]이 쏟아부어지면 하느님께 불충한 이가 충실한 이 되리이다"(et vos omnes sanctae virtutes, quae per gratiam et illuminationem Spiritus sancti infundimini in corda fidelium).

스"(divinus) 형용사는 이 세 덕들이 각각 삼위일체의 세 위격들과 서로 일치한다는 것을 암시한다[180]. 이뿐만 아니라 프란치스코는 16절에서 "바라다"(desiderare) 동사에 "모든 것에 앞서 항상"(semper super omnia)이라는 구절을 덧붙임으로써, 완전히 존재론적인 덕들로 충만한 하느님만이 인간 존재가 궁극적으로 지향해야 할 영적 여정의 최종 목적지임을 분명하게 밝히고 있다. 이는 「비인준 규칙」에 나타나는 17,16의 "모든 것에 앞서 항상…바랍니다"는 구절과 23,11의 "온전히 모든 것에 앞서 바랄 만한 분"이라는 구절을 비교하면 더 분명해진다. 「비인준 규칙」 17,16의 "바라다"(desiderare)는 동사의 대상은 "성부와 성자와 성령의 신성한 두려움과 신성한 지혜와 신성한 사랑"(divinum timorem et divinam sapientiam et divinum amorem Patris et Filii et Spiritus Sancti)으로, 이는 「비인준 규칙」 23,11에 나타나는 "바랄 만한 분", 즉 "지극히 높으시고 지존하시고 영원하신 하느님이시며, 삼위이시고 일체이신 성부와 성자와 성령이신 하느님"과 일치한다. 그런데 이러한 바람은 지복직관 안에서만 온전하게 실현되고, 이러한 지복직관은, 성령의 활동으로 말미암는 모든 선물들의 으뜸인, 삼위일체 하느님의 생명에 참여하는 것을 의미하기에[181], 「비인준 규칙」 17,16은 전통적인 "세 겹의 길" 가운데 일치의 길 혹은 일치 단계와 관련된다 하겠다. 그러므로 「비인준 규칙」 17,14-16의 세 구절은 신비체험의 여정에서 걷게 되는 "세 겹의 길"에 대해 간접적으로 언급하는 것이며, 이 여정에서 능동적 주체는 성령이시기에 주님의 영을 따라가는 형제들은 수용적 처지, 다시 말해 수동적 차원에 있다고 말할 수 있다. 그리고 이와 같은 수동적 차원에 머무를 때 성령께서 인간

---

[180] 테오도르 즈베르만은 「비인준 규칙」 17,16에 나타나는 세 가지 덕들이 삼위일체 하느님의 세 위격들과 일치한다고 주장한다. 즉, "신성한 두려움"은 성부와 일치하고, "신성한 지혜"는 성자와 일치하며, "신성한 사랑"은 성령과 일치한다는 것이다(참조: E. GOORBERGH – T. ZWEERMAN, 「Respectfully yours」, 166. 270.293; O. van ASSELDONK, 「La lettera e lo spirit. Vol. II」, 61).

[181] 참조: O. van ASSELDONK, 「Lo spirito dà la vita」, 198.

존재 안에서 온전히 활동하시게 되어 온갖 육의 영으로부터 영혼이 안전하게 보호될 것이다.

관상의 수동성과 관계되는 또 다른 프란치스코의 글은 「주님 기도」 2이다: "'하늘에 계신 [우리 아버지]' 천사들과 성인들 안에 계신 [우리 아버지]: 주님, 당신은 빛이시기에 인식에로 그들을 비추시나이다. 주님, 당신은 사랑이시기에 사랑에로 불태우시나이다. 주님, 당신은 으뜸선이시고 영원한 선이시며 모든 선이 당신에게서 나오고 당신 없이는 어떤 선도 없기에 그들 안에 머무시며 그들을 복으로 채우시나이다"(Qui es in caelis: in angelis et in sanctis; illuminans eos ad cognitionem, quia tu, Domine, lux es; inflammans ad amorem, quia tu, Domine, amor es; inhabitans et implens eos ad beatitudinem, quia tu, Domine, summum bonum es, aeternum, a quo omne bonum, sine quo nullum bonum). 이 구절에는 현재 분사 형태의 동사가 다음과 같이 네 개 나타난다: "비추는"(illuminans), "불태우는"(inflammans), "머무는"(inhabitans), "채우는"(implens). 이 가운데 첫 번째 동사는 조명의 길과 관계가 있고, 나머지 세 동사는 모두 일치의 길과 관계가 있다. 첫 두 동사 "비추다"(illuminare)와 "불태우다"(inflammare)는 신비 체험 여정의 전형인 "세 겹의 길"을 분명하게 보여준다. 그런데 이 동사들의 주체는 "하늘에 계신 분"(qui es in caelis)이고, 이 구절의 "하늘"은 완전하게 된 천사들과 성인들에게 계시되는 하느님의 충만함과 관계가 있기에[182], 2절에 나타나는 현재 분사들은 완전한 관상과 같은 의미로서의 지복직관의 상태에서 이루어지는 조명과 불타오름과 일치를 가리킨다 하겠다. 따라서 천사들과 성인들은 수동적 상태에서 가까이 다가갈 수 없는 빛의 조명을 받는 것이고, 더할 나위 없이 감미로운 사랑에 불타오르는 것이며, 성부가 머무시는 거처가 됨으로써 완전한 복으로 충만해지는 것이다. 이상과 같이 「주님 기도」 2절은 조명의 단계와 일치 단계의 수동성을 명확하게 보여 주고 있다. 한편, 여기에서 주

---

[182] 참조: L. LEHMANN, 『Francesco. Maestro di preghiera』, 197-198.

목해야 할 것은 완전한 수동적 조명은 지복직관의 상태에서 완전한 일치와 더불어 동시적으로 실현된다는 점이다.

관상의 수동성에 대한 프란치스코의 관점은 몇몇 기도에서도 찾아볼 수 있다. 예를 들면, 「십자가 기도」에서 프란치스코는 다음과 같이 간청한다: "오, 높으시고 영광스러운 하느님, 제 마음의 어두움을 비추어 주소서. 주님, 당신의 거룩하고 참된 명(命)을 실천할 수 있도록 올바른 믿음과 확실한 희망과 완전한 사랑을 주시며 감각과 깨달음을 주소서"(Summe, gloriose Deus, illumina tenebras cordis mei et da mihi fidem rectam, spem certam et caritatem perfectam, sensum et cognitionem, Domine, ut faciam tuum sanctum et verax mandatum). 이 기도문은 프란치스코의 글로 여겨지는 글들 가운데서는 가장 오래된 것으로, 작성 시기는 프란치스코의 회개 초기까지 거슬러 올라간다[183]. 이 기도문에는 영혼의 어둠, 청원 기도, 능동성과 같은 정화 단계에서 볼 수 있는 특징들이 나타나는데, 이는 관상의 초기 단계와 일치하는 것이다. 이 기도는 시작과 중간 부분에 등장하는 하느님에 대한 호칭을 제외하면 청원들로 가득 차 있다. 이 기도의 첫 번째 청원은 마음의 어둠을 씻어달라는 것으로, 이는 이 기도를 바칠 당시 프란치스코의 영혼이 어둠에 싸여 있었고 이 어둠으로부터 해방되기를 프란치스코가 갈망했음을 말해 준다. 어두운 마음의 정화는 정화의 단계에서 볼 수 있는 전형적인 특징으로, 「십자가 기도」의 프란치스코는 하느님 신비에 대한 주제적인 관상을 모색중에 있는 프란치스코라 할 수 있다. 이 기도의 두 번째 청원은 "올바른 믿음과 확실한 희망과 완전한 사랑, 그리고 감각과 깨달음"을 달라는 것으로, 이러한 청원들을 통해서는 프란치스코가 덕들과 좋은 능력들을 갖고 싶어했음을 알 수 있다. 그런데 이러한 기도 한가운데에는 프란치스코의 '자아', 즉 '나'가

---

[183] 참조: C. PAOLAZZI, 「Lettura degli "Scritti" di Francesco d'Assisi」, 66-67; R. ARMSTRONG, 「St. Francis of Assisi. Writings for a Gospel Life」, 31.

자리하고 있어[184], 이 기도는 프란치스코의 창조된 바람과 하느님의 창조되지 않은 바람이 일치되어 있는 「형제회 편지」의 끝 부분에 나오는 "기도"와는 대단히 다르다 하겠다[185]. 자기 의지로 둘러싸여 있는 능동적인 '자아', 다시 말하면 '나'라는 의식이 지배하고 있는 상태는 "당신이 원하신다고 우리가 알고 있는 것을 실천하고, 당신 마음에 드는 것을 항상 원하기"(「형제회 편지」 50) 위해서는 정화되어야 할 대상이다. 이러한 관점에서 바라보면, 「십자가 기도」는 능동적인 '자아' 중심에서 흘러나온 청원 기도로서, 정화 단계의 기도라고 말할 수 있다. 「십자가 기도」에서 볼 수 있는 어둡고 나중심적인 프란치스코에게 하느님의 신비는 아직 미지의 구름 속에 가려져 있다 하겠다.

「십자가 기도」가 정화의 단계에서 바친 능동적 기도임에도 불구하고 이 기도에 사용된 "비추어 주소서"(illumina)라는 표현을 통해 이 기도에 숨겨져 있는 수동성을 추론해 볼 수 있다. 이 기도문에서 프란치스코는 어둠을 정화하기 위해 하느님의 신비가 조명되기를 간청하는데[186], 이는 프란치스코가 인간 존재는 하느님의 은총 없이 그 스스로 마음의 어둠을 깨끗하게 씻어낼 수 없음을 깨달았음을 암시하는 것이다. 그리고 프란치스코가 이렇게 하느님의 조명을 간청하는 순간 간청하는 만큼 하느님의 신비와 일치했을 것이며, 이는 그가 하느님의 신비와 일치해 있는 만큼 또한 하느님의 은총에 의해 정화되었음을 뜻하는 것이다[187]. 그렇게 프란치스코는 정화 단계의 기도에서도 하느님의 빛을 받고 하느님과 일치해 있는 만큼 그분의 신비를 관상한다[188].

---

[184] 참조: C. PAOLAZZI, 「Lettura degli "Scritti" di Francesco d'Assisi」, 69.
[185] 참조: D. BARSOTTI, 「San Francesco preghiera vivente」, 37.
[186] 참조: M. HAMMOND, 「Saint Francis's doxological mysticism in light of his prayers」, 「Francis of Assisi. History, hagiography and hermeneutics in the Early Documents」, 118.
[187] 참조: G. FRASCA, 「L'esperienza mistica di Francesco d'Assisi」, 63-64.
[188] 주세페 프라스카(G. Frasca)는 은총의 제일차성을 기본 전제로 신비 체험은 조명으로부터 시작하여 길고 긴 정화를 통해 일치에 이른다고 주장하면서 프란치

정화의 길에 해당되는 「십자가 기도」에는 정화 단계에서 이루어지는 정도의 조명과 일치가 내포되어 있는 것이다[189]. 이것이 「십자가 기도」에 들어 있는 관상의 수동성이며, 이러한 관점에서 프란치스코 또한 하느님께 신학적 덕들을 간청했으리라. 모든 덕들은 하느님의 은총을 통해서 수동적으로 인간의 영혼에 주입되기 때문이다. 사실, 관상의 여정에서 조명과 일치가 전혀 없는 순수하게 정화만 이루어지는 정화 단계란 존재하지 않는다. 어떤 단계든 관상 여정은 본질적으로 수동성의 차원 없이 실현될 수 없는 것이다.

프란치스코의 생애와 관련된 역사적 사건들을 시간적 순서에 따라 비추어 볼 때, 프란치스코의 글에서 찾아볼 수 있는 두 번째 기도문은 「유언」에 등장하는 「경배송」(Adoramus te, 당신을 흠숭하나이다)이다. 토마스 첼라노에 따르면, 프란치스코의 초기 동료들은 아직 성무일도를 모르고 있었을 때 이 「경배송」을 바치며 기도하였다고 한다[190]. 프

스코의 신비 체험의 여정을 조명기, 정화기, 일치기의 관점에서 재정리한다(참조: G. FRASCA, 「L'esperienza mistica di Francesco d'Assisi」, 38-42; 97-131).
[189] 리노 바르톨리니(R. Bartolini)는 세 겹의 길이 지니고 있는 이중적 차원을 강조한다. 한편으로는, 성령의 불이 동시적으로 인간 존재를 정화하고 조명하며 불타게 하기 때문에, 정화 조명 일치 사이에는 동시성이 존재하며, 다른 한편으로는, 인간 존재가 성령의 작용 아래 날마다 좀더 정화되고 좀더 조명되며 좀더 불타오르기 때문에, 세 겹의 길에는 발전성이 있다는 것이다(참조: R. BARTOLINI, 「Lo Spirito del Signore」, 153-154). 참조: F. TEDOLDI, 「La dottrina dei cinque sensi spirituali in san Bonaventura」, 302.
[190] 「1첼라노」 45,1-2: "[1]그때에 형제들은 단순한 마음으로 생활을 했을 뿐 아직 교회의 성무일도를 몰랐기 때문에 성 프란치스코에게 기도를 가르쳐 달라고 부탁을 드렸다. 그는 형제들에게 다음과 같이 말하였다. [2]'여러분들은 기도할 때 주님의 기도를 외시오. 그리고 다음과 같이 하시오. 그리스도님, 저희는 전 세계에 있는 당신의 모든 성당에서 당신을 흠숭하며, 당신의 거룩한 십자가로 세상을 구속하셨기에 당신을 찬양하나이다'"([1]Deprecati sunt eum fratres tempore illo, ut doceret eos orare, quoniam in simplicitate spiritus ambulantes, adhuc ecclesiasticum officium ignorabant. [2]Quibus ipse ait: "Cum orabitis, dicite: Pater noster" et: "Adoramus te, Christe, et ad omnes ecclesias tuas, quae sunt in universo mundo, et benedicimus tibi, quia per sanctam crucem tuam redemisti mundum"); 참조: 「익명의 페루쟈」 19,1-2; 「세 동료」 37,1-2; 「대전기」 IV,3,4.

란치스코는 이 기도를 「유언」 5에서 다음과 같이 전해 주고 있다: "주 예수 그리스도님, 저희는 전 세계에 있는 당신의 모든 성당에서 당신을 흠숭하며, 당신의 거룩한 십자가로 세상을 구속하셨기에 당신을 찬양하나이다"(Adoramus te, Domine Jesu Christe, et ad omnes ecclesias tuas, quae sunt in toto mundo, et benedicimus tibi, quia per sanctam crucem tuam redemisti mundum). 「십자가 기도」든, 혹은 「유언」에 나오는 「경배송」이든, 모두 십자가에 못 박히신 분께 바쳐진 기도임에도 불구하고, 이 두 기도문 사이에는 현저한 차이점이 보인다. 하나는 청원의 기도이고 다른 하나는 찬양의 기도라는 점에서 그러하다. 특히 「경배송」이 「십자가 기도」가 바쳐진 뒤 얼마 지나지 않아 작성되었다는 점을 고려하면, 두 기도문 사이의 차이점은 더욱 두드러진다 하겠다. 일반적으로, 찬미의 기도와 감사의 기도는 하느님의 신비에 매료된 영혼의 심연으로부터 자연스럽게 흘러나오는 기도이기 때문에, 「경배송」은 수동적 단계의 기도라 할 수 있다. 그리고 「십자가 기도」와는 다르게 「경배송」에는 정화의 길에서 볼 수 있는 전형적인 특징들이 나타나지 않기에 「경배송」은 조명의 길에 해당되는 기도로 이해할 수 있다. 한편, 「찬미 권고」, 「시간경 찬미」, 「동정녀 인사」 등 「경배송」부터 「하느님 찬미」 이전에 쓰여진 대부분의 기도들은[191] 그 내용이 주로 감사와 찬미이기 때문에, 조명의 단계에 해당된다고 볼 수 있다. 이 부류로 분류될 수 있는 「주님 기도」의 경우 그 내용은 본래 청원 기도로 되어 있으나 프란치스코는 이 기도문을 수동적 차원에서 묵상하고 있고, 「형제회 편지」 끝 부분에 나오는 "기도"는 조명의 관점에서 작성된 청원 기도문이라 할 수 있다.[192] 조명의 단계에서 쓰여진 이러한 기도문들은 「경

---

[191] 「찬미 권고」, 「시간경 찬미」, 「덕들 인사」, 「동정녀 인사」, 「주님 기도」, 「형제회 편지」의 「기도」, 「수난 성무」와 같은 기도들은 이 시기에 작성된 것으로 추정된다(참조: C. PAOLAZZI, 『Lettura degli "Scritti" di Francesco d'Assisi』, 9-15).
[192] 「십자가 기도」 이후에는 「형제회 편지」의 끝에 나타나는 "기도"나 「수난 성무」 후렴, 「비인준 규칙」 23장 등에 청원의 기도가 나타나나, 이러한 기도들의 중심

배송」보다 수동적 특성을 더 강하게 지니고 있다. 그리고 이 기도문들의 또 다른 특성은 모든 선을 하느님께 돌려드리는 것으로, 대표적인 경우는 「시간경 찬미」나 「수난 성무」의 "기도"이다[193]. 프란치스코의 기도문들에서 수없이 반복되는 감사와 찬미는 모든 선을 하느님께 돌려드리는 또 다른 기도 양식으로, 이는 하느님의 신비 앞에서 이를 바라본 프란치스코의 수동적 관상의 자연적 귀결이라 하겠다.

「하느님 찬미」와 「태양 노래」는 프란치스코의 기도문들 가운데 하느님과의 신비적 일치를 잘 보여 주는 대표적인 기도문들이다. 「하느님 찬미」는 프란치스코가 라 베르나에서 오상 체험을 통해 깊이 관상한 하느님의 형언할 수 없는 신비를 존재의 심연으로부터 노래한 찬미가이다. 이 기도문에는 프란치스코의 '자아'(ego)가 깨끗하게 정화되어 있어 그의 자아중심적 차원은 전혀 찾아볼 수 없다. 「태양 노래」는 피조물들과 우주적 차원에서 일치한 신비 체험의 세계를 읊은 찬미가로, 여기에서는 하느님 존재와 하느님의 활동이 충만하게 관상되고 있다[194]. 이 두 기도문은 모두 삼위일체 하느님과의 깊은 일치로부터 수동적으로 흘러나온 감사와 찬미를 노래한 신비적인 시들이다.

에는 더 이상 나중심적인 프란치스코의 자아가 보이지 않는다. 조명적인 단계의 기도문들에서 프란치스코는 수동적으로 주님께 향하면서 성령의 작용에 자신을 내맡긴다.

[193] 「시간경 찬미」, 11: "전능하시고 지극히 거룩하시고 지극히 높으시며 으뜸이신 하느님, 모든 선이시고 으뜸선이시고 온전한 선이시며, 홀로 선하신 당신께, 모든 찬미와 모든 영광과 모든 감사와 모든 영예와 모든 찬양과, 그리고 모든 좋은 것을 돌려드리나이다. 그대로 이루어지소서. 그대로 이루어지소서. 아멘"(Omnipotens, sanctissime, altissime et summe Deus, omne bonum, summum bonum, totum bonum, qui solus es bonus, tibi reddamus omnem laudem, omnem gloriam, omnem gratiam, omnem honorem, omnem benedictionem et omnia bona. Fiat. Fiat. Amen); 「수난 성무」 "후렴": "살아 계시고 진실하신 주 하느님을 찬양하고, 항상 그분께 찬미와 영광과 영예와 찬양과 온갖 선을 돌려드립시다. 아멘. 아멘. 그대로 이루어지소서. 그대로 이루어지소서"(Benedicamus Domino Deo vivo et vero; laudem, gloriam, honorem, benedictionem et omnia bona referamus ei semper. Amen. Amen. Fiat. Fiat).

[194] 참조: C. PAOLAZZI, 「Lettura degli "Scritti" di Francesco d'Assisi」, 62.

일치의 단계에 해당되는 기도문들의 또 다른 특성은 프란치스코의 전형적인 신비적 용어인 "견디다"(sustinere)라는 어휘의 사용으로, 이는 「태양 노래」 9-11과 「노래 권고」 11에서 확인해 볼 수 있다. '견딤'은 프란치스코에게 있어서 십자가에 못 박히신 그리스도의 신비뿐만 아니라 삼위일체 하느님의 신비도 관상할 수 있는 대단히 탁월한 신비적 행위이다. 이 주제에 대해서는 제5장에서 좀더 자세하게 살펴볼 것이다.

지금까지 검토한 것을 바탕으로, 신비체험의 여정에서 볼 수 있는 "세 겹의 길"이 지닌 수동성은 프란치스코 관상의 두드러진 특성이라고 이해할 수 있다. 이러한 관상의 수동성은 칼 라너가 인간의 수용적 본질을 밝혀내면서 규정한 "순종적 가능태"(potentia oboedientialis) 개념과도 일치한다[195]. 프란치스코 관상의 비체계적인 방법은 이상과 같이 수동성 차원에서 조명될 수 있다.

4.5.3. 「권고」 16에 나타난 관상의 원리

신비체험에 나타나는 "세 겹의 길"은 「권고」 16에도 나타나는데, 마음의 깨끗함에 대해서 언급하고 있는 이 권고는 비체계적이고 수동적인 프란치스코 관상의 원리를 말해주고 있다: "[1]행복하여라, 마음이 깨끗한 사람들! 그들은 하느님을 볼 것이다(마태 5,8). [2]진정 마음이 깨끗한 사람들은 지상의 것들을 멸시하고 천상의 것들을 찾으며, 살아 계시고 참되신 주 하느님을 깨끗한 마음과 정신으로 항상 흠숭하고 바라보는 일을 그치지 않는 사람들입니다"([1]Beati mundo corde, quoniam ipsi Deum videbunt. [2]Vere mundo corde sunt qui terrena despiciunt, caelestia quaerunt et semper adorare et videre Dominum Deum vivum et verum mundo corde et animo non desistunt).

---

[195] 참조: 라너, 「그리스도교 신앙 입문」, 288.

제1절에서 프란치스코는 '깨끗한 마음의 복됨'과 '하느님 바라봄'에 대해 언급한다[196]. 이를 한마디로 요약하면 "지복직관"(visio beatifica)이라 할 수 있다. 제2절에서는 하느님 신비에 대한 관상을 다룬다. 따라서 「권고」 16에서 프란치스코가 다루고 있는 주요 주제는 관상의 길 혹은 관상의 방법이라고 말할 수 있다[197]. 깨끗한 거울에 범주적인 사물들이 비치듯이, 인간의 깨끗한 마음에는 하느님의 신비가 비쳐지게 되어 있다. 물결이 이는 호수와 같은 인간의 마음이 평정을 찾고 고요해지면, 이러한 고요한 마음에 삼위일체 하느님의 신비가 비쳐지는 것이다. 다섯 가지 영적 감각을 지니고 있는 마음이 바로 하느님의 신비를 관상하는 '눈'이다[198]. 이런 관점에서 「권고」 16은 관상의 원리가 되는 권고라고 말할 수 있다. 프란치스코는 이 원리를 2절에서 다음과 같이 고전적인 "세 겹의 길"과 일치하는 세 단계로 설명한다[199]: (가) "지상의 것들을 멸시하는"(terrena despiciunt) 단계, 이는 정화기에 해당된다; (나) "천상의 것들을 찾는"(caelestia quaerunt) 단계, 이는 조명기에 해당된다; (다) "살아 계시고 참되신 주 하느님을 깨끗한 마음과 정신으로 바라보는 일을 그치지 않는"(videre Dominum Deum vivum et verum mundo corde et animo non desistunt) 단계, 이는 일치기에 해당된다. 「권고」 16,2에 나타나는 이러한 "세 겹의 길"은 「비인준 규칙」 17,14-16에서 볼 수 있는 "세 겹의 길"과 내용 면에서 깊은 관계가 있다. 이를 도표로 표현하면 다음과 같다:

---

[196] 참조: A. CICERI, 「Le Ammonizioni」, 「Le origini del francescanesimo negli scritti di Francesco d'Assisi」, 154-155.
[197] 참조: C. PAOLAZZI, 「Francesco d'Assisi e la contemplazione di Dio "tutto in tutte le cose"」, 28.
[198] 참조: J. S. LEE, 「Francis the mystic」, 126.
[199] 두란티(S. Duranti) 또한 「권고」 16을 '세 겹의 길'의 관점에서 해석한다(참조: S. DURANTI, 「Francesco ci parla」, 100-104).

	「권고」 16,2	「비인준 규칙」 17,14-16
정화기	진정 마음이 깨끗한 사람들은 지상의 것들을 멸시합니다.	¹⁴이와 반대로 주님의 영은 육이 혹독한 단련과 모욕을 당하기를 원하며, 천한 것으로 여겨지고 멸시받기를 원합니다.
조명기	천상의 것들을 찾습니다.	¹⁵겸손과 인내, 그리고 순수하고 단순하고 참된 영의 평화를 얻도록 힘씁니다.
일치기	살아 계시고 참되신 주 하느님을 깨끗한 마음과 정신으로 항상 흠숭하고 바라보는 일을 그치지 않습니다.	¹⁶무엇보다도 항상 성부와 성자와 성령의 신성한 두려움과 신성한 지혜와 신성한 사랑을 얻기를 갈망합니다.

(1) **지상의 것들을 멸시함(정화기)**. 인간의 마음 가장 깊은 심연에는 선험적이고 존재론적인 영이 주어져 있으며, 주님의 **영**의 거룩한 활동을 통하여 마음은 '거룩한 영', 즉 "성령"이 된다. 그러나 만일 마음이 육의 달콤한 유혹에 빠져 육을 따라가면 육의 영, 즉 "악한 영", "악령"이 된다. 이렇게 육이 차지한 어두운 마음으로는 하느님의 신비를 바라볼 수 없다. 「권고」 16,2의 "지상의 것들"(terrena)이라는 말은 이와 같이 인간의 마음을 어둡게 하는 육적인 것들을 의미한다. 그러므로 "지상의 것들을 멸시한다"(terrena despiciunt)는 표현은 마음이 자기 자아나 '나' 중심적인 판단, 인간적 지혜, 개인적인 확신, 창조물들, 사물들, 사람들 그리고 지상적인 다른 실재들로부터 떨어짐으로써 깨끗한 마음을 유지하는 것을 뜻한다[200]. 이런 의미에서 "지상의 것들을 멸시한다"는 표현은 정화기와 관련이 있다고 말할 수 있다. 그런데 여기에서 주목할 점은 "멸시한다"는 동사의 주체가 "마음이 깨끗한 사람들"이라는 것이다. 그렇지만 깨끗한 마음

---

[200] 참조: P. MESSA – L. PROFILI, 『Il Cantico della fraternità』, 174.

이라는 것은 주님의 영이 활동함으로써 그 영으로 가득 찬 마음이기 때문에, "지상적인 것들을 멸시"하는 궁극적인 주체는 마음이 깨끗한 인격적 주체 안에서 활동하는 주님의 **영**이라 할 수 있다. 궁극적으로, "지상적인 것들을 멸시함"은 깨끗한 마음이나 주님의 **영**이 지닌 본질적 특성인 것이다. 이러한 관점에서 바라보면, "진정 마음이 깨끗한 사람들은 지상의 것들을 멸시"한다는 표현은, 지상적인 것들로부터 마음을 능동적으로 정화해야 하는 아직 깨끗하지 않은 영혼의 상태를 뜻한다기보다, 지상적인 것들을 멸시하면서 깨끗한 마음을 수동적으로 유지하기를 바라는, 이미 정화된 마음을 뜻한다 하겠다. 이는 「비인준 규칙」 17,14와 일치하는 것이다.

(2) 천상의 것들을 찾음(조명기). 지상적이고 육적인 것들로부터 정화된 마음에는 주님의 **영**이 저절로 비쳐지고[201], 이 **영**의 조명을 통하여 마음의 심연에 존재하는 영이 차츰차츰 주제화된다. 그리고 인간 존재 안에 있는 영을 바탕으로 주님의 **영**이 활동함으로써, 인간의 깨끗한 마음은 삼위일체 하느님의 거처가 된다. 특히 성령의 은총과 빛을 통하여 깨끗한 마음에 부어지는 덕들은[202] 주님의 **영**이 마음 안에서 작용하고 있다는 증거가 된다. 그러한 관점에서 「권고」 16,2의 "천상의 것들"(caelestia)은 근본적으로 겸손이나 인내, 참된 평화 등 성령을 통하여 비추어지는 덕들[203], 즉 하느님의 신비를 의미한다[204]. 따라서 "천상의 것들을 찾는다"(caelestia quaerunt)는 표현은 "거룩한 기도와 헌신의 영을 끄지 않는 것"이고 "주님의 영과 그 영의 거룩한 활동

---

[201] 델 파브로(L. Del Fabbro)는 마음의 깨끗함을 '주님의 **영**'의 작용과 연결시킨다(참조: L. DEL FABBRO, 「Le Ammonizioni di san Francesco d'Assisi」, 94-95).
[202] 참조: 「동정녀 인사」 6.
[203] 참조: G. LOBO, 「Single-pointedness: The Way of the Pure of Heart (Admonition XVI)」, 70.
[204] 마투라(T. Matura)는 "'천상의 것들'은 정확히 모든 것들 안에 현존하는 신비의 차원을 의미하며, 그 절대적 중심은 하느님 자신"이라고 주장한다(T. MATURA, 「Il cuore rivolto al Signore」, 401).

을 간직하는 것"이다[205]. 왜냐하면 "찾는다"(quaerere) 동사의 주체가 마음이 깨끗한 사람들임에도 불구하고 "천상의 것들을 찾는" 궁극적 존재는, 바로 앞 구절에서 살펴본 바와 같이, 마음이 깨끗한 이들 안에서 활동하시는 주님의 **영**이기 때문이다. 그런데 마음이 깨끗한 이들 안에서 활동하시는 성령의 작용이란 곧 성령의 은총과 비춤을 가리키기에, "천상의 것들을 찾는다"는 표현은 조명적인 특성을 지니게 된다. 이런 면에서 이 구절은 「비인준 규칙」 17,15와 일치한다 하겠다.

(3) **살아 계시고 참되신 주 하느님을 깨끗한 마음과 정신으로 바라보는 일을 그치지 않음(일치기).** 이 문장에서 주목할 만한 점은 프란치스코가 "깨끗한 마음"(mundum cor)이라는 표현에 인식의 빛과 바라보는 능력을 가리키는 "정신"(animus)이라는 낱말을 덧붙였다는 것이다[206]. 깨끗한 마음은 주님의 **영**과 그 활동으로 가득 차고, 그런 마음에는 하느님의 신비가 자연히 비치게 되는데, 그런 상태에서는 하느님의 신비를 바라보는 것 외에 다른 할 일이 없게 된다. 그침 없이 하느님의 신비를 바라보는 일은 마음이 깨끗한 사람이 해야 할 유일한 일인 것이다. 이것이 바로 "살아 계시고 참되신 주 하느님을 깨끗한 마음으로 항상 흠숭하는 것"(semper adorare Dominum Deum vivum et verum mundo corde)이다[207]. 살아 계시고 참되신 하느님을 바라보면서 그분을 흠숭하고, 그분을 흠숭하면서 그분을 바라보는 것이다. 이런 경지에서 관상가는 하느님의 신비에 매료되지 않을 수 없고, 그런 신비에로 잠겨 들지 않을 수 없다. 바로 여기에서 하느님의 신비에 대한 관상의 필연적이고 자연적인 결과로 신비적 일치가 맺어진다. "깨끗한 마음과 정신"(mundo corde et animo)이라는 구절은

---

[205] 「인준 규칙」 5,2; 10,8.
[206] 참조: T. Matura, 「Il cuore rivolto al Signore」, 400.
[207] 로보(G. Lobo)와 두란티(S. Duranti)는 주 하느님을 흠숭하고 바라보는 것은 관상이라고 주장한다(참조: G. Lobo, 「Single-pointedness: The Way of the Pure of Heart [Admonition XVI]」, 71; S. Duranti, 「Francesco ci parla」, 100).

이와 같이 관상가와 하느님 사이에 이루어지는 전적인 일치를 포함하고 있는 표현이다[208]. 이러한 관점에서 바라보면, 지금 논의하고 있는 신비체험의 세 번째 단계에 해당되는 구절은 일치기와 들어맞는 묘사라고 말할 수 있다. 한편, "바라보다"(videre) 동사의 궁극적 주체는 깨끗한 마음 안에 현존하시는 주님의 **영**이고 이 동사의 대상은 "살아 계시고 참되신 하느님"(Deum vivum et verum)이기 때문에, 마치 믿는 이들 안에 머무시는 주님의 **영**이 주님의 지극히 거룩한 몸과 피를 받아 모시는 것처럼, 삼위일체 신비를 관상하는 주체도 본질적으로는 주님의 **영**이 된다[209]. 주님의 **영**을 통해 이루어지는 그러한 하느님의 관상은 삼위의 세 위격이 그들의 "찬란함"(claritas, 영광)을 서로 관상하는 삼위일체 하느님의 완전한 관상을 반향한다. 프란치스코의 글 가운데서 이런 '찬란함'(영광)은 「비인준 규칙」 22,55, 「1신자 편지」 1,19, 「2신자 편지」 60에 나타나는데, 여기에서 아씨시 관상가는 형제들과 믿는이들이 그 영광을 볼 수 있게 되기를 그리스도를 통해 성부께 간구한다. 「권고」 16,2의 "살아 계시고 참되신 하느님", 「비인준 규칙」 17,16 및 두 개의 「신자 편지」에 나타나는 삼위일체 하느님의 "찬란함"(영광), 그리고 「비인준 규칙」 22의 "성부와 성자와 성령의 신성한 두려움과 신성한 지혜와 신성한 사랑"은 모두 관상의 동일한 대상들이다. 따라서 「권고」 16,2에 나타나는 일치 단계는 「비인준 규칙」 17,16의 일치 단계와 호응한다 하겠다.

지금까지 살펴본 바와 같이, 「권고」 16의 깨끗한 마음은 주님의 **영**과 그 영의 활동으로 가득 찬 마음을 의미하고, 이러한 순수한 마음에는 하느님의 신비가 자연히 비쳐진다. 그 결과 순수한 마음은 하느님의 신비를 관상하지 않을 수 없다. 마음이 깨끗한 사람의 존재는 그 자체로 하느님의 신비가 비쳐지는 "호모 콘템플란스"(homo

---

[208] 참조: F. URIBE ESCOBAR, 『Strutture e specificità della vita religiosa』, 283.
[209] 참조: 「권고」 1,12.

contemplans, 관상하는 사람), 관상인(觀想人)이다. 그리고 그러한 관상인은 관상하는 사람이라기보다 존재 전체가 살아 있는 관상으로 변화되어 관상 자체가 된다. 「2첼라노」 95,5에서 프란치스코가 "기도하는 사람이라기보다 스스로가 곧 기도였다"(non tam orans quam oratio factus)는 토마스의 묘사는[210], 프란치스코가 관상 자체가 되었다는 의미로 해석할 수 있다. 결론적으로, 「권고」 16에서 프란치스코가 권고하는 깨끗한 마음은 하느님의 신비를 그침 없이 바라보고 전 존재로 이를 관상하는 그의 비체계적이고 무방법적인 관상의 척도요 원리라고 하겠다. 그리고 이를 관상의 방법이라고 말할 수 있다면, 깨끗한 마음의 원리가 프란치스코의 관상 방법이라고 제시할 수 있겠다.

4.6. 요약

이 장에서는 제2장에서 규정한 관상의 관점에 따라 프란치스코의 관상 개념을 검토하였다. 그리고 이러한 고찰을 통해서 프란치스코가 중세에 통용되었던 관상 개념과 달리 신비적 감각들을 통해 하느님의 신비를 바라본다는 관상 개념을 나타내기 위하여 주로 "비데레"(videre) 동사를 사용했으며, 그러한 관상은 신비 체험의 방법임을 살펴보았다. 또한 프란치스코의 글에는 육체적인 바라봄과 영적인 바라봄이 함께 나타나며, 바라봄은 본질적으로 지복직관을 지향하고 있음도 아울러 살펴보았다.

---

[210] 「2첼라노」 95,4-5: "⁴그는 입술을 움직이지 않고 마음속으로 자주 관상을 하곤 하였고, 외적인 사물들을 마음으로 그려봄으로써 자기의 영혼을 더 높은 경지로 끌어올리곤 하였다. ⁵기도하는 사람이라기보다는 스스로가 곧 기도였던 그가 주님께 빌어 얻고자 했던 그 하나를 향하여 그는 그의 전 존재를 바쳐 자신의 모든 집중과 열정을 이끌어갔다"(⁴Immotis saepe labiis ruminabat interius et introrsum extrinseca trahens spiritum subtrahebat in superos. ⁵Omnem sic et intuitum et affectum in unam quam petebat a domino dirigebat totus non tam orans quam oratio factus).

프란치스코의 관상은 두 가지로 분류할 수 있다: 하나는 가시적인 대상을 통한 범주적 관상이고, 다른 하나는 가시적인 대상을 통하지 않는 비범주적 관상이다. 범주적인 관상을 위해서는 육체적인 시각이 필수적으로 요청된다. 육체적인 시각이 신비적 감각들을 범주적 대상 안에 숨겨져 있는 신비를 영적으로 바라볼 수 있도록 이끌기 때문이다. 그러나 비범주적 관상은 육체적 시각을 필요로 하지 않는다. 이 관상은 범주적 대상에 기댐 없이 영적인 감각들을 통해서 이루어지기 때문이다.

프란치스코의 관상 안에서 "바라본다"(videre)는 동사는 육체적이든 영적이든 좁은 의미에서의 시각만을 의미하지 않는다. 신비적 감각들을 통해 이루어지는 넓은 의미에서의 바라봄, 즉 신비에 대한 체험적 인식이나 깨달음을 의미한다. 프란치스코의 글과 초기 전기들에 의하면, 그는 신비적 감각들을 통하여 하느님의 신비를 놀랍도록 깊이 관상하였다. 프란치스코는 자신의 전 존재로 하느님의 신비를 구체적이고 생생하게 관상하였다.

신비적 감각들을 통하여 하느님의 신비를 관상한다는 사실은 신비를 수용한다는 의미에서 하느님의 계시를 받아들이는 행위로서의 믿음의 행위가 된다. 이는 프란치스코의 글에서 "받아들이다"(accipere), "깨닫다"(cognoscere), "믿다"(credere)는 동사들을 통해 표현된다. 그러므로 프란치스코의 관상은 하느님의 신비를 받아들이고 깨닫고 믿는 행위라 규정할 수 있다. 관상과 믿음의 필연적인 관계는 신비체험이 계시와 믿음의 체험으로서 크리스천 구원의 본질적인 체험임을 드러내 준다.

관상은 신비체험의 필수적인 방법이다. 그런데 프란치스코의 관상은 비체계적이고 무방법적인 특성을 지닌다. 이는 하느님의 무한한 신비와 밀접한 관계가 있으며, 하느님 신비의 무한성에 따라 관상의 방법이 다양하게 있을 수 있다는 가능성을 뜻한다. 프란치스코는 그의 글에서 몇 차례에 걸쳐 직간접적으로 고전적인 "세 겹의 길"에 대하여 언급한다. 이러한 신비체험의 길은 비체계적이고 수동적인 특성을 지니는 프란치스코 관상의 방법으로 이해할 수 있다.

프란치스코 관상의 또 다른 특성은 관상과 삶의 본질적인 통합이다. 그의 관상은 낮에 이루어지는 실천적 행위와 밤에 이루어지는 관상적 기도 사이의 단순한 조화에로 국한되지 않는다[211]. 관상은 신비체험의 방법으로서 신비체험의 본질적인 한 요소이기 때문에, 관상은 크리스천 삶과 불가분리적인 관계에 있다. 프란치스코는 은수처에서조차 마리아의 삶과 마르타의 삶을 통합시켜 놓았다[212]. 그에게 관상은, 하느님의 신비를 보고 느낄 수 있는 것이라면, 언제 어디서나 가능한 일반적인 것이다. 프란치스코는 관상을 구체적이고 평범한 일상적 삶에로 확장시키면서 동시에 깊은 차원으로 심화시켜 놓았다. 프란치스코의 신비체험 안에서 관상과 삶은 본질적으로 분리될 수 없는 형태로 일치되어 있다[213].

모든 인간은 존재론적으로 주어진 신비적 감각들을 통해 우주 안에 보편적으로 현존하시는 하느님의 신비를 관상할 수 있다. 프란치

---

[211] 프란치스칸들이 형성되던 초기에 '활동'과 '관상'의 조화에 대하여 비트리의 야고보는 「1216년 10월 제노바에서 쓴 편지」에서 다음과 같이 증언한다: "낮에는 도시와 마을에 들어가 사람들을 주님께 이끌려고 활동으로 애쓰며, 밤에는 외딴 곳이나 조용한 곳에 돌아가 관상에 전념합니다"(De die intrant civitatis et villas, ut aliquos lucrifaciant operam dantes actione; nocte vero revertuntur ad heremum vel loca solitaria vacantes contemplazioni)(JACOBUS DE VITRIACO, 「Lettres de Jacques de Vitry」, 75-76). 이 편지에서 "활동"(actio)이란 낱말은 사도직 활동을 의미하고(참조: 「FF」, 1461), "관상"(contemplatio)이란 낱말은 관상 기도를 의미하는 것으로 보인다. 따라서 비트리의 야고보가 언급하는 '관상'의 의미는 이 논문에서 밝힌 프란치스코의 관상과는 차이가 있다 하겠다.

[212] "마르타와 마리아는 하느님께 대한 유일한 봉사와 이웃에 대한 사랑 혹은 활동적인 삶과 관상적인 삶을 온전하게 드러내 주는 표현이다"(G. PALUDET, 「Vita comunitaria e contemplazione」, 「La comunità. Corso di spiritualità (Studio Teologico s. Bernardino, Verona, 1978)」, 152); 참조: F. ACCROCCA, 「Francesco e Chiara: la preghiera come meditazione del mistero dell'Incarnazione」, 262.

[213] 참조: M. CONTI, 「Evangelizzazione e contemplazione」, 429-430.

스코의 관상은 그러한 보편적인 특성을 지닌다. 프란치스코는 800여 년 전에 이미 실천적 차원에서 누구든지 신비 체험을 할 수 있는 보편적인 관상의 길을 모든 사람들에게 열어 놓았다.

제5장

신비체험의 목적으로서의 사랑의 일치

하느님은 작용의 차원에서뿐만 아니라 존재라는 차원에서도 형상적으로 애정이시며 사랑이시다. 다시 말하면, 사랑은 하느님의 본질이다[1]. 이러한 사랑은 가장 탁월한 덕으로, 모든 덕들의 완전한 실현이며, 동시에 모든 덕들의 뿌리이자 형상이요 목적이다[2]. 프란치스칸 원천 가운데 초기 전기 작가들에 의하면, 프란치스코는 하느님의 사랑에 사로잡혀 그 신비의 불꽃에 타오른 사랑의 신비가였다. 토마스 첼라노는 이와 관련하여 「제2생애」 196,3-4에서 다음과 같이 증언한다: "[3]그는 대화에서 일상 쓰는 말에 어쩌다 하느님의 사랑이라는 말이 들어가면 마음속으로 어떤 변화를 느끼지 않고 들어 본 적이 결코 없었다. [4]하느님의 사랑이라는 말을 듣자마자 그는 마치 밖에서 말하는 사람의 소리의 채가 마음 안에 있는 현(弦)을 긁은 듯이 곧 자극을 받아 꿈틀거렸으며 불이 붙었다". 보나벤투라 또한 「대전기」 IX,1,1-2에서 사랑의 신비에 타오르는 프란치스코를 다음과 같이 묘사한다: "[1]뉘라서 **신랑**의 친구인 프란치스코를 불태운 저 뜨거운 사랑을 묘사할 수 있으리오? [2]사실 그는 불붙은 숯덩이처럼 하느님 사랑의 불꽃에 타올라 완전히 사라지는 것 같았다". 하느님 사랑의 신비로 가득 채워졌던 이 사람은 결코 꺼지지 않는 화염으로 끝없이

---

[1] 참조: L. VEUTHEY, 『Giovanni Duns Scoto tra aristotelismo e agostinismo』, 44-45.
[2] 참조: L. TEMPERINI, 「Amore di Dio」, 『DizFran』, 76.84.

팽창되는 사랑의 불꽃에 휘감기도록 자신을 내맡겼으며³, 그 결과 하느님 사랑 안에 온전히 녹아버리게 되었다⁴. 같은 관점에서 우베르티노 카살레는 프란치스코의 생애를 다음과 같이 요약한다: "회개 초기부터 생애 끝까지 그는 사랑의 열기 안에서 불꽃처럼 뜨겁게 늘 성장해 갔다"⁵.

이상과 같이 프란치스코는 하느님의 사랑에 황홀히 매료되어 그 사랑과 더할 나위 없이 깊이 일치되었던 탁월한 신비가였으나⁶, 그는 자신의 신비 체험을 체계적인 글로 정리하여 남겨 놓지 않았다. 그럼에도 불구하고 그의 글이나 초기 프란치스칸 전기 작품들 안에 남아 있는 자취들을 통하여 그의 신비체험을 구성해 낼 수 있다. 이를 전제로 제5장에서는 프란치스코가 추구했던 신비체험의 목적을 다음과 같은 세 가지 관점에서 보다 상세하게 조명해 볼 것이다: 첫째, 하느님의 초자연적 은총을 통하여 거룩한 존재로 다시 태어나게 된다는 의미에서의 "거룩하게-됨"(sanctificatio); 둘째, '거룩하게-됨'이 "그리스도 따름"(sequela Christi)을 통해서 실현된다는 의미에서의 "그리스도가-됨"(christificatio); 셋째, 이러한 거룩하게-됨과 그리스도가-됨을 통하여 삼위일체 하느님의 신적 본성에 참여한다는 의미에서의 "하느님이-됨"(deificatio). 여기에서 지적할 점은 이러한 세 차원의 구별은 하나의 동일한 신학적 현상을 사변적으로 분석하기 위해서이고, 실제로는 주님의 영의 활동을 통하여 이 세 차원이 동시적으로 실현되며⁷, 사랑의 신비 안에서는 하나의 사건이 된다는 것이다.

---

³ "Excreverat quidem in eo insuperabile amoris incendium boni Iesu in lampades ignis atque flammarum, ut aquae multae caritatem eius tam validam extinguere non valerent"(「대전기」 XIII,2,5).
⁴ "Absorptus totus in amore Dei, beatus Franciscus non solum in anima sua, iam omni virtutum perfectione ornata, sed in qualibet creatura bonitatem Dei perfecte cernebat"(「완덕의 거울」 XII,113,1).
⁵ UBERTINO DA CASALE, 「L'Albero della vita」, 「FF」, 1355.
⁶ 참조: A. POMPEI, 「Francesco d'Assisi(1182-1226)」, 「Grandi mistici」, 194-196.
⁷ 참조: Y. SPITERIS, 「Francesco e l'oriente cristiano un confronto」, 164-165.195. 200-202.

5.1. '거룩하게-됨'

프란치스코는 「비인준 규칙」 23장에서 하느님의 속성을 "전능한", "거룩한", "높은", "정의로운", "영원한", "살아 있는", "좋은", "자비로운", "양순한", "감미롭고 달콤한", "올곧은", "인자한", "무죄한", "순수한", "지극히 높은", "변함없는", "볼 수 없는", "말로 표현할 수 없는", "형언할 수 없는", "이해할 수 없는", "헤아릴 수 없는", "칭송할", "찬미할", "영광스러운", "드높이 찬양할", "지존한", "드높은", "사랑할 만한", "좋아할 만한", "온전한" 등과 같은 형용사들로 표현한다. 프란치스코의 글에 나타나는 이러한 형용사들 중에 가장 많이 나타나는 형용사는 "거룩하다"(sanctus)이다. 이 낱말은 202번 사용되는데, 이 가운데 42번은 삼위일체의 제3위격을 수식하고, 36번은 삼위일체 하느님을 수식하며, 22번은 성체를 수식한다. 그리고 29번은 덕이나 덕의 활동과 관계되고, 18번은 하느님 말씀과 관련되며, 12번은 동정녀 마리아, 10번은 천사들이나 사도들 혹은 인간을 꾸미고, 8번은 교회, 5번은 하느님의 축복, 4번은 십자가를 수식한다. 그리고 나머지 16번은 이름, 머리, 성전, 기억, 의지 등을 수식한다. 이 용어의 빈도수에 의하면, 프란치스코는 하느님을 무엇보다 먼저 거룩한 존재로 관상하였다고 추측할 수 있다. 프란치스코는 그의 글 가운데 특히 기도문들에서 하느님을 부를 때 자주 "거룩하다"(sanctus)는 형용사로 시작하고, 하느님을 "거룩하신 아버지"라 부른다.

「하느님 찬미」에는 하느님의 속성이 수없이 나타나는데, 프란치스코는 이 찬미가를 "당신은 거룩하신 주 하느님이시나이다"(Tu es sanctus Dominus Deus solus)로 시작한다. 즉, 이 기도문에 처음으로 나타나는 하느님의 속성은 거룩함이다. 「시간경 찬미」에서도 프란치스코는 "상투스"(sanctus, 거룩한)라는 말을 반복하면서 하느님 찬미를 시작한다: "거룩하시다, 거룩하시다, 거룩하시다, 전능하신 주 하느님"(Sanctus, sanctus, sanctus Dominus Deus omnipotens). 그리고 이 찬미가의 "기도"(Oratio) 부분에서도, "상투스"라는 낱말이 이 기도문에 처음으로 나타나는 것이 아니라 "전능한"이라는 말과 함께 나타나긴 하지만, 하느님에 대한 프란치스코의 인식에 있어 "상투스"라는 말의 우선성을 엿볼 수 있다[8]. 「주님 기도」에는 다음과 같이 "상투스"의 최상급이 맨 처음에 나타난다: "오, 지극히 거룩하신 우리 아버지"(O sanctissime Pater noster)[9]. 두 가지 형태로 편집되어 전해진 「신자 편지」에는 요한 17장이 인용되고 있는데, 프란치스코는 이 기도문을 "거룩하신 아버지"라는 호칭으로 시작한다[10]. 특히 「수난 성무」에서 프란치스코는 "거룩하신 아버지"를 자주 부를 뿐만 아니라[11], 하느님을 "지극히 거룩하신 나의 아버지"라고 규정한다[12]. 또한 「동정녀 인사」 2에서는 삼위일체 하느님의 세 위격이 모두 "거룩하다"는 형용사로 수식되어 나타난다: "하늘에 계신 지극히 거룩하신 아버지께서 당신을 뽑으시어 그분의 지극히 거룩하시고 사랑하시는 아드님과 보호자이신 거룩한 **영**과 함께 당신을 축성하셨나이다" ([Maria] electa a sanctissimo Patre de caelo, quam consecravit cum sanctissimo dilecto Filio suo et Spiritu sancto Paraclito). 이와 같은 사례는 프란치스코의 글에서 드물지 않게 찾아볼 수 있다[13]. 지금까지 간략하게 살펴본 이러한 고찰로부터 프란치스코에게 있어 하느님은 제일차적으로 '거룩한 존재'였다고 추론할 수 있다.

---

[8] "전능하시고 지극히 거룩하시고 지극히 높으시며 으뜸이신 하느님"(Omnipotens, sanctissime, altissime et summe Deus, 「시간경 찬미」의 기도). 이 구절은 「비인준 규칙」 23,1의 첫 부분과 똑같다: "Omnipotens, sanctissime, altissime et summe Deus".

[9] 「주님 기도」 1.

[10] 「1신자 편지」 1,14; 「2신자 편지」 56. 「비인준 규칙」 22,41-55에서도 프란치스코는 요한 17을 인용하며 성부께 간청하는데, 이 기도의 첫 부분은 단순히 "아버지"(Pater)라고 부르며 시작하지만, 45절에 가면 「신자들에게 보낸 편지」에서처럼 "거룩하신 아버지"(Pater sancte)라고 부르며 기도드린다.

[11] 참조: 「수난 성무」 1,5.9; 4,9; 5,9; 6,12.

[12] 「수난 성무」 2,11; 5,15; 참조: 「수난 성무」 3,3; 6,11; 7,3.10; 15,3.

[13] 참조: 「2신자 편지」 4.62; 「형제회 편지」 1; 「찬미 권고」 16; 「하느님 찬미」 2; 「수난 성무」 15,7.

하느님께서 거룩하시기 때문에 인간 존재 또한 거룩한 하느님의 성성(聖性)에 참여함으로써 거룩하게 되어야 한다[14]. 이러한 이유로 프란치스코는 요한 17장의 예수의 사제적 기도에 모든 믿는이들이 거룩해지고 삼위일체 하느님과 하나되도록 기도한다. 인간 존재는 '거룩하게-됨'을 통하여 하느님의 신비에로 고양되며, 이러한 성화만이 본질적으로 인간 존재를 삼위일체 하느님과 신비적으로 일치시켜 줄 수 있다. 따라서 프란치스코의 글에 나타나는 "상티피카레"(sanctificare, 거룩하게 하다) 동사의 의미를 검토하는 것은 프란치스코가 이해한 '거룩하게-됨'을 파악하는 데 유익할 것이다.

5.1.1. 프란치스코의 글에 나타난 "거룩하게-하다" 동사의 의미

"상티피카레"(sanctificare, 거룩하게-하다) 동사는 프란치스코의 글에 17번 나타나는데, 그 의미는 다음과 같이 5가지로 구분하여 살펴볼 수 있다: (가) 성부의 이름을 거룩하게 함[15]; (나) 믿는이들을 위해 그리스도가 거룩하게 됨[16]; (다) 믿는이들이 거룩하게 됨[17]; (라) 빵과 포도주가 거룩하게 됨[18]; (마) 사물들이 거룩하게 됨[19]. 이 가운데 앞의 네 경우는 그리스도의 '거룩하게-됨'과 믿는이들의 '거룩하게-됨' 두 가지로 요약하여 살펴볼 것이고, 마지막 경우는 사랑 안에서의 신비적 일치와 관계가 없기 때문에, 이 논문에서는 다루지 않을 것이다.

---

[14] 참조: Y. SPITERIS, 『Francesco e l'oriente cristiano un confronto』, 201.
[15] 참조: 『주님 기도』 2.
[16] 참조: 『비인준 규칙』 22,52; 『1신자 편지』 1,17; 『2신자 편지』 59.
[17] 참조: 『비인준 규칙』 22,52; 『1신자 편지』 1,17.18; 『2신자 편지』 58.59; 『형제회 편지』 18.
[18] 참조: 『권고』 1,9; 『1성직자 편지』 1.2; 『2성직자 편지』 1.2; 『1보호자 편지』 2.
[19] 참조: 『형제회 편지』 37.

5.1.1.1. 그리스도의 '거룩하게-됨'

프란치스코의 글에서 그리스도가 거룩하게 된다는 표현은 요한 복음을 인용하는 가운데 다음과 같이 세 번 나타난다:

「비인준 규칙」 22,52: "그리고 저는 이들을 위하여 저 자신을 **거룩하게 합니다**. 이들도 진리로 거룩해지게 하려는 것입니다(요한 17,19)" (Et pro eis sanctifico meipsum, ut sint ipsi sanctificati in veritate).

「1신자 편지」 1,17: "그들을 축복하시며 거룩하게 해주시고(요한 17,17), 저는 이들을 위하여 저 자신을 **거룩하게 합니다**(요한 17,19)" (Benedic et sanctifica et pro eis sanctifico me ipsum).

「2신자 편지」 59: "아버지와 제가 하나인 것처럼(요한 17,22) 이들도 거룩해져 하나가 되도록(요한 17,19+23) 저는 이들을 위하여 저 자신을 **거룩하게 합니다**(요한 17,19)"(Et pro eis sanctifico me ipsum, ut sint sanctificati in unum sicut et nos sumus)[20].

요한복음 저자든, 프란치스코든, 그들에게 그리스도의 '거룩하게-됨'은 그리스도가 모든 믿는이들을 위하여 자기 자신을 십자가 위에서 성부께 희생 제물로 바친다는 것을 의미한다. 그리스도는 요한 17,1에서 그의 사제적 기도를 다음과 같이 시작한다: "아버지, 때가 왔습니다. 아들이 아버지를 찬란하게(영광스럽게) 하도록 아버지의 아들을 찬란하게(영광스럽게) 해주십시오". 이 구절에 나타나는 "때"는 요한복음의 다른 곳에서도 여러 번 언급되는데[21], 이 말은 궁극적으로 성부의 찬란함(영광)을 결정적으로 드러내 주는 십자가 위에서

---

[20] 참조: W. VIVIANI, 「L'ermeneutica di Francesco d'Assisi」, 238. 한편, 카예탄에서는 「2신자 편지」 59에서 요한 17,19과 11이 인용되고 있음을 직관하고 있다: "아버지와 제가 하나인 것처럼(요한 17,11) 이들도 거룩해지도록 저는 이들을 위하여 저 자신을 거룩하게 합니다(요한 17,19)"[Et pro eis sanctifico me ipsum, ut sint sanctificati in(요한 17,19) unum sicut et nos(요한 17,11) sumus].
[21] 참조: 요한 2,4; 7,30; 8,20; 12,23.27.31; 13,1.

의 그리스도의 죽음과 부활의 때를 의미한다. 그러므로 "때가 왔다"는 표현은 수난이 시작되었음을 가리키는 말이다[22]. 이 **수난**의 때를 받아들이면서 그리스도는 십자가의 희생 제물을 통하여 자신이 완전하게 거룩해지도록 성부께 기도한다. 이런 의미에서 보면, 요한복음이 지향하는 그리스도의 '거룩하게-됨'은 수난이나 십자가의 죽음과 다른 것이 아니게 된다.

요한복음에 기초를 두고 있는 그리스도의 '거룩하게-됨'에 대한 프란치스코의 이해는 십자가의 희생 제물뿐만 아니라 순종의 관점에서도 조명되어야 한다. 왜냐하면, 프란치스코가 그리스도의 수난과 죽음을 제일차적으로 성부께 대한 순종으로 바라보았기 때문이다. 즉, 수난과 죽음을 순종과 불가분리적 관계에 있는 것으로 이해한 것이다. 프란치스코는 이와 관련하여 「형제회 편지」 46에서 다음과 같이 언급한다: "우리 주 예수 그리스도께서 지극히 거룩하신 아버지께 대한 순종을 떠나지 않기 위하여 당신의 목숨을 바치셨습니다"(Dominus noster Jesus Christus dedit vitam suam, ne perderet sanctissimi Patris obedientiam). 십자가에서의 그리스도의 수난은 성부께 대한 완전한 순종의 행위이며, 이를 위하여 그리스도는 십자가 위에서 자기 자신을 성부께 온전히 바치면서 자기 자신을 완벽하게 무화시킨다. 이는 성부께 대한 그리스도의 완전한 사랑이자 최고의 사랑이다. 그리스도께서는 성부의 뜻에 따라 이렇게 자기 자신을 **아버지**께 희생 제물로 바친 것이다. 그리스도는 이러한 희생 제물을 통하여 자기 자신을 완전히 거룩하게 하고[23], 그러한 '거룩하게-됨'을 통하여 자기 자신을 모든 믿는이들에게 영원한 생명의 빵과 구원의 빵으로 내어주신다. 이는 「2신자 편지」 11-14에 다음과 같이 표현되어 있다: "[11]아버지의 뜻은, 아버지께서 우리에게 주시고 우리를 위해

---

[22] 참조: X. LÉON-DUFOUR, 「Lettura dell'Evangelo secondo Giovanni. III」, 357; 「La Bibbia da studio」, la nota x, 2420; la nota k, 2450.
[23] 참조: W. VIVIANI, 「L'ermeneutica di Francesco d'Assisi」, 240.

태어나신 복되고 영광스러운 당신의 아드님이 십자가 제단에서 자신의 피를 통하여 자신을 희생과 제물로 바치는 것이었습니다. ¹²이것은 당신을 통하여 모든 것이 생겨나게 하신 그분 자신을 위한 것이 아니라 우리의 죄 때문이었고, ¹³우리에게 모범을 남기시어 당신의 발자취를 따르게 하시려는 것이었습니다. ¹⁴또한 그분은 우리 모두가 당신을 통하여 구원을 받고, 우리가 순수한 마음과 정결한 육신으로 당신을 받아 모시기를 바라십니다"(¹¹Cuius Patris talis fuit voluntas, ut filius eius benedictus et gloriosus, quem dedit nobis et natus fuit pro nobis, se ipsum per proprium sanguinem suum sacrificium et hostiam in ara crucis offerret; ¹²non propter se, per quem facta sunt omnia, sed pro peccatis nostris, ¹³relinquens nobis exemplum, ut sequamur vestigia eius. ¹⁴Et vult ut omnes salvemur per eum et recipiamus ipsum puro corde et casto corpore nostro). 이 구절에서는 먼저 십자가의 그리스도가 본질적으로 지니고 있는 희생 제사의 성격에 주목할 필요가 있다. 11절을 보면, "피", "희생", "제물", "제단", "바치다"와 같은 어휘들이 사용되는데, 이러한 낱말들은 모두 희생 제사와 밀접한 관계가 있다. 프란치스코는 그리스도의 이 희생 제사가 인간의 죄로 말미암아 빚어졌음을 12절의 "우리의 죄 때문"이라는 표현을 통해 분명히 한다. 뿐만 아니라 프란치스코는 14절의 "순수한 마음과 정결한 육신으로 당신을 받아 모신다"는 표현을 통해 이 희생 제사가 성찬례와도 관계되어 있음을 암시한다. 따라서 지금 지적한 구절들은 그리스도가 십자가 위에서 인류의 구원을 위한 빵과 포도주로 거룩하게 되었음을 드러내 주는 것이다[24]. 지금까지 고찰한 「2신자 편지」 11-14

---

[24] 십자가 위에서 이루어진 축성의 특성은 지금 살펴보고 있는 「2신자 편지」의 6-7절에서도 확인해 볼 수 있으며, 그 이유는 여기에서 프란치스코가 성체 제정과 일치하는 성경 구절들을 인용하는 데 있다: "⁶그리고 그분은 수난이 가까워지자 당신의 제자들과 함께 파스카를 거행하셨습니다. 그분은 빵을 들어 감사를 드리시고 축복하신 다음, 쪼개며 말씀하셨습니다. 너희는 받아먹어라. 이는 내 몸이다. ⁷또 잔을 들어 말씀하셨습니다. 이것은, 죄를 용서해 주려고 너희들과 많

와 59절을 비교하면, 이 두 부분 사이에 서로 일치점들이 있다는 것을 알게 된다. 즉, 11절은 59절의 "저 자신을 거룩하게 한다"는 표현과, 12절은 59절의 "이들을 위하여"라는 표현과, 13절과 14절은 59절의 "아버지와 제가 하나인 것처럼 이들도 거룩해져 하나가 되도록"이라는 표현과 호응한다는 것이다. 이러한 관점에서 「2신자 편지」 59에 나타나는 그리스도의 '거룩하게-됨'은 그리스도가 성부의 뜻에 따라 모든 믿는이들을 위하여 자기 자신을 십자가 위에서 봉헌하는 희생 제물, 즉 그리스도가 영원한 생명의 빵과 포도주로 거룩하게 되는 것을 의미하고, 이는 모든 믿는이들이 그리스도뿐만 아니라 삼위일체 하느님과도 완전하게 일치하게 되는 것을 의미하게 된다.

그리스도는 수난의 희생을 통하여 자기 자신을 거룩하게 함으로써 성부의 찬란함(영광)을 결정적으로 드러낸다. 반면에 성부는 **아들**의 수난을 받아들임으로써 성자를 찬란하게(영광스럽게) 한다[25]. 이와 관련하여 프란치스코는 「비인준 규칙」 22,41-55에서 요한 17장의 사제적 기도를 장엄하게 인용하는데, 그 첫 부분, 즉 41절을 요한 12,28과 17,1을 편집하면서 성부의 찬란함(영광)을 기리는 것으로 시작한다: "아버지, 아버지의 이름을 찬란하게(영광스럽게) 하시고, 아들이 아버지를 찬란하게(영광스럽게) 하도록 아버지의 아들을 찬란하게(영광스럽게) 해 주십시오."(Pater clarifica nomen tuum et clarifica Filium tuum, ut Filius tuus clarificet te). 그리고 이 장엄한 기도를 55절에서 다음과 같이 성부의 찬란함(영광)을 바라보는 것으로 끝맺는다: "당신의 나라에서 당신의 찬란함(영광)을 그들도 볼 수 있게 하여 주십시오. 아

은 사람을 위하여 흘리는, 새로운 계약의 나의 피다"([6]Et prope passionem celebravit pascha cum discipulis suis et accipiens panem gratias egit et benedixit et fregit dicens: Accipite et comedite, hoc est corpus meum. [7]Et accipiens calicem dixit: Hic est sanguis meus novi testamenti, qui pro vobis et pro multis effundetur in remissionem peccatorum).

[25] 참조: 「La Bibbia da studio」, la nota u, 2463.

멘"(ut videant claritatem tuam in regno tuo. Amen). 그러나 프란치스코가 인용했던 불가타 성경의 요한 17장은 이와 달리 "아버지, 때가 왔습니다. 당신의 아들이 당신을 찬란하게(영광스럽게) 하도록 당신의 아들을 찬란하게(영광스럽게) 해주십시오"(Pater, venit hora, clarifica Filium tuum, ut Filius tuus clarificet te)라는 구절로 시작하고(1절), "아버지께서 저를 사랑하신 그 사랑이 그들 안에 있고 저도 그들 안에 있게 하려는 것입니다"(ut dilectio, qua dilexisti me, in ipsis sit, et ego in ipsis)라는 구절로 끝맺는다(26절). 이러한 차이점은 프란치스코가 「비인준 규칙」 22,41-55에서 그리스도의 사제적 기도를 의도적으로 바꾸면서 이 기도 부분을 성부의 "찬란함"(claritas, 영광)에 대한 찬양으로 시작하고 성부의 '찬란함'(영광)을 바라보는 것으로 끝맺는 것이라고 추론할 수 있게 해 준다. 프란치스코가 편집한 사제적 기도의 중심에는 '찬란함'(영광)이 자리하고 있고, 그 '찬란함'(영광)의 제일 주체는 성부이며, 성자는 오로지 성부의 '찬란함'(영광)을 위해서만 자기 자신을 찬란하게(영광스럽게) 하는 것이다. 이상과 같이 프란치스코가 재구성한 구조 안에서 비추어보면, 그리스도의 '거룩하게-됨'은 성부의 찬란함(영광) 및 성자의 찬란함(영광)과 필연적으로 조우하게 된다. 이런 의미에서 "상티피카레"(sanctificare, 거룩하게 하다) 동사는, 요한복음에서든, 프란치스코의 글에서든, "클라리피카레"(clarificare, 찬란하게 하다 혹은 영광스럽게 하다)의 의미를 내포한다 하겠다.

"클라리피카레"(clarificare) 동사는 프란치스코의 글에 4번 나타나는데[26], 이 동사는 어원적으로 빛나거나 또는 눈부시게 되거나 혹은 찬

---

[26] "클라리피카레"(clarificare, 찬란하게 하다) 동사는 「비인준 규칙」 22,41에 3번 나타나고 「주님 기도」 3에 1번 나타난다. 한편, "미리피카레"(mirificare, 찬탄스럽게 하다) 동사는 「비인준 규칙」 22,49에 1번 나타나는데, 이 동사는 "클라리피카레"(clarificare) 동사와 그 의미가 같다.

란하게 되는 것을 의미한다[27]. 이는 요한복음이나 프란치스코의 글에서는 성부의 이름, 즉 성부의 인격[28]이 드러나게 되고 빛나게 되며 거룩하게 되는 것을 뜻한다. 구원의 역사 안에서 "클라리피카레"는 그리스도의 "찬란함"(claritas, 영광)이 성취됨으로써, 즉 그리스도의 십자가에서의 죽음과 부활을 통하여 성부의 사랑이 온전히 이루어짐으로써 실현된다[29]. 그러므로 "클라리피카레"(clarificare) 동사는 무한한 사랑이신 성부의 인격이 당신께 대한 그리스도의 완전한 순종과 사랑을 통하여 찬란하게 드러나는 것을 뜻한다[30]. 이런 면에서 "클라리피카레"는 그리스도의 죽음과 부활을 통해 성부의 신비가 찬란한 빛으로 계시됨을 잘 표현해주는 적절한 어휘라고 하겠다.

십자가에서 그리스도가 거룩하게 됨으로써 성부의 찬란함(영광)이 더없이 빛나게 되고 이 찬란함을 통해서 성자의 찬란함(영광) 또한 빛나게 되기 때문에, 십자가에서의 희생을 통한 그리스도의 '거룩하게-됨'은 본질적으로 성부의 찬란함(영광)과 성자의 찬란함(영광)을 동시에 빛나게 하는 의미를 지니게 된다. 프란치스코의 글을 살펴보면, 적어도 두 번 그가 "상티피카레"(sanctificare, 거룩하게 하다)를 "클라리피카레"(clarificare, 찬란하게 하다 혹은 영광스럽게 하다)로 해석하고 있다는 것을 발견할 수 있다. 그 하나는 「비인준 규칙」 22,49에서 볼 수 있는데, 여기에서 프란치스코는 불가타의 요한 17,17에 나타나는 "상티피카레"(sanctificare) 동사를[31] 다음과 같이 "미리피카레"(mirificare, 찬

---

[27] 참조: W. VIVIANI, 『L'ermeneutica di Francesco d'Assisi』, 253.
[28] 요한 12,28에 나오는 '하느님의 이름'은 "그분의 존재, 그분의 성성(聖性), 그분의 신성한 의지뿐만 아니라 그분의 자비와 그분의 사랑과도 관계가 있다. 여기에서 **아버지**께 도움을 청한다는 사실 자체가 어떤 결정적인 힘을 지니고 있기 때문이다"(R. SCHNACKENBURG, 『Il vangelo di Giovanni. Parte seconda』, 643).
[29] 참조: D. MUÑOZ LEÓN, 『Vangelo secondo san Giovanni』, 『Nuovo commentario biblico. I Vangeli』, 1000.
[30] 참조: R. SCHNACKENBURG, 『Il vangelo di Giovanni. Parte seconda』, 643-644.
[31] 요한 17,17: "이들을 진리 안에서 거룩하게 해주십시오"(sanctifica eos in veritate).

탄스럽게 하다) 동사로 바꾸어 놓는다: "이들을 진리 안에서 찬탄스럽게 해주십시오"(Mirifica eos in veritate)[32]. 이 구절에 나오는 "미리피카레"(mirificare) 동사는 이차적 의미로 "클라리피카레"(clarificare)의 뜻도 지니고 있기 때문에, 프란치스코가 동사를 교체한 것은 그가 "상티피카레"(sanctificare)를 "클라리피카레"(clarificare)로 이해한 것이라고 해석할 수 있다. 이러한 유형의 해석은 「주님 기도」 3에서도 볼 수 있다: "'아버지의 이름이 거룩히 빛나시며': 당신의 지식이 우리 안에서 밝게 빛나 당신의 은혜가 얼마나 넓고 당신의 약속이 얼마나 길며 위엄은 얼마나 높고 판단은 얼마나 깊은지 우리가 깨닫게 하소서"(Sanctificetur nomen tuum: clarificetur in nobis notitia tua, ut cognoscamus, quae sit latitudo beneficiorum tuorum, longitudo promissorum tuorum, sublimitas maiestatis et profundum iudiciorum). 프란치스코는 이 구절에서도 "상티피카레"(sanctificare)를 "클라리피카레"(clarificare)로 해석하고 있다. 먼저 프란치스코는 이 구절에서 "상티피체투르"(sanctificetur, 거룩하게 되다)를 풀이하면서 "클라리피체투르"(clarificetur, 찬란하게 되다)라는 동사를 사용한다. 그리고 「주님 기도」 2에서 성부를 빛이라 표현하고, 「권고」 1,5에서도 성부를 다가갈 수 없는 빛이라 묘사한다[33]. 프란치스코에게 하느님은 본질적으로 찬란하게 빛나는 존재이다. 그런데 「주님 기도」 3에서 거룩하게 되는 것은 성부의 이름이다. 따라서 "아버지의 이름이 거룩히 빛나시며"(sanctificetur nomen tuum)에서 "상티

---

[32] FS, RC, f 계열(8개 사본이 있음), h 계열(2개 사본이 있음)과 같은 일부 사본들에는 "미리피카"(mirifica, 찬탄스럽게 해주십시오) 동사 자리에 "상티피카"(sanctifica, 거룩하게 해주십시오) 동사가 나타나고, Fo 사본에는 "모르티피카"(mortifica, 극기하게 해주십시오) 동사가 나타난다(참조: K. ESSER, 「Gli scritti di s. Francesco d'Assisi」, 506).

[33] 「주님 기도」 2: "'하늘에 계신' (우리 아버지): 천사들과 성인들 안에 계신 (우리 아버지); 주님, 당신은 빛이시기에 인식에로 그들을 비추시나이다"(Qui es in caelis: in angelis et in sanctis; illuminans eos ad cognitionem, quia tu, Domine, lux es…); 「권고」 1,5: "아버지는 사람이 가까이 다가갈 수 없는 빛 속에 사시고…"(Pater lucem habitat inaccessibilem…).

피카레"(sanctificare) 동사는 그 자체로 "클라리피카레"(clarificare)를 뜻한다고 이해할 수 있다. 프란치스코는 『2신자 편지』 66에서도 그리스도를 빛이라고 표현한다. 그리스도는 육화에서부터 죽음 및 부활에 이르기까지 자신의 전 생애를 통하여 성부의 찬란한 빛을 완전하게 계시하는 빛이시다[34]. 자신의 빛을 통하여 성부의 이름을 찬란하게 빛내는(clarificat) 것이다.

5.1.1.2. 믿는이들의 '거룩하게-됨'

믿는이들을 위한 그리스도의 '거룩하게-됨'은 『비인준 규칙』 22,52에 묘사되어 있다: "그리고 저는 이들을 위하여 저 자신을 거룩하게 합니다. 이들도 진리로 거룩해지게 하려는 것입니다"(Et pro eis sanctifico meipsum, ut sint ipsi sanctificati in veritate). 이 구절에 의하면, 믿는이들의 '거룩하게-됨'은 그리스도의 '거룩하게-됨'의 필연적인 결과이다[35]. 그럼에도 불구하고, 요한복음에서 그리스도는 끊임없이 성부의 뜻을 완수하고자 집중하기 때문에[36], 요한복음에 나타나는 그리스도의 '거룩하게-됨'은 근본적으로 성부의 일이라고 말할 수 있다[37]. 이에 대하

---

[34] 참조: K. NGUYEN VAN, 『Gesù Cristo』, 171-181.
[35] 그리스도의 '거룩하게-됨'으로부터 비롯되는 믿는이들의 '거룩하게-됨'은 『형제회 편지』 18에서도 찾아볼 수 있다: "하물며 하느님의 아드님을 짓밟고, 자기를 거룩하게 해 준 계약의 피를 더러운 것으로 여기고, 은총의 성령을 모독한 자는 얼마나 더 크고 더 엄한 벌을 받아야 마땅하겠습니까?"(Quanto maiora et deteriora meretur pati supplicia, qui Filium Dei conculcaverit et sanguinem testamenti pollutum duxerit, in quo sanctificatus est, et spiritui gratiae contumeliam fecerit).
[36] 요한복음은 예수가 자신의 뜻을 이루기 위해서가 아니라 자기를 보내신 분의 뜻을 이루기 위해 하늘로부터 내려왔음을 분명하게 밝히고 있으며, **아버지께 대한 순종으로 이 세상에 왔음을 계속해서 강조하고 있다**(참조: 요한 4,34; 5,19.23. 36.38.43; 6,38.57; 8,16.28.29.38; 10,36; 11,42; 12,49; 14,10.31; 16,27-28; 17,4.18. 23).
[37] 참조: 『La Bibbia da studio』, la nota n, 2464.

여 프란치스코는 신자들에게 보낸 두 개의 편지에서 다음과 같이 언급한다.

「1신자 편지」1,17-18: "^{17}그들을 축복하시며 거룩하게 해주시고 (요한 17,17), 저는 이들을 위하여 저 자신을 거룩하게 합니다(요한 17,19). ^{18}저는 이들만이 아니라 이들의 말을 듣고 저를 믿는 이들을 위해서도 빕니다(요한 17,20). 그리하여 아버지와 제가 하나인 것처럼 (요한 17,19+23) 이들도 거룩해져 하나가 되게 하소서(요한 17,11)" (^{17}Benedic et sanctifica et pro eis sanctifico me ipsum. ^{18}Non pro eis rogo tantum, sed pro eis qui credituri sunt per verbum illorum in me, ut sint sanctificati in unum sicut et nos)^{38}.

「2신자 편지」58-59: "^{58}그들을 축복하시며 거룩하게 하소서(요한 17,17). ^{59}아버지와 제가 하나인 것처럼(요한 17,22) 이들도 거룩해져 하나가 되도록(요한 17,19+23) 저는 이들을 위하여 저 자신을 거룩하게 합니다(요한 17,19)"(^{58}benedic et sanctifica eos. ^{59}Et pro eis sanctifico me ipsum, ut sint sanctificati in unum sicut et nos sumus).

17절과 58절에서 축복하고 거룩하게 하는 동사의 주체는 성부이고, 18절과 59절에서 믿는이들과 그리스도를 거룩하게 하는 주체 또한 성부이시다. 그러므로 믿는이들이 거룩하게 되는 것은 성부의 일이며, 이는 제자들과 믿는이들을 세상의 지배로부터 빼내어 당신과 일치시키는 분이 바로 성부임을 뜻하는 것이다^{39}. 이와 관련된 내용은 「비인준 규칙」22,47에서 찾아볼 수 있다: "저는 이들에게 아버지의 말씀을 주었는데, 세상은 이들을 미워했습니다. 제가 세상에 속하지 않은 것처럼 이들도 세상에 속하지 않기 때문입니다"(Ego dedi

---

[38] 카예탄 에써는 「1신자 편지」1,18의 "이들도 거룩해져 하나가 되게 하소서"(ut sint sanctificati in unum)에서 요한 17,23만 인용된 것으로 이해하고 있으나, 요한 17,19도 함께 인용된 것으로 보인다(참조: W. VIVIANI, 「L'ermeneutica di Francesco d'Assisi」, 238).

[39] 참조: D. MUÑOZ LEÓN, 「Vangelo secondo san Giovanni」, 「Nuovo commentario biblico. I Vangeli」, 1004.

eis sermonem tuum; et mundus eos odio habuit, quia non sunt de mundo, sicut et ego non sum de mundo). 성부께서 그리스도의 '거룩하게-됨'을 통하여 제자들을 거룩하게 하는 목적은, 성부와 성자가 사랑의 신비 안에서 일치하듯이, 제자들을 포함하여 모든 믿는이들이 그렇게 사랑의 신비 안에서 하느님과 일치되어 삼위일체의 신비에 참여하는 데 있다. 그 모형은 그리스도이시다. 성부는 그리스도의 '거룩하게-됨'과 똑같은 방식으로 모든 믿는이들을 성화시킨다. 「1신자 편지」 1,18과 「2신자 편지」 59에서 볼 수 있는 "아버지와 제가 하나인 것처럼 이들도 거룩해져 하나가 되게 하소서"(ut sint sanctificati in unum sicut et nos)라는 표현은, 그리스도가 거룩하게 되어 성부와 하나 되듯이, 모든 믿는이들이 삼위일체 하느님과 하나되도록 거룩하게 된다는 것을 의미한다. 여기에서 유의해야 할 점은 프란치스코가 그리스도와 믿는이들의 '거룩하게-됨'에 동일하게 "상티피카레"(sanctificare, 거룩하게 하다) 동사를 적용시킨다는 것이다. 이는 믿는이들이 성화시키시는 성부의 일을 통해 "그리스도"(christus)가 되고, 그런 의미에서 "상티피카레" 동사가 "크리스티피카레"(christificare, 그리스도가 되게 하다)를 뜻한다는 것을 암시한다[40].

'그리스도가 된다'는 의미에서의 '거룩하게 된다'(sanctificari)는 동사는 프란치스코의 글에서는 "그리스도의 몸과 피"라는 표현과 더불어 나타난다. 성찬례 중 빵과 포도주가 사제에 의해 축성될 때에 프란치스코는 항상 "상티피카레"(sanctificare) 동사를 사용한다:

「권고」 1,9: …주님의 말씀을 통하여 제대 위에서 사제의 손으로 빵과 포도주의 형상으로 거룩하게 되는 성사를 보면서…(…omnes qui vident sacramentum, quod sanctificatur per verba Domini super altare per manum sacerdotis in forma panis et vini…).

---

[40] 참조: D. Dozzi, 「La sequela nel capitolo XXII della "Regola non bollata"」, 251.

「1성직자 편지」 1; 「2성직자 편지」 1; 「1보호자 편지」 2: …우리 주 예수 그리스도의 지극히 거룩한 몸과 피와 그분의 거룩한 이름들과, 그분의 몸을 거룩하게 하는 기록된 말씀들을…(…verba eius scripta, quae sanctificant corpus).

「1성직자 편지」 2; 「2성직자 편지」 2: 우리는 먼저 말씀으로 거룩하게 되지 않으면 빵이 주님의 몸이 될 수 없다는 것을 알고 있습니다(Scimus, quia non potest esse corpus, nisi prius sanctificetur a verbo).

프란치스코는 빵과 포도주의 축성에 대해 언급할 때 "콘세크라레"(consecrare, 축성하다) 동사는 단 한 번도 사용하지 않고[41], 전통적인 아우구스티노 표현에 따라 일관되게 "상티피카레"(sanctificare, 거룩하게 하다) 동사를 사용한다[42]. 이는, 그리스도가 모든 믿는이들의 구원을 위하여 '거룩하게-됨'으로써 자기 자신을 성부께 봉헌하였듯이, 그렇게 성찬례의 빵과 포도주가 모든 믿는이들의 구원을 위하여 '거룩하게-됨'을 통하여 그리스도의 몸과 피가 된다는 것을 암시한다. 프란치스코에게 있어 빵과 포도주가 거룩하게 되는 것은 그리스도가 십자가 위에서 거룩하게 되는 것과 동일한 신비적 사건이다. 프란치스코가 이

---

[41] 프란치스코의 글에는 "콘세크라레"(consecrare, 축성하다) 동사가 다음과 같이 2번 나타난다. 「인준 규칙」 3,6: "주님께서 당신의 거룩한 단식으로 축성하신 그 거룩한 사순절"(quadraginta dies, quam Dominus suo sancto ieiunio consecravit); 「동정녀 인사」 2: "하늘에 계신 지극히 거룩하신 아버지께서 당신[마리아]을 뽑으시어 그분의 지극히 거룩하시고 사랑하시는 아드님과 보호자이신 성령과 함께 당신을 축성하셨나이다"([Maria] electa a sanctissimo Patre de caelo, quam consecravit cum sanctissimo dilecto Filio suo et Spiritu sancto Paraclito).

[42] "그 당시[프란치스코 당대]에 [성체와 관련하여] 보다 더 전문적이고 정확한 용어들이 사용되도록 요구하기 시작하였으며, 이러한 용어들은 이미 인노첸시오 3세 교황에 의해 「거룩한 제단의 신비에 대하여」(De sacro altaris mysterio)라는 문헌에서 사용되었고, 1215년 제4차 라테라노 공의회에서는 신앙 고백 안으로 들어갔다; 이러한 새로운 용어들에 의하면, '상티피카레'(sanctificare, 거룩하게 하다)는 '콘세크라레'(consecrare, 축성하다)의 의미로 이해해야 한다"(F. URIBE, 「Per 'conoscere' il Padre: L'Ammonizione I di san Francesco d'Assisi」, 20-21).

"상티피카레"(sanctificare) 동사를 믿는이들의 성화를 위하여 동일하게 사용한다는 사실은, 그리스도가 거룩하게 되고 빵과 포도주가 거룩하게 되듯이, 그렇게 성부의 성화 행위를 통해 모든 믿는이들이 정확하게 "그리스도"(christus)로 거룩하게 되고 성찬례의 "빵"(panis)으로 거룩하게 된다는 것을 의미한다. 모든 믿는이들은 거룩하게 된 빵과 포도주를 모심으로써 그리스도의 몸과 피로 변화되고, 이 변화로 말미암아 그리스도와 일치한다[43]. 이 일치의 자연적인 결과로 믿는이들은 십자가에서의 '거룩하게-됨'을 통하여 성부와 성자가 완전하게 일치했던 그 사랑의 신비에 참여하게 된다[44]. 모든 믿는이들은, 그리스도의 '거룩하게-됨'과 빵 및 포도주의 '거룩하게-됨'으로 말미암아, 성부에 의해 거룩하게 되고 삼위일체 신비와 일치하게 되는 것이다. '거룩하게-됨'과 관계되는 이러한 신비적 일치에 대한 프란치스코의 관점은, 인간 존재는 본질적으로 "데우스 우니엔스"(Deus uniens, 일치시키는 하느님)를 지향하는 "호모 우니투스"(homo unitus, 일치되는 인간)라는 칼 라너의 관점과도 일치한다.

5.1.2. '거룩하게-됨': 삼위일체 신비와의 일치[45]

그리스도의 '거룩하게-됨'과 빵 및 포도주의 '거룩하게-됨'을 통한 믿는이들의 '거룩하게-됨'은 신학적으로 삼위일체 신비에 바탕을 두

---

[43] 성체를 통한 믿는이들의 '거룩하게-됨'과 관련하여, 레오나르디(C. Leonardi)는 다음과 같이 언급한다: "그리스도의 살과 피를 먹고 마시는 자는 신비적으로 그리스도가 되는 것이다"(C. LEONARDI, 「Introduzione」, 『La letteratura francescana. Vol. I』, xliv).

[44] 참조: D. DOZZI, 「La sequela nel capitolo XXII della "Regola non bollata"」, 251.

[45] 이 주제는 이 논문의 제5장 "5.3.3. 신비안에서 펼쳐지는 우주적이고 삼위일체적인 일치"에서 다시 다룰 것이다.

고 있고 그 궁극적 목적은 삼위일체 하느님과의 일치에 있다. 이는 다음과 같은 구절들을 통해 확인할 수 있다:

「비인준 규칙」 22,45.52-53: [45]거룩하신 아버지, 아버지께서 저에게 주신 이름으로 이들을 지키시어, **이들도 우리처럼 하나가 되게 해주십시오**(요한 17,11ㄴ). [52]그리고 저는 이들을 위하여 저 자신을 거룩하게 합니다. 이들도 진리로 거룩해지게 하려는 것입니다. [53]저는 이들만이 아니라 이들의 말을 듣고 저를 믿는 이들을 위해서도 빕니다(요한 17,20). **이는 그들이 완전히 하나가 되게 하려는 것입니다.** 그리고 아버지께서 저를 보내시고, 또 저를 사랑하셨듯이 그들도 사랑하셨다는 것을 세상이 알게 하려는 것입니다(요한 17,23)([45]Pater sancte, serva eos in nomine tuo, quos dedisti mihi, ut ipsi sint unum sicut et nos. [52]Et pro eis sanctifico meipsum, ut sint ipsi sanctificati in veritate. [53]Non pro eis rogo tantum, sed pro eis, qui credituri sunt propter verbum eorum in me, ut sint consummati in unum, et cognoscat mundus, quia tu me misisti et dilexisti eos, sicut me dilexisti).

「1신자 편지」 1,17-18: [17]그들을 축복하시며 거룩하게 해주시고(요한 17,17), 저는 이들을 위하여 저 자신을 거룩하게 합니다(요한 17,19). [18]저는 이들만이 아니라 이들의 말을 듣고 저를 믿는 이들을 위해서도 빕니다(요한 17,20). 그리하여 **우리가 하나인 것처럼**(요한 17,11) **이들도 거룩해져 하나가 되게 하소서**(요한 17,19+23)([17]Benedic et sanctifica et pro eis sanctifico me ipsum. [18]Non pro eis rogo tantum, sed pro eis qui credituri sunt per verbum illorum in me, ut sint sanctificati in unum sicut et nos).

「2신자 편지」 58-59: [58]그들을 축복하시며 거룩하게 하소서(요한 17,17). [59]**우리가 하나인 것처럼**(요한 17,22) **이들도 거룩해져 하나가 되도록**(요한 17,19+23) 저는 이들을 위하여 저 자신을 거룩하게 합니다(요한 17,19)([58]benedic et sanctifica eos. [59]Et pro eis sanctifico me ipsum, ut sint sanctificati in unum sicut et nos sumus).

이 구절들을 보면, 그리스도의 '거룩하게-됨'(sanctifico me ipsum)과 믿는이들의 '거룩하게-됨'(ut sint sanctificati o consummati) 그리고 그들의 일치(in unum)가 동시에 나타나기 때문에, 그리스도와 믿는

이들의 신비적 일치가 '거룩하게-됨'을 매개로 밀접한 관계에 놓여 있다는 사실을 알 수 있다. 특히 「2신자 편지」에는 성부의 활동인 믿는이들의 '거룩하게-됨'과 신비적 일치의 모형인 성부와 성자의 일치가 함께 언급되어 있다. 이는 성부와 성자와 믿는이들이 신비적으로 일치하는 원인이 '거룩하게-됨'임을 보여 주는 것이라 하겠다. 요한 17장에는 "아버지와 제가 하나인 것처럼 이들도 하나가 되게 하소서"라는 표현이 4번 나타나는데[46], 이는 신비적 일치가 사제적 기도의 주요 주제 중의 하나임을 말해 주는 것이다. 프란치스코의 글에서도 이 구절은 위에서 인용한 바와 같이 4번 나타난다. 이 가운데 「비인준 규칙」 22,45의 "이들도 우리처럼 하나가 되게 해주십시오"(ut ipsi sint unum sicut et nos)라는 표현은 요한 17,11의 "ut sint unum sicut et nos"를 거의 글자 그대로 인용한 것이고, 「비인준 규칙」 22,53의 "이는 그들이 완전히 하나가 되게 하려는 것입니다"(ut sint consummati in unum)는 표현은 요한 17,23을 글자 그대로 인용한 것이다. 그리고 두 개의 「신자 편지」에 나오는 "이들도 거룩해져 하나가 되게 하소서"(ut sint sanctificati in unum)는 요한 17,19의 "이들도 거룩해지게 하려는 것입니다"(ut sint et ipsi santificati)와 요한 17,23의 "그들이 완전히 하나가 되게 하려는 것입니다"(ut sint consummati in unum)를 편집한 것이다. 이 마지막 경우에 프란치스코는 요한복음의 "콘숨마티"(consummati, 완전하게 되다) 동사를 「신자 편지」에서 의도적으로 "상티피카티"(sanctificati, 거룩하게 되다) 동사로 바꾸어 놓았다. 이는 프란치스코가 '거룩하게-됨'과 완전한 신비적 일치 사이에 존재하는 필연적 관계를 직관했음을 보여 주는 것이다. 바꾸어 표현하면, 요한복음에서든 프란치스코에게든, '거룩하게-됨'의 목적은 사랑 안

---

[46] 요한 17,11.21-23: "[11]…이들도 우리처럼 하나가 되게 해주십시오 … [21]그들이 모두 하나가 되게 해주십시오 …[22]…우리가 하나인 것처럼 그들도 하나가 되게 하려는 것입니다. [23]…이는 그들이 완전히 하나가 되게 하려는 것입니다"([11]…ut sint unum sicut nos. …[21]ut omnes unum sint…[22]…ut sint unum, sicut et nos unum sumus. [23]…ut sint consumati in unum…).

에서 이루어지는 신비적 일치를 실현하는 것이라는 뜻이겠다[47]. 이와 같이 프란치스코의 신비체험 안에서 믿는이들은 "신비적 일치"(unio mystica)에로 지향된 존재들이다.

그런데 「비인준 규칙」 22,45와 「2신자 편지」 59에서 일치의 대상은 그리스도의 제자들로 언급되고, 「비인준 규칙」 22,53과 「1신자 편지」 1,18에서는 모든 믿는이들로 언급된다[48]. 후자의 구절들에서는 신비적 일치의 보편성이 분명하게 나타나는 것이다. 이렇게 프란치스코는 그리스도의 기도를 매개로, 모든 믿는이들이 신비적 일치를 통해 삼위일체의 신비에 참여하도록 기도한다.

위에 인용된 구절들에 나타나는 믿는이들의 '신비적 일치'는 성부와 성자를 일치시켜 주는 **사랑** 안에서 실현되는 완전한 일치에 그 신학적 바탕을 두고 있다[49]. 요한 17,11과 22에서 인용한 이 구절들에는 "우리"(nos)라는 대명사가 나타나는데, 이 대명사는 사랑 안에서 이루어지는 삼위일체 하느님의 일치를 반영하고 있으며, 이러한 사랑은 요한 17,21에도 다음과 같이 표현되어 있다: "그들이 모두 **하나**가 되게 해주십시오. 아버지, 아버지께서 제 안에 계시고 제가 아버지 안에 있듯이, 그들도 우리 안에서 하나가 되게 해주십시오"(ut omnes unum sint, sicut tu, Pater, in me et ego in te, ut et ipsi in nobis unum sint). 이 구절에서 "아버지께서 제 안에 계시고 제가 아버지 안에 있다"는 표현은 성부와 성자 사이의 사랑이 지니는 일치성과 상호성을 드러내 주는 것이다[50]. 프란치스코는 이러한 삼위일체적 사랑을 비인준 규칙 22,53에서 다음과 같이 언급한다: "그리고 아버지께서 저를 보내시고, 또 저를 사랑하셨듯이, 그들도 사랑하셨다는 것을 세상이 알게 하려는 것입니다"(et cognoscat mundus, quia tu me misisti et dilexisti eos, sicut me

---

[47] 참조: W. VIVIANI, 「L'ermeneutica di Francesco d'Assisi」, 241.
[48] 참조: C. LEONARDI, 「Introduzione」, 「La letteratura francescana. Vol. I」, lxxvii.
[49] 참조: 「La Bibbia da studio」, la nota f, 2464.
[50] 참조: W. VIVIANI, 「L'ermeneutica di Francesco d'Assisi」, 250.

dilexisti). 여기에서 "저를 사랑하셨듯이"라는 구절에 표현된 사랑은 성자를 향한 성부의 사랑을 의미하고, 성부의 사랑은 프란치스코의 글에서는 "딜렉투스"(dilectus, 사랑하는)라는 형용사를 통해 강조되어 나타난다. 프란치스코의 글에서 "성자"(Filius, 89번 나타남)라는 낱말은 "그리스도"(Christus, 83번 나타남)나 "예수"(Jesus, 81번 나타남)보다 더 자주 사용되는데, "딜렉투스"(dilectus, 사랑하는)는 "성자"를 수식하는 형용사들 가운데 가장 많이 사용된 형용사이다. 이 형용사는 총 17번 나타나는데, 이 가운데 11번 성자를 수식한다. 이는 이 낱말이 성자에 대한 성부의 사랑을 잘 드러내 주는 사례임을 말해 주는 것이다. 그리고 성자는 성부의 사랑에 조건 없는 절대적인 순종으로 응답한다. 「비인준 규칙」 22,53의 "저를 사랑하셨듯이"는 성부와 성자 사이의 이러한 상호간의 사랑을 반영하고 있다. 성부와 성자 사이의 이 사랑이 바로 성령이시다[51]. 그러므로 위에서 인용한 구절들에 나타나는 "우리"(nos) 대명사는 성부와 성자를 가장 탁월하게 일치시켜 주는 상호간의 사랑으로서의 성령을 간접적으로 함축하고 있다 하겠다[52]. 프란치스코는 이러한 삼위일체적 사랑을 기초로 믿는이들의 '거룩하게-됨'과 이들의 하느님과의 신비적 일치를 정립한다[53].

모든 믿는이들은 신비 체험을 통하여 본질적으로 삼위일체 하느님의 세 위격 간의 사랑을 지향한다. 그러나 그리스도께서 다다른 것과 동일한 방식으로 성부와의 관계에까지 나아가지 못한다면, 성부와 성자 사이에 존재하는 사랑의 실재를 온전하게 체험할 수 없다[54]. 이와

---

[51] 참조: A. AUGUSTINUS, 「De Trinitate」, (15,17,29), 676;(15,19,37), 688; R. BROWN, 「Giovanni」, 953; R. BARTOLINI, 「Lo Spirito del Signore」, 148.
[52] 니싸의 그레고리오에 의하면, 성부와 성자를 일치시켜 주는 유대가 곧 성령이다(참조: G. MASPERO, 「Trinità」, 「DizNissa」, 553).
[53] 칼 라너는 인간의 '거룩하게-됨' 자체가 곧 하느님 영의 양여라고 주장한다(참조: K. RAHNER, 「Possibilità di una concezione scolastica della grazia increata」, 「Saggi di antropologia soprannaturale」, 127-128).
[54] 참조: P. PERKINS, 「Il Vangelo secondo Giovanni」, 「CommBibl」, 1282.

관련하여 프란치스코는 「비인준 규칙」 22,54에서 다음과 같이 언급한다: "그리고 저는 그들에게 아버지의 이름을 알려 주겠습니다. 아버지께서 저를 사랑하신 그 사랑이 그들 안에 있고 저도 그들 안에 있게 하려는 것입니다"(Et notum faciam eis nomen tuum, ut dilectio, qua dilexisti me, sit in ipsis et ego in ipsis). 이 구절에서 프란치스코는 "저를 사랑하신 그 사랑"(dilectio, qua dilexisti me), 즉 성부의 사랑이 모든 믿는이들 안에 머물고(sit in ipsis) 성부의 사랑이 머무는 믿는이들 안에 그리스도께서 함께 머무시도록(et ego in ipsis) 간청한다. 그런데 여기에서 "성부의 사랑이 믿는이들 안에 머물고" "그리스도께서 그들 안에 머문다"는 표현은 믿는이들과 하느님 사이에 이루어지는 "신비적인 일치"(unio mystica)를 암시하는 것이며, 이 일치는 앞에서 이미 지적한 바와 같이 본질적으로 삼위일체적인 특성을 지닌다. 삼위일체 하느님과 믿는이들의 신비적 일치는 예수의 사제적 기도의 결론으로, 이는 요한 17장의 마지막 구절인 26절에 표현되어 있다. 그리스도께서 이제 막 시작될 수난을 앞두고 성부께 바친 이 장엄한 기도를 사랑 안에서의 '신비적 일치'로 끝맺는다는 사실은 이 기도의 궁극적 목적이 믿는이들과 삼위일체 하느님의 신비적인 사랑의 일치에 있음을 가리키는 것이라 하겠다. 프란치스코는 요한복음 17장의 이 마지막 구절을 「비인준 규칙」 22,54에 인용하고 있으며, 이로써 프란치스코 또한 신비체험의 목적을 신비적 일치로 이해하였으리라 추론할 수 있다[55].

한편, 「비인준 규칙」 22,53에서 프란치스코는 요한 17,23로부터 인용한 "그들이 완전히 하나가 되게 하려는 것"(ut sint consummati in

---

[55] 일리아 델리오(I. Delio)는 다음과 같이 주장한다: "프란치스코는 형제들이 지향하는 삶의 목표가 십자가에 못 박히신 분과 일치하는 데 있으며, 그런 사랑을 표현하는데 있다고 형제들에게 말한다. 그리고 이것이 바로 성부께 영광을 드리는 길이고 하느님 나라의 일치에로 나아가는 길이다"(I. DELIO, 「Toward a new theology of Franciscan contemplation: the mysticism of the historical event」, 138).

unum)이라는 표현, 특히 "콘숨마레"(consummare, 완성하다) 동사를 통해, 이보다 앞서 나오는 45절의 "이들도 하나가 되게 해주십시오"(ut ipsi sint unum)라는 구절보다 더 분명하게 신비적 일치의 완전성을 강조한다. 그리고 「2신자 편지」 59에서는 요한복음의 "콘숨마레"(consummare, 완성하다) 동사를 "상티피카레"(sanctificare, 거룩하게 하다) 동사로 바꾸면서, 신비적 일치의 완전성을 '거룩하게-됨'과 밀접하게 연결시킨다. 뿐만 아니라 이 59절에는 요한 17장의 다음과 같은 구절들, 즉 22절의 "우리가 하나인 것처럼"(sicut et nos unum sumus)에서 볼 수 있는 '신비적 일치의 바탕'으로서의 삼위일체의 신비, 19절의 "이들도 진리 안에서 거룩해지게 하려는 것"(ut sint et ipsi sanctificati in veritate)에 표현된 '신비적 일치의 구체화'로서의 '거룩하게-됨', 23절의 "그들이 완전히 하나가 되게 하려는 것"(ut sint consummati in unum)에 나타난 '신비적 일치의 완전성', 19절의 "이들을 위하여 저 자신을 거룩하게 합니다"(pro eis ego sanctifico meipsum)에 밝혀진 '신비적 일치의 중개'로서의 그리스도의 '거룩하게-됨'[56]이 다음과 같이 한 구절 안에 종합되어 있다: "우리가 하나인 것처럼(요한 17,22) 이들도 거룩해져 하나가 되도록(요한 17,19+23) 저는 이들을 위하여 저 자신을 거룩하게 합니다(요한 17,19)"(Et pro eis sanctifico me ipsum, ut sint sanctificati in unum sicut et nos sumus). 요한복음의 여러 구절들이 잘 종합되어 있는 이 구절에는 '거룩하게-됨'의 지향점이 삼위일체 하느님과의 신비적 일치에 있음이 함축적으로 잘 묘사되어 있다.

---

[56] 요한 17,19에 나오는 "그들"(eis)이라는 대명사는 의심의 여지 없이 제자들을 가리킨다. 그러나 이미 지적한 바와 같이, 17장 전체 안에서 보면, 이 대명사는 모든 믿는이들을 의미하는 것으로 이해할 수 있다. 이러한 해석은 프란치스코의 글에도 동일하게 적용시킬 수 있다.

5.1.3. '거룩하게-됨': 삼위일체의 찬란함(영광)에 대한 관상

그리스도의 '거룩하게-됨'과, 성부의 활동으로 이루어지는, 믿는이들의 '거룩하게-됨'은 삼위일체 하느님과의 신비적 일치에 그 궁극적인 목적이 있다. 프란치스코는 이를 다음과 같이 성부의 찬란함(영광)과 성자의 찬란함(영광)에 대한 바라봄, 즉 관상으로 묘사한다[57]:

「비인준 규칙」 22,55: 아버지, 아버지께서 저에게 주신 이들도 제가 있는 곳에 저와 함께 있게 해주시어, 당신의 나라에서 당신의 찬란함(영광)을 그들도 볼 수 있게 하여 주십시오(Pater quos dedisti mihi, volo, ut ubi ego sum, et illi sint mecum, ut videant claritatem tuam in regno tuo. Amen).

「1신자 편지」 1,19: 아버지, 저는 이들도 제가 있는 곳에 저와 함께 있게 되기를 바라며, 그리하여 아버지의 나라에서 저의 찬란함(영광)을 그들도 볼 수 있게 하소서. 아멘(Et [Iesus] volo, pater, ut ubi ego sum et illi sint mecum, ut videant claritatem meam in regno tuo. Amen).

「2신자 편지」 60: 아버지, 저는 이들도 제가 있는 곳에 저와 함께 있게 되기를 바라며, 그리하여 아버지의 나라에서 저의 찬란함(영광)을 그들도 볼 수 있게 하소서(Et [Iesus] volo, Pater, ut ubi ego sum et illi sint mecum, ut videant claritatem meam in regno tuo).

「규칙 단편」 1,28: 아버지, 아버지께서 저에게 주신 이들도 제가 있는 곳에 저와 함께 있게 해주시어, 당신의 나라에서 저의 찬란함(영광)을 그들도 볼 수 있게 하여 주십시오(Pater, quos dedisti mihi, [Iesus] volo, ut ubi sum, et illi sint mecum, ut videant claritatem meam in regno tuo).

---

[57] 칼 라너는 "은총과 영광은 인간 본연의 신성화가 지니고 있는 두 차원"이라고 주장하면서, 영광과 '거룩하게-됨'을 이어놓는다(K. RAHNER, 「Natura e grazia」, 『Saggi di antropologia soprannaturale』, 97).

이 구절들을 종합하면, 프란치스코가 신앙의 최종 목적을 지복직관 안에서 이루어지는 성부와 성자의 찬란함(영광)을 바라보는 것으로 이해하고 있음을 알 수 있다. 특히 프란치스코는 「비인준 규칙」 22,54-55에서 요한 17장의 24절과 26절을 뒤바꿔 놓는 가운데 동시적으로 요한복음의 "나의 찬란함"(나의 영광, claritatem meam), 즉 성자의 찬란함을 "당신의 찬란함"(당신의 영광, claritatem tuam), 즉 성부의 찬란함으로 바꾸어 놓는데, 이러한 미묘한 변화를 통해서 프란치스코는 자신이 이해한 신앙의 최종 목적을 암시적으로 표현해 놓는다. 요한복음에서 인용한 이 장엄한 사제적 기도를 이렇게 편집하여 끝맺으면서 프란치스코는 예수가 바친 이 기도의 정점을 하느님 나라에서 이루어지는 삼위일체 하느님의 찬란함(영광)에 대한 관상, 즉 성부의 찬란함과 성자의 찬란함에 대한 관상으로 제시한다[58].

그러면 왜 프란치스코가 이토록 하느님의 찬란함(영광)에 대한 바라봄을 강조하는 것일까? 이는 성부와 성자의 찬란함(영광)을 바라봄으로써 모든 믿는이들이 성부와 성자처럼 영광스러운 존재가 되고 이것이 바로 모든 믿는이들의 완전한 '성화'(聖化)가 실현되는 것 때문 아닐까?[59]. 프란치스코는 「비인준 규칙」 22,49에서 요한 17,17의

---

[58] 참조: W. VIVIANI, 『L'ermeneutica di Francesco d'Assisi』, 243. 한편, 니싸의 그레고리오에 의하면, 하느님의 영광은 그 자체로 삼위일체적인 특성을 지닌다. 성부와 성자의 일치든, 하느님과 믿는이들의 일치든, 일치의 유대는 영광이라는 것이다. "그러나 지혜로운 사람 그 누구도 성령이 '영광'(gloria)이라고 불리는 사실에 대해 이의를 제기하지 못할 것이다"(G. MASPERO, 『Trinità』, 『DizNissa』, 553). "**아들**은 **영**에 의해 영광스럽게 되었다; **아버지**는 **아들**에 의해 영광스럽게 되었다; **아들**은 **아버지**로부터 영광을 받았으며, **아들** 쪽에서 보면, 성령의 영광이다"(L. MATEO-SECO, 『Gloria』, 『DizNissa』, 297). "**아버지**와 **아들**과 **영**은…동일하고 분리되지 않는 영광이며 그런 영광을 소유하고 있다"(위와 같은 책, 297).

[59] 이와 관련하여 안토니오 치체리(A. Ciceri)는 "하느님이-됨"(deificazione)이라는 표현을 사용한다(참조: F. ACCROCCA – A. CICERI, 『Francesco e i suoi frati』, 248). 프란치스코의 신비체험 안에서 '거룩하게-됨'과 '하느님이-됨'은 동의어라고 할 수 있으며, 이에 대해서는 이 논문의 후반부에 가서 다루게 될 것이다.

"상티피카레"(sanctificare, 거룩하게 하다) 동사를 "미리피카레"(mirificare, 찬탄스럽게 하다) 동사로 바꾸면서 성부께 "진리 안에서 이들을 찬탄스럽게 해 주십시오"라고 청한다. 요한 17장에서 그리스도는 제자들이 빛나게 되고, 찬란하게 되고, 경이롭게 되고, 순수하게 되도록 간구하며, 「비인준 규칙」 22,41-55에서 프란치스코는 모든 믿는 이들이 찬란하게 되고, 놀랍게 되고, 경이롭게 되고, 빛나게 되도록 간구한다[60]. 그리고 '찬탄스럽게 됨'은 '거룩하게-됨'을 통하여 실현되는데, 이 '거룩하게-됨'의 최종 목적은 신비적 일치이다. 이 때문에 프란치스코는 「비인준 규칙」 22,41-55에서 모든 믿는이들이 완전한 신비적 일치를 통하여, 삼위일체 하느님이 빛나듯이, 존재론적으로 빛나는 존재들이 되기를 기도하는 것이다[61]. 그러므로 프란치스코의 신비체험 안에서 모든 믿는이들은 삼위일체 하느님의 찬란함(영광)에로 정향되어 있다고 말할 수 있다.

믿는이들의 찬란함(영광)은 지복직관 안에서 완성되며, 이는 이 지상에서부터 실현되기 시작한다. 「2신자 편지」 53에는 이러한 믿는이들의 찬란함(영광)이 다음과 같이 간접적으로 표현되어 있다: "표양으로 다른 이들에게 빛을 비추어야 하는 거룩한 행위로써 우리는 그분을 낳습니다"(parturimus eum per sanctam operationem, quae lucere debet aliis in exemplum). 이 구절에 의하면, 믿는이들은 거룩한 행위로써 다른 이들에게 빛을 비추는 존재가 되는데, 이는 「비인

---

[60] 참조: W. VIVIANI, 「L'ermeneutica di Francesco d'Assisi」, 240-241.
[61] "성령은 생명을 주는 자일 뿐만 아니라 영광스럽게 하는 자이기도 하다"(L. MATEO-SECO, 「Gloria」, 「DizNissa」, 298). 성령은 인간을 그리스도와 일치시키고 하느님과 일치시키며, 이러한 일치를 통하여 인간을 성화(聖化)시켜 한 몸으로 변화시킨다. 니싸의 그레고리오는 이러한 성화(聖化) 과정을 영광 안에서 일어나는 것으로 설명한다(참조: 위와 같은 책, 299). 이러한 관점에서 바라보면, '거룩하게-됨'과 '영광스럽게-됨' 그리고 신비적 일치는 불가분리적인 관계에 놓이게 된다.

준 규칙」 22,41-55에서 프란치스코가 말하는 찬란한 존재와 같은 의미로 이해할 수 있다. 왜냐하면 「2신자 편지」 53의 "빛을 비추어야 한다"(lucere debet)는 표현은 "찬란하게 되어야 한다"(debere esse clarificatus)는 의미로 해석할 수 있기 때문이다. 다시 말하면, 믿는 이들은 이 세상에서부터 이미 성령의 작용을 통하여 영광스럽게 빛나는 존재가 되는 것이고[62], 믿는이들의 이같은 찬란함(영광)은 지복직관 안에서 완성되는 것이다. 프란치스코는 「주님 기도」 2에서 이를 다음과 같이 암시한다: "'하늘에 계신 [우리 아버지]': 천사들과 성인들 안에 계신 [우리 아버지]; 주님, 당신은 빛이시기에 그들을 인식에로 비추시나이다. 주님, 당신은 사랑이시기에 [그들을] 사랑에로 불태우시나이다"(Qui es in caelis: in angelis et in sanctis; illuminans eos ad cognitionem, quia tu, Domine, lux es; inflammans ad amorem, quia tu, Domine, amor es). 이 구절은 "하늘에 계신 [우리 아버지]"에 관한 묵상이기에, 이 구절에 언급되어 있는 천사들과 성인들은 이미 지복직관의 상태에 완전하게 들어선 천사들과 성인들이다. 그런데 이 구절에 의하면, 지복직관의 상태에서도 성부의 빛이 없으면 하느님에 대한 인식과 사랑은 불가능하다[63]. 그러므로 이 구절은 지복에 참여하는 자들도 여전히 하느님을 직접적으로 바라보는 가운데 완전히 수동적인 상태로 하느님의 빛에 의해 조명되고 있음을 보여 주는 것이고, 하느님의 이러한 조명은 지복직관에서 완전하게 실현된 찬란함(영광)을 의미하는 것이다. 그러한 찬란함(영광)은 믿는이들과 하느님의 완전한 일치와 다를 바가 없으며, 이 일치 안에서 믿는이들은 삼위일체 하느님의 본성, 다시 말하면, 하느님 사랑의 **신비**에 전적으로 참여하게 되는 것이다.

---

[62] 참조: K. NGUYEN VAN, 『Gesù Cristo』, 178.
[63] 참조: 위와 같은 책, 175.

5.2. '그리스도가-됨'

'거룩하게-됨'은, 지복직관 안에서 이루어지는 신비적 일치로서, '주님의 **영**'의 작용을 통하여, 즉 믿는이들이 '그리스도가-됨'으로써 그리고 '하느님이-됨'으로써 실현된다. 먼저 '그리스도가-됨'에 대하여 살펴볼 것이고, 그 다음에 '하느님이-됨'에 대하여 고찰할 것이다.

육화에서부터 십자가의 죽음에 이르기까지 그리스도의 이 지상에서의 생애는 신비체험의 다른 모든 길들을 월등히 능가하는 가장 아름다운 길이다. 프란치스코는 그의 회개 이후 이 길을 온전히 따라갔고, 모든 사람들에게 이 길을 충실히 따라가도록 권고하였다. 회개 이후 그의 전 생애는 '그리스도 따름'(sequela Christi)의 여정과 결코 다르지 않다. 프란치스코에게 '거룩하게-됨'의 길은 곧 '그리스도가-되는' 길로서 '그리스도 따름'이었다[64]. 프란치스코에게 이 두 길은 사랑 안에서 실현되는 신비적 일치에 도달하는 동일한 여정일 따름이다.

5.2.1. 프란치스코의 글에 나타난 '그리스도 따름'

그리스도교 영성사 안에는 그리스도와의 일치를 표현하는 두 가지 전통이 있다. 하나는 "그리스도 따름"(sequela Christi)이고 다른 하나는 "그리스도 모방"(imitatio Christi)이다. 여기에서 전자가 예수의 부르심에 응답하기 위해 모든 것을 떠나는 실존적 자세를 가리키는 것이라 한다면, 후자는 모든 크리스천 삶의 모형인 예수의 모습들을 재생하려는 윤리적인 노력이라 하겠다[65]. 그러나 이 두 표현들

---

[64] 참조: D. Dozzi, 「La sequela nel capitolo XXII della "Regola non bollata"」, 253; Y. Spiteris, 『Francesco e l'oriente cristiano un confronto』, 193.

[65] 참조: F. Uribe, 「La idendidad franciscana」, 14; 참조: B. Proietti, 「Sequela Christi e imitazione」, 『Dizionario degli istituti di perfezione VIII』, 1287. 일반적인 언어 생활에서 "이미타리"(imitari, 모방하다)라는 말은, 문자적인 의미로

은 그리스도교 신학사 안에서 대체적으로 동일한 의미로 사용되어 왔다[66]. 우선, 이와 관련하여 지적할 점은 신약 성경 안에 일관된 표현이 존재하지 않는다는 것이다. 복음서들에는 요한 13,15 단 한 번을 제외하면 "따름"만 나타나고, 사도 파울로 서간에는 "모방"이 주로 사용된다[67]. 이 두 용어들의 동일화 현상은 교부들 문헌에 이미 나타나기 시작하고, 시대가 흘러가면서 더 심해지며, 중세에는 거의 '그리스도 모방'에 대해서만 언급할 정도가 된다[68].

프란치스칸 전통 안에도 '그리스도 따름'(sequela Christi)과 '그리스도 모방'(imitatio Christi) 사이의 동일화 경향은 마찬가지로 나타난다. 프란치스코의 생애를 기록한 여러 프란치스칸 초기 전기 작가들은 이 용어들을 별다른 구별 없이 사용하고 있고[69], 자신을 "지극

는, 어떤 것(예술 작품이든 무엇이든 관계없이 그 어떤 대상)의 특색들을 그대로 재생하거나 흉내 내는 것이며, 또는 (연기자가 자신의 배역을 통해 등장 인물을 그려내듯이) 어떤 인물의 행위들을 그대로 반복하는 것이다. 이런 관점에서 바라보면, "이미타찌오"(imitatio, 모방)는 '사실이 아닌' 일종의 허구라고 말할 수 있다. 이에 비해, "세쿼르"(sequor, 따르다)는, 엄밀한 의미로는, 앞서 간 사람이 남겨놓은 발자취에 자신의 발을 옮겨 놓으면서, 누군가의 뒤를 따라 걸어가는 것을 의미한다 하겠다(참조: F. URIBE, 「La idendidad franciscana」, 13).

[66] 참조: G. GUITTON, 「La sequela di Cristo」, 「La spiritualità di Francesco d'Assisi」, 50.

[67] 참조: F. URIBE, 「La idendidad franciscana」, 13. "사도 성 파울로가 자신과 그리스도와의 관계에 대해서 언급할 때 어떻게 해서 그가 '따르다'는 동사를 사용하지 않았는지…관심을 가질 만하다. 반대로 성 베드로는…자신의 편지에서 [그리스도를] '따름'을 잘 이해하면서 이를 주요 주제로 다루고 있다"(참조: G. GUITTON, 「La sequela di Cristo」, 「La spiritualità di Francesco d'Assisi」, 44).

[68] 참조: F. URIBE, 「La idendidad franciscana」, 14.

[69] 「1첼라노」와 「2첼라노」에는 "따르다"(sequi) 동사가 41번, "모방하다"(imitari) 동사가 7번, "모방"(imitatio)이라는 명사가 1번, "모방자"(imitator)라는 명사가 2번 나타나는데, 이 가운데 "따르다"는 동사는 프란치스코를 따른다는 의미로 자주 사용되고(「1첼라노」 24,1; 25,1.2; 31,1; 42,9; 56,2; 118,3; 151,1; 「2첼라노」 150,7; 184,1; 188,2; 190,17; 218,4; 221,9), "그리스도를 따른다"(sequela Christi) 는 의미로는 5번 사용된다(「1첼라노」 24,5; 84,1; 「2첼라노」 59,6; 73,8; 148,9). 「아씨시 편집본」에는 "모방하다"(imitari) 동사가 3번 나타나는데(42,12; 50,12; 103,3), "그리스도 모방"(imitatio Christi)과 관련해서는 덕을 따른다는 의미로

1번만 사용된다(103,3). 반면에 "따르다"(sequi) 동사는 7번 나타나며(6,1; 8,21; 18,3; 44,2; 49,9.19; 74,14), 이 가운데 프란치스코의 덕을 따른다는 의미로 1번 (74,14), "그리스도 따름"(sequela Christi)을 지칭하기 위해서 3번 사용된다(6,1; 8,21; 49,9). 「완덕의 거울」에는 "따르다"(sequi)동사가 7번 나타나는데(20,11; 41,2; 63,2; 68,2; 80,2; 84,14; 124,11), 이 중에서 3번은 '그리스도를 따른다'는 의미로 사용된다(20,11; 84,14; 124,11). 이에 비해 '모방'과 관련된 낱말들은 "모방자"(imitator) 4번(14,1; 73,1; 76,3; 88,9), "모방"(imitatio)이 2번(72,3; 87,10), "모방하다"(imitari)가 11번(27,7; 43,8.14; 68,5; 72,2.8; 80,12; 81,14; 85,9; 88,6 [2번]) 나타나는데, 이 가운데 '그리스도 모방'과 관련해서는 '모방자'가 3번(14,1; 73,1; 88,9), '모방'이 2번(72,3; 87,10), '모방하다'가 4번 사용된다(43,8; 85,9; 88,6[2번]). 「세 동료」에는 "모방하다"(imitari) 동사가 1번 나타나는데, 이는 프란치스코의 발자취를 모방한다는 의미로 사용되고(1,20), "따르다"(sequi) 동사는 5번 나타나며, 이 가운데 3번은 형제들의 발자취를 따른다는 의미로(34,7; 49,5; 60,2), 1번은 사도들의 삶과 발자취를 따른다는 의미로(68,1), 1번은 이 전기를 작성하는 방법과 관련하여 사용된다(1,9). 「익명의 페루쟈」에는 "모방하다"(imitari) 동사가 전혀 나타나지 않고, "따르다"(sequi) 동사만 4번 나타나는데, 이 중에서 3번은 형제들의 발자취를 따른다는 의미로 사용되고(16,4.6; 41,4), 1번만 주님을 따른다는 의미로 나타난다(8,7). 「대전기」에는 "모방"(imitatio)이라는 낱말이 3번(머리말 3,1; XI,2,4; XIV, 4,8), "모방자"(imitator) 2번(머리말 2,1; III,10,4), "모방의"(imitatorius) 1번(머리말 1,5), '모방하다"(imitari)가 1번(XIII,2,3) 나타나는데, 이 가운데 3번만 "그리스도 모방"과 관계가 있다(XI,2,4; XIII,2,3; XIV,4,8). 반면에 "따르다"(sequi) 동사는 18번 나타나는데, 이 중에서 4번은 프란치스코의 발자취를 따른다는 의미로 사용되고(IV,7,1; XIV,6,6; 「대전기」의 「기적 모음집」 VII,1,4; X,9,2), 1번은 영의 방문을 따른다는 의미로(X,2,2), 5번은 '그리스도를 따른다'는 의미로 사용된다(I,5,9; II,4,7; III,3,8; 「대전기」의 「기적 모음집」 X,8,1.3). 한편, 보나벤투라는 위에 언급된 전기 작가들 중에서 유일하게 "그리스도 따름"(sequela Christi)과 "그리스도 모방"(imitatio Christi)을 구별하는 작가이다. 이 세라핌 박사에 의하면, "그리스도 따름"은 그리스도에 대한 모방과 그리스도와의 일치, 그리스도 안에서의 변형이 하나의 여정으로 짜여져 있는 일종의 지속적인 과정이다. 따라서 "그리스도 모방"(imitatio Christi)은 '그리스도를 따르는'(sequela Christi) 여정 가운데 첫 단계에 해당된다 하겠다. 그러므로 그리스도의 생애를 따라가는 자는 누구든지 "모방"(imitatio)과 "일치"(conformatio)와 "변형"(transformatio)의 길을 걷지 않을 수 없으며, 그 결과 그리스도로, 즉 "또 다른 그리스도"(alter Christus)로 변화되지 않을 수 없게 된다. 한편, "그리스도 모방"(imitatio Christi) 단계에서는, 모방의 차원에 머물러 있는 한, 그리스도와 비슷하게 되는 수준을 벗어날 수 없게 된다. 그러므로 "그리스도 따름"은 하느님께 나아가는 인간의 신비적 여정의 궁극적인 목표가 될 수 있으나, "그리스도 모방"은 결코 이 여정의 최종 목적지가 될 수 없다. 한편, 14세기 말에 「잔꽃송이」는 프란치스코히 복되신 사부 프란치스코의 작은 나무"(「클라라 규칙」 1,3)라고 표현했던 클라라 역시도 이 용어들을 구별 없이 섞어 사용한다[70]. 그러나 프란치스코는 자신이 남겨 놓은 글에서 "모방하다"(imitari)는 동사는 단 한 번도 사용하지 않고 오로지 "따르다"(sequi) 동사만을 사용한다[71]. 이 동사는 프란치스코의 글에 19번 나타나는데, 이 가운데 한 번은 「권고」 7의 제목에 나타나고, 다른 한 번은 거룩한 문자의 영을 따른다는 의미로 사용되며, 또 다른 한 번은 선을 따른다는 의미로 사용된다[72]. 그 밖에 다른 16번은 모두 그리스도를 따르거나,

---

를 더 이상 '모방자'가 아니라 그리스도와 '일치한' 자로만 언급한다"(A. MARINI, 「'Vestigia Christi segui' o 'imitatio Christi'」, 92).

[70] 참조: G. GUITTON, 「La sequela di Cristo」, 「La spiritualità di Francesco d'Assisi」, 50. 아씨시 클라라의 글에는 "따르다"(sequor) 동사가 6번 나타나는데(「2아녜스 편지」 19; 「3아녜스 편지」 25; 「4아녜스 편지」 3; 「에르멘 편지」 9; 「클라라 규칙」 머리말, 3; 6,7), 이 가운데 5번은 그리스도를 따르는 것과 관계가 있고, 1번은 동정녀 마리아를 따르는 것과 관계가 있다(「3아녜스 편지」 25)(참조: I. BOCCALI, 「Concordantiae verbales Opusculorum S. Francisci et S. Clarae Assisiensium」, 722-723); 한편, "모방하다"(imitari) 동사는 5번 나타나고(「2아녜스 편지」 15.17.20; 「클라라 유언」 36.56), "모방"(imitatio)은 1번(「3아녜스 편지」 4), "모방자"(imitator, imitatrix)는 2번(「클라라 유언」 5; 「2아녜스 편지」 4) 나타나는데, 이 중에서 3번은 "그리스도 모방"과 관련이 있고(「2아녜스 편지」 20; 「3아녜스 편지」 4; 「클라라 유언」 36), 1번은 완전한 **아버지**와 관련이 있으며(「2아녜스 편지」 4), 1번은 거룩한 단순성과 겸손과 가난의 길과 관련이 있다(「클라라 유언」 56)(참조: I. BOCCALI, 「Concordantiae verbales Opusculorum S. Francisci et S. Clarae Assisiensium」, 470).

[71] 프란치스코의 글 가운데서 "모방"(imitatio)이라는 말은 "주님을 닮음에 관하여"(De imitatione Domini)라는 「권고」 6의 제목에 단 한 번 나타나지만, 「권고」에 나오는 제목들이 후대의 필사자들에 의해 붙여졌고, 그 제목들이 모든 사본들 사이에 동일하지 않음은 이미 잘 알려져 있는 사실이다(참조: F. URIBE, 「Strutture e specificità della vita religiosa」, 314).

[72] 「권고」 7의 제목: "지식에 선행이 뒤따라야 합니다"(Ut bona operatio sequatur scientiam); 「권고」 7,3: "그리고 거룩한 문자의 영(靈)을 따르기를 원치 않는…수도자들은 문자로 말미암아 죽임을 당한 사람들입니다"(Et illi religiosi sunt mortui a lettera, qui spiritum divinae litterae nolunt sequi); 「수난 성무」 5,14: "그들이 제게 선을 악으로 갚고 * 제가 선을 따른다고 공격하나이다"(Retribuebant mihi mala pro bonis et detrahebant mihi * quoniam sequebar bonitatem).

그리스도의 가르침, 그리스도의 발자취, 그리스도의 겸손과 가난, 그리스도의 삶, 주님의 뜻[73], 또는 지극히 거룩한 계명[74]을 따른다는 의미로 사용된다. 프란치스코가 부각시키고 있는 '그리스도 따름'의 그 궁극적 목적은 그리스도의 완전성에 도달하여 성부 하느님과 일치하는데 있다. 따라서 '그리스도 따름'은 이러한 목적을 실현시키는 구체적인 방법이며, 여기에는 적어도 다음과 같은 두 가지 중요한 의미가 내포되어 있다. 하나는 그리스도를 따르는 이들이 완전하게 되는 것(perfectus esse)이고, 다른 하나는 이들이 그리스도와 일치하여 결과적으로 '그리스도'(christus)가 되는 것이다.

5.2.1.1. "완전하게 됨"으로서의 '그리스도 따름'

「비인준 규칙」 제1장에는 "따르다"(sequi) 동사가 3번 나타나는데, 이 부분에는 프란치스코가 의도하는 '그리스도 따름'의 특성이 비교적 잘 드러나 있다. 여기에서 프란치스코는 '그리스도 따름'과 '완전하게 됨'(perfectus esse) 사이의 관계를 다음과 같이 묘사한다:

> [1]이 형제들의 수도규칙과 생활은 순종 안에, 정결 안에, 소유 없이 살면서 우리 주 예수 그리스도의 가르침과 발자취를 따르는 것입니다. [2]주님께서 말씀하십니다. 네가 완전한 사람이 되려거든, 가서 가진 것을 다 팔아 가난한 이들에게 나누어 주어라. 그러면 네가 하늘에서 보물을 차지하게 될 것이다. 그리고 와서 나를 따라라. [3]또 누구든지 내 뒤를 따라오려면, 자신을 버리고 제 십자가를 지고 나를 따라야 한다([1]Regula et vita istorum fratrum haec est, scilicet vivere in obedientia, in castitate et sine proprio, et Domini nostri Jesu Christi doctrinam et vestigia sequi, qui dicit: [2]"Si vis perfectus esse, vade et

---

[73] 「비인준 규칙」 22,9의 "주님의 뜻을 따름"과 「규칙 단편」 1,6의 "뜻을 따름"은 그리스도론적인 의미를 지니고 있다(참조: F. URIBE, 「La idendidad franciscana」, 13).

[74] 「수난 성무」 7,8과 15,13의 "너희 몸을 바쳐 그분의 거룩한 십자가를 져라"라는 표현은 그리스도론적인 의미를 지니고 있다(참조: F. URIBE, 「La idendidad franciscana」, 13).

vende omnia quae habes, et da pauperibus et habebis thesaurum in caelo; et veni sequere me". ³Et: "Si quis vult post me venire, abneget semetipsum et tollat crucem suam et sequatur me")[75].

제1절에는 작은 형제들의 규칙과 생활이 규정되어 있는데, 이 부분과 대응하는 구절은 「인준 규칙」 1,1에서 찾아볼 수 있다. 이는 다음과 같다: "작은 형제들의 수도규칙과 생활은 이러합니다. 즉, 순종 안에, 소유 없이, 정결 안에 살면서 우리 주 예수 그리스도의 거룩한 복음을 실행하는 것입니다"(Regula et vita Minorum Fratrum haec est, scilicet Domini nostri Jesu Christi sanctum Evangelium observare vivendo in obedientia, sine proprio et in castitate). 페르난도 우리베는 「비인준 규칙」에 나타나는 복음적 권고들은 로마 교황청이나 인노첸시오 3세 교황의 요청으로 작은 형제들의 수도규칙에 들어온 것이기 때문에 복음적 권고들은 본래 프란치스칸 수도 생활의 본질에 해당되지 않는다고 주장하면서, "우리 주 예수 그리스도의 거룩한 복음을 실행하는 것"이 프란치스칸 수도 생활의 중심 개념이 되어야 한다고 강조한다[76]. 뿐만 아니라 우리베는 복음적 권고가 프란치스코의 글들 가운데에서는 두 개의 「수도규칙」 1장 1절에만 나타나는 데 비해 "거룩한 복음"이란 표현은 변함없는 기준 척도로 여러 차례 나타난다는 점에 주목한다[77]. 그런 다음 프란치스코가 수도 생활에 대한 이상을 '거룩한 복음을 살아가는 것'으로 이해했을 것이라 추론한다[78]. 이러한 프란치스코의 이상은 「비인준 규칙」 1,1에 나타나는 그리스도의 가르침 및 발자취를 따르는 것과 다를 바가 없다. 왜냐하면 「인준 규칙」 1,1의 "우리 주 예수 그리스도의 거룩한 복음"은 「비인준

---

[75] 「비인준 규칙」 1,1-3.
[76] 참조: F. URIBE, 『Strutture e specificità della vita religiosa』, 301.
[77] 참조: 위와 같은 책, 299-308.
[78] 참조: 위와 같은 책, 314.

규칙」 1,1의 "우리 주 예수 그리스도의 가르침과 발자취"와 호응하고 "실행하다"는 동사는 "따르다"는 동사와 호응하기 때문이다. 이제 여기에서 주목할 점은 '그리스도 따름'은 '거룩한 복음을 살아가는 것'으로 이해할 수 있으며, 이는 무엇보다도 먼저 작은 형제로서 혹은 그리스도인으로서의 존재 양식을 선택하는 것을 뜻하고[79] 그런 존재 양식은 복음의 온전한 실현과 밀접한 관계를 맺고 있다는 것이다. 이러한 시각에서 바라보면, 「비인준 규칙」 제1장의 두 번째 부분, 즉 2-5절에서 이 「규칙」의 첫 번째 부분인 1절의 "그리스도의 가르침과 발자취를 따르는 것"이 무엇인지를 구체적으로 언급함을 알 수 있는데, 그러한 맥락에서 왜 프란치스코가 이 두 번째 부분을 "네가 완전한 사람이 되려거든"이라는 표현으로 시작했는지 확실하게 밝힐 필요성이 대두된다. 이 표현은 마태 19,21에서 인용한 것으로, "완전한"(perfectus)의 그리스 말은 "텔레이오스"(τέλειος)이며, 마태오 복음의 문맥 안에서 이 말은 '완성된, 완전한, 성숙한'이나 '부족함이 없는' 혹은 '하느님의 모든 법을 준수하는'이라는 뜻을 지닌다[80]. 그러므로 "완전하게 된다"(perfectus esse) 함은 마태 5,48에 나타나는 바와 같이 하늘의 **아버지**께서 완전하신 것처럼 완전한 존재가 되는 것을 뜻하고, 이러한 완전함은 하느님의 참된 자녀가 되기 위해서 필수 불가결하게 요청되는 권고라 할 수 있다[81]. 그런 점에서 프란치스코가 「비인준 규칙」 1,1을 구체적으로 설명하는 부분에서 마태 19,21의 "네가 완전한 사람이 되려거든"이라는 구절로 시작하였다는 사실은 그가 '그리스도 따름'의 목표를 완전함으로 이해하였다는 증거가 된다. 「비인준 규칙」 1을 마주하노라면 "완전한 사람이 되려거

---

[79] 참조: F. URIBE, 『Strutture e specificità della vita religiosa』, 314.
[80] 참조: S. FAUSTI, 『Una comunità legge il Vangelo di Matteo I』, 284; B. VIVIANO, 「Il Vangelo secondo Matteo」, 『CommBibl』, 864.
[81] 참조: S. FAUSTI, 『Una comunità legge il Vangelo di Matteo II』, 384.

든 그리스도를 따라라"라고 선포하는 프란치스코의 음성이 들리는 듯 싶다[82].

완전함에 대한 추구는 프란치스코의 다른 글에서도 발견된다. 「클라라의 수도규칙」을 통해서 전달된 「생활 양식」 1에서[83] 프란치스코는 "가난한 자매들"의 생활 양식을 다음과 같이 거룩한 복음의 완전성을 사는 것이라 규정한다: "여러분은 하느님의 영감으로 지극히 높으시고 지존하신 임금님, 천상 성부의 딸과 여종들이 되셨고, 거룩한 복음의 완전성을 따라 사는 것을 택함으로써 성령의 신부들이 되셨기에 …"(Quia divina inspiratione fecistis vos filias et ancillas altissimi summi Regis Patris caelestis, et Spiritui sancto vos desponsastis eligendo vivere secundum perfectionem sancti Evangelii). 이 구절에서 "따라 산다"(vivere secundum)는 표현은 "따르다"(sequi)나 "실행하다"(observare)를 의미하고, "거룩한 복음의 완전성"(perfectionem sancti Evangelii)은 그리스도의 가르침 및 발자취와 밀접한 관계가 있다. 그러므로 「생활 양식」의 "거룩한 복음의 완전성을 따라 산다"는 것은 「비인준 규칙」 1,1의 "우리 주 예수 그리스도의 가르침과 발자취를 따르는 것"이나 「인준 규칙」 1,1의 "우리 주 예수 그리스도의 거룩한 복음을 실행하는 것"과 동일한 의미를 지닌다 하겠다. 그리고 복음적 완전성의 자연적이고 필연적인 결과는 성부의 딸과 여종들이

---

[82] 마태 19,21의 "네가 완전한 자가 되려거든"(si vis perfectus esse)이라는 구절이 「비인준 규칙」에 인용되었기 때문에, 이 규칙 안에서 "완전하게 됨"(perfectus esse)의 주체는 의심의 여지없이 작은 형제들이다. 그러나 마태 5,48과 19,21의 문맥 안에서 완전함에로의 초대는 모든 사람들에게 적용된다(참조: B. VIVIANO, 「Il Vangelo secondo Matteo」, 『CommBibl』, 864). 뿐만 아니라 프란치스코는 「생활 양식」 1에서도 "가난한 자매들"에게 복음의 완덕을 따를 것을 권하고 있고, 「비인준 규칙」 22,41-55에서는 모든 사람들을 완전한 일치에로 초대한다. 이런 관점에서 바라보면, 「비인준 규칙」 1,2의 "완전하게 됨"(perfectus esse)이 작은 형제들에게만 적용되는 것이라고 무작정 주장할 수는 없으리라.

[83] 참조: 「클라라 규칙」 6,3.

되는 것이고 성령의 신부들이 되는 것이다[84]. 여기에서 성부 및 성령과의 관계를 나타내는 표현은 하느님의 사랑 안에서 이루어지는 신비적 일치를 그려내는 프란치스코의 신비적인 언어 표현법과 정확히 일치한다.

프란치스코는 회개 초기부터 복음적 완전성을 추구하였다. 「십자가 기도」를 보면, 프란치스코가 영혼의 어둠 속에서도 "완전한 사랑"(caritatem perfectam)을 찾고자 애썼고[85], 「주님 기도」 4를 보면, 그가 쉼없이 완전한 사랑을 지향하면서 지복직관 안에서 실현되는 신비적 일치를 추구했음을 알 수 있다. 「주님 기도」 4는 다음과 같다: "당신의 나라에 저희가 이르게 하시기 위함이나이다. 그곳에는 당신께 대한 또렷한 바라봄이 있고 당신께 대한 완전한 사랑이 있고 당신과의 복된 사귐이 있으며 당신의 영원한 누림이 있사옵니다"(facias nos venire ad regnum tuum, ubi est tui visio manifesta, tui dilectio perfecta, tui societas beata, tui fruitio sempiterna). 이 구절에서 "바라봄"(visio)은 천상에서의 바라봄을 가리키기에, "당신께 대한 또렷한 바라봄"은 지복직관을 뜻하고, "당신께 대한 완전한 사랑"은 지복직관 안에서 이루어지는 완전한 사랑을 뜻한다. 그리고 "당신과의 복된 사귐"은 지복직관 안에서 삼위일체 하느님의 본성에 참여하는 신비적인 사랑의 일치를 의미한다.

이상과 같이 간략하게 살펴본 프란치스코의 두 작품은 그가 회개 초기부터 영적 여정을 통하여 지복직관 안에서 온전히 이루어지는 완전한 사랑과 신비적 일치를 끊임없이 추구했음을 보여준다 하겠다. 그

---

[84] 「생활 양식」 1: "여러분은 하느님의 영감으로 지극히 높으시고 지존하신 임금님, 천상 성부의 딸과 여종들이 되셨고,…성령의 신부들이 되셨기에"(Quia inspiratione fecistis vos filias et ancillas altissimi summi Regis Patris caelestis, Spiritui sancto vos desponsastis…).

[85] 「십자가 기도」: "…올바른 믿음과 확실한 희망과 완전한 사랑을 주시며…"(…da mihi fidem rectam, spem certam et caritatem perfectam…).

리고 「형제회 편지」 7에서 프란치스코는 이러한 사랑의 완전성을 실천하도록 다음과 같이 권고한다: "그분의 계명을 여러분의 마음에 온전히 간직하시고, 그분의 권고를 정신을 다하여 이행하십시오"(Servate in toto corde vestro mandata eius [Filii Dei] et consilia eius perfecta mente implete). 이 구절에 나오는 그리스도의 "계명과 권고"는 사랑 안에서 그 본질이 규명되어야 한다. 그리고 "마음에 온전히 간직하고" "정신을 다하여 이행하라"는 표현은 인간의 모든 능력을 다하여 매진하라는 뜻으로 이해해야 한다. 그러므로 7절 전체는 사랑의 완전한 실천에 관한 권고라고 말할 수 있으며, 이 사랑은 당연히 지복지관에서의 신비적 일치를 지향하도록 되어 있다.

지금까지 고찰한 내용으로부터 '그리스도 따름'의 의미를 다음과 같이 종합할 수 있겠다: '그리스도 따름'은 모든 크리스천 삶의 이상인 복음을 완전하게 살아가는 데 있고, 복음적 삶의 완전성은 사랑 안에서의 신비적 일치를 지향해 나가며, 이 일치 안에서 그리스도를 따르는 이들은 삼위일체 하느님의 본성에 참여하게 된다. 프란치스코의 글 안에서 '그리스도 따름'은 하느님과의 일치로 종결되며, 이는 그리스도의 가르침과 발자취를 따르는 복음의 실행을 통하여 실현된다. 그러기에 그리스도를 따르는 이들은 하늘의 **아버지**처럼 완전한 존재가 된다. '그리스도 따름'은 결국 성부께 나아가는 길인 것이다[86].

5.2.1.2. '그리스도가-됨'으로서의 '그리스도 따름'

복음을 실행하고 사랑의 계명을 실행함으로써 '그리스도 따름'의 완전성을 성취한다는 것은 그리스도의 행위들을 단순하게 반복하는 외적인 형태들을 뛰어넘어 복음의 심오한 본질 안에서 그리스도를 전적으로 끌어안고 그리스도와 완전하게 하나가 됨을 의미한다[87]. 이

---

[86] 참조: F. URIBE, 『Strutture e specificità della vita religiosa』, 321.
[87] 참조: 위와 같은 책, 320.

러한 정신으로 그리스도의 발자취를 따른다면, 그리스도와 일치하지 않을 수 없고, '그리스도'(christus)로 변화되지 않을 수 없다. 이는 '그리스도 따름'을 통하여 '그리스도가-됨'에로 나아감을 뜻하는 것이다[88]. 즉, '그리스도 따름'은 '완전하게 된다'는 의미도 내포하고 있고, 그리스도와 신비적으로 일치한다는 의미에서 '그리스도가-된다'는 뜻도 함축하고 있는 것이다.

프란치스코의 글에서 '그리스도가-된다'는 의미에서의 '그리스도 따름'의 대상은 단순히 "발자취"라는 말로 표현되기도 하고(「2신자 편지」 12.51; 「규칙 단편」 1,1; 「비인준 규칙」 22,2), "발자취와 가난"(「레오 편지」 3), "가르침과 발자취"(「비인준 규칙」 1,1), 그리스도를 의미하는 "나"(「비인준 규칙」 1,2.3), 그리스도이신 "주님"(「권고」 6,2), "생활과 가난"(「마지막 원의」 1), "겸손과 가난"(「규칙 단편」 1,73; 「비인준 규칙」 9,1), "지극히 거룩한 계명"(「수난 성무」 7,8; 15,13), "주님의 뜻"(「규칙 단편」 1,6; 「비인준 규칙」 22,9) 등 다양하게 나타난다. 그러나 이러한 표현들 중 가장 두드러진 것은 "발자취"라는 말로, 그 의미는 그리스도의 육화에서부터 십자가의 죽음에까지 그리스도의 전 생애와 관련이 있다. 따라서 「마지막 원의」 1에 나타나는 "생애"라는 말은 "발자취"라는 의미로 이해할 수 있고[89], 「비인준 규칙」 1,2-3에 나타나는 "나를 따르라"나 "나를 따라야 한다"는 표현은 그리스도의 발자취를 따르라는 언급으로 이해할 수 있다[90]. 또한 「권고」 6,2의 "주님"이란 어휘도 "주 그리스도"의 발자취를 언급하는 것

---

[88] 참조: W. VIVIANI, 「L'ermeneutica di Francesco d'Assisi」, 400.
[89] 「마지막 원의」 1: "보잘것없는 나 프란치스코 형제는 지극히 높으신 우리 주 예수 그리스도와 그분의 지극히 거룩하신 어머니의 생활과 가난을 따르기를 원하며, 끝까지 그 생활 안에 항구하기를 원합니다"(Ego frater Franciscus parvulus volo sequi vitam et paupertatem altissimi Domini nostri Jesu Christi et eius sanctissimae matris et perseverare in ea usque in finem).
[90] 이 인용 구절에 대해서는 다시 언급하게 될 것이다.

으로 해석할 수 있다[91]. 그러므로 '그리스도 따름'의 대상은 제일차적으로 넓은 의미에서 '그리스도의 발자취'라고 말할 수 있고, 이는 다시 '외적인 발자취'와 '내적인 발자취'로 구분해 볼 수 있다. 이와 관련하여 프란치스코는 「비인준 규칙」 1,2-3에서 다음과 같이 언급한다: "[2]주님께서 말씀하십니다. 네가 완전한 사람이 되려거든, 가서 가진 것을 다 팔아 가난한 이들에게 나누어 주어라. 그러면 하늘에서 보물을 차지하게 될 것이다. 그리고 와서 나를 따라라. [3]또 누구든지 내 뒤를 따라오려면, 자신을 버리고 제 십자가를 지고 나를 따라야 한다"([2]"Si vis perfectus esse, vade et vende omnia quae habes, et da pauperibus et habebis thesaurum in caelo; et veni sequere me". [3]Et "si quis vult post me venire, abneget semetipsum et tollat crucem suam et sequatur me"). 이 두 구절에는 '따름'에 요청되는 두 가지 복음적 전제가 나타나 있다. 하나는 "가진 것을 다 팔아 가난한 이들에게 나누어 주라"는 외적인 요구로(2절), 이는 이 지상에서 가난하고 겸손하게 사신 그리스도의 외적인 발자취와 호응하고, 다른 하나는 "자신을 버리고 제 십자가를 지라"는 내적인 요구로(3절), 이는 **아버지**의 뜻에 충실하기 위해 십자가에서 죽기까지 순종하신 그리스도의 내적인 발자취와 호응한다[92].

(1) **외적인 발자취.** 외적인 발자취는 이 지상에서 가난한 순례자로 사셨던 그리스도의 겸손한 삶과 관계가 있으며, 이는 프란치스코의 글에서 "겸손과 가난"(「비인준 규칙」 9,1; 「규칙 단편」 1,73)이나

---

[91] 「권고」 6,2: "주님의 양들은 고난과 박해, 수치와 굶주림, 연약함과 유혹 등 모든 점에서 주님을 따랐습니다. 그리하여 주님에게서 영원한 생명을 얻었습니다"
(Oves Domini secutae fuerunt eum in tribulatione et persecutione, verecundia et fame, in infirmitate et tentatione et ceteris aliis; et de his receperunt a Domino vitam sempiternam).

[92] 참조: F. URIBE, 「Strutture e specificità della vita religiosa」, 318.

"가난"(「레오 편지」 3; 「마지막 원의」 1)[93]과 같은 형태로 표현되고 있다. 물론 이러한 구절들에 나타나는 가난과 겸손이 외적인 차원들만 의미하는 것은 아니지만, 그럼에도 불구하고 이러한 외적인 가난과 겸손이 프란치스코의 신비 체험을 규명하는 데 중요한 가치를 지니고 있음은 의심의 여지가 없다. 이 시점에서 무엇보다 먼저 상기해야 할 사실은 그의 회개가 나환자들과의 만남을 통하여 이루어졌고 그 당시 나환자들은 사회로부터 거부당하고 내버려진 소외된 이들 가운데 가장 비천하고 처참한 이들이었다는 점이다. 프란치스코가 그의 회개 이후 나환자들이나 가난한 이들 또는 병자들과 같이 그 사회에서는 가장 변두리로 밀려난 이들과 함께 살면서, 가난한 나그네로 동냥하며 사시고 제자들의 발을 씻어 주셨던 그리스도의 발자취를 따라갔음은 잘 알려진 사실이다. 사회적 소외 계층에 대한 이러한 선택은 초기 프란치스칸 사상의 현저한 특징이기도 하다[94]. 특히 프란치스코의 신비 체험과 관련해서는, 사회의 변두리로 밀려난 이들과 함께 사는 것이 "알몸으로 알몸이신 그리스도를 따르는 것"(nudus nudum Christum sequi)과 불가분리적인 관계에 있음이 강조되어야 한다. 알몸이신 그리스도께서 사회로부터 내버려지고 벌거벗겨진 이들 안에 머무시기 때문이다. 사실 프란치스코는 외적으로 물리적인 옷들을 벗어던지고 육친의 아버지와 혈연 관계를 단절하는 가운데

---

[93] 「비인준 규칙」 9,1: "모든 형제들은 우리 주 예수 그리스도의 겸손과 가난을 따르도록 힘쓸 것입니다"(Omnes fratres studeant sequi humilitatem et paupertatem Domini nostri Jesu Christi); 「규칙 단편」 1,73: "모든 형제들은 우리 주 예수 그리스도의 겸손과 가난을 따르도록 힘쓸 것입니다"(Omnes fratres studeant sequi humilitatem et paupertatem Domini nostri Jesu Christi); 「레오 편지」 3: "즉, 주 하느님을 기쁘게 해 드리고 또 그분의 발자취와 가난을 따르는 데에 있어 그대가 보기에 어떤 더 좋은 방법이 있으면, 주 하느님의 축복과 나의 허락으로 그렇게 하도록 하십시오"(In quocumque modo melius videtur tibi placere Domino Deo et sequi vestigia et paupertatem suam, faciatis cum benedictione Domini Dei et mea obedientia).

[94] 참조: R. MANSELLI, 「San Francesco d'Assisi」, 109-111.

육체적 영적으로 알몸이 되었다. 프란치스코는 이렇게 알몸이신 그리스도를 끌어안으면서 사회에서 가장 가난하고 버림받은 이들과 함께 철저하게 살아갔다[95]. 알몸인 프란치스코가 알몸이신 그리스도와 하나된 것이다. 그러므로 프란치스코에게 있어 사회로부터 가장자리로 밀려난 이들을 선택하여 외적으로도 가난하고 겸손하게 살아간다는 것은 그 자체로 "알몸으로 알몸이신 그리스도를 따르는 것"과 동일한 것이라 하겠다. 이런 의미에서 프란치스코의 신비 체험은 본질적으로 사회적인 차원과 가치를 지닌다고 할 수 있다.

(2) **내적인 발자취.** '그리스도 따름'과 관련된 내적인 발자취는 「비인준 규칙」 1,3의 "자신을 버리고 제 십자가를 져야 한다"(abneget semetipsum et tollat crucem suam)는 표현에서 볼 수 있다. 이 구절에 나타나는 첫 번째 동사 "버리다"는 하느님의 뜻을 따르기 위해서 필수적으로 요청되는 첫 행위를 가리키고, 두 번째 동사 "지다"는 그리스도의 계명을 따르는 것과 관계된다. 따라서 그리스도의 내적인 발자취를 따른다는 것은, 위에서 이미 지적한 '그리스도 따름'의 대상들 가운데서 "지극히 거룩한 계명"(「수난 성무」 7,8; 15,13)이나 "주님의 뜻"(「규칙 단편」 1,6; 「비인준 규칙」 22,9)과 같이, 그리스도의 뜻과 계명을 따르는 것을 의미한다.

「수난 성무」 7,8과 15,13 두 구절은 동일한데, 여기에는 「비인준 규칙」 1,3에 언급된 두 가지 계명들, 즉 그리스도의 거룩한 십자가를 지는 것과 그분의 거룩한 계명을 따르는 것이 다음과 같이 분명하게 밝혀져 있다: "너희 몸을 들어 그분의 거룩한 십자가를 져라. * 그분의 지극히 거룩한 계명을 끝날까지 지켜라"(Tollite corpora vestra et baiulate sanctam crucem eius * et sequimini usque in finem sanctissima praecepta eius). 이 구절에 나타나는 "지극히 거룩한 계명"은, 그리스

---

[95] 참조: R. MANSELLI, 『San Francesco d'Assisi』, 136.

도께서 마태 22,34-40에서 모든 율법과 예언서의 정신을 하느님과 이웃에 대한 사랑의 계명으로 요약해 주시고[96] 요한 13,34에서 서로 간의 사랑을 새 계명으로 주시는 대로, 사랑의 계명으로 이해할 수 있다. 그리고 "그분의 거룩한 십자가를 져라"는 표현에는 어깨 위에 십자가를 메고 그리스도를 따라가야 한다는 요청이 함축되어 있다. 그러므로 이 구절에서는 '따름'(sequela)과 사랑의 계명과 십자가를 짐이 서로 연결되어 하나로 통합되어 있음을 알 수 있다.

한편, 「비인준 규칙」 22,9와 「규칙 단편」 1,6에 나타나는 주님의 뜻[97] 또한 사랑의 계명으로 이해할 수 있다. 「비인준 규칙」 22,9은 특히 「비인준 규칙」 22,1-4의 문맥에서 바라보면 더욱 그러하다. 「규칙 단편」 1,1-2과 호응하고 있는 이 부분에는 '그리스도 따름'과 사랑의 계명 사이의 관계가 다음과 같이 표현되어 있다: "¹모든 형제들이여, 우리는 '원수를 사랑하고 너희를 미워하는 자들에게 잘해 주어라' 하신 주님의 말씀에 귀를 기울입시다. ²우리가 발자취를 따라야 할 우리 주 예수 그리스도께서 당신을 넘겨 준 사람을 벗이라 부르시고 또한 당신을 십자가에 못 박은 사람들에게 기꺼이 자신을 내주셨기 때문입니다. ³그러므로 우리에게 부당하게 번민과 괴로움, 부끄러움과 모욕, 고통과 학대, 순교와 죽음을 당하게 하는 모든 이들이 바로 우리의 벗들입니다. ⁴그들이 우리에게 끼치는 그것들로 말미암아서 우리들은 영원한 생명을 누릴 것이기에 우리는 그들을 극진히 사랑해야 합니다"(¹Attendamus omnes fratres quod dicit Dominus: Diligite

---

[96] 참조: 루카 10,25-28; 마르 12,28-34.
[97] 「비인준 규칙」 22,9: "그런데 세속을 떠난 우리에게는 이제 힘써 주님의 뜻을 따르고 그분을 기쁘게 해 드리는 일밖에 다른 할 일이 없습니다"(Nunc autem, postquam dimisimus mundum, nihil aliud habemus facere, nisi sequi voluntatem Domini et placere sibi ipsi); 「규칙 단편」 1,6: "오로지 주님의 뜻을 힘껏 따르고 그분을 힘껏 기쁘게 해 드리는 일밖에"(…nisi ut solliciti simus sequi voluntatem et placere ipsi).

inimicos vestros et benefacite his qui oderunt vos, ²quia Dominus noster Jesu Christus, cuius sequi vestigia debemus, traditorem suum vocavit amicum et crucifixoribus suis sponte se obtulit. ³Amici igitur nostri sunt omnes illi qui nobis iniuste inferunt tribulationes et angustias, verecundias et iniurias, dolores et tormenta, martyrium et mortem; ⁴quos multum diligere debemus, quia ex hoc quod nobis inferunt, habemus vitam aeternam). 1절에서 프란치스코는 원수에 대한 사랑에 이목을 집중시키고, 3-4절에서는 형제들에게 원수에 대한 사랑을 실천하도록 권고한다. 그리고 이 인용 부분의 중심에서는 그리스도께서 자신의 배반자와 자신을 십자가에 못 박아 죽인 이들까지도 사랑하신 그분의 지극한 사랑을 형제들이 따라야 할 모형으로 제시한다. 지금 논의하고 있는 9절의 '따라야 할 뜻'은 바로 이러한 사랑의 문맥 안에 위치해 있다. 「비인준 규칙」 22,9과 「규칙 단편」 1,6에 나타나는 주님의 뜻이 사랑의 실천과 밀접한 관계에 놓여 있다는 뜻이다.

프란치스코는 '그리스도 따름'의 내적인 발자취와 관련하여 「2신자 편지」 11-13에서 다음과 같이 순종의 관점에서 언급한다: "¹¹아버지의 뜻은, 아버지께서 우리에게 주시고 우리를 위해 태어나신 복되고 영광스러운 당신의 아드님이 십자가 제단에서 자신의 피를 통하여 자신을 희생과 제물로 바치는 것이었습니다. ¹²이것은 당신을 통하여 모든 것이 생겨나게 하신 그분 자신을 위한 것이 아니라 우리의 죄 때문이었고, ¹³우리에게 모범을 남기시어 당신의 발자취를 따르게 하시려는 것이었습니다"(¹¹Cuius Patris talis fuit voluntas, ut filius eius benedictus et gloriosus, quem dedit nobis et natus fuit pro nobis, se ipsum per proprium sanguinem suum sacrificium et hostiam in ara crucis offerret; ¹²non propter se, per quem facta sunt omnia, sed pro peccatis nostris, ¹³relinquens nobis exemplum, ut sequamur vestigia eius). 「비인준 규칙」 22,1-4에서 프란치스코는 원수들까지 자비롭게 받아들이는 무조건적인 사랑을 강조하는데, 여기에서는 성부의 뜻에 전적으로 순종하신 그리스도의 희생에 초점을 맞추고 있다. 인용된 부분의 13절에 나타나는 "발자취"는 자신의 생명을 아버지께 드리는 선물로 내어놓으면서 십자가에 죽기까지 순종하신 그리스도의 발자취를 의미한다. 성부께 바친 이러한 그리스도의 봉헌은 그분의 발자취를 따르는 자들이 그분의 희생과 구원의 행위에 협력하도록 그분을 따르는 이들에게 남겨 놓으신 모범이다.

내적 발자취이든, 외적 발자취이든, '그리스도 따름'의 필연적인 결과는 '그리스도가-됨'이다. 이는 '그리스도 따름'의 여정 끝에 다다르면 그리스도가 되지 않을 수 없다는 뜻이다. 이렇게 그리스도의 발자취를 정확하게 따라감으로써 '그리스도'(christus)가 된다는 사실은 프란치스코의 신비체험의 논리적 귀결이요 필연적인 원리라 하겠다. 프란치스코에게 있어 '그리스도 따름'의 여정은 곧 '그리스도가-됨'의 여정인 것이다.

5.2.2. 십자가의 신비 안에서 실현된 '그리스도가-됨'

보나벤투라는 「대전기」 XIV,1,1에서 프란치스코의 몸과 영이 십자가에 못 박혀 그리스도와 함께 십자가에 매달려 있는 것으로 묘사하는 가운데, 프란치스코의 '그리스도-됨'을 소개한다[98]. 사실 프란치스코는 그리스도의 발자취를 철저히 따라갔으며, 그 결과 "또 다른 그리스도"(alter Christus) 혹은 "제2의 그리스도"[99]라고까지 불리게 되

---

[98] 「대전기」 XIV,1,1: "이제 그리스도와 함께 몸과 영혼이 십자가에 못 박힌 프란치스코는 하느님 안에서 세라핌 사랑으로 불탔을 뿐만 아니라, 인류를 구원하기 위하여 십자가에 못 박히신 그리스도의 갈증 그 자체를 느꼈다"(Christo igitur iam cruci confixus Franciscus tam carne quam spiritu, non solum seraphico amore ardebat in Deum, verum etiam sitiebat cum Christo crucifixo multitudinem salvandorum).

[99] 프란치스코와 그리스도의 일치에 관한 주제는 이미 「2첼라노」 26,4(imaginem perfectionis illius), 135,2(quo verus Christi amor in eamdem imaginem trans-

었다. 프란치스코의 이러한 '그리스도 따름'의 정점은 라 베르나 산에서 십자가에 못 박히신 세라핌을 신비적으로 체험한 사건에 자리한다. 이 사건을 통해서 프란치스코는 틀림없이 '그리스도'(christus)가 되는 비밀을 깊이 간파하였을 것이다. 그런 관점에서 프란치스코는 십자가에 못 박히신 분을 철저히 따라간 '그리스도 따름'의 전문가요 이 '따름'을 통하여 실현되는 '그리스도가-됨'의 명인이라고 말할 수 있다. 이제 프란치스코가 이해한 '그리스도가-됨'의 본질을 십자가의 신비와 관련하여 살펴볼 것이다.

"십자가"(crux)라는 말은 프란치스코의 글에 8번 나타나는데, 이 가운데 7번은 그리스도의 십자가를 지칭하고[100], 1번은 '그리스도 따

---

formarat amantem), 219,4(Christi et beati Francisci una persona foret)에 나타나며, 보나벤투라는 「대전기」 머리말 1,8과 XIII,10,5에서 프란치스코를 "또 다른 천사"(alter Angelus)와 동일시하고 있다. "또 다른 천사"(alter Angelus)와 "또 다른 그리스도"(alter Christus) 사이의 긴밀한 일치는 1282/3년 즈음 익명의 어느 프란치스칸이 집필한 것으로 추정되는 「고독 안에서의 가난한 묵상」(Meditatio pauperis in solitudine)이라는 작품에서 찾아볼 수 있다(참조: STANISLAO DA CAMPAGNOLA, 「L'angelo del sesto sigillo e l'alter Christus」, 211): "Vidit ergo Ioannes alterum Angelum, non utique angelus vere, sed hominem, idest beatum Franciscum, vere angelo similem ··· Vel forte alter Angelus dictus est, quia 'alter' facit distinctionem solum ab 'uno', ut beatus Franciscus dicatur 'alter' ab Angelo magni consilii, qui Christus est, cui videlicet ipse espresse similis cactus est..."(「Meditatio pauperis in solitudine. Auctore anonymo saec. XIII」, 140-141). 프란치스칸 문학 안에서 "또 다른 그리스도"(alter Christus)라는 표현은 「행적」 6,1에 처음으로 나타난다: "Verissimus servus Dei Franciscus, quia in quibusdam fuit quasi alter Cristus datus in mundo, ideo Deus Pater tam felicem hominem in multis Cristo, suo Filio, fecit esse conformem"(참조: STANISLAO DA CAMPAGNOLA, 「L'angelo del sesto sigillo e l'alter Christus」, 204; F. URIBE, 「Introduzione alle fonti agiografiche di san Francesco e santa Chiara d'Assisi (secc. XIII-XIV)」, 436). "또 다른 그리스도"(alter Christus)에 대한 관점은 「잔꽃송이」의 저자에 의해 또다시 강조된다: "O tu se' Cristo, o tu se' santo Francesco"(「I Fioretti di san Francesco. Delle sacre sante istimate di santo Francesco」, 「FF」, 1266; 참조: R. TEMPERINI, 「San Francesco d'Assisi dalla penitenza alla conformità con Cristo」, 68).

[100] 「Corpus des sources franciscaines V」에 의하면, "십자가"(crux)라는 말은 9번 나타나지만, 1번은 「권고」 5의 제목에 나타나기 때문에 이는 포함시키지 않았다.

름'의 문맥 안에서 사람이 지고 가야 할 십자가를 가리킨다[101]. 그런데 "자기 십자가를 지고 나를 따라야 한다"(tollat crucem suam et sequatur me)는 주제는 이미 프란치스코의 회개 초기부터 등장한다. 프란치스코가 자신의 첫 동료인 퀸타발레의 베르나르도와 또 다른 형제를 동반하고 성 니콜로 성당에 가서 함께 복음서를 세 번 펼쳤을 때[102], 그들이 선택한 구절들 중 하나는 자기 십자가를 지고 그리스도를 따르라는 것이었으며, 이는 「비인준 규칙」 1,3에 다음과 같이 들어가 있다: "누구든지 내 뒤를 따라오려면, 자신을 버리고 제 십자가를 지고 나를 따라야 한다"(Si quis vult post me venire, abneget semetipsum et tollat crucem suam et sequatur me)[103]. 프란치스코는 마태 16,24에서 인용한 이 구절을 루카 복음과 사도 파울로의 영향 아래 주님의 십자가를 지고 주님을 따르라는 의미로 발전시킨다.

프란치스코의 글에서 "[주님의] 십자가를 진다"는 표현은 세 번 나타나는데, 이 가운데 두 번은 「수난 성무」 7,8과 15,13에 다음과 같이 동일하게 표현되어 나타난다: "너희 몸을 들어 그분의 거룩한 십자가를 져라. * 그분의 지극히 거룩한 계명을 끝날까지 지켜라"(Tollite corpora vestra et baiulate sanctam crucem eius * et sequimini usque in finem sanctissima praecepta eius). 「수난 성무」 15편은 성탄 시기의 모든 시간경 때에 바쳐졌고, 「수난 성무」 7편은 성탄 시기를 제외한 모든 저녁 기도 때에 바쳐졌다. 그러므로 프란치스코는 적어도 「수난 성무」를 작성한 이후에 이 구절을 읊으면서 주님의 십자가의 신비를 관상하였을 것이다. 뿐만 아니라, 지금까지 살펴본 바에 따르면, 십자

7번은 그리스도의 십자가와 관계가 있는데, 이는 다음과 같다: 「권고」 5,8; 6,1; 「2신자 편지」 11; 「수난 성무」 7,8; 15,13; 「비인준 규칙」 23,3; 「유언」 5.
[101] 참조: 「비인준 규칙」 1,3.
[102] 참조: 「1첼라노」 24; 「2첼라노」 15; 「대전기」 III,3; 「익명의 페루쟈」 10-11; 「세 동료」 27-29.
[103] 「비인준 규칙」 1,3.

가를 진다는 것은 그리스도가 된다는 것을 의미하기에, 「수난 성무」의 저 구절을 바치면서 프란치스코가 매일 '그리스도가-됨'의 신비, 즉 그리스도와의 신비적 일치를 관상하였다고 추측할 수 있다[104].

주님의 십자가를 짐으로써 그리스도가 되는 신비가 요약적으로 잘 표현된 구절은 「권고」 5,8이다: "오히려 우리는 이 안에서 우리의 연약함과 우리 주 예수 그리스도의 거룩한 십자가를 매일 지는 일을 자랑할 수 있습니다"(sed in hoc possumus gloriari in infirmitatibus nostris et baiulare quotidie sanctam crucem Domini nostri Jesu Christi). 이 간략한 구절에서 프란치스코는 십자가를 지고 그리스도를 따르는 것에 관한 복음의 가르침과 사도 파울로의 사상을 보다 더 심오하게 종합하는 가운데 '그리스도가-됨'의 비밀을 이 권고 속에 감추어 놓았다.

우선 「권고」 5,8에는 신약 성경에서 인용한 말씀들이 적어도 네 구절 이상 들어 있다. 그리고, 이 「권고」에 의하면, 인간이 자랑할 수 있는 것은 두 가지뿐이다. 하나는 인간 존재의 나약함을 뜻하는 '연약함'이고[105], 다른 하나는 그리스도의 거룩한 십자가를 지는 것이다. 프란치스코가 가지고 있었던 이러한 사상의 뿌리는 사도 파울로의 편지에 두고 있다. 2코린 12,5에서 성 파울로는 자기 자신을 자랑하고 싶지 않고 자랑을 한다면 오히려 자신의 약함만을 자랑하겠노라고 고백한다: "이런 사람에 대해서라면 내가 자랑하겠지만, 나 자신에 대해서는 내 약함밖에 자랑하지 않으렵니다"(Pro huiusmodi gloriabor; pro me autem nihil gloriabor nisi in infirmitatibus meis). 그리고 갈라 6,14

---

[104] 참조: D. BARSOTTI, 「San Francesco preghiera vivente」, 64.69.

[105] "인피르미타스"(infirmitas)라는 말은 문자적 의미로 보면 첫째로 육체적 질병을 의미한다. 프란치스코의 글에 이 낱말은 18번 나타나는데, 이 가운데 14번은 육체적인 병약함을 지칭하기 위해 사용된다. 그러나 「권고」 5,8에서 프란치스코는 "우리의 연약함"을 가리키기 위해 이 말을 사용하며, 이런 경우에는 인간이 겪게 되는 한계와 부족함같이 보다 더 심층적인 차원을 의미하는 것으로 이해해야 한다(참조: F. URIBE, 「La vera gloria dell'uomo. L'Ammonizione V di san Francesco」, 372-373).

에서는 이렇게 고백한다: "그러나 나는 우리 주 예수 그리스도의 십자가 외에는 어떠한 것도 자랑하고 싶지 않습니다. 그리스도의 십자가로 말미암아 내 쪽에서 보면 세상이 십자가에 못 박혔고 세상 쪽에서 보면 내가 십자가에 못 박혔습니다"(Mihi autem absit gloriari, nisi in cruce Domini nostri Iesu Christi, per quem mihi mundus crucifixus est, et ego mundo). 이러한 구절들에 표현된 사도 파울로의 사상이 「권고」 5,8에 반영되어 나타난다.

「권고」 5,8에는 루카 9,23과 14,27이 인용되어 있다. 그리스도의 십자가든, 인간 자신의 십자가든, 십자가를 진다는 사상은 근본적으로 복음에 바탕을 두고 있는데, "제 십자가를 짊어진다"(baiulat crucem suam)는 표현은 루카 14,27에만 나타나고[106], "제 십자가를 진다"(tollat crucem suam)는 표현은 마태 16,24, 마르 8,34, 루카 9,23에 나타난다[107]. 그런데 「권고」 5,8에는 "짊어진다"(baiulare)는 동사가 사용되었기에, '십자가를 진다'는 복음과 관련해서는 루카 14,27이 인용되었다고 말할 수 있다. 한편, 「권고」 5,8에 나타나는 "매일"(quotidie)이라는 단어는 십자가를 지는 것과 관계 있는 말로, 복음서들 가운데서는 루카 9,23에만 "코티디에"(cotidie, 날마다)가 나타나기에 이 또한 루카 9,23에서 인용되었다고 말할 수 있다. 프란치스코는 인간의 연약함 및 십자가를 지는 것과 관련하여 루카 복음과 사도 파울로의 서간을 묵상하면서, 위에 언급한 네 개의 성경 구절들을 한 문장으로 종합하는 가운데, 사도 파울로의 사상을 바탕으로 십자가에 관한 복음을 놀랍도록 심화시켜 놓은 것이다.

---

[106] "Et, qui non baiulat crucem suam et venit post me, non potest esse meus discipulus"(루카 14,27).

[107] "Tunc Iesus dixit discipulis suis: Si quis vult post me venire, abneget semetipsum et tollat crucem suam et sequatur me"(마태 16,24); "Et convocata turba cum discipulis suis, dixit eis: Si quis vult post me sequi, deneget semetipsum et tollat crucem suam et sequatur me"(마르 8,34); "Dicebat autem ad omnes: Si quis vult me venire, abneget semetipsum et tollat crucem suam cotidie et sequatur me"(루카 9,23).

십자가를 지라는 권고에 대한 복음 말씀, 사도 파울로의 서간, 프란치스코의 「권고」를 비교해 보면, 사상의 발전 과정을 발견할 수 있다. 먼저, 공관 복음의 그리스도는 자신의 제자들에게 십자가를 지고 그를 따르라고 권고한다. 로마 제국 시대에는 십자가형이 널리 알려져 있었기 때문에 십자가는 유다 지역에서도 자연스럽게 치욕스럽고 잔인한 형벌의 이미지를 연상시켰다. 그리스도는 십자가가 지니고 있는 이러한 부정적인 이미지를 내적으로 해석하면서, '그리스도 따름'에 필수적으로 요청되는 '자기 십자가'를 내적 벗어버림의 상징으로 제시한다[108]. 복음에 나타나는 십자가의 두드러진 특징 가운데 하나는 "수암"(suam, 자기의)이라는 소유 형용사를 통하여 엿볼 수 있다. 왜냐하면 이 소유 형용사는 그리스도의 발자취를 따르는 자는 누구든지 각자 자기 십자가를 짊어져야 한다는 사실을 강조하기 때문이다. 세 공관 복음서들은 모두 "수암"(suam)이라는 이 소유 형용사를 사용하여 십자가를 꾸미고 있다. 이와는 대조적으로 사도 파울로의 서간에는 이 소유 형용사가 나타나지 않는다. 이는 사도 파울로가 그리스도의 십자가를 돋보이게 강조하고자 했음을 암시한다. 사도 파울로와 마찬가지로, 프란치스코 역시 자신의 글에서 마태 16,24을 인용하는 가운데 단 한 번 "자기 십자가"(crucem suam)에 대해 언급하고 그 외에는 7번 모두 그리스도의 십자가에 대해 말한다.

한편, 루카복음 저자는 다른 복음 저자들과 달리 9장 23절에서 "자기 십자가를 진다"(tollat crucem suam)는 표현에 "매일"(cotidie)이라는 낱말을 덧붙인다. 그런데 이 낱말은 "일상적인 크리스천 삶이 지니고 있는 도전성을 강조해 주는"[109] 역할을 한다. 루카의 예수는 그를 따르는 이들에게 일상적인 자기 십자가를 지고 매일 스승의 발

---

[108] 참조: S. BRIGLIA, 「Vangelo secondo san Marco」, 『Nuovo commentario biblico. I Vangeli』, 617.

[109] J. FITZMYER, 『The Gospel according to Luke I-IX』, 787-788.

자취를 따르라고 초대하는 것이다[110]. 이는 루카 복음 저자가 십자가에서 겪으신 그리스도의 고통을 일상적인 삶과 연결시키면서, 십자가의 신비를 '그리스도 따름'에 숨겨져 있는 일상적 차원에로 보다 더 깊이 심화시키는 것을 의미한다[111]. 프란치스코는 이를 「권고」 5,8에서 받아들인 것이다.

십자가를 짊어지라는 그리스도의 가르침은 그분께서 이를 가르치실 때보다 그분의 수난과 십자가의 죽음 이후에 더 강한 의미를 지니게 되고 신학적 기능도 더 커지게 된다[112]. 특히 사도 파울로는 십자가의 신비를 깊게 관상하면서, 십자가에 관한 가르침의 중심을 매일 자기 십자가를 지고 따르라는 인간 중심적 관점에서 그리스도의 십자가를 지고 따르라는 그리스도 중심적 관점으로 전환시켜 놓는다. 사실 사도 파울로는 인간의 본질적인 약함과 십자가에 못 박히신 그리스도의 역설적 메시지를 잘 꿰뚫어 보았던 사도이다[113]. 이러한 성 파울로의 신학에 의하면, 인간은 하느님 앞에서 그 어떤 동기로도 자랑할 수 없는 가난한 존재이다(참조: 로마 4,2; 1코린 1,29). 그럼에도 불구하고 그리스도의 힘, 즉 하느님의 은총은 인간의 약함을 통하여 작용하고 인간을 근본적으로 변화시켜 놓는다(참조: 2코린 12,10)[114]. 사도 파울로는 약한 인간 안에서 활동하시는 하느님의 구원의 힘을 대단히 깊이 관상하였다(참조: 1코린 1,18). 타르소의 이 사도는 인간의 약함이 십자가의 신비를 통하여 강하게 된다는 사실을 온전히 깨달

---

[110] 참조: J. FITZMYER, 「Luca teologo. Aspetti del suo insegnamento」, 110.
[111] 참조: F. URIBE, 「La vera gloria dell'uomo. L'Ammonizione V di san Francesco」, 374.
[112] 참조: S. BRIGLIA, 「Vangelo secondo san Marco」, 「Nuovo commentario biblico. I Vangeli」, 618.
[113] 참조: I. FOULKES, 「Prima lettera ai corinzi」, 「Nuovo commentario biblico. Atti degli Apostoli – Lettere – Apocalisse」, 251.
[114] 참조: E. DE LA SERNA, 「Seconda lettera ai corinzi」, 「Nuovo commentario biblico. Atti degli Apostoli – Lettere – Apocalisse」, 349.

있다(참조: 2코린 13,4). 사도 파울로의 신학적 전망 안에서 십자가의 논리를 따른다면, 인간의 모든 약함은 하느님이 개입하시기에 적절한 공간이 되고 초자연적 은총을 체험하는 신비 체험의 공간이 된다[115]. 이와 같은 방식으로 사도 파울로는 인간의 약함 안에서 작용하시는 십자가의 역설적 신비를 심오하게 꿰뚫어보았으며, 이러한 관상의 필연적 결과로 그는 자신의 약함과 그리스도의 십자가만을 자랑하게 되었다[116].

사도 파울로의 신학 안에서 인간의 약함은 하느님 은총의 도구가 되고, 이를 통하여 불완전하고 유한한 인간은 십자가의 신비 안에서 절대적이고 무한한 하느님의 신비와 일치하게 된다. 프란치스코는 이러한 인간의 처지를 잘 꿰뚫어 보았고 이를 「권고」 5,8에 표현해 놓았으며, 사도 파울로의 신학과 루카 복음의 신학을 다음과 같이 한 문장으로 요약해 놓았다: "오히려 우리는 이 안에서 우리의 연약함과 우리 주 예수 그리스도의 거룩한 십자가를 매일 지는 일을 자랑할 수 있습니다"(sed in hoc possumus gloriari in infirmitatibus nostris et baiulare quotidie sanctam crucem Domini nostri Jesu Christi). 이 구절을 이해하기 위해서는 이 구절 앞에 묘사되어 있는 '소유하지 않음'의 의미를 먼저 이해해야 한다. 「권고」 5,5-7에는 인간의 외적인 특성이나 자질조차도 인간에게 속하지 않는다는 사실이 밝혀져 있다[117]. 프란치스코에 의하면, 하느님은 유일하게 선한 존재이시고 모든 선은 하느님으로부터 비롯되며 그 결과 모든 선은 하느님의 것이 된다[118]. 따라서 인간은 그 누구도 이러한 선들을 자랑할 수도 자랑해서도 안

---

[115] 참조: E. DE LA SERNA, 「Seconda lettera ai corinzi」, 『Nuovo commentario biblico. Atti degli Apostoli – Lettere – Apocalisse』, 350.
[116] 참조: 1코린 1,30; 2,2; 2코린 10,17; 12,5; 갈라 6,14.
[117] 참조: F. URIBE, 「La vera gloria dell'uomo. L'Ammonizione V di san Francesco」, 373.
[118] 참조: 「권고」 2,3; 7,4; 8,3; 「주님 기도」 2; 「비인준 규칙」 17,17-18.

된다. 만일 자랑을 한다면, 하느님의 선을 소유하는 결과가 초래되고, 그렇게 하느님의 선을 도둑질하게 되기에 결국은 하느님을 모독하는 죄로 끝나고 만다[119]. 이런 관점에서 바라보면, 주님의 십자가를 지는 것도 자랑할 수 없게 된다. 주님의 십자가를 지는 것조차도 자랑을 하게 되면, 죄를 짓는 결과가 빚어지기 때문이다. 그러나 자랑에 유일하게 예외가 하나 있다. 그것은 「권고」 5,8에 나와 있는 바와 같이 "우리의 연약함을 자랑함"(gloriari in infirmitatibus nostris)으로써 "주님의 거룩한 십자가를 지는 것"(baiulare sanctam crucem Domini)이다[120]. 이런 경우에는 하느님의 선을 소유하지 않으면서 자랑을 할 수 있게 된다. 왜냐하면 자신의 연약함을 자랑하는 것 자체가 자연적으로 주님의 십자가를 지는 것이 되고 그 자체가 주님의 십자가를 찬양하는 것이 되기 때문이다.

그렇다면, 「권고」 5,8에서 프란치스코가 말하고자 하는 '연약함의 자랑'이란 무엇을 뜻하는가? 이 구절에서 "자랑하다"(gloriari)는 말은 각자가 자신의 나약함을 받아들이면서 인간의 연약함 앞에서 겸손하게 머무르는 것을 역설적으로 의미하는데, 이러한 작음의 자세로 살면 연약함조차도 소유하지 않게 된다[121]. 누구든지 겸손과 내적인 가난의 덕 안에서, 즉 작음 안에서, 자신의 연약함을 인정하고 받아들이면, 그리스도께서 그 사람 안으로 들어와 그 사람의 자리에서

---

[119] 참조: 「권고」 2,3; 8,3.
[120] 프란치스코의 글 안에서 자랑하는 또 다른 경우는 「권고」 4,2에 나타난다: "다른 사람들 위에 있게 된 이들은, 형제들의 발을 씻어 주는 직책을 위임받은 것을 자랑하는 그만큼 그 장상직을 자랑할 것입니다"(Illi qui sunt super alios constituti, tantum de illa praelatione glorientur, quantum si essent in abluendi fratrum pedes officio deputati). 이 구절은 역설적인 의미를 지니기에, 자랑의 대상은 장상직이 아니라 "형제들의 발을 씻어 주는 것"이라 이해해야 할 것이다. 이는 「권고」 4의 문맥에서 보면 낮고, 비천하며, 수치스럽고, 부끄러운 자리에 있음을 의미하는 것이며, 궁극적으로는 「권고」 5,8의 "우리의 연약함을 자랑하는 것"과 결코 다르지 않다.
[121] 참조: J. S. LEE, 「Francis the mystic」, 27.

그 사람의 연약함을 떠맡으시게 되는 것이다. 이것이 바로 인간의 구원을 위하여 인간 존재 안에서 그리스도께서 짊어지시는 십자가의 신비이다. 이러한 십자가를 바라보고 이를 깨달아 받아들일 때 인간은 자신의 연약함을 그리스도와 함께 지게 되는 것이다. 그 결과 '나의' 십자가는 '그리스도의' 십자가가 되고, '그리스도의' 십자가는 '나의' 십자가가 된다. 이렇게 하여 인간 존재는 그리스도와 함께 십자가에 못 박히고 "이제는 내가 사는 것이 아니라 그리스도께서 내 안에 사시는 것"[122]이 된다. 이런 상태에서는 자신의 연약함을 자랑하는 것이 그리스도의 십자가를 찬양하고 그리스도의 십자가만을 빛나게 하는 영광의 행위가 된다. 다시 말하면, 연약함을 자랑할 때에 그 순간 동시적으로 그리스도의 십자가가 필연적으로 빛나게 되고 이러한 수동적 상황에서는 그 누구도 하느님의 선을 소유할 수 없게 되기 때문에, 연약함을 자랑하는 것과 그리스도의 십자가를 지는 것을 자랑하는 것이 하느님의 선을 소유하는 죄가 되지 않는다는 것이다. 그러므로 프란치스코의 신비체험 안에서 "우리의 연약함을 자랑한다"는 표현과 "우리 주 예수 그리스도의 거룩한 십자가를 매일 지는 일을 자랑한다"는 표현은 동시적으로 발생하는 동일한 사건이라고 말할 수 있다[123]. 이렇게 연약함 자랑과 십자가 자랑의 불가분리적인 인과성과 시간적 동시성으로 말미암아 프란치스코는 자신의 연약함을 자랑하면서 그리스도의 거룩한 십자가를 자신의 어깨로 짊어질 수 있었다. 이것이 바로 연약함을 자랑하는 것 안에 숨겨져 있는 십자가 신비의 비밀이고, 이 비밀이 프란치스코가 추구했던 '그리스도 따름'의 탁월성이라 하겠다.

---

[122] 갈라 2,20.
[123] 「권고」 5,8에 나타나는 접속사 "엩"(et)은, 「권고」 1의 "보고 믿는다"(videre et credere)의 경우처럼, 단순한 대등 접속사가 아니라 인과적이고 동시적인 의미를 지니고 있다.

그리고 여기에서 유의해야 할 사실 하나는 십자가 신비 체험에 있어서의 "쿼티디아니타"(quotidianità), 즉 "일상성"이다. 이 말은 라틴어 형용사 "코티디아누스"(cotidianus)로부터 파생되었는데[124], 이 형용사는 어원적으로 '매일의'라는 의미를 지니고 있고, 발전된 개념으로는 '일상의' 혹은 '통상의'라는 의미를 지니고 있다. 그런데 통상적으로 '일상의 신비체험'이라 지칭할 때의 "일상"(日常)이란 말은 "코티디아누스"(cotidianus)의 발전된 개념으로 늘 발생한다는 의미에서의 '일상'을 뜻하기에, 이 어휘는 '매 순간' 열려져 있는 신비 체험의 무한한 가능성을 암시하는 것이라 하겠다. 한편, 인간의 연약함은 인간의 불완전성으로부터 비롯되는 인간의 실존적 상황이다. 그런데 프란치스코의 신비체험 안에서는 누구나 자신의 이 연약함을 자랑하면서 그때마다 늘 일상적인 삶을 실존적으로 그리스도의 십자가 고통에 제휴시킬 수 있다[125]. 그러므로 「권고」 5,8에 등장하는 "매일"(quotidie)이라는 부사는 신비 체험의 일상성을 분명하게 반영하는 어휘로, 십자가의 신비가 지니고 있는 실존적 일상성과 깊이 관련되어 있다 하겠다.

결론적으로, "연약함을 자랑하는 것"과 "주님의 십자가를 지는 것"의 동시성, 즉 인간이 지니고 있는 나약함의 영속적인 실존성과 십자가 신비의 일상성의 동시성으로 말미암아 믿는이들은 점진적으로 십자가에 못 박히신 분과 일치되어 가고 십자가에 못 박히신 그리스도로 변화되어 간다고 말할 수 있다. 이는 인간 존재 안에 숨겨져 있는 '그리스도가-되는' 신비의 핵심에 해당되며, 이 '그리스도가-됨'은 '그리스도 따름'을 통하여 십자가에 못 박히신 분과 실존적으로 일치함을 뜻하는 것이다.

---

[124] 참조: 『De Mauro. Il dizionario della lingua italiana』, 2051.
[125] 참조: F. URIBE, 「La vera gloria dell'uomo. L'Ammonizione V di san Francesco」, 374.

5.2.3. 프란치스코가 추구한 '그리스도-됨'의 사례들

프란치스코는 '그리스도 따름'의 명수요 '그리스도가-됨'의 전문가로서 이와 관련된 탁월한 신비적 행위들을 여러 가지 남겨 놓았다. 그러나 이 논문의 제약성으로 인해 두드러진 몇 가지 사례만을 살펴보고자 한다.

5.2.3.1. 동냥

프란치스코의 글에는 "동냥"(eleemosyna)이라는 낱말이 25번 나타나는데, 동냥은 작음의 삶을 단적으로 표현해 주는 동시에 '그리스도를 따르는'(sequela Christi) 탁월한 한 방법으로서[126], 이 안에는 '그리스도가 되는' 차원도 숨겨져 있다.

「비인준 규칙」 9,1-9은 동냥에 관한 프란치스코의 정신이 잘 요약되어 있는 글로 이 부분은 다음과 같이 '그리스도 따름'에 대한 고찰로부터 시작된다: "¹모든 형제들은 우리 주 예수 그리스도의 겸손과 가난을 따르도록 힘쓸 것이며, '먹을 것과 입을 것이 있으면, 우리는 그것으로 만족합시다'라고 사도가 말한 대로 온 세상의 다른 어느 것도 가져서는 안 된다는 것을 기억할 것입니다. ²그리고 천한 사람들과 멸시받는 사람들 가운데에서, 또한 가난한 사람들과 힘없는 사람들, 병자들과 나병 환자들, 그리고 길가에서 구걸하는 사람들 가운데에서 살 때 기뻐해야 합니다"(¹Omnes fratres studeant sequi humilitatem et paupertatem Domini nostri Jesu Christi et recordentur, quod nihil aliud oportet nos habere de toto mundo, nisi, sicut apostolus, habentes alimenta et quibus tegamur, his contenti sumus. ²Et debent gaudere, quando conversantur inter viles et despectas personas, inter pauperes et debiles et infirmos et leprosos et iuxta viam mendicantes). 이 인용문에서 프란치스코는 '그리스도 따름'에 관한 두 가지 양식을 제시한다.

---

[126] 참조: F. URIBE, 「Strutture e specificità della vita religiosa」, 224.

하나는 먹을 것과 입을 것 외에는 아무것도 소유하지 않는 것, 즉 외적인 가난이고, 다른 하나는 천한 사람들과 멸시받는 사람들, 가난한 사람들과 힘없는 사람들, 병자들과 나병 환자들, 길가에서 구걸하는 사람들 가운데에서 사는 것, 즉 내적인 가난 또는 겸손이다. 그런데 프란치스코에게 가난하시고 겸손하신 그리스도를 따라가면서 그러한 가난을 구체적으로 살아가는 더없이 좋은 방법은 동냥이다. 이런 사상을 바탕으로 프란치스코는 3절에서 다음과 같이 권고한다: "그리고 필요하면 동냥하러 다닐 것입니다"(Et cum necesse fuerit, vadant pro eleemosynis). 이 구절에서 말하는 필요한 경우란 먼저 일의 보수를 받지 못하는 경우나[127] 설사 보수를 받는다 할지라도 충분하지 않는 경우를 가리킨다[128]. 그리고 동냥을 청해야 하는 또 다른 경우는 나환자들을 위해 꼭 필요한 때이다[129]. 그러한 경우에 동냥은 형제적 공동체를 부양하기 위한 하나의 방법이라 이해할 수 있다[130]. 동냥에 관한 규정은 「인준 규칙」 6장에도 나타나는데, 여기에서는 동냥을 해야 하는 필요성이 그 조건으로 언급되어 있지 않으나, 동냥이 이미 생활을 위한 일상적인 수단이 된 것으로 해석할 수 있다[131].

---

[127] 「유언」 22: "그리고 우리가 일의 보수를 받지 못할 때에는 집집마다 동냥하면서 주님의 식탁으로 달려갑시다"(Et quando non daretur nobis pretium laboris, recurramus ad mensam Domini, petendo eleemosynam ostiatim).

[128] 「비인준 규칙」 7,7-8: "[7]그리고 형제들은 일의 보수로 금전을 제외하고 필요한 모든 것을 받을 수 있습니다. [8]그리고 필요하다면 다른 형제들처럼 동냥을 하러 다닐 것입니다"([7]Et pro labore possint recipere omnia necessaria praeter pecuniam. [8]Et cum necesse fuerit, vadant pro eleemosynis sicut alii pauperes). 8절의 "필요한"(necesse)이라는 말은 일의 보수로 필요한 것들을 불충분하게 받은 경우를 가리킨다.

[129] 「비인준 규칙」 8,10: "그러나 형제들은 나병 환자들 때문에 꼭 필요한 경우에 그들을 위하여 동냥을 청할 수 있습니다"(Fratres tamen in manifesta necessitate leprosorum possunt pro eis quaerere eleemosynam).

[130] 참조: F. URIBE, 『Strutture e specificità della vita religiosa』, 223.

[131] 참조: 위와 같은 책, 224. 「인준 규칙」 6,2: "그리고 이 세상에서 순례자와 나그네처럼 가난과 겸손 안에서 주님을 섬기면서 신뢰심을 가지고 동냥하러 다닐 것

한편, 프란치스코는 「은수처 규칙」 4-5절에서 내적인 동냥에 관하여 다음과 같이 언급한다: "⁴그리고 적절한 시간에 일시경을 바칠 것이고, 삼시경을 바친 후 침묵을 풀고 이야기할 수 있으며 자기 어머니들에게 갈 수 있습니다. ⁵그리고 원할 때, 보잘것없는 가난한 이들처럼 주 하느님의 사랑 때문에 어머니들에게 동냥을 청할 수 있습니다"(⁴Et dicant primam hora qua convenit et post tertiam absolvant silentium; et possint loqui et ire ad matres suas. ⁵Et, quando placuerit, possint petere ab eis eleemosynam sicut parvuli pauperes propter amorem Domini Dei). 이 구절에 나오는 "동냥"이라는 말은 아들 역할을 하는 형제가 어머니 역할을 하는 형제에게 겸손과 사랑 안에서 도움을 청하는 것을 은유적으로 표현한 것이다. 따라서 이는 일종의 영적인 동냥이라 할 수 있다. 이런 경우에 동냥은 형제적 삶의 정수를 겨냥하면서 작음의 형제 공동체를 실현시켜 나가는 일종의 구체적인 방식이 되며, 이 안에서 각 형제는 내적인 마음의 탁발승이 된다[132]. 다시 말하면, 작은 형제들의 삶 안에서 동냥은 내적이든 외적이든 그들 삶의 근본적인 특성을 드러내는 것이라 하겠다. 그런데 동냥의 근본적인 동기는 겸손하고 가난하신 그리스도의 삶을 따르는 데 있다. 이와 관련하여 프란치스코는 「비인준 규칙」 9,5에서 다음과 같이 언급한다: "또한 주님 자신도 복되신 동정녀도 제자들도 가난하셨고 나그네이셨으며 동냥으로 사셨습니다"(et fuit pauper et hospes et vixit de eleemosynis ipse [Dominus noster Jesus Christus] et beata Virgo et discipuli eius). "우리 주 예수 그리스도께서 가난하셨고 나그네이셨으며 동냥으로 사셨다"는 표현은 프란치스코의 고유한 해석이다. 그에게 그리스도는 특히 공생활 동안 일종의 구걸꾼이었고 지상의 나그네였다. 그러나 복음서들 어디에도 그리스도가 구걸꾼이었고 동냥으로 사셨다는 증언은 나타나

입니다"(Et tanquam peregrini et advenae in hoc saeculo in paupertate et humilitate Domino famulantes vadant pro eleemosyna confidenter).
[132] 참조: F. URIBE, 「Strutture e specificità della vita religiosa」, 225.

지 않는다[133]. 이러한 이해를 바탕으로 보면, 그 누구보다 먼저 그리스도 자신이 가난한 나그네로서 구걸로 살아가셨기 때문에, 작은 형제들 또한 작고 겸손하신 그리스도의 발자취를 따라 동냥으로 살아가야 하는 것이다. 바로 여기에 탁발의 가치론적 기초가 자리하며, 이로 말미암아 동냥은 '그리스도가 되는'(christificatio) 하나의 구체적인 방법으로서 '그리스도를 따르는'(sequela Christi) 탁월한 길이 된다 하겠다.

프란치스코가 제시하는 탁발은 작음의 덕과 밀접한 관계에 놓여 있다[134]. 이 아씨시 신비가는 「인준 규칙」 6,2에서 탁발의 자세에 대해 다음과 같이 언급한다: "그리고 이 세상에서 순례자와 나그네처럼 가난과 겸손 안에서 주님을 섬기면서 신뢰심을 가지고 동냥하러 다닐 것입니다"(Et tanquam peregrini et advenae in hoc saeculo in paupertate et humilitate Domino famulantes vadant pro eleemosyna confidenter). 프란치스코는 이 구절에서 동냥의 자세를 두 가지 관점에서 구별하고 있다. 하나는 외적인 자세이고 다른 하나는 내적인 자세이다. "이 세상에서 순례자와 나그네처럼"이라는 구절은 외적인 자세를 묘사하는 것이다. 이런 자세에 의하면, 형제들은 사회로부터 보다 더 소외되고 보다 더 가난하고 보다 더 버림받은 사람들의 계층에 속해야 한다. 이는 「비인준 규칙」 7,8의 "필요하다면 다른 가난한 이들처럼 동냥하러 다닐 것입니다"와 「은수처 규칙」 5의 "보잘것없는 가난한 이들처럼…어머니들에게 동냥을 청할 수 있습니다"에서도 읽어낼 수 있다. 외적인 가난의 자세에는 또한 내적인 덕이 전제되어 있는데, 이는 「인준 규칙」 6,2의 "가난과 겸손 안에서 주님을 섬기면서"(in paupertate et humilitate Domino famulantes)에 표현되어 있다. 동냥 안에 숨겨져 있는 가난과 겸손은 그리스도의 가난과 겸손을 재현시키며 '그리스도를 따르게 하는'(sequela Christi) 덕들이 된다. 「비인준 규칙」 9,1에는 다음과 같이 표현되어 있다: "모든 형제들

---

[133] 참조: K. NGUYEN VAN, 「Gesù Cristo」, 77.
[134] 참조: F. URIBE, 「Strutture e specificità della vita religiosa」, 224.

은 우리 주 예수 그리스도의 겸손과 가난을 따르도록 힘쓸 것입니다". 내적인 덕의 관점에서 비추어보면, 탁발은 가난과 겸손을 통하여 '그리스도를 따라가는'(sequela Christi) 작음의 탁월한 길이기도 하다.

탁발 안에 숨겨져 있는 작음의 덕은 동냥을 하며 겪는 부끄러움과도 관계가 있다. 프란치스코는 「비인준 규칙」 9,4과 6에서 동냥의 부끄러움과 관련하여 다음과 같이 언급한다: "⁴모든 형제들은 부끄러워하지 말고, 오히려 전능하시고 '살아 계신 하느님의 아들' 우리 주 '예수 그리스도'께서 '차돌처럼 당신 얼굴빛 변치 않으셨고' 부끄러워하지 않으셨다는 것을 기억할 것입니다. ⁶사람들이 형제들에게 모욕을 줄 때나 동냥을 거절할 때, 그 받은 모욕 때문에 우리 주 예수 그리스도의 심판대 앞에서 큰 영예를 받게 될 것이니, 그 일에 대해 하느님께 감사를 드릴 것입니다"(⁴Et non verecundentur et magis recordentur quia Dominus noster Jesus Christus, Filius Dei vivi omnipotentis, posuit faciem suam ut petram durissimam, nec verecundatus fuit. ⁶Et quando facerent eis homines verecundiam et nollent eis dare eleemosynam, referant inde gratias Deo; quia de verecundiis recipient magnum honorem ante tribunal Domini nostri Jesu Christi). 4절에서 프란치스코는 형제들에게 동냥을 하면서 부끄러워하지 말라고 권고하는데, 이는 동냥 자체가 이미 치욕적인 행위로 여겨지고 있음을 전제하는 것이다. 4절에 비해 6절에는 동냥의 부끄러움이 더 또렷하게 표출되어 있다. 이러한 구절들에는 프란치스코 자신과 그의 동료들의 동냥 체험이 반영되어 있는 것으로 보여진다. 프란치스코의 생애를 기록한 초기 전기 작가들에 의하면, 동냥을 하면서 프란치스코 역시 부끄러움을 체험하였다.[135] 「2첼라노」 71,2-3에서 그 한 예를 볼 수 있다: "²그[프란치스코]는 구걸을 부끄러워함은 구원의

---

[135] "¹Cum autem laboraret assidue in opere ecclesiae memoratae, volens in ipsa ecclesia luminaria iugiter esse accensa, ibat per civitatem oleum mendicando. ²Sed, cum prope quamdam domum venisset, videns ibi homines congregatos ad ludum, verecundatus coram eis eleemosynam petere, retrocessit" (「세 동료」 24,1-2); 참조: 「2첼라노」 13,2-3.

적(敵)이라고 말하곤 하였다. 구걸하는 데에 부끄러워 발걸음을 돌리지 않으면 그 부끄러움은 거룩하다고 그는 단언하였다. ³그러노라면 부드러운 이마가 붉어지는 것을 그는 갸륵하게 여겼고, 부끄러워 난감한 기색을 보이는 자에게는 그렇지가 않았다"(²Verecundiam mendicandi inimicam saluti dicebat; verecundiam in mendicando, eam quae pedem non retrahit sanctam esse confirmans. ³Nasci ruborem in tenera fronte laudabat, pudore confundi non ita). 3절의 "부드러운 이마가 붉어지는 것"이란 표현은 동냥할 때의 심리적 현상을 묘사한 것으로, 이는 동냥이 부끄러운 행위라는 사실을 암시하고 있다. 이를 전제로 이 인용문에서 주목할 점은 2절에서 "거룩하다"(sanctus)는 형용사가 동냥의 "부끄러움"(verecundiam)을 수식한다는 것과, 3절에서 "갸륵하게 여기다"(laudabat)는 동사가 거룩한 부끄러움을 칭찬하는 프란치스코의 정신을 나타낸다는 것이다. 이 두 가지 사실은 동냥의 부끄러움 안에 숨겨져 있는 그리스도의 신비와 관계가 있다. "동냥이 부끄러워 발길을 돌렸다"(「세 동료」 24,2)는 표현이나 "부드러운 이마가 붉어진다"(「2첼라노」 71,3)는 표현은 연약함이 드러나는 것을 부끄러워하는 인간의 반응을 묘사한 것이다. 인간의 연약함을 견디어 내는 것은 십자가에서 부끄러움을 견디어 내신 그리스도의 수난에 참여하는 것과 같다. 그리고 그러한 참여를 통해서 동냥의 부끄러움을 견디어 내는 인간은 동시적으로 그리스도의 십자가를 지는 것이다.

인간은 누구나 이러한 방식으로 십자가의 신비에 참여하고 그렇게 십자가의 그리스도와 일치하기 때문에, 탁발은 '신비적인 행위'라고 말할 수 있다. 「비인준 규칙」 9,6은 이를 간접적으로 묘사한 것이다. 이 구절에서 동냥의 부끄러움으로 말미암아 "큰 영예를 받게 되고" "하느님께 감사를 드려야" 하는 근거는 탁발 안에 숨어 있는 거룩함에 있다. 6절에서 동냥의 부끄러움을 겪을 때 오히려 하느님께 감사를 드리라는 초대는 「권고」 5,8의 연약함을 자랑하라는 권고와 일치한다. 「비인준 규칙」 9,6에서 말하는 동냥의 부끄러움과 「권고」

5,8의 연약함을 자랑하는 가운데 그리스도의 십자가를 진다는 것은 동일한 차원의 신비적 행위인 것이다. 이렇게 프란치스코는 부끄러운 탁발을 하면서 그리스도로 변해갔다. 탁발은 부끄러움을 통해 '그리스도를 따르며'(sequela Christi) '그리스도가 되는'(christificatio) 탁월한 길 중의 하나이다.

5.2.3.2. 발을 씻어줌

프란치스코의 글에서 요한 13,14의 서로 발을 씻어주라는 권고는 「권고」 4,2.3과 「비인준 규칙」 6,4에 분명하게 세 차례 나타나고, 한 번은 「권고」 19,3에 암시적으로 나타난다[136]. 요한복음에서든, 프란치스코의 글에서든, 발을 씻어주는 것은 신비적 행위로서 겸손과 내적 가난과 사랑의 표징이 된다. 발을 씻어주는 장면이 프란치스코의 글에 자주 나타나지는 않지만 거의 틀림없이 이 아씨시 신비가는 일생 동안 그리스도의 이 권고를 실천하였고, 발을 씻는 신비적 행위를 통하여 작음과 사랑의 신비를 체험하였을 것이다. 이러한 추론은 그가 죽음이 다가오자 형제들에게 요한복음의 "파스카 축제가 시작되기 전"부터 읽어달라고 요청한 후, 빵을 가져오게 하여 축복한 다음 이를 쪼개어 형제들에게 나눠준 사실로부터 가능해진다[137].

요한 13,14은 제4복음서의 신학 안에서 대단히 신비적인 의미를 지니고 있다. 레이몬드 브라운(R. Brown)에 의하면, 요한 13에 소개되는 마지막 만찬은 공관 복음이 전해 주는 파스카 만찬과 동일한 만찬이다[138]. 이런 가정을 전제로, 마지막 만찬 중의 발 씻음 사건을 해석하면, 적어도 다음과 같은 두 가지 신학적 의미를 발견할 수 있다. 첫

---

[136] 비비아니(W. Viviani)에 의하면, 요한 13,14의 발 씻어줌은 「2신자 편지」 42-43과 「비인준 규칙」 5,9-12에도 간접적으로 나타나 있다(참조: W. VIVIANI, 『L'ermeneutica di Francesco d'Assisi』, 155-158).

[137] 참조: 「2첼라노」 217,1-4.

[138] 참조: R. BROWN, 『Giovanni』, 662-663.

째는 이 사건이 십자가에서의 예수의 죽음을 미리 보여 주는 표지라는 점이다[139]. 예수 시대에 타인의 발을 씻어주는 행위는 노예에게조차 강요할 수 없는 굴욕적인 행위였기 때문에[140], 제자들의 발을 씻어주는 예수의 겸손은 내적인 죽음, 즉 '나'의 포기와 '자아'의 죽음을 상징하고, 이는 사랑 때문에 십자가에서 희생된 그리스도의 죽음을 미리 보여 주는 것이다[141]. 뿐만 아니라 그리스도는 제자들의 발을 물로 씻어주면서 그분의 겸손과 사랑으로 제자들을 또한 영적으로 닦아주셨다. 이런 의미에서 보면, 그리스도의 발 씻어줌은 자신의 죽음으로 제자들을 닦아주는 정화의 행위가 되고, 십자가에서 흘리신 피로 제자들의 죄를 씻어주는 용서의 행위가 된다[142].

둘째로, 발 씻어줌은 십자가에서의 죽음의 예표로서 제자들을 향한 그리스도의 형언할 수 없는 사랑을 보여 주며, 그러기에 이 사건은 신비적이고 성사론적인 의미를 지니게 된다. 공관 복음서들이 전해준 파스카 만찬은 성체성사를 제정하는 신학적 의미를 지니는데, 이는 십자가 위에서의 그리스도의 희생을 통해 온전하게 완성된다. 그리고 이 희생으로 말미암아 그리스도의 몸은 인간을 위한 구원의 빵이 되고, 이러한 구원의 사건을 통하여 하느님의 무한하고 보편적인 사랑의 신비가 결정적으로 현현된다. 파스카 만찬과 십자가 희생의 본질은 하느님 사랑의 신비에 자리하는 것이다. 요한복음 주석가들 가운데는 요한복음서 저자가 마지막 만찬을 기록하면서, 발 씻어주는 행위를 그리스도의 지극한 사랑의 구원 사건으로 재해석하는 가운데, 공관 복음서의 성체성사 제정 이야기를 이 발 씻음 이야기로 대체하는 것으로 해석하는 학자들이 있다[143]. 이렇게 성체 성사의 본래 의미가 제자들을 향

---

[139] 참조: R. SCHNACKENBURG, 『Il vangelo di Giovanni. Parte terza』, 80.
[140] 참조: 『La Bibbia da studio』, la nota q, 2452-2453.
[141] 참조: 위와 같은 책, 2453.
[142] 참조: R. BROWN, 『Giovanni』, 666.
[143] 참조: R. SCHNACKENBURG, 『Il vangelo di Giovanni. Parte terza』, 79-81.

한 예수의 사랑을 현현하는데 있다고 보면, 그리스도의 죽음에 대한 기억과 그분의 생명에 대한 참여로서의 발 씻어줌은[144] 요한복음이 고유하게 제시해 주는 '사랑의 성사'로 충분히 받아들일 수 있을 것이다.

프란치스코는 요한복음 제13장의 발 씻어줌 사건 안에 숨겨져 있는 그리스도론적이고 신비적인 의미, 즉 십자가의 죽음 안에 담겨 있는 겸손하고 형언할 수 없는 사랑의 신비와 발 씻음 사건의 일치성을 깊이 깨달은 것으로 보인다. 왜냐하면 회개 초기에 나환자들의 발과 상처들을 씻어주면서 십자가에 못 박히신 분의 신비를 깊이 체험하였기 때문이다. 이 체험에 대하여 프란치스코는 유언 1-2에서 다음과 같이 증언한다: "[1]…죄 중에 있었기에 나에게는 나병 환자들을 보는 것이 쓴 일이었습니다. [2]그런데 주님 친히 나를 그들 가운데로 이끄셨고 나는 그들과 함께 지내면서 자비를 체험하였습니다"([1]…quia cum essem in peccatis nimis mihi videbatur amarum videre leprosos. [2]Et ipse Dominus conduxit me inter illos et feci misericordiam cum illis). 이 구절에서 강조하고 싶은 것은 프란치스코가 나병 환자들을 복수로 지칭한다는 점이다. 토마스 첼라노는 이를 「1첼라노」 17,1-2에서 다음과 같이 소개하고 있다: "[1]그후 완전한 겸손을 사랑한 거룩한 그는 나병 환자들에게 가서 하느님을 위해 성의를 다하여 시중들면서 그들과 함께 살았다. 온갖 썩은 곳을 씻어 주며 상처와 고름도 깨끗이 닦아 주었으니, 자신의 유언에서 말한 대로였다. [2]'죄 중에 있었기에 나에게는 나병 환자들을 보는 것이 쓴 일이었습니다. 그런데 주님 친히 나를 그들 가운데로 이끄셨고 나는 그들과 함께 지내면서 자비를 체험하였습니다'"([1]Deinde vero totius humilitatis sanctus amator se transtulit ad leprosos, eratque cum eis, diligentissime serviens omnibus propter Deum, et lavans putredinem omnem ab eis, ulcerum etiam saniem extergebat, sicut ipse in Testamento suo loquitur dicens: [2]"Quia cum essem in peccatis, nimis amarum mihi videbatur videre leprosos, et

---

[144] 참조: 위와 같은 책, 81.

Dominus conduxit me inter illos, et feci misericordiam cum illis")[145]. 여기에서는 먼저 토마스 첼라노가 "나병 환자들"에 대한 봉사를 「유언」의 증언에서처럼 복수 형태로 묘사하고 있다는 사실을 강조하고 싶다. 이 첫 전기 작가는 이 일화 다음에 가서 비로소 프란치스코와 '어느 나환자'와의 입맞춤 사건을 소개하면서[146], 이 사건을 프란치스코의 회개에 있어서 결정적인 전환점으로 해석한다.

토마스 첼라노는 「유언」 2의 "그들과 함께 지내면서 자비를 체험하였습니다"는 구절을 「1첼라노」 17,1에서 다음과 같이 더 자세하게 묘사한다: "하느님을 위해 성의를 다하여 시중들면서 그들과 함께 살았고, 온갖 썩은 곳을 씻어 주며 상처와 고름도 깨끗이 닦아 주었다". 그러나 첼라노의 전기에는 프란치스코가 나환자들의 발을 씻어 주었다는 표현이 명시적으로 나타나지는 않는다. 반면에 보나벤투라는 「대전기」 II,6,3-4에서 다음과 같이 언급한다: "³그후 완전한 겸손을 사랑한 그는 나병 환자들에게 가서 하느님을 위해 성의를 다하여 시중들면서 그들과 함께 살았다. ⁴그들의 발을 씻어 주었고, 상처는 처매주었으며, 썩은 상처는 떼어내고, 고름은 닦아 주었다"(³Exinde totius humilitatis amator se transtulit ad leprosos eratque cum eis, diligentissime serviens omnibus propter Deum. ⁴Lavabat ipsorum pedes, ligabat ulcera, educebat plagarum putredinem et saniem abstergebat). 이 인용문 가운데 특히 발을 씻어준다는 표현에는 보나벤투라의 신학적 의도가 숨겨져 있는 것으로 보인다. 왜냐하면, 「대전기」 II,6,3에서 세라핌 박사가 「1첼라노」 17,1의 전반부는 거의 글자 그대로 인용하지만, 이 구절의 후반부는 「대전기」 II,6,4에서 상당 부분 바뀌어질

---

[145] 「세 동료」의 저자 또한 「유언」 2을 토마스 첼라노처럼 해석한다: "Sed per Dei gratiam ita factus est leprosorum familiaris et amicus, quod, sicut in testamento suo testatur, inter illos manebat et eis humiliter serviebat"(「세 동료」 11,11). 여기에서 비록 「유언」 2을 직접 인용하지는 않지만, "유언 안에서" (in testamento)라는 표현을 통해 이를 암시하고 있다 하겠다.

[146] 참조: 「1첼라노」 17,3-4.

뿐만 아니라, 나환자들의 발을 씻어준다는 구절이 첨가되기 때문이다. 그리고 보나벤투라는 5절에서 의사이신 그리스도를 암시하는 가운데 프란치스코를 복음의 의사로 제시한다[147]. 보나벤투라는 대전기 전체를 통해서 프란치스코를 "제2의 그리스도"(alter Christus)로 묘사하는데[148], 여기에서는 나환자들의 발을 씻기 위하여 자기 자신을 낮추는 프란치스코를 제자들의 발을 씻어주기 위하여 자기 자신을 낮추신 그리스도로 제시하고 있다.

프란치스코는 나환자들을 사랑하면서 제자들의 발을 씻어주신 그리스도의 발자취를 따라갔다. 이러한 '그리스도 따름'은 그리스도가 되는 길이기도 하다. 프란치스코는 「유언」 1에서 나환자들과의 만남을 다음과 같이 쓴맛으로 묘사한다: "죄 중에 있었기에 나에게는 나병 환자들을 보는 것이 너무도 썼습니다"(quia cum essem in peccatis nimis mihi videbatur amarum videre leprosos). 이 구절은 프란치스코에게, 나병환자들을 보는 것이 얼마나 괴로운 일이었는지를 말해 준다[149]. 괴로운 감정은 인간 존재의 나약함으로부터 비롯된다. 그런데 인간의 고통과 나약함을 지탱함으로써 그러한 쓴맛을 견디어 내는 것은 그리스도의 십자가를 지는 것과 조금도 다르지 않다. 프란치스코가 있는 힘을 다해 자신을 억제하며 나환자 손에 입을 맞추는 행위나[150], 나환자들의 썩은 곳을 씻어 주고 고름 투성이의 상처를 닦아 주는 행

---

[147] "…osculabatur etiam ex miranda devotione ulcerosas plagas ipsorum, evangelicus medicus mox futurus"(「대전기」 II,6,5).
[148] 참조: F. URIBE, 「Il Francesco di Bonaventura」, 100.
[149] 나환자들을 바라보는 프란치스코의 고통은 「세 동료」 11,9-10에 대단히 극적으로 묘사되어 있다: "⁹Intantum enim, ut dixit, amara ei fuerat visio leprosorum, ut non solum nollet eos videre sed nec eorum habitaculis propinquare, ¹⁰et si aliquando contingebat ipsum iuxta domos eorum transire aut eos videre, licet pietate moveretur ad faciendum eis eleemosynam per interpositam personam, vultum tamen semper avertens nares suas propriis manibus obturabat".
[150] 참조: 「세 동료」 11,4.

위는[151] 모두 십자가를 지신 그리스도를 닮는 행위들이며, 이를 통해 프란치스코는 십자가에서 나환자처럼 멸시당하고 상처입은 그리스도를 만나게 된다[152]. 이러한 만남은 「유언」 3에서 "달콤함"(dulcedo)이라는 신비적 언어를 통해 표현된다.

프란치스코와 나환자와의 만남에서 지적해야 할 또 다른 차원은 프란치스코가 자기 자신이 상처받고 모멸스런 나환자임을 존재의 심연으로부터 깨달았다는 점이다[153]. 토마스 첼라노는 「1첼라노」 17에서 프란치스코가 나환자를 만나 후에 자기 자신을 더욱더 비천하게 여겼다고 묘사하고 있는데[154], 그 이유는 프란치스코가 자신의 실존적 나병을 처절하게 인식했다는 사실에 있을 것이다. 「세 동료」의 저자는 나환자와의 만남 사건을 첼라노보다 더 체계적으로 전해 주면서, 프란치스코가 나환자와 헤어진 뒤 차츰차츰 자기 자신을 더 하찮게 여기기 시작하였고[155], 며칠 후에 많은 돈을 갖고 나환자 병원으로 찾아가 나환자들의 손에 일일이 입을 맞추며 이를 나누어 주었을 뿐만 아니라, 그들의 가족과 친구로서 그들 한가운데 머물면서 겸허하게 시중을 들었다고[156] 증언한다. 이러한 증언에 따르면, 프란치스코가 나환자들 가운데 머물며 겸손히 그들에게 봉사한 이유는

---

[151] 참조: 「1첼라노」 17,1; 「대전기」 II,6,4.
[152] 참조: F. URIBE, 「L'itinerario vocazionale di Francesco d'Assisi」, 13.
[153] 참조: R. MANSELLI, 『San Francesco d'Assisi. Editio maior』, 108.
[154] "Exinde quoque coepit seipsum magis ac magis contemnere, quousque misericordia Redemptoris ad perfectam suimet victoriam perveniret"(「1첼라노」 17,5).
[155] "⁴Et quia consueverat multum horrere leprosos, vim sibimetipsi faciens descendit de equo et obtulit illi denarium osculans sibi manum. ⋯⁶Exinde coepit magis ac magis seipsum contemnere donec ad sui victoriam perfecte Dei gratia perveniret"(「세 동료」 11,4.6).
[156] "⁷Post paucos autem dies, assumens multam pecuniam ad hospitale leprosorum se transtulit, et congregans omnes simul dedit cuilibet eleemosynam osculans eius manum. ⋯¹¹Sed per Dei gratiam ita factus est leprosorum familiaris et amicus, quod, sicut in testamento suo testatur, inter illos manebat et eis humiliter serviebat"(「세 동료」 11,7.11).

자기 자신의 비참함에 대한 깊은 깨달음과 밀접한 관계가 있게 된다. 사실 프란치스코는 자신의 비참함을 깨달으면서 육신의 나병 환자들을 돌보게 되었고, 이런 과정을 통하여 자신이 영적으로 나병 환자임을 깨달았을 것이다. 이는 프란치스코의 '나', 즉 그의 "자아"(ego)가 죽었다는 것을 의미하며, 이러한 죽음을 통하여 프란치스코는 십자가 위에서 비참한 나환자로 죽어가신 그리스도와 일치하게 된다. 프란치스코가 나환자들의 발을 씻어줌으로써 죽음 체험을 하게 된 것이다. 이런 죽음 체험에는 십자가에서 못 박히신 분과 일치시켜 주는 신비적 죽음의 의미가 담겨 있다.

지금까지 살펴본 프란치스코와 나환자의 만남으로부터 다음과 같은 몇 가지 사실을 추론해 볼 수 있다: (1) 프란치스코는 나환자와의 입맞춤을 통해서 자신의 비참함을 깨달았다; (2) 나환자들의 발을 씻어주고 썩어가는 상처와 피고름을 닦아주면서 그들의 친구와 형제가 되었다; (3) 이렇게 나환자들의 친구와 형제가 됨으로써 프란치스코는 그들과 하나될 수 있었고, 이 일치를 통하여 자신이 나환자임을 깨닫게 되었다; (4) 영적인 나환자인 프란치스코는 육신의 나환자들과 일치함으로써 십자가 위에서 멸시당하고 상처 입은 "나환자 그리스도"(Christus leprosus)[157]께서 그들 안에 숨어 계심을 깨달았다; (5) 육신의 나환자들과 일치한 내적인 나환자 프란치스코는 이러한 일치를 통하여 나환자이신 그리스도와 일치하게 되었다. 이상과 같은 일련의 과정이 곧 '그리스도가 되어가는'(christificatio) 과정이고, 이 과정에서 발 씻어줌은 화룡점정(畵龍點睛)과 같은 역할을 하게 된다. 프란치스코에게 발 씻어줌은 이렇게 '그리스도가 되는' 탁월한 길들 중의 하나인 것이다.[158]

---

[157] D. BLOWEY, 「The Paternity of God in the Writings of Francis of Assisi」, 292.
[158] 나환자들의 발 씻어줌 안에 숨어 있는 프란치스코의 '그리스도가-됨' 영성은 작음의 영성으로 수렴되는데, 이는 「비인준 규칙」 6,3-4에 부분적으로 반영되어 나

5.2.3.3. 벌레가 됨

나환자들의 발과 상처를 씻어주면서 십자가에 나환자로 못 박히신 그리스도를 깨달은 프란치스코는 이제 십자가의 수난을 통해 짓밟히며 "벌레가 되기까지 모욕을 당하신"[159] 그리스도의 극단적인 "자기 비허"(κένωσις)를 관상한다. 그리고 비천한 벌레임을 느끼면서 프란치스코는 벌레이신 그리스도와 신비적으로 하나가 된다.

이와 관련하여 프란치스코는 「2신자 편지」 46에서 다음과 같이 기록한다. "그리고 우리는 우리 탓으로 비참하고 썩었으며 악취나고 벌레들이기에 우리의 육신을 수치와 멸시를 받아 마땅한 것으로 여깁시다. 주님께서 예언자를 통하여 말씀하십니다: '저는 인간이 아닌 벌레, 사람들의 우셋거리, 백성의 조롱거리'"(Et habeamus corpora nostra in opprobrium et despectum, quia omnes per culpam nostram sumus miseri et putridi, foetidi et vermes, sicut dicit Dominus per prophetam: Ego sum vermis et non homo, opprobrium hominum et abiectio plebis). 이 인용문은 수도자들에게 주는 권고(37-47절)의 한 부분으로, 여기에서 프란치스코는 수도자들이 해야 할 의무들에 대해 언급하는데, 이 가운데 특별히 두 가지를 강조하고자 한다. 하나는 육신과 악습과 죄를 미워해야 한다는 것이다: "우리는 우리 육신을 그 악습과 죄와 더불어 미워해야 합니다"(Debemus odio habere corpora nostra

---

타난다: "³그리고 아무도 장상이라고 부르지 말고, 반대로 모두가 똑같이 작은 형제들이라 부를 것입니다. ⁴그리고 서로서로 발을 씻어 줄 것입니다"(³Et nullus vocetur prior, sed generaliter omnes vocentur fratres minores. ⁴Et alter alterius lavet pedes). 이 구절에 의하면, "작은 형제"라는 명칭은 최후 만찬 때 제자들의 발을 씻어주신 그리스도와 깊이 연결되어 있다(참조: K. NGUYEN VAN, 『Gesù Cristo』, 74). 다시 말하면, 작음의 신비는 아씨시 프란치스코의 영성에 있어서 가장 근본적인 요소들 가운데 하나로서 서로서로 발을 씻어주는 데 그 바탕을 두고 있고, 이 발 씻어줌의 '삶의 자리'는 틀림없이 나환자들의 발과 상처를 씻어줌일 것이다. 이런 의미에서 작음은 이러한 '삶의 자리'를 척도로 조명되어야 할 것이다.

[159] J. de SCHAMPHELEER, 「Fino alla croce」, 『La spiritualità di Francesco d'Assisi』, 67.

cum vitiis et peccatis quia Dominus dicit in evangelio)(37절). 이러한 프란치스코의 생각은 표현을 약간 달리하며 40절과 46절에 다시 나타난다. 둘째는 다른 사람의 종이 되고 아랫사람이 되어야 한다는 것이다. 이는 47절에 다음과 같이 표현되어 있다: "우리는 절대로 다른 사람들 위에 있기를 바라서는 아니 되며, 오히려 하느님 때문에 모든 인간 피조물의 종이요 아랫사람이 되어야 합니다"(Numquam debemus desiderare esse super alios, sed magis debemus esse servi et subditi omni humanae creaturae propter Deum). 37절부터 47절까지 수도자들에게 주는 권고에는 "종"(servus)이라는 명사 2번, "섬김"(servitus)이라는 명사 1번, "아랫사람"(subditus)이라는 명사 1번, "순종"(obedientia)이라는 명사 3번, "순종하다"(obedire)는 동사가 1번 나타나는데, 이러한 낱말들을 통해 프란치스코가 '순종하는 종의 정신을 지니는 것이 얼마나 중요한가'를 강조하고 싶어 했음을 알 수 있다. 이런 관점에서 바라보면, 46절은 프란치스코가 벌레로서의 비천한 자의식을 지니고 있었음을 잘 드러내 주는 구절이라 하겠다.

프란치스코가 지니고 있었던 벌레라는 자의식은 아마도 그가 나환자로서의 정체성을 깨달은 데 그 기원을 두고 있을 것이다. 먼저, 「2신자 편지」 46절의 "우리의 육신을 수치와 멸시를 받아 마땅한 것으로 여깁시다"(habeamus corpora nostra in opprobrium et despectum)는 표현에는, 「1첼라노」 17,5과 「세 동료」 11,6에 기록된 바와 같이, 프란치스코가 나환자와 입 맞춘 후에 자기 자신을 더욱더 비천하게 여기기 시작하였다는 자기 인식이 반영되어 있다. 프란치스코의 이러한 자기 정체성 인식은 인간 존재에 대한 실존적인 죄성에 대한 그의 철저한 자의식과 밀접한 관계가 있고, 46절의 우리의 육신을 멸시해야 한다는 단언은 바로 그러한 자의식으로부터 비롯되지 않았을까 추측된다. 또한, 46절의 "비참하고, 썩었으며, 악취 난다"(miseri, putridi, foetidi)는 세 낱말은 죄스런 인간의 내면의 상태를 드러내 주는 어휘들로, 이는 구역질 나는 냄새를 풍기는 나환자들의 비참한 외형적 처지를 동시적으로 묘사하는 표현이기도 하다. 말하자면, 프란치스코는 이 구절에서 인간 존재의 비참하게 죄스런 상태를 표현하기 위해 나환자들의 육체적인 모습을 형용하는 낱말들을 가져온 것이다. 이런 관점에서 바라보면, 「2신자 편지」 46의 "우리는 우리 탓으로 비참하고 썩었으며 악취나고 벌레들이기에 우리의 육신을 수치와 멸시를 받아 마땅한 것으로 여깁시다"(quia omnes per culpam nostram sumus miseri et putridi, foetidi)는 표현의 "삶의 자리"(Sitz im leben)는 프란치스코와 나환자의 만남이라고 말할 수 있겠다.

나환자와의 만남으로부터 비롯되는 프란치스코의 자기 정체성 인식은 벌레로서의 자기 의식을 통해 한층 더 심화되며, 이는 「2신자 편지」 46의 "우리는…벌레들"(sumus…vermes)이라는 표현에 분명하게 나타나 있다. 벌레로서의 프란치스코의 자기 인식은 두 가지 관점에서 그 의미를 살펴볼 수 있다. 하나는 죄스런 자신의 비참함에 대한 처절한 깨달음이다. 프란치스코는 인간을 자기 탓으로 추락한 불쌍한 존재요[160] 썩고 악취 나는 존재라고 보았다. 그리고 이러한 죄성 안에서 죽은 인간의 참혹한 처지를 같은 편지의 85절에서 "벌레들이 시체를 먹어버린다"(corpus comedunt vermes)는 표현으로 묘사한다[161]. 죄인들의 죽은 몸이 벌레들의 먹이가 된다는 표현은 죄인으로서의 인간의 처지가 벌레보다도 더 불행하다는 사실을 은유하는 비유이다. 그럼에도 불구하고 이러한 프란치스코의 관점은 부정적이고 염세적인 사상의 발로가 아니다. 프란치스코가 선택한 비유는 죄의 비참함이 얼마나 끔찍한지 그리고 형언할 수 없는 신비 체험이 어떻게 가능한지를 말해주는 신비적 표현이다. 이 신비적 표현은 구원적 사랑으로 벌레가 되신 그리스도의 철저한 자기 비허에 대한 프란치스코의 관상을 통하

---

[160] 참조: 「비인준 규칙」 23,2.5.
[161] 참조: 「1신자 편지」 2,18.

여 더 잘 이해할 수 있다. 이것이 벌레로서 프란치스코가 지녔던 자기 인식의 두 번째 관점이다.

「2신자 편지」 46에서 벌레로서의 인간 존재의 죄스런 상태를 묘사한 후 즉시 프란치스코는 시편 22,7을 인용한다: "저는 인간도 아닌 벌레, 사람들의 우셋거리, 백성의 조롱거리"(Ego autem sum vermis et non homo, opprobrium hominum et abiectio plebis). 이 시편 구절의 인용은 이 편지의 문맥 안에서 신비 체험과 관련하여 대단히 역설적 의미를 지니고 있다. 우선, 46절에서 프란치스코는 시편 22,7이 그리스도론적 의미를 지니고 있음을 명료하게 밝힌다. 이 아씨시 신비가는 이 시편 구절을 다음과 같은 종속절 안에서 인용한다: "주님께서 예언자를 통하여 말씀하십니다: '저는 인간도 아닌 벌레, 사람들의 우셋거리, 백성의 조롱거리'"(sicut dicit Dominus per prophetam: Ego autem sum vermis et non homo, opprobrium hominum et abiectio plebis). 이 문장에서 "도미누스"(Dominus, 주님)는 삼위의 세 위격 가운데 제2위격을 가리킨다. 따라서 이 문장의 주어는 그리스도이고, 그 결과 이 편지에 인용된 시편 22,7의 "에고"(ego, 나) 또한 그리스도가 된다[162]. 즉, 46절에서 프란치스코는 그리스도께서 수난을 당하시며 그분 자신이 읊으

---

[162] 「2신자 편지」에는 "주님"(Dominus)이라는 말이 22절을 제외하고 46번 나타난다. 이 가운데 1번은 성부와 성자와 성령을 가리키고(1절), 1번은 주님의 **영**을 수식하며(48절), 8번은 일반적인 하느님을 지칭하고(1.2.16.18.28.31.40.76절), 12번은 그리스도를 뜻한다(3.18.22.23.34.37.39.50.63.66.69.87절). 따라서 이 편지에서 "주님"(Dominus)이라는 말은 다양한 의미로 사용되고 있다. 이런 전제하에 46절의 "주님"(Dominus)은 두 가지로 이해할 수 있다. 이 편지의 76절에는 46절의 "주님께서 예언자를 통하여 말씀하십니다"와 비슷한 구절이 나타난다: "그래서 주님께서 예언자를 통하여 말씀하십니다: '사람을 믿는 자들은 저주를 받으리라'"(unde Dominus per prophetam: Maledictus homo qui confidit in homine). 이 경우에 "주님"(Dominus)이라는 말은 일반적인 의미에서 하느님을 의미한다. 그리고 이러한 해석에 따라 46절의 "주님"(Dominus)이 하느님을 지칭하는 것으로 이해할 수 있다. 이렇게 이해하면, 시편을 인용하며 프란치스코가 하는 고백은 시편 22,7에서 기도하는 시편 저자의 고백과 같게 된다. 한편, 46절의 "주님"(Dominus)은 또한 「수난 성무」 4,7의 경우와 같이 그리스도론적인 관점에서 그리스도를 지칭하는 것으로 이해할 수 있다.

신 구절을 인용한 것이다. 이러한 그리스도론적인 맥락은 「수난 성무」 4,7에도 나타난다: "저는 인간도 아닌 벌레 * 사람들의 우셋거리, 백성의 조롱거리"(Ego autem sum vermis et non homo * opprobrium hominum et abiectio plebis). 이 구절에서 프란치스코는 시편 22,7을 불가타 성경 그대로 인용한다. 그런데 「수난 성무」의 전반부, 특히 1편부터 6편까지는 프란치스코가 그리스도께서 수난을 겪는 동안 성부께 도와주십사고 탄원하는 형식으로 구성해 놓았다. 그러므로 이 시편들을 읊는 주체, 즉 '나'는 자연스럽게 그리스도가 되고[163], 「수난 성무」 4의 화자 '나'(ego) 또한 당연히 그리스도가 된다. 「수난 성무」 4는 성삼일과 연중 평일의 제삼시경에 바치는 시편이다. 그런데 이 시간경을 바치는 시간은 그리스도께서 성 금요일에 십자가형을 받은 후 채찍질을 당하시는 시간과 일치한다. 즉, 「수난 성무」 4,7은 프란치스코가 다른 영적인 작가들과 마찬가지로 이 삼시경 시편을 십자가의 표지 아래 해석하고 있음을 확인해 주는 것이다[164]. 이러한 관점에서 바라보면, 「수난 성무」 4,7의 "벌레"(vermis)라는 말은 고통과 멸시를 받으며 성부께 울부짖는 그리스도를 은유하는 표현이 된다[165]. 이렇게 「2신자 편지」 46과 「수난 성무」 4,7에 시편 22,7이 인용되었다는 사실은 프란치스코가 수난을 겪으며 벌레가 되신 그리스도를 관상하였음을 밝혀주는 근거가 된다. 특히 프란치스코는 「수난 성무」를 작성한 이후 성삼일과 연중 평일에 「수난 성무」 4,7을 읊을 때마다 벌레이신 그리스도의 신비를 관상하였다. 이러한 고찰을 바탕으로, 「수난 성무」 4,7

---

[163] 참조: C. PAOLAZZI, 「Ufficio della Passione del Signore」, 「FF」, 195.
[164] 참조: L. LEHMANN, 『Francesco. Maestro di preghiera』, 139.
[165] 프란치스코는 「수난 성무」 4편 전체를 통해 원수들로부터 채찍질 당하고 조롱 당하는 그리스도를 다음과 같은 표현들, 즉 "짓밟다"(conculcavit, 2번 나타남), "몰아치다"(impugnans), "불행을 생각하다"(cogitabant mala), "나쁜 말을 퍼뜨리다"(verbum iniquum constituerunt), "수군거리다"(loquebantur), "비웃다"(deriserunt), "머리를 내젓다"(moverunt caput), "치욕"(opprobrium) 등으로 묘사하고 있다(참조: K. NGUYEN VAN, 「Gesù Cristo」, 79).

에서 시편 22,7을 바치며 기도하는 자가 바로 고통을 겪으시는 그리스도이듯이, 「2신자 편지」 46에 인용된 시편 22,7의 주어 역시 수난을 겪으시는 그리스도라고 해석할 수 있다. 46절에 나타나는 "주님"(Dominus), "나"(ego), "벌레"(vermis)는 모두 그리스도를 수식하는 어휘들인 것이다.

지금까지 고찰한 결과를 요약하면 다음과 같다: 프란치스코는 나환자와 입을 맞춘 후 자기 자신을 더욱더 비천하게 여기기 시작하였고, 이러한 자기 낮춤은 수난을 겪으며 벌레가 된 그리스도의 신비를 관상함으로써 자기 정체성이 벌레임을 깨닫는 데까지 내려갔다. 그리고 이러한 관상은 라 베르나에서 저 경이로운 신비 체험이 이루어지기까지 끊임없이 계속되었다. 「행적」의 증언에 따르면, 프란치스코는 라 베르나에서 다섯 상처를 받기 전에 "지극히 감미로우신 나의 하느님, 당신은 누구시오며, 미미한 벌레요 당신의 하찮은 종인 저는 누구옵니까"(Quid es tu, dulcissime Deus meus, et quid sum ego, vermiculus et parvus servus tuus)[166]를 반복하며 계속 묵상하였다. 이런 사실들로부터 프란치스코가 회개 이후 그리스도의 극단적인 자기 비허로부터 신비의 빛을 받아 자신의 나약한 처지와 자신이 치욕스런 존재임을 끊임없이 관상하였다는 결론을 어렵지 않게 끌어낼 수 있다.

그런데 이 시점에서 한 가지 의문이 떠오른다: 왜 프란치스코가 죄로부터 비롯되는 비참하고 썩고 악취 나는 인간의 처지와 아무런 탓 없이 자기 스스로 비참하게 된 그리스도의 처지를 병행시키는 것일까? 그 해답의 단초는 프란치스코가 자신이 내적인 나환자임을 깨닫는 가운데 나환자이신 그리스도와 하나되었듯이 그렇게 자신의 벌레성을 깨달으면서 아무 탓 없이 벌레가 되신 그리스도와 일치되는 데 있지 않을까?[167]. 그리고 바로 여기에 프란치스코 신비체험의 가장 탁월한 요소가 숨겨져 있지 않을까?

---

[166] 「행적」 9,40.
[167] 참조: T. MATURA, 『Francesco, un altro volto』, 58.

프란치스코는 환시나 탈혼, 황홀경과 같은 특별한 체험을 추구하지 않았으며, 그러한 체험을 하기에는 자신이 너무도 부족하고 부당하다고 간주하였다. 이 아씨시 신비가는 가장 고통스러운 길, 이를테면, 나병 환자가 되고 벌레가 되는 길을 더 선호하였다. 그러나 놀랍게도 그는 이러한 길을 통하여 벌레이신 그리스도와 더욱더 깊이 일치하게 되었다. 프란치스코는 첫째가 되려는 마음 없이 모든 이들의 종이 되고자 하였고,[168] 높은 사람이 되려는 의도 없이 다른 이들보다 더 작아지고자 애썼다[169]. 그러나 그런 겸허의 결과는 놀라운 것이었다. 프란치스코는 벌레가 되는 자기 낮춤으로 말미암아 "케노시스"(kénosis), 즉 자기 비허를 통하여 벌레가 되신 십자가의 그리스도와 신비적으로 일치하였고, 이러한 일치를 통하여 '또 다른 벌레이신 그리스도'로 변해 갔다. 뿐만 아니라 이 겸허의 신비가는 십자가의 그리스도와의 황홀한 신비적 일치의 필연적 결과로 성부에 의해 영광스럽게 된 그리스도의 영광에도 참여하게 되었다. 벌레가 되는 "자기 비허"(kénosis)의 극치는 그렇게 영광의 극치와 일치하는 것으로 신비스럽게 마무리되었다. 벌레가 되는 데에는 십자가의 그리스도와 신비적으로 일치하는 이러한 놀라운 비결이 숨겨져 있고, 여기에 프란치스코 신비체험의 독창성과 탁월성이 있다 하겠다. 「2신자 편지」 46에 나타나는 인간 존재의 벌레성과 그리스도의 벌레성이 일치되는 비밀 또한 이런 사실에서 찾아낼 수 있겠다.

벌레가 됨은 역설적으로 프란치스코의 '자기 비허'의 정점과 그리스도의 '자기 비허'의 정점이 일치하는 탁월한 신학적 장소이다. 프란치스코는 이 신비를 통하여 비밀스럽게 '그리스도가-되어' 갔다. 그리고 그의 '그리스도가-됨'은 「수난 성무」를 통하여 더욱더 심화되었다. 왜냐하면, 이 벌레의 신비가가 독창적으로 편집한 이 성무일도를 통하여 육화의 신비로부터 시작하여 수난, 죽음, 부활, 승천, 성령

---

[168] 참조: 마태 20,27; 마르 10,44.
[169] 참조: 「2신자 편지」 42; 루카 22,26.

강림, 주님의 재림에 이르기까지 그리스도의 모든 구원의 신비를 관상하였기 때문이다[170]. 「수난 성무」에 등장하는 시편들의 대부분은 그리스도께서 성부께 올리는 기도 형식으로 되어 있다[171]. 따라서 프란치스코는 이 시편을 바치면서 십자가의 그리스도와 함께 성부께 기도를 드린 것이다. 다시 말하면, 「수난 성무」를 읊는 프란치스코는 곧 기도 바치는 그리스도가 되고[172], 그렇게 시편에 숨어 있는 그리스도의 "나"와 하나됨으로써 이 놀라운 벌레 신비가 십자가의 그리스도와 신비적 일치를 이룬 것이다. 이를 두고 레만은 자신의 비애와 탄원을 그리스도의 비애와 탄원과 일치시키는 가운데, 프란치스코의 인격이 거의 온전하게 사라져 갔다고 표현한다[173]. 이렇게 프란치스코는 '그리스도를 따르는'(sequela Christi) 으뜸 길인 「수난 성무」를 바치면서 매일 '그리스도가 되어' 갔으며, 라 베르나에서의 다섯 상처는 이런 '그리스도가-됨'의 으뜸 결실이라 하겠다.

인간에게 있어 벌레가 됨은 자신의 약함을 극단적으로 드러내는 탁월한 작음의 덕으로, 이는 동냥이나 다른 이들의 발을 씻어주는 겸손 등 자기 낮춤을 통하여 일상적으로 일어난다. 벌레로서 살아가는 연약함의 극치를 견디어 내는 것은 벌레이신 그리스도의 십자가를 견디어 내는 것이고, 그리스도의 십자가에 참여하는 것이다. 어떤 의미에서 벌레가 된다는 표현은 신비체험의 놀라운 수사학적 기교라 할 수 있는데, 프란치스코는 이를 통해 삼위일체 신비와 가장 깊이 일치하고 신비적으로 '그리스도가-되는' 가장 뛰어난 비결을 역설적으로 표현하고 있는 것이다.

---

[170] 참조: K. ESSER, 「Gli scritti di s. Francesco d'Assisi」, 396.
[171] 「수난 성무」의 시편들은 두 부류로 구분할 수 있다. 즉, 하나는 그리스도의 기도로서, 1-6, 8, 12-14편이 이에 해당되고, 다른 하나는 교회의 기도로서, 7, 9-11, 15편이 이에 해당된다(참조: C. PAOLAZZI, 「Ufficio della Passione del Signore」, 「FF」, 195).
[172] 참조: C. VAIANI, 「La via di Francesco」, 25.
[173] 참조: L. LEHMANN, 「Francesco. Maestro di preghiera」, 133.

5.2.3.4. 견딤

'동냥', '발을 씻어줌', '벌레가 됨' 외에도 그리스도로 변화되는 신비적인 행위들로 '무식한 채로 있음', '종이 됨', '비천하게 여겨지는 일을 함', '누추하게 옷을 입음' 등과 같은 경우들을 들 수 있다. 이러한 신비적 행위들 또한 동냥이나 발 씻어줌 또는 벌레가 됨과 유사하게 '그리스도가-되는' 양식들이다. 프란치스코의 글에는 이와 같이 다양한 '그리스도가-됨'의 양식들을 하나로 수렴시키는 동사가 있으니, "견디다"(sustinere)는 동사가 바로 그것이다. 네덜란드 출신의 작은 형제인 테오도르 즈베르만(T. Zweerman)은 "견디다"(sustinere), "섬기다"(servire), "돌려주다"(reddere) 동사를 프란치스코 영성의 본질에 해당되는 핵심적인 어휘들이라 주장한다[174]. 그런 관점에서 이 동사들을 분석하면, 프란치스코의 신비체험의 본질적인 면모를 어느 정도 포착할 수 있을 것이다. 그러나 이 논문에서는 지면이나 시간 등 여러 가지 제약으로 인해 "견디다"(sustinere) 동사만을 검토할 것이다.

프란치스코의 글에는 라틴어로 "수스티네레"(sustinere, 견디다) 동사가 18번 나타나고 중세 이탈리아어로 "소스테네레"(sostenere, 견디다)가 3번 나타난다. 이 가운데 11번은 고통을 참아낸다는 의미로 사용되고[175], 4번은 그리스도의 인내를 가리키기 위해 사용되며[176], 3번은 어려움 중에 있는 이웃을 부축하여 준다는 의미로[177], 2번은 벌을 받는다는 의미로[178], 1번은 형제들의 의견을 받아들인다는 의미로 사용된다[179]. 그런데 이 마지막 두 경우는 지금 살펴보고 있는 '그리

---

[174] 참조: E. GOORBERGH – T. ZWEERMAN, 『Respectfully yours』, 131.354. "돌려주다"(reddere) 동사에 대해서는 이미 제3장의 "3.2.2. 절대 선에로 지향된 인간존재"에서 살펴보았다.
[175] 참조: 『권고』 3,8.9; 22,1.3; 『태양 노래』 10.11; 『규칙 단편』 1,40.46; 2,26; 『비인준 규칙』 17,8; 『노래 권고』 11.
[176] 참조: 『권고』 6,1; 『2신자 편지』 61; 『수난 성무』 2,8; 5,7.
[177] 참조: 『권고』 18,1(2번); 『2신자 편지』 44.
[178] 참조: 『권고』 2,5; 『지도자 편지』 5.
[179] 참조: 『규칙 단편』 2,17.

스도가-됨'과 무관하기에 이 논문에서는 다루지 않을 것이다. 그리고 고통을 참아내는 것과 관련된 첫 번째 경우에 "수스티네레"(sustinere, 견디다)의 대상은 "핍박"(「권고」 3,8-9), "훈계와 문책과 꾸지람"(「권고」 22,1), "부끄러움과 꾸지람"(「권고」 22,3), "병약함과 고생"(「태양 노래」 10.11), "수고"(「노래 권고」 11), "핍박과 죽음"(「규칙 단편」 1,40), "영혼이나 육신의 온갖 괴로움이나 고생"(「규칙 단편」 1,46; 「비인준 규칙」 17,8), "고생과 핍박과 죽음"(「규칙 단편」 2,26) 등으로 나타난다. 이렇게 프란치스코가 사용하고 있는 다양한 대상들은 모두 한마디로 요약하면, "십자가"(crux)라 말할 수 있으며, 이런 의미에서 "수스티네레" 동사는 "십자가를 견딘다"(sustinere crucem)는 의미로 알아들을 수 있다.

십자가를 지는 인간의 모든 견디어냄은 십자가를 지신 그리스도의 견딤과 유비적인 관계를 지니면서 동시에 일의적인 관계도 지니고 있다. 프란치스코는 「2신자 편지」 61에서 "견디다"(sustinere)는 동사를 다음과 같이 그리스도의 수난과 연결시킨다: "우리를 위하여 이처럼 견디셨고,…"(Ei autem qui tanta sustinuit pro nobis). 이 구절에서 3인칭 대명사인 "에이"(ei)는 그리스도를 지칭하고[180], "이처럼 견디셨다"(tanta sustinuit)는 표현의 의미는 이 편지의 56절에 다음과 같이 풀이되어 있다: "그분께서는 당신의 양들을 위해 목숨을 바치셨고 우리를 위해 아버지께 기도하셨습니다"(posuit animam suam pro ovibus suis et oravit patrem pro nobis). 「2신자 편지」 56과 61을 같이 읽으면, '견딤'(sustinere)이 그리스도의 수난과 밀접하게 연관되어 있음을 알 수 있다. 같은 맥락에서 프란치스코는 「권고」 6,1-2에서 그리스도의 수난을 다음과 같이 당신 양들의 수난과 대응시킨다: "¹모든 형제들이여, 우리 모두 당신 양들을 속량하기 위해 십자가의 수난을 견디어 내신 착한 목자를 주의 깊게 바라봅시다. ²주님의 양들은 고난

---

[180] 참조: I. RODRÍGUEZ – A. ORTEGA, 「Los escritos de san Francisco de Asís」, 264.

과 박해, 수치와 굶주림, 연약함과 유혹 등 모든 점에서 주님을 따랐습니다. 그리하여 주님에게서 영원한 생명을 얻었습니다"(^{1}Attendamus, omnes fratres, bonum pastorem, qui pro ovibus suis salvandis crucis sustinuit passionem. ^{2}Oves Domini secutae fuerunt eum in tribulatione et persecutione, verecundia et fame, in infirmitate et tentatione et ceteris aliis; et de his receperunt a Domino vitam sempiternam). 이 구절에는 그리스도의 수난과 그리스도를 따르는 양들의 수난이 서로 호응하고 있는데, 그런 관점에서 바라보면, 2절의 "고난과 박해, 수치와 굶주림, 연약함과 유혹 등"은 '십자가의 수난'을 의미하고, "주님의 양들은 고난과 박해, 수치와 굶주림, 연약함과 유혹 등 모든 점에서 주님을 따랐다"는 표현은 십자가의 수난을 견디어 내신 그리스도의 발자취를 따랐다는 의미가 된다.

고통을 견딘다는 것이 십자가 위에서의 그리스도의 죽음을 내포한다는 사실은 「권고」 3에 대단히 명료하게 묘사되어 있다. 이 권고에서 프란치스코는 순종을 참된 순종, 사랑의 순종, 완전한 순종으로 구분하는데, 그에게 완전한 순종이란 "견딤"(sustinere)과 밀접한 관계가 있다: "왜냐하면 자기 형제들과 헤어지기를 바라기보다는 핍박을 견디는 이가 자기 형제들을 위하여 자기의 목숨을 내놓기에 완전한 순종에 참으로 머무는 사람이기 때문입니다"(Nam qui prius persecutionem sustinet, quam velit a suis fratribus separari, vere permanet in perfecta obedientia, quia ponit animam suam pro fratribus suis)[181]. 프란치스코는 이 구절에서 '순종하지 않는 데서 비롯되는 핍박을 견디어 내는 것'을 완전한 순종, 즉 자기 목숨을 내놓는 것이라고 풀이한다. 이러한 해석을 바탕으로 이 견딤의 신비가는 모든 이를 위하여 죽으면서까지 자신의 생명을 내어놓은 그리스도의 순종을 바라본다[182]. 「권고」 3,9의 "자기 형제들을 위하여 자기의 목숨을 내놓는다"(ponit animam suam pro

---

[181] 「권고」 3,9.
[182] 참조: C. PAOLAZZI, 「권고」 3의 "각주 9", 「FF」, 110.

fratribus suis)는 표현에는 의심의 여지없이 요한 15,13의 "친구들을 위하여 목숨을 내놓는다"(animam suam ponat quis pro amicis suis)는 구절이 반영되어 있다[183]. 프란치스코는 요한 15,13의 접속법 "포낱"(ponat, 내놓다)을 직설법 "포닡"(ponit, 내놓다)으로 변경하고 "친구들"(amicis)을 "형제들"(fratribus)로 바꾸면서, 그리스도께서 권고하는 최고의 사랑 자리에 완전한 순종을 겹쳐 놓는다. 따라서 「권고」 3의 "자기 목숨을 내놓는다"는 표현에는 십자가에서의 그리스도의 죽음이 숨겨져 있다 하겠다. 이러한 해석은 「2신자 편지」 56에 의해서도 확인된다. 이 구절에는 「권고」 3,9의 "자기 목숨을 내놓는다"는 표현과 비슷한 "당신 양들을 위하여 당신 목숨을 내놓으셨다"는 표현이 나타나는데, 이 문장의 주어는 물론 그리스도이시다[184]. 프란치스코는 이 편지에서 요한 15,13의 '목숨 바침'을 십자가에서의 그리스도의 죽음과 직접적으로 연결시키고 있다. 그러므로, 이 복음 구절을 「2신자 편지」 56과 연결하여 바라보면, 이 구절에 나타나는 십자가에서의 그리스도의 희생은 「권고」 3,9의 "자기 목숨을 내놓는다"는 표현에도 반영되어 있다 할 것이다. 「권고」 3,9의 핍박을 견디어낼 때의 견딤은 십자가에서 핍박을 견디어 내신 그리스도의 견딤과 동일한 차원을 지니는 것이다.

수난을 겪으시는 그리스도의 견딤과 관계 있는 모든 견딤은 또한 모성적 의미도 지니고 있다[185]. 본래 "수스티네레"(sustinere, 견디다) 동사

---

[183] "Maiorem hac dilectionem nemo habet, ut animam suam ponat quis pro amicis suis"(요한 15,13).
[184] 「2신자 편지」 56: "또한 무엇보다도 먼저 열망해야 할 그러한 형제와 그러한 아들을 모시는 것이, 오, 얼마나 거룩하고 소중하고 흡족스럽고 겸손하고 평화롭고 감미롭고 사랑스러운지! 그분께서는 당신의 양들을 위해 목숨을 바치셨고 우리를 위해 아버지께 기도하셨습니다. 거룩하신 아버지, 아버지께서 저에게 주신 이들을 아버지의 이름으로 지켜 주십시오"(O quam sanctum et quam dilectum, beneplacitum, humilem, pacificum, dulcem et amabilem et super omnia desiderabilem habere talem fratrem et filium, qui posuit animam suam pro ovibus suis et oravit patrem pro nobis dicens: Pater sancte, serva eos in nomine tuo, quos dedisti mihi).
[185] 참조: E. GOORBERGH – T. ZWEERMAN, 「Respectfully yours」, 107-113.

는 부양하다, 기르다, 양육하다는 의미도 지니고 있는데, 이러한 의미들은 모두 모성과 밀접한 관계를 지니고 있다. 프란치스코는 이와 관련하여 「태양 노래」 9에서 다음과 같이 노래한다: "내 주님, 우리 어머니인 땅 자매를 통하여 찬미 받으시옵소서. 그는 우리를 기르고 다스리며 울긋불긋 꽃들과 풀들과 더불어 온갖 열매를 낳아 주나이다"(Laudato si, mi signore, per sora nostra matre terra, la quale ne sustenta et governa, et produce diversi fructi con coloriti flori et herba). 이 구절에는 "수스티네레"(sustinere, 견디다) 동사가 명시적으로 나타나지는 않지만, "기르고 다스리며 열매 맺는다"(sustenta et governa et produce)는 세 동사가 땅의 모성을 드러내 주기에 "수스티네레"의 의미가 이 구절 안에 들어 있다 하겠다[186]. 이렇게 "견디다"(sustinere)는 동사에는, 어머니가 아기를 낳을 때까지 자궁 안의 아기를 떠받쳐주고 아기를 낳은 후에는 기르며 떠받쳐주듯이, 인내와 겸손과 희망과 사랑 안에서 떠받쳐준다는 의미가 내포되어 있다. 견딤의 모성은 무엇보다도 어려움 중에 있는 이웃을 도와주는 사랑을 통하여 드러나고[187], 프란치스코의 글 가운데서는 「권고」 18,1과 「2신자 편지」 44에서 확인해 볼 수 있다.

「권고」 18,1에서 프란치스코는 다음과 같이 말한다: "이웃 안에 있는 연약함을 보고, 비슷한 경우에 처해 있을 때 그 이웃으로부터 부축받기를 원하는 것처럼 그 이웃을 부축해 주는 사람은 복됩니다"(Beatus homo, qui sustinet proximum suum secundum suam fragilitatem in eo, quod vellet sustineri ab ipso, si in consimili casu esset). 이 구절의 라틴어 원문에서 "수스티네레"(sustinere, 부축하다)

---

[186] 테오도르 즈베르만에 의하면, "수스텐타레"(sustentare) 동사는 프란치스코의 글들 가운데 「태양 노래」에서만 2번 나타나는데(한 번은 동사로 나타나고, 다른 한 번은 명사로 나타난다), 이 어휘는 기르고 양육한다는 의미에서 "수스티네레"(sustinere, 견디다) 동사와 그 의미가 같다고 한다(참조: E. GOORBERGH – T. ZWEERMAN, 「Respectfully yours」, 101).

[187] 참조: E. GOORBERGH – T. ZWEERMAN, 「Respectfully yours」, 113.

동사의 목적어는 문법적으로 "그의 이웃"(proximum suum)이지만, 내용적으로 보면, "이웃의 연약함"(fragilitatem proximi sui)이며, 따라서 이 구절에서 "수스티네레"는 구체적으로 이웃의 연약함을 부축해 주는 것을 의미한다. 그런데 이 연약함은 인간의 연약함이면서 동시에 육화된 **말씀**의 연약함이기도 하다. 왜냐하면 성부의 **말씀**께서 참으로 인간의 살을 취하셨고, 동정녀 마리아의 태중으로부터 인간의 살을 취하면서 그 연약함도 동시에 취하셨기 때문이다[188]. 이렇게 인간의 연약함과 그리스도의 연약함이 동일하기 때문에, 이웃의 연약함을 부축해 준다는 것은 곧 그리스도의 연약함을 부축해 주는 것이기도 하다. 한편, 「권고」 18,1은 내용적으로 마태 7,12의 '황금률'을 기초로 하고 있다. 즉, 이웃의 연약함을 부축해 주는 것은 사랑을 통해 실현되는 것을 의미하고, 육신의 어머니가 모성적 사랑으로 자기 아들들의 연약함을 부축해 주듯이, 그렇게 모성적 사랑으로 이웃의 연약함을 부축해 주는 것을 의미한다. 「권고」 18,1은 그리스도의 사랑과 어머니의 사랑을 동시적으로 언급하는 것이다.

"수스티네레"(sustinere, 부축하다) 동사와 관련하여 「권고」 18,1에서 언급한 것들은 「2신자 편지」 43-44에서도 찾아볼 수 있다: "[43]그리고 자기가 비슷한 경우에 처해 있을 때 자기 자신에게 해주기를 바라는 것처럼 각 형제에게 자비를 행하고 지니십시오. [44]어떤 형제의 죄악 때문에 그 형제에게 화를 내지 말고 오히려 온갖 인내와 겸손을 다하여 너그럽게 권고하고 부축하십시오"([43]Et in singulos fratres suos

---

[188] 「2신자 편지」 4: "하늘에 계신 지극히 높으신 아버지께서는 당신의 거룩한 가브리엘 천사를 시켜 아버지의 이토록 합당하고 거룩하고 영광스러운 이 말씀이 거룩하고 영화로운 동정녀 마리아의 태중에 계심을 알리셨습니다. 그리하여 그 말씀은 마리아의 태중으로부터 우리의 인간성과 연약성의 실제 육(肉)을 받으셨습니다"(Istud Verbum Patris tam dignum, tam sanctum et gloriosum nuntiavit altissimus Pater de caelo per sanctum Gabrielem angelum suum in uterum sanctae ac gloriosae virginis Mariae, ex cuius utero veram recepit carnem humanitatis et fragilitatis nostrae).

misericordiam faciat et habeat, quam vellet sibi fieri, si in consimili casu esset. ⁴⁴Nec ex delicto fratris irascatur in fratrem, sed cum omni patientia et humilitate ipsum benigne moneat et sustineat). 이 구절을 보면, 43절에는 '황금률'이 인용되어 있고, 44절에는 "수스티네레"(sustinere, 부축하다)가 언급되어 있다. 그리고 43절은 문맥상 44절보다 42절과 더 밀접하게 관련되어 있으나, 내용적으로 보면, 43절이 44절에서 다시 강조되면서 심화되고 있으며, 「2신자 편지」 43-44과 「권고」 18,1이 서로 호응하고 있음을 감지할 수 있다. 프란치스코는 이 편지에서도 모성적 사랑 안에서 이웃을 부축해 줄 것을 권고한다. 그리고 이 인용문에는 그리스도를 암시하는 표현이 나타나 있는데, 그것은 바로 "인내와 겸손"(patientia et humilitas)이라는 구절이다. 이 두 덕들이 왜 그리스도와 관계되는지에 대해서는 이미 제3장에서 고찰하였다. 그러므로 이러한 관점에서 「2신자 편지」 44을 비추어 보면, 44절의 인내와 겸손은 하느님 및 그리스도의 인내와 겸손을 지향한다고 말할 수 있고, 그런 의미에서 인내와 겸손 안에서의 "수스티네레"(sustinere, 부축하다)는 십자가에 못 박히신 분의 "수스티네레"(sustinere, 부축하다)와 관련된다 하겠다.

"수스티네레"(sustinere, 견디다, 부축하다)와 관련하여 지금까지 살펴본 것으로부터 이제 "수스티네레"에는 모성적 사랑, 인내, 겸손과 같은 덕들이 숨겨져 있으며, 이러한 "수스티네레"는 그리스도께서 십자가에서 견디어 내신 "수스티네레"에 참여하는 신비적 행위로서, 이를 통하여 십자가의 수난과 죽음을 견디어 내신 그리스도와 일치하게 된다는 결론을 이끌어낼 수 있다. 이상과 같이 프란치스코에게 "수스티네레"(sustinere, 견디다, 부축하다)는 '그리스도를 따르며'(sequela Christi) '그리스도가 되는'(christificatio) 또 다른 하나의 길이며, 그리스도와 일치하는 실존적이고 존재론적인 또 하나의 행위라고 할 수 있다.

5.3. '하느님이-됨'

프란치스코의 글에는 "하느님이 되게 하다"(deificare)나 "하느님이-됨"(deificatio)이라는 어휘가 명시적으로 나타나지는 않으나[189], '하느님이-됨'이나 "신성화"(divinizzazione)의 개념과 본질적으로 같은 내용들[190], 이를테면, '주님의 **영**의 거룩한 활동'이나 '주 하느님의 거처와 집'이라는 표현들은 발견된다. 뿐만 아니라, 이미 앞에서 고찰

---

[189] 하느님 본성에의 참여는 인간과 하느님 사이의 신비적 일치와 밀접한 관계가 있으며, 그리스 교부학에는 이 개념을 지칭하는 고전적인 어휘가 있는데, 그것은 "테오포이에어"($\theta\epsilon o\pi o\iota\acute{\epsilon}\omega$, 하느님이 되게 하다)와 "테오포이애시스"($\theta\epsilon o\pi o\acute{\iota}\eta\sigma\iota\varsigma$, 하느님이-됨)로, 이러한 말들은 이미 알렉산드리아의 클레멘스에 의해 사용된다(참조: Y. SPITERIS, 『Francesco e l'oriente cristiano un confronto』, 165; B. STUDER, 『Divinizzazione』, 『DizPatr』, 1458). 이 어휘들과 관련된 또 다른 전문적인 용어는 "테어시스"($\theta\acute{\epsilon}\omega\sigma\iota\varsigma$, 신성화)로, 이는 테오필로(Teofilo)에 의해 처음으로 사용되고, 나지안죠의 그레고리오에 의해 널리 퍼지게 된다(참조: Y. SPITERIS, 『Francesco e l'oriente cristiano un confronto』, 166; B. STUDER, 『Divinizzazione』, 『DizPatr』, 1459). 그리고 위-디오니시오의 영향 아래 "테어시스"라는 말은 "테오포이애시스"보다 더 중요한 어휘가 된다. 이렇게 "테어시스", 즉 '신성하게-됨'은 그리스 교부학의 기본 주제 중의 하나가 된다. 한편, 그리스 말인 "테오포이에어"와 "테오포이애시스"에 해당되는 라틴 말은 "데이피카레"(deificare, 하느님이 되게 하다)와 "데이피카찌오"(deificatio, 하느님이-됨)로, 이 용어들은 5세기가 되어서야 비로소 중요성을 지니게 된다(참조: B. STUDER, 『Divinizzazione』, 『DizPatr』, 1458). 그리스 교부들이든, 라틴 교부들이든, 교부 시대에는 '하느님이-됨'(신성하게-됨)의 개념을 하느님의 아들이-됨, 영혼 안에 삼위일체 하느님이 머무심, 하느님의 본성에 참여함, 하느님과 그리스도를 모방함, '거룩하게-됨', '의롭게-됨', '영광스럽게-됨' 등등의 다양한 개념들을 통해 설명한다(참조: 위와 같은 책, 1548-1462; A. TRAPÈ, 『Giustificazione』, 『DizPatr』, 2336-2337; Y. SPITERIS, 『L'esperienza di Dio in oriente e in alcuni mistici occidentali』, 82). 이와 관련하여 아우구스티노는 다음과 같이 말한다: "Qui autem iustificat, ipse deificat, quia iustificando, filios Dei facit. ···Si filii Dei facti sumus, et dii facti sumus: sed hoc gratiae est adoptantis, non naturae generantis"(A. AUGUSTINUS, 『Enarrationes in Psalmos』, 49,2, 『CCL XXXVIII』, 576).

[190] 야니스 스피테리스(Y. Spiteris)는 '신성하게-됨'의 개념을 포함하여 프란치스코와 그리스-동방 영성의 공통점들을 고찰하면서, 이 그리스-동방 영성이 프란치스코의 사상에 영향을 미쳤을 가능성을 열어 놓는다(참조: Y. SPITERIS, 『Francesco e l'oriente cristiano un confronto』, 239-241).

한 '거룩하게-됨', '영광스럽게-됨', '그리스도가-됨'과 같은 개념들도 모두 '하느님이-됨'과 불가분리적으로 연결되어 있다. 이러한 관점에서 프란치스코의 글을 조명해 보면, 이 아씨시 신비가가 지니고 있었던 '하느님이-됨'에 관한 본질적인 개념을 추론할 수 있으리라 여겨진다[191].

인간이 '하느님이-된다' 함은 인간 존재의 본질적인 변형을 통하여 인간의 실존이 완성되는 것을 의미하는 것으로, 이는 하느님의 초자연적인 은총을 통하여 실현된다. 그러므로 이러한 '하느님이-됨'은 엄밀한 의미로는 주님의 **영**의 거룩한 활동과 깊이 관련된다. 왜냐하면 이 **영**이 '하느님이-됨'의 작용인이기 때문이다. 이런 까닭으로 프란치스코의 글에 나타난 '하느님이-됨'의 정체를 살펴보기 위해서는 먼저 주님의 **영**의 작용을 검토해야 한다.

5.3.1. '주님의 영'의 거룩한 활동

프란치스코는 「인준 규칙」 10,8-10에서 주님의 **영**의 활동에 대해 다음과 같이 언급한다:

> [8]오히려 우리가 무엇보다 먼저 갈망해야 할 것에 집중할 것입니다. 곧, 주님의 영과 그 영의 거룩한 활동을 마음에 간직하고, [9]주님께 깨끗한 마음으로 항상 기도하고 박해와 병고에 겸허하고 인내하며, [10]또한 우리를 박해하고 책망하고 중상하는 사람들을 사랑하는 일입니다.…([8]sed attendant, quod super omnia desiderare debent habere Spiritum Domini et sanctam eius operationem, [9]orare semper ad eum

---

[191] 이 시점에서 주목해야 할 사실은, 교부들에게 있어서나 프란치스코에게 있어서나 그들에게 '하느님이-됨'은 인간이 하느님의 본성에 참여함으로써 하느님과 완전하게 일치함을 뜻한다는 것이며, 이러한 개념은 늘 하느님과 창조물 사이에 절대적 구분이 있다는 것, 즉 오로지 **말씀**(Verbum)만 본성적으로 하느님의 **아들**이 되고 구원된 인간들은 하느님 본성에의 참여와 은총을 통해서 하느님의 아들들이 된다는 점이다(참조: G. BONNER, 「Deificazione」, 『DizAgos』, 539).

puro corde et habere humilitatem, patientiam in persecutione et infirmitate ¹⁰et diligere eos qui nos persequuntur et reprehendunt et arguunt…).

이미 제3장에서 살펴본 바와 같이, 이 구절에 나타나는 "주님의 영"(Spiritus Domini)은 삼위일체의 모든 위격과 관련되어 있기 때문에, "그분의 거룩한 활동"(sanctam eius operationem)이라고 표현할 때에 이 활동은 삼위일체 하느님의 작용을 의미한다. 이러한 관점에서 성령의 작용은 '거룩하게-됨'(sanctificatio, 聖化)과 일치하고[192], 그리스도의 작용은 "그리스도가-됨"(christificatio, 그리스도화)과 일치하며, 성부의 작용은 "하느님이-됨"(deificatio, 神化)과 일치한다고 말할 수 있다[193]. 따라서 성화자(聖化者)이신 '주님의 영'의 활동은 '거룩하게-됨'과 '그리스도가-됨'과 '하느님이-됨'을 모두 포함하고 있으며, 이러한 활동들은 모두 동시적으로 실현된다[194]. 이를 전제로 하여 위에 인용한 「인준 규칙」 10,8의 "거룩한 활동"을 이해하면, 이는, 믿는 이들을 삼위일체 하느님의 생명에 참여하게 해주는, 초자연적 선물과 은총을 통하여 이들을 '거룩하게 하고' '그리스도가 되게 하며' '하느님이 되게 하는' 작용을 뜻한다고 해석할 수 있다[195]. 그리고 이러한 영의 작용은 9-10에 소개된 세 행위들을 통해 구체화된다: (1) 항상 기도하라, (2) 겸손하고 인내하라, (3) 사랑하라.

---

[192] 반 아셀돈크는 성령을 "거룩하게 하시는 분"(sanctificator)이라 규정하고(참조: O. van ASSELDONK, 『Lo spirito dà la vita』, 36), 야니스 스피테리스는 "성령은 본성적으로 '거룩하게-하시는-분'"이라고 정의한다(Y. SPITERIS, 『Francesco e l'oriente cristiano un confronto』, 195).
[193] 이와 관련하여 야니스 스피테리스는 다음과 같이 주장한다: "인간은 **영**에 의해 변형되며(영이-되며), 그 효과로 인간은 그리스도와 결합된다(그리스도가-된다). 그러나 **'아들** 안에서 아들'이 되기 때문에, 다시 말해 성부의 **아들** 예수를 통해 하느님의 아들이 되기 때문에, 인간은 성부의 심연에로 인도된다(신성하게-된다)"(Y. SPITERIS, 『Francesco e l'oriente cristiano un confronto』, 195).
[194] 이와 관련하여 '거룩하게-됨'과 '그리스도가-됨'과 '하느님이-됨'은 제각각 삼위일체 하느님의 세 위격들 모두와 관계를 맺고 있음을 또한 지적해야 한다.
[195] 참조: F. URIBE, 『La Regla de san Francisco』, 297.

「인준 규칙」 10에 나타나는 주님의 **영**의 첫 번째 거룩한 활동은 "주님께 깨끗한 마음으로 항상 기도"(9절)하는 것으로, 이 구절에는 기도에 관한 프란치스코의 관점이 반영되어 있다. "기도하다"(orare)는 동사는 여기에서 "항상"(semper)이라는 부사와 "깨끗한 마음"(puro corde)이라는 보어로 수식되어 있기에, 이러한 기도는 우선 단순하게 지칭하는 "기도"(oratio)와는 구별된다 하겠다. 이미 제4장에서 살펴본 바와 같이, 순수한 마음은 관상의 기본적인 바탕이다. 따라서 "주님께 깨끗한 마음으로 항상 기도한다"는 것은 어떤 한 순간의 행위도 아니고 일시적인 전례나 형식도 아니며, 이는 주님의 **영**의 활동에 열려져 있음을 가리키는 것으로, 이러한 열려져 있음 안에서 '형제들'과 믿는이들은 하느님의 신비에 늘 호응할 수 있는 존재가 된다.[196] 토마스 첼라노 또한 「2첼라노」 95,5에서 프란치스코를 "기도하는 사람이라기보다 그가 곧 기도였다"(non tam orans quam oratio factus)[197]고 묘사하면서, 이 아씨시 신비가가 곧 관상하는 존재가 되었음을 증언하는데, 여기에서 말하는 기도는 프란치스코가 하느님의 신비에 존재론적으로 열려져 있어 이 신비를 실존적으로 받아들이는 가운데 늘 신비와 관계를 맺으면서 관상의 상태에 있었음을 의미한다 하겠다. 그러므로 토마스 첼라노가 이 전기에서 말하는 기도는 인간 존재의 내적이고 항구적인 어떤 조건을 뜻한다는 관점에서 "존재론적인 기도"(preghiera esistenziale)라고 규정할 수 있다[198].

프란치스코가 추구했던 존재론적인 기도에 대한 개념은 「인준 규칙」 5,2에서도 찾아볼 수 있다: "이렇게 함으로써 영혼의 원수인 게으름을 쫓아내는 동시에 거룩한 기도와 헌신의 영을 끄지 않도록 할 것입니다. 현세의 다른 모든 것들은 이 영에 이바지해야 합니다"(ita quod,

---

[196] 참조: F. URIBE, 『La Regla de san Francisco』, 298.
[197] "⁴Immotis saepe labiis ruminabat interius et introrsum extrinseca trahens spiritum subtrahebat in superos. ⁵Omnem sic et intuitum et affectum in unam quam petebat a Domino dirigebat totus non tam orans quam oratio factus"(「2첼라노」 95,4-5).
[198] 참조: F. URIBE, 『La Regla de san Francisco』, 298.

excluso otio animae inimico, sanctae orationis et devotionis spiritum non extinguant, cui debent cetera temporalia deservire). 먼저 이 구절에서 주목할 점은 "기도와 헌신"(orationis et devotionis)이 라틴어 원문에서는 2격(소유격)으로 사용되었다는 것이다. 이 소유격의 명사들은 이들이 수식하고 있는 "영"(spiritus)과 함께 이해하면 내용적으로는 이 '영'의 대상이 되는데, 그렇게 되면, 이 영은 "거룩한 기도와 헌신"을 위한 원천이 되고, 이는 이 영이 기도와 헌신의 바탕으로서 인간 영혼의 영속적인 상태를 의미하게 된다[199]. 또한, 「인준 규칙」 5,2에는 이 '영'과 관련하여 "끄다"(extinguere)는 동사가 사용되는데, 이는 인간 존재의 심연에 있는 영을 불에 비유한 신학적 은유로 영의 역동적인 특성을 잘 드러내 준다 하겠다[200]. 따라서 "거룩한 기도와 헌신의 영을 끄지 않도록 할 것"이라는 표현은 일반적인 의미에서의 기도나 단순한 신심을 뜻하는 것이 아니라, 인간의 심연에 존재하는 영의 내적이고 실존적인 자세나 태도를 의미하며, 이는 주님께 지속적으로 전념하게 하는 특성들을 지니기에[201], "존재론적인 기도"를 가리키는 것이라고 해석할 수 있다.

프란치스코가 지향하는 "존재론적인 기도"는 기도에 관한 칼 라너의 관점과 본질적으로 일치한다. 20세기 가톨릭교회가 낳은 저 위대한 신학자는 기도를 다음과 같이 규정한다: "기도는 성사보다 더 귀중하다. 많은 영혼이 성사를 받지 않고도 구원되지만, 기도 없이 구원받은 영혼은 결코 없기 때문이다. 또 하느님의 은총은 당초부터 사람의 공로로 주어지는 것이 결코 아니기 때문이다. 은총이 우리 영혼에 선행되어 무상으로 주어짐이 사실이라면, 그 은총이 제일 먼저 일으키는 반응은 마음의 움직임인데, 이 움직임을 가장 간단하고 정확하게 일컬어 '기도'라고 한다"[202]. 초월 신학에서 말하는 은총이란 하느님의 자

---

[199] 참조: F. URIBE, 「La Regla de san Francisco」, 180.
[200] 참조: 위와 같은 책, 180.
[201] 참조: 위와 같은 책, 181.
[202] 라너, 「영성신학 논총」, 30.

기 양여로서 하느님의 신비를 의미하기에, 기도에 관한 라너의 규정은 인간 존재와 하느님 사이의 실존적이고 신비적인 관계를 설명한 것이라고 할 수 있다. 뿐만 아니라, 라너가 말하는 "마음의 움직임"이란 프란치스코가 말하는 **영**의 작용과 근본적으로 같은 개념이다. 따라서 라너의 기도 개념과 일치하는 「인준 규칙」 5,2의 '존재론적 기도'는 인간과 하느님 사이의 실존적인 관계로서, **영**의 첫 번째 작용이라 하겠고, 이는 인간 존재와 하느님의 신비적 일치를 위해 필연적으로 요청되는 전제 조건이라 하겠다.

「인준 규칙」 10장에 나타나는 주님의 **영**의 두 번째 거룩한 활동은 "박해와 병고에 겸손하고 인내하는"(9절) 것으로, 이는 깨끗한 마음 안에서 이루어진다. 이 두 번째 활동은 무엇보다 '그리스도가-되는' 특성을 지니고 있다. 먼저, 프란치스코의 글에 "겸손"(humilitas)이라는 말은 21번 나타나는데[203], 이 덕은 근본적으로 하느님의 겸손에 바탕을 두고 있다. 프란치스코는 「하느님 찬미」 4에서 "당신은 겸손이시나이다"(tu es humilitas)라고 찬양한다. 이 구절에 나타나는 덕은 '존재론적인 덕'으로서 믿는이들이 따라야 할 모형이신 그리스도의 겸손을 통하여 결정적으로 계시된다[204]. 그런데 인간의 모든 윤리적인 겸손은 유비적이든 일의적이든 하느님의 겸손과 그리스도의 겸손에 참여하게 되어 있다. 그러므로 믿는이들은 특히 동냥이나 발을 씻어줌, 벌레가 됨, 혹은 십자가를 견디어 내는 것을 통해 십자가에 못 박히신 분과 탁월히 일치한다. 이러한 관점에서 「인준 규칙」 10,9의 "겸손을 지닌다"(habere humilitatem)는 표현은 그리스도의 겸손을 따르는 것과 불가분리적 관계에 놓여 있으며 이는 궁극적으로 '그리스도가-됨'에로 귀결된다 하겠다.

한편, 프란치스코의 글에서 '겸손'이라는 말은 자주 다른 덕들과 함께 나타나는데, 특히 "인내"(patientia)라는 말과 겹낱말을 이루는

---

[203] 이 21번에는 중세 이탈리아어인 "우밀타"(umiltà)가 한 번 포함되어 있다.
[204] 참조: 「권고」 1,16-18; 「형제회 편지」 27-28; 「비인준 규칙」 9,1.

것이 두드러진다[205]. 프란치스코에게 '인내'는 겸손의 덕과 마찬가지로 '존재론적인 덕'의 특성을 지니고 있으며[206], 이로 말미암아 믿는 이들은 십자가에 못 박히신 분의 신비에 참여하게 된다. 따라서 '십자가를 견딤'은 지금 논의하고 있는 "박해와 병고에 겸허하고 인내하며"(habere humilitatem, patientiam in persecutione et infirmitate)라는 구절과 공통된 의미를 지니고 있다 하겠다. 왜냐하면 여기에서 '겸허와 인내를 지님'은 겸손하게 견디라는 의미로 이해할 수 있기에[207], '박해와 병고에 겸허하고 인내하라'는 구절을 「인준 규칙」 10장의 문맥 안에서 박해와 병고, 즉 십자가를 겸손하게 견디라는 의미로 해석할 수 있기 때문이다. 이러한 관점에서 바라보면, "박해에 겸허하고 인내하라"(habere humilitatem, patientiam in persecutione)는 표현은 「권고」 3,9의 "핍박을 견디는 이"(qui prius persecutionem sustinet), 즉 "자기 형제들을 위하여 자기의 목숨을 내놓음"(ponit animam suam pro fratribus suis)과도 일치하게 된다. 또한, "병고에 겸허하고 인내한다"(habere humilitatem, patientiam in…infirmitate)는 표현은 「권고」 5,8의 "우리의 연약함을 자랑한다"(gloriari in infirmitatibus nostris)는 구절과 일치한다. 이런 권고의 구절들은 이미 앞에서 고찰한 바와 같이 '그리스도가-됨'과 관계가 있는 표현들이다. 그러므로 「인준 규

---

[205] "겸손과 가난"(humilitas et paupertas)이란 겹낱말은 프란치스코의 글에는 5번 나타나고(「규칙 단편」 1,73; 「인준 규칙」 6,2; 12,4; 「비인준 규칙」 9,1; 「덕 인사」 2), "겸손과 사랑"(humilitas et caritas)은 2번(「2신자 편지」 30.87), "겸손과 인내"(humilitas et patientia)는 7번 나타난다(「권고」 13,1-2; 27,2; 「2신자 편지」 44; 「규칙 단편」 1,52; 「하느님 찬미」 4; 「비인준 규칙」 17,15).

[206] 「하느님 찬미」 4: "당신은 인내이시나이다"(Tu es patientia); 「수난 성무」 12,4: "주님, 당신은 저의 인내이시오니, * 주님, 당신은 제 어릴 적부터 저의 희망이시나이다"(Quoniam tu es patientia mea Domine * Domine, spes mea a iuventute mea).

[207] "겸손하게 견딘다"는 표현은 「권고」 22,3에서 찾아볼 수 있다: "자신을 변명하는 데는 빠르지 않고, 자기 탓이 아닌 죄에 대해서도 부끄러움과 꾸지람을 겸손히 견디는 종은 복됩니다"(Beatus servus, qui non est velox ad se excusandum et humiliter sustinet verecundiam et reprehensionem de peccato, ubi non commisit culpam).

칙」 10,9의 "박해와 병고에 겸허하고 인내한다"는 구절 또한 '그리스도 따름'을 통하여 '그리스도가-되는' 하나의 길이라 하겠다. 그리고 그렇다면, 「인준 규칙」 10,8-9을 근거로 하여 '그리스도가-됨'은 인간 안에 현존하는 주님의 **영**의 거룩한 활동을 통하여 이루어지는 것이라고 주장할 수 있다. 즉, **영**의 거룩한 활동과 '그리스도가-됨'은 서로 간에 동시적으로 작용하는 관계에 있다는 것이다.

「인준 규칙」 10장에 나타난 주님의 **영**의 세 번째 활동은 "우리를 박해하고 책망하고 중상하는 사람들을 사랑하는 일"(diligere eos qui nos persequuntur et reprehendunt et arguunt)로, 이는 10절에서 볼 수 있다. 이 구절에 나타난 "사랑하다"(diligere) 동사는 프란치스코의 글에서 가장 자주 사용된 동사들 가운데 하나이다[208]. 이 동사는 53번 나타나는데, 이 가운데 5번은 하느님의 사랑을 가리키고[209] 많은 경우는 사랑에 대한 그리스도의 계명과 관련이 있다. 즉, 3번은 "서로 사랑하라"(diligere invecem)는 계명[210], 2번은 사랑의 이중 계명[211], 6번은 하느님께 대한 사랑[212], 9번은 이웃과 형제들에 대한 사랑[213], 13번은 원수들에 대한 사랑[214]을 언급하면서 사용된다. 프란치스코는

---

[208] 프란치스코의 글에서 "사랑하다"(diligere, 53번)보다 더 많이 사용되는 동사들은 다음과 같다: "보다"(videre, 59번), "받아들이다"(recipere, 64번), "주다"(dare, 76번), "해야 하다"(debere, 76번), "원하다"(velle, 96번), "할 수 있다"(posse, 99번), "갖다"(habere, 139번), "말하다"(dicere, 167번), "하다"(facere, 190번), "있다"(esse, 530번).
[209] 2번은 성자에 대한 성부의 사랑이고(「비인준 규칙」 22,53.54), 3번은 인간에 대한 하느님의 사랑이다(「비인준 규칙」 11,5; 22,53; 23,3).
[210] 참조: 「비인준 규칙」 11,5(2번); 「시에나 유언」 3.
[211] 참조: 「2신자 편지」 18; 「봉사자 편지」 9.
[212] 참조: 「1신자 편지」 1,1; 「2신자 편지」 18.19; 「형제회 편지」 24; 「비인준 규칙」 23,8.11.
[213] 참조: 이웃에 대한 사랑: 「1신자 편지」 1,1; 「2신자 편지」 26; 형제들에 대한 사랑: 「권고」 24,1; 「권고」 25,1; 「봉사자 편지」 7.11; 「형제회 편지」 2; 「인준 규칙」 6,8; 「비인준 규칙」 9,11.
[214] 원수에 대한 사랑은 7번 명시적으로 나타난다. 「권고」 9,1.2; 「2신자 편지」 38; 「주님 기도」 5; 「규칙 단편」 1,1; 「인준 규칙」 10,10; 「비인준 규칙」 22,1. 이외에 박

"아마레"(amare, 사랑하다) 동사보다 "딜리제레"(diligere, 사랑하다) 동사를 더 즐겨 사용하는데[215], 이는 사랑에 대한 그리스도의 계명을 그리스 말에서 라틴 말로 번역할 때 주로 "딜리제레"(diligere) 동사를 사용한 불가타의 영향 때문인 것으로 보인다[216].

그리스도는 사랑의 계명을 권고했을 뿐만 아니라, 십자가 위에서 죽어가면서 자신의 가르침대로 사랑을 완벽하게 실천하였다. 십자가에 못 박혀 돌아가신 그리스도를 통하여 결정적으로 계시된 사랑의 신비는 그리스도교 사상과 크리스천 신비체험의 본질로서 믿는이들은 이를 통하여 삼위일체의 본질에 참여하게 된다. 프란치스코에 의하면, 사랑의 신비는 하느님의 본질일 뿐만 아니라 동시에 그 본질에 도달하는 가장 탁월한 길이기도 하다. 따라서 사랑은 목적적인 차원과 방법적인 차원을 모두 지닌다 하겠다.

프란치스코는 이러한 사랑의 신비에 형언할 수 없이 매료되었고, 자신의 전 생애를 통하여 이 신비를 관상하였다. 그에게 사랑의 신비는 무엇보다 원수들에 대한 사랑을 통하여 결정적으로 실현된다. 그러

해자들이나 미워하는 사람들에 대한 사랑 또한 6번 나타난다: 「권고」 3,8; 14,4; 「봉사자 편지」 4; 「규칙 단편」 1,2; 「인준 규칙」 10,10; 「비인준 규칙」 22,4.

[215] 프란치스코의 글에 "아마레"(amare, 사랑하다) 동사는 10번 나타나고, "딜리제레"(diligere, 사랑하다) 동사는 53번 나타난다.

[216] 공관 복음의 그리스도는 원수까지도 "사랑하라"(diligere)고 가르치면서 [Ego autem dico vobis: Diligite inimicos vestros, benefacite his qui oderunt vos et orate pro persequentibus et calumniantibus vos(마태 5,44); Sed vobis dico, qui auditis: Diligite inimicos vestros, benefacite his qui oderunt vos(루카 6,27); 참조: 루카 6,35], 사랑에 대한 두 계명을 율법과 예언서의 완성이라 요약한다[37"Diliges Dominum Deum tuum ex toto corde tuo et in tota anima tua et in tota mente tua"…[39"Diliges proximum tuum sicut teipsum". [40]In his duobus mandatis universa lex pendet et prophetae(마태 22,37.39-40); 참조: 마르 12,29-31; 루카 10,27-28]. 요한복음의 그리스도는 자기 벗들을 위하여 목숨을 바치라고 가르치면서[Maiorem hac dilectionem nemo habet, ut animam suam ponat quis pro amicis suis(요한 15,13)], 서로 "사랑하라"(diligere)는 새 계명을 준다[Mandatum novum do vobis, ut diligatis invicem sicut dilexi vos, ut et vos diligatis invicem(요한 13,34); 참조: 요한 15,12.17]. 사도 파울로는 모든 율법은 하나의 계명으로 요약된다고 주장한다: "Diliges proximum tuum sicut te ipsum"(갈라 5,14; 참조: 로마 13,9).

한 그의 사상은 「인준 규칙」 10,10의 "우리를 박해하고 책망하고 중상하는 사람들을 사랑하는 일입니다"(diligere eos qui nos persequuntur et reprehendunt et arguunt)라는 구절에 나타나 있다. 원수에 대한 사랑의 관점에서 보았을 때 프란치스코가 이 구절에서 의도하는 바는 그가 인용하고 있는 마태 5,44를 통해 잘 드러나며, 이 복음 구절은 「인준 규칙」 10,10에 다음과 같이 인용되어 있다: "주님께서 이렇게 말씀하시기 때문입니다: '너희는 원수를 사랑하여라. 그리고 너희를 박해하고 중상하는 자들을 위하여 기도하여라'"(dicit Dominus: Diligite inimicos vestros et orate pro persequentibus et calumniantibus vos). 산상 설교에서 지칭하는 원수들은 '우리'의 이웃들이나 공동체의 일원들로서, 그들이 바로 '우리'를 미워하거나 박해 또는 중상하는 자들일 수 있는 것이다[217]. 프란치스코는 「비인준 규칙」 22,3에서 같은 의미로 원수라는 말을 사용하고 있고, 따라서 「인준 규칙」 10,10의 "우리를 박해하고 책망하고 중상하는 사람들을 사랑하는 일"이라는 표현은 "너희 원수를 사랑하여라"는 의미를 지니고 있는 것으로 이해할 수 있다.

원수에 대한 사랑은 공관 복음에서 말하는 사랑의 이중 계명이나 요한복음의 새 계명뿐만 아니라 '원수'를 위하여 자신의 생명을 바치라는 최고의 사랑까지도 포함한다. 이와 관련하여 프란치스코는 「비인준 규칙」 22,1-4에서 다음과 같이 언급한다: "¹모든 형제들이여, 우리는 '원수를 사랑하고 너희를 미워하는 자들에게 잘해 주어라' 하신 주님의 말씀에 귀를 기울입시다. ²우리가 '발자취를 따라야 할' 우리 주 예수 그리스도께서 당신을 넘겨준 사람을 '벗'이라 부르시고 또한 당신을 십자가에 못 박은 사람들에게 기꺼이 자신을 내주셨기 때문입니다. ³그러므로 우리에게 부당하게 번민과 괴로움, 부끄러움과 모욕, 고통과 학대, 순교와 죽음을 당하게 하는 모든 이들이 바로 우리의 벗들입니다. ⁴그들이 우리에게 끼치는 그것들로 말미암아서 우리들은 영원한 생명을 누릴 것

---

[217] 참조: ORTENSIO DA SPINETOLI, 「Matteo」, 179-180.

이기에 우리는 그들을 극진히 사랑해야 합니다"(¹Attendamus omnes fratres quod dicit Dominus: Diligite inimicos vestros et benefacite his qui oderunt vos, ²quia Dominus noster Jesu Christus, cuius sequi vestigia debemus, traditorem suum vocavit amicum et crucifixoribus suis sponte se obtulit. ³Amici igitur nostri sunt omnes illi qui nobis iniuste inferunt tribulationes et angustias, verecundias et iniurias, dolores et tormenta, martyrium et mortem; ⁴quos multum diligere debemus, quia ex hoc quod nobis inferunt, habemus vitam aeternam). 이 인용 부분은 다음과 같이 요약할 수 있다: (1) 이 구절의 주제는 원수에 대한 사랑이다(1절과 4절); (2) 그리스도께서 당신의 원수들을 사랑하셨다(2절); (3) 이러한 까닭으로 프란치스코는 부당하게 괴로움, 부끄러움, 고통, 죽음 등을 겪게 하는 모든 이들을 '벗들'이라고 부른다(3절); (4) '실제로는 원수와 다를 바가 없는 벗들'을 사랑함으로써 영원한 생명을 얻게 되기 때문에, 이들을 사랑해야 한다(4절). 이 인용문에서는 원수를 사랑하라는 계명이 벗을 사랑하고, 이웃을 사랑하고, 서로 사랑하라는 계명과 일치한다. 그 이유는 프란치스코가 원수들을 사랑하는 것과 영원한 생명 사이의 관계성에 대해 언급하는 4절에 나타나 있다. 프란치스코의 글에서 영원한 생명은 하느님 자신이나 그리스도를 직접적으로 지칭하기에[218], 이는 삼위일체 하느님의 신적 본질과 관계가 있다. 그러므로 "영원한 생명을 누림"은 삼위일체 하느님의 신적 본질에 참여하는 것을 의미하고, 이 참여는 원수들을 사랑함으로써 실현된다. 결국 「비인준 규칙」 22,1-4에 나타나는 원수에 대한 사랑은 야훼 종처럼 작음 안에서 겸허하고 인내롭게 번민과 괴로움, 부끄러움과 모욕, 고통과 학대, 순교와 죽음을 받아들이고 견디는 것으로 귀결

---

[218] 프란치스코는 「하느님 찬미」 6에서 "당신은 우리의 영원한 생명이시나이다", 즉 하느님은 인류의 영원한 생명이라고 선언한다. 또한, 프란치스코는 요한 15,6의 "나는 길이요 진리요 생명"이라는 말씀과(참조: 「권고」 1,1; 「비인준 규칙」 22, 39) 요한 6,54의 "내 살을 먹고 내 피를 마시는 사람은 영원한 생명을 얻는다"는 말씀을 인용하면서(참조: 「권고」 1,11; 「비인준 규칙」 20,5), 그리스도 영원한 생명으로 제시한다.

된다²¹⁹. 번민과 괴로움, 부끄러움 등은 물론이거니와 겸손, 가난, 인내 등은 육체로부터 비롯되는 쓴맛이고 이는 본질적으로 나환자들과 입맞추는 쓴맛, 발을 씻어주는 쓴맛, 벌레가 되는 쓴맛, 그리스도의 십자가를 지는 쓴맛과 동일하다. 이러한 쓴맛을 견딤이 곧 이웃을 위해 자기 목숨을 내놓는 것이며, 이를 통하여 그렇게 견디는 이는 십자가의 그리스도와 일치하게 된다. 하느님에 대한 사랑과 이웃에 대한 사랑은 같은 사랑인 것이다.

십자가의 신비에는 원수들에 대한 사랑이 드리워져 있는데, 이는 「권고」 3,7-9에도 표현되어 있다: "⁷그러나 만약 장상이 아랫사람에게 그의 영혼에 거스르는 어떤 것을 하도록 명한다면, 그 장상에게 순종하지 않아도 되지만 그를 버리지는 말아야 합니다. ⁸그리고 만일 이 때문에 다른 이들로부터 핍박을 당하더라도 하느님 때문에 그들을 더욱 더 사랑하도록 해야 할 것입니다. ⁹왜냐하면 자기 형제들과 헤어지기를 바라기보다는 핍박을 견디는 이가 자기 형제들을 위하여 자기의 목숨을 내놓기에(참조: 요한 15,13) 완전한 순종에 참으로 머무는 사람이기 때문입니다"(⁷Si vero praelatus aliquid contra animam suam praecipiat, licet ei non obediat, tamen ipsum non dimittat. ⁸Et si ab aliquibus persecutionem inde sustinuerit, magis eos diligat propter Deum. ⁹Nam qui prius persecutionem sustinet, quam velit a suis fratribus separari, vere permanet in perfecta obedientia, quia ponit animam suam pro fratribus suis). 8절에 나타나는 "다른 이들"(aliquibus)은 핍박하는 이들을 의미하는데, 이들은 「비인준 규칙」 22,1-4의 관점에서 비추어 보면 바로 원수들이다. 그러므로 8절의 "사랑해야 한다"는 구절은 원수들을 사랑하라는 말이다. 그리고 9절에는 이들을 사랑하기 위해 "핍박을 견디어낸다"(sustinere persecutionem)는 표현이 나타나는데, 이는 같은 구절에서 "자기 형제들을 위하여 자기의 목숨을 내놓는 것"으로 규정되고 있으며, 여기에서 "자기의 목숨을 내놓음"

---

²¹⁹ 참조: F. URIBE, 「La Regla de san Francisco」, 299-300.

은 요한 15,13의 벗을 위하여 목숨을 내놓는 사랑을 반영하는 것이다. 따라서 이 권고에서 원수를 사랑함, 즉 순종하지 않는 형제를 핍박하는 형제들을 사랑한다 함은 십자가의 그리스도처럼 자기의 목숨을 내놓는 사랑인 것이다. 한편, 프란치스코는 8절에서 원수들에 대한 사랑의 근거를 "하느님 때문에"라고 밝히고 있다. 이러한 맥락에서 보면 원수들에 대한 사랑은 벗을 위하여 자기 목숨을 내놓는 최고의 사랑으로서 동시에 하느님께 대한 사랑이 된다. 이를 요약하면, 복음에 나오는 사랑에 관한 모든 계명들은 원수들에 대한 사랑으로 수렴되고, 그러한 사랑을 실천하는 자는 이를 통하여 십자가에 못 박히신 그리스도의 신비에 참여하게 되는 것이다.

지금까지 간략하게 살펴본 「비인준 규칙」 22,1-4과 「권고」 3,7-9로부터, 인간은 원수에 대한 사랑을 통하여, 즉 자신의 목숨을 내놓는 가장 큰 사랑을 통하여 십자가의 그리스도와 일치하게 된다는 사실을 추론할 수 있다. 이 일치가 '그리스도가-됨'인 것이다. 그리고 '그리스도가-되는' 이러한 일치를 통하여 인간은 하느님의 본성에 참여하게 되며, 이 참여가 곧 '거룩하게-됨'의 실현이다. 이러한 관점에서 「인준 규칙」 10,10을 다시 보면, 주님의 **영**의 세 번째 활동은, 그리스도가 십자가 위에서 자신의 목숨을 내놓으면서 벗들을 사랑하였듯이, 벗들을 사랑하는 것을 가리키고, 인간은 이러한 사랑을 통하여 하느님의 신적 본성에 참여하는 것이다. 그러므로 주님의 **영**의 거룩한 세 번째 활동은 본질적으로 사랑의 신비를 통한 '거룩하게-됨'이라 할 수 있다.

5.3.2. 주님의 거처와 집

주님의 **영**이 인간 존재의 심연에서 활동함으로써 인간은 궁극적으로 '그리스도가-되고' '거룩하게-되며', 그 결과 인간은 자연적으로 주님의 거처와 집이 된다. 이는 인간 존재가 신성하게 되어 '하느님이-됨'을 의미한다[220]. 이와 관련하여 프란치스코는 「1신자 편지」 1,1-7에서 다음과 같이 언급한다:

> ¹주님의 이름으로! 마음을 다하고 목숨을 다하고 정신을 다하고 힘을 다하여 주님을 사랑하고, 자기 이웃을 자기 자신처럼 사랑하며, ²자신들의 육신을 그 악습과 죄와 더불어 미워하고, ³우리 주 예수 그리스도의 몸과 피를 받아 모시며, ⁴회개의 합당한 열매를 맺는 모든 사람들, ⁵오, 그런 일을 실천하고 그런 일에 항구하는 남녀들은 얼마나 복되고 얼마나 축복받은 사람들인지! ⁶주님의 영이 그들 위에 머물고, 그들을 거처와 집으로 삼으실 것이며, ⁷그들은 아버지의 일을 하는 천상 아버지의 아들들이고 우리 주 예수 그리스도의 신랑 신부들이요 형제들이며 어머니들이기 때문입니다.(¹ Omnes qui Dominum diligunt ex toto corde, ex tota anima et mente, ex tota virtute, et diligunt proximos suos sicut se ipsos, ²et odio habent corpora eorum cum vitiis et peccatis, ³et recipiunt corpus et sanguinem Domini nostri Jesu Christi, ⁴et faciunt fructus dignos poenitentiae: ⁵O quam beati et benedicti sunt illi et illae, dum talia faciunt et in talibus perseverant, ⁶quia requiescet super eos Spiritus Domini et faciet apud eos habitaculum et mansionem, ⁷et sunt filii patris caelestis, cuius opera faciunt, et sunt sponsi, fratres et matres Domini nostri Jesu Christi).

이 인용 부분은 다음과 같이 세 부분으로 구분할 수 있다: (1) 1-4절: 이 부분에는 믿는이들이 주님의 거처와 집이 되기 위하여 해야 하는 전제 조건들이 제시되어 있다; (2) 5-6절: 이 부분은 주님의 **영**이 믿는이들을 그분의 거처로 삼기 위하여 머무시는 것에 대하여 언급하고 있다; (3) 7절: 이 구절에는 믿는이들이 주님의 거처가 되었을 때 그 결실이 무엇인지 묘사되어 있다. 그런데 첫 부분은 다시 다음과 같이 세 가지 주제로 요약될 수 있다: (1) 사랑의 계명; (2) 육신과 악습과 죄를 미워함; (3) 주님의 몸과 피를 받아모심. 이러한 세 가지 주제는 「2신자 편지」 16-50과 일치하는데, 여기에서 프란치스코는 믿

---

[220] 참조: V. BATTAGLIA, 「Cristologia e contemplazione」, 19-20; Y. SPITERIS, 「Francesco e l'oriente cristiano un confronto」, 200.

는이들의 처지와 수도자들의 처지를 구분하면서 세 주제들을 보다 더 자세하게 묘사한다. 이를 도표로 요약하면 다음과 같다:

「1신자 편지」 1,1-4	「2신자 편지」 19-50	
	회개하는 이들(19-35)	수도자들(36-50)
[1]주님을 사랑하고, 자기 이웃을 자기 자신처럼 사랑하는 …	[19]하느님을 사랑하고… [26]이웃을 우리 자신처럼 사랑합시다.	[38]우리는 우리의 원수들을 사랑해야 하고 우리를 미워하는 사람들에게 잘해 주어야 합니다.
[2]자신들의 육신을 그 악습과 죄와 더불어 미워하고,	[32]우리는 또한 단식해야 하고 악습과 죄를 끊어버려야 하고…	[37]우리는 우리 육신을 그 악습과 죄와 더불어 미워해야 합니다.
[3]우리 주 예수 그리스도의 몸과 피를 받아 모시며…	[22]…우리 주 예수 그리스도의 몸과 피를 받아모십시다. [30]그러므로 우리는 사랑과 겸손을 지닙시다.	[40]또한 우리는 우리 자신을 버려야 하며, 각자가 주님께 약속한 대로 섬김과 거룩한 순종의 멍에 밑에 우리의 육신을 두어야 합니다. [45]…오히려 더욱 단순한 자들, 겸허한 자들, 순수한 자들이 되어야 합니다. [46]…주님께서 예언자를 통하여 말씀하십니다. 저는 인간이 아닌 구더기, 사람들의 우셋거리, 백성의 조롱거리.

 (1) **사랑의 계명**. 「신자들에게 보낸 편지」에서 말하는 회개의 삶은 회개하는 이들이 주님의 거처와 집이 되는 전제 조건으로 궁극적으로는 사랑의 실천을 뜻한다. 이 사랑은 '하느님이-되기' 위한 필수 조건이자 동시에 '하느님이-됨'의 목적이다.

(2) **육신과 악습과 죄를 미워함.** 이 편지에서 육신과 악습과 죄를 미워하는 것은 육신으로부터 비롯되는 온갖 죄스런 습관들을 버리고 순수한 마음을 유지하는 것을 의미하며, 이러한 순수한 마음 안에 주님의 **영**이 머무시어 활동하심으로써 인간 존재가 내적으로 새롭게 된다. 따라서 이 주제는 '거룩하게-됨'과 밀접한 관계가 있다.

(3) **주님의 몸과 피를 받아모심.** 그리스도의 몸을 받아 모시는 목적은 단순히 그리스도와 육체적으로 일치하는 데에만 있는 것이 아니라 내적인 일치에도 있다. 그런데 그리스도와 내적으로 일치하기 위해서 회개하는 이들은 덕들을 통하여 다시 태어나야 한다. 「2신자 편지」 40-47에 등장하는 덕들, 예를 들면, 인내, 겸손, 단순성, 순종, 작음, 종이 됨 등은 십자가에 못 박히신 그리스도의 덕들과 일치하는 덕들로 이는 그리스도의 몸 안에서 다시 태어나는 이들의 덕들과도 일치한다. 이런 관점에서 바라보면, 「1신자 편지」 1,3과 「2신자 편지」 40-47 사이에 일치성이 있다고 말할 수 있다. 따라서 그리스도의 몸을 받아모심은 곧 회개하는 이들이 '그리스도가-됨'을 뜻하는 것이라 하겠다.

이상과 같이 믿는이들이 주님의 **영**이 머무시는 거처와 집이 되는 전제 조건들은 '거룩하게-됨'과 '그리스도가-됨' 그리고 '하느님이-됨'과 밀접하게 관련되어 있다[221]. 이러한 전제 조건들이 믿는이들 안에서

---

[221] 주님의 거처와 집이 되는 전제 조건은 「비인준 규칙」 22,26-27에도 나타나 있다: "²⁶그러므로 하느님이신 거룩한 사랑 안에서, 나는 봉사자들뿐만 아니라 다른 모든 형제들에게 부탁합니다. 온갖 장애를 멀리하고 모든 근심걱정을 물리쳐 할 수 있는 최선의 방법으로 무엇보다도 주 하느님께서 요구하시는 일, 즉 그분을 깨끗한 마음과 순수한 정신으로 섬기고 사랑하며 공경하고 흠숭하도록 하십시오. ²⁷그리고 우리는 성부와 성자와 성령이신 전능하신 주 하느님께 집과 거처를 거기에 항상 마련해 드립시다(참조: 요한 14,23). 그분께서는 이렇게 말씀하십니다. 너희는 앞으로 일어날 이 모든 악에서 벗어나 사람의 아들 앞에 설 수 있는 힘을 지니도록 늘 깨어 기도 하여라"(²⁶Sed in sancta caritate, quae Deus est, rogo omnes fratres tam ministros quam alios, ut omni impedimento remoto et omni cura et sollicitudine postposita, quocumque modo melius possunt, servire, amare, honorare et adorare Dominum Deum mundo corde et pura mente faciant, quod ipse super omnia quaerit, ²⁷et semper faciamus ibi habitaculum et mansionem ipsi, qui est Dominus Deus om-

충족되면, 그 때 주님의 **영**이 그들 안에 머무시게 되고, 믿는이들의 심연에서 활동하심으로써 이들이 주님의 **영**의 거처와 집이 되는 것이다. 「1신자 편지」 1,1-7의 두 번째 부분, 즉 5-6절에 언급되고 있는 것은 바로 이러한 내용이다: "⁵오, 그런 일을 실천하고 그런 일에 항구하는 남녀들은 얼마나 복되고 얼마나 축복받은 사람들인지! ⁶주님의 영이 그들 위에 머물고, 그들을 거처와 집으로 삼으실 것이며"(⁵O quam beati et benedicti sunt illi et illae, dum talia faciunt et in talibus perseverant, ⁶quia requiescet super eos Spiritus Domini et faciet apud eos habitaculum et mansionem). 6절에서 프란치스코는 주님의 **영**의 작용과 관련하여 미래 시제를 사용하는데, 이와 대조적으로 1-7절의 다른 부분에서는 현재 시제를 사용한다. 6절의 "머물다"(requiescet)와 "삼다"(faciet)의 주체는 주님의 **영**으로, 이 **영**은 사실 창조 순간에 모든 인간의 심연에 존재론적으로 주어져 있으며, 이미 제3장에서 살펴본 바와 같이, 인간 존재 안에 익명적으로 머무시는 이 동일한 **영**의 작용으로 말미암아 어느 정도 주제화된다. 6절에 나타나는 두 동사의 미래 시제는 바로 이러한 존재론적인 **영**의 주제화를 암시하는데, 이는 「1신자 편지」 1,5-6과 호응하는 「2신자 편지」 48에 더 분명하게 나타난

---

nipotens, Pater et Filius et Spiritus Sanctus). 26절에는 27절에 언급되어 있는 전능하신 주 하느님의 거처와 집을 위한 전제 조건이 표현되어 있는데, 이는 다음과 같이 요약할 수 있다. 첫째는 "온갖 장애를 멀리하고 모든 근심 걱정을 물리치는 것"(omni impedimento remoto et omni cura et sollicitudine posposita)으로, 이는 모든 시련과 온갖 연약함을 견디어 내는 것을 의미하며, 이는 '그리스도가-됨'과 관계가 있다. 견딤은 **십자가**의 신비와 관계가 있기 때문이다. 둘째는 "주 하느님을 섬기고 사랑하며 공경하고 흠숭하는 것"(servire, amare, honorare et adorare Dominum Deum)이며, 이는 하느님께 대한 사랑의 계명에로 요약될 수 있다. 따라서 이 조건은 '신성하게-되는-것'과 관계가 있다. 셋째는 "깨끗한 마음과 순수한 정신"(mundo corde et pura mente)으로, 이는 '거룩하게-됨'과 깊은 관계가 있다. 주님의 **영**은 인간의 순수한 마음과 정신 안에서 작용하시기 때문이다. 결국, 「비인준 규칙」 22,26-27에 나타나 있는 주 하느님의 집이 되기 위한 전제 조건들은, 「1신자 편지」 1,1-4와 「2신자 편지」 16-50의 경우와 마찬가지로, '거룩하게-됨'과 '그리스도가-됨' 그리고 '하느님이-됨'과 밀접한 관계가 있다고 말할 수 있다.

다: "그리고 이런 일을 실천하고 끝까지 이런 일에 항구한 모든 남녀들에게 주님의 **영**이 그들 위에 머물고 그들 안에 당신 거처와 집을 지으실 것입니다"(Et omnes illi et illae, dum talia fecerint et perseveraverint usque in finem, requiescet super eos Spiritus Domini et faciet in eis habitaculum et mansionem). 「1신자 편지」 1,5-6과 달리 이 구절에 나타나는 동사들은 모두 미래 시제로 사용되고 있다. 뿐만 아니라, "끝까지"(in finem)라는 표현은 주님의 **영**의 작용과 회개가 완성되는 순간까지 지속되어야 함을 명확하게 말해 준다. 회개하는 이들 안에서 이루어지는 주님의 **영**의 이러한 지속적인 작용은 익명적이고 비주제적인 주님의 **영**이 인간 존재 안에서 초월의 지평으로서 존재론적으로 주제화되는 것을 의미하는 것이다. 따라서 48절의 미래 동사들이나 "끝까지"라는 표현은 모두 주님의 **영**의 주제화와 밀접하게 관계되어 있다 하겠다. 한편, 「1신자 편지」 1,6에는 회개하는 이들 안에 머무시는 주님의 영의 거처와 관련하여 장소를 나타내는 전치사 "아푿"(apud, ~에)이 회개하는 이들을 지칭하는 대명사 "에오스"(eos, 그들)와 함께 사용되는데, 「2신자 편지」 48에는 같은 맥락에서 "인"(in, 안에서) 전치사가 사용된다. 이 "인"(in) 전치사는 주님의 **영**이 작용하는 장소가 인간 존재의 내면에 있음을 "아푿"(apud, ~에)보다 더 분명하게 드러내 준다[222].

「1신자 편지」 1,5-6에서 유의해야 할 또 다른 점은 신약 성경으로부터 유래된 "거처와 집"(habitaculum et mansionem)[223]이라는 표현이다. 이 가운데 먼저 나오는 "거처"(habitaculum)라는 용어는 에페

---

[222] 참조: W. Viviani, 『L'ermeneutica di Francesco d'Assisi』, 183. 「비인준 규칙」 22,26-27은 주님의 **영**이 인간 존재 안에서 작용하시는 장소에 대해 "이비"(ibi, 그곳에)라는 부사를 통해 분명하게 표현하고 있는데, 이 부사는 "깨끗한 마음과 순수한 정신"(mundo corde et pura mente)을 가리킨다. 이 구절에 의하면, 주님의 **영**이 머무시는 거처와 집은 바로 깨끗한 마음과 순순한 정신에 마련되며, 이것이 곧 인간 존재의 심연에 익명적으로 현존하시는 하느님 **영**이 주제화되는 것이다.
[223] 이러한 표현은 프란치스코의 글에 4번 나타난다: 「1신자 편지」 1,6; 「2신자 편지」 48; 「규칙 단편」 1,16; 「비인준 규칙」 22,27.

2,22에 그 기원을 두고 있다: "여러분도 그분[그리스도] 안에서 영을 통하여 하느님의 거처로 함께 지어지고 있습니다"(in quo et vos coaedificamini in habitaculum Dei in Spiritu)²²⁴. 사도 파울로는 이 구절에서 "하느님의 거처로"(in habitaculum Dei)에서는 성부를, "그분 안에서"(in quo)에서는 성자를²²⁵, "영을 통하여"(in Spiritu)에서는 성령을 언급하면서, 하느님의 거처가 지니는 삼위일체적 특성을 명확하게 밝히고 있다. 신비적 거처가 지니는 이러한 삼위일체적 특성은 믿는이들과 삼위일체 하느님 사이의 신비적 일치를 암시하고 있으며²²⁶, 이는 삼위일체의 생명에 참여함을 의미하는 것이기도 하다²²⁷.

믿는이들이 하느님의 거처가 된다는 관점은 사도 파울로의 다른 편지들에도 나타난다²²⁸. 이 편지들에 의하면, 믿는이들은 성령의 거처가 됨으로써 하느님의 아들들이 되고²²⁹ 이러한 아들됨을 통하여

---

²²⁴ "거처"(habitaculum)라는 낱말은 불가타 성경에 2번 나타나는데, 이 가운데 한 번은 에페 2,22이고, 다른 한 번은 사도 12,7이다. 그런데 후자는 사람이 사는 물리적인 장소를 가리킨다. 이러한 이유를 근거로 비비아니는 프란치스코가 사용한 어휘의 성경적 기원을 에페 2,22이라고 주장한다(참조: W. VIVIANI, 『L'ermeneutica di Francesco d'Assisi』, 179).

²²⁵ 에페 2,22의 관계 대명사 "쿠오"(quo)는 앞에 나오는 20절의 "그리스도 예수"(Christus Iesus)를 수식한다.

²²⁶ 참조: W. VIVIANI, 『L'ermeneutica di Francesco d'Assisi』, 179-180.

²²⁷ 참조: S. CIPRIANI, 『Le Lettere di Paolo』, 558.

²²⁸ 예를 들면 다음과 같다: "⁹하느님의 영이 여러분 안에 사시기만 하면, 여러분은 육 안에 있지 않고 영 안에 있게 됩니다. ¹¹예수님을 죽은 이들 가운데에서 일으키신 분의 영께서 여러분 안에 사시면,…여러분 안에 사시는 당신의 영을 통하여…"(로마 8,9.11); "¹⁶여러분이 하느님의 성전이고 하느님의 영께서 여러분 안에 계시다는 사실을 여러분은 모릅니까? ¹⁷누구든지 하느님의 성전을 파괴하면 하느님께서도 그자를 파멸시키실 것입니다"(1코린 3,16-17); "여러분의 몸이 여러분 안에 계시는 성령의 성전임을 모릅니까"(1코린 6,19); "우리는 살아 계신 하느님의 성전입니다"(2코린 6,16); "여러분의 믿음을 통하여 그리스도께서 여러분의 마음 안에 사시게 하시며…"(에페 3,17).

²²⁹ "¹⁵…여러분을 자녀로 삼도록 해 주시는 영을 받았습니다. 이 영의 힘으로 우리가 '아빠, 아버지' 하고 외치는 것입니다. ¹⁶그리고 이 영께서 몸소, 우리가 하느님의 자녀임을 우리의 영에게 증언해 주십니다"(로마 8,15-16).

그리스도와도 일치하게 된다²³⁰. 이러한 사도 파울로의 신학적 사상 안에는 이미 '거룩하게-됨'²³¹ 과 '그리스도가-됨'의 개념이 함축되어 있으며, 이러한 사상은 '하느님이-됨'에로까지 확장되어 나아간다²³².

성령의 거처와 하느님의 성전과 관련된 프란치스코의 신비체험은 사도 파울로로부터 신학적 영향을 받은 것으로 보인다. 프란치스코가 에페 2,22 외에 1코린 3,17과 6,19을 「비인준 규칙」 12,6에서 다음과 같이 인용하고 있기 때문이다: "또 사도가 말합니다. 여러분의 몸이 성령의 성전이라는 것을(1코린 6,19) 모릅니까? 따라서 누구든지 하느님의 성전을 파괴하면 하느님께서도 그 자를 파멸시키실 것입니다(1코린 3,17)"(Et apostolus: An ignoratis, quia membra vestra templum sunt Spiritus Sancti?; itaque qui templum Dei violaverit disperdet illum Deus). 이와 유사한 개념은 「권고」 1,12과 「주님 기도」 2에도 나타난다²³³.

「1신자 편지」 1,6의 "거처와 집"(habitaculum et mansionem) 가운데 뒤에 나오는 "집"(mansionem)이라는 용어는 요한 14,23에 그 성경적 기원을 두고 있다: "예수께서 그에게 대답하셨다: '누구든지 나를 사랑하면 내 말을 지킬 것이다. 그러면 내 아버지께서 그를 사랑하시고, 우리가 그에게 가서 그 안에 집을 지을 것이다'"(Respondit Iesus et dixit ei: Si quis diligit me, sermonem meum servabit, et Pater meus

---

²³⁰ "하느님께서는 미리 뽑으신 이들을 당신의 아드님과 같은 모상이 되도록 미리 정하셨습니다(로마 8,29).
²³¹ 1코린 1,30의 "하기아스모스"(ἁγιασμὸς)라는 말은 불가타 성경에서 "상티피카찌오"(sanctificatio, 거룩하게-됨)라 번역되었다. 따라서 라틴어로 번역된 파울로 서간에는 "상티피카찌오"(sanctificatio)라는 용어가 나타난다.
²³² 참조: A. Trapè, 「Giustificazione」, 「DizPatr」, 2336-2337.
²³³ 「권고」 1,12: "그러므로 당신을 믿는이들 안에서 머무르시는 주님의 영이 주님의 지극히 거룩하신 몸과 피를 받아 모시는 것입니다"(Unde spiritus Domini, qui habitat in fidelibus suis, ille est qui recipit sanctissimum corpus et sanguinem Domini); 「주님 기도」 2: "주님, 당신은 으뜸선이시고 영원한 선이시며…당신 없이는 어떤 선도 없기에 그들 안에 머무시며 그들을 복으로 채우시나이다"(…inhabitans et implens eos ad beatitudinem, quia tu, Domine, summum bonum es, aeternum).

diliget eum, et ad eum veniemus et mansionem apud eum faciemus). 이 성경 말씀에 의하면, 성부와 성자는 믿는이들 안에 당신들이 머무실 집을 지으시는데, 여기에서 "집을 짓는다"(facere mansionem)는 표현은 하느님과 믿는이들 사이에 이루어지는 신비적 일치와 관계가 있다. 요한복음 저자는 이 구절에서 신비적 일치의 조건으로 사랑을 강조한다. 왜냐하면 믿는이들 안에 성부와 성자의 거처를 마련해 주는 신비가 바로 사랑이기 때문이다. 뿐만 아니라, 이러한 사랑이 곧 성령이기 때문에, 믿는이들 안에서 사랑을 매개로 마련되는 성부와 성자의 거처는 사랑의 신비 안에서 믿는이들과 삼위일체 하느님의 세 위격들이 일치하는 것을 또한 의미하게 된다[234].

요한복음 관점에서 바라보면, 믿는이들 안에 머무시는 삼위일체 하느님의 신비적이고 사랑어린 거처는 영광됨과도 관계가 있다. 요한 1,14은 불가타 성경에 다음과 같이 번역되어 있다: "Verbum caro factum est et habitavit in nobis; et vidimus gloriam eius"(말씀이 사람이 되시어 우리 가운데 사셨다. 그리고 우리는 그분의 영광을 보았다). 이 구절에서 라틴어 "하비타빝"(habitavit, 살았다) 동사의 그리스 성경 원문은 "에스캐너센"($\epsilon\sigma\kappa\acute{\eta}\nu\omega\sigma\epsilon\nu$)이다. 그런데 이 그리스 말은 장막 안에 머무시는 하느님의 신비스러운 현존, 즉 "천막 안에 거주하다"를 의미하는 후기 히브리 말 "쉐키나"(שכינה)를 연상시킨다[235]. 이런 관점에서 바라보면, 요한 1,14에 나오는 그리스도의 "육"(caro)은 사람들 사이에 신비롭게 거주하시는 하느님의 새로운 거처가 되고, 그리스도는 구약의 장막을 대체하는 새로운 장막이 된다[236]. 사실 요한복음 저자는 2장 19-22절에서 그리스도를 새로운 성전으로 제시한다. 지상에서의 이러한 그리스도의 신비적 현존은 하느님의 영광을 드러내는 현현이기도 하며, 이 현현은 인간에 대한 하느님의 가시적이고 놀라운

---

[234] 참조: W. VIVIANI, 『L'ermeneutica di Francesco d'Assisi』, 178.
[235] 참조: L. BOUYER, 『Mysterion. Dal mistero alla Mistica』, 143.
[236] 참조: R. BROWN, 『Giovanni』, 46.

계시가 된다[237]. 이런 까닭으로 요한복음 저자는 1장 14절에서 "우리는 그분의 영광을 보았다"고 말하는 것이다. 이와 같이 요한복음적 관점에서, 말씀의 육화를 통하여 인간에게는 하느님의 현존, 즉 하느님의 영광에 참여할 수 있는 힘이 주어져 있다고 이해할 수 있다. 이와 관련하여 요한복음 저자는 1,12에서 다음과 같이 언급한다: "그분께서는 당신을 받아들이는 이들, 당신의 이름을 믿는 모든 이에게 하느님의 아들들이 되는 권한을 주셨다". 이 구절에서 "하느님의 아들이 된다" 함은 하느님의 신성에 참여함을 가리키고, 이는 믿는이들이 자녀됨을 통하여 "신들"(dei)이 된다는 것, 즉 "하느님이 되는 것"(deificatio)을 의미한다[238]. 그러나 이는 자연적인 출산을 통해서가 아니라, 자녀로 받아 주시는 하느님의 은총을 통해서 되는 것이다[239].

지금까지 간략히 살펴본 바에 따르면, 「1신자 편지」 1,6의 "그들을 거처와 집으로 삼으실 것"(faciet apud eos habitaculum et mansionem)이라는 표현에는 하느님의 거처에 관한 사도 파울로와 요한복음의 신학 사상, 특히 에페 2,22과 요한 14,23이 종합되어 있다고 말할 수 있다[240]. 그리고 회개하는 이들 안에 형성되는 주님의 거처와 집은 주님의 **영** 안에서 맺어지는 사랑의 본질적인 관계들을 통하여 이루어지며, 이는 삼위일체적으로 실현된다는 점에 주목할 필요가 있다[241]. 사랑의 삼위일체적 작용은 「비인준 규칙」 22,54에서도 찾아볼 수 있다: "그리고 저는 그들에게 아버지의 이름을 알려 주겠습니다. 아버지께서 저를 사랑하신 그 사랑이 그들 안에 있고 저도 그들 안에 있게 하려는 것입니다"(Et notum faciam eis nomen tuum, ut dilectio, qua dilexisti me, sit in ipsis et ego in ipsis). 이 구절의 주요 주제는 사랑 안에서의 일치로, 이 문장에서 1인칭 단수 대명사 "에고"(ego, 나)는 그리스도를 지칭하

---

[237] 참조: 위와 같은 책, 47.
[238] 참조: Y. SPITERIS, 『Francesco e l'oriente cristiano un confronto』, 201.
[239] 참조: G. BONNER, 「Deificazione」, 『DizAgos』, 539.
[240] 참조: W. VIVIANI, 『L'ermeneutica di Francesco d'Assisi』, 180.
[241] 참조: F. URIBE, 『La Regla de san Francisco』, 297-298.

고, 2인칭 단수 대명사 "투"(tu, 너)는 성부를 지칭하며, 3인칭 복수 대명사 "잎시"(ipsi, 바로 그들)는 형제들을 지칭한다. 그리고 "싵"(sit, 있다) 동사는 머물거나 거주하는 것을 의미하고, "딜렉찌오"(dilectio, 사랑)는 성자에 대한 성부의 사랑이지만 성부와 성자는 물론 형제들까지도 하나로 일치시켜 주는 사랑의 성령이라 이해할 수 있다. 이렇게 해석하면, 「비인준 규칙」 22,54에는 하느님 사랑의 삼위일체적 작용이 분명하게 내포되어 있다고 볼 수 있다. 한편, 회개하는 이들 안에 형성되는 삼위일체 하느님의 거처는 「비인준 규칙」 22,26-27에도 나타난다: "^{26}…나는 봉사자들뿐만 아니라 다른 모든 형제들에게 부탁합니다. …할 수 있는 최선의 방법으로 무엇보다도 주 하느님께서 요구하시는 일, 즉 그분을 깨끗한 마음과 순수한 정신으로 섬기고 사랑하며 공경하고 흠숭하도록 하십시오. ^{27}그리고 우리는 성부와 성자와 성령이신 전능하신 주 하느님께 집과 거처를 거기에 항상 마련해 드립시다"(^{26}…rogo omnes fratres tam ministros quam alios, ut…quocumque modo melius possunt, servire, amare, honorare et adorare Dominum Deum mundo corde et pura mente faciant, quod ipse super omnia quaerit, ^{27}et semper faciamus ibi habitaculum et mansionem ipsi, qui est Dominus Deus omnipotens, Pater et Filius et Spiritus Sanctus). 이 인용 부분에는 삼위일체 하느님의 세 위격들이 거룩한 집과 거처의 주체임이 명료하게 밝혀져 있다[242]. 따라서 지금까지 살펴본 것을 바탕으로 「1신자 편지」 1,6에 나타나는 "거처와 집"은 사랑의 신비 안에서 주님의 **영**의 거룩한 작용으로 실현되는 삼위일체 하느님의 거처와 집이라고 단언할 수 있다. 믿는이들은 이상과 같은 방법으로 삼위일체 하느님의 거처와 집이 되고 그렇게 하여 '하느님이-된다'.

프란치스코의 글에 의하면, 주님의 **영**은 적어도 다음과 같은 세 단계를 통하여 믿는이들이 '하느님이-되도록' 작용하신다. 이 논문의 제3

---

[242] 참조: R. BARTOLINI, 「Lo Spirito del Signore」, 83.

장에서 「권고」 1,12을 분석하는 가운데 이미 살펴본 바와 같이[243], 제일 차적으로 주님의 **영**은 비주제적이고 비대상적이며 익명적인 방식으로 인간 존재 안에 현존하시고, 그러한 선험적이고 존재론적인 현존은 초월의 지평으로서 후험적이고 경험적이며 실존적인 주제화의 전제 조건이 된다. 둘째로, 주님의 **영**의 비주제적인 현존을 바탕으로 이 영의 익명적인 현존이 주제화된다. 다시 말하면, 주님의 **영**이 초자연적 은총과 다를 바 없는 거룩한 작용을 통하여 인간 존재 안에 비주제적이며 비대상적으로 숨겨져 있는 동일한 **영**을 주제화시키는 것이다. 이러한 주제화가 믿는이들을 '하느님이-되게 하는' 제2단계라 할 수 있으며, 이는 「1신자 편지」 1,5-6이나 「인준 규칙」 10,8에서 확인할 수 있다. 그러나 여기서 지적해야 할 사실 하나는, 주님의 **영**의 거룩한 활동을 통하여 믿는이들이 주님의 **영**의 거처와 집이 된다 할지라도, 그렇게 주제화되는 순간조차도 주님의 **영**은 늘 비주제적인 신비로 머무르신다는 점이다. 그러면서 주님의 **영**의 주제화는 '하느님이-됨'이 온전하게 실현될 때까지 지속되고, 이러한 의미에서 이 주제화는 존재론적인 여정이라 할 수 있다. 셋째로, 주님의 **영**의 주제화로서의 존재론적 여정은 지복직관 안에서 완전하게 실현된다. 이 완성이 '하느님이-됨'의 제3단계라 할 수 있으며, 이는 「주님 기도」 2에서 찾아볼 수 있다[244]. 이 구절에 나타나는 현재 분사 "인하비탄스"(inhabitans, 거주하는)는

---

[243] 「권고」 1,12: "그러므로 당신을 믿는 이들 안에서 머무르시는 주님의 영이 주님의 지극히 거룩하신 몸과 피를 받아 모시는 것입니다"(Unde spiritus Domini, qui habitat in fidelibus suis, ille est qui recipit sanctissimum corpus et sanguinem Domini).

[244] 「주님 기도」 2: "'하늘에 계신'(우리 아버지): 천사들과 성인들 안에 계신 (우리 아버지); 주님, 당신은 빛이시기에 인식에로 그들을 비추시나이다. 주님, 당신은 사랑이시기에 사랑에로 [그들을] 불태우시나이다. 주님, 당신은 으뜸선이시고 영원한 선이시며 모든 선이 당신에게서 나오고 당신 없이는 어떤 선도 없기에 그들 안에 머무시며 그들을 복으로 채우시나이다"(Qui es in caelis: in angelis et in sanctis; illuminans eos ad cognitionem, quia tu, Domine, lux es; inflammans ad amorem, quia tu, Domine, amor es; inhabitans et implens eos ad beatitudinem, quia tu, Domine, summum bonum es, aeternum, a quo omne bonum, sine quo nullum bonum).

천상에 사는 천사들 및 성인들 안에 마련된 성부의 거처를 의미하며, 따라서 이 거처는 지복직관 안에서 이루어지는 완전한 현존을 뜻하게 되고, 이 상태에서 비로소 '하느님이-됨'이 완전하게 실현되는 것이다. 이런 의미에서 믿는이들 안에 형성되는 주님의 **영**의 거처와 집은 본질적으로 지복직관 안에서 실현되는 완전한 '하느님이-됨'을 지향한다고 말할 수 있다.

주님의 **영**의 현존이 지향하는 완전한 '하느님이-됨'의 신비적 상태는 「1신자 편지」 1,7에 잘 요약되어 있다: "그들은 아버지의 일을 하는 천상 아버지의 아들들이고 우리 주 예수 그리스도의 신랑 신부들이요 형제들이며 어머니들이기 때문입니다"(et sunt filii patris caelestis, cuius opera faciunt, et sunt sponsi, fratres et matres Domini nostri Jesu Christi). 이 구절에는 삼위일체 하느님과의 일치가 대단히 신비적으로 잘 표현되어 있는데, 그 근본 사상은 성경으로부터 비롯된 것이다. 먼저, "천상 아버지의 아들들이다"(sunt filii patris caelestis)는 표현은 마태 5,45의 "하늘에 계신 너희 아버지의 아들들이 될 수 있다"(sitis filii Patris vestri qui in caelis est)는 말씀을 연상시킨다[245]. 그런데 이 복음 구절은 44절의 종속절로, 이 구절에서 그리스도는 명령형으로 원수들을 사랑하라고 권고하신다. 그리고 44-45절이 포함되어 있는 마태오 복음의 단락은 "하늘의 너희 아버지께서 완전하신 것처럼 너희도 완전한 사람이 되어야 한다"는 권고로 끝난다[246]. 두 번째로, 「1신자 편지」 1,7의 "그분[아버지]의 일을 하며, 우리 주 예수 그리스도의 신랑 신부들이요 형제들이며 어머니들입니다"(cuius opera

---

[245] 마태 5,44-45: "⁴⁴그러나 나는 너희에게 말한다. 너희는 원수를 사랑하여라. 그리고 너희를 박해하는 자들을 위하여 기도하여라. ⁴⁵그래야 너희가 하늘에 계신 너희 아버지의 자녀가 될 수 있다"(⁴⁴Ego autem dico vobis: Diligite inimicos vestros, benefacite his qui oderunt vos et orate pro persequentibus et calumniantibus vos, ⁴⁵ut sitis filii Patris vestri qui in caelis est…).

[246] 마태 5,48: "그러므로 하늘의 너희 아버지께서 완전하신 것처럼 너희도 완전한 사람이 되어야 한다"(Estote ergo vos perfecti, sicut et Pater vester caelestis perfectus est).

faciunt, et sunt sponsi, fratres et matres Domini nostri Jesu Christi)는 표현은 마태 12,50을 암시한다[247]. 이 복음 구절에서 그리스도는 혈연으로 맺어진 가족과 구별되는 영적인 새 가족에 대해 말씀하시는데, 이 가족에로 들어가는 유일한 입구는 하느님의 뜻을 실천하는 것이다[248]. 프란치스코는 「신자들에게 보낸 편지」에서 이러한 마태오 복음의 구절을 취하면서 몇몇 어휘들을 자신의 신학적 의도에 따라 약간 다듬는다. 예를 들면, 복음의 "아버지의 뜻을 실행하다"(facere voluntatem Patris)는 표현은 "아버지의 일을 하다"(facere opera Patris)로 고쳐 놓고, 복음의 "자매"(soror)라는 말은 신비가들이 선호하는 어휘들 중 하나인 "신랑 신부"(sponsi)라는 말로 바꾸어 놓는다. 이러한 손질을 통하여 프란치스코는 아버지, 아들, 신랑 신부, 형제, 어머니 같은 어휘들을 조화롭게 손질하는 가운데 하느님과 믿는이들의 관계를 복음서보다 한층 더 신비적으로 묘사한다[249]. 이런 신비적 관계는 「1신자 편지」 1,7에 이어 나오는 8-13절에 훨씬 더 아름답고 심오하게 나타난다.

「1신자 편지」 1,7-13에 묘사된 신비적 관계들이 하나로 일치되는 수렴점은 그리스도이다. 프란치스코는 7절에서 성부의 아들들로서 그분의 일을 실행하는 믿는이들에 대해 기술하면서, 성부와 성자의 관계에서 볼 수 있는 부자 관계를 모든 신비적 관계들의 근본으로 제시한다. 그러

---

[247] 마태 12,50: "하늘에 계신 내 아버지의 뜻을 실행하는 사람이 내 형제요 누이요 어머니다"(Quicumque enim fecerit voluntatem Patris mei qui in caelis est, ipse meus frater et soror et mater est).

[248] 참조: ORTENSIO DA SPINETOLI, 「Matteo」, 373-374.

[249] 「수난 성무」 후렴에서 프란치스코는 동정녀 마리아와 삼위일체 하느님과의 관계를 자성, 모성, 정배성을 통하여 묘사하는데, 이는 신비적 관계의 온전한 조화를 명료하게 보여 주는 근거라 하겠다: "¹거룩하신 동정 마리아님, 세상에 태어난 여인들 중에 당신 같으신 이 없나이다. ²당신은 지극히 높으시고 지존한 임금이신 천상 성부의 딸이시며 여종이시고, 지극히 거룩하신 우리 주 예수 그리스도의 어머니이시며, 성령의 신부이시나이다"(¹Sancta Maria virgo, non est tibi similis nata in mundo in mulieribus, ²filia et ancilla altissimi summi Regis Patris caelestis, mater sanctissimi Domini nostri Jesu Christi, sponsa Spiritus Sancti).

한 신비적 관계 안에서 아들들은 '그리스도가-된' 신자들을 의미한다. 그리고 이런 의미에서 7절의 "아들들"은 대단히 그리스도론적인 표현이라 말할 수 있다. 그 다음에 프란치스코는 정배성, 형제성, 모성과 같은 신비적 관계들을 그리스도와의 관계 안에서 조명한다. 따라서 이러한 신비적 관계들 또한 대단히 그리스도론적이라 할 수 있다. 그러나 그럼에도 불구하고 하느님과 믿는이들의 신비적 관계에는 삼위일체적인 관점이 또한 본질적으로 전제되어 있음을 간과하지 말아야 한다. 주님의 **영**이 믿는이들 위에 머무시고 이들이 **아버지**의 일을 할 때, 믿는이들이 비로소 그리스도의 신랑 신부가 되고, 형제들이 되며, 어머니들이 되기 때문이다. 프란치스코는 부성, 자성, 정배성, 형제성, 모성과 같은 모든 신비적 관계들을 통합시키면서 이 관계들을 그리스도론적 관점에로 수렴시키는 가운데, 이를 삼위일체 신비 안에서 형성되는 우주적 가족성에로 드넓게 확장시켜 나간다[250]. 그리고 믿는이들과 삼위일체 하느님 사이에 맺어지는 그러한 가족적이며 우주적이고 삼위일체적인 신비적 일치는 주님의 **영**의 거처와 집이 믿는이들 안에 마련됨으로써 비롯되는 '하느님-됨'의 자연스럽고 필연적인 결과라 하겠다.

5.3.3. 신비 안에서 펼쳐지는 우주적이고 삼위일체적인 일치

5.3.3.1. 신비적 가족의 특성들

주님의 **영**의 거룩한 활동 안에서 실현되는 하느님-됨을 통하여 새롭게 형성되는 삼위일체적인 신비 가족은 성부 하느님과 믿는이들 사이에 이루어지는 부자(父子) 관계에 그 기초를 두고 있다[251]. 프란치스코는 이 관계를 형제성, 정배성, 모성을 통하여 보다 더 구체적

---

[250] 참조: R. BARTOLINI, 「Lo Spirito del Signore」, 87.
[251] 초기 전기 사료에 의하면, 프란치스코가 하느님의 부성을 결정적으로 깨달은 사건은 회개 초기에 아씨시 주교 앞에서 옷을 완전히 벗어버렸던 사건 안에 잘 묘사되어 있다(참조: L. MATHIEU, 「Dio Padre」, 「La spiritualità di Francesco d'Assisi」, 22-23).

이고 자세하게 설명한다. 이는 「1신자 편지」 1,7에 다음과 같이 묘사되어 있다: "[회개하는 이들은] 아버지의 일을 하는 천상 아버지의 아들들이고 우리 주 예수 그리스도의 신랑 신부들이요 형제들이며 어머니들입니다"(sunt filii patris caelestis, cuius opera faciunt, et sunt sponsi, fratres et matres Domini nostri Jesu Christi). 이 구절에 의하면, 그리스도와 믿는이들 사이에 이루어지는 정배적, 형제적, 모성적 관계는 성부와 그의 자녀들 사이에 맺어지는 근본적인 부자 관계가 구체적으로 실현되는 것이다. 이 신비적 부자 관계는 「1신자 편지」 1,8-13에 정배성, 형제성, 모성을 통해 다음과 같이 더 시적이고 더 신비적으로 묘사되어 있다:

> [8]성령으로 말미암아 신실한 영혼이 우리 주 예수 그리스도께 결합될 때 우리는 신랑 신부들입니다. [9]우리가 하늘에 계신 아버지의 뜻을(마태 12,50) 실천할 때 우리는 그분에게 형제들입니다. [10]우리가 신성한 사랑과 순수하고 진실한 양심을 지니고 우리의 마음과 몸에 그분을 모시고 다닐 때 우리는 어머니들입니다. 표양으로 다른 이들에게 빛을 비추어야 하는 거룩한 행위로써 우리는 그분을 낳습니다. [11]거룩하고 위대하신 아버지를 하늘에서 모시는 것이, 오, 얼마나 영광스러운지! [12]위로가 되고 아름답고 감탄스러운 그러한 신랑을 모시는 것이, 오, 얼마나 거룩한지! [13]또한 흡족스럽고 겸손하고 평화롭고 감미롭고 사랑스러우며 무엇보다도 먼저 열망해야 할 그러한 형제와 그러한 아들인 우리 주 예수 그리스도를 모시는 것이, 오, 얼마나 거룩하고 얼마나 소중한지!([8]Sponsi sumus, quando Spiritu Sancto coniungitur fidelis anima Domino nostro Jesu Christo. [9]Fratres ei sumus, quando facimus voluntatem patris qui in caelis est. [10]Matres, quando portamus eum in corde et corpore nostro per divinum amorem et puram et sinceram conscientiam; parturimus eum per sanctam operationem, quae lucere debet aliis in exemplum. [11]O quam gloriosum est, sanctum et magnum in caelis habere patrem! [12]O quam sanctum, paraclitum, pulchrum et admirabilem talem habere sponsum! [13]O quam sanctum et quam dilectum, beneplacitum, humilem, pacificum, dulcem,

amabilem et super omnia desiderabilem habere talem fratrem et talem filium: Dominum nostrum Jesum Christum).

이 구절들은 프란치스코의 글 가운데 신비적 삶이 가장 명료하고 감동적으로 표현된 부분으로, 이 인용문에 의하면, 신비적 일치는 삼위일체적 구조를 확실하게 지니게 된다[252]. 믿는이들은 하느님과 맺는 신비적 일치 안에서 삼위일체 하느님의 세 위격들과 각각 정배적, 형제적, 모성적 관계를 지니는데, 이는 8-10절과 11-13절에 두 번 반복되어 나타난다[253]. 이 가운데 앞 부분(8-10절)에 묘사된 신비적 일치의 삼위일체적 구조는 그리스도론적인 관점에서 조명되고 있다[254]. 먼저, 정배적 관

---

[252] 참조: O. SCHMUCKI, 「The mysticism of st. Francis in his writings」, 254.
[253] 참조: W. VIVIANI, 「L'ermeneutica di Francesco d'Assisi」, 189.
[254] 8-10절은 그리스도론적인 관점에서 조명되고 있는 7절과 문법적으로도 잘 일치한다.

	주어	동사 서술부	명사 서술부	보어
7절	그들은 (illi et illae)	입니다 (sunt)	신랑 신부들이요 형제들이며 어머니들 (sponsi, fratres et matres)	우리 주 예수 그리스도의 (Domini nostri Jesu Christi)
8절	우리는 (nos, 숨겨져 있음)	입니다 (sumus, 10절에 숨겨져 있음)	신랑 신부들	"콴도"(quando, ~때)가 이끄는 종속절에 나타나는 "우리 주 예수 그리스도"(Domino nostro Jesu Cristo)는 "코뉴지투르"(coniugitur, 결합되다) 동사의 보어로 사용되었다.
9절			형제들	"에이"(ei, 그에게) 대명사는 그리스도를 수식한다.
10절			어머니들	"콴도"(quando, ~때)가 이끄는 종속절에 나타나는 인칭 대명사 "에움"(eum)은 "포르타무스"(portamus, 지니다) 동사의 보어로 사용되었다.

계에 대해 언급하고 있는 8절에는 "결합되다"(coniungitur)는 동사의 원 인격 보어로 5격의 "성령"(Spiritu Sancto, 성령으로 말미암아)이 사용되어, 성령이 믿는이들과 그리스도 사이에 맺어지는 정배적 일치의 작용인(作用因)임을 분명하게 표현하고 있다[255]. 9절에는 형제적 일치에 대해 언급하고 있는데, 이 구절에서 프란치스코는 형제애의 기원이 성부의 뜻을 실천하는데 있음을 강조하면서, 믿는이들과 그리스도 사이의 형제적 관계가 성부로부터 유래됨을 밝히고 있다. 10절에는 모성적 관계가 언급되어 있는데, 믿는이들과 그리스도 사이에 형성되는 이 관계는 "모시다"(portamus) 동사와 "낳는다"(parturimus) 동사를 통해 표현되어 있고, 두 동사 모두 그리스도를 지칭하는 대명사 "그"(eum)를 목적어로 갖고 있다. 이와 같이 프란치스코는 정배성은 성령과 대응시키고, 형제성은 성부, 모성은 그리스도와 대응시키면서, 신비적 일치를 그리스도론적인 구조 안에서 삼위일체적으로 풀이한다[256].

신비적 일치의 삼위일체적 특성은 11-13절에도 나타난다. 여기에서 프란치스코는 지복직관 안에서 이루어지는 형언할 수 없는 일치에 대해 찬미한다[257]. 이러한 해석에는 논란의 여지가 좀 있다. 그 이유는 프란치

---

[255] 리노 바르톨리니는 신비적 일치 안에 형성되는 모든 새로운 관계들의 작용인이 성령임을 지적한다(참조: R. BARTOLINI, 『Lo Spirito del Signore』, 86).

[256] 발터 비비아니는 8-10절을 다음과 같이 삼위일체적 관점에서 해석한다: "회개하는 이들과 그리스도와의 관계를 설명하면서, 그[프란치스코]는 삼위일체적 작용을 다시 한 번 제시한다: 성령은 정배적 관계를 실현시키고, 형제적 관계는 그[프란치스코]에게 성부를 상기시켜 주며, 모성적 관계는 성자를 상기시켜 준다"(W. VIVIANI, 『L'ermeneutica di Francesco d'Assisi』, 189). 이와 관련하여 옥타비안 슈무키는 다음과 같이 주장한다: "'정배'를 성령과 관련시킨다면, 삼위일체적 구조가 강하게 부각된다"(O. SCHMUCKI, 『The mysticism of st. Francis in his writings』, 254).

[257] 프란치스코는 11절에서 다음과 같이 탄성을 올린다: "거룩하고 위대하신 아버지를 하늘에서 모시는 것이, 오, 얼마나 영광스러운지!"(O quam gloriosum est, sanctum et magnum in caelis habere patrem!). 이 구절에서 "하늘에서"(in caeli)라는 표현은 하느님의 영원한 나라를 가리키기 때문에, "하늘에서 아버지를 모신다"(in caelis habere patrem)는 표현은 지복직관의 상태에서 성부를 관상한다는 뜻이 내포되어 있다.

스코의 글 안에서 "신랑"(sponsus)이라는 말이 그리스도를 수식하는 경우도 있고 성령을 수식하는 경우도 있는데, 12절에 나타나는 "신랑"(sponsus)의 경우에는 그리스도나 성령 어느 쪽으로도 이해할 수 있기 때문이다[258]. 그럼에도 불구하고 이 경우는 성령으로 해석하는 것이 더 타당하리라 여겨진다. 이 구절에 나타나는 "파라클리투스"(paraclitus, 위로의)가 성령을 암시하기 때문이다[259]. "파라클리투스"(paraclitus)라는 말은, 이 구절과 동일한 맥락에서 사용되고 있는 「2신자 편지」 55를 제외하면, 프란치스코의 글 가운데서는 5번 더 나타나는데[260],

---

[258] "신랑"(sponsus)이라는 용어가 그리스도와 관계되는 경우들은 「1신자 편지」 1,7. 8과 「2신자 편지」 50.51에서 볼 수 있으며, 성령과 관계되는 경우들은 「생활 양식」 1과 「수난 성무」 후렴 2에서 볼 수 있다.

[259] 참조: T. MATURA, 「Francesco, un altro volto」, 94.

[260] 「형제회 편지」 33: "그분께서는 여러 곳에 계시는 듯 보이지만 나뉠 수 없는 분으로 계시고, 결코 줄어들지 않으시며, 어디서나 하나이시고, 당신 마음에 드시는 대로 주 하느님 아버지와 보호자이신 성령과 함께 세세에 영원히 일하십니다. 아멘"(…sed unus ubique, sicut ei placet, operatur cum Domino Deo Patre et Spiritu Sancto Paraclito in saecula saeculorum. Amen); 「비인준 규칙」 23,5-6: "⁵…당신의 마음에 드시는 당신의 사랑하시는 아드님(마태 17,5 참조) 우리 주 예수 그리스도께서 보호자 성령과 하나 되어…⁶…당신이 가장 사랑하시는 아드님 우리 주 예수 그리스도와 보호자 성령과 함께, 지존하시고 진실하시며 영원하시고 살아 계시는 하느님 당신께…세세 영원히 감사드려 주기를 …저희는 겸손히 청하나이다. 아멘"(⁵…ut Dominus noster Jesus Christus Filius tuus dilectus, in quo tibi bene complacuit, una cum Spiritu Sancto Paraclito gratias agat tibi,…. ⁶…pro his tibi gratias referant summo vero Deo, aeterno et vivo, cum Filio tuo carissimo Domino nostro Jesu Christo et Spiritu Sancto Paraclito in saecula saeculorum. Amen); 「동정녀 인사」 2: "하늘에 계신 지극히 거룩하신 아버지께서 당신을 뽑으시어 그분의 지극히 거룩하시고 사랑하시는 아드님과 보호자이신 성령과 함께 당신을 축성하셨나이다" (et electa a sanctissimo Patre de caelo, quam consecravit cum sanctissimo dilecto Filio suo et Spiritu Sancto Paraclito); 「유언」 40: "그리고 이것을 실행하는 사람은 누구나 하늘에서는 지극히 높으신 아버지의 축복을 충만히 받고, 땅에서는 지극히 거룩하신 보호자 성령과 하늘의 모든 권품(權品) 천사들과 모든 성인들과 함께 사랑하는 아들의 축복을 충만히 받기를 빕니다"(Et quicumque haec observaverit, in caelo repleatur benedictione altissimi Patris et in terra repleatur benedictione dilecti Filii sui cum sanctissimo Spiritu Paraclito et omnibus virtutibus caelorum et omnibus sanctis.

모두 성령을 수식한다. 또한, 12절의 "상투스 파라클리투스"(sanctus paraclitus, 거룩하고 위로되시는)라는 표현은, 프란치스코의 글에 4번 나타나는, "스피리투스 상투스 파라클리투스"(Spiritus Sanctus Paraclitus, 위로자 성령)라는 표현과 정확하게 일치한다[261]. 이와 같이 일관된 프란치스코의 어휘 사용을 바탕으로 「1신자 편지」 1,12의 "파라클리투스"(paraclitus)는 성령을 지칭하는 것으로 이해할 수 있다. 이러한 관점에서 11-13절을 바라보면, 11절의 "아버지"(patrem)는 성부를 의미하고, 12절의 "신랑"(sponsum)은 성령을 가리키며, 13절의 "그러한 형제와 그러한 아들"(talem fratrem et talem filium)은 그리스도를 수식하는 것으로 이해할 수 있기에, 삼위일체적 구조가 분명하다 할 수 있고, 이는 삼위의 각 위격들과 호응하는 형용사들을 통해 더 확실해진다 하겠다[262].

이상과 같이 프란치스코는 그리스도론적이고 삼위일체적인 관점 안에서 정배성, 형제성, 모성을 통해 신비적인 부자(父子) 관계를 묘사하는 가운데 신비적 일치를 대단히 심오하게 전개시켜 나갔다.

5.3.3.1.1. 정배성[263]

프란치스코는 「1신자 편지」 1,8과 12에서 정배적 일치를 다음과 같이 표현한다: "⁸성령으로 말미암아 신실한 영혼이 우리 주 예수 그리스

---

[261] 참조: 「형제회 편지」 30; 「비인준 규칙」 23,5-6; 「동정녀 인사」 2. 한편, 카를로 파올라찌는 다음과 같이 주장한다: "'거룩한-위로의'(sanctus-paraclitus)라는 두 형용사가 한 쌍으로 나타나는 것은 틀림없이 전례 양식을 반영하는 것이다['거룩한 위로자 성령과 함께'(cum Spiritu Sancto Paraclito)라는 표현은 프란치스코의 글에서 적어도 5번 나타난다]"(C. PAOLAZZI, 「2신자 편지」의 각주 15, 「FF」, 140).
[262] 참조: W. VIVIANI, 「L'ermeneutica di Francesco d'Assisi」, 189.
[263] 프란치스코의 글에서 "신랑"(sponsus)과 관련된 표현들은 다음과 같다: "신랑"(sponsus)이라는 낱말 6번(「1신자 편지」 1,7.8.12; 「2신자 편지」 50.51.55), "신부"(sponsa)라는 낱말 1번(「수난 성무」 후렴 2), "결합하다"(coniungere)는 동사 2번(「1신자 편지」 1,8; 「2신자 편지」 51), "약혼시키다"(desponsare) 동사 1번(「생활양식」 1).

도께 결합될 때 우리는 신랑 신부들입니다. …¹²위로가 되고 아름답고 감탄스러운 그러한 신랑을 모시는 것이, 오, 얼마나 거룩한지!"(⁸Sponsi sumus, quando Spiritu Sancto coniungitur fidelis anima Domino nostro Jesu Cristo. …¹²O quam sanctum, paraclitum, pulchrum et admirabilem talem habere sponsum!). 8절에 묘사된 믿는이들과 그리스도 사이의 정배적 일치는 그리스도교 신비체험의 전통과 맥을 같이 한다. 테르툴리아노가 처음으로 "그리스도의 신부"(sponsa Christi)라는 표현을 크리스천 동정녀들에게 적용한 이후²⁶⁴, 그리스도교 역사 안에서 혼례적 신비체험은 주로 그리스도를 교회의 신랑이나 영혼의 신랑으로 바라보는 관점 안에서 발전해 왔다. 이러한 관점을 견지하는 신학자들은 역사적으로 많이 있었으며, 오리게네스, 예루살렘의 치릴로, 맹인이었던 디디모, 니싸의 그레고리오, 클레르보의 베르나르도 등이 그러하다²⁶⁵.

프란치스코에 의하면, 성령은 정배적 일치의 작용인으로, 믿는이들은 성령의 신랑이나 신부들이 된다²⁶⁶. 특히 프란치스코는 동정녀 마리아를 분명하게 성령의 신부라 칭하고²⁶⁷, 가난한 자매들도 성령

---

²⁶⁴ 참조: T. ŠPIDLÍK, 「Matrimonio spirituale」, 『Nuovo dizionario patristico e di antichità cristiane』, 3145.
²⁶⁵ 참조: S. POSSANZINI, 「Matrimonio sponsale」, 『DizMist』, 800.
²⁶⁶ 참조: R. CORONA, 「Commento dell'OffPass」, 『Un Uomo diventato preghiera. Preghiera di san Francesco d'Assisi』, 52.
²⁶⁷ 「수난 성무」 후렴 1-2: "¹거룩하신 동정 마리아님, 세상에 태어난 여인들 중에 당신 같으신 이 없나이다. ²당신은 지극히 높으시고 지존한 임금이신 천상 성부의 딸이시며 여종이시고, 지극히 거룩하신 우리 주 예수 그리스도의 어머니이시며, 성령의 신부이시나이다"(¹Sancta Maria virgo, non est tibi similis nata in mundo in mulieribus, ²filia et ancilla altissimi summi Regis Patris caelestis, mater sanctissimi Domini nostri Jesu Christi, sponsa Spiritus Sancti). 람펜은 마리아에게 붙여진 약 600여 개의 명칭들을 연구한 후에 프란치스코 이전에는 동정녀 마리아에게 성령의 신부라는 표현을 적용한 경우를 찾아볼 수 없다고 결론을 내리면서, 프란치스코가 처음으로 이 표현을 사용했을 것이라 추정한다(참조: W. LAMPEN, 「De S. P. Francisci cultu Angelorum et Sanctorum」, 15; R. CORONA, 「Commento dell'OffPass」, 『Un Uomo diventato preghiera. Preghiera di san

의 신부들이라 부른다[268]. 이러한 성령의 정배성은 교부들 시대까지 거슬러 올라가지만[269], 프란치스코 이전에는 대단히 드물었다[270]. 그러므로 그리스도론적인 정배성의 전통 위에서 프란치스코가 믿는이들을 성령의 신랑 신부로 바라보는 가운데 성령론적인 정배성 사상을 심화시켰다고 말할 수 있다[271].

그렇다면, 그리스도론적인 정배성이 지배했던 전통 안에서 프란치스코가 부각시킨 믿는이들과 성령 사이의 정배성이 지니는 신학적인 가치는 무엇인가? 첫째로, 성령의 정배성은 동정녀 마리아의 깊은 신비를 더 분명하게 드러내 준다. 루카 1,35-38에 의하면, 마리아는 성령을 통하여 하느님의 **아들**을 잉태한다. 성령은 마리아가 성자를 잉태하

Francesco d'Assisi』, 51). 반 아셀돈크 또한 같은 결론에 도달한다(참조: O. van ASSELDONK, 『La lettera e lo spirito. Vol. II』, 132).

[268] 『생활 양식』 1: "여러분은 하느님의 영감으로 지극히 높으시고 지존하신 임금님, 천상 성부의 딸과 여종들이 되셨고, 거룩한 복음의 완덕을 따라 사는 것을 택함으로써 성령의 신부들이 되셨기에"(Quia divina inspiratione fecistis vos filias et ancillas altissimi summi Regis Patris caelestis, et Spiritui sancto vos desponsastis eligendo vivere secundum perfectionem sancti Evangelii).

[269] 테르툴리아노는 다음과 같이 기록한다: "영혼이 믿음에로 나아갈 때…이는 성령으로부터 받은 것이다; 성령과 혼인할 때 육은 영혼을 동반한다"(T. ŠPIDLÍK, 『Matrimonio spirituale』, 『Nuovo dizionario patristico e di antichità cristiane』, 3145). 한편, 아고는 다음과 같이 주장한다: "만일 성탄 강론의 이본(異本) 하나를 고려한다면, [『수난 성무』] 후렴 2절의 칭호[성령의 신부(sponsa Spiritus Sancti)]는 베드로 크리솔로고(Pier Crisologo, + 약 450)의 표현을 암시하는 것이라 여겨진다"(L. AGO, 『La questione critica intorno alla "Salutatio Beatae Mariae Virginis" di san Francesco di Assisi』, 285); "in sancta Maria sanctae ecclesiae figuram fuisse manifestam est, quae dispensata quidam fuerat Ioseph, sed sponsa inuenta est spiritui sancto"(PETRUS CHRYSOLOGUS, 『Sermo 140 ter. De Natale Domini』, 3,53, 『CCL XXIV B』, 856).

[270] 참조: R. BARTOLINI, 『Lo Spirito del Signore』, 103.

[271] "…마리아가…성령의 작용으로 예수의 어머니가 되었기 때문에, 성령의 신부라고 불릴 수 있다. 프란치스코는 이러한 사실을 관상하면서, 성령과의 정배적 관계를 자기 자신도 살아가고자 하는 열망에 불타올랐으며, 마리아의 모범에 따라 성령에 의해 변형되도록 자기 자신을 내맡겼다"(B. COMMODI, 『Francesco d'Assisi e Angela da Foligno』, 386); 참조: T. MATURA, 『Francesco, un altro volto』, 98.

게 하는 작용인이다(참조: 루카 1,35). 마리아는 무엇보다 먼저 성령의 작용을 통하여 성령과 일치하고, 이러한 일치의 자연적인 결과로 그리스도와 일치한다. 다시 말하면, 마리아는 육화의 신비를 계기로 성령의 신부가 됨과 동시에 그리스도의 신부가 된 것이다[272]. 이는 마리아의 정배성 안에서 하느님의 본성과 인간의 본성이 가장 깊게 일치한다는 것을 뜻한다[273]. 성령의 작용을 통하여 그리스도와 일치하는 이러한 마리아의 정배성은 「1신자 편지」 1,8에 묘사된 회개하는 이들의 정배성과 잘 일치한다: "성령으로 말미암아 신실한 영혼이 우리 주 예수 그리스도께 결합될 때 우리는 신랑 신부들입니다"(Sponsi sumus, quando Spiritu Sancto coniungitur fidelis anima Domino nostro Jesu Christo). 루카 1,35-38에서와 같이 이 구절에서도 믿는이들은 성령의 작용을 통하여 그리스도의 신랑 신부들이 된다.

마리아의 정배성은 또한 동시적으로 모성, 자성, 종됨과도 온전히 일치한다[274]. 마리아는 성령의 신부이면서 동시에 성부의 딸이자 여종이고 또한 그리스도의 어머니이기 때문이다. 뿐만 아니라 마리아의 정배성은 온갖 덕과 은총으로도 가득 차 있다[275]. 마리아가 모든 덕이 완전하게 조화되어 있는 삼위일체 하느님과 온전히 일치되어 있기 때문이다. 이러한 마리아의 지극한 정배성은 성녀 클라라의 가난한 자매들은 물론이고 모든 신자들에게까지 확장된다. 모든 믿는이들이 그리스도와 성령의 신랑 신부가 된다는 정배성은 믿는이들이 그리스도의 어머니가 된다는 「1신자 편지」 1,8과도 깊은 관계가 있다. 이렇게 성령과 관련되어 있는 마리아의 정배성은, 믿는이들 안에

---

[272] 참조: L. AGO, 「La questione critica intorno alla "Salutatio Beatae Mariae Virginis" di san Francesco di Assisi」, 285.
[273] 참조: R. BARTOLINI, 「Lo Spirito del Signore」, 111.
[274] 참조: 「수난 성무」 후렴 2.
[275] 참조: 「동정녀 인사」 3.6.

현존하는 마리아의 정배적이고 자녀적이며 모성적인, 섬김과 덕으로 충만한 신비를 놀랍도록 잘 드러내 준다.

둘째로, 성령의 정배성은 사랑 안에서 완전하게 실현되는 신비적 일치를 탁월하게 드러내 준다[276]. 성경의 전통에 의하면, 정배성의 본질은 서로 사랑하는 신랑 신부들의 육체적 일치 안에 자리한다. 이는 마태 19,4-6에서 볼 수 있다: "⁴그러자 예수님께서 이렇게 대답하셨다. '너희는 읽어보지 않았느냐? 창조주께서 처음부터 '그들을 남자와 여자로 만드시고' 나서 ⁵'그러므로 남자는 아버지와 어머니를 떠나 아내와 결합하여, 둘이 한 몸이 될 것이다' 하고 이르셨다. ⁶따라서 그들은 이제 둘이 아니라 한 몸이다. 그러므로 하느님께서 맺어 주신 것을 사람이 갈라놓아서는 안 된다'"(⁴Qui respondens ait eis: "Non legistis quia qui fecit hominem ab initio, 'masculum et feminam fecit eos' ⁵et dixit: 'Propter hoc dimittet homo patrem et matrem et adhaerebit uxori suae, et erunt duo in carne una?' ⁶Itaque iam non sunt duo sed una caro. Quod ergo Deus coniunxit, homo non separet"). 5-6절에는 부부가 결합하여 "한 몸"(una caro)이 된다는 표현이 나타나는데, 이는 두 사람이 사랑 안에서 성적으로 결합하여 한 몸이 됨으로써 공통 족속(comune prole)이 된다는 것을 의미한다[277]. 또한, 6절에 의하면, 결혼 안에서 이루어지는 성적 결합의 주체는 하느님이시다. 하느님께서 맺어주신 것을 사람이 갈라놓을 수 없다고 선언하기 때문이다. 그러므로 결혼의 일치는 신성성을 지닌다 하겠다[278]. 프란치스코는 「1신자 편지」 1,8의 "성령으로 말미암아 신실한 영혼이 우리 주 예수 그리스도께 결합된다"는 구절에서, 마태 19,6의 "결합하다"(coniungere) 동사를 영적으로 해석하면서, 마태오 복음의 정배적 일치를 믿는이

---

[276] 슈무키는 "신부의 이미지가 성령과의 내밀한 일치의 표현임"을 강조한다(O. SCHMUCKI, 「The mysticism of st. Francis in his writings」, 253).
[277] 참조: ORTENSIO DA SPINETOLI, 「Matteo」, 523.
[278] 참조: 위와 같은 책, 523.

들과 그리스도 사이의 신비적 일치에 적용시킨다[279]. 이 구절에 의하면, 신비적 일치의 작용인은 성령으로서, 성령께서는 인간 존재의 심연에서 활동하시면서, 인간 존재를 사랑의 신비 안에서 그리스도와 더할 나위 없이 완전하게 일치시켜 준다. 그러므로 성령을 통하여 이루어지는 신비적 정배성은 근본적으로 사랑의 상호성 안에서 완전하고 결정적인 일치를 지향하도록 하는 사랑의 본질적인 관계를 가리킨다 하겠다[280]. 프란치스코의 글 안에서 성령의 정배성은 사랑 안에서 이루어지는 인간 존재와 하느님 사이의 신비적 일치를 전통적인 그리스도론적 정배성보다 훨씬 더 강하게 부각시켜 준다. 예를 들면, 사랑 어린 평등성 안에서 이루어지는 상호 친교, 사랑 어린 일치의 완전함, 감미로운 사랑의 형언할 수 없는 달콤함 등이 그러하다.

셋째로, 성령을 지칭하는 "신랑"(sponsus)이라는 어휘는 남성과 여성 모두에게 자연스럽고 보편적으로 적용될 수 있다. '성령'의 라틴 말 "스피리투스 상투스"(Spiritus Sanctus)는 그 낱말의 성(性)이 이탈리아 말과 마찬가지로 남성인데, 이 라틴 말에 해당되는 그리스 말 "프네우마"($\pi\nu\epsilon\hat{u}\mu\alpha$)는 중성이고, 히브리 말 "루알흐"(רוח)는 여성이다. 다시 말하면, 성령은 문법적으로 라틴 말이나 이탈리아 말에서는 남성이지만, 남자로 육화하신 그리스도나 일반적으로 남성적 위격으로 인식되고 있는 성부와는 달리, 하나의 성으로 규정할 수 없는, 성별을 초월하는 중성적 위격이라 할 수 있다. 이 때문에 성령의 정배성은 남녀 모두에게 일반적으로 적용할 수 있는 신학적인 보편성을 지니고 있으며, 특히 그리스도의 시대나 중세처럼 남성 중심 사상이 지배하였던 사회적, 정치적, 문화적 체제 안에서는 더더욱 그러하였다.

---

[279] 이 사실은 확실하다고 여겨진다. 왜냐하면 영혼과 그리스도 사이에 이루어지는 신비적 일치와 관련이 있는 "결합하다"(coniungere) 동사가 신약 성경 가운데서는 오로지 마태 19,6에만 나타나기 때문이다(참조: R. BARTOLINI, 「Lo Spirito del Signore」, 91).

[280] 참조: F. URIBE, 「La Regla de san Francisco」, 298.

지금까지 간략하게 살펴본 정배성을 종합하면, 믿는이들은 성화(聖化)와 밀접히 관계되어 있는 성령의 정배성을 통하여 그리스도의 신랑 신부들이 된다고 할 수 있다. 이는 믿는이들이 영적으로뿐만 아니라 실제적으로도 그리스도와 일치하는 것을 의미한다. 따라서 그리스도와의 정배성은 믿는이들이 온전하게 그리스도가 되는 전적인 신비적 일치를 내포한다 하겠다.

5.3.3.1.2. 부성 안에서의 형제성과 자성

정배적 사랑 안에서 그리스도와 일치하는 사람들은 그리스도가-된 자들로, 이들은 성부의 아들들이 되고 그 결과 동시적으로 그리스도의 형제들이 된다. 왜냐하면, 그리스도든 그리스도와 일치하는 사람들이든 모두 성부의 동일한 아들들이기 때문이다. 프란치스코는 이렇게 그리스도가-된 이들을 「1신자 편지」 9에서 그리스도의 형제들이라고 부른다: "우리가 하늘에 계신 아버지의 뜻을 실천할 때 우리는 그분[그리스도]에게 형제들입니다"(Fratres ei sumus, quando facimus voluntatem patris qui in caelis est).

형제성과 자성의 중심에는 인간의 의지 포기가 전제되어 있다. 인간의 의지는 성부 하느님의 의지와 양립할 수 없기 때문이다. 즉, 인간 편에서의 자기 의지의 포기는 성부와 일치하도록 해주며, 이 때문에 프란치스코는 자기 의지를 포기하는 길을 걸어간다. 이와 관련하여 이 포기의 신비가는 「비인준 규칙」 22,9에서 다음과 같이 말한다: "그런데 세속을 떠난 우리에게는 이제 힘써 주님의 뜻을 따르고 그분을 기쁘게 해 드리는 일밖에 다른 할 일이 없습니다"(Nunc autem, postquam dimisimus mundum, nihil aliud habemus facere, nisi sequi voluntatem Domini et placere sibi ipsi). 프란치스코에게 있어 인간으로서 해야 할 유일한 일은 성부의 뜻을 따르는 것이다. 그리고 이를 위해서는 자기 의지를 포기해야 하는데, 이로 말미암아 믿는이들이 성부의 아들들이 되고 그리스도의 형제들이 되기에, 프란치스코는 자신의 형제들에게 자기들의 뜻을 전적으로 포기할 것을 권고한다. 사실 믿는이들은 역설적으로 자기 의지를 포기함으로써 가장 완전하게 자신들의 뜻을 실현하게 된다. 그러므로 자기 의지를 포기하는 것은 인간의 의지에 달려 있는 모든 행위들 가운데 가장 숭고한 최고 행위라 할 수 있다. 프란치스코에게 있어 이러한 의지 포기는 성부의 뜻을 따르는 것과 동일하게 된다.

자기 의지 포기의 가장 완전한 모형은 성부의 뜻을 따르기 위하여 십자가에서 죽기까지 자신을 내어놓으신 그리스도이시다[281]. 성부의 아들로서 그리스도는 자기 자신을 완벽하게 무화(無化)시키셨다. 그리스도에게 "나의" 의지란 없다. 그분은 오로지 성부께만 순종하기를 바라셨기 때문에, 그분에게 "나의"나 "나"란 더이상 존재하지 않는다[282]. 그분에게는 **아버지**의 뜻만이 있을 따름이었다. 이렇게 철저한 의지 포기를 통하여 그리스도는 자기 존재 안에 성부의 뜻만을 남겨둠으로써 성부의 뜻이 고스란히 성자의 뜻이 되었고, 그렇게 성자의 뜻은 온전히 성부의 뜻이 되었다[283]. 이와 같이 그리스도의 자성(子性)은 성부 하느님의 부성(父性)과 일치하며, 성부께서는 그런 성자를 형언할 수 없이 "찬란하게 하신다"(clarificare).

그리스도께서는 성부의 뜻을 실천함으로써 자신의 "찬란함"(영광, claritas)은 물론이고 성부의 "찬란함"(영광, claritas)까지도 빛나게 하신다. 성자께서 성부의 뜻을 실천함은 「1신자 편지」 1,9에서 볼 수 있는 바와 같이 믿는이들이 "아버지의 뜻을 실천하는" 데 있어 형상인과 작용인과 목적인이 된다. 즉, 성자께서 성부의 뜻을 완전하게 실천함으로써 찬란하게 되듯이(fuit clarificatus), 믿는이들은 "그리스도를

---

[281] 참조: 「2신자 편지」 10-13.
[282] 참조: J. S. LEE, 『Francis the mystic』, 21-22.
[283] 참조: 위와 같은 책, 25.104.

따름"(sequela Christi)으로써 영원한 부성(父性) 안에서 성부의 아들들로 "찬란하게 되고"(영광스럽게 되고, clarificantur), "찬란하게 된 그리스도"(영광스럽게 된 그리스도, Christus clarificatus)의 형제들이 된다. 이것이 "아버지의 뜻을 실천함"(fare voluntatem patris) 안에 숨겨져 있는 신비요 의지 포기의 신비이다. 이상과 같이 성부의 뜻을 실천하는 것을 중심으로 부성과 자성과 형제성은 모두 하나로 일치된다.

부성 및 자성과 불가분리적으로 일치된 형제성은 동시에 정배성과도 일치하게 된다. 왜냐하면, 순종의 신비와 의지 포기의 신비 안에서 형성되는 신비적 관계는 본질적으로 사랑의 신비 안에서 필연적으로 드러나는 감미로운 일치라는 특성을 지니기 때문이다. 이는 「1신자 편지」 1,13에서 볼 수 있다. 여기에서 프란치스코는 그리스도의 형제성과 자성을 향유하는 지복(至福)을 찬미한다. 이 구절에 나타나는 형용사들, 예를 들면, "소중하고, 흡족스럽고, 겸손하고, 평화롭고, 감미롭고, 사랑스러우며, 무엇보다도 먼저 열망할" 등은 그리스도의 신비를 묘사하는 어휘들일 뿐만 아니라 사랑의 속성들을 드러내는 표현들이기도 하다. 이렇게 그리스도의 신비와 사랑의 신비를 동일한 어휘들로 묘사하는 이유는 그리스도의 신비 안에 본질적으로 현존하는 정배적 차원에 자리한다. 따라서 13절에는 형제성과 자성뿐만 아니라 정배성도 함께 표현되어 있다고 말할 수 있다. 여기에서 간과하지 말아야 할 사실을 하나 덧붙이면, 모든 신비적 일치는 그 자체로 정배적 특성을 지닌다는 점이다.

한편, 부성 안에서 이루어지는 믿는이들과 그리스도의 형제성은 모든 믿는이들의 지위를 그리스도의 지위에로 상승시켜 주고, 여기에는 이러한 상승을 통하여 모든 믿는이들이 그리스도의 지위 안에서 평등하게 된다는 사실이 내포되어 있다. 뿐만 아니라 프란치스코의 신비체험 안에서 펼쳐지는 그리스도와의 형제성은 생물과 무생물 등 우주의 모든 피조물까지도 포괄하는 경지에로 확장된다.

5.3.3.1.3. 모성

육체적 모성이 정배성과 자성으로부터 분리될 수 없듯이, 영적인 모성 또한 자성 정배성 형제성 부성과 같은 신비적 관계의 특성들과 분리될 수 없다[284]. 프란치스코는 이에 관하여 「1신자 편지」 1,10에서 다음과 같이 언급한다: "우리가 신적인 신성한 사랑과 순수하고 진실한 양심을 지니고 우리의 마음과 몸에 그분을 모시고 다닐 때 우리는 어머니들입니다. 표양으로 다른 이들에게 빛을 비추어야 하는 거룩한 행위로써 우리는 그분을 낳습니다"(Matres, quando portamus eum in corde et corpore nostro per divinum amorem et puram et sinceram conscientiam; parturimus eum per sanctam operationem, quae lucere debet aliis in exemplum). 이 구절에는 다양한 신비적 관계들이 내포되어 있다. 첫째로, 동정녀 마리아가 태중에 역사적 예수를 잉태하였듯이, 믿는이들도 거룩한 사랑과 순수하고 진실한 양심을 중개로 마음과 몸 안에 그리스도를 잉태하게 된다. 이렇게 하여 믿는이들은 그리스도의 어머니가 되고, 그리스도는 믿는이들의 아들이 된다. 여기에서 동정녀 마리아의 신비 안에 포함된 모성과 자성은 한 신비 사건 안에서 동시적이고 동일한 신학적 사실이 된다. 그러므로 믿는이들은 그리스도의 신랑 신부요 형제들일 뿐만 아니라 어머니들이기도 하며, 반대로 그리스도는 믿는이들의 신랑이요 형제이며 아들인 것이다.

둘째로, "모성과 자성의 양면성"[285]은 성령의 작용, 좀더 구체적으로는 정배성을 통하여 이루어진다. 10절의 "신성한 사랑"(divinum amorem)은 하느님의 사랑, 즉 사랑이신 성령을 의미하고, "순수하고

---

[284] 참조: F. ASTI, 『Dire Dio』, 198. 한편, 반 아셀돈크는 "프란치스코의 글에서 아버지라는 말이 그 자신이나 형제들에게 적용된 경우는 단 한 번도 없으나, 어머니라는 말이 자신이나 형제들에게 사용된 경우는 여러 번 나타나고" 있음을 강조한다(O. van ASSELDONK, 『La lettera e lo spirito. Vol. II』, 197). 뿐만 아니라 이 카푸친 학자는 프란치스칸 성소에는 형제적이고 모성적인 특징이 있다고 주장하면서, 모성과 형제성을 일치시킨다(참조: 위와 같은 책, 197-201).

[285] 참조: F. ASTI, 『Dire Dio』, 198.

진실한 양심"(puram et sinceram conscientiam)은 인간이 창조될 때에 누구에게나 존재론적으로 주어진 인간 존재의 심연에 비주제적으로 현존하는 주님의 **영**과 불가분리적 관계에 있으며, "거룩한 행위"(sancta operatio)는 프란치스코의 신비체험 안에서는 주님의 **영**의 활동과 밀접한 관계가 있다. 10절에 나타나는 이러한 표현들은 모두 주님의 **영**의 거룩한 활동을 드러내 주는 것들로서, 정배적 일치는 그러한 **영**의 본질적 속성인 사랑의 신비로부터 비롯되기 때문에 근원적으로 주님의 **영**이 이루어 주시는 것이라고 말할 수 있다. 또한, 전치사 "페르"(per, '통하여' 혹은 '말미암아')가 주님의 **영**의 거룩한 활동과 관계 있는 표현과 함께 사용되었기 때문에, 이 **영**이 "그리스도를 모시고"(portare Christum) "그리스도를 낳는"(parturire Christum) 작용인, 즉 모성과 자성의 작용인이라고 이해할 수 있다. 따라서 10절에 표현된 모성과 자성은 주님의 **영**의 거룩한 활동으로 말미암아 정배성과 일치한다 하겠다.

셋째로, 「1신자 편지」 1,10의 두 번째 부분을 보면, 프란치스코가 믿는이들과 그리스도 사이에 형성되는 관계들 가운데 모자(母子) 관계를 언급하면서[286], 간접적으로 부자 관계도 암시하고 있는데, 이는 "표양으로 다른 이들에게 빛을 비추어야 하는 거룩한 행위"(quae [sancta operatio] lucere debet aliis in exemplum)라는 표현을 통해서 알 수 있다. 먼저, 이 구절에서 프란치스코는 앞의 구절들에서 묘사한 믿는이들과 하느님 사이의 관계를 믿는이들과 다른 이들 사이의 관계에로 확장시킨다. 즉, 회개하는 이들은 그들의 모범적인 실천을 통하여 다른 사람들에게 빛이 되어야 한다는 것인데, 이는 세상 안

---

[286] "프란치스코는 그의 글에서 어머니이신 그리스도라는 표현을 전혀 사용하지 않는다. …그러나 우베르티노 카살레의 그림과 글에는 하느님의 모성적 감각이 명확하게 표현되어 있다"(F. ASTI, 「Dire Dio」, 194). 비슷한 관점에서 프란치스코가 언급하는 모성 안에서 그리스도의 참된 모성을 읽어낼 수 있다(참조: 위와 같은 책, 195).

에서 빛이 되신 그리스도의 발자취를 따름을 의미하는 것이다. 따라서 지금 살펴보고 있는 구절에는 회개하는 이들이 "그리스도와 같은 존재들"이 된다는 관점이 내포되어 있다고 말할 수 있다. 뿐만 아니라, 회개하는 이들은 다른 사람들 편에서 보면 "성부와 같은 부성적 존재들"도 되는데, 이는 성부가 그리스도이신 당신의 빛을 이 세상에 보내신 것과 같이 회개하는 이들이 다른 사람들에게 구원의 빛을 비추어 주기 때문이다. 말하자면, 회개하는 이들은 다른 이들의 "아버지들"이 되는 것이고[287], 이 다른 이들은 회개하는 이들의 "아들들"이 되는 것이다. 결과적으로, 프란치스코는 「1신자 편지」 1,10의 두 번째 부분에서 회개하는 이들과 다른 이들 사이에 형성되는 부자 관계를 간접적으로 언급하고 있다고 말할 수 있다. 이렇게 프란치스코는 신비적 일치의 모자성을 정배성과 형제성과의 관계는 물론이고 부자성 안에서도 조명하고 있다.

넷째로, 거룩한 행위를 통해 회개하는 이들과 다른 사람들이 서로에게 아버지들이 되듯이, 이들은 또한 같은 방법으로 서로에게 어머니들이 된다[288]. 그러므로 프란치스코의 신비체험 안에는 믿는이들 상호간에 맺어지는 부자 관계와 모자 관계가 내포되어 있다 하겠다.

이러한 모자 관계와 관련하여 믿는이들과 그리스도 사이에 존재하는 상호 신비적 관계 안에는 한층 더 깊이 들여다 볼 여지가 있다. 신비적 상호 관계성에 의하면, 이쪽의 "우리"가 표양을 통해 저쪽에 있는 이들을 비추어 주면, "우리"는 저들의 어머니가 되고 저들은 "우리"의 자녀들이 된다. 이와 마찬가지로 저쪽의 믿는이들은 그들의 표양을 통해 이쪽의 "우리들"을 비추어줌으로써 우리의 어머니들이 되고 우리는 저들의 자녀가 된다. 이와 같은 관계는 그리스도와 믿는이들 사이에도 그대로 적용된다. "우리"가 그리스도의 어머니가 되듯이, 그리

---

[287] 참조: F. ASTI, 『Dire Dio』, 200.
[288] 참조: 위와 같은 책, 201.

스도는 당신의 구원 활동을 통해 "우리"를 비추어주심으로써 "우리"의 어머니가 되시는 것이다[289]. 그러므로 「1신자 편지」 1,10은 그리스도의 모성 혹은 하느님의 모성을 내포하고 있는 표현이라 할 수 있다[290]. 이러한 관점에서 바라보면, 프란치스코는 이미 중세 시대에 "어머니 하느님"(Deus Mater)의 개념을 지니고 있었다고 말할 수 있고[291], 이는 하느님의 부드러움과 인간을 가엾게 여기시는 하느님의 사랑을 가리키는 것이라 하겠다[292]. 한편, 앞에서 신비적 일치가 지니고 있는 모성을 고찰하면서, 이 모성의 작용인이 주님의 **영**임을 살펴보았다. 그런데 그러한 신비적 모성은 어떠한 모성이든 이제는 본질적으로 "어머니이신 하느님"으로부터 비롯되는 것이라고 이해할 수 있다.

하느님의 모성에 대한 프란치스코의 관점은 그가 남겨 놓은 다른 글에서도 찾아볼 수 있다. 그의 글에는 "어머니"와 관련하여 라틴 말 "마테르"(mater)가 27번, 중세 이탈리아 말 "마트레"(matre)가 1번, 그리고 "낳으신 분"(genetrix)이라는 낱말이 1번, 이렇게 29번 나타난다. 이들 가운데, 2번은 교회를 가리키기 위해 사용되었고[293], 6번은 동정녀 마리아를 가리키기 위해 사용되었으며[294], 8번은 육신의 어머

---

[289] 참조: 위와 같은 책, 211-212.
[290] 프란치스코의 신비 체험의 본질을 규명하면서 테오도르 즈베르만은 하느님의 모성에 대해 다음과 같이 말한다: "하느님은 모성적이면서 동시에 부성적이다" (E. GOORBERGH – T. ZWEERMAN, 「Respectfully yours」, 353). 한편, 아스티는 "[그리스도의] 십자가의 죽음 안에서 하느님의 모성적 사랑과 그리스도의 정배성을 체험하게 된다"고 주장한다(F. ASTI, 「Dire Dio」, 215; 참조: 위와 같은 책, 189).
[291] 스튜얼에 의하면, 하느님의 모성은 구약 성경에서도 볼 수 있고, 신약 성경에서는 예수를 어머니로 읽을 수 있는데, 이는 교부들과 중세 전통에서도 찾아볼 수 있다(참조: R. STEWART, 「Motherhood in God, Jesus, Francis, and the Franciscan Tradition」, 3-7). 그러나 이러한 전통이 강하게 나타나는 것은 아니다.
[292] 참조: A. MARSHALL, 「The concept of "mother" in Francis of Assisi」, 43.
[293] 참조: 「2성직자 편지」, 13; 「시에나 유언」 5.
[294] 참조: 「2신자 편지」, 5; 「수난 성무」 후렴 2; 「비인준 규칙」 23,6; 「동정녀 인사」 1.5; 「마지막 원의」 1.

니[295], 그리고 12번은 영적인 어머니를 나타내기 위해 사용되었다[296]. 그런데 프란치스코의 글 안에서 영적인 모성은 하느님의 모성과 유비적이고 일의적인 관계를 지닌다. 예를 들면, 프란치스코는 이와 관련하여 「태양 노래」 9에서 다음과 같이 노래한다: "내 주님, 우리 어머니인 땅 자매를 통하여 찬미 받으시옵소서. 그는 우리를 기르고 다스리며 울긋불긋 꽃들과 풀들과 더불어 온갖 열매를 낳아 주나이다"(Laudato si, mi signore, per sora nostra matre terra, la quale ne sustenta et governa, et produce diversi fructi con coloriti flori et herba). 프란치스코는 「태양 노래」 1-9에서 피조물들을 "형제"(frate) 또는 "자매"(sora)라고 부르면서 피조물을 통해 하느님의 신비를 찬미하는데, 이러한 호칭들이 피조물과 프란치스코 사이의 신비적 관계들을 드러내 주고 있음에도 불구하고, 그는 형제와 자매로서의 피조물들의 속성에 대해서는 명확하게 언급하지 않는다. 그러나 9절에서는 "땅 자매"(sora Terra)에게 예외적으로 "어머니"(matre)라는 특별한 칭호를 부여하면서, "기르고 다스린다"(sostenere et governare)는 땅의 모성적 속성들을 통해 하느님의 신비를 노래한다. 이는 프란치스코가 이 구절에서 모든 살아 있는 피조물들을 기르고 다스리는 "창조주의 모성"[297]을 찬미하는 것이라 이해할 수 있다.

하느님의 모성은 "어머니"라는 말이 6번 나타나고 "아들"이라는 말이 5번 나타나는 「은수처 규칙」에서도 찾아볼 수 있다[298]. 이 규칙

---

[295] 참조: 「규칙 단편」 1,77; 「수난 성무」 2,4.5; 5,8; 12,5; 「비인준 규칙」 1,4.5; 9,11; 「인준 규칙」 6,8.
[296] 참조: 「태양 노래」 9; 「1신자 편지」 1,7.10; 「2신자 편지」 50.53; 「레오 편지」 2; 「은수처 규칙」 1.2.4.8.9.10.
[297] V. BIGI, 『Il Cantico delle creature di Francesco d'Assisi』, 80.
[298] 반 아셀돈크에 의하면, 형제적이고 모성적인 사랑은 「은수처 규칙」에 묘사되어 있는 프란치스코 영성의 두 축 가운데 하나이며, 형제적이고 작음적인 사랑의 더 탁월한 차원은 모성적 차원이다(참조: O. van ASSELDONK, 『Lo spirito dà la vita』, 124-125).

에서 프란치스코는 작은 형제들의 은수 생활을 모성과 자성의 관계 안에서 규정하는데, 특히 은수 생활의 "황금률"이라고 할 수 있는 5절에서는 다음과 같은 표현을 통해 하느님의 모성을 암시하고 있다: "그리고 원할 때, 보잘것없는 가난한 이들처럼 주 하느님의 사랑 때문에 어머니들에게 동냥을 청할 수 있습니다"(Et, quando placuerit, possint petere ab eis eleemosynam sicut parvuli pauperes propter amorem Domini Dei). 이 구절에는 다양한 신비적 관계들이 숨겨져 있다. 먼저, "주 하느님의 사랑"(amorem Domini Dei)이란 표현은 원인의 의미를 지닌 전치사 "프롭테르"(propter, 때문에)와 함께 사용되고 있는데, 이 표현에 나타나는 사랑은 신비적 일치의 작용인이 되는 사랑의 영으로, 정배적 특성을 지니고 있다. 이러한 정배적 사랑 안에서 아들 역할을 하는 형제들과 어머니 역할을 하는 형제들은 서로 형제들로서 일치하게 된다. 그러므로 이 구절에는 자성과 모성과 정배성과 형제성이 유일한 신비 안에서 온전하게 일치되어 있다고 말할 수 있다. 또한, "보잘것없는 가난한 이들처럼 동냥을 청할 수 있다"(petere eleemosynam sicut parvuli pauperes)는 표현은 작은 자들의 생활 모습을 보여 주는데, 이는 동냥으로 사셨던 그리스도 안에 신학적 기초를 두고 있는 「비인준 규칙」 9,3-9에 규정된 삶의 양식과 일치한다. 따라서 아들 역할을 하는 형제는 어머니 역할을 하는 형제에게 동냥을 청하면서 동냥으로 사신 "그리스도"가 되고, 그렇게 그리스도로 변모되면서 이를 통해 성부의 아들들과 그리스도의 형제들이 된다. 한편, 어머니 역할을 하는 형제들은 하느님의 사랑과 순수하고 진실한 양심으로 애긍을 베풂으로써 그리스도의 어머니가 되고 그리스도의 형제가 된다[299]. 이렇게 어머니 역할을 하는 형제들은 아들 형제들에게 애긍을 베풀면서 동냥을 청하는 그리스도께 애긍을

---

[299] 참조: 「1신자 편지」 1,10.

하는 것이다. 어머니 형제들의 애긍은 또한 아들 형제들을 기르고 보살피는 모성적 행위일 뿐만 아니라 빛이신 그리스도를 낳는 행위이기도 하다. 이렇게 어머니 역할을 하는 형제들과 아들 역할을 하는 형제들은 동냥과 애긍을 통하여 서로 간에 모성과 자성이라는 신비적 관계를 형성하게 된다[300]. 그런데 여기에서 어머니 형제들의 모성은 그 자체로 이미, 믿는이들에게 어머니가 되는, 그리스도의 모성이기도 하다. 모성과 자성은 근원적으로 "주 하느님의 사랑"(amor Domini Dei)으로부터 비롯되기 때문이다. 이상과 같이 「은수처 규칙」 5를 이해하면, 모성과 자성에 바탕을 두고 있는 프란치스칸 은수처의 "프라테르니타스"(fraternitas, 형제성)는 본질적으로 부성과 자성 안에서 정배성 및 형제성(fratellanza)과 일치하게 되고, 이를 통해 그리스도의 신적 모성을 바라볼 수 있게 된다.

지금까지 살펴본 바와 같이 프란치스코는 하느님과 인간 사이에 형성되는 신비적 관계들을 묘사하기 위해 아버지됨, 아들됨, 신랑 신부됨, 형제됨, 어머니됨과 같은 가족적인 관계와 관련된 어휘들을 사용하고 있다[301]. 프란치스코는 이 관계들을 설명하기 위해 먼저 신비적 일치의 가장 중요한 신학적 기초, 즉 절대적 사랑 안에서 성부와 성자가 갖게 되는 본질적인 관계성인 삼위일체 하느님의 부자 관계로부터 출발한다. 이어서 프란치스코는 정배성, 형제성, 모성을 통해 믿는이들과 하느님 사이에 이루어지는 신비적 부자 관계를 설명한다. 사실, 모든 신비적 관계들은 서로 불가분리적 관계에 있고, 이 관계들은 본질적으로 하느님의 부성적, 자성적, 정배적, 형제적, 모성적 속성을 반영한다. 여기서 특히 주목할 점은 프란치스코가 의도하는 신비적 일치의 모성은 하느님의 어머니됨을 암시하고 있다는 것

---

[300] 아스티는 "생활의 필요성과 영적인 여정에서 보여지는 상호 도움은 모성과 자성의 현현"이라고 주장한다(F. ASTI, 『Dire Dio』, 197).

[301] 참조: R. BARTOLINI, 『Lo Spirito del Signore』, 93.

이다. 그리고 믿는이들은 신비적 관계들을 실현해 가면서 하느님이 되어 가고 이러한 하느님-됨은 삼위일체 하느님의 신적 본성에 참여하는 지복직관 안에서 완성된다.

5.3.3.2. 삼위일체적 가족 안에서 이루어지는 우주적이며 형제적인 일치

사랑 안에서 실현되는 믿는이들과 하느님의 신비적 일치 안에서는 부성, 자성, 정배성, 형제성, 모성과 같은 신비적 관계들이 모두 조화롭게 일치하게 되는데, 그 필연적인 결과 가운데 하나는 삼위일체적으로 펼쳐지는 우주적인 가족성이다. 크리스천이든 비크리스천이든 이 안에서는 모든 인간 존재가 삼위일체 하느님의 부성 안에서 형제 자매가 된다[302].

프란치스코의 글 가운데 그러한 삼위일체적 가족성은 「봉사자 편지」 1-12에서 찾아볼 수 있는데, 이는 특히 프란치스코가 이 편지에서 명확하게 강조하고 있는 참되고 완전한 순종을 통하여 표현되어 있다: "[2]할 수 있는 만큼 나는 그대의 영혼 사정에 관하여 이야기할까 합니다. 그대가 주 하느님을 사랑하는 데에 방해되는 것이든, 또 형제들이나 다른 사람들이 그대를 때리면서까지 방해하든, 이 모든 것을 은총으로 받아들여야 합니다. [3]그리고 그대는 이런 것들을 원하고, 다른 것은 원하지 마십시오. [4]그리고 이것이 그대가 따라야 할 주 하느님의 참된 순종이요 나의 참된 순종이 됩니다. 나는 이것이야말로 참된 순종임을 확실히 알고 있기 때문입니다. [5]그리고 그대에게 이런 것들을 하는 이들을 사랑하십시오."([2]Dico tibi, sicut possum, de facto animae tuae, quod ea quae te impediunt amare Dominum Deum, et quicumque tibi impedimentum fecerit sive fratres sive alii, etiam si te verberarent, omnia debes habere pro gratia. [3]Et ita velis et non aliud.

---

[302] 참조: R. BARTOLINI, 『Lo Spirito del Signore』, 85.

⁴Et hoc sit tibi per veram obedientiam Domini Dei et meam, quia firmiter scio, quod ista est vera obedientia. ⁵Et dilige eos qui ista faciunt tibi). 이 편지의 수신자인 "어느 봉사자"는 방해하는 형제들 때문에 고통을 겪고 있는데, 이 편지에서 프란치스코는 왜 이 형제들을 사랑해야 하는지 그리고 어떻게 사랑해야 하는지에 대해 설명하면서 그 해답을 사랑의 신비 체험에서 찾는다. 이 사실을 살펴보기 위해 우선적으로 지적하고 싶은 것은 2절의 "영혼 사정"이라는 표현이 신비 체험 현상을 의미하는 것이고, 같은 구절의 "형제들이나 다른 사람들이 그대를 때리면서까지 방해하든"이라는 표현은 「비인준 규칙」 22,1-4에 묘사된 대로 그리스도가 친구들이라고 부른 원수들을 가리킨다는 점이다. 그리고 5절의 "그대에게 이런 것들을 하는 이들을 사랑하십시오"라는 권고는 원수를 사랑하라는 계명을 또다시 반복하여 표현한 것에 지나지 않는다는 점이다. 한편, 2절의 "다른 사람들"이라는 표현은 사랑의 보편성과 관계가 있다.

방해가 되는 형제들에 대한 사랑, 즉 원수들에 대한 사랑을 통한 신비 체험은 4절에 대단히 극적으로 묘사되어 있다: "그리고 이것이 그대가 따라야 할 주 하느님의 참된 순종이요 나의 참된 순종이 됩니다. 나는 이것이야말로 참된 순종임을 확실히 알고 있기 때문입니다"(Et hoc sit tibi per veram obedientiam Domini Dei et meam, quia firmiter scio, quod ista est vera obedientia). 여기에서 "참된 순종"을 수식하는 "주 하느님"의 라틴어 "도미니 데이"(Domini Dei)는 그 자체만으로는 객어적 2격일 수도 있고 주어적 2격일 수도 있다[303]. 그러나

---

[303] 이 구절의 번역본에는 두 가지 형태가 모두 나타난다: (1) 객어적 2격으로 해석된 경우: "e ciò sia per te vera obbedienza da parte del Signore Dio e da parte mia…"(K. Esser, 「Gli scritti di s. Francesco d'Assisi」, 281); "e questo sia per te vera obbedienza al Signore Iddio e a me…"(「La letteratura francescana. Vol. I. Francesco e Chiara d'Assisi」, a cura di Claudio Leonardi, 77); "y sea esto para ti verdadera obediencia al Señor Dios y a mí…"(「San

"주 하느님" 바로 다음에 나오는 소유 형용사 "나의"의 라틴어 "메암"(meam)이 "참된 순종"을 수식하기 때문에, "도미니 데이"(Domini Dei, 주 하느님)의 격은 주어적 2격으로 해석하는 것이 더 타당하리라 여겨진다. 그렇다면, "주 하느님의 참된 순종"은 그리스도께서 실천한 순종이 되며, "나의 순종"은 프란치스코가 그리스도의 참되고 거룩한 순종을 따르면서 추구해 온 순종을 의미하게 된다. 그리고 4절에 나오는 지시 대명사 "이것"(hoc)은 2절에 언급된 '방해가 되는 형제들에 대한 사랑'을 가리키기 때문에, 4절의 "이것"이 지시하는 사랑은 주 하느님이 실천한 참된 순종 및 프란치스코가 추구한 참된 순종과 호응하게 된다[304].

4절의 "도미니 데이"(Domini Dei, 주 하느님)의 격을 이와 같이 주어적 2격으로 이해하면, 방해가 되는 형제들을 사랑하는 봉사자는 참된 순종을 통하여 그리스도와 일치할 뿐만 아니라 방해가 되는 형

Francisco de Asís. Escritos · Biografías · Documentos de la época. Nueva edición』, 78); (2) 주어적 2격으로 해석된 경우: "y esto tenlo por verdadera obediencia del Señor Dios y mía…"(I. RODRÍGUEZ – A. ORTEGA, 『Los escritos de san Francisco de Asís』, 340); "and let this be for you the true obedience of the Lord God and my true obedience…"(『Francis of Assisi: Early Documents. Vol. I』, ed. by R. J. Armstrong e. A., 97); "tenhas isto como verdadeira obediêcia do Senhor Deus e minha…"(『Fontes franciscanas e Clarianas』, a cura di C. M. Teixeira, 120). 한편, 이탈리아어 프란치스칸 원천의 개정판인 『Fonti francescane. Nuova edizione』에서는 객어적 2격의 번역을 괄호 안에 처리함으로써 두 가지 해석 가능성을 모두 받아들이고 있다: "e questo tieni per te in conto di vera obbedienza [da parte] del Signore Iddio e mia…"(『FF』, 153).
[304] 주 하느님의 참된 순종에 대한 언급은 『비인준 규칙』 5,14-15에도 나타난다: "[14]오히려 영(靈)의 사랑으로 자진해서 서로 봉사하고 순종할 것입니다. [15]이것이 바로 우리 주 예수 그리스도의 참되고 거룩한 순종입니다"([14]immo magis per caritatem spiritus voluntarie serviant et obediant invicem. [15]Et haec est vera et sancta obedientia Domini nostri Jesu Christi). 이 구절에서 프란치스코는 서로 사랑하고 봉사하는 사랑의 행위가 육화부터 십자가에서의 죽음에 이르기까지 자기 자신을 전적으로 성부께 바친 그리스도의 참되고 거룩한 순종과 일치한다고 해석한다.

제들과도 일치하게 된다. 이렇게 하여 이 봉사자는 그리스도와 방해가 되는 형제들의 참된 형제가 된다. 바로 이 자리에 형제성이라는 신비적 관계가 형성된다. 그뿐만 아니라 방해가 되는 형제들을 사랑하는 봉사자는, 마치 육신의 어머니가 자신의 아들들을 사랑하는 것과 마찬가지로, 방해가 되는 형제들을 참된 사랑 안에서 부축해 주고 받아들여 주고 돌보아주면서 동시에 이 형제들의 어머니가 된다. 즉, 봉사자와 방해가 되는 형제들 사이에 모성과 자성이라는 신비적 관계가 맺어지는 것이다. 이와 동일한 방식으로, 이 봉사자는 또한 방해가 되는 형제들에게 사랑의 빛을 비추어줌으로써 이 형제들의 '아버지'가 되고, 이 형제들은 그의 아들들이 된다. 부성과 자성이라는 신비적 관계가 형성되는 것이다. 방해가 되는 형제를 사랑하는 봉사자는 이러한 모자 관계와 부자 관계 안에서 또한 자신의 몸과 마음 안에 그리스도를 모시게 되고, 형제들과 다른 이들에게 거룩한 사랑의 순종을 통하여 그리스도를 낳아 주게 된다. 봉사자 형제는 그리스도의 어머니가 되고 그리스도는 봉사자 형제의 아들이 되는 것이다. 그리고 그 반대도 마찬가지이다. 이와 같은 방식으로 봉사자 형제와 그리스도 사이에 상호적인 모자 관계가 형성된다.

한편, 형제적이고 부성적이며 모성적이고 자성적인 신비적 관계 안에서 봉사자 형제는 정배적 특성을 지니는 사랑의 신비로 말미암아 동시에 그리스도의 신랑이 되고 성령의 신랑이 된다. 이렇게 지금까지 살펴본 바와 같이 '어느 봉사자'의 참된 사랑의 순종 안에는 믿는이들과 하느님 사이에 형성되는 형제성, 부성, 자성, 모성, 정배성과 같은 모든 신비적 관계들이 동시적으로 현존한다. 따라서 방해가 되는 형제를 부성적 자비로 받아들이고 용서해 주며 사랑하는 봉사자는 성부의 참된 아들이 되고 이로 말미암아 삼위일체 하느님의 본성에도 참여하게 된다. 그런데 프란치스코는 이러한 하느님과의 신비적 관계를 형제들과의 관계에로만 제한하지 않고 모든 사람들에게까지 보편적으로 확장시킨다. 이는 2절의 "형제들이나 다른 사람들이 그대를 때리면서까지 방해하든"이라는 구절이나 5절의 "그대에게 이런 것들을 하는 이들을 사랑하십시오"라는 구절에서 확인해 볼 수 있다. 「어느 봉사자에게 보낸 편지」에서 프란치스코는 이렇게 어느 봉사자에게 참된 사랑의 순종 안에 숨겨져 있는 놀라운 신비적 차원에 관해 권고하면서, 하느님과 모든 믿는이들 사이에 맺어지는 우주적이고 삼위일체적인 가족성을 넌지시 제시해 준다. 신비적 일치 안에서 이루어지는 그러한 삼위일체적 가족성은 「은수처 규칙」에 규정되어 있는 은수 생활의 이상적이고 최종적인 목표이기도 하다. 이러한 이유로 프란치스코가 「봉사자 편지」 8에서 "이것이 그대에게는 은수 생활보다 더 좋은 것이 될 것"이라고 권고하는 것이다.

    삼위일체적인 신비적 가족성은 프란치스코가 추구한 신비적 일치의 한 특성으로 이는 생명이 있든 없든 모든 창조물들을 포괄하는 보편적인 우주적 형제성에로 확장된다. 그리고 모든 피조물들은 이 가족성 안에서 하느님의 부성을 중심으로 형제 자매들이 된다[305]. 이것이 우주적이고 삼위일체적인 가족성으로 프란치스코가 지향한 형제성의 궁극적인 이상 아닐까 싶다[306]. 이 삼위일체적인 우주성은 프란치스코의 신비체험이 지니는 탁월한 특성들 가운데 하나이다.

---

[305] 참조: J. FREYER, 「Homo Viator」, 112-116.
[306] "프라테르니타스"(fraternitas)라는 말은 프란치스코의 글에 10번 나타나는데, 이 말은 "늘 형제회 자체, 즉 동일한 규칙을 고백하고 동일한 이상을 추구하는 형제들의 모임을 나타내기 위해 사용되었다; 따라서 이 용어가 나타나는 문맥 안에서 비추어 보면, '프라테르니타스'(fraternitas)라는 말은 사랑의 계명과 관계된 덕을 의미하는 것이 아니라 구체적이고 특정하게 지정된 형제들의 전체를 지칭한다"(F. URIBE, 「La fraternità nella forma di vita proposta da Francesco d'Assisi」, 357-358). 이와 같이 프란치스코가 자신의 글에서 이 용어를 "작은 형제들의 수도회"에 제한적으로 적용한다 할지라도, 이 말은 그의 신비체험 안에서, 그리고 하느님의 부성(父性) 및 삼위일체 하느님의 세 위격들 상호간의 관계를 신학적 바탕으로 하여, 모든 인간들과의 관계를 포괄하는 보편적 형제애

지금까지 지적한 우주적 형제성이 지니는 신비체험의 특성은 「태양 노래」에 잘 표현되어 있다. 이 찬가에서 프란치스코는 가족 구성원들 사이에 사용되는 호칭들, 이를테면, "형제", "자매", "어머니"를 태양, 달, 별, 바람, 물, 불, 땅과 같은 무생물들에게도 적용한다. 레온하르트 레만에 의하면, 이러한 호칭들은 크리스천 문학에서는 처음으로 프란치스코에 의해 분명하게 사용되었고[307], 형제, 자매, 어머니라는 호칭 안에는 자연의 모든 구성원들과의 화해가 그 표지로 담겨져 있다[308]. 이러한 우주적 화해에는 삼위일체적 가족성 위에 기초를 두고 우주적 형제성 안에서 이루어지는 모든 피조물들과의 신비적 일치 또한 함축되어 있다. 이는 우주적이고 신비적인 일치 안에서 프란치스코의 "자아"(ego)가 '거룩하게-됨'과 '그리스도가-됨'과 '하느님이-됨'을 통하여 이미 깨끗하게 정화되어 우주적이고 삼위일체적인 존재로 변화되었고, 소우주인 프란치스코가 모든 피조물과 일치된 대우주적 존재로 변화되었다는 것을 의미한다[309]. 「태양 노래」에 들어 있는 이러한 신비적 변화 과정은 신비 체험의 첫 단계부터 삼위일체적 가족성 안에서 실현되는 우주적 일치까지의 전 과정을 포괄하는 것으로, 이는 다음과 같이 요약될 수 있다.

(1) **창조물 안에 보편적으로 현존하는 초월적 속성.** 모든 창조물 안에는 존재, 일성(一性), 진성(眞性), 선성(善性), 미성(美性)과 같은 초월적 속성들이 존재론적으로 내재해 있으며, 창조된 영의 형태로 존재하는 이 속성들은 인간 존재 밖에서든 안에서든 객관적으로 실재하는

뿐만 아니라 모든 창조물들과의 관계를 통합하는 우주적 형제애를 가리키는 정도까지 대단히 넓은 의미로 발전되어 갔다(참조: 위와 같은 책, 362-365).
[307] 참조: L. LEHMANN, 『Francesco. Maestro di preghiera』, 343.
[308] 참조: 위와 같은 책, 342.
[309] 프란치스코의 신비체험과 관련하여 이 논문에서 사용한 "소우주"(microcosmo)와 "대우주"(macrocosmo)라는 용어는 레만의 『Francesco. Maestro di preghiera』의 제13장 "태양 노래" 부분으로부터 인용한 것이다(참조: 위와 같은 책, 338).

하느님의 신비이다. 한편, 프란치스코의 존재 안에는 비주제적이고 익명적인 신비로서의 초월적 지평이 존재론적으로 숨겨져 있으며, 본질적으로 절대 신비를 지향하는 이 지평은 창조되지 않은 **영**과 불가분리적인 관계에 있는 가운데 늘 창조된 영의 형태로 존재한다. 「태양 노래」에 나타나 있는 프란치스코의 신비 체험의 첫 단계에서는 먼저 프란치스코라는 '절대 신비에로 열려진 초월' 앞에 태양, 달, 별, 바람, 물, 불, 땅, 풀들, 꽃들, 열매들과 같은 피조물들 안에 객관적으로 현존하는 초월적 속성들로서의 우주적 신비가 우선적으로 펼쳐진다.

(2) **창조물 안에 현존하는 초월적 속성들에 대한 감지와 깨달음**. 초월적 속성들, 특히 미(美)나 선은 프란치스코의 신비 체험 안에서 육체의 감각들을 통해서 감지되고, 이렇게 감지된 속성들은 영적인 감각들을 통하여 영으로, 즉 신비로 인식된다. 신비적 감각들을 통해 이루어지는 이러한 피조물의 신비에 대한 인식은 범주적 대상을 통한 관상에 해당된다. 따라서 신비 체험의 두 번째 단계는 피조물의 신비를 '관상하는 것'이라 할 수 있다.

(3) **창조물 안에 현존하는 속성들에 대한 초월적 체험**. 관상의 주체(프란치스코)에 의해서 영(신비)으로 감지되고 인식된 초월적 속성들은 관상 주체 밖에 대상적으로 현존하는 속성들과 본질적으로 동일하다. 이는 초월적 속성들이 신비적 감각들을 통해 관상 주체에게 초월적으로 전달되고, 결과적으로 관상 주체 안에서 상대적으로 주제화되는 것을 뜻하는 것이다. 이렇게 관상 주체 안에 초월적 속성들이 주제적으로 현존하는 것이 바로 초월적 체험이다. 이 체험이 곧 신비 체험임은 이미 제1장에서 살펴보았다. 「태양 노래」에서 프란치스코는 초월적 속성들에 대한 관상을 통해서, 특히 미와 선의 신비를 통해서 초월적 체험을 한다[310].

---

[310] 「태양 노래」 첫 부분에서 프란치스코는 주로 하느님의 선(善)들을 나열하면서 하느님의 신비를 찬미하는데, 이러한 선들은 특히 "비추다", "기르다", "다스리

(4) 초월적 체험을 통하여 신비 체험의 주체 안에 현존하는 '주님의 영'. 모든 초월적 속성들은 영(신비)의 형상으로 존재하기 때문에, 이러한 속성들에 대한 체험은 영(신비)에 대한 체험이고, 이 영은 주님의 **영**과 불가분리적 관계에 있다. 여기에서 다시 한 번 상기할 필요가 있는 첫 번째는 영에 대한 체험은 제일차적으로 비주제적이고 익명적으로 존재하는 창조되지 않은 영인 초월적 지평 위에서 이루어진다는 사실이다. 두 번째는 영에 대한 체험은 반드시 주님의 영의 작용에 의해서 후험적으로 실현된다는 점이다. 그런데 초월 체험의 대상인 창조된 영(신비)은 창조되지 않은 주님의 **영**과 불가분리적 관계에 놓여 있다. 따라서 창조물을 통한 초월 체험은 창조물 안에 현존하는 초월적 속성을 통한 창조되지 않은 주님의 영에 대한 체험이기도 하다. 이는 프란치스코라는 신비 체험의 주체 안에 창조되지 않은 주님의 **영**이 현존함을 의미하는 것이다. 이렇게 주님의 영은 초월 체험의 주체 안에 현존한다.

(5) 삼위일체의 거처와 집이 되는 신비 체험의 주체. 주님의 **영**이 창조물을 통해 초월 체험을 하는 신비 체험의 주체 안에 현존한다는 사실은 이 주체가 주님의 **영**의 거처와 집이 된다는 것을 의미하며, 이는 신비 체험의 주체인 프란치스코와 하느님이 신비적으로 일치한다는 것을 뜻한다. 그런데 신비 체험의 주체 안에 현존하는 주님의

다", "맺다"는 동사나 "아름답다", "빛나다", "맑다", "귀하다", "쓸모 있다", "겸손하다", "깨끗하다", "쾌활하다", "씩씩하다", "힘차다" 같은 형용사 그리고 "양육"이라는 명사를 통해서 묘사되고 있으며, 이 가운데 "겸손하다", "깨끗하다", "힘차다" 같은 형용사들은 덕들과 관계가 있으나, 덕들은 선들이 쌓여진 것이기 때문에, 넓은 의미에서 이러한 덕들도 선으로 이해할 수 있다. 「태양 노래」 제1부에서 찾아볼 수 있는 선들 가운데 가장 두드러진 선은 아름다움이다(참조: J. S. LEE, 『Francis the mystic』, 128). 프란치스코는 대단히 깊고 풍부한 시적 재능과 예술적 재능을 타고났기에 그의 심미적 감각들을 통해 피조물을 통해 현현되고 피조물 안에 숨겨져 있는 하느님의 놀라운 미를 관상하면서 그 신비에 전적으로 매료되었다.

영은 항상 삼위일체적으로 이루어지기 때문에, 이러한 주님의 영의 현존은 삼위일체의 현존이기도 하다.

(6) **모든 피조물들과의 우주적 일치**. 창조된 모든 존재는 초월적 속성들을 통하여 비가시적인 하느님의 신비를 가시적으로 비추어 준다. 그러기에 모든 존재는 '보여지는 하느님', 즉 낳아지는 **아들**인 제2위격으로서의 공현적 **존재**와 관계된다. 그런데 창조물 안에 현존하는 초월적 속성들을 통한 창조된 영(신비)에 대한 체험은 신비 체험의 주체 안에 초월적으로 양여된 창조된 영(신비)에 대한 체험으로 이 영은 창조되지 않은 **영**과 불가분리적 관계에 있으면서 절대 **신비**를 지향한다. 그러므로 이러한 창조된 영(신비)은 자기 양여된 하느님, 즉 **영**인 제3위격의 차원을 지니게 된다. 이와 같이 창조물 안에 있는 초월적 속성들을 통하여 현현되고 양여되는 영(신비)은 또한 형언할 수 없는 무한하고 절대적인 **신비**로 늘 남아 있는 하느님을 비추어 준다. 따라서 이 영(신비)에 대한 체험은, 비록 어두운 형태이긴 하지만, 절대적 **신비**, 즉 무한히 창조하시고 낳으시고 기출하시는 **아버지**로서의 제1위격에 대한 체험이기도 하다. 창조물 안에 현존하는 영과 관련된 이러한 초월 체험의 삼위일체적 특성을 통하여 신비 체험의 주체인 프란치스코는 삼위일체 신비 안에서 모든 창조된 존재들과 하나가 되고, 그러한 신비적 일치는 삼위일체 신비 안에서 실현되는 우주적인 가족성과 우주적인 형제성이라는 특성을 지니게 된다. 그리고 이런 차원에서는 우주적 가족성과 우주적 형제성 사이에 아무런 차이가 없게 된다.

이상과 같이 6단계로 요약된 신비체험의 과정을 통하여 프란치스코는 창조된 모든 존재들과 우주적이고 삼위일체적인 형제성에로 잠겨 들어갔다. 그러나 이러한 우주적 일치는 범신론적 일치와는 전혀 다르다[311].

---

[311] 라울 만셀리가 강조하는 바와 같이, 프란치스코에게 태양은 태양이고, 달은 달이며, 별은 별이다. 다시 말하면, 피조물들은 하느님에 의해 창조되고 하느

프란치스코와 피조물들과의 신비적 일치, 특히 「태양 노래」에 나타나는 일치는 첫째로 형제적 특성을 지닌다. 이는 프란치스코가 가족 구성원들 사이에서 사용하는 호칭들을 피조물들에게 사용하면서 이들을 형제 자매로 받아들이는 것을 통해 알 수 있다[312]. 프란치스코의 형제성은 보편적으로 모든 피조물에 적용되는 가운데 우주 전체에로 확장된다. 둘째로, 이러한 우주적인 신비적 일치는 정배적 특성을 지닌다. 왜냐하면, 프란치스코가 피조물들이 지닌 찬란한 아름다움과 형언할 수 없는 선성에 대한 깊은 신비적 사랑 안에서 피조물들과 일치하는데, 이 일치는 신랑 신부들이 이루는 일치보다도 더 깊은 신비적 일치이기 때문이다. 그러한 사랑의 일치 안에서 프란치스코는 피조물들과 상호적인 정배성을 지니고, 이를 통하여 주님의 신랑이 된다. 뿐만 아니라, 프란치스코는 형제성과 정배성 안에서, 피조물들과 상호간에 신비적인 모자 관계도 맺게 되는데, 이는 「태양 노래」 9에서 땅에게 적용한 "어머니"(matre)라는 말을 통해서 알 수 있다. 피조물들은 그들이 지니고 있는 선을 통하여 프란치스코를 길러 주고, 프란치스코는 어머니적 사랑으로 피조물들을 보살펴 준다. 토마스 첼라노는 「2첼라노」 165,14에서 이에 대해 다음과 같이 증언한다: "발에 밟힐까 염려스러워 그는 길에 있는 작은 벌레를 옮겨 놓아 주었고, 꿀벌들이 겨울 한기(寒氣)에 굶어 죽지 않도록 꿀과 가장 좋은 포도주를 내주라고 명하였다"(Legit de via vermiculos, ne pedibus conculcentur, et apibus, ne inedia pereant in glacie hiemali, mel et optima vina iubet apponi). 이 구절에는 하찮은 작은 벌레들에게 쏟은 프란치스코의 모성적 사랑이 잘 묘사되어 있다. 이외에도 피조물에 대한 프란치스코의 형제적이고 모성적인 사랑은 초기 프란치스코 전

님께 의존되어 있는, 유한하고 제한적이며 시간적인 존재들이라는 것이다(참조: R. MANSELLI, 『San Francesco d'Assisi』, 404).

[312] 「1첼라노」 81,5에 의하면, 프란치스코는 모든 피조물들을 형제 자매라 불렀다: "Omnes denique creaturas fraterno nomine nuncupabat".

기들 안에 다양하게 묘사되어 있다[313]. 형제성, 정배성, 모성, 자성 안에서 프란치스코는 모든 피조물들과 우주적이고 신비적인 관계를 지녔으며, 이 관계 안에서 프란치스코는, 역사의 예수가 부활을 통해 우주적 존재로 바뀌었듯이[314], 우주적 존재로 변화됨으로써 성부의 아들이 되었다. 이와 같이 프란치스코는 피조물들과의 신비적 일치를 통하여 우주적 존재가 됨으로써 삼위일체적인 부자 관계 안에서 우주적 형제성(혹은 가족성)을 실현시켜 나갔다. 이러한 우주적이고

---

[313] 새들에게 한 프란치스코의 설교: 『1첼라노』 58; 생물이든 무생물이든, 모든 피조물들에 대한 프란치스코의 사랑: 『2첼라노』 165-171; 대단히 온순해진 늑대: 『행적』 23.

[314] 칼 라너에 의하면, "[그리스도의] 승천은 하느님의 새로운 현존 양식"이며, 이러한 양식은 "그분의 인성이 지니고 있는 영원성 안에 지속적으로 머무는 것이다"(K. RAHNER – H. VORGRIMLER, 『Ascensione di Cristo』, 『DizTeol』, 50). 한편, 토마스 키팅은 창조물 안에 머무시는 '승천하신 그리스도'의 우주적 현존을 염두에 두면서, 부활하신 그리스도를 '우주 안에 현존하시는 우주적 존재'라 이해한다(참조: T. KEATING, 『Il mistero di Cristo』, 136-139). 따라서 "[승천의 은총은] 세상 안에 늘 머무시는…우주적 그리스도 안으로 들어오라는 초대인 것이다"(위와 같은 책, 138). 발타사르 또한 "우주적 그리스도"라는 표현을 사용한다(참조: H. BALTHASAR, 『Il cuore del mondo』, 138). 하르트만은 발타사르의 『Il cuore del mondo』를 분석하면서, 역사적이고 구체적인 예수는 부활과 더불어 보편적인 그리스도가 되고 우주적인 그리스도가 된다고 주장하는데, 이는 시간 안에 사라지는 것이 아니라, 모든 시간과 모든 지상적 장소 안에 현존하면서 작용하게 되는 새로운 시간을 창조하는 것이라고 설명한다(참조: S. HARTMANN, 『Christo – Logik der Geschichte bei Hans Urs von Balthasar』, 123). 사도 파울로는 그리스도의 우주적 존재와 관련하여 에페 4,6에서 다음과 같이 말한다: "만물의 아버지이신 하느님도 한 분이십니다. 그분은 만물 위에, 만물을 통하여, 만물 안에 계십니다". 이 구절에서 사도 파울로는 하느님의 우주적 부성(父性)에 대해 언급하는데, 이는 성부께서 "모든 것들 '위에 계시는' 초월 **존재**임에도 불구하고, 은총을 통한 그분의 활동과 그분의 머무심으로 말미암아 구원되는 모든 것 안에 현존하신다"는 것을 의미한다(S. CIPRIANI, 『Le Lettere di Paolo』, 565). 그리고 이 구절이 삼위일체적인 신앙을 분명하게 고백하는 맥락 안에 있기 때문에(참조: 위와 같은 책, 565), 이 구절은 그리스도의 우주적인 존재와도 관계된다 하겠다. 이상과 같은 관점에서 비추어 보면, 우주적 그리스도는 "모든 창조물 안에 현존하면서, 어떤 의미에서는, 모든 창조물 안에 내재한다고 말할 수 있는 그리스도의 초월의 **영**"과 관계가 있는 것으로 이해할 수 있을 것이다"(F. LAMBIASI – D. VITALI, 『Lo Spirito Santo: Mistero e presenza』, 236).

삼위일체적인 형제성은 그리스도의 우주적인 몸과 다르지 않으며, 이것이 곧 그리스도의 몸으로서 "교회"가 되는 것이라 하겠다. 이런 점에서 프란치스코의 신비체험은 우주적이고 그리스도론적인 신비체험이라 할 수 있다. 그리고 그러한 "우주적인 **교회**" 안에서 우주는 그 자체로 수도원의 거룩한 회랑으로 변화되고[315] 하느님의 정원이 되며, 새로운 에덴 동산이 된다[316]. 이 동산에서는 생명의 나무에 열린 열매를 포함해서 모든 열매를 따 먹을 수 있고[317], 「태양 노래」 12에서 볼 수 있는 바와 같이, 육체의 죽음마저도 하느님께 드리는 찬미가 된다. 첨언하면, 이 찬가에서 죽음을 통한 찬미는 '시간'의 죽음을 의미하기 때문에, 「태양 노래」 12는 프란치스코가 그리스도의 죽음 및 부활과 이룬 신비적 일치[318], 즉 영원한 시간과의 일치 또한 내포하고 있다 하겠다.

결론적으로 프란치스코는, 피조물들과의 신비적이고 우주적인 일치를 통하여, 하느님의 신비로 말미암아 거룩하게 축성된 새로운 수도원에로 들어갔으며, 이로써 참되고 보편적인 크리스천 신비체험을 놀랍도록 꽃피워 냈다 하겠다.

5.4. 요약

믿는이들과 하느님 신비 사이에 이루어지는 사랑의 일치는 육체적 감각이든 영적인 감각이든 신비적 감각들을 통하여 하느님의 신비를 관상함으로써 비롯되는 자연스럽고 필연적인 결과이다. 제5장

---

[315] "[24]Illa vero, quietissimo somno ac sobria dormiens, surrexit festinanter, petens sibi claustrum ostendi. [25]Adducentes eam in quodam colle ostenderunt ei totum orbem quem respicere poterant, dicentes: 'Hoc est claustrum nostrum, domina'"(「가난 교제」 30,24-25).
[316] 참조: J. S. LEE, 『Francis the mystic』, 129.
[317] 참조: 창세 3,22
[318] 참조: J. S. LEE, 『Francis the mystic』, 130.

에서는 신비체험의 목적인 이러한 일치와 관련하여 프란치스코가 '거룩하게-됨'과 '그리스도가-됨' 그리고 '하느님이-됨'을 어떻게 이해하고 있는지에 대하여 살펴보았다.

아씨시의 이 놀라운 신비가는, 완전한 사랑 안에서 성부와 성자가 온전하게 일치하였듯이, 그리스도가 믿는이들이 성부와 일치되도록 당신 자신을 거룩하게 하셨음을 강조하고 있다. 이러한 '거룩하게-됨'을 통하여 그리스도는 성부를 영광스럽게 하였고, 믿는이들은 지복직관 안에서 삼위일체 하느님의 영광에 참여하게 되었다. 그러한 '거룩하게-됨'을 바탕으로 이제 다음과 같은 몇 가지 신학적 사실들을 추론해 볼 수 있다: 모든 믿는이들은 본질적으로 그리스도의 성화를 매개로 '거룩하게-됨'(sanctificatio)을 지향하는 존재이다; 모든 믿는이들은 지복직관 안에서 완전하게 삼위일체 하느님의 "찬란함"(claritas)에 참여하기 때문에, 근본적으로 삼위일체의 찬란함을 지향하는 존재이다; 모든 믿는이들은 삼위일체 하느님과의 "신비적 일치"(unio mystica)를 지향하는 존재이다. 이러한 사실들을 전제로, 프란치스코의 신비체험 안에서 인간 존재는 지복직관을 통하여 "일치의 하느님", 즉 "데우스 우니엔스"(Deus uniens, 일치시키는 하느님)와의 신비적 일치를 지향하는 "일치의 인간", 즉 "호모 우니투스"(homo unitus, 일치되는 인간)가 된다고 말할 수 있다.

프란치스코의 신비체험 안에서는 믿는이들의 '거룩하게-됨'이 "세퀠라 크리스티"(sequela Christi), 즉 '그리스도 따름'과 일치하게 되는데, 이는 '그리스도가-되는' 유일한 길이기도 하다. 프란치스코는 나환자와 입 맞추는 동안 십자가에 못 박히신 분을 신비적으로 만나게 되며, 이를 계기로 결정적으로 회개 생활을 시작하였고, 동냥, 발을 씻어줌, 벌레가 됨, 약함과 고통을 견디어냄 같은 신비적 행위들과 작음의 실천을 통하여 점차 "또 다른 그리스도"(alter Christus)로 변해 갔다. 프란치스코는 신비의 명수로서 일상적인 삶의 "평범한"(ordinario) 사건들 안에 숨겨져 있는 십자가에 못 박히신 그리스도의 "비범한"(straordinario) 신비를 관상하면서, 형언할 수 없는 방법으로 십자가의 그리스도와 일치하였고, 그렇게 온전히 '그리스도가-되어' 간 것이다. 그리고 이러한 신비적 여정을 통하여 프란치스코는 '그리스도를 따르는'(sequela Christi) 대중적인 길을 무지한 민중들에게 펼쳐 주었고, 이 길을 통하여 누구든지, 글을 알든 모르든, 귀족이든 평민이든, 성직자든 평신도든, 남자든 여자든, 젊은이든 노인이든, 모두가 '그리스도가-될' 수 있는 가능성을 열어 주었다.

'거룩하게-됨'이든, '그리스도가-됨'이든, 이러한 신비적 일치는 주님의 **영**의 작용을 통하여 실현되고, 이러한 **영**의 작용을 통하여 주님의 **영**이 믿는이들 안에 머물게 됨으로써 이들은 삼위일체 하느님의 거처와 집이 된다. 이렇게 주님의 **영**(성령)의 작용으로 이루어지는 하느님과 믿는이들의 신비적 일치가 바로 '하느님이-됨'('신성하게-됨')이다. 이 일치 안에서 믿는이들은 그리스도(성자)와 형제성, 정배성, 자성, 모성과 같은 신비적 일치 관계를 형성하면서 동시에 **아버지** 하느님(성부)과 신비적인 부자 관계를 맺게 된다. 삼위일체 안에서 이루어지는 신비적 관계들은 보편적인 특성으로서 모든 크리스천 신비 체험 안에 들어 있기에, 프란치스코는 이러한 삼위일체적 가족성을 깨닫는 길을 모든 크리스천들에게 제시하면서 이를 우주의 모든 피조물들에게까지 확장시켜 나갔다.

놀라운 관상가요 신비가인 프란치스코는 생물이든 무생물이든 가릴 것 없이 삼위일체적 가족성 안에서 모든 피조물들과 신비적으로 일치하면서 보편적이고 우주적인 형제성에로 나아갔다. 예민하고 시적이며 신비적인 영혼의 소유자인 프란치스코는 이름 모를 들꽃을 바라보면서, 새들의 노래를 들으면서, 볼에 스치는 부드러운 바람을 느끼면서, 시냇물에 발을 닦으면서, 들판에서 일하면서, 시골길을 걸어가면서, 고요 중에 기도하면서…피조물 안에 숨겨진 하느님 신비를 놀라우리만큼 깊게 관상하였고 우주적 형제성 안에서 그들과 탁월하게 일치하였다. 이렇게 프란치스코는 더없이 단순하고 자연스러우면서도 대단히 깊고 보편적인 신비 체험의 대중적인 길을 사람들에게 활짝 열어 주었다.

결론

　지금까지 20세기에 전개된 신비체험에 관한 토론의 결과들을 기초로, 특히 초월적 관점 안에서 체계화된 칼 라너의 신비 신학을 바탕으로, 크리스천 신비 체험의 보편성을 살펴보았다. 그리고 신비체험의 본질적인 세 요소들에 따라 신비체험의 개념을 "하느님의 신비에 대한 관상을 통하여 이 신비와 이루는 사랑의 일치"라고 보다 더 정확하게 규명하였다. 또한 관상을 신비체험의 방법, 즉 신비체험의 본질적인 한 요소로 규정하는 가운데, 신비체험과 관상의 관계를 더 분명하게 밝혔다. 그 후, 이 논문에서 고찰한 신비체험의 본질적인 요소들에 따라 아씨시 프란치스코의 신비체험의 본질을 살펴보았다. 이러한 논의들을 바탕으로 이제 다음과 같은 결과들을 추론해 볼 수 있겠다.

　먼저, 프란치스코는 신비체험에 관한 체계적인 글을 전혀 남겨 놓지 않았지만, 그럼에도 불구하고 그의 글을 통하여 이에 대한 그의 신학적 사상과 그의 신비 체험을 충분히 찾아볼 수 있었다. 이러한 그의 신비체험을 규명하기 위하여 『프란치스칸 원천』(Fontes franciscani)의 몇몇 자료들을 보조적으로 참고하면서 프란치스코의 글들을 제일차적으로 분석하였다. 특히 그의 신비체험을 보다 더 정확하게 규명하기 위하여, 주관적인 해석의 위험을 무릅쓰고, 초월 신학의 관점에서 프란치스코의 글들과 일부 프란치스칸 원천 자료들을 조명해 보았다. 그 결과 프란치스코의 신비체험은 그의 글들 안에 그런대로 잘 표현되어 있다는 결론에 이르게 되었다. 그 대표적인 글들은 다음과 같다. 「태양 노래」, 「하느님 찬미」, 「형제회 편지」의 "기도"와 같은 시적인 기도들, 「덕 인사」와 같은 지혜 문학, 「1신자 편지」1,1-19, 「2신자 편지」 48-62, 「봉사자 편지」2-12, 「형제회 편지」23-29와 같은 편지글들의 일부, 「비인준 규칙」9,3-9, 22,41-55, 23,1-11, 「인준 규칙」6,2-8 같은 수도 규칙의 단편들, 그리고 「권고」.

그동안 이 논문을 통하여 프란치스코의 글들과 초기 프란치스칸 전기들 중 몇몇 자료들을 분석하고 고찰하면서 프란치스코의 신비체험의 본질을 체계화하고자 시도해 보았다. 그러는 가운데 그가 모든 피조물들과 일상적인 삶 안에 숨어 있는 하느님의 신비를 관상하면서 이 신비와 대단히 깊게 사랑의 일치를 이룬 탁월한 신비가라는 사실을 확인하게 되었다. 그 결과, 비록 그가 십자가의 요한이나 아빌라의 테레사처럼 자신들의 신비 체험이나 기도들을 체계적인 작품으로 남겨 놓은 신비 작가는 아니지만, 프란치스코 또한 훌륭한 '시적 신비가'라고 이제는 분명하게 단언할 수 있게 되었다.

이상의 결론들 외에도 프란치스코의 신비체험과 관련하여 이 논문을 통하여 밝혀진 중요한 결과들을 몇 가지 더 언급할 수 있겠다. 그 가운데 몇 가지를 강조하면, 신비체험의 대상을 준거로 제3장에서 살펴본 "영"(spiritus)과 "선"(bonum)과 "덕"(virtus)과 구원 사건들의 신비, 신비체험의 방법을 기준으로 제4장에서 고찰한 관상, 신비체험의 목적을 규명하기 위하여 제5장에서 조명한 '거룩하게-됨', '그리스도가-됨', '하느님이-됨'과 이를 통하여 실현되는 삼위일체적 가족 안에서의 우주적이고 형제적인 일치를 지적할 수 있다. 이제 그러한 결과들을 두 영역, 즉 프란치스코 신비 체험의 본질과 그의 신비체험의 특성들로 구분하여 다음과 같이 좀더 구체적으로 요약하겠다.

1. 프란치스코 신비체험의 본질과 관련된 연구 결과들

프란치스코는 범주적 대상을 통한 관상, 즉 피조물을 통하여 그리고 피조물 안에서, 또한 인간을 통하여 그리고 인간 안에서 하느님의 신비를 관상함으로써 하느님과의 사랑의 일치에로 나아갔고, 범주적 대상 없는 관상을 통해서도 하느님 신비와 사랑의 일치를 이루었다. 그런데 구체적인 그의 신비 체험들은 각 체험마다 모두 이 논문에서 살펴본 신비체험의 본질적 의미들을 동시적으로 지니고 있다. 그런데 프란치스코는, 「태양 노래」나 「시간경 찬미」 또는 「찬미 권고」 같은 글들이나 몇몇 초기 전기들의 증언들, 예를 들면, 「1첼라노」 80-82와 「2첼라노」 165에 의하면, 초월적 특성들, 특히 선과 미를 통하여 탁월한 신비 체험을 했다. 이런 까닭으로 프란치스코가 피조물의 선과 미를 통하여 그리고 그 선과 미 안에서 신비 체험을 했다는 사실을 중심으로 그의 신비 체험의 본질을 요약하고자 한다.

(1) 피조물 안에 숨겨져 있는 초월적 속성들은 하느님의 창조된 신비이며, 이 속성들은 신비체험의 방법인 관상을 통하여, 즉 영적인 눈으로 바라볼 수 있다. 프란치스코는 피조물 안에 현존하는 이러한 초월적 속성들을 관상하면서 초월 체험을 하였으며, 이 초월 체험은 본질적으로 신비 체험과 다르지 않다. 한편, 여기에서 말하는 초월 체험이란 초월 체험의 주체 밖에 존재하는 신비체험의 대상으로서의 초월적 속성들이 초월 체험의 주체 안으로 들어오는 것을 의미한다. 따라서 신비체험을 통하여 그 대상과 주체는 불가분리적 관계를 형성하고 그런 뜻에서 신비체험의 대상과 주체는 서로 하나가 된다고 말할 수 있다.

(2) 피조물 안에 숨겨져 있는 초월적 속성들은 하느님의 창조된 영이다. 그러므로 이 속성들에 대한 신비 체험은 곧 하느님의 영에 대한 체험이 된다. 한편, 창조물의 초월적 속성들에는 윤리적 악도 존재하지 않고 죄도 존재하지 않으며, 거짓이나 속임수, 오류 등도 존재하지 않는다. 이 초월적 속성들은 늘 불가분리적으로 공존하기에 동시에 선이고 미이며 진이다. 초월적 속성들이 동시적으로 진이고 선이고 미라는 것은 "거룩하다"(sanctus)는 것을 의미한다. 그리고 이렇게 진과 선과 미가 하나로 수렴된 것을 '거룩하다'고 규정할 수 있다. 따라서 초

월적 속성들에 대한 신비 체험은 '거룩함'에 대한 체험이 된다. 이상과 같이 피조물 안에 현존하는 초월적 속성들은 "영"(spiritus)이면서 동시에 "거룩"(sanctus)하기에, 이 속성들은 창조된 "거룩한 영", 즉 "성령"(spiritus sanctus)이라고 말할 수 있다. 한편, 이 '성령'(spiritus sanctus)은 삼위일체이신 "성령"(Spiritus Sanctus)과 유비적이면서 동시에 일의적인 관계에 있다. 따라서 초월적 속성들에 대한 체험은 성령에 대한 체험이기도 하다. 그리고 이러한 성령 체험은 신비 체험의 주체 안에 초월적 속성들의 자기 양여를 통하여 이루어진다. 이런 관점에서 바라보면, 프란치스코의 신비체험은 성령론적 차원을 지니게 된다.

(3) 초월적 속성들의 자기 양여로서의 성령 체험은 하느님의 자기 양여로서의 초자연적 은총 체험이고, 이 은총 체험은 창조물의 초월적 속성들을 통해 현현되는 초자연적 계시 체험이며 이는 또한 초자연적 믿음 체험이기도 하다. 이와 같이 신비체험의 주체는 창조물의 초월적 속성들의 신비를 통하여 성령 체험을 함으로써 '거룩하게 된다'. 즉, "거룩하게-됨"(santificatio)이 구체적으로 현재화되는 것이다.

(4) 한편, 창조물 안에 현존하는 초월적 속성들은 삼위일체의 제2위격이신 "말씀"(Verbum)을 통하여 창조되기에, 이 속성들에 대한 신비 체험은 동시에 성자에 대한 체험과도 관련되어 있다. 그리고 성자에 대한 체험은 프란치스코의 신비체험이 지니는 그리스도론적이고 그리스도중심적인 차원으로부터 비롯되는 특성들을 함께 지닌다.

(5) 신비체험의 주체는 이 주체 안에서 체험된 초월적 속성들과 불가분리적인 관계를 지니게 되기에, 이 속성들은 신비체험의 주체 안에 육화된 신비라고 표현할 수 있다. 따라서 창조물의 초월적 속성들을 통한 신비 체험은 육화의 신비와 관련된다. 즉, "말씀"(Verbum)의 신비가 초월적 속성들에 대한 체험을 통하여 신비체험의 주체 안에 육화되는 것을 의미한다.

(6) 창조물 안에 현존하는 초월적 속성들은 "말씀"(Verbum)을 통해 창조된 신비이기 때문에, 이 속성들은 성자의 영광을 드러내는 "공

현"(epiphania)의 특성을 지닌다. 따라서 창조물의 초월적 속성들에 대한 신비 체험은 "공현"(Epiphania)의 신비 체험과 관계를 맺게 된다.

(7) 신비 체험의 주체가 창조물 안에 현존하는 초월적 속성들을 체험할 때, 이 주체 안으로 들어오는 신비는 이 주체 안에 야기되는 온갖 악과 죄와 육적인 욕망과 이기주의 등의 어둠들을 반드시 정화해낸다. 이 정화는 주체 안의 어둠들이 내적으로 십자가 위에 못 박혀 그리스도와 함께 묻히는 것을 의미한다. 따라서 창조물의 초월적 속성들에 대한 체험은 십자가에 못 박히신 그리스도의 신비, 즉 십자가의 신비와도 관련된다.

(8) 창조물 안에 현존하는 초월적 속성들의 신비가 신비체험의 주체 안의 어둠을 정화한다는 것은 신비체험의 주체가 창조물 안에 현존하는 그리스도의 십자가 신비 안에서 새로 태어나는 것을 뜻한다. 그리고 이러한 새로 태어남은 그리스도의 부활의 신비에 참여하는 것을 의미한다. 따라서 피조물의 초월적 속성에 대한 신비 체험은 부활하신 그리스도의 신비와 관련되어 있다.

(9) 십자가에 못 박히신 그리스도는 죽음과 부활을 통해 우주적 존재로 변화되었고, 이러한 우주적 그리스도는 신학적으로 승천의 신비를 의미한다. 이런 관점에서 바라보면, 창조물 안에 현존하는 초월적 속성들의 신비는 승천의 신비와 불가분리적 관계에 놓이게 된다. 따라서 초월적 속성들에 대한 신비 체험은 승천하신 그리스도에 대한 체험이 된다.

(10) 창조물 안에 현존하는 초월적 속성들의 신비가 신비체험의 주체 안에 육화한다는 사실은 동시적으로 성령이 이러한 속성들의 영을 통하여 신비체험의 주체 안으로 강림한다는 것을 의미한다. 따라서 창조물의 초월적 속성들에 대한 체험은 성령 강림(Pentecoste)과도 관계가 있다.

(11) 창조물 안에 현존하는 초월적 속성들에 대한 체험을 통하여 신비체험의 주체는 그리스도의 육화 신비부터 공현의 신비, 십자가

와 죽음의 신비, 부활의 신비, 승천의 신비, 성령 강림의 신비까지 그리스도의 핵심적인 구원 신비들을 모두 동시적으로 체험하게 된다. 이러한 구원의 체험을 통하여 신비체험의 주체는 그리스도로 변화된다. 즉, '그리스도가-됨'의 신비가 실현되는 것이다.

(12) 신비체험의 주체는 창조물 안에 현존하는 초월적 속성들의 체험을 통하여 성령의 신비를 체험하고 그리스도의 신비를 체험하게 된다. 그런데 이러한 체험을 통하여 신비체험의 주체는 또한 항상 무한하고 형언할 수 없는 신비로 머무시는 성부의 신비를 체험하게 된다. 따라서 창조물의 초월적 속성들에 대한 체험은 삼위일체 신비에 대한 체험과도 관계되며, 이러한 체험을 통하여 신비체험의 주체는 삼위일체 하느님의 거처가 된다. 신비체험의 주체는 이렇게 하여 하느님으로 변화된다. 이것이 곧 '하느님-됨'의 신비이다. 이런 관점에서 바라보면, 프란치스코의 신비체험은 삼위일체적인 차원을 지니게 된다.

(13) 창조물 안에 현존하는 초월적 속성들의 체험을 통하여 신비체험의 주체는 '거룩하게-되고', '그리스도가-되며', '하느님이-된다'. 그리고 그 결과, 이 주체는 삼위일체적인 가족성 안에서, 즉 신비적으로 이루어지는 부성, 자성, 정배성, 모성, 형제성의 관계 안에서 피조물 및 하느님과 우주적으로 일치하게 된다. 신비체험의 주체가 이런 상태에 도달하게 되면, 이 주체로부터 흘러나오는 것은 오로지 지극히 높으시고 지존하시며 영원하신 하느님께 감사와 찬미와 영광과 찬양과 영예를 드리는 것이고, 온갖 좋은 것을 그분께 돌려드리는 것뿐이다.

인간의 신비를 통하여 그리고 그 신비 안에서 이루어지는 신비체험과 범주적 대상 없이 이루어지는 신비 체험은 창조물 안에 현존하는 초월적 속성들을 통하여 이루어지는 신비 체험과 동일한 원리에 따라 성취된다. 이러한 체험들 사이에 현저한 차이점이 있다면, 이는 체험의 강도와 깊이뿐이라 하겠다. 왜냐하면 인간을 통한 신비체험은 창조물을 통한 신비 체험보다 더 강하고 깊게 이루어지고, 범주적 대상 없이 이루어지는 신비 체험의 단계에서는 신비체험의 주체가 다른 단계들에서보다 더 강렬하게 하느님의 신비와 일치하기 때문이다. 따라서 신비체험의 주체는, 범주적 대상을 통한 신비 체험이든, 범주적 대상 없이 이루어지는 신비 체험이든, 신비 체험을 통하여 이 세상에서부터 삼위일체 하느님의 본성에 참여하기 시작하게 되고, 이러한 여정은 "지복직관"(visio beatifica) 안에서 온전하게 이루어지게 된다.

2. 프란치스코 신비체험의 특성들

프란치스코의 신비체험의 본질을 살펴본 것이 이 논문의 주요 결실이라 할 수 있는데, 이로부터 프란치스코의 신비체험의 특성들이라 할 수 있는 이차적인 결과들을 또한 추론해 낼 수 있다. 이를 요약하면 다음과 같다.

(1) **실천적 신비주의.** 프란치스코의 글과 초기 프란치스칸 전기 문학을 비교 분석하면, 프란치스코의 "신비체험"(la mistica)을 어느 정도 체계화할 수 있는데, "신비체험"이라는 이 용어는, 본 논문의 제2장에서 이미 살펴본 바와 같이, 체험뿐만 아니라 사상까지도 포괄하는 개념이다. 이 자리에서 다시 한 번 지적하고자 하는 것은 신비 체험에 관한 프란치스코의 사상은 순수한 사유으로부터 비롯된 결과가 아니라 그의 체험으로부터 흘러나왔다는 점이다. 프란치스코의 신비체험은 전적으로 그의 실천적인 삶에 기초를 두고 있으며, 사변적인 이론으로부터 유래되는 어떤 학적인 '주의'(主義)가 아니라, 구체적인 삶에 바탕을 둔 실천적인 신비체험인 것이다[1].

---

[1] 참조: B. MCGINN, 『The Flowering of Mysticism』, 13. 맥긴은 이월 커즌스(Ewert Cousins)의 표현을 받아들이면서 프란치스코 신비체험의 특성을 "역사적 사건의 신비주의"라 설명한다(참조: 위와 같은 책, 58-59).

(2) **일상의 신비체험**. 프란치스코의 실천적 신비체험은 평범하고 일상적이며 날마다 일반적으로 발생되는 구체적인 삶 안에 숨겨져 있는 하느님의 신비를 관상함으로써 이루어지는 신비체험이다. 그러한 신비체험의 본질은 환시나 탈혼, 황홀경, 공중 부양(浮揚), 무아 경지에서의 명상, 미래에 대한 예견, 심령적인 교감, 오상 등과 같은 비교적이고 예외적인 현상들과는 전혀 관계가 없다. 신비체험의 본질은 하느님의 창조물을 통한 진선미의 체험이나 일상적인 삶 안에서 이루어지는 믿음 희망 사랑의 체험과 같은 크리스천 영적 체험의 중심에 자리한다. 프란치스코의 신비체험 또한 그 본성상 일상적인 특성을 지니고 있으며, 이 일상성은 프란치스코 신비체험의 현저한 특성에 해당된다.

(3) **보편적 신비체험**. 프란치스코의 신비체험의 보편성은 신비체험의 본질적인 세 요소들과 관계가 있다. 제일차적으로, 신비체험의 대상인 하느님의 신비는 우주의 모든 곳에 존재한다. 이와 관련하여 프란치스코는 초월적 특성들의 편재성(遍在性), 특히 하느님으로부터 유래되는 선의 보편성을 강조한다. 이러한 신비의 보편성 때문에 하느님의 신비는 관상을 통하여 언제 어디서나 인식할 수 있다. 프란치스코는 명시적으로 관상의 보편성에 관하여 언급하지는 않으나, 모든 사람들을 관상에로 초대하면서 간접적으로 표명한다. 하느님 신비와 관상의 보편성을 통하여 누구든지 사랑의 신비 안에서 하느님과 일치하게 되는데, 이는 신비체험의 목적에 해당된다. 프란치스코는 모든 민족, 종족, 백성, 모든 언어권에서 나온 이들, 과거부터 미래까지 이 세상 모든 지역의 모든 국가와 모든 사람들, 즉 하느님의 모든 자녀들, 그리고 천사들과, 심지어는 생물이든 무생물이든 모든 피조물들까지 포괄하면서[2] 이 세상의 모든 이들을 사랑의 일치에로 초대한다[3]. 그러므로

---

[2] 참조: 「비인준 규칙」 23,7. 레온하르트 레만은 프란치스코의 글에 나타난 우주성을 자세하게 고찰한다(참조: L. LEHMANN, 「La dimensione universale negli scritti di Francesco d'Assisi」, 『Due volti del francescanesimo』, 89-125).

[3] 참조: 「2신자 편지」 1.

프란치스코의 신비체험은, 정주 수도자들이나 미리 뽑힌 일부 선택된 자들처럼, 엘리트 계층에 해당되는 소수에게만 유보된 예외적이고 특별한 체험이 아니라, 모든 크리스천들에게 공통된 보편적 체험이다. 이러한 지평에서 바라보면, 신비 체험은 세례받은 이들에게만 가능한 것이 아니라, 세례받지 않은 이들에게도 가능하게 된다. 따라서 프란치스코의 신비 체험은 익명의 크리스천 신비체험을 위한 신학적 공간과 가능성도 열어 놓는다. 신비체험의 보편성은 프란치스코 신비체험의 가장 두드러진 특징 중 하나이다.

(4) **쉽고, 대중적이며 '민주적인' 신비체험.** 프란치스코의 신비체험은 대단히 심오함에도 불구하고 일상적인 삶을 통해서 평범하고 보편적으로 이루어지기 때문에 쉽고 간단하다는 특징을 지닌다. 또한, 그의 신비체험은 전문적이고 학적인 기술을 요구하지도 않으며, 이를 익히기 위해서 길고 특별한 훈련을 필요로 하지도 않는다. 모든 그리스도인들, 즉 성직자이든 평신도든, 수도자든 결혼했든, 젊은이든 노인이든, 남자든 여자든, 유식하든 무식하든, 귀족이든 평민이든, 모든 하느님의 자녀들은 프란치스코가 제시하는 길을 통하여 일상적인 삶 안에서 쉽고 단순하게 신비 체험을 할 수 있다. 이러한 신비 체험은 갓난아기들도 할 수 있다. 그런 의미에서 프란치스코의 신비체험은 쉽고, 대중적이며, "민주적"[4]이라고 말할 수 있다.

(5) **새로운 신비체험.** 실천적이고, 보편적이며, 일상적이고, 대중적인 프란치스코의 '민주적' 신비체험은 프란치스코 이전에 발전되어 온 정주승들의 신비체험과는 확연히 구별되는데, 이 정주승적 신비체험은 주로 천상 예루살렘의 모형을 수도원 안에 실현시키고자 이 "세상으로부터 탈주"(fuga mundi)한 '엘리트 수도자들'에 의해 확립되었다[5]. 이러

---

[4] B. MCGINN, 『The Flowering of Mysticism』, 52. 맥긴은 "민주적"이라는 용어의 의미를 다음과 같이 설명한다: "민주화라는 말은 하느님의 현존을 즉각적으로 의식하며 누리는 것이, 수도자들만이 아닌, 모든 크리스천에게 이론적으로가 아니라 실천적으로 가능하게 됨을 의미한다 하겠다"(위와 같은 책, 13).
[5] 참조: 위와 같은 책, 12.

한 역사적 관점에서 비추어 보면, 프란치스코는 모든 크리스천들이 하느님의 신비를 관상하면서 이를 체험할 수 있는 보편적이고 대중적인 신비 체험의 길을 열어 놓았다고 평가할 수 있다. 이런 역사적 의미에서 프란치스코의 신비체험은 새로운 차원을 지닌다고 말할 수 있다[6].

(6) **관상과 삶의 통합**. 이미 이 논문을 통해서 고찰한 바와 같이, 프란치스코에게 관상은 신비체험의 본질적인 요소들 중 하나로서 실천적이고 일상적인 신비체험을 위해 반드시 요청되는 필수적인 방법이다. 이러한 개념에 의하면, 모든 크리스천 삶은, 활동적인 삶이든, 영적인 삶이든, 일상적인 삶 안에 현존하는 하느님의 신비에 대한 관상을 통하여 실현되고 심화된다. 프란치스코는 관상 기도와 사도적 생활의 단순한 비율적 조화를 뛰어넘어, 이 두 차원을 불가분리적인 한 차원으로 통합시켜 놓았다. 그 결과 프란치스코에게는 관상이 곧 삶이요 삶이 곧 관상이 된다. 이와 같이 프란치스코는 관상을 일상적인 삶에까지 심화시키면서 관상의 영역을 확장시켜 놓았다.

---

[6] 참조: 위와 같은 책, 42.56.58. 신비 신학사의 관점에서 바라보면, 1200년대에 새로운 무대가 출현하였기 때문에, 이 시기는 1100년대보다 더 의미 있다 하겠다. 물론 시토회원들이나 빅토리아 학파가 체험의 역할을 강조하면서, 에로스적인 사랑을 표현함에 있어 언어 표현법을 중요시한다든지, 관상에 관한 이론을 체계화시키는 양식을 제시하는 등 몇 가지 새로운 요소들을 신비체험에 가미하기는 한다. 그럼에도 불구하고 "새로운 신비주의"의 두드러진 특성들은 12세기 후반기에 태어나 13세기 전반기에 활동한 몇몇 놀라운 인물들의 삶을 통해 조명된다(참조: 위와 같은 책, 1-2). 이 시기에 등장한 새로운 신비주의는 다음과 같은 세 가지 관점에서 발전되었다고 말할 수 있다: "(1) 세상과 수도원의 관계에 대한 새로운 태도; (2) 신비적 여정에 있어서의 남성과 여성의 새로운 관계 형성; (3) 신비적 깨달음을 표현하는 데 있어서 새로운 형태의 언어와 표현 양식들"(위와 같은 책, 12). 아씨시의 프란치스코와 클라라 같은 움브리아 신비가들 이전에 이미 오이니에스의 마리아(Maria di Oignies)와 비트리의 야고보(Giacomo da Vitry) 같은 신비가들이 출현하기는 하였지만, 그럼에도 불구하고 이 시기에 등장한 새로운 신비주의 대표적인 인물들은 역시 프란치스코와 클라라라 하겠다(참조: 위와 같은 책, 31-69); J. HAMMOND, 「Saint Francis's doxological mysticism in light of his prayers」, 『Francis of Assisi. History, hagiography and hermeneutics in the Early Dacuments』, 105; C. LEONARDI, 「Introduzione」, 『La letteratura francescana. Vol. I』, xlv-xlvii.

(7) **인본주의**. 프란치스코에게 결정적인 신비 체험은 회개 초기에 나환자들 안에 숨겨진 그리스도를 만남으로써 이루어진다. 이 순간부터 그의 신비적 여정은 끊임없이 심화되어 가는데, 이는 가난하고 고통받고 소외되고 사회로부터 거부되고 버려진 이들과 함께 이루어진다. 프란치스코의 신비 체험 안에서 모든 인간은 그리스도의 신랑 신부요 형제요 어머니로서 그리스도의 지위에로까지 격상된다. 따라서 프란치스코의 신비체험은 대단히 강한 인본주의적 가치와 특성을 지닌다 하겠다.

(8) **현실적인 사회 의식**. 프란치스코의 신비 체험은 가난하고 고통받으며 소외된 이들 안에 숨어 계신 그리스도의 신비를 관상함으로써 비롯되기 때문에, 그의 신비체험은 그로 하여금 사회 현실을 직시하도록 인도하였다. 따라서 프란치스코에게 이러한 바라봄 없는 참된 신비 체험이란 가능하지 않다. 그런데 프란치스코는, 먼저, 불의와 부조리와 갖가지 부정적인 것 등 온갖 악과 죄와 육적인 욕망이 쏟아져 나오는 마음의 현실에 일차적으로 충실하였다. 이것이 바로 프란치스코가 추구했던 정의의 기초이다. 그 다음에 프란치스코는 같은 방식으로 사회 현실에도 민감하였다. 그러므로 사회 현실에 대한 적극적인 참여는 관상과 삶이 통합된 프란치스코의 인본주의적 신비체험의 자연적이고 필연적인 결과라 하겠다.

(9) **성사론적 신비체험**. 프란치스코는 모든 피조물 안에서 하느님의 신비를 관상하였다. 그에게 우주는 하느님께서 만물을 창조하시면서 당신 손으로 직접 기록하신 "또 다른 성경"이며, 하느님의 신비들이 꽃피는 하느님의 정원이다. 프란치스코는 이 '하느님의 책'에서 하느님의 신비를 읽었고 하느님의 정원에서 이 신비를 즐겼다[7]. 이런 의미에서 프란치스코의 신비체험은 성사론적 특성을 지닌다고 말할 수 있다[8].

---

[7] 참조: J. S. LEE, 『Francis the mystic』, 128-129.
[8] 이와 관련하여 옥티비안 슈무키는 다음과 같이 단언한다: "프란치스칸 신비주의는 무엇보다도 '하느님 생명의 성사적 계시 안에서, 창조된 생명의 아름다움을 음미하는 것'이라고 특징지을 수 있다. 여기서 '성사적'이라고 하는 까닭은 프

(10) **우주적 형제성**. 모든 피조물 안에 숨어 계신 하느님의 신비를 관상함으로써 프란치스코는 모든 피조물들과 형제적이고 우주적인 일치를 이루었다. 이 일치 안에서 프란치스코의 신비체험은 성부 하느님의 부성을 중심으로 형성되는 신비적인 관계들, 즉 모성, 정배성, 형제성, 자성의 특성들도 동시적으로 지니게 된다. 우주적 형제성은 프란치스코 신비체험이 지니고 있는 인본주의적 특성 및 성사론적 특성과도 밀접한 관계가 있으며, 프란치스코의 사상과 종교성의 존재론적 및 영적 지평이기도 하다.

지금까지 지적한 특성 이외에도 프란치스코의 신비체험은 이미 지적한 바와 같이 삼위일체적이고 그리스도중심주의적이며 성령론적 특성은 물론이고, 십자가중심적, 성체론적, 파스카적 특성도 지닌다[9].

프란치스코 신비체험의 본질과 특성은 이상과 같이 요약할 수 있는데, 이를 바탕으로 프란치스코의 신비 체험은 프란치스칸 영성의 중심에 자리하고 있다고 결론 내릴 수 있겠다.

이 논문을 마무리하면서 다시 한번 칼 라너의 다음과 같은 예언자적인 언급을 되새기고 싶다: "앞으로 신심 있는 이는 '신비가'이든지…혹은 신심 있는 이가 아니든지 될 것이다"[10]. 라너의 이 예언대로 오늘날 이 시대는 신비 체험이 보편적 성소로 제안되는 시대가 되었다. 이러한 전환기를 맞아 프란치스코의 신비체험을 되돌아보며 재평가하지 않을 수가 없다. 그의 실천적이고 일상적이며 보편적인, 쉬우면서도 깊고 대중적인 신비체험은 현대인들에게뿐만 아니라 모

란치스코가 창조된 피조물을 계시로서뿐만 아니라 신적인 생명에의 참여로도 알아들었기 때문이다"(O. SCHMUCKI, 「The mysticism of st. Francis in his writings」, 243).

[9] 주세페 프라스카는 자신의 연구를 끝마치면서 프란치스코의 신비체험은 그리스도중심적이고, 파스카적이며, 삼위일체적이고, 성사론적이라고 결론짓는다(참조: G. FRASCA, 「L'esperienza mistica di Francesco d'Assisi」, 133-139).

[10] K. RAHNER, 「Pietà in passato e oggi」, 「Nuovi saggi II」, 24.

든 시대 모든 사람들에게 변함없는 가치를 지닐 것이다. 프란치스코는 의심의 여지없이 그리스도교 역사에서 가장 위대한 신비가들 중 한 사람이다. 이제 오늘의 상황에서 프란치스칸들이 응답해야 할 시대 징표를 숙고해 본다. 지난 20세기는 프란치스칸들에게 "프란치스칸 문제"를 논쟁하며 씨름해야 했던 시기였고, 사실 이를 통해 많은 프란치스칸 문제들이 해결되기도 하였다. 그리고 무엇보다 프란치스코의 글에 대한 권위 있는 비판본을 갖게 되는 큰 성과도 얻었다. 이제 21세기는 프란치스칸 영성의 핵심에 자리하고 있는 프란치스코의 신비체험을 보편적인 관점에서 체계화하는 시대가 되어야 하지 않을까 싶다. 이는 앞으로 종교 간 대화를 심화시키는 데에도 크게 기여하리라 기대된다.

참고 문헌

1. 원천들

Anonimo della Porziuncola, 「Speculum perfectionis status fratris minoris. Edizione critica e studio storico-letterario」, Edizione nazionale dei testi mediolatini 16. Serie I-9, a cura di Daniele Solvi, Sismel − Ed. Del Galluzzo, Firenze, 2006, cccxi-132 pp.

AUGUSTINUS Aurelius, 「Le confessioni. Latino e italiano. Testo latino dall'edizione di M. Skutella riveduto da Michele Pellegrino」. Nuova biblioteca agostiniana. Opere di sant'Agostino. Parte I: Libri − Opere autobiografiche. Vol. I, tr. di Carlo Carena, Città Nuova Ed., Roma, 1965, xxii-529 pp.

—— 「De Trinitate. Latino e italiano. La Trinità」. Testo latino dall'edizione maurina confrontato con l'edizione del Corpus Christianorum. Nuova biblioteca agostiniana. Opere di sant'Agostino. Parte I: Libri − Opere filosofiche-dommatiche. Vol. IV, tr. di Giuseppe Beschin, Città Nuova Ed., Roma, 1987, cxxviii-797 pp.

「La Bibbia commentata dai padri. Antico Testamento 1/1. Genesi 1-11」, tr. dall'ingl. di M. Conti, a cura di M. Simonetti, Città Nuova Ed., Roma, 2003, 241 pp.

『La Bibbia commentata dei padri. Nuovo Testamento 1/1. Matteo 1-13』, tr. dall'ingl. di G. Pilara e. A., a cura di M. Simonetti, Città Nuova Ed., Roma, 2004, 475 pp.

『La Bibbia da studio. TOB (Traduction Oecuménique de la Bible)』, Edizione integrale, 3ª ed., Ed. ELLEDICI, Torino, 2001, 2941 pp.

『Biblia sacra vulgatae editionis Sixti V Pontificis Maximi iussu recognita et Clementis VIII auctoritate edita』, 9ª ed., Ed. San Paolo, Cinisello Balsamo (Milano), 1277 pp.

BONAVENTURA DA BAGNOREGIO, 『Commentaria in quatuor libros Sententiarum magisteri Petri Lombardi. Tomus I. In primum librum Sententiarum』. Doctoris seraphici S. Bonaventurae s.r.e. episcopi cardinalis Opera omnia, Typographia Collegii S. Bonaventurae, Quaracchi (Firenze), 1882, lxxxviii-870 pp; Tomus II, 1885, xii-1026 pp; Tomus III, 1887, x-905 pp.

— 『Itinerario della mente in Dio. Riconduzione delle arti alla teologia』. Fonti medievali per il terzo millennio 13, diretta da G. Creascoli e. A., Città Nuova Ed., Roma, 1993, 126 pp.

— 『Opere di san Bonaventura. Opuscoli teologici 1. Sancti Bonaventurae opera V-1』, ed. latino – italiano a cura di Jacques Guy Bougerol – Cornelio Del Zotto – Leonardo Sileo, tr. di Silvana Martignoni e. A., Città Nuova Ed., Roma, 1993, 593 pp.

— 『Opere di san Bonaventura. Opuscoli teologici 3. La perfezione evangelica. Sancti Bonaventurae opera V-3』, ed. latino – italiano a cura di Attilio Stendardi, tr. di Andrea Di Mario, Città Nuova Ed., Roma, 2005, 360 pp.

CLEMENS ALEXANDRINUS, 『Protrettico ai greci』. Coll. di testi patristici 179, a cura di Franzo Migliore, Città Nuova Ed., Roma, 2004, 248 pp.

「Constitutio dogmatica de Ecclesia Lumen Gentium」, 「Concilio Vaticano II. Costituzioni, Decreti, Dichiarazioni」. Testo ufficiale e traduzione italiana, Libreria Editrice Vaticana, Città del Vaticano, 1998, p. 114-279.

DUNS SCOTUS Ioannes, 「Opera omnia V. Ordinatio. Liber primus. A distinctione undecima ad vigesimam quintam」, studio et cura Commissionis Scotisticae ad fidem codicum edita, Typis Polyglottis Vaticanis, Civitas Vaticana, 1959, xv-475 pp.

「Fontes franciscanas e Clarianas」, a cura di Celso Márcio Teixeira, Editora Vozes, Petrópolis, 2004, 1996 pp.

「Fontes franciscani」. Medioevo Francescano. Coll. Diretta da Enrico Menestò. Testi 2, a cura di E. Menestò - S. Brufani e. A., Apparati di G. Boccali, Ed. Porziuncola, S. Maria degli Angeli – Assisi, 1995, 2581 pp.

「Fonti francescane. Nuova edizione. Scritti e biografie di san Francesco d'Assisi. Cronache e altre testimonianze del primo secolo francescano. Scritti e biografie di santa Chiara d'Assisi」. Testi normativi dell'Ordine Francescano Secolare, a cura di Ernesto Caroli, Ed. Francescane, Padova, 2004, 2365 pp.

FRANCISCUS ASSISIENSIS, 「Opuscula sancti Patris Francisci Assisiensis」, denuo edidit iuxta codices mss. Caietanus Esser, Editiones Collegii S. Bonaventurae, Grottaferrata (Roma), 1978, 434 pp.

「Francis of Assisi: Early Documents. Vol. I. The Saint」, ed. by Regis J. Armstrong e. A., New City, Press New York – New City, London – New City Publications, Manila, 1999, 624 pp.

「Francis of Assisi: Early Documents. Vol. II. The Founder」, ed. by Regis J. Armstrong e. A., 2^a ed., New City, Press New York – New City, London – New City Publications, Manila, 2001, 832 pp.

GIOVANNI DELLA CROCE, 「Opere」, tr. dallo sp. di Ferdinando di S. Maria, 7ª ed., Ed. OCD, Roma, 2001, 1339 pp.

HILARIUS PICTAVIENSIS, 「Sancti Hilarii Pictaviensis episcopi De Trinitate」. CCL LXII, cura et studio P. Smulders, Turnholti, Brepols, 1979, 80*-310 pp.

JACOBUS DE VITRIACO, 「Lettres de Jacques de Vitry」. Edition critique par R. B. C. Huygens, E. J. Brill, Leiden (Netherlands), 1960, 166 pp.

「La letteratura francescana. Vol. I. Francesco e Chiara d'Assisi」, a cura di Claudio Leonardi, Fondazione Lorenzo Valla Arnoldo Mondadori Editore, Milano, 2004, cxcvi-529 pp.

「La letteratura francescana. Vol. II. Le vite antiche di san Francesco」, a cura di Claudio Leonardi, Fondazione Lorenzo Valla Arnoldo Mondatori Editore, Milano, 2005, lx-615 pp.

「Meditatio pauperis in solitudine」. Auctore anonymo saec. XIII. Bibliotheca franciscana ascetica medii aevi 7, edidit Fernandus Maria Delorme, Collegii S. Bonaventurae, Firenze – Quaracchi, 1929, li-371 pp.

「Nova Vulgata. Bibliorum Sacrorum editio」. Sacrosancti Oecumenici Concilii Vaticani II, Libreria editrice vaticana, Città del Vaticano, 1998, 1854 pp.

PETRUS CHRYSOLOGUS, 「Sancti Petri Chrysologi collectio sermonum」. Pars III. CCL XXIV B, cura et studio Alexandri Olivar, Turnholti, Brepols, 1982, 759-1174 pp.

「San Francisco de Asís. Escritos · Biografías · Documentos de la época」. Nueva edición, 2ª ed., a cura di José Antonio Guerra, Biblioteca de autores cristianos, Madrid, 2003, 1093 pp.

Teresa di Gesù, 『Opere』, tr. dallo sp. di Egidio di Gesù, 10ᵃ ed., Postulazione Generale O.C.D., Roma, 1997, 1598 pp.

Thomas Aquinas, 『Summa theologiae. Vol. I. Prima pars』. Biblioteca de Autores Cristianos Declarada de interés nacional 77, a cura di Fratrum Ordinis Praedicatorum, Biblioteca de Autores Cristianos, 5ᵃ ed., Madrid, 1994, 818 pp.

— 『La somma teologica. Vol. X. Le virtù (I-II, qq. 49-70)』. Traduzione e Commento a cura dei Domenicani italiani. Testo latino dell'Ed. Leonina, Casa Editrice Adriano Salani, Firenze, 1963, 412 pp.

2. 칼 라너의 글들

— 『그리스도교 신앙 입문』, 이봉우 역, 분도출판사, 1994, 627 pp.

— 『말씀의 청자. 종교철학의 기초를 놓은 작업(메츠에 의한 개정판)』, 김진태 역, 가톨릭 대학교 출판부, 2004, 209 pp.

— 『영성 신학 논총』, 정대식 역, 가톨릭출판사, 2003, 234 pp.

『Karl Rahner in Dialogue: Conversations and Interviews』, 1965-1982, edit. by Harvey D. Egan e. A., Crossroad Publishing Co., New York, 1986, 376 pp.

Rahner Karl, 『Sendung zum Gebet』, 『Schriften zur Theologie III. Zur Teologie des Geistlichen Lebens』, Benziger Verlag, Zürich - Köln, 1956, p. 249-261.

— 『Apostolato della preghiera』; 『La mistica ignaziana della gioia del mondo』, 『Saggi di spiritualità』, Ed. Paoline, Roma, 1965, p. 183-202; 203-230.

— 「Rapporto tra natura e grazia」; 「Natura e grazia」; 「Possibilità di una concezione scolastica della grazia increata」, 「Saggi di antropologia soprannaturale」, diretta da V. Gambi – C. Danna, Ed. Paoline, Roma, 1965, p. 43-77; 79-122; 123-168.

— 「Sul concetto di mistero nella teologia cattolica」, 「Saggi teologici」, Ed. Paoline, Roma, 1965, p. 391-465.

— 「Il mistero della vita」; 「L'unità vigente tra spirito e materia」; 「Unità dell'amore di Dio e del prossimo」, 「Nuovi saggi I」, tr. dal ted. di Carlo Danna, Ed. Paoline, Roma, 1968, p. 239-256; 257-296; 385-412.

— 「Pietà in passato e oggi」; 「Non spegnete lo spirito」; 「Spirito sopra ogni carne」; 「Sui consigli evangelici」; 「Teologia della povertà」; 「Unità - amore - mistero」, 「Nuovi saggi II」, tr. dal ted. di Carlo Danna, Ed. Paoline, Roma, 1968, p. 9-35; 93-110; 245-254; 513-552; 553-603; 621-642.

— 「Esperienza di Dio oggi」, 「Nuovi saggi IV」, tr. dal ted. di Alberto Frioli, Ed. Paoline, Roma, 1973, p. 205-226.

— 「Frammenti di spiritualità per il nostro tempo」, tr. dal ted. di Alfredo Marranzini, Queriniana, Brescia, 1973, 273 pp.

— 「Sulle vie future della teologia」; 「Esperienza di se stessi ed esperienza di Dio」; 「Alla ricerca di vie d'accesso per comprendere il mistero umano – divino di Gesù」; 「La fede del cristiano e la dottrina della Chiesa」; 「Osservazioni sul problema del "cristiano anonimo"」, 「Nuovi saggi V」, tr. dal ted. di Carlo Danna, Ed. Paoline, Roma,1975, p. 51-94; 175-189; 277-285; 349-379; 677-697.

— 「Esperienza dello Spirito e decisione esistentiva」; 「Fede anonima e fede esplicita」; 「I "sensi spirituali" secondo Origene」; 「La dottrina dei "sensi spirituali" nel medioevo. Il contributo di Bonaventura」; 「Alcune osservazioni a proposito di un nuovo compito della teologia fondamentale」; 「A proposito del nascondimento di Dio」; 「Gesù Cristo nelle religioni non cristiane」; 「Il corpo nell'ordine della salvezza」; 「Esperienza mistica e teologia mistica」, 「Nuovi saggi VI」, tr. dal ted. di Carlo Danna, Ed. Paoline, Roma, 1978, p. 49-63; 91-101; 133-163; 165-208; 241-257; 349-374; 453-469; 497-522; 523-536.

— 「Il problema umano del senso di fronte al mistero assoluto di Dio」; 「Esperienza della trascendenza dal punto di vista dogmatico cattolico」; 「Esperienza dello Spirito Santo; La fede come coraggio」, 「Nuovi saggi VII」, tr. dal ted. di Carlo Danna, Ed. Paoline, Roma, 1981, p. 133-154; 253-275; 277-308; 309-330.

— 「Corso fondamentale sulla fede」, 「Nuovi saggi VIII」, tr. dal ted. di Carlo Danna, Ed. Paoline, Roma, 1982, p. 55-72.

— 「The Practice of Faith. A Handbook of Contemporary Spirituality」, edit. by Karl Lehmann – Albert Raffelt, Crossroad Publishing Co., New York, 1984, 316 pp.

— 「Teologia oggi」; 「Una teologia con cui poter vivere」; 「Atto di fede e contenuto della fede」; 「Perorazione in favore di una virtù anonima」, 「Nuovi saggi IX」, tr. dal ted. di Carlo Danna, Ed. Paoline, Roma, 1984, p. 85-102; 142-160; 210-225; 419-425.

— 「Fede e sacramento」, 「Nuovi saggi X」, tr. dal ted. di Carlo Danna, Ed. Paoline, Roma, 1986, p. 509-522.

— 「Uditori della parola. Rielaborazione di Johannes Baptist Metz」, tr. dal ted. di Aldo Belardinelli, 2ª ed., Borla, Roma, 1988, 229 pp.

— 「Spirito nel mondo」. Presentazione di Johannes B. Lotz. Pubblicazioni del Centro di Ricerche di Metafisica. Sezione di Metafisica e storia della metafisica 7, a cura di Massimo Marassi e Achille Zoerle, Vita e Pensiero, Milano, 1989, xxiv-384 pp.

— 「Corso fondamentale sulla fede. Introduzione al concetto di cristianesimo」, 5ª ed., tr. dal ted. di Carlo Danna, Ed. Paoline, Cinisello Balsamo (Milano), 1990, 582 pp.

— 「Visioni e profezie: Mistica ed esperienza della trascendenza」, tr. dal ted. di Roberto Dell'Oro, 2ª ed., Vita e Pensiero, Milano, 1995, 165 pp.

— 「Ricordi. A colloquio con Meinold Krauss」, tr. dal ted. di Ester Abbattista, Ed. ADP, Roma, 2002, 101 pp.

— 「La trinità」. Biblioteca di teologia contemporanea 102, dal ted. di Carlo Danna, 3ª ed., Queriniana, Brescia, 2004, 135 pp.

3. 칼 라너에 관한 연구들

심상태, 「속. 그리스도와 구원」, 성바오로출판사, 서울, 1984, 411 pp.

— 「익명의 그리스도인. 칼 라너 학설의 비판적 연구」, 성바오로출판사, 1985, 357 pp.

— 「칼 라너의 계시 이해」, 「한국 교회와 신학」, 성바오로출판사, 1988, p. 395-437.

EGAN Harvey, 「Karl Rahner: mystic of everyday life」, The Crossroad Publishing Co., New York, 1998, 192 pp.

— 「Rahner's Mystical Theology」, 「Theology and Discovery. Essays in Honor of Karl Rahner」, edit. by William J. Kelly, Marquette University Press, Milwaukee, 1980, p. 139-158.

ENDEAN Philip, 「Karl Rahner and ignatian spirituality」, Oxford University Press, Oxford – New York, 2001, 291 pp.

「L'eredità teologica di Karl Rahner」, a cura di Ignazio Sanna, Lateran University Press, Roma, 2005, 340 pp.

LACUGNA Catherine Mowry, 「Glossario」, K. RAHNER, 「La Trinità」 p. 125-129.

RAFFELT Albert – VERWEYEN Hansjürgen, 「Leggere Karl Rahner」. Giornata di teologia 301, tr. dal ted. di Carlo Danna, Queriniana, Brescia, 2004, 202 pp.

SANNA Ignazio, 「Karl Rahner」, Ed. Morcelliana, Brescia, 1973, 153 pp.

— 「Teologia come esperienza di Dio. La prospettiva cristologica di Karl Rahner」, Ed. Queriniana, Brescia, 1997, 353 pp.

「The Cambridge companion to Karl Rahner」, edit. by Declan Marmion – Mary E. Hines, Cambridge University Press, Cambridge – New York, 2005, 318 pp.

VASS George, 「The mystery of man and the foundations of a theological system. Understanding Karl Rahner. Vol. II」, Sheed & Ward, London, 1985, 187 pp.

VORGRIMLER Herbert, 「Understanding Karl Rahner. An introduction to his life and thought」, tr. dal ted., Crossroad Publishing Co., New York, 1986, vii-198 pp.

4. 프란치스칸 사상에 관한 연구들

ACCROCCA Felice, 「Francesco e Chiara: la preghiera come meditazione del mistero dell'Incarnazione」, 「FormaSor」 34 (1997), p. 254-270.

ACCROCCA Felice – CICERI Antonio, 「Francesco e i suoi frati. La Regola non bollata: una regola in cammino」, Ed. Biblioteca Francescana, Milano, 1998, 294 pp.

AGO Lorenzo, 「La questione critica intorno alla "Salutatio Beatae Mariae Virginis" di san Francesco di Assisi」, 「Antoni」 73 (1998), p. 255-303.

ANTOINE Louis, 「L'expérience franciscaine. Une crise, une mystique」. Présence de Saint François 23, Ed. Franciscaines, Paris, 1972, 95 pp.

ARMSTRONG Regis, 「St. Francis of Assisi. Writings for a Gospel Life」, St Pauls, Slough – St Pauls, Maynooth, 1994, 240 pp.

ASSELDONK Optatus van, 「La lettera e lo spirito. Tensione vitale nel francescanesimo ieri e oggi」. Coll. Dimensioni spirituali 6-7, Ed. Laurentianum, Roma, 1985, 「Vol. I」, 664 pp; 「Vol. II」, 733 pp.

— 「Lo spirito dà la vita. Chiara, Francesco e i Penitenti」. Coll. Dimensioni spirituali 13, Collegio S. Lorenzo da Brindisi, Roma, 1994, 361 pp.

ÁVILA Martí, 「La Carta a un ministro」, 「SelecFranc」 23 (1994), p. 453-463.

BAKER Gregory, 「The ladies of virtue: considering a new lens for the "Salutation of the Virtues"」, 「Cord」 55 (2005), p. 167-177.

BARSOTTI Divo, 「La preghiera di s. Francesco」. Spiritualità 23, Queriniana, Brescia, 1982, 117 pp.

— 「San Francesco preghiera vivente. L'infinitamente piccolo davanti all'Infinitamente Grande」, Ed. San Paolo, Cinisello Balsamo (Milano), 2008, 401 pp.

BARTOLINI Rino, 「Lo Spirito del Signore. Francesco di Assisi guida all'esperienza dello Spirito Santo」, Studio Teologico "Porziuncola", Assisi, 1982, 350 pp.

BARTOLI LANGELI Attilio, 「Gli autografi di frate Francesco e di frate Leone」. Corpus Christianorvm. Autographa Medii Aeui V, Brespols Publishers, Turnhout, 2000, 165 pp.

BATTAGLIOLI Vittorio – DEL GENIO Maria Rosaria, 「Absorbeat ... San Francesco d'Assisi: lodi e esperienze mistiche」, Libreria Editrice Vaticana, Città del Vaticano, 2000, 175 pp.

BIANCHI Enzo, 「La contemplazione: non opzione ma necessità di tutti i francescani」, 「Chiara... ti ascolto. IV incontro giovani religiosi Famiglie francescane. Assisi」(Cenacolo Francescano 4-8 Luglio 1994), a cura di Umberto G. Sciamè, Assisi, Conferenze Ministri Provinciali Famiglie Francescane d'Italia, Palermo, 1995, p. 36-49.

BIGI Vincenzo Cherubino, 「Il Cantico delle creature di Francesco d'Assisi」. Quaderni di Pace e Bene 3, Ed. Porziuncola, Santa Maria degli Angeli (PG), 1993, 103 pp.

BLOWEY David, 「The Paternity of God in the Writings of Francis of Assisi」, 「MiscFranc」 98 (1998), p. 289-347.

BONVIN Paul de la Croix, 「Contemplation: charisme franciscain」, 「Fidelis」 74 (1987), p. 131-135.

BORGHESE Maria Pia, 「L'esperienza mistica di s. Francesco d'Assisi」, Casa Editrice Remo Sandron, Palermo, 1930, 392 pp.

BOURDEAU Gilles, 「Dallo specchio alla finestra: Questioni d'esperienza contemplativa」, 「VitaMin」 65 (1994), p. 5-22.

BOVIN Christian, 「The secret of Francis of Assisi. A meditation」, tr. di Michael H. Xohn, Shambhala Publishing, Boston (Mass.), 1999, 102 pp.

BRACALONI Leo, 「S. Francesco nella sua vita mistica」, 「StudFranc」 26 (1929), p. 423-476.

— 「La spiritualità francescana ascetica e mistica」, 「StudFranc」 37 (1940), p. 7-31.

— 「Vantaggi dell'ascetica francescana」, 「VitaMin」 29 (1958), p. 4-7.

BRANCA Vittore, 「Il Cantico di frate Sole. Studio delle fonti e testo critico」. Ristampa 1994, Leo S. Olschki, Firenze, 1994, 154.

CUTHBERT OF BRIGHTON, 「The Mysticism of St. Francis of Assisi. His Sacramental View of the Visible World」, 「Ecclesiastical Review」 87 (1932), p. 225-237.

BUSCEMI Alfio Marcello, 「Il Corpo del Signore. Sulla I Ammonizione di san Francesco (1)」, 「FormaSor」 38 (2001), p. 274-285; 39 (2002), p. 36-51; 111-122.

CACCIOTTI Alvaro, 「Aspetti letterario-spirituali del francescanesimo delle origini」, 「Il francescanesimo dalle origini alla metà del secolo XVI」, p. 31-47.

CANDELA Elena, 「L'alter Christus nella Epistola ad fideles di Francesco d'Assisi」, 「Sangue e antropologia nel Medioevo」. Atti della VIII settimana (Roma, 25-30 novembre 1991). Coll. Sangue e Antropologia 8, a cura di Francesco Vattioni, Ed. Primavera 92, Roma, 1993, p. 957-972.

「La carità nella spiritualità francescana」. Quaderni di spiritualità francescana 11, Tipografia Porziuncola, Santa Maria degli Angeli – Assisi, 1965, 173 pp.

CAROLI Ernesto, 「Evangelizzare e contemplare. Binomio per una vita」, 「VitaMin」 47 (1976), p. 299-309.

CERASA Nicola, 「Dimensione contemplativa della vita francescana. Uno sguardo al mondo di oggi」, 「FrateFranc」 56 (1989), p. 52-60.

「Chiara d'Assisi e la memoria di Francesco」. Atti del convegno per l'VIII centenario della nascita di s. Chiara (Fara Sabina, 10-20 maggio 1994), a cura di Alfonso Marini e M. Beatrice Mistretta, Petruzzi Editore, Città di Castello, 1995, 159 pp.

COLL José Luis, 「Contemplación y evangelización en la vida francescana」, 「SelecFranc」 21 (1992), p. 286-295.

COMMODI Bernardo, 「Francesco d'Assisi e Angela da Foligno. "Tu sei la sola nata da me"」, Ed. Porziuncola – Ed. Cenacolo Beata Angela, S. Maria degli Angeli – Foligno (PG), 2001, 455 pp.

CONTI Martino, 「Evangelizzazione e contemplazione」, 「VitaMin」 51 (1980), p. 429-434.

— 「Dimensione contemplativa della vita francescana e clariana」, 「FormaSor」 23 (1986), p. 222-255.

— 「Il genere letterario della Lettera di san Francesco a tutti i fedeli. Una lettera per la pace」, 「VitaMin」 57 (1986), p. 29-38.

— 「Temi di vita e spiritualità del francescanesimo delle origini」. Studi e ricerche 4, Ed. Dehoniane, Roma, 1996, 287 pp.

COUSINS Ewert Hilary, 「Francis of Assisi: Christian mysticism at the Crossroads」, 「Mysticism and Religious Traditions」, edit. by Steven Katz, Oxford University Press, Oxford, 1983, p. 163-190.

CURRAN James, 「The contemplative dimension of the franciscan charism」, 「Cord」 32 (1982), p. 34-37.

D'AURIA Clare Andrew, 「Contemplation in the Franciscan tradition」, 「Cord」 39 (1989), p. 163-176.

DE FILIPPIS Carmine, 「Profezia e contemplazione in s. Francesco d'Assisi」, 「ItalFranc」 61 (1986), p. 27-40.

DEL FABBRO Leopoldo, 「Le Ammonizioni di san Francesco d'Assisi」, Libreria Internazionale Edizioni Francescane, Vicenza, 1992, 167 pp.

— 「Il Testamento di s. Francesco d'Assisi」, Libreria Internazionale Edizioni Francescane, Vicenza, 1992, 130 pp.

DEL ZOTTO Cornelio, 「Un uomo fatto preghiera」, 「VitaMin」 48 (1977), p. 447-460.

DELIO Ilia, 「Toward a new theology of Franciscan contemplation: the mysticism of the historical event」, 「Cord」 46 (1996), p. 131-140.

— 「Franciscan prayer」, St. Antony Messenger Press, Cincinnati (Ohio), 2004, 198 pp.

DONI R., 「Francesco d'Assisi. Il santo dell'amore e della poesia」, Paoline, Milano, 2001, 283 pp.

DOZZI Dino, 「La sequela nel capitolo XXII della "Regola non bollata"」, 「Laur」 28 (1987), p. 213-285.

「Due volti del francescanesimo. Miscellanea in onore di Opatatus van Asseldonk e Lazzaro Iriarte」, a cura di Andrzej Tomkiel, Ed. Collegio S. Lorenzo da Brindisi (Laurentianum), Roma, 2002, 508 pp.

DURANTI Samuele, 「Francesco ci parla. Commento alla ammonizioni」, Ed. Porziuncola, Assisi, 1985, 248 pp.

「Eremitismo nel francescanesimo medievale」. Atti del XVII Convegno internazionale(Assisi, 12-14 ottobre 1989), Assisi – Perugia, 1991, 235 pp.

ERNESTO Caroli, 「Evangelizzare e contemplare. Binomio per una vita」, 「VitaMin」 47 (1976), p. 299-309.

「L'esperienza di Dio in Francesco d'Assisi」, a cura di Ettore Covi, Ed. Laurentianum, Roma, 1982, 442 pp.

ESSER Kajetan, 「Origins of the Franciscan Order」, tr. dal ted. di Aedan Daly – Irina Lynch, Franciscan Herald Press, Chicago, 1970, 289 pp.

— 「Le ammonizioni di san Francesco」, A.S.S.C. Editrici, Roma, 1982, 384 pp.

— 「Gli scritti di s. Francesco d'Assisi. Nuova edizione critica e versione italiana」, tr. dal ted. di Alfredo Bazzotto e Sergio Cattazzo, Ed. Messaggero Padova, 1982, 645 pp.

— 「Die Opuscula des hl. Franziskus von Assisi. Neue testkritische Editon」. Zweite, erweiterte und verbesserte Auflage besorgt von Engelbert Grau OFM, Collesii s. Bonaventurae ad Claras Aquas, Grottaferrata (Romae), 1989, xliv-511 pp.

FLOOD David, 「Francesco d'Assisi e il movimento francescano」, tr. dall'ingl. di Valerio Sabbadin, Ed. Messaggero, Padova, 1991, 218 pp.

FORTINI Arnaldo, 『Nova vita di san Francesco』, Ed. Assisi, Assisi, 1959, 『Vol. I-1』, 458 pp; 『Vol. I-2』, 359 pp; 『Vol. II』, 549 pp; 『Vol. III』, 658 pp.

『Il francescanesimo dalle origini alla metà del secolo XVI. Esplorazioni e questioni aperte』. Atti del Convegno della Fondazione Michele Pellegrino (Università di Torino, 11 novembre 2004), a cura di Franco Bolgiani – Grado Giovanni Merlo, Società Editrice Il Mulino, Bologna, 2005, 278 pp.

『Francis of Assisi. History, hagiography and hermeneutics in the Early Documents』, edit. by Jay M. Hammond, New City Press, New York, 2004, 290 pp.

『Franciscan solitude』, edit. by André Cirino – Josef Raischl, The Franciscan Insitutute St. Bonaventure University, St. Bonaventure (N.Y), 1995, xviii-370 pp.

FRANCESCHINI Ezio, 『La vita contemplativa secondo il pensiero francescano』, 『Nel segno di Francesco』. Medioevo francescano. Saggi 1, a cura di F. Casolini – G. Giamba, Ed. Porziuncola, S. Maria degli Angeli – Assisi, 1988, p. 202-211.

FRASCA Giuseppe, 『Dal mysterion cristologico alla mistica di Francesco d'Assisi』. Theses ad Doctoratum. Pontificia Università Lateranense. Facoltà di s. Teologia, Roma, 2004, 260 pp.

— 『L'esperienza mistica di Francesco d'Assisi』, Ed. Porziuncola, Santa Maria degli Angeli – Assisi, 2005, 147 pp.

『Fraternidades de retiro y de contemplación』, 『CuadFranc』 29 (1995), p. 10-21; 67-82.

「Fraternità di ritiro e di contemplazione nell'Ordine」, 2ᵃed., Ufficio di Ricerca e Riflessone. Curia Generale dei Frati Minori Cappuccini, Roma, 1993, 62 pp.

FREYER Johannes B., 「La mística en las Fuentes franciscanas」, 「CuadFranc」 142 (2003), p. 85-100.

— 「Homo Viator. L'uomo alla luce della storia della salvezza. Un'antropologia teologica in prospettiva francescana」. Corso di teologia spirituale 12, tr. dal ted. di Ermanno Ponzalli, EDB, Bologna, 2008, 507 pp.

GALLANT Laurent – CIRINO André, 「The Geste of the Great King. Office of the Passion of Francis of Assisi」, The Franciscan Institute Saint Bonaventure University, New York, 2001, 362 pp.

GARZENA Cristiana, 「Terra fidelis manet. Humilitas e servitium nel "Cantico di Frate Sole"」. Saggi di "Lettere Italiane" L, Leo S. Olschki Ed., Firenze, 1997, 178 pp.

GOORBERGH Edith van den – ZWEERMAN Theodore, 「Respectfully yours: Signed and sealed, Francis of Assisi. Aspects of his authorship and focuses of his spirituality」, tr. dall'ol. di E. Saggau - P. Sansone, The Franciscan Insititute St. Bonaventure University, New York, 2001, 435 pp.

GNIECKI Czeslaw, 「Visione dell'uomo negli scritti di Francesco d'Assisi」, Ed. Antonianum, Roma, 1987, 234 pp.

HALFEN Suzanne Therese, 「Becoming empty. The core of franciscan spirituality」, 「Cord」 32 (1982), p. 131-140; 167-175; 209-217.

HERRERA RESTREPO Daniel, 「Misticismo filosófico franciscano」, 「El Ensayo」 36 (1952), p. 3-9.

HOEBERICHTS Jan, 「Paradise restored. The social ethics of Francis of Assisi. A commentary on Francis' "Salutation of the virtues"」, Franciscan Press Quincy University, Quincy (Illinois), 2004, 276 pp.

— 「The authenticity of Admonition 27 of Francis of Assisi. A discussion with Carlo Paolazzi and beyond」, 「CollFranc」 75 (2005), p. 499-523.

IAMMARRONE Giovanni, 「La spiritualità francescana. Anima e contenuti fondamentali. Una proposta cristiana di vita per il presente」, Ed. Messaggero Padova, Padova, 1993, 149 pp.

IRIARTE Lazaro, 「Vocazione francescana. Sintesi degli ideali di san Francesco e di santa Chiara」, 3^{a}ed., PIEMME, Casale Monferrato, 1999, 320 pp.

— 「Introduzione」, 「I mistici. Scritti dei mistici francescani. Secolo XIII. Vol. I」, p. 25-36.

ISABELL Damien, 「Admonition XXVII and the content of the ministry to spiritual direction」, 「Cord」 38 (1988), p. 4-18.

— 「The "Virtues" in Admonition XXVII of the Writings of Francis of Assisi and their usefulness in spiritual discernment」, 「Cord」 38 (1988), p. 35-57.

IZZO Leonardo, 「Dio nell'esperienza personale di Francesco d'Assisi secondo il suo Testamento」, 「Laur」 23 (1982), p. 233-262.

JANSEN André, 「Translation, Meaning, and Structure of Admonition XXVII, 4-6」, tr. dal fr. di Edward Hagman, 「GreyRev」, 14 (2000), p. 237-256.

JIMÉNEZ Francisco, 「Past and present contemplative Franciscan fraternities」, 「GrayRev」 3 (1989), p. 69-78.

JOHSON Timothy J., 「Contemplative Prayer and the "Constitutions of the Order of Friars Minor Conventual"」, 「GrayRev」 6 (1992), p. 357-373.

KARRIS Robert J., 「The Admonitions of St. Francis: Sources and Meanings」, The Franciscan Insititute St. Bonaventure University, New York, 1999, 316 pp.

KESTENS Adolph, 「Spiritual guidance. Fundamentals of ascetical theology based on the Franciscan ideal」, Adapted from the Latin by Elmer Stoffel. Vol. I, St. Anthony Guild Press, Paterson (N.J.), 1962, xvi-637 pp.

LAINATI Chiara Augusta, 「San Francesco uomo e maestro di preghiera」, 「Quaderni di Spiritualità Francescana」 15 (1967), p. 28-42.

LAITA A. - ARREGUI J. M., 「Dimensiones prioritarias de la vocación francescana. I: Dimensión contemplativa」, Centro de Franciscanismo, Madrid, 1982, 81 pp.

LAMPEN Willibrord, 「De S. P. Francisci cultu Angelorum et Sanctorum」. Extractum ex Periodico Archivum Franciscanum Historicum XX (1927), Typ. Collegii S. Bonaventurae, Quaracchi (Firenze), 1927, 23 pp.

LAPSANSKI Duane, 「The 'Chartula' of St. Francis of Assisi」, 「ArchFrancHist」 67 (1974), p. 18-37.

LECLERC Eloi, 「Francesco d'Assisi. Un maestro di preghiera」, tr. dal fr. di L. MARCHETTO, Ed. Biblioteca Francescana, Milano, 1993, 42 pp.

LEE Jae-Sung, 「Francis the mystic. A guide to the mysticism of Francis」. Dissertatio ad licentiam. Pontificium Athenaeum

Antonianum. Facultas Theologiae Specializatio in Spiritualitate, Roma, 2000, 139 pp.

LEHMANN Leonhard, 「Il Salmo di san Francesco per il tempo di Natale」, 「FormaSor」 29 (1992), p. 268-278.

— 「Francesco. Maestro di preghiera」, Istituto storico dei cappuccini, Roma, 1993, 396 pp.

— 「La preghiera francescana. Percorsi formativi」. Coll. Sussidi per l'animazione della vita religiosa 4, Ed. Dehoniana, Bologna, 1999, 171 pp.

— 「La dimensione universale negli scritti di Francesco d'Assisi」, 「Due volti del francescanesimo」, p. 89-125.

— 「I testamenti di Francesco e Chiara d'Assisi」(manoscritto non pubblicato), Roma, 2003, 135 pp.

— 「Le ammonizioni di san Francesco」(manoscritto non pubblicato), Roma, 2004, 146 pp.

— 「Gli scritti di san Francesco e santa Chiara」(manoscritto non pubblicato), Roma, 2004/05, 78 pp.

— 「La rilettura degli scritti di san Francesco」, 「VitaMin」, 76 (2005), p. 183-211.

LEHMANN Leonhard – MARTINELLI Paolo – MESSA Pietro, 「Eucaristia, vita spirituale e francescanesimo」. Coll. Teologia spirituale 4, EDB, Bologna, 2006, 105 pp.

LOBO Gerald, 「Single-pointedness: The Way of the Pure of Heart (Admonition XVI)」, 「Tau」 20 (1995), p. 66-73.

— 「The Hiddenness of God. Vision of the Eucharist in Francis of Assisi. Admo-nition I」, 「Tau」 25 (2000), p. 66-70.

— 「Not so much praying as becoming totally prayer. Prayer as "Being" in the Writings of Francis of Assisi」, 「Tau」 31 (2006), p.4-29; 36-58; 68-78; 32 (2007), p. 9-22; 44-60.

LONGPRÉ Efrem, 「Francesco d'Assisi e la sua esperienza spirituale」. Presenza di s. Francesco 17, tr. dal fr. di Carlo Branca – Feliciano Olgiati, Ed. Biblioteca Francescana, Milano, 1979, 262 pp.

MANSELLI Raoul, 「San Francesco d'Assisi」. Editio maior, Ed. San Paolo, Cinisello Balsamo (Milano), 2002, 479 pp.

MARANESI Pietro, 「Facere misericordiam. La conversione di Francesco d'Assisi: confronto critico tra il Testamento e le Biografie」, Ed. Porziuncola, Assisi, 2008, 314 pp.

MARINI Alfonso, 「'Vestigia Christi segui' o 'imitatio Christi'. Due differenti modi di intendere la vita evangelica di Francesco d'Assisi」, 「CollFranc」 64 (1994), p. 89-119.

MARSHALL Antony, 「The concept of "mother" in Francis of Assisi」, 「Tau」 29 (2004), p. 36-53.

— 「From "emptiness" to "nothingness". Discovery of the journey towards wholeness in the light of the writings of Francis of Assisi. Part 1」, 「Tau」 30 (2005), p. 112-122.

MARTINELLI Alessio, 「Il Saluto alla Vergine di san Francesco d'Assisi」, 「StudFranc」 88 (1991), p. 431-453.

MARVALDI C. M. Letizia, 「Dimensione contemplativa del movimento francescano」, 「Francescanesimo italiano contemporaneo. Incontro di tutte le componenti del francescanesimo italiano. Peregrinatio poenitentialis」(Assisi, 21-29 settembre 1976), Famiglie Francescane Italiane, Bologna, 1976, p. 151-156.

MASTROIANNI Fiorenzo, 「L'esperienza contemplativa francescana dal Serafico Padre ai Cappuccini」, 「Bollettino Ufficiale della Provincia di Foggia dei Frati Cappuccini」. Numero speciale dell'anno 1979, Curia dei Frati Minori Cappuccini, Foggia, 1980, p. 103-123.

MATANIĆ Anastasio G, 「Virtù francescane. Aspetti ascetici della spiritualità francescana」. Orizzonti francescani 6, Ed. Francescani, Roma, 1964, 120 pp.

MATURA Thaddée, 「Il cuore rivolto al Signore. La dimensione contemplativa della vita cristiana secondo gli Scritti di Francesco」, tr. dal fr. di G. Zoppetti, 「VitaMin」 64 (1993), p. 397-414.

— 「Francesco, un altro volto. Il messaggio dei suoi scritti」. Tau 5, tr. dal fr. di Paolo Canali, Ed. Biblioteca Francescana, Milano, 1996, 212 pp.

— 「Dio "un'assenza ardente". Ricerca e desiderio di Dio dell'uomo di oggi」. Absorbeat 5, Pazzini Editore, Villa Verucchio (RN), 2000, 99 pp.

MAZZIOTTI Arnaldo, 「"Il Cantico di Frate Sole" di Francesco d'Assisi」, Ed. Helicon, Arezzo, 2003, 42 pp.

MERLO Grado Giovanni, 「Nel nome di san Francesco. Storia dei frati Minori e del francescanesimo sino agli inizi del XVI secolo」, Ed. Francescane, Padova, 2003, 521 pp.

MERTENS Benedikt, 「Silenced desires and compassionate kisses. Contemplation and compassion in the Franciscan Tradition」, 『Cord』 51 (2001), p. 276-288.

MESSA Pietro, 「Le fonti patristiche negli scritti di Francesco d'Assisi」, Ed. Porziuncola, S. Maria degli Angeli – Assisi, xxviii-399 pp.

MESSA Pietro – PROFILI Ludovico, 「Il Cantico della fraternità. Le Ammonizioni di frate Francesco d'Assisi」, Ed. Porziuncola, Assisi, 2003, 296 pp.

「I mistici. Scritti dei mistici francescani. Secolo XIII. Vol. I」, a cura di Ernesto Caroli e. A., Ed. Francescane, Bologna, 1995, 1035 pp.

MORDINO Davide, 「San Francesco cantore dell'Eucaristia. Commento alla Ammonizione prima」, 『AnalTOR』 34 (2003), p. 247-265.

MROZINSKI Ronald M., 「Franciscan prayer life. The Franciscan active-contemplative synthesis and the role of Center of Prayer」, Franciscan Herald Press, Chicago (IL), 1983, xviii-186 pp.

NGUYEN VAN Khanh, 「Gesù Cristo. Nel pensiero di s. Francesco secondo i suoi scritti」 . Presenza di san Francesco 32, tr. dal fr. di Giovanna Mandelli, Ed. Biblioteca Francescana, Milano, 1984, xiii-334 pp.

NOLTHENIUS Helene, 「Un uomo dalla valle di Spoleto. Francesco tra i suoi contemporanei」, tr. dall'ol. di G. A. Ambrosiani, Ed. Messaggero Padova, Padova, 1991, 431 pp.

「Le origini del francescanesimo negli scritti di Francesco d'Assisi」. Atti della settimana di francescanesimo (Palermo-Baida, 28 agosto-2 settembre 2006), a cura della Formazione Permanente dei Frati Minori di Sicilia, Ordo Fratrum Minorum Provinciae Siciliae, Palermo, 2007, 174 pp.

PALUDET Giampaolo, 「Vita comunitaria e contemplazione (per un'esperienza temporanea e comunitaria di "vita eremitica", secondo s. Francesco)」, 「La comunità. Corso di spiritualità (Studio Teologico s. Bernardino, Verona, 1978)」. Esperienze dello Spirito 2, a cura dello Studio Teologico S. Bernardino, L.I.E.F., Vicenza, 1978, p. 133-160.

PAOLAZZI Carlo, 「Il Cantico di frate Sole」, Casa Editrice Marietti, Genova, 1992, 109.

— 「Francesco d'Assisi e la contemplazione con la mente e con il cuore」, 「Antonio Rosmini, filosofo del cuore? "Philosophia" e "theologia cordis" nella cultura occidentale」, a cura di G. Beschin, Morcelliana, Brescia, 1995, p. 183-200.

— 「Francesco d'Assisi e la contemplazione di Dio "tutto in tutte le cose"」, 「Religioni e ambiente」. Atti del Convegno Internazionale Interreligioso (Arezzo – La Verna – Camaldoli, 4-6 maggio 1995), a cura di G. Remondi, Camaldoli, 1996, p. 26-34.

— 「Lettura degli "Scritti" di Francesco d'Assisi」, 2^a ed., Ed. biblioteca francescana, Milano, 2002, 430 pp.

— 「Francesco in cammino. Testimonianza cristiana e "Lodi di Dio altissimo"」. Absorbeat 9, Pazzini Ed., Villa Verucchio (RN), 2003, 40 pp.

— 「Studi su gli "Scritti" di frate Francesco」. Spicilegium Bonaventurianum XXXV, Editiones Collegii S. Bonaventurae ad Claras Aquas, Grottaferrata (Roma), 2006, 224 pp.

— 「Per l'autenticità della Admonitio XXVII e il lessico di frate Francesco: una risposta a Jan Hoeberichts」, 「CollFranc」 76 (2006), p. 475-504.

PARRI Lino, 「Contemplare per lodare Dio. Lettera pastorale. VIII centenario della nascita di san Francesco d'Assisi」, Tipografia San Francesco-Via dei Cappuccini 1, Firenze, 1982, 47 pp.

PEDROSO José Carlos Corrêa, 「Contemplación franciscana hoy」, 「CuadFranc」 19 (1986), p. 476-482.

— 「Franciscan contemplation」, 「New Round Table」 41 (1988), p. 20-44.

— 「Occhi dello spirito. Itinerario alla contemplazione sulle tracce di Francesco e Chiara d'Assisi」, tr. dal port. di Pietro Vittorino Regni, Ed. E.F.I., Perugia, 1995, 250 pp.

PIAT Stéphane-Joseph, 「Con Cristo povero e crocifisso. L'itinerario spirituale di Francesco d'Assisi」. Presenza di san Francesco 19-20, tr. dal fr. di Simpliciano Olgiati, Ed. Biblioteca Francescana, Milano, 1971, 656 pp.

POMPEI Alfonso, 「Francesco d'Assisi (1182-1226)」, 「Grandi mistici. Dal 300 al 1900」, a cura di Gerhard Ruhbach – Josef Sudbrack, tr. dal ted. di Enzo Gatti, EDB, Bologna, 2003, p. 177-199.

POZZI Giovanni, 「Il nulla di sé nella mistica francescana」, 「FormaSor」 35 (1998), p. 43-50.

PRINI Pietro, 「St. Francis and St. Clare in the medieval mysticism of love」, 「GreyRev」 11 (1997), p. 301-309.

PROFILI Ludovico, 「L'esperienza francescana di Cristo nella contemplazione」, 「Lettura spirituale-apostolica delle Fonti Francescane」. Pubblicazioni dell'Istituto Apostolico Pontificia Università Antoniana 4, a cura di G. Cardaropolisupra – M. Conti, Ed. Antonianum, Roma, 1980, p. 103-117.

REFATTO Florindo, 「Uomo fatto preghiera. Francesco d'Assisi maestro di preghiera. Sussidio a schede」. Il pozzo di Giacobbe 5, Ed. Messaggero, Padova, 1990, 128 pp.

RODRÍGUEZ HERRERA Isidoro - ORTEGA CARMONA Alfonso, 「Los escritos de san Francisco de Asís」. Publicaciones instituto teológico franciscano. Serie Mayor 2, 2ª ed., a cura di Juan Ortín García, Murcia, Salamanca, 2003, 761 pp.

ROTZETTER Anton, 「Mistica e vangelo sine glossa in Francesco d'Assisi」, 「Concil」 17 (1981) n. 9, p. 95-110.

— 「Francesco d'Assisi. Memoria e passione」, tr. dal ted. di Luigi Dal Lago, Ed. Messaggero Padova, Padova, 1990, 157 pp.

RUH Kurt, 「Storia della mistica occidentale. Vol. II. Mistica femminile e mistica francescana delle origini」, Vita e Pensiero, Milano, 2002, 556 pp.

「San Francesco e il Francescanesimo nella letteratura italiana dal XIII al XV secolo」. Atti del Convegno Nazionale (Assisi, 10-12 dicembre 1999), a cura di Stanislao da Campagnola e Pasquale Tuscano, Accademia Properziana del Subasio, Assisi, 2001, 300 pp.

SCARSATO Fabio, 「Laudato sie per sora bellezza. L'esperienza estetica di Francesco d'Assisi. La croce di Aquileia」. Percorsi di vita spirituale e pastorale 6, Ed. Messaggero Padova, Padova, 2005, 143 pp.

SCHALÜCK Hermann, 「De dimensione contemplativa in vita Fratrum Minorum」, 「Acta Ordinis Fratrum Minorum」 112 (1993), p. 197-204.

Schiopetto Daris, 「Lectio divina sull'Ammonizione III」, 『VitaMin』 74 (2003), p. 691-719.

— 「Il Cantico di frate sole, cantico dei giullari del Signore」, 『VitaMin』 75 (2004), p. 359-392.

Schmucki Octavian, 「Saggio sulla spiritualità di san Francesco」. Quaderni dell'Italia Francescana. Spiritualità francescana 3, L'Italia Francescana, Roma, 1967, 40 pp.

— 「"Mentis silentium". Il programma contemplativo nell'Ordine francescano primitivo」, 『Laur』 14 (1973), p. 177-222.

— 「Place of solitude: an essay on the external circumstances of the prayer life of St. Francis of Assisi」, 『GreyRev』 2 (1988), p. 77-132.

— 「St. Francis's Letter to the Order」, 『GreyRev』 3 (1989), p. 1-33.

— 「The mysticism of st. Francis in his writings」, tr. dal ted. di I. McCormick, 『GreyRev』 3 (1989), p. 241-266.

— 「Divine praise and meditation according to the teaching and example of St. Francis of Assisi」, 『GrayRev』 4 (1990), p. 23-73.

— 「The stigmata of St. Francis of Assisi. A critical investigation in the light of thirteenth-century sources」. Franciscan Institute Publications. History Series No. 6, tr. dal lat. di Canisius F. Connors, The Franciscan Institute St. Bonaventure University, New York, 1991, xvii-393 pp.

Sciamè Umberto G., 「Francesco uomo di contemplazione e d'azione」, 『Francesco d'Assisi, novità di Chiesa』, a cura di Umberto G. Sciamè, Tip. Ed. Fiamma Serafica, Cappucini (1983), Palermo, p. 70-81.

SCIVOLETTO Nino, 「Itinerario letterario degli sponsale di S. Francesco」, 「San Francesco e il Francescanesimo nella letteratura italiana dal XIII al XV secolo」, p. 41-51.

SCOTTO Dominic, 「The life of penance. Logical outcome of the mystery of the Passion」, 「Cord」 44 (1994), p. 243-249.

SHEEHAN Maurice, 「Contemplation in the franciscan tradition」, 「Cord」 29 (1979) p. 182-189.

SILINI Giambattista, 「La lettera a un Ministro」, 「VitaMin」 73 (2002), p. 25-39.

SPAGNOLO Giovanni, 「L'Ammonizione V di san Francesco: un canto alla dignità dell'uomo」, 「ItalFranc」 61 (1986), p. 133-138.

― 「L'Exhortatio ad Laudem Dei di san Francesco. Storia del testo e un commento spirituale」, 「ItalFran」 63 (1988), p. 147-151.

「La spiritualità di Francesco d'Assisi」. Presenza di San Francesco 38, tr. dal fr. di Maria Vimercati e. A., a cura dei redattori di Evangile Aujourd'hui. Rivista di Spiritualità Francescana, Ed. Biblioteca Francescana, Milano, 1993, 429 pp.

SPITERIS Yannis, 「Francesco e l'oriente cristiano un confronto」. Bibliotheca ascetico-mystica 8, Istituto Storico dei Cappuccini, Roma, 1999, 259 pp.

STANISLAO DA CAMPAGNOLA, 「L'angelo del sesto sigillo e l'alter Christus. Genesi e sviluppo di due temi francescani nei secoli XIII-XIV」, Ed. Laurentianum – Ed. Antonianum, Roma, 1971, 322 pp.

STEWART Robert, 「Motherhood in God, Jesus, Francis, and the Franciscan Tradition」, 「Cord」 52 (2002), p. 3-17.

TALBOT John Michael, 「The lover and the beloved. A way of Franciscan prayer」, Crossroad, New York, 1985, vii-123 pp.

TAPIA Benjamín, 「Dimensión contemplativa de la vida francescana en América Laina」, 「CuadFranc」 27 (1993) p. 225-236; 28 (1994) p. 38-46.

TEDOLDI Fabio Massimo, 「La dottrina dei cinque sensi spirituali in san Bonaventura」. Pontificium Athenaeum Antonianum Facultas Theologiae. Specializatio in Spiritualitate. Dissertatio ad Lauream no. 365, Ed. Antonianum, Roma, 1999, 371 pp.

TEIXEIRA Celso Marcio, 「Deus na experiencia pessoal de s. Francisco de Assisi」, 「Laur」 23 (1982), p. 196-232.

TEMPERINI Lino, 「San Francesco d'Assisi dalla penitenza alla conformità con Cristo. Itinerario spirituale. Approdi mistici. Modello di perfezione」, Ed. Franciscanum, Roma, 2003, 88 pp.

TOZZI Angela, 「Sequela in Francesco d'Assisi」, 「VitaMin」 69 (1998), p. 238-251.

「Un Uomo diventato preghiera. Preghiera di san Francesco d'Assisi」. Traduzione e commento di Raimondo Corona. Xilografie e decorazioni originali di Dino Guerra, a cura della Fraternità maschile dell'Ordine Francescano Secolare del Convento del Sacro Cuore in Chieti, Chieti, 1982, 156 pp.

URIBE ESCOBAR Fernando, 「Strutture e specificità della vita religiosa secondo la regola di s. Benedetto e gli opuscoli di s. Francesco d'Assisi」. Studia Antoniana cura Pontificii Athenaei Antoniani edita n. 24, Pontificium Athenaeum Antonianum, Roma, 1979, 387 pp.

— 「"Ir por el mundo" o la evangelizaciòn a través del testimonio」, 「SelecFranc」 77 (1997), p. 242-262.

- 「La fraternità nella forma di vita proposta da Francesco d'Assisi」, 『VitaMin』 71 (2000), p. 356-380.

- 「L'itinerario vocazionale di Francesco d'Assisi. I sei incontri determinanti per la sua vita」, 『Segno di Fraternità』 26 (2001), p. 5-23.

- 「Introduzione alle fonti agiografiche di san Francesco e santa Chiara d'Assisi (secc. XIII-XIV)」. Traduzione dell'edizione spagnola rivista ed ampliata. Medioevo francescano Saggi 7, Ed. Porziuncola, Assisi, 2002, xxvii-637 pp.

- 「Il Francesco di Bonaventura. Lettura della Leggenda Maggiore」, Ed. Porziuncola, Santa Maria degli Angeli, 2003, 564 pp.

- 「La Regla de san Francisco. Letra y espíritu」. Publicaciones istituto teológico de Murcia OFM textos 3, Editorial Espigas, Murcia, 2006, 377 pp.

- 「La idenidad franciscana. Elementos del carisma según las enseñanzas de Francisco de Asís」(manoscritto non-pubblicato), Roma, 2007.

- 「Per 'conoscere' il Padre: L'Ammonizione I di san Francesco d'Assisi」, 『StudFranc』 105 (2008), p. 5-34.

- 「La vera gloria dell'uomo. L'Ammonizione V di san Francesco」, 『FrateFranc』 74 (2008), p. 351-376.

- 「Orar como Francisco. Notas y sugerencias sobre las oraciones del Santo de Asís」. Colección Karisma 2, Curso Carisma Misionero Franciscano, Santiago de Cali (Colombia), 2008, 264 pp.

VAIANI Cesare, 「Vedere e Credere. L'esperienza cristiana di Francesco d'Assisi」, Ed. Glossa, Milano, 2000, 175 pp.

— 「La via di Francesco. Una sintesi della spiritualità francescana a partire dagli Scritti di san Francesco」, Ed. Biblioteca Francescana, Milano, 2001, 128 pp.

VALTORTA A. U., 「L'uomo creato ad immagine del Figlio "secondo il corpo" negli scritti di Francesco d'Assisi」, 「L'uomo e il mondo alla luce di Cristo」, a cura di V. Battaglia, Vicenza, 1986, p. 151-226.

VARANATH Scaria, 「Silence and contemplation. Indian-Franciscan perspectives」, 「Tau」 14 (1989), p. 95-99; 15 (1990), p. 9-19; 16 (1991), p. 17-27.

「Verba Domini mei. Gli Opuscula di Francesco d'Assisi a 25 anni dalla edizione di Kajetan Esser, ofm」. Atti del Convegno internazionale (Roma, 10-12 Aprile 2002), a cura di Alvaro Cacciotti, Ed. Antonianum, Roma 2003, 502 pp.

VERHEY Sigismund, 「Der Mensch unter der Herrschaft Gottes. Versuch einer Theologie des Menschen nach dem hl. Franziskus von Assisi」, Patmos Verlag, Düsseldorf, 1960, 212 pp.

VEUTHEY Leone, 「Itinerario spirituale francescano. Esercitazioni – sviluppi –approfondimenti – estensioni – agiografie francescane – dimensioni ascetico-mistico」. Opera omnia n. 15, Nota editoriale di Ernesto Piacentini, Ed. Miscelanea Francescana, Roma, 2007, xxviii-341.

— 「Manuali di spiritualità francescana」. Opera omnia n. 20, Nota editoriale di Ernesto Piacentini, Ed. Miscelanea Francescana, Roma, 2007, xvii-432 pp.

VILLARREAL María Carmen, 「La contemplación, forma de vita francescana」, 「CuadFranc」 27 (1993), p. 69-77.

VIVIANI Walter, 「L'ermeneutica di Francesco d'Assisi. Indagine alla luce di Gv 13-17 nei suoi scritti」, Ed. Antonianum, Roma, 1983, 422 pp.

ZOPPETTI G. Ginepro, 「Contemplazione e azione in San Francesco」, 「VitaMin」 66 (1995), p. 21-39.

5. 신비체험에 관한 연구들

ADNÈS Pierre e. A., 「Mystique」, 「Dictionnaire de spiritualité. Ascétique et mystique. Doctrine et histoire X」, fondé par M. Viller e. A., Beauchesne, Paris, 1980, p. 1889-1984.

ALTISSIMO Lorenzo, 「La contemplazione: valore irrinunciabile dell'uomo」, 「Francescanesimo italiano contemporaneo. Incontro di tutte le com-ponenti del francescanesimo italiano. Peregrinatio poenitentialis」(Assisi, 21-29 settembre 1976), Famiglie Francescane Italiane, Bologna, 1976, p. 204-207.

ANSELMO DA CINGOLI, 「Guida dell'anima. Meditazioni ascetico-serafiche」, Scuola Tipografica Francescana, Jesi, 1963, 555 pp.

ASTI Francesco, 「Spiritualità e mistica. Questioni metodologiche」, Libreria Editrice Vaticana, Città del Vaticano, 2003, 238 pp.

— 「Dire Dio. Linguaggio sponsale e materno nella mistica medioevale」, Libreria Editrice Vaticana, Città del Vaticano, 2006, 367 pp.

AUGÉ Matias, 「Mistero pasquale」, 「DizMist」, p. 823-824.

BAGGIO Hugo, 「Buscar la unidad de contemplación y acción」, 「CuadFranc」 22 (1988), p. 55-69.

BALTHASAR Hans Urs von, 「Nella preghiera di Dio. La preghiera contemplativa. Il rosario. Primo sguardo su Adrienne von Speyr」. Hans Urs von Balthasar. Opere. Sezione settima. Preghiera e mistica. Vol. XXVIII, tr. dal ted. di Guido Sommavilla, Jaca Book, Milano, 1997, 336 pp.

BARLETT C. - BUSTUL T. H. - GOEBEL J. e. A., 「Vox Mystica: Essays on medieval mysticism. In honor of professor Valerie M. Lagorio」, Brewer, Cambridge, 1995, xiv-235 pp.

BARSOTTI Divo, 「Manachesimo e mistica」, 2^a ed., Abbazia San Benedetto, Seregno (MI), 2000, 84 pp.

BATTAGLIA Vincenzo, 「Cristologia e contemplazione. Orientamenti generali」. Corso di teologia sistematica. Complementi 4, EDB, Bologna, 1996, 214 pp.

— 「Il signore Gesù Sposo della chiesa. Cristologia e contemplazione 2」. Corso di teologia sistematica. Complementi 8, EDB, Bologna, 2001, 217 pp.

BELDA Manuel - SESÉ Javier, 「La "Cuestión mística". Estudio histórico-teológico de una controversia」. Colección teológica 94, Ediciones Universidad de Navarra S.A., Pamplona, 1998, 368 pp.

BELL Rudolph M., 「La santa anoressia. Digiuno e misticismo dal Medioevo a oggi」, tr. dall'ol. di Anna Casini Paszkowski, Arnaldo Mondadori Ed., Milano, 1992, xi-281 pp.

BERNARD Charles André, 「Contemplazione」, 「DizSpir」, p. 262-278.

— 「Il Dio dei mistici. Le vie dell'interiorità」, tr. dal fr. di Maria Giovanna Muzj, Ed. San Paolo, Cinisello Balsamo (MI), 1996, 569 pp.

— 「Il Dio dei mistici. Vol. II. La conformazione a Cristo」, tr. dal fr. di Bianca Cortellazzo – Maria Giovanna Muzj, San Paolo, Cinisello Balsamo (MI), 2000, 562 pp.

— 「Le Dieu des mystiques. Vol. III. Mystique et action. (Théologie)」, Éditions du Cerf, Paris, 2000, 468 pp.

— 「Teologia sprituale」, San Paolo, Cinisello Balsamo (MI), 2002, 525 pp.

BIALAS Martin, 「Mistica come appropriazione del mistero」, 「Mistica e mis-ticismo oggi」. Settimana di studio di Lucca 8-13 settembre 1978, Passionisti – CIPI, Roma, 1979, p. 432-439.

BLASUCCI Antonio, 「Mistica e scienze umane. Casi contesi」. I maestri di ieri e di oggi 9, Città di Vita, Firenze, 1985, 196 pp.

BLUNDETTO Chiara Elisabetta, 「Contemplazione」, 「DizFran」, p. 247-268.

BONZI Umile, 「Contemplazione」, 「EnciCatto IV」, p. 438-450.

BORNKAMM Günther, 「Μυστήριον μυέω」, 「LessKittel Vol. II」, p. 645-716.

BORRIELLO Luigi, 「Esperienza mistica」, 「DizMist」, p. 463-476.

BORRIELLO Luigi – HERRÁIZ Maximiliano, 「Contemplazione」, 「DizMist」, p. 338-348.

BOUYER Louis, 「Mysterion. Dal mistero alla Mistica」, Libreria Editrice Vaticana, Città del Vaticano, 1998, 356 pp.

BREMER Buono Donatella, 「La mistica」, ETS, Pisa, 1996, 122 pp.

BROWN Raymond Edward, 「Mystery (in the Bible)」, 「CathEency X」, p. 79-82.

BUCHER Anton, 「Vision」, 「Lexikon für Teologie und Kirche. Vol. X.」, Dritte, völlig neu bearbeitete Auflage. Herausgegeben von Walter Kasper mit Konrad Baumgartner (aliisque), Herder, Freiburg – Basel – Rom – Wien, 2001, p. 810-815.

BUTLER Cuthbert, 「Western mysticism. The teaching of Augustine, Gregory and Bernard on contemplation and the contemplative life」, 2ª ed., Wipf and Stock Publishers, Eugene (Oregon), 2001, lxii-242 pp.

CERTEAU Michel de, 「Fabula mistica. La spiritualità religiosa tra il XVI e il XVII secolo」, tr. dal fr. di Rosanna Albertini, Il Mulino, Bologna, 1987, 405 pp.

CIARDI Fabio, 「"Gustate e vedete…". Il dono della Sapienza nell'insegnamento dei santi」, 「Unità e Carismi」 12 (2002), p. 31-40.

COLOMBO Carlo, 「Mistero」, 「EnciCatto VIII」, p. 1131-1135.

CORNUZ Michel, 「Le ciel est in toi. Introduction à la mystique chrétienne」, Éd. Labor et Fides, Genève, 2001, 263 pp.

CROUZEL Henri – ODROBINA Lázlo, 「Sponsa Christi」, 「DizPatr」, p. 5111-5112.

DANIELIÁN Jorge, 「Dimensión contemplativa de la vida consagrada」, 「CuadFranc」 15 (1982), p. 3-11.

— 「Hacia una contemplación sin reduccionismos」, 「CuadFranc」 22 (1989), p. 193-204.

DAVIES Oliver, 「Later medieval mystics」, 「The Medieval Theologians. An introduction to theology in the medieval period」, edit. by

Gillian Rosemary Evans, Blackwell Publishers, Oxford, 2001, p. 221-232.

DAVY Marie-Madeleine, 「Esperienze mistiche in oriente e in occidente. Dottrine e profili. Vol. II」, ed. italiana a cura di Luigi Borriello, Libreria Editrice Vaticana, Città del Vaticano, 2000, 430 pp.

DE LONGCHAMP Max Hout, 「Mistica」, 「DizCrit」, p. 859-865.

DEBLAERE Albert, 「Témoignage mystique chrétien」, 「Studia Missionalia」 26 (1977), p. 117-147.

DEL GENIO Maria Rosaria, 「Mistica (cenni storici)」, 「DizMist」, p. 824-834.

DELIO Ilia, 「Crucified Love: Bonaventure's Mysticism of the Crucified Christ」, Franciscan press, Quincy (IL), 1998, xxvi-268.

DENEKEN Michel, 「Mistero」, 「DizMedi 2」, p. 1204.

DI NOLA Alfonso M., 「Mistero e misteri」, 「Enciclopedia delle religioni IV」, a cura di Mario Zozzini, Vallecchi editore, Firenze, 1972, p. 472-478.

─── 「Mistica」, 「Enciclopedia delle religioni IV」, a cura di Mario Zozzini, Vallecchi editore, Firenze, 1972, p. 478-485.

DIEFENBACH Gabriel, 「Common Mystic Prayer」, St. Anthony Guild Press, Paterson (N. J.), 1947, viii-128 pp.

DULLES Avery, 「Mystery (in theology)」, 「CathEncy X」, p. 82-85.

ECKERT Jost ─ WEISMAYER Josef, 「Christusmystik」, 「Lexikon Theologie und Kirche. Abkürzungsverzeichnis」, Herder, Freiburg ─ Basel ─ Rom ─ Wien, 1994, p. 1179-1182.

EGAN Harvey, 「Christian mysticism: the Future of a Tradition」, Pueblo Publishing Co., New York, 1984, 424 pp.

— 「I Mistici e la mistica. Antologia della mistica cristiana」, a cura di Luigi Borriello, Libreria Editrice Vaticana, Città del Vaticano, 1995, 698 pp.

「Esperienza mistica e pensiero filosofico」. Atti del colloquio "filosofia e mistica" (Roma, 6-7 dicembre 2001). Pontificia Università Lateranense e Pontificio Ateneo Sant'Anselmo, Libreria Editrice Vaticana, Città del Vaticano, 2003, 158 pp.

「Esperienze mistiche in Oriente e in Occidente. Dottrine e profili. Vol. I. Sciamanesimo, mistica greca, romana, ebraica, mistica dell'Antico e Nuovo Testamento, del cristianesimo primitivo, dei Padri del deserto, gnosi ed ermetismo」. Sotto la direzione di Marie-Madeleine Davy, ed. it. a cura di Luigi Borriello, Libreria Editrice Vaticana, Città del Vaticano, 2000, 393 pp.

「Esperienze mistiche in Oriente e in Occidente. Dottrine e profili. Vol. II. Mistica bizantina, cristianesimo occidentale, esoterismo, protestantesimo, islam」. Sotto la direzione di Marie-Madeleine Davy, ed. it. a cura di Luigi Borriello, Libreria Editrice Vaticana, Città del Vaticano, 2000, 430 pp.

ESTEVE José Luis Coll, 「Formar para la dimensión contemplativa」, 「SelecFranc」, 18 (1989), p. 91-107.

FANNING Steven, 「Mystics of the Christian Tradition」, Routledge, New York, 2001, 279 pp.

FURIOLI Antonio, 「Preghiera e contemplazione mistica. Per un'antropologia della preghiera」. Dabar. Saggi teologici 27, 2^a ed., Marietti, Genova, 2001, 255 pp.

GAMBA Ulderico, 「Mistici di tutti i tempi. Pagine scelte」, Ed. Messaggero, Padova, 1995, 512 pp.

GERSON Jean, 「Teologia mistica. Versione italiana con testo latino a fronte」, a cura di Marco Vannini, Ed. Paoline, Cinisello Balsamo (Milano), 1992, 356 pp.

GIOVANNI DI GESÙ MARIA, 「La teologia mistica. Collana Ioannes a Iesu Maria 003」, tr. di Giovanni Marco Strina, Bruxelles, Soumillion, 1993, 224 pp.

HAPPOLD Frederick Crossfield, 「Mysticism. A study and an Anthology」, Penguin Book, Harmondsworth, 1990, 407 pp.

HIGGINS Michael J., 「The active-contemplative synthesis」, 「Cord」 45 (1995) n.6, p. 32-41.

INGE William Ralph, 「Christian mysticism」, Methuen, London, 1899, xv-379 pp.

IOANNIS A IESU MARIA, 「Theologia mystica」, Editions Soumillion, Bruxellae, 1993, 313 pp.

JOHNSTON William, 「Teologia mistica. La scienza dell'amore」, tr. dall'ingl. di Tommaso Guadagno, Ed. Appunti di Viaggio, Roma, 2001, 439 pp.

KEATING Thomas, 「Il mistero di Cristo. Piccolo vademecum di Cristologia」, tr. dall'ingl. di Francesco Saba Sardi, PIEMME, Casale Monferrato (AL), 2001, 200 pp.

KNOWLES David, 「What is mysticism?」, Sheed and Ward, London, 1988, 140 pp.

KUBANZE Margaret, 「Contemplation and compassion」, 「Cord」 48 (1998), p. 251-258.

LA GRUA Gregorio, 「Il problema della vocazione generale alla mistica. Soluzione」. Estratto dalla Tesi presentata per la Laurea in S. Teologia presso la Pontificia Facoltà Teologica O.F.M.Conv., Miscellanea Francescana, Roma, 1946, 77 pp.

LACHANGE Paul, 「Mysticism and social transformation according to the Franciscan way」, 「Mysticism & social transformation」, edit. by Janet K. Ruffing, p. 55-75.

LAFONT Ghislain, 「Unione con Dio」, 「DizMist」, p. 1241-1242.

LARRAÑAGA Ignacio, 「Sensing your hidden presence: toward intimacy with God」, Image Books – Doubleday, Garden City (NY), 1987, 286 pp.

LAUDAZI Carlo, 「L'uomo chiamato all'unione con Dio in Cristo. Temi fondamentali di teologia spirituale」. Coll. Appunti di teologia 9, Ed. OCD, Roma, 375 pp.

LAUWERS Michel, 「Mistica」, 「DizMedi 2」, p. 1204-1207.

LEVASTI Arrigo, 「I grandi mistici」, a cura di M. BALDINI, Nardini, Fiesole (FI), 1993, 200 pp.

LEVASTI Arrigo e A., 「Mistici del Duecento e del Trecento」, Rizzoli, Milano – Roma, 1935, 1025 pp.

「Il linguaggio della mistica」. Atti del Convegno (Cortona, 6-7 ottobre 2001), Accademia Etrusca, Cortona, 2002, 232 pp.

LUBAC Henri de, 「Mistica e mistero cristiano. Sezione seconda. La fede cristiana. Vol. 6」. Opera omnia, tr. dal fr. di Antonio Sicari, Jaca Book, Milano, 1979, 304 pp.

LUIZ Federico e. A., 「Mistica e mistica carmelitana」. Coll. Studi carmelitani 2, Libreria Editrice Vaticana, Città del Vaticano, 2002, 321 pp.

MAISONNEUVE Roland, 「Les mystiques chrétiens et leurs vision de Dieu un et trine」, Paris, Éditions du Cerf, 2000, 360 pp.

MARIANI Eliodoro, 「Del primato della contemplazione」, 「VitaMin」 51 (1980), p. 421-427.

— 「Vita contemplativa e problemi vocazionali」, 「VitaMin」 55 (1984), p. 547-573.

— 「Vita contemplativa e progetto formativo」, Ed. L.I.E.F., Vicenza, 1985, 163 pp.

MARITAIN Jacques, 「Vita di preghiera, liturgia e contemplazione」, Borla, Roma, 1979, 144 pp.

MAROTO Daniel de Pablo, 「Amor y conocimiento en la vida mística」, Fundación Universitaria Española, Madrid, 1979, 245 pp.

MAZZANTI Giorgio, 「Persone nuziali. Communio nuptialis. Saggio teologico di antropologia」. Nuovi saggi teologici 65, EDB, Bologna, 2005, 320 pp.

MCGINN Bernard, 「Storia della mistica cristiana in occidente. Le origini (I-V secolo)」, tr. dall'ingl. di Marco Rizzi, Marietti, Genova, 1997, xx-529 pp.

— 「The Flowering of Mysticism. Men and Women in the New Mysticism 1200-1350. Vol. III of The Presence of God: A History of Western Christian Mysticism」, The Crossroad Publishing Co., New York, 1994, 526 pp.

MENESTÓ Enrico, 「Umbria mistica e santa」, 「Itinerari del sacro in Umbria」, a cura di Mario Sensi, Octavo, Firenze – Franco Cantini Editore, Perugia, 1998, p. 15-103.

「La mistica. Fenomenologia e riflessione teologica」, a cura di Ermanno Ancilli – Maurizio Paparozzi, Città Nuova Ed., Roma, 1984, 「Vol. I」, 668 pp; 「Vol. II」, 765 pp.

「La mistica oggi」. Atti. XVI edizione delle "Giornate dell'Osservanza" (17-18 maggio 1997 – Convento dell'Osservanza, via dell'Osservanza, 88 – Bologna), a cura di Marco Poli, Fondazione del Monte di Bologna e Ravenna, Bologna, 1997, 84 pp.

MOIOLI Giovanni, 「Mistica cristiana」, 「DizSpir」, p. 985-1001.

MOMMAERS Paul, 「Union mystique et imitation de Jésus Christ. Une controverse cruciale chez les capucins flamands vers la fin du XVIe siècle」, 「I francescani in Europa tra Riforma a Controriforma」, Centro di Studi Francescani, Assisi-Perugia, 1987, p. 25-49.

MORESCHINI Claudio, 「Mistica」, 「DizPatr」, p. 3306-3312.

MURA Ernest, 「Mistica」, 「EnciCatto VIII」, p. 1135-1143.

「Mysticism & social transformation」, edit. by Janet K. Ruffing, Syracuse University Press, Syracuse (NY), 2001, xvi-220 pp.

NICOLAS Jean-Hervé, 「Contemplazione e vita contemplativa nel cristianesimo」, tr. dal fr. di A. Bussoni, Libreria Editrice Vaticana, Città del Vaticano, 1990, 356 pp.

OCCHIALINI Umberto, 「Unione con Dio」, 「La mistica parola per parola」, a cura di Luigi Borriello – Maria R. Del Genio – Tomáš Špidlík, Ancora, Milano, 2007, p. 358-359.

OHM Thomas, 「Mystik. I. Religionsgeschichtlich」, 「Lexikon für Theologie und Kirche. Vol VII」, a cura di Michael Buchberger – Josef Höfer – Karl Rahner, 2ᵃ ed., Herder, Freiburg im Breisgau, 1962, p. 732-733.

OSSOLA Carlo e. A., 「Pour un vocabulaire mystique au XVIIe siècle」. Séminaire du professeur Carlo Ossola. Textes réunis par François Trémolières, Nino Argano Editore, Torino, 2004, 420 pp.

PAGLIARA Giocondo, 「Esperienze di contemplazione. "Le nozze con Dio amore"」. Testimoni 17, EDB, Bologna, 1981, 352 pp.

PEDROSO José Carlos Corrêa, 「Contemplazione」, 「ItalFranc」 62 (1987), p. 327-338.

PIKE Nelsen, 「Mystic union. An essay in the phenomenology of mysticism」, Cornell University, Ithaca (NY), 1992, xiv-224 pp.

PLÉ Albert e. A., 「Mystery and mysticism: a symposium」, Blackfriars, London, 1956, v-137 pp.

PLENTZ Urbano, 「Dimensión contemplativa」, 「CuadFranc」 15 (1982), p. 12-21.

POSSANZINI S., 「Matrimonio sponsale」, 「DizMist」, p. 800-803.

POULAT Èmile, 「L'Université devant la mystica. Expérience du Dieu sans mode. Trascendance du Dieu d'amour」, Paris, Éditions Salvator, 1999, 292 pp.

PRANGER B., 「The rhetoric of mystical unity in the Middle Ages: A study in retroactive reading」, 「Literature & Theology」 7 (1993), Oxford, p. 33-49.

RAHNER Karl – VORGRIMLER Herbert, 「Mistero」, 「DizTeol」, p. 396-397.

— 「Mistica」, 「DizTeol」, p. 397-400.

— 「Dio (dottrina su)」, 「DizTeol」, p. 192-194.

RAKOCZY Susan, 「Great mystics and social justice. Walking on the two feet of love」, Paulist Press, New York – Mahwah (N.J.), 2005, 217 pp.

RAVIER André e. A., 「La mistica e le mistiche」, tr. dal fr. di Elena de Rosa e. A., Ed. San Paolo, Cinisello Balsamo (MI), 829 pp.

RIVI Prospero, 「Note d'introduzione alla preghiera contemplativa」, 「ItalFranc」 76 (2001), p. 129-145.

RUH Kurt, 「Storia della mistica occidentale. Vol. I. Le basi patristiche e la teologia monastica del XII secolo」, tr. dal ted. di Michele Fiorillo, Vita e Pensiero, Milano, 1995, 478 pp.

RUIZ Federico, 「Teologia mistica」(Manoscritto non pubblicato), Teresianum Pontificio Istituto di Spiritualità, Roma, 61 pp.

SCARAMELLI Giovanni Battista, 「Wegbegleitung in der mystischen Erfahrung」, riveduta da Fridolin Marxer, Echter, Würzburg, 2001, 123 pp.

SECONDIN Bruno, 「La mistica nel XX secolo: Teorie ed esperienze. La presenza di San Giovanni della Croce」, 「Ricerche teologiche」 3 (1992), p. 59-86.

SHANNON William H., 「Contemplation - Contemplative Prayer」, 「The New Dictionary of Catholic Spirituality」, a cura di M. Downey, A Michael Glazier Book, Collegeville (Minnesota), 1993, p. 209-214.

SHARPE Alfred Bowyer, 「Mysticism. Its true nature and value. With a translation of the "mystical theology" of Dionysius and of the letters to Caius and Dorotheus (1,2 and 5)」, Sands & Co., London, 1910, xi-233 pp.

「Il silenzio. Pagine mistiche di santi e maestri spirituali」, a cura di R. Russo, Gribaudi, Milano, 1998, 126 pp.

SPEYR Adrienne von, 「Il mondo della preghiera」, a cura di Hans Urs von Balthasar, tr. dal ted. di Laura Draghi Salvadori, Jaca Book, Milano, 1982, 413 pp.

ŠPIDLÍK Thomas, 「Matrimonio spirituale」, 「Nuovo dizionario patristico e di antichità cristiane」, diretto da Angelo Di Berardino, 2^a ed., Marietti, 2006-2008, p. 3144-3145.

SPITERIS Yannis, 「L'esperienza di Dio in oriente e in alcuni mistici occidentali」(Manoscritto non pubblicato), Pontificio Ateneo Antonianum Facoltà di Teologica Istituto di Spiritualità, Roma, 2003, 136 pp.

STUDER Basilio, 「Mistero」, 「DizPatr」, p. 3305-3306.

— 「Unione ipostatica」, 「DizPatr」, p. 5506-5509.

SUDBRACK Josef, 「Mystik. Sinnsuche und die Erfahrung des Absoluten」, Wissenschaftliche Buchgesellschaft WBG, Darmstadt, 2002, 184 pp.

TANQUEREY Adolphe Alfred, 「Compendio di Teologia ascetica e mistica」, tr. dal fr. di Filippo Trucco – Luigi Giunta, Società di S. Giovanni Evangelista, Roma, 1928, lviii-979 pp.

「Teoria e pratica della Mistica. 1° Forum internazionale」 Atti, La Santa, Bologna, 2000, 96 pp.

「Testi mistici per la contemplazione di Dio. 2000 anni di letteratura spirituale」, a cura di Vincenzo Noja, Borla, Roma, 2006, 384 pp.

『Those who prayed. An anthology of medieval sources』, edit. by Peter Speed, Italica Press, New York, 1997, xiv-284 pp.

THURSTON Herbert, 『Surprising mystics』, edit. by J. H. Crehan, Burns & Oates, London, 1955, ix-238 pp.

TRITSCH Walther, 『Introduzione alla mistica. Fonti e documenti』, tr. dal ted. di P. Edoardo Martinelli, Libreria Editrice Vaticana, Città del Vaticano, 1995, 344 pp.

TURNER Denys, 『The Darkness of God. Negativity in Christian Mysticism』, University Press, Cambridge, 1998, 288 pp.

UNDERHILL Evelyn, 『Mysticism. A Study in the Nature and Development of Spiritual Consciousness』, A Digireads.com Book, Stilwell, KS, 2005, 354 pp.

VANNINI Marco, 『Mistica e Filosofia』, Piemme, Casale Monferrato, 1996, 204 pp.

— 『Introduzione alla mistica』, Ed. Morcelliana, Brescia, 2000, 113 pp.

VILLER Marcel – RAHNER Karl, 『Ascetica e mistica nella patristica. Un compendio della spiritualità cristiana antica』, tr. dal ted. di Carlo Danna, Queriniana, Brescia, 1991, 314 pp.

ZOLLA Elémire, 『I mistici dell'Occidente』. Gli Adelphi 107-108, Nuova edizione riveduta, Adelphi Ed., Milano, 1997, 『Vol. I』, 997 pp; 『Vol. II』, 855 pp.

6. 기타 연구들

ABBAGNANO Nicola, 「Trascendentale」, 「DizAbb」, p. 1117-1118.

— 「Virtù」, 「DizAbba」, p. 1159-1161.

— 「Bene」, 「DizAbba」, p. 121-123.

ANDIA Ysabel de, 「Attributi divini」, 「DizCrit」, p. 172-175.

ATKINSON Clarissa W., 「The oldest vocation. Christian motherhood in the Middle Ages」, Cornell University Press, Ithaca (N.Y.) - London, 1991, xiv-274 pp.

AUMANN Jordan, 「Spiritual Theology」, Christian Classics, Westminster (Maryland), 1987, 441 pp.

BALDINI Massimo, 「Ineffabilità」, 「DizMist」, p. 663-664.

BALTHASAR Hans Urs von, 「Gloria. Una estetica teologica. Vol. I. La percezione della forma」, tr. dal ted. di Giuseppe Ruggieri, Jaca Book, Milano, 1975, 650 pp.

— 「La mia opera ed epilogo」, tr. dal ted. di Guido Sommavilla e. A., Jaca Book, Milano, 1993, 172 pp.

— 「Il cuore del mondo」. Già Non Ancora 423, a cura di Elio Guerriero, tr. dal ted. di Guido Sommavilla, Jaca Book, Milano, 2006, 142 pp.

BARRETT Charles Kingsley, 「A commentary on the first epistle to the corinthians」, 2^a ed., Adam & Charles Black, London,1971, xi-410 pp.

BESCHIN Giuseppe, 「Amor」, 「DizBona」, p. 157-171.

BONNER G, 「Deificazione」, 「DizAgos」, p. 538-539.

BOULNOIS Olivier, 「Dio. III. Teologia medievale」, 「DizCrit」, p. 419-421.

BRECK John, 「Imitazione di Gesù Cristo」, 「DizCrit」, p. 677-679.

BROVETTO Costante e. A., 「La spiritualità cristiana nell'età moderna」. Storia della spiritualità Vol. 5, Borla, Roma, 1987, 487 pp.

BROWN Raymond Edward, 「Giovanni. Commento al Vangelo spirituale」, tr. dall'ingl. di Anita Sorsata – Maria Teresa Petrozzi, 6ª ed., Cittadella Ed., Assisi, 2005, clxxxv-1542 pp.

CARLINI Armando, 「Trascendentale」, 「EnciFilo 8」, p. 347-355.

CASAGRANDE Carla – VECCHIO Silvana, 「I sette vizi capitali. Storia dei peccati nel Medioevo」, G. Einaudi, Torino, 2000, xxii-282 pp.

「Catechismo della Chiesa Cattolica」. Testo integrale e commento teologico. Direzione e coordinamento del Commento teologico a cura di Rino Fisichella, PIEMME, Casale Monferrato (AL), 1993, 1278 pp.

CIPRIANI Settimio, 「Le Lettere di Paolo」, 8ª ed., Cittadella Editrice, Assisi, 1999, 878 pp.

DE FIORES Stefano, 「Itinerario spirituale」, 「DizSpir」, p. 787-809.

DURRWELL François-Xavier, 「Lo Spirito del Padre e del Figlio. Presenza operante e misteriosa」, tr. dal fr. di Alessandro Rainone, Città Nuova Ed., Roma, 55 pp.

FAUSTI Silvano, 「Una comunità legge il Vangelo di Matteo I-II」, EDB, Bologna, 1998-1999, 580 pp.

FERRARO Giuseppe, 「Lo Spirito Santo nei commentari al quarto Vangelo di Bruno di Segni, Ruperto di Deutz, Bonaventura e

Alberto Magno」, Libreria Editrice Vaticana, Città del Vaticano, 1998, 222 pp.

FITZMYER Joseph A., 「The Gospel according to Luke I-IX」. Series: Anchor Bible V. 28, Doubleday, New York – London – Toronto – Sydney – Auckland, 1981, xxvi-837 pp.

— 「Luca teologo. Aspetti del suo insegnamento」. Biblioteca biblica 006, tr. dall'ingl. di Enzo Gatti, Ed. Queriniana, Brescia, 1991, 192 pp.

GNILKA Joachim, 「Marco」, tr. dal ted. di Gianni Poletti, 2^a ed., Cittadella Ed., Assisi, 2007, 995 pp.

GOFFI Tullo e ZOVATTO Pietro, 「La spiritualità del settecento. Crisi di identità e nuovi percorsi」. Storia della spiritualità 6, EDB, Bologna, 1990, 287 pp.

GRELOT Pierre, 「Il mistero del Cristo nei Salmi」. Coll. Studi biblici 38, tr. dal fr. di Giuseppe Cestari, EDB, Bologna 2000, 271 pp.

HARTMANN Stefan, 「Christo – Logik der Geschichte bei Hans Urs von Balthasar. Zur Systematik und Aktualität seiner frühen Schrift "Theologie der Geschichte"」. Geist und Wort 8, Kovac, Hambrug, 2004, 312 pp.

「L'homme devant Dieu. Mélanges offerts au Père Henri de Lubac. Vol. II. Du moyen age au siècle des lumières」. Théologie 57, Aubier, Paris, 1964, 324 pp.

IAMMARRONE Luigi, 「Giovanni Duns Scoto metafisico e teologo. Le tematiche fondamentali della sua filosofia e teologia」, Ed. Miscellanea Francescana, Roma, 1999, 857 pp.

KANT Immanuel, 「Critica della ragion pura」, tr. dal ted. di Giovanni Gentile – Giuseppe Lombardo-Radice, 10ᵃ ed., Editori Laterza, Roma-Bari, 2000, lix-629 pp.

KLEINKNECHT H., 「Θεός. A. Il concetto greco di Dio」, 「LessKittel. Vol. IV」, p. 322-358.

— 「Πνεῦμα」, 「LessKittel. Vol. X」, p. 767-848.

LADARIA Luis F., 「La Trinità, mistero di comunione」. Saggistica Paoline 19, tr. dal sp. di Marco Zappella, Paoline, Milano, 2004, 330 pp.

LAMBIASI Francesco – VITALI Dario, 「Lo Spirito Santo: Mistero e presenza. Per una sintesi di pneumatologia」. Corso di teologia sistematica 5, EDB, Bologna, 2005, 477 pp.

LAVERE George J., 「Virtù」, 「DizAgos」, p. 1454-1457.

LÉON-DUFOUR Xavier, 「Lettura dell'Evangelo secondo Giovanni. III. Gli addii del Signore (Capitoli 13-17)」, tr. dal fr. di Francesca Moscatelli, Ed. San Paolo, Cinisello Balsamo, 1995, 413 pp.

LEVASTI Arrigo, 「Clemente Alessandrino. Iniziatore della Mistica cristiana」, 「Rivista di Ascetica e Mistica」 12 (1967), p. 127-147.

LOUTH Andrew, 「Vita spirituale」, 「DizCrit」, p. 1487-1491.

MARTINELLI Paolo, 「Vocazione e stati di vita del cristiano. Riflessioni sistematiche in dialogo con H. U. von Balthasar」, Ed. Collegio S. Lorenzo da Brindisi, Roma, 2001, 456 pp.

MASPERO Giulio, 「Trinità」, 「DizNissa」, p. 538-554.

MATEO-SECO Lucas Francisco, 「Gloria」, 「DizNissa」, p. 296-299.

MATURA Thaddée, 「Sequela Christi. Imitazione」, 「DizFran」, p. 1883-1892.

— 「Une absence ardente. Approches de l'expérience de Dieu」. Maranatha 14, Médiaspaul & Editions Paulines, Paris Montréa, 1988, 128 pp.

MAZZANTINI Carlo, 「Virtualità ontologica」, 「EnciFilo 8」, p. 718-719.

MICHON Cyrille, 「Onnipresenza divina」, 「DizCrit」, p. 941-943.

MOINGT Joseph, 「Théologie trinitarie de Termullien. Vol. III. Unité et processions」. Théologie. Études publiées sous la direction de la Faculté de théologie S. J. de Lyon-Fourvière 70, Aubier, Paris, 1966, p. 685-1091.

MOIOLI Giovanni, 「Teologia spirituale」, 「DizSpir」, p. 1597-1609.

MORESCHINI Claudio, 「Virtù e vizi」, 「DizPatr」, p. 5637-5642.

NEWHAUSER Richard, 「The treatise on vices and virtues in Latin and the vernacular」, Brepols, Turnhout, 1993, 208 pp.

NOTH Martin, 「Esodo」, tr. dal ted. di G. Cecchi, Paideia Ed., Brescia, 1977, 348 pp.

OCCHIALINI Umberto, 「Sensi spirituali」, 「DizMist」, p. 1125-1127.

ORTENSIO DA SPINETOLI, 「Matteo. Il vangelo della chiesa」, 6ª ed., Cittadella Ed., Assisi, 1998, 805 pp.

PACCIOLLA Aureliano, 「Linguaggio metaforico」, 「DizMist」, p. 745-749.

PEDRINI Arnaldo, 「Guyon Jeanne Marie Bouvier de la Motte」, 「DizMist」, p. 620-621.

PERKINS Pheme, 「Il Vangelo secondo Giovanni」, 「CommBibl」, p. 1234-1291.

PORTER Jean, 「Virtù」, 「DizCrit」, p. 1468-1470.

PROIETTI B. e. A., 「Sequela Christi e imitazione」, 「Dizionario degli istituti di perfezione VIII」, a cura di Guerrino Pelliccia e Giancarlo Rocca, Ed. Paoline, Roma, 1988, p. 1287-1314.

RAHNER Karl – VORGRIMLER Herbert, 「Dio (dottrina su)」, 「DizTeol」, p. 192-194.

— 「Ascensione di Cristo」, 「DizTeol」, p. 50.

— 「Fede」, 「DizTeol」, p. 252-260.

— 「Rivelazione」, 「DizTeol」, p. 588-595.

— 「Spirito」, 「DizTeol」, p. 661-663.

— 「Virtù」, 「DizTeol」, p. 768-769.

RAVASI Gianfranco, 「Il libro dei salmi. Vol. III (101-150). Commento e attualizzazione」, Ed. Devoniane, Bologna, 1984, 1017 pp.

RUIZ Federico, 「Le vie dello spirito. Sintesi di teologia spirituale」, tr. dallo sp. di Romano Gambalunga e. A., EDB, Bologna, 2004, 532 pp.

SABOURIN Leopold, 「Il Vangelo di Matteo. Teologia ed esegesi. Vol. I」, Paoline, Roma, 1976, 496 pp.

SCHNACKENBURG Rudolf, 「Il vangelo di Giovanni. Parte prima. Testo greco e traduzione. Introduzione e commento ai capp. 1-4」. Commentario teologico del Nuovo Testamento IV/1, tr. dal ted. di Gino Cecchi, Paideia Ed., Brescia, 1973, 772 pp; 「Parte seconda. Testo greco e traduzione. Commento ai capp. 5-12」. Commentario teologico del Nuovo Testamento IV/2, 1977, 731 pp; 「Parte terza. Testo greco e traduzione. Commento ai capp. 13-21」. Commentario teologico del Nuovo Testamento IV/3, 1981, 680 pp.

SCHWEIZER E., 「Πνεῦμα」, 「LessKittel. Vol. X」, p. 928-1108.

SIMOENS Yves, 「Secondo Giovanni. Una traduzione e un'interpretazione」, tr. dal fr. di Maria Adele Cozzi, EDB, Bologna, 2002, 932 pp.

STUDER Basilio, 「Divinizzazione」, 「DizPatr」, p. 1458-1462.

STRUŚ Jósef, 「Purificazione」, 「DizMist」, p. 1049-1051.

TEMPERINI Lino, 「Amore di Dio」, 「DizFran」, p. 67-96.

TODISCO Orlando, 「Bonum」, 「DizBona」, p. 221-225.

TRAPÈ Agostino, 「Giustificazione」, 「DizPatr」, p. 2335-2338.

VANNIER Marie-Anne, 「Spirito Santo」, 「DizMedi 3」, p. 1833-1834.

VEUTHEY Leone, 「Giovanni Duns Scoto tra aristotelismo e agostinismo」. Coll. I Maestri Francescani 6, a cura di Orlando Todisco, Miscellanea Francescana, Roma, 1996, 171 pp.

VIVIANO Benedict T., 「Il Vangelo secondo Matteo」, 「CommBibl」, p. 821-879.

VORGRIMLER Herbert, 「Attributi di Dio」, 「DizTeolNu」, p. 92-93.

— 「Epifania」, 「DizTeolNu」, p. 248-249.

— 「Essere – Ente」, 「DizTeolNu」, p. 260-261.

— 「Grazia」, 「DizTeolNu」, p. 327-332.

— 「Teologia trascendentale」, 「DizTeolNu」, p. 748-749.

— 「Virtù」, 「DizTeolNu」, p. 800-801.

WOLINSKI Joseph, 「Spirito Santo (B. Teologia storica e sistematica)」, 「DizCrit」, p. 1283-1289.

ZOVATTO Pietro, 「Bossuet Jacques」, 「DizMist」, p. 251-251.

— 「Fénelon Francesco」, 「DizMist」, p. 499-500.

7. 기타

「Agostino. Dizionario enciclopedico」, a cura di Allan D. Fitzgerald, ed. it. a cura di Luigi Alici e Antonio Pieretti, Città Nuova Ed., Roma, 2007, 1480 pp.

BERTI Giordano, 「Dizionario dei mistici」, Vallardi A., Milano, 1999, 288 pp.

BOCCALI Ioannis M., 「Concordantiae verbales opusculorum s. Francisci et s. Clarae Assisiensium」. Pubblicazioni della biblioteca francescana 6, Editio altera. Appendice ditata erroribusque emendata, Ed. Porziuncola, Santa Maria degli Angeli – Assisi, 1995, xxxi-958 pp.

「Concordancias de los escritos de san Juan de la Cruz」, a cura di Juan Luis Astigarraga – Agustí Borrell – Jahier Martín de Lucas, Teresianum, Roma, 1990, 2125 pp.

「De Mauro. Il dizionario della lingua italiana」, progetto e direzione scientifica di Tullio De Mauro, Paravia Bruno Mondadori Editori, Milano, 2000, 2998 pp.

「Dizionario bonaventuriano. Filosofia . Teologia . Spiritualità」, a cura di Ernesto Caroli, Ed. Francescane, Vicenza, 2008, 907 pp.

「Dizionario di Mistica」, a cura di BORRIELLO Luigi – CARUANA Edmondo e. A., Libreria Editrice Vaticana, Città del Vaticano, 1998, 1301 pp.

「Dizionario di filosofia di Nicola Abbagnano」, a cura di Giovanni Fornero, 3ª ed., UTET Libreria, Torino, 2006, 1173 pp.

「Dizionario enciclopedico del medioevo 1 - 3」, ed. it. a cura di Claudio Leopardi dal fr., Città Nuova Ed., Roma, 1998-1999, 2162 pp.

「Dizionario francescano. Spiritualità」, a cura di Ernesto Caroli, 2ª ed., Ed. Messaggero Padova, Padova, 2002, xxii-2638.

「Enciclopedia Cattolica」, Ente per l'Enciclopedia cattolica e per il libro cattolico, Città del Vaticano, 「IV」, 1950, xxvii-2016 pp; 「VIII」, 1952, xxvii-2048 pp.

「Enciclopedia filosofica 8」, a cura di Centro di Studi Filosofici, Lucarini, Firenze, 1982, 1104 pp.

FORGRIMLER Herbert, 「Nuovo dizionario teologico」, tr. dal ted. di Lydia Marinconz, Ed. Devoniane Bologna, Bologna, 2004, 813 pp.

FORNERO Giovanni, 「Male」, 「DizAbba」, p. 670-672.

GERARD André-Maire – NORDON-GERARD Anurée, 「Dizionario della Bibbia」, tr. dal fr. di Maria Grazia Meriggi, Rizzoli, Milano, 1994, 1645 pp.

— 「Spirito」, 「Dizionario della Bibbia」, p. 1529-1531.

GODET Jean François, 「Corpus des sources franciscaines II. Sancti Bonaventurae Legendae maior et minor sancti Francisci. Concordance, index, listes de fréquence, tables comparatives」, CETEDOC, Louvain, 1975, xv-452 pp.

GODET Jean François – MAILLEUX Romain-Georges, 「Corpus des sources franciscaines III. Legend atrium sociorum. Anonymus Perusinus. Fr. Juliani de Spira vita sancti Francisci. Sacrum commercium s. Francisci cum domina paupertate. Concordance, index, listes de fréquence, tables comparatives」, CETEDOC, Louvain, 1976, x-395 pp.

— 「Corpus des sources franciscaines IV. Legenda seu complatio perusina. Speculum perfectionis. Concordance, index, listes de fréquence, tables comparatives」, CETEDOC, Louvain, 1978, x-532 pp.

— 「Corpus des sources franciscaines V. Opuscula sancti Francisci Scripta sanctae Clarae. Concordance, index, listes de fréquence, tables comparatives」, CETEDOC, Louvain, 1976, xiv-435 pp.

「Gregorio di Nissa: Dizionario」, a cura di Lucas Francisco Mateo-Seco – Giulio Maspero, Città Nuova Ed., Roma, 2007, 599 pp.

KARRIS Robert J., 「Il Vangelo secondo Luca」, 「CommBibl」, p. 880-942.

KITTEL Gerhard e. A., 「Grande lessico del Nuovo Testamento」, ed. it. a cura di F. Montagnini e. A., Paideia, Brescia, 「Vol. IV」, 1968, 1580 pp; 「Vol. VII」, 1971, 1514 pp; 「Vol. X」, 1975, 1566 pp.

LACOSTE Jean-Yves, 「Dizionario critico di teologia」, ed. it. a cura di Piero Coda dal fr., Borla – Città Nuova Ed., Roma, 2005, 1545 pp.

MAILLEUX Georges, 「Corpus des sources franciscaines I. Thesaurus celanensis. Concordance, index, listes de fréquence, tables comparatives」, CETEDOC, Louvain, 1974, xx-899 pp.

「New catholic encyclopedia X」, 2^a ed., edit. by Berard L. Marthaler e. A., Thomsom Gale, Detroit, 2003, xiv-979 pp.

「Nuovo commentario biblico. Atti degli Apostoli – Lettere – Apocalisse」, a cura di Armando J. Levoratti e. A., tr. dal sp. di Marco Zappella, Borla- Città Nuova, Roma, 2006, 848 pp.

「Nuovo commentario biblico. I Vangeli」, a cura di Armando J. Levoratti e. A., tr. dal sp. di Marco Zappella, Borla – Città Nuova, Roma, 2005, 1026 pp.

「Nuovo dizionario patristico e di antichità cristiane」, diretto da Angelo Di Berardino, 2ª ed., Marietti, Genova-Milano, 2006-2008, xxxii-5715 pp.

「Nuovo dizionario di spiritualità」, a cura di Stefano De Fiores e Tullo Goffi, Paoline, Roma, 1979, 1772 pp.

「Nuovo grande commentario biblico」. Edizione interamente rinnovata, 2ª ed., edit. by Raymond E. Brown – Joseph A. Fitzmyer – Roland E. Murphy, ed. it. a cura di Flavio Dalla Vecchia e. A. dall'ingl., Ed. Queriniana, Brescia, 1997, xlv-1936 pp.

RAHNER Karl – VORGRIMLER Herbert, 「Dizionario di Teologia」, ed. it. a cura di Giuseppe Ghiberti – Giovanni Ferretti dal ted., Morcelliana, Brescia, 1968, xxiii-782 pp.

VORGRIMLER Herbert, 「Nuovo dizionario teologico」, tr. dal ted. di Roberto Mela, EDB, Bologna, 2004, 813 pp.

논문을 출판하면서

　로마에서의 공부를 마치고 2009년 1월 귀국한 이래 지금까지 기회가 있을 때마다 아씨시 성 프란치스코의 신비 체험에 대하여 강의를 했습니다. 잘 알려져 있다시피, 프란치스코는 예민하고 섬세한 감각으로 창조물 안에 숨어 있는 신비를 바라보고 이들을 형제 자매라 부르며 피조물과 특별한 사랑의 관계를 맺었던 탁월한 신비가입니다. 그렇지만 그의 대중적인 명성과 달리 그의 신비 체험은 그늘에 가려져 있어, 프란치스코 신비 체험의 정수와 그 세계로 들어가는 관상의 비밀에 대해 이야기하면 대단히들 반가워 하리라 여겼습니다. 조사를 하지 않아 정확한 통계는 알 수 없지만, 아마도 많은 분들은 그러하지 않았을까 싶습니다. 그런데 예상 외로 강한 비판도 만만찮게 있었습니다. 처음에 저는 이 현상을 소박하게 '오해'라 여기고 괘념치 않으려 했습니다. 그러나 상황은 그렇게 단순하지가 않았습니다. 이런저런 연유로 이 논문을 발행하면서 프란치스코의 신비 체험 및 관상과 관련하여 논란이 될 수 있는 몇 가지 점에 대해 다시 한 번 정리하는 것이 좋겠다는 생각이 들었습니다. 주요 논점들은 다음과 같습니다.

　(1) 프란치스코의 신비주의를 "자연 신비주의"로 분류하는 분들이 있고, 제가 소개하는 프란치스코의 신비 체험을 자연 신비주의로 이해하는 분들이 있는 것 같습니다. 아마도 그 이유는 프란치스코가

피조물의 신비를 깊이 관상하였고, 또 제가 신비 체험을 설명하면서 자주 꽃의 아름다움을 예로 들며 설명하였기 때문인 것으로 보입니다. 그러나 저는 프란치스코의 신비 체험을 "자연 신비주의"로 분류한 적이 없고 '자연 신비주의적' 특성을 지닌 것으로 설명한 적도 없습니다. 그런 시도는 프란치스코의 깊고 드넓은 신비 체험을 확실하게 축소시키는 것으로 여겨집니다.

프란치스코에게 우주는 하느님의 작품이고, 프란치스코는 이 작품을 통해 작가이신 하느님을 관상하였습니다. 피조물을 통한 그의 관상은 대단히 삼위일체론적이고 그리스도론적이며 성령론적이고 성사론적(성체론적)입니다. 이와 같은 관점에서 저는 꽃의 아름다움을 통한 신비 체험을 설명했습니다. 꽃의 미는 초월적이고 성령론적일 뿐만 아니라, 삼위일체론적이고 그리스도론적이며 성사론적인 차원을 지니고 있습니다. 그러므로 꽃의 아름다움을 통한 신비 체험은 결코 "자연 신비주의"로 환원될 수 없다고 생각합니다.

(2) 신비 체험이나 프란치스코의 신비 체험을 설명하면서 제 나름 이해하기 쉽게 한다고 강의를 듣는 사람들에게 꽃을 들어 보이며 '꽃의 아름다움을 느끼지 않느냐', '우리가 지금 꽃을 보면서 느끼는 아름다움이 초월 체험으로서 성령 체험이다', 이런 관점에서 설명을 했습니다. 대부분의 사람들이 일상적으로 느끼고 체험하는 꽃의 아름다움을 실례로 들면, 설득력이 있을 거라 믿었던 거지요. 그런데 일각에서 그런 해석을 지나친 논리적 비약이라 여기며, 어떻게 꽃의 미 체험이 성령 체험이 되느냐고 이의를 제기하는 분들이 계십니다. 저 역시 그런 의구심을 갖는 분들이 혹시라도 계시지 않을까 예상하지 못한 바 아니었습니다.

신학생 시절, 이재성 보나벤투라 형제님으로부터 꽃의 아름다움을 갖고 하느님 체험을 설명하는 강의를 들었을 때 저는 신선한 충격을 받지 않을 수 없었습니다. 처음으로 접하게 되는 전무후무한 그 해석으로 저에게는 신관의 일대 전환이 일어났습니다. 그 후 강의를 하게 되면, 저 역시도 종종 꽃을 들고 듣는 이들로 하여금 미를 느끼게 하면서 하느님의 신비를 설명했습니다. 그러나 듣는 사람들이 모두 동의를 할까, 일말의 염려가 한편으로 일지 않은 것이 아니었습니다. 그런 염려가 제 마음속에 늘 자리하고 있었고, 그런 연유로 로마 안토니오 신학교에서 프란치스칸 영성을 공부하면서 이를 꼭 확인받고 싶었습니다.

한 번은 석사 과정 세미나로 "그리스도교 전통 안에서의 아가서"(Il Cantico dei cantici nella tradizione cristiana)가 개설되었습니다. 후일 터키 주교로 임명되어 선교 활동을 하다 순교하신 루이지 파도베세(Luigi Padovese) 교수님이 지도하셨던 이 세미나는 참석했던 우리 모두에게 정말 흥미진진했었습니다. 발표 차례가 돌아왔을 때 저는 화사하게 만개한 철쭉 화분을 안고 들어가 "얀 반 루이스브뢱(Jan van Ruysbroeck, 1293-1381)의 『영적 혼례의 광채』에 나타난 아가서"를 발표했습니다. 동양인들이 겪는 언어의 어려움을 잘 이해해 주시고 동양 학생들에게 특별히 관대하셨던 교수님께서 저의 발표에 대해 논평을 하시면서는 꽃의 아름다움 안에 그런 놀라운 신비가 숨겨져 있었는지 미처 몰랐다며 후한 점수를 주셨습니다.

그러나 저는 이것으로도 만족할 수가 없었습니다. 프란치스코의 신비 체험과 관상에 빠져 있던 저는 논문도 이 주제를 선택하여 작성하였고, 제5장에서는 「태양 형제의 노래」를 해석하면서 이 노래에 표현된 아름다움과 선이 프란치스코가 체험한 초월 체험이요 성령 체험일 뿐만 아니라 삼위일체 하느님에 대한 체험이요 삼위일체 신비 안에서 이루어지는 우주적 일치임을 추론하였습니다. 이는 이 논문의 최종 결론이기도 합니다. 즉, 피조물 안에 있는 아름다움과 좋음에 대한 체험은 초월 체험으로서 성령 체험이요, 초자연적 은총 체험이며 계시 및 믿음 체험이요, 육화 공현 십자가의 죽음과 부활 승천 성령 강림으로서의 그리스도의 구원 체험이자 삼위일체 하느님의 체험이라는 것입니다. 이렇게 꽃의 아름다움 체험이 성령 체험으로서 신비 체험이라는 사실을 논문에서 구체적으로 논증하였지만, 그러나 논문은 언어로 표현된 이성의 소산인 까닭에 여전히 모호함이 남아 있을 수 있다고 여겨져, 논문 심사 때 또다시 화분을 들고 들어갔습니다. 작심을 하고 발표대 앞에 꽃을 놓았던 터라, 기회가 주어지기만을 기다리다 꽃의 미 체험이 신비 체험임을 다시금 발표하였습니다. 논문 심사라는 공개된 자리에서 논문 심사 위원들로부터 분명하게 확인을 받기 위해서였습니다.

꽃이 피어 있는 화분을 구입해서 교실로 들어가고 그것도 모자라서 논문 심사장까지 야단스럽게 들고갈 필요까지 있겠느냐고 여기시는 분들이 혹시 계실지 모르겠으나, 그 때는 왠지 제 마음속에 어떤 절박함 같은 것이 있었던 것 같고, 지금 돌이켜 보면, 하느님의 섭리였다는 느낌도 한편으로 듭니다. 프란치스칸들에게야 꽃의 아름다움 체험이 성령 체험이요 하느님 체험이라는 사실이 너무도 자연스럽고 당연한 일반적 주제일 수 있겠지만, 프란치스칸 영성에 친숙하지 않은 분들에게는 생소할 수 있겠다는 논리에 수긍이 되기 때문입니다.

그러나 성령의 보편적 현존과 활동에 대해서는 성경에서도 근거를 찾아볼 수 있습니다. 구약 성경의 지혜 1,7에 의하면, "온 세상에 충만한 주님의 영은 만물을 총괄하는 존재"이시고, 신약 성경의 에페 4,6에 의하면, 하느님께서는 "만물 위에, 만물을 통하여, 만물 안에 계시"는 존재이십니다. 성령께서는 이렇게 시간과 공간을 초월하여 온 누리에 충만하시기 때문에[1], 우리가 만물을 통하여 성령을 체험할 수 있다는 사실은 당연한 논리적 귀결 아닐까 싶습니다.

피조물의 미를 통한 신비 체험은 논문 심사 중에도 논의 되었던 주제이고, 이 논문뿐만 아니라 크리스천 신비 체험의 본질을 이해하

---

[1] 참조: 사목 헌장 11; 박준양, 『성령론. 그 신비로운 현존과 작용에 대하여』, 생활성서, 서울, 2009, 37.

는 데에도 참고가 되리라 여겨지기에, 논문 심사 중에 제기되었던 질문들과 답변을 간략히 소개하고자 합니다[2].

지도 교수 페르난도 우리베(Fernando Uribe, 작은 형제회) 교수: 신학적으로나 시대적으로나 상당한 거리가 있다고 보여지는 아씨시 프란치스코(1182-1226)의 신비 체험을 예수회원인 칼 라너(1904-1984)의 신비신학의 관점에서 조명하는 것은 어려움과 위험이 따르는 작업이지만, 이 논문에서는 객관성을 확보하며 연구되었다.

질문: 프란치스코의 신비 체험을 영적으로 해석하며 논문을 전개하였는데, 프란치스코의 복음화(사도직)에 대해서는 거의 언급하지 않았다. 이에 대해서 말해보라.

답변: 프란치스코의 복음화는 그의 신비 체험의 필연적이고 자연적인 결과이다. 하느님의 신비를 깊이 관상한 프란치스코는 이 신비를 선포하지 않을 수 없었다. 예를 들면, 회개 초기에 프란치스코는 나환자를 포옹함으로써 그리스도를 포옹하게 되는데, 이렇게 그리스도의 신비를 체험한 프란치스코는 나환자들에게 봉사하지 않을 수 없었다는 말이다. 따라서 프란치스코의 사도직은 신비체험에 대한 자연적인 결과라고 말할 수 있다. 논문을 처음 계획할 때에는 프란치스코의 신비체험과 사도직과의 관계에 대한 내용이 포함되어 있었으나 논문이 방대해져 축소하면서 이 부분은 생략하였다. 앞으로 이 부분에 대해 계속 공부하고 싶다.

제1부심 요한네스 프라이어(Johannes B. Freyer, 작은 형제회) 교수: 논문의 제1장에서 난해하기로 정평이 나 있는 칼 라너의 신비신학을 명료하게 요약해 놓았는데, 이 요약도 이 논문이 성취한 학문적 기여가 된다. 그리고 라너의 초월적 관점에서 프란치스코의 신비

---

[2] 논문 심사는 2008년 12월 12일에 있었고, 논문 심사 중에 논의되었던 주요 내용들을 그 당시에 정리해 놓았었습니다.

체험의 본질을 논리적이고 객관적으로 밝혀 놓았다. 지금까지 학계 일부에서 프란치스코가 신비가인가에 대해 의문을 제기하는 의견이 있었으나, 이제 이 논문으로 말미암아 프란치스코가 신비가가 아니라고 말할 수 없게 되었다.

질문: 일반적으로, 프란치스코와 라너는 서로 관계가 없는 것처럼 여겨지는데, 이 두 신비가를 연결시킬 수 있었던 계기는 무엇이었는가?

답변: 논문 심사를 위해 미리 꽃을 준비해 놓았다. 지금 우리는 이 꽃을 보면서 아름다움을 느낀다. 정상적인 사람이라면 누구나 꽃을 보면서 아름다움을 체험한다. 꽃을 보면서 아름다움을 느끼는 것은 보편적인 현상이다. 프란치스코는 8세기 전에 이미 이러한 미를 통해 하느님의 신비를 체험할 수 있는 보편적인 길을 실천적 차원에서 열어 놓았다. 그러나 그는 어떻게 이러한 신비 체험이 이루어지는지에 대해서 신학적으로 설명해 놓지 않았고 자신의 신비체험에 대한 체계적인 글도 남겨놓지 않았다. 그런데 칼 라너가 20세기에 진선미를 통해 신비 체험이 이루어진다는 사실을 형이상학적, 인간학적, 교의신학적으로 설명해 놓았다. 라너의 이러한 신학적 관점으로 프란치스코의 실천적 신비체험을 설명해낼 수 있다고 생각했다.

질문: 논문에 의하면 우리 모두 신비체험을 하고 있고, 그런 의미에서 우리 모두 신비가라고 말할 수 있는데, 그러한가?

답변: 그렇다고 말할 수 있다. 지금 우리 모두 의자에 앉아 있는데, 의자에 앉아 있으면서 우리는, 의식적이든 무의식적이든, 의자의 좋음, 즉 선을 체험하고 있다. 이 선은 하느님의 신비이다. 따라서 우리는 지금 의자에 앉아 있으면서 신비 체험을 하고 있는 것이다.

질문: 라너의 초월신학적 관점에서 프란치스코의 신비체험이 지니고 있는 보편적 차원을 설명했는데, 다른 신비가들의 신비 체험도 라너의 신비신학 관점에서 해석하면, 같은 결과를 얻을 수 있는가?

답변: 다른 신비가들의 신비체험에 대해서 연구하지 않아 이에 대해서는 잘 모르겠다. 그러나 다른 신비가들도 프란치스코처럼 진

선미를 통해 신비체험을 하는 보편적 차원을 제시했다면 같은 결과에 도달할 수 있을 것이고, 그렇지 않다면 라너 신학으로 해석해 내도 동일한 결과를 얻기 어려울 것이다.

질문: 프란치스코의 신비체험을 연구하면서 이를 프란치스코와 같은 시대의 신비가들의 체험과도 비교해 보았는가?

답변: 프란치스코의 신비체험에 집중하느라 동시대인들의 신비체험과 비교하면서 연구할 수 없었다. 그러나 프란치스코가 살았던 시대적 맥락 안에서 프란치스코의 신비체험을 조명할 필요성을 많이 느꼈다. 다만, 보나벤투라의 대전기를 다시 읽으면서 보나벤투라가 누구보다 프란치스코의 신비체험을 깊이 꿰뚫고 있다는 사실 정도를 확인하였다.

교수님의 보충 설명: 프란치스코의 신비체험은 후대에도 영향을 미쳤고, 특히 타울러나 수소 같은 라인 신비가들에게 상당한 영향을 미쳤다. 따라서 이런 관점에서도 공부할 필요가 있겠다. 앞으로의 연구를 위해서 지적하였다. 그러나 이 지적이 논문의 가치를 떨어뜨리는 것은 아니다.

질문: 프란치스코의 신비체험을 보편적, 일상적, 민주적이라고 표현했다. 이 가운데, "민주적" 신비체험이라는 표현은 좀 생소한데, 어떤 의미로 사용했는가?

답변: 이 표현은 미국의 평신도 신학자인 버낟 맥긴(Bernard McGinn)이 서방 교회의 신비신학사를 저술하면서 사용한 표현이다. 이 미국 신학자는 지금까지 4권의 책을 출판하였고 아직도 작성하고 있는 중이다. 이 시리즈의 세 번째 권에서 맥긴은 프란치스칸 신비주의에 대해서 상당한 부분을 할애하는데, 프란치스코와 클라라를 새로운 신비체험을 열어놓은 선구자로 평가하면서, 모든 사람들이 신비 체험을 할 수 있는 보편적인 길을 열어놓았다는 의미에서 프란치스코의 신비 체험을 "민주적"이라고 표현하였다.

제2부심 빈첸조 발탈리아(Vincenzo Battaglia) **교수**: 제2장에서 신비 체험을 신비 체험의 대상(신비), 방법(관상), 목적(신비와의 사랑의 일치)으로 규정하고 이 세 가지 기준에 따라 프란치스코의 신비 체험의 본질을 밝혀 놓았다. 따라서 제2장은 이 논문의 본론을 전개하는데 있어서 시금석과 같은 중요성을 지니고 있다. 제2장에서 규정한 정의에 따라 프란치스코의 신비체험을 논리적이고 체계적으로 잘 전개시켰다.

질문: 프란치스코의 신비 체험을 설명하면서 미학적 차원을 다루었고, 또 조금 전에도 미에 대해 언급하였는데, 이러한 미학적 차원은 신비 체험의 필수적인 요소인가 아니면 부수적인 요소인가?

답변: 이에 대해서 정확히 모르겠다. 그러나 제 견해로는 필수적인 요소로 보인다. 왜냐하면, 미는 초월적 특성으로서 선과 진과 불가분리적 관계에 있고, 신비의 미를 체험하면 더 깊은 신비체험으로 빠져 들어가지 않을 수 없기 때문이다.

교수님의 보충 설명: 답변에 동의한다. 미학적 차원은 신비체험의 필수적인 요소이다.

질문: 프란치스코는 대단히 깊은 신비 체험을 하였고, 독보적인 신비가이다. 그런데 논문에서는 프란치스코의 신비체험의 보편성과 대중성이 강조되고 있다. 프란치스코의 탁월한 신비 체험은 어떻게 되는 것인가?

답변: 프란치스코의 신비 체험은 한편으로는 탁월하고 독보적인 고유한 특성을 지니고 있고, 다른 한편으로는 누구나 참여할 수 있는 보편성을 지니고 있다.

교수님의 보충 설명: 프란치스코의 신비 체험이 지니고 있는 양면성을 지적하였으니, 답변이 된 것으로 받아들이겠다.

위에서 이미 보셨다시피, 빈첸조 발탈리아 교수님은 신비 체험의 미학적 차원이 신비 체험의 필수적인 요소임을 분명히 하셨습니다.

미는 초월적 속성으로서 신비와 불가분리적 관계에 있고 신비 체험은 성령 체험과 다르지 않기 때문에, 미의 체험은 성령 체험과 불가분리적인 관계에 있다고 할 수 있습니다. 이런 관점에서, 피조물 안에 현존하는 미를 관상하면서, 주제적이든 비주제적이든, 성령 체험을 하지 못한다는 것은 저로서는 신학적으로 불가능하다는 입장입니다.

(3) 피조물 안에 있는 신비(상대적 신비)와 창조주 하느님의 신비(절대적 신비) 사이에는 유비적인 관계와 일의적인 관계가 동시적으로 존재합니다. 그런데 신학은 본래 유비적으로 전개되고 토마스 아퀴나스가 존재를 유비로 설명한 여파 때문인지, 우리 나라의 강단 신학이나 신자들에 대한 신앙 교육의 일선에서는 존재의 초월적 속성들을 지나치게 유비 일변도로 설명한다는 인상을 받습니다. 이런 풍토에서 저는 프란치스칸으로서 사명감을 갖고 상대적으로 신비의 일의적 차원을 강조해 왔습니다. 그런데 이런 강조가 어떤 분들에게는 "창조주와 피조물 사이에서 그 유사성을 언급할 수 있으려면 그들 사이의 더 큰 상이성을 언급해야"[3] 한다는 제4차 라테라노 공의회 가르침과 충돌되는 것으로 들리는가 봅니다. 그러나 제가 설명하고 있는 신비의 일의적 개념은 제4차 라테라노 공의회 가르침과 결코 상충되지 않는다는 생각입니다.

신비의 일의적 개념은 근본적으로 둔스 스코투스의 존재의 일의성과 '신비는 본질적으로 하나'라는 칼 라너의 초월 신학에 그 근거를 두고 있습니다. 스코투스가 주장하는 존재의 일의성은 존재의 유비성을 전제로 유비성과의 관계 안에서 전개됩니다. "명민한 박사"(doctor subtilis)라고도 불리는 스코투스는 존재의 개념이 유비만으로는 충분히 설명되지 않는다고 비판하면서, 이를 형이상학적으로

---

[3] 『보편 공의회 문헌집 제2권 전편 – 제1-4차 라테란 공의회 제1-2차 리옹 공의회 – Conciliorum Oecumenicorum Decreta II. 교회 문헌 2』, 주세페 알베리고 외 엮음/김영국, 손희송, 이경상, 박준양, 변종찬 옮김, 가톨릭출판사, 서울, 2009, 232.

보다 명확하게 밝히기 위하여 존재의 일의적 차원을 주장합니다. 따라서 존재에 대한 스코투스의 일의성 개념은 유비와 분리해서 이해될 수 없고, 존재의 일의성 안에는 이미 유비 개념이 전제 조건으로 들어와 있다 하겠습니다. 그런데 이러한 존재의 유비성과 일의성은 모두 '하느님으로 이해되는 절대 존재자'와 '유한한 실재들로 이해되는 상대 존재자들' 사이의 관계를 형이상학적 차원에서 설명하기 위하여 도입된 개념들입니다. 다시 말하면, 존재의 유비성과 일의성은 '절대 존재자'의 절대성과 '상대 존재자들'의 상대성이라는 영원히 극복될 수 없는 차이성을 제일차적으로 전제한 뒤에 이들 사이에 존재하는 형이상학적 관계를 제이차적으로 밝히는 개념이라는 의미입니다. 따라서 존재에 대한 스코투스의 일의성 개념은 하느님 존재와 피조물 사이의 유사성이나 차이성을 배제한 채 이 둘의 동일성만을 주장하는 개념이 결코 아닙니다.

더욱이 스코투스는, 진정한 의미의 신학은 삼위일체 하느님 안에서만 가능하고, 그런 의미에서의 신학은 이 지상의 인간에게는 아예 가능하지 않다는 논리를 폅니다. 지상에서 전개되는 신학은 하느님께서 인간에게 선물로 주신 제한된 능력 안에서, 하느님의 자유로우신 계시에 따라, 유한하게 펼쳐진다는 논리입니다. 이와 같이 스코투스가 펼치는 신학은 하느님과 피조물 사이의 극복할 수 없는 차이를 절대적 경계(境界)로 삼고 있습니다. 스코투스가 전개하는 존재의 유비성과 일의성은 이런 관점에서도 창조주와 피조물 사이의 유사성보다 더 큰 상이성을 필수적으로 전제하는 개념이라 하겠습니다.

신비는 하나라는 사실을 강조하는 칼 라너의 신비 개념 또한 마찬가지입니다. 절대 신비로 규정되는 하느님은 자존적 존재이고 절대 신비를 지향하는 신비인 인간은 의존적 존재이기 때문에, 완전성, 무한성, 영원성을 지니는 하느님의 절대적 신비와 불완전성, 유한성, 제한성을 지니는 인간의 상대적 신비 사이에는 결코 메꿀 수 없는 차이성이 개념적으로 전제되어 있습니다.

물론, 제가 신비 체험에 대해 강의를 할 때에는 논문에서처럼 그렇게 논리적으로 신비의 유비성과 일의성을 늘 설명하는 것은 아닙니다. 그것은 한두 시간 혹은 두세 시간 이내로 신비 체험을 설명해야 하는 시간의 촉박성 때문에도 그렇고, 대개 형이상학적인 기초가 닦여지지 않은 일반 신자들을 청중으로 하는 대중 강연에서 구태여 유비니 일의니 하는 난해한 형이상학적 개념들을 끌어들여 복잡하게 설명하지 않고도 충분히 신비 개념을 전달할 수 있기 때문에도 그렇습니다. 그렇지만 신비의 일의적 차원을 놓고 계속해서 논란이 빚어진다면, 개념 전달 방법에 대해서도 숙고해야 할 필요성이 있지 않을까 성찰해 봅니다.

신비 체험은 역사적으로 논란이 많았던 신학 주제들 가운데 하나입니다. 한편으로 보면, 신비 신학은 주관적인 체험을 다루는 실천 신학의 한 분야이기 때문에, 그 속성상 논란이 일지 않을 수 없는 신학이겠다는 생각도 듭니다. 그렇지만 진리의 성령께서 인격적인 개별 주체 안에 살아 현존하시고 각 주체를 구원에로 인도하시기에, 성경과 교의 신학에 바탕을 두고 있다면, 개별 주체들의 고유한 영적 여정을 성령의 자유로운 섭리에 내맡겨야 하지 않을까 싶습니다. 구체적인 삶까지 일일이 가르쳐주고 이끌어주어야 했던 중세의 무지한 신자들에 견주어 보면 현대 신앙인들은 대부분 고등 교육을 통해 건전한 상식과 윤리 의식 및 분별 능력을 갖추고 있을 뿐만 아니라 성경과 교리 상식도 상당히 갖추고 있는 지성인들입니다. 우리의 신학 풍토도 이 시대에 맞게 변화되고 더 성숙해야 하지 않을까 싶습니다.

칼 라너는 신비야말로 가장 명확한 실재라고 말합니다. 사실 우리의 오감으로 확인되는 범주적이고 대상적인 실재들은 대단히 명확해 보이지만 잠시 존재하는 이 변화무상한 실재들은 '영원히 참으로 존재한다는 것이 무엇인가'라는 관점에서 한 번만 더 숙고해 보아도 즉시 모호해집니다. 반면에 신비는 비가시적이고 물리적으로 증명되지 않는 영적 실재이기에 얼핏 보면 모호해 보이지만 신비만큼 확실하고 투명한 실재란 존재하지 않습니다. 신비의 본질과 속성이 그러하기에 신비 체험을 하면 먼저 신비 체험을 하는 주체가 맑아지고, 그 맑아진 주체 안에 창조된 실재들은 말할 것도 없거니와 창조되지 않은 실재까지도 선명하게 비쳐집니다.

이 논문은 그동안 시간이 되는 대로 번역하여 『프란치스칸 삶과 사상』에 연재했었습니다. 그 때는 좀 어색하다 하더라도 가능한 한 원문대로 충실히 옮기려고 애를 썼습니다. 출판을 앞두고 이제까지 번역한 것을 단행본으로 엮어 다시 읽어보니, 부끄러움부터 밀려왔습니다. 이탈리아 말로는 괜찮은 것 같은데 우리말로는 어색하여 고치지 않을 수 없는 부분들이 한두 군데가 아니었고, 논리의 부실이나 비약이 심해 이해하는데 어려움이 있는 곳도 수없이 나타났습니다. 더 부끄러운 것은 논문이 전체적으로 엉성하고 문장력이 빈약하다는 사실이었습니다. 여기에다 학위 논문이라는 성격 때문에 다소 장황하고 건조한 라틴어 분석이 지리하게 전개되어, 읽으시는 분들께 고통을 드리는 게 아닌가 싶어 송구스런 마음 또한 크게 다가옵니다. 그런 부족함과 어려움을 극복하시고, 프란치스코 신비 체험이 펼쳐주는 저 놀라운 신비의 세계로 비상하시어 신비를 마음껏 누리시는 기쁨을 즐기시기를 바라는 마음 간절합니다. 끝으로, 이 논문이 나오기까지 물심 양면으로 도와주시고 수고해주신 모든 분들과 아낌없는 사랑을 쏟아주신 재속 프란치스코회의 형제 자매님들, 그리고 작은 형제회 한국 관구의 형제님들께 깊은 감사를 올리고 또 올립니다.

2014년 7월 21일

고계영 파울로 형제